● 广西高校人文社会科学重点研究基地基金资助

互动与网络

多维视野下的海外华人与中国侨乡关系研究

HUDONG YU WANGLUO

郑一省 吴小玲 主编

《侨乡文化研究》丛书

中国出版集团

世界图书出版公司

广州·上海·西安·北京

图书在版编目（CIP）数据

互动与网络：多维视野下的海外华人与中国侨乡关
系研究 / 郑一省，吴小玲主编. — 广州：世界图书出
版广东有限公司，2016.6
　　ISBN　978-7-5192-1588-0

　　Ⅰ.①互…　Ⅱ.①郑…②吴…　Ⅲ.①华人—关系—
侨乡—研究—中国—文集　Ⅳ.①D634－53

中国版本图书馆 CIP 数据核字（2016）第 135814 号

互动与网络——多维视野下的海外华人与中国侨乡关系研究

责任编辑：程　静　李嘉荟
出版发行：世界图书出版广东有限公司
　　　　　（地址：广州市新港西路大江冲 25 号　邮编：510300
　　　　　网址：http://www.gdst.com.cn　E-mail：pub@gdst.com.cn）
联系发行：020－84451969　84459539
经　　销：各地新华书店
印　　刷：广东天鑫源印刷有限责任公司
版　　次：2016 年 6 月第 1 版　2016 年 6 月第 1 次印刷
开　　本：787mm×1092mm　1/16
字　　数：850 千
印　　张：36.875
ISBN 978-7-5192-1588-0
定　　价：118.00

《侨乡文化研究》丛书编辑委员会

《侨乡文化研究》丛书概述

侨乡是华侨华人的故乡，是伴随着中国海外移民史的展开而出现的，它是中国颇具特色的一个社会现象。自侨乡形成以来，海外华人就与侨乡发生着千丝万缕的联系，海外华人与中国的联系实际上是与其侨乡的联系，而要理解并维系海外华人与侨乡的联系，对侨乡进行研究就必不可少。本丛书的特点在于：以第一手资料和田野调查获得的侨乡研究成果为主，不单出版国内华侨华人研究学者的著作，还会翻译出版国外有关华侨华人研究著作。

一、研究目的

在总结前人学术研究成果的基础上，本丛书试图达到下述目标：其一，在阐述华侨华人文化和侨乡文化的基础上，探讨新时期海外华人与侨乡及中国的关系；其二，通过开展侨乡研究，推动学术发展，展示侨乡研究的最新成果；其三，切实对新时期华侨华人与侨乡的关系之历史与现状进行总结和思考，为政府侨务政策提供参考和为侨乡文化建设提供智力支持。

二、研究意义

关于侨乡的研究，学者们的研究成果已相当丰富，涵盖社会、经济、文化等方面，但就其研究成果而言，还存在几方面的不足：第一，由于缺乏第一手侨乡社会的基本资料，研究方向偏向于大框架、大背景的梳理，往往以所谓的共识来理解具体侨乡的演变进程，缺少对侨乡深层结构和民众价值观念意识形态的关注；第二，在研究方法上，更多的是重视理论宏观意义上的研究，忽视了田野调查的重要性，其研究成果主要是对已有文献史料的剖析，不能真正理解侨乡社会自身的发展变迁；第三，从研究深度上，就事论事，缺乏关注起背后的社会变迁，导致侨乡研究在某种程度上而言缺乏现实意义。鉴于已有研究成果存在的不足，本丛书主要以大量的田野调查资料为基础，注重共时性与历时性研究的结合，力求对侨乡与华侨华人的相关问题做微观或中观研究，将侨乡放在国家社会发展的大框架中，在调控侨务政策、促进侨务工作适应性转型的大背景下，以侨乡本身作为出发点，深入开展切实性的系统性研究。本丛书集国内外学者专著，既有编著亦有译著，以第一手资料和田野调查做出的侨乡研究成果为主，从不同视角、不同层次较为系统地展示侨乡研究的相关成果。综上看来，本丛书不仅具有一定的学术意义，且具有较强的现实意义。

三、研究内容

侨乡是中国特有的社会现象，它是一个地区海外移民到一定程度的产物，是海外移民比较活跃的区域性社区。侨乡民众与海外华侨华人存在天然的情感联系，侨乡与海外华侨华人长期以来存在互动，互为影响。中国侨乡已经成为中国实现城市化发展的排头兵和领衔者之一，同时也是中国与世界沟通联系的重要场地、桥头堡。《侨乡文化研究》丛书一定意义上是应学术与时代发展之需，在以往零散、独立研究著述的基础上再创新，形成全面、系统的序列性著作。

本丛书的研究内容主要体现在：

第一，侨乡文化。侨乡文化是侨乡研究的主要内容之一。侨乡由于有大量的海外移民，处于一种中外文化交流与对撞中的一个独特位置。在中国的近现代化进程中，侨乡民众具有一种开风气之先，还具有一种对于西方文化不是照单全盘接受也不是简单的模仿，而是自觉或者不自觉地将外来文化与本土传统文化相结合产生出一种新的亦土亦洋的侨乡文化形态。侨乡文化的生命力在于与时俱进，不断创新，大力提倡，广泛弘扬。侨乡传统文化是需要保护和大力弘扬的，以便侨乡传统文化得以发扬光大，促进社会发展，推动人类进步，缔造世界文明。本丛书侨乡文化研究的内容涵盖了侨乡遗产、侨乡社会与文化史、当代侨乡社会现实问题、侨务理论与侨务工作等方面。

第二，华侨华人文化。海外华侨华人文化是一种源于中华文化、广泛地吸收了海外本土文化和西方文化，是在海外的土壤中播种、成熟和发展起来的一种新型文化。它是华侨华人思维方式、价值取向、理想人格、伦理观念和审美情趣的集中体现。华侨华人作为华侨华人文化的载体，研究华侨华人文化对于了解华侨华人这一族群的概况和侨乡具有特殊的意义。新时期，华侨华人文化的现代化过程是一个不断吸收中西方文化精髓的过程，同时也是不断向先进文化模式变迁与完善的过程，如何把握好新时期华侨华人文化的现代化问题，也是本丛书所需要努力的一个方向。

第三，海外华人与侨乡的关系。海外华人与中国的关系历来是华侨华人研究的重要议题，海外华人与中国的关系主要表现为与其祖籍地的关系。侨乡作为华侨华人的家乡，是海外华人了解中国的一个窗口，是考察华侨华人与中国关系的一个重要方面和参照坐标，这不仅因为侨乡是海外华人与中国进行经济合作的主要区域，是海外移民影响祖籍地社会、文化的"独特风景线"，还因为侨乡研究是透视海外华人与中国关系的实证性研究。可见，海外华人与侨乡之间的关系是十分密切的，两者间的联系主要表现在经济和社会文化方面。首先，海外华人与侨乡经济上的联系是推动侨乡社会发展的主要动力，自侨乡成立之日起，海外华人就以各种形式与侨乡存在联系，他们对侨乡的经济贡献是明显的，主要体现在侨汇、投资和捐赠公益事业上。侨汇是海外华人一直以来联系侨乡的重要纽带，其改善了侨眷家庭的水平。随着海外华人经济实力的不断壮大，他们不仅仅局限于给祖籍地的亲属汇款，而且开始对侨乡进行投资建设，这直接推动了侨乡的经济发展。20 世纪 80 年代中国的改革开放中乡镇企业经济发展出现了三种著名的模式，即苏南模式、温州模式和晋江模式，其中，晋江模式就是侨乡利用海外资源进行现代化建设的典型例证。海外华人投资侨乡，促使侨乡形成外向型的经济结构。此外，海外华人还给侨乡引进了西方先进的技术和管理经验，为侨乡社会经济发展注入了新鲜血液，促进了就业和制度创新。其次，海外华人与侨乡的社会文化联系是多元的、多层次的，体现在建筑、民俗活动、捐资办学等各方面。在建筑方面，一些侨乡采用了西洋建筑文化，并结合自身文化，展示了中外文化交流的样态；在民俗活动方面，海外华人对宗族组织的复兴起到了举足轻重的作用，随着海外华人及其新生代与祖籍地互动的加深，越来越多的海外华人回乡谒祖，使侨乡的民间宗教信仰得以恢复；在捐资办学方面，海外华人素有捐资办学的优良传统，促进了侨乡教育事业的发展。

海外华人与侨乡在经济、社会文化上的互动，在不同的时期有不同的特点，但毋庸置疑，这种互动联系在任何时期都产生着积极的影响，互动加强的正面是两者互利共生性的深化。随着全球化的发展，海外华人与侨乡的联系将日益紧密，研究如何在新时期更好地理解与把握两者之间的关系，从而服务于侨乡和国家的现代会建设，这是一项很有意义的工作。

《侨乡文化研究》丛书编委会
2014 年 3 月

前　言

　　广西壮族自治区地处中国华南沿海，南临北部湾，面向东南亚，西南与越南毗邻，东邻粤、港、澳，北连华中，背靠大西南，是中国与东盟之间唯一既有陆地接壤又有海上通道的省区，是华南通向西南的枢纽，是全国唯一的具有沿海、沿江、沿边优势的少数民族自治区。广西是中国的第三大侨乡，是全国五个少数民族自治区中最大的侨乡和侨务省份，海外广西籍华侨华人有700多万，分布于90多个国家和地区，其中70%以上分布在东南亚；广西籍的华侨华人社团规模较大的有68个，分布在马来西亚、美国、泰国等11个国家和地区。广西归侨侨眷300多万，归侨主要来自越南、马来西亚、印度尼西亚等10多个国家和地区。自20世纪60年代以来，广西建立了22个华林场，以及几十个归侨安置点。广西籍的华侨华人同居住国建立了广泛的联系，涌现出一批经济上有实力、科技上有造诣、政治上有地位、社会上有影响的人物。

　　2013年10月，国家主席习近平出访东盟国家时提出：中国愿同东盟国家发展好海洋合作伙伴关系，共同建设21世纪"海上丝绸之路"。21世纪"海上丝绸之路"建设是当代中国与沿线各国利益交融的发展通途，睦邻友好发展的共赢之路，已成为我国一项重要的战略决策。在21世纪海上丝绸之路建设中，国家对广西的定位是：面向东盟的大通道；中国西南、中南地区开放发展新的战略支点；21世纪海上丝绸之路与丝绸之路经济带有机衔接的重要门户。广西要发挥这三大作用离不开海外华侨华人的支持，海上丝绸之路的复兴更是离不开海外华侨华人的支持和帮助。因此，加强海外华侨华人与广西侨乡的联系是发展侨乡经济和社会的要求，也是推动广西大开放大开发的迫切需要。

　　2015年10月23—26日，由广西区侨办、广西区侨联、广西民族大学、钦州学院主办，广西侨乡文化研究中心、北部湾海洋文化研究中心承办的第二届"海外华人与中国侨乡文化"国际研讨会在美丽的北部湾滨海城市钦州举行。本着"加强学术交流，弘扬侨乡文化，推动侨务工作，促进广西经济发展"的宗旨，研讨会围绕"21世纪海上丝绸之路与中国侨乡经济发展"、"海外华侨华人与21世纪海上丝绸之路"、"海外华商与中国企业'走出去'战略"、"海外华侨华人与中国侨乡经济发展"、"侨乡文化（婚姻、家庭、宗族、建筑、宗教信仰等）"、"海外华侨华人的宗教、文化教育、社团、传媒"、"国际移民"等主题展开研讨，为充分开发利用广西侨力资源和促进广西经济社会可持续发展的战略服务。

在这次会议上，国务院侨办侨务干部学校副校长赵健、广西区侨办副主任陈洁、广西区侨联副主席林振龙、广西民族大学副校长李珍刚及钦州学院副校长黄宇鸿出席开幕式并讲话。有来自日本、泰国、美国、马来西亚、印度尼西亚、新加坡、越南的学者及国内的中国社会科学院、厦门大学、北京师范大学、暨南大学、华中师范大学、广西民族大学和钦州学院等高等院校，以及广西社会科学院等科研机构的 100 余名专家学者与会，大会收到论文 80 多篇，本书收录了本次会议的大部分论文，并力求从以下几个方面进行阐述：

1. 力求对华侨华人社会进行跨国界、跨地域、跨学科的研究，以进一步拓宽中国海外华人社会研究的领域。

本书集中关注海外移民社区和侨乡社会的政治、经济、文化以及社会变革，是一次跨国界、跨地域、跨学科的关于华侨华人问题的国际学术研讨。来自美国、新加坡、日本、泰国、马来西亚、印尼等国家、20 多个高校和研究机构的学者围绕"海外华侨华人与 21 世纪海上丝绸之路"、"国际移民与归难侨研究"、"海外华人社会与文化"、"侨乡社会与文化"、"华人教育"等论题展开讨论，运用社会学、历史学、民俗学、经济学、文化传播学的理论和方法从华人社会变革和政治觉醒、华人的中华情结、华人新移民结构的变化、新生代的认同及对华认知、华侨华人群体现状、华人文化特征、华人社团在地化、华人的社会网络、华人宗教信仰变化、华人的社会结构转型和族群认同、华侨社会组织、社会资本与经营网络，如何充分发挥侨社正能量，甚至婚宴菜肴名称、丧葬仪式等方面进行研讨，在一定程度上拓宽了中国海外华人社会研究的领域。

2. 对 21 世纪海上丝绸之路建设中海外华侨及华人的作用进行了探讨，充分肯定华侨华人是我国建设 21 世纪海上丝绸之路的重要外部力量。

如《从海上和陆上丝绸之路两栖建设中寻求中国的发展》、《论中国企"走出去"的风险与依靠海外华人华侨发挥新作用》、《21 世纪海上丝绸之路进程中海外华商作用之理论探析》、《印度客家华侨与建设 21 世纪海上丝绸之路》、《华侨华人与 21 世纪海上丝绸之路》、《刍论广东梅州华侨与海上丝绸之路》、《浅谈广西利用侨力资源参与建设新海上丝绸之路》、《充分发挥海外侨胞在"一带一路"战略的作用》、《蓝海战略：新海丝路背景下东南亚华人华侨与海洋文化共建》等。

3. 对侨乡文化建设、华侨华人在沟通中外过程中对侨乡地域社会所带来的综合影响展开探讨。

如《第二家园的多元景观：中国跨国移民与马来西亚的脉络》、《"留学移民美国热"及其前景和影响》、《青田新移民的特征及其经济转型》、《滇西边境回流"无国籍"边民境遇变迁——以盈江县昔马侨乡回流"无国籍"汉族边民为例》、《八闽侨乡"过番歌"：海上丝绸之路上近代华人移民历史风貌之文学鉴证》、《泉州南山巴厘村印尼归侨的归国历史及其巴厘岛传统文化传播》、《多元特质的闽南侨乡文化及其向东南亚的传播》、《宗颐先生对弘扬侨批价值的贡献》、《试探南流江通道的历史作用及其流域的海外移民方式》、《华夏百越文化与东南亚》、《浅议儒家八德对海外华人的影响》、《初探侨乡容县苏氏宗族的人生礼仪》、《继承与开拓：对容县杨梅镇侨乡文化建设的几点思考》等。

4. 关注侨乡社会及华人社区发展中的新情况新问题。

这不仅使侨务理论与侨乡工作的实际有了很好的对接，而且进一步加强了各级各界侨务工作者的联系，为进一步开展侨乡文化研究奠定了基础。如《"留学移民美国热"及其前景和影响》、《小城故事的冷战背景——对云南河口印支难民问题的调查与分析》、《国民政府难侨救济的侨乐村模式述评》、《侨房政策下的侨房问题个案浅析——以大埔县昆仑村黄进添家族为例》、《泰国吞府的佛寺与福建海澄移民》、《北海市侨港镇侨力资源开发与利用成效的总结与反思》、《近代云南陆疆侨乡跨国婚姻家庭探讨——以红河县迤萨镇为例》、《20 世纪 90 年代以来延吉新侨乡的形成与变迁：侨乡视角的解读》、《新时期闽粤浙侨乡资本的跨国流动及特点》、《生命史视野下的侨乡社会——对清末民国以来梅县南口"花树下"华侨家庭的考察》、《梅县南口侨乡妇女的生存状态：口述史的视角》、《海南侨乡之风情》、《从"农场到投资区"的华丽转身——钦州市丽光华侨农场改革及发展调研》、《新海丝路背景下的丽光华侨农场改革与发展对策研究》、《中越跨国"艾人"地方社会探析——区域研究的视角》等。特别是一批来自第一线的侨务工作者对侨务工作中现实问题的探讨，进一步加强了侨务工作者的联系，为侨乡文化研究的持续深入开展奠定了基础。

5. 对华人教育进行了有效的探讨。

如《泰国华文媒体在各个历史时期略说》、《马来西亚的华文教育：华人的社会结构转型和族群认同边界》、《谈印度尼西亚华文教育历来状况》、《泰国盂兰胜会简述》、《固守与传承——论新世纪以来菲律宾华文教育的契机与困境》、《1988 年后缅甸华文学校教学现状分析》、《〈越南游历记〉中所见的越南北圻华人华侨探析》、《中国采锡技术在东南亚地区的传播与应用——以近代东南亚地区华人锡矿业为例》、《字理识字在马来西亚国民型华文小学的教学状况》、《欧债危机对欧洲华裔青少年华文教育的影响及其对策》、《华文教育区域整合："东南亚华文教育研讨会"研究》、《缅甸华文学校教学现状分析》等。

6. 力图为进一步做好华侨华人研究和侨乡文化研究提供新的路径和方法。

本书对华侨华人问题研究的研究既有宏观研究，也有微观研究，还有比较研究。但是在研究中也存在着对现象解释多，理论探讨少，对策研究不够的问题。因此，要加强理论、方法和应用对策研究，掌握第一手资料，把握学术史的发展，弥补研究中的薄弱环节，深化新华侨华人研究。国务院侨办专家咨询委员会委员、厦门大学教授李明欢在会议总结发言中提出了两个问题：何为侨乡？侨乡何为？侨乡已经作为中国特色的文化现象被国际学术界认可。但我们仅做实地研究，走马观花是不行的，下马观花也是不够的，要落地种花，必须真正深入到研究群体中去。另外，在将研究对象说清楚的同时，还应做到有现实关怀或者理论关怀，这样才能实现做研究的核心目标。我们不仅要研究侨乡文化及华侨华人在政治、经济、文化、教育和社会公共关系等方面的历史与现状，而且还要在理论和方法上不断推陈出新，把华侨华人研究领域的推向新的高度。

侨乡是华侨华人的故乡，华侨华人融通中外文化、政治、经济，对住在国的社会、法律、风土人情了然于胸，在中国与世界各国的交往和合作中具有独特的优势，是连接中国与世界的"天然桥梁"。分布在世界各地的华侨华人不仅对居住国做出了积极贡献，而且也在侨乡的经济发展中扮演着重要的角色。在国家实施"一带一路"战略、广西北部湾经济区进一步开放开发和中国—东盟自贸区升级版建设的背景下，充分利用侨力资源，发挥海外华侨华人、港澳台同胞的优势，是推动广西经济社会的可持续发展，实现中华民族伟大复兴的"中国梦"的重要举措。愿本书的研究能为推动广西仍至国家侨务事业发展起到应有的作用。

北部湾海洋文化研究中心主任　吴小玲

目　录

第三篇　海外华人社会

第四篇　海外华人文化

第五篇　华文教育

第六篇　侨乡社会与文化

第一篇

海外华侨华人与"一带一路"

从海上和陆上丝绸之路两栖建设中寻求中国的发展

陈奉林①

（北京师范大学历史学院 北京 100875）

【摘 要】 从海上和陆上加快推进丝绸之路建设，是促进中国发展、实现和平崛起的有效途径。无论从中国企业走出去，还是从保障中国石油及其他战略物资供应，以及推进欧亚大陆南部形成新的文明中心来看，形成海陆丝绸之路建设的南北优势，互为犄角，相互依重，具有十分重点的现实意义。现在的问题，是对这个具有重要意义的战略进行具体谋划、布局与实施，形成以国家为主导，产、学、研、商共同参与的系统工程。长期被认为"停滞"与专制的欧亚大陆南部地区将发生历史性巨变，使世界进入由各国共同创造文明的崭新时代。

【关键字】 海陆丝绸之路；两栖建设；中国发展；世界互联共生

进入 21 世纪以来，世界各国在陆地、海洋和太空领域进行的竞争进一步加剧，世界形势处于不断的变化当中，不确定因素逐渐增多，各种力量也在不断的分化、调整和组合。无论从中国企业走出去的角度，还是从保障海上石油安全的角度来看，我们都应该争取时间建设海陆丝绸之路，找到中国可持续发展的力量支撑点。鉴于这样的形势，我国应该尽早从海上和陆上两个方面确立自己的发展战略，形成以国家为主导，产、学、研、商共同参与的国家工程，形成海上和陆上丝绸之路两大建设的联动态势，把海外交通与能源安全、资本与市场、国内资源与国外资源有效地结合起来，谋求未来发展的主动权。建设21 世纪海陆丝绸之路的重大决策，所包涵的丰富内容是对千百年来所走过的曲折道路正反两方面经验的总结，蕴含着中华民族复兴的艰巨任务与伟大历史责任。

一、丝绸之路在东方历史上的独特贡献

丝绸之路作为连结中国与世界的海陆两栖交通线，在中国历史乃至东方历史上都具有

---

① 作者简介：陈奉林，北京师范大学历史学院教授，主要研究方向：东方外交史、综合国力研究、战后发展中国家现代化研究。

极其重要的意义。它向外传播的不仅仅是中国的丝绸与瓷器等物质文明成果，还有精神文明与制度文明的成果，同样又能把域外文明的成果带到中国与东方。随着时间的推移，丝绸之路的内涵更加丰富多彩，远远超过了经济贸易层面而形成巨大的交通网络，把中国与世界、东方与西方紧密地联结起来，推动了人类社会的整体进步。英国学者赫德逊在《欧洲与中国》一书中写道："古典时代的丝绸贸易，无论是从埃及经海路或是经塔里木盆地翻越帕米尔高原的陆路，都给欧洲带来了关于中国的新知识。"① 的确，西方通过丝绸之路这条交通大动脉来认识东方，与东方进行有无相通的交流，满足日益增长的物质文化需求；然而交流从来都是双向的，绝不是单方面的给予。正因为如此，横亘东方历史若干世纪的丝绸之路才有强大而持久的生命力，至今仍创造着新的东方历史，继续发挥着联结古今、塑造未来的特殊作用。

在人类诞生后的很长一段时间里，人类基本上是以区域为单位进行生存活动的，由于生存的需要，也在不断地克服来自自然的、社会的和技术上的诸多限制，谋求与外部世界发生联系，以获得更多的物质与精神生活资料。这样才会产生对外交流交往的愿望与动机。在北方，从中国通向西方的横跨欧亚大陆的陆上丝绸之路，是中国与西亚、欧洲联系的桥梁，对中国及周边各国意义重大。沿着这条交通路线，向西突破性地发展给中国带来的是域外的全新文明，看到了一个新的世界，使中国知道了世界上还有许多的国家，它们的历史与中国一样的悠久漫长，不再是只有一个中央王国——中国的世界。"商品的交换、人员的流动，以及与之相随的异质精神文化的彼此激荡，是破除封闭状态、使人们摆脱地理环境限制带来的局限性的强大动力。"② 丝绸之路开辟与发展的过程，就是中国走向并融入世界的过程，无论从何种意义上说，其影响都是异常巨大的，对中国历史进步的作用怎么估计都不会过高。

人类社会是一个异常复杂的开放系统，发展的动力来自社会的、技术的与人类活动本身的许多方面，对外交流无疑是社会发展的基本动力之一。这与马克思主义经典作家的基本观点是一致的。人类社会发展的历史在很大程度上可以说是人类文明相互交流交汇的历史，在相互交流中不断向前迈进，无论东方还是西方都是如此。根据我国古史《汉书·地理志》记载，早在汉代中国商船就已经到达越南、泰国、马来西亚、缅甸、印度诸国从事商贸活动了。6—8世纪，印度支那半岛和东南亚岛屿地区成为沉香和檀香的最大集散地，这些商品不仅在东亚销售，还被远销到印度、西亚和地中海沿岸各国。③ 根据西方学者的研究，9世纪中国人已经有了比阿拉伯人或泰米尔人所建造的船只更为灵巧的远程帆船，13世纪人们已经感觉到了中国人在孟加拉湾的海上优势④，这一优势直到明代郑和七下西

---

① [英]赫德逊著，李申、王遵仲、张毅译：《欧洲与中国》，北京：中华书局，2004年版，第24页。
② 冯天瑜、何晓明、周积明著：《中华文化史》，上海人民出版社，1991年版，第93页。
③ [日]家岛彦一：《从海域看历史——连结印度洋与地中海的交流史》，日本：名古屋大学出版会，2006年版，第509页。
④ [美]A·J·科特雷尔、R·M·伯勒尔：《印度洋：在政治、经济、军事上的重要性》，上海人民出版社，1976年版，第19页。

洋达到高潮。可以说，没有交流就没有发展，就没有人类物质文化生活的进步。我们之所以这样说，是基于对物种文化交流对于促进东西方社会进步的根本性认识。中国是东方农业文明大国，除了粟（小米）、黍、小麦、高粱、大豆、水稻是中国培育外，其他农作物如玉米、烟草、甘薯、棉花、核桃、石榴、葡萄和苜蓿等都是从国外输入的，生活中的奢侈品如香料、象牙、宝石、珍珠等大部分也都是从国外输入，它们潜移默化地融入了我们日常生活的许多方面，极大地丰富了我们的物质文化生活，无论古今没有交流是不可想象的。

丝绸之路对于东西方文明交流交汇的历史贡献，国内外史籍都有相应的记载，从来没有离开过研究者的视野。英国历史学家赫德逊这样写道："这种丝绸贸易是古代遥远而规模最大的商业。由于……上流社会存在着对它的需求，这种贸易从这种精美物品所引出的线索，就成为从太平洋横跨整个旧世界的经济统一体的一条纽带。"① 从更为广阔的视角来看，丝绸之路是一个巨大的开放网络，发挥出多方面的功能与作用，把沿线各国、各地区紧密地联系起来了，大大拓展了交往的空间。据 16 世纪葡萄牙第一位来到中国、印度、东南亚等国游历的多默·皮列士在《东方志》中记载，他看到从中国输出的主要商品是大量的生丝和有色散丝，各色缎子、带格的卷缎、线缎和一种叫"纱"的细绸料，还有樟脑、明矾、硝石、硫磺、铜、铁和大黄。② 中国输入和输出的商品种类极其繁多，物畅其流，应有尽有，据说"你可以花钱买到你想要的任何这类商品"。③ 阿拉伯史料中也记载，波斯湾东岸的尸罗夫在 8—10 世纪的 200 年间是印度洋海域最大的繁荣的国际贸易港，南面与阿拉伯、红海、非洲东岸，东面与印度、东南亚、中国、伊拉克、伊朗市场网络相联结。④我们强调丝绸之路对丰富世界各国社会物质文化生活的巨大作用，同时也不否认其他国家商人的作用，"阿曼人、中国人，也许还有一些我们无法考证的民族，都积极地参与了南海沿岸各国间重大的交易活动"。⑤ 这种评价准确、客观，符合东方社会的历史实际情况。

与陆路丝绸之路遥相对应，几乎在同一时期海上丝路也开辟了。一般认为，这条航路以广州为起点，向南经马来半岛、锡兰（斯里兰卡）、印度东西海岸，最终到达波斯湾、红海和非洲东部各港口。它是一条联结东西、跨越古今的海上交通大动脉，其作用与功能远远超过陆上丝绸之路。宋代周去非所著《岭外代答》对当时各国情况的记载，基本上反映了中国从海上对外交往的情况。该书记述的国家北起安南，东起女人国（今印度尼西亚），南至阇婆（今爪哇），西到印度洋、红海和地中海，至今成为研究中西交通的珍贵史料。该书"外国门"在记述故临国（今印度西南部）时，称："故临国与大食相迩，广

① ［英］赫德逊著，李申、王遵仲、张毅译：《欧洲与中国》，北京：中华书局，2004 年版，第 39 页。

② ［葡］多默·皮列士著，何高济译：《东方志——从红海到中国》，南京：江苏教育出版社，2005 年版，第 100 页。

③ ［葡］多默·皮列士著，何高济译：《东方志——从红海到中国》，南京：江苏教育出版社，2005 年版，第 100 页。

④ ［日］家岛彦一：《从海域看历史——连结印度洋与地中海的交流史》，日本：名古屋大学出版会，2006 年版，第 215 页。

⑤ 穆根来、汶江、黄倬汉译：《中国印度见闻录》，"法译本序言"，北京：中华书局，2001 年版，第 25 页。

舶四十日到蓝里住冬，次年再发舶，约一月始达。……中国舶商欲往大食，必自故临易小船而往，虽以一月南风至之，然往返经二年矣。"① 在造船技术进步与国家力量支持的条件下，中国商船大踏步地走出国门参与世界经济文化交流，推动着不同发展层次的文明共进与提高。在海上贸易当中，不仅有中国、东南亚的商品大宗地销往南亚、西亚与欧洲，其他国家的商品也通过海上航路输往中国和东南亚市场，真正实现了经贸与文化上的交流互动。"航海外夷"条反映出外国商船来华贸易的情况，记载称："大食国之来也，以小舟运而南行，至故临国易大舟而东行，至三佛齐国乃复如三佛齐之入中国。……诸蕃国之入中国，一岁可以往返，唯大食必二年而后可。大抵蕃舶风便而行，一日千里"。② 这些都是当时东西方商船往来的具体反映，映现出技术进步的条件下海上交通的繁忙景象。

无论海上还是陆上丝绸之路突出的都是中外与东西方的交流互动，正是这种来自经济的、文化的及技术上的交流，才使文明成果在短期内为各国所共享，缩短了地区间的发展差距。直到 18 世纪欧洲工业革命以前，东方国家长期保持着对西方贸易的出超地位，西方对东方可供出口的商品并不多。在近代蒸汽动力船出现后，中国与欧洲、美洲的交流扩大，东方市场上的商品直接输入到欧美市场。有材料表明，1798 年一艘回到波士顿的美国商船载回了 700 箱茶叶，814 袋砂糖，70 捆南京木棉，400 套瓷器。③ 贡德·弗兰克指出，中国的生产和出口在世界经济中具有领先地位，"中国在瓷器生产方面是无与伦比的，在丝绸生产方面也几乎没有对手。"④ 海上和陆上交通所发挥出的政治、经济、文化与外交等多方面功能，为人类生产和社会生活提供了极大的便利，也为人类提供了一种全新的交往方式和外交理念，在利己利人与互利中实现了经济行为的多元受益，摆脱了此消彼长的利益争夺模式，开辟了新的交往途径，"文明交往是人类历史发展的动力，是人类历史变革和社会进步的标尺，是人类文明发展的里程碑。"⑤

从文明交流的角度观察东西方社会的发展进程与历史阶段，可以拓展历史研究的视野。长期以来由于种种原因，学术界对海陆东西交通史的研究是不够的，特别是从文明交流对于东西方社会产生的深远影响的研究更是关注不够。在很大程度上可以说，海陆交通把各国联系在一起，各国交往的经济联系的力量远远大于政治与文化联系的力量，正是这种持久的根本的动力在推动着社会不断向前迈进。我们不能忽视这样的事实，即中国历史上人口的快速增长和城市的增加都与东西方相互联系加深加快有关，贡德·弗兰克指出："这种增长首先得益于引进早熟水稻并因此而有一年两季的收成，其次得益于引进美洲的玉米和红薯，从而使可耕地面积与粮食收成都有增长。"⑥ 这种评价并非夸大其辞，而是

---

① 周去非著，杨武泉校注：《岭外代答校注》，北京：中华书局，2006 年版，第 91 页。
② 周去非著，杨武泉校注：《岭外代答校注》，北京：中华书局，2006 年版，第 127 页。
③ ［日］木村和男：《毛皮交易创造的世界——从哈德逊湾到欧亚大陆》，日本：岩波书店，2004 年版，第 123 页。
④ ［德］贡德·弗兰克著，刘北成译：《白银资本：重视经济全球化中的东方》，北京：中央编译出版社，2001 年版，第 162 页。
⑤ 彭树智：《文明交往论》，"总论"，西安：陕西人民出版社，2002 年版，第 7 页。
⑥ ［德］贡德·弗兰克著，刘北成译：《白银资本：重视经济全球化中的东方》，北京：中央编译出版社，2001 年版，第 160 页。

对西方文明引进东方市场实际情况的健全把握。以区域物质文化交往的视野看待社会进步无论在东方还是在西方都有许多具体而鲜活的例子。通过海陆进行物质文化交流东西方史籍多有记载，有助于深化对人类社会文明发展进程的认识。

二、探索推进中国可持续发展的丝绸之路战略

"21 世纪海上丝绸之路"和"丝绸之路经济带"（即"一路一带"）战略是在当前国际竞争形势加剧以及中国国力提高的条件下，对海陆交通重要性的新认识，也是寻求更大的可持续发展空间的努力，其意义已经远远越过经济层面而具体关系到中国未来几十年的发展，单纯的经济学观点或政治学观点已经无法解释它的时代意义了。可以说，未来的丝绸之路建设是一项巨大的系统工程，在时间上穿越了古今，在地理空间上联结了东西，内容涉及政治、经济、外交、文化、资源、交通、科技与安全等许多方面。最早提出"丝绸之路"概念的不是历史学家，而是德国的地质学家李希霍芬，后来的一些探险家、旅行家、考古学家和历史学家也加入对丝绸之路的考察研究，逐渐使丝绸之路形成一个内涵广泛、影响深远的特定历史概念。丝绸之路最早可以追溯到公元前 2 世纪，但是把它作为一个特定的历史概念来使用却是在 19 世纪 70 年代。2000 多年来，中外交流以及东西方交流都是通过这条交通大动脉来完成的。在古希腊和罗马，描写丝绸织品精美的文献是很多的，丝绸的价格等同于相同重量的黄金。[①] 已有学者指出，丝绸之路在本质上是东西方文化交流问题。[②] 我们赞同这个观点。今天我们援用这个形象而生动的概念，辅之以和平与发展的时代内容，借以完成中国和平发展的使命其意义是十分重大和现实的。

法国年鉴派历史学家费尔南·布罗代尔在他著名的历史巨著《菲利普二世时代的地中海和地中海世界》里，专门讨论了 16 世纪西班牙国王菲利普在位时期的地中海世界的历史问题。他把地中海作为一个整体进行研究，看到海洋的作用，各国为了各种目的通过海洋进行交流，彼此交流互动与共生。这部著作给我们的一个最大启发是，海洋在现代文明条件下已经不再是天然的屏障，而是成为无远不至的天然通途，特别是在现代技术条件下走向海洋已经成为一个大国崛起的必由之路。在西太平洋地区不仅汇集了香港、深圳、上海、北京、东京等现代文明的中心城市，对本地区乃至世界产生巨大的辐射作用，更为重要的是这个地区在克服了一些传统的惰性之后实现了传统文明与现代文明的有机结合，以相对集中的国家权力作为推动社会进步与经济发展的强大杠杆，实现了经济高速增长，成为继欧洲、北美之后又一个现代文明中心，还有深藏在经济高速增长背后的伟大历史传统。这些都是西太平洋地区的优势所在，世界其他地区是无法相比的。以此观之，东方各国完全有条件将海洋开辟成新的文明区域，形成新的经济生长点和现代文明的策源地。最近二三十年，国内外学者与公私机构对东盟自由贸易区进行了认真的探讨，中国外交也将东盟地区作为重点，反映了我国对日益成长的东盟的重视。中国是东盟的近邻，在推动东

---

① ［日］铃木治：《欧亚东西交涉史论考》，日本：国书刊行会，1974 年版，第 262 页。
② ［日］铃木治：《欧亚东西交涉史论考》，日本：国书刊行会，1974 年版，第 292 页。

盟自贸区建设上是可以大有作为的。就目前形势看，这不仅是有利契机，更是中国作为大国的历史责任。

与陆上丝绸之路相呼应，国内外学者相继开展了海上丝绸之路研究，取得了重大的研究成果，至今成为经久不衰的研究热点。国家在提出建设"21世纪海上丝绸之路"和"丝绸之路经济带"战略后，又使产、官、学、研、商各界对丝绸之路的研究热情再度高涨起来，初步形成对丝绸之路内涵的清晰认识。其内涵归纳起来大体可以概括为以下几个方面：（1）丝绸之路是一个巨大的开放网络，所具有的辐射功能把沿线各国紧密地联系起来；（2）最初以输出丝绸为开端，在发展中逐渐突破经济的范畴，向政治、文化、宗教、科技、移民、交通、环保、安全等领域拓展延伸，成为名副其实的交通大动脉；（3）具有浓厚的东方文化色彩，突出了东方和平文化的特征；（4）丝路的本质是开放、交流和发展，互联互通，在互利合作中实现资源共享，促进共同进步与繁荣。只有丝路的涵义明确了，才会在行动上把握正确的方向。今天的丝路不同于古代，所承载的任务比以往任何时候都更加繁重，面临的形势也比以往任何时候都更加复杂多变。

根据历史上的经验与时代发展需要，我国已经初步探索出一条既符合目前中国社会的重大需求，又适应国际形势发展的战略，这就是建设"21世纪海上丝绸之路"和"丝绸之路经济带"。从海上丝路而言，应该继续把战略重点放在东亚（包括东南亚）地区，积极推进东盟自由贸易区建设，发挥中国的参与和推动作用。因为东亚是一个巨大的市场，自然资源丰富，交通便利，历史积淀深厚，经济文化发达，历史上与我国关系密切，拥有超过20亿的人口，经济总量在世界的地位不断攀升，成为当今世界文明的重要区域。有人认为，亚太地区经过半个多世纪的发展，已经拥有超过世界平均的经济增长率，成为世界经济的成长中心。① 这些条件已经成为深刻影响世界历史进程的重大因素。"亚洲其他国家欢迎中国加入包括建立自由贸易区在内的区域合作，……它们不愿意被迫在北京和华盛顿的对立中选边，参与所谓的'遏制'中国的行动，而更愿意通过亚洲融合在一起的倡议以及各种商业外交努力，和中国一起进入相互依赖的体系之中。"② 虽然这个区域存在许多问题，如领海争端、非传统安全以及历史遗留问题等等，但都不可能从根本上扭转各国合作的大方向，合作与发展的空间很大。中国国力提高后，对地区参与扩大，有利于中国发挥建设性和主导性作用，从根本上解决南海问题。

研究丝路战略必须放宽历史的视角，将西太平洋地区和印度洋地区联系起来加以综合考察。在历史上，西太平洋地区存在亚洲古代贸易网，与印度洋贸易网衔接贯通，与地中海贸易网遥相呼应，对东西方社会进步的影响是巨大的，各国至今享受着它的恩惠。在近代交通出现以前，东西方各国交往大多通过海路进行，近代交通出现以后这种交通更加快捷和便利了，中国同东南亚地区和印度洋地区的贸易更加受到重视。美国地缘政治学家斯皮克曼已经指出，在中国和印度之间"将来或许会看到这两个地区的势力代表两个不同的

---

① ［日］青木健：《亚洲太平洋经济圈的生成》，北京：中央经济社，1994年版，第164页。

② 李文，等：《亚洲：发展、稳定与和平》，北京：中国社会科学出版社，2014年版，第42页。

单元，而这两个单元的势力，只能越过印度支那半岛的南部从陆地和空中连接起来，以及绕过新加坡从海上连接起来。如果这成为事实的话，则亚洲地中海对独立的亚洲在政治战略上将继续具有重大的意义"。① 他的话说得不错，如今西太平洋区域与印度洋区域合作已经展开，合作领域也不断地拓展，物流、人流与信息流加深了相互依存。丝绸之路被赋予崭新的时代内涵被提出来后，建设的范围、意义、影响以及各种制约条件等等已经受到各国的热情关注，说明各国对这个问题是重视的，现在的问题是应该实事求是地加以研究和检讨。在地理空间上，它涵盖了陆上和海上两大方面。但是迄今为止，国内对它的研究基本上还是就事论事者多，而具体上升到国家大战略宏观层面的研究者少。现在的当务之急是以战略的宏观视野去构建、筹划与布局，努力完成这个艰巨而紧迫的时代课题。

　　陆上丝绸之路和海上丝绸之路是实现中国腾飞的双翼，相互依重，缺一不可。陆路把中国与西亚、非洲和欧洲联结起来，尤其与欧盟市场的关系更为重要，在历史上是中国早期对外联系的窗口，东西方多种文明在这里交流交汇。西亚、中东地区由于地理位置优越特殊，与亚欧非互动性强，不论过去还是现在都是引人注目的区域。从范围上说，它不仅包括从中国经中亚、西亚到伊斯坦布尔和罗马的贸易路线，还包括通过欧亚大陆北方草原地区（欧亚通道）的草原道路和南方的"海洋道路"。② 在近代资本主义兴起以前，东方各国保持了对欧洲市场的强大输出优势，这种情况一直持续到 19 世纪才发生彻底改变。冷战时期，整个中东西亚地区是美国和苏联两大国激烈争夺的地区。由于地缘上的优势，苏联加强了对这一地区的影响，以经济合作与援助形式对埃及、伊拉克、叙利亚、也门民主人民共和国和阿拉伯也门共和国提供了大量援助，进而南下印度洋。苏联外交部长莫洛托夫曾经说过："在巴统和巴库以南朝着波斯湾方向的整个地区（是）……苏联希望达到的中心。"③ 确实，为了与美国争夺地缘战略优势的需要，苏联在这里下了很大功夫。美国前总统尼克松也同样看到中东地区的重要性，写道："谁在波斯湾和中东控制着什么的问题，比以往任何时候是谁在世界上控制着什么这一问题更加关键。"④ 冷战结束后，俄罗斯继承了苏联时期在西亚中东的影响，但由于力量所限，对中东西亚的影响远不如苏联。长期以来，这里多种文化汇合，多种力量交织，多种民族杂处，是一个异常复杂的地区。我们在这里引进丝绸之路这一新概念，以文明、文化的力量凝聚和塑造新时期国家关系，探索合作、和谐与合乎国际法原则的交往方式，可以在西方现实主义外交模式之外找到一个新的合作途径。

　　要在海陆两翼筹划并推进丝路建设，必须有战略高度和广阔的视野，具有凌越前人的胆识与气魄。从历史上看，从东亚海域到印度洋、波斯湾与红海，陆上从中国内地到中亚、西亚以至地中海沿岸各国，都是中国人、阿拉伯人等东方各国商人活动的范围，在国家力量和造船技术进步的推动下，不断以各种方式突破来自社会的、自然的诸多限制，构

---

① ［美］斯皮克曼著，刘愈之译：《和平地理学》，北京：商务印书馆，1965 年版，第 75—76 页。
② 王钺、李兰军、张稳刚：《亚欧大陆交流史》，兰州大学出版社，2000 年版，第 7 页。
③ ［美］理查德·尼克松著，常铮译：《真正的战争》，新华出版社，1980 年版，第 88 页。
④ ［美］理查德·尼克松著，常铮译：《真正的战争》，新华出版社，1980 年版，第 92 页。

建东方式的交往方式和交往原则，使东西方文明不断地相互接触吸收，融入社会生活的许多方面。近代哲学大师黑格尔说过："人类在大海的无限里感到自己有限的时候，他们就被激起了勇气，要去超越那有限的一切。大海邀请人类从事征服，从事掠夺，但是同时也激起人类追求利润，从事商业，……挟着人类超越了那些思想和行动的有限的圈子。"①整个亚洲西部历来为各国政治家、军事家、哲学家和思想家所重视。中国汉唐时期对西域的惨淡经营，近代西方思想家的经典论述，当前欧洲、美国、日本及澳洲对当地矿山与石油资源的开发，都说明西亚中东地区的重要。按照英国著名地理学家与地缘政治家麦金德的说法，欧亚大陆是世界的心脏地带，"亚洲人的大锤不断地向外击打着大海的边缘地区。……围绕着欧亚的南部和西部边缘，是一个巨大的新月形地区，这儿的天然条件更宜于人类的发展，这是海上人的领域，包括彼此分离的四大人口定居地带——中国、印度和中东"。②让新的丝绸之路把中国与印度洋、西亚、欧洲和非洲联结起来，这块广阔的陆地在很大程度上影响着中国的发展进程，决定着世界的基本走向。

三、建设21世纪海陆丝绸之路的重大现实意义

"一路一带"作为一个全新的发展战略被提出来，内涵与外延被赋予了不同于以往的崭新内容。它所涉及的绝不仅仅是经济与贸易的纯经济层面，更为重要的是涉及政治、外交、科技、交通、环保、安全、劳务输出以及文化发展等诸多方面，是一个全面演进和整体提高的过程，单一的或纯粹的经济观点是不能够解释其重大现实意义的。在近代以前，"印度洋和南中国海及西太平洋是一个自由往来的海洋：阿拉伯人和印度人把宗教（印度教、佛教、伊斯兰教……）带到南亚和东南亚；这可见之于'海上丝绸—丝瓷之路'的忙碌景象。"③从目前大多数研究成果与发表的评论来看，人们对丝绸之路建设重大意义的认识远未到位，基本上还是处于"用"的层面上，没有形成比较深入和成熟的看法。各部门、各单位对"一路一带"的研究基本上还是各取所需，从单一的经济学或政治学的角度出发的。现在的任务是打破各学科的界限，统合我国的各种资源，开展对"一路一带"的综合研究，上升到国家的总体战略。在现代生产力扩张和国际关系急剧变化的形势下，我国制定的对外政策、理念与具体措施必须跟上时代步伐，甚至需要一定的超前性。最近二三十年中国企业空前地走出国门，但基本上还是以经济活动为主要目的，真正展现中国崛起和展现中国文化、制度与政策力量的企业并不多。既然我国已经明确地提出建设21世纪海上和陆上丝绸之路经济带，就应该首先对它有清晰的认识，明确内涵、范围、发展出路、作用与意义等问题。只能这些问题弄清楚了，才能形成力量与合力，推动中国政治、经济、文化、科技与海外交通发展。

① ［德］黑格尔著，王造时译：《历史哲学》，北京：生活·读书·新知三联书店，1956年版，第134页。
② ［英］杰弗里·帕克著，李亦鸣、徐小杰，等译：《20世纪的西方地理政治思想》，北京：解放军出版社，1992年版，第17页。
③ 《海洋秩序必须是天下人的共同事业——从阿弗列特·马汉的"美国海权"论著分析郑和七下西洋的历史意义及第三千年南中国海的海洋秩序》，黄枝连：《东亚发展的典范转移》，澳门大学出版社，2011年版，第85页。

国家根据现实需求提出新的发展战略，把我们长期关注的重点从单纯的经济与贸易扩大到几乎关系中国未来发展的所有重大方面，以综合的力量化解和反制某些国家对我国的制衡与封锁，寻找广阔的发展空间，无疑是具有重大现实意义的。长期以来我国对世界的参与主要表现在经济领域，现在的任务是进一步维护和争取海外合理利益，参与对世界的治理与建设，尤其与具有重要能源意义的中东与非洲合作更为迫切。无论从海上向南发展，还是从陆上向西发展，都是中国与邻近国家在利益上的互联与共生，绝不是单方面攫取利益的利己行为。推动 21 世纪丝绸之路建设，在很大程度上反映中国国家综合实力。我们联通西太平洋与印度洋，加快东盟自由贸易区建设，是当前中国与东盟、印度关系中的大事。在目前形势下，印度洋海上运输的重要性已经超过世界任何其他地区。从全球化的角度看，它是中国对外寻求发展的一种外交努力，把中印、中国与东盟的竞争看成是有害的观点是错误的，不仅会招致政治、经济上的重大损失，而且会使双方丧失重大历史机遇。依靠中国与相关国家既有的双边与多边合作框架机制，可以先易后难地开展经济、能源、环境、交通与安全合作，利用和平国际环境加速发展，在发展中进一步维护和平环境，仍是中国外交关注的课题。有学者认为，"东方现代外交史"和"东方未来外交史"都是从南中国海开始的。① 在当前国际以经济和科技为中心的普遍的竞争中，推进 21 世纪丝绸之路建设是刻不容缓的紧迫任务，来不得半点迟疑和拖延。

在当前和今后，从海上向南和向西发展，从陆上向西发展都是关乎中国崛起方向的战略性大问题，关乎东西方关系的平衡与失衡。这一点异常清楚。重大战略实施没有理论指导是不行的。我们不只一次地强调指出，海陆丝绸之路战略实施不仅在地理与交通上实现沿路各国的互联与交往，尤其在地缘经济已经取代地缘政治而成为国际关系中主导因素的条件下，建立海陆丝绸之路的意义更加突出。长期以来，美国对中东地区的政策始终是明确的，即防止在欧亚大陆出现欧盟、俄罗斯和中国联合的局面，否则将被认为是对美国构成严重的威胁。只要读一读兹比格纽·布热津斯基的《大棋局——美国的首要地位及其地缘战略》即可一目了然，他明确写道："短期内，在欧亚大陆的地图上加强和永久保持地缘政治普遍的多元化符合美国的利益。这促使人们重视纵横捭阖，以防止出现一个最终可能向美国的首要地位提出挑战的敌对联盟，……当务之急是确保没有任何国家或国家的联合具有把美国赶出欧亚大陆，或大大地削弱美国关键性仲裁作用的能力。"② 他把欧亚大陆看作是地缘政治的中枢，为大国提供政治活动的舞台。由于历史的和现实的多种原因，在欧亚大陆南部始终没有形成一个现代文明的核心区域，布热津斯基强调："对于美国来说，幸运的是欧亚大陆太大，无法在政治上成为一个整体。"③ 他的话值得我们注意。中

---

① 参见黄枝连："十六世纪以来中国的三个'一国两制'的理论与实践——论'东方现代外交史'和'东方未来外交史'都是从南中国海开始的"，魏楚雄、陈奉林主编：《东西方文化与外交方略比较·理论篇》，澳门大学出版社，2013 年版。

② ［美］兹比格纽·布热津斯基著，中国国际问题研究所译：《大棋局——美国的首要地位及其地缘战略》，上海人民出版社，1988 年版，第 259—260 页。

③ ［美］兹比格纽·布热津斯基著，中国国际问题研究所译：《大棋局——美国的首要地位及其地缘战略》，上海人民出版社，1988 年版，第 43 页。

国属于欧亚大陆的一部分，在推动欧亚大陆南部成为新的世界文明中心的问题上，是有许多事情要做的。让广阔的东盟市场与印度洋市场衔接，中国陆路与整个中东、西亚、欧洲衔接，会大大改变当前国际地缘政治与地缘经济格局，形成新的区域与力量中心，减少某些国家推行的政策对我国的压力。

从更为广阔的国际视野来看，海陆丝绸之路将成为现代国际政治、经济、文化、科技与外交交往的巨大推动力，推动区域交流向更高的层次迈进，可能会形成新的亚洲太平洋—印度洋—欧亚非世界体系。在谈到陆上丝绸之路时，人们通常认为其源头是长安（今西安），向西延伸到西亚及地中海区域。从东方人活动的区域来看，欧亚大陆北方草原地区也是东西方文明交流的场地，同样给交流双方政治、经济和社会发展带来深刻影响，显然今天远东地区也应成为"新丝绸之路"的重要内容。无论海上还是陆上丝绸之路，在主要的干线外还有许多支线，连结着城镇与村庄，形成网状化的交通贸易网络。最近 20 年以来，美、俄、中、印等国加强了在中东地区的地缘争夺，附近的国家伊朗、巴基斯坦和土耳其也被不同程度地卷入各种力量的角逐与争斗之中。对美国来说，地缘争夺的核心已经转移到了欧亚大陆的中部和南部地区，包括阿拉伯—波斯湾、里海盆地及中亚各国，并与哈萨克斯坦、乌兹别克斯坦、格鲁吉亚和阿塞拜疆建立了军事联系。① 美国与中亚国家建立军事联系构成对中国的战略挤压。俄罗斯出于地缘政治的考虑，对中国在政治上推进协作关系，同时也在战略和战术上对中国实行抑制战略，并不认为日本和韩国对它构成威胁。② 中国适时提出的丝绸之路战略虽然在沿路各国有不同的反应，学术界、政界和商界也有不同的声音，但他们已经认识到会给他们带来发展机遇，分享中国改革开放的红利。丝绸之路战略事关发展，提供机会，而发展问题是所有国家面临的共同问题，所以它最终会得到各国的认可。

从阿拉伯半岛向东经波斯湾、伊朗高原、南亚次大陆直到东南亚缅甸和中南半岛的广阔区域构成一条巨大的弧形地带，是具有极大发展潜力的地区，在很大程度上影响并决定着世界的走向。从长远观点来看，这里有条件成为新的力量的枢纽，传统的欧亚地缘重心正向欧亚大陆南侧倾斜。这是当前世界政治经济力量发展的新趋势，反映了人类社会历史发展的运行规律。人类文明中心的发展是有一定规律的，不可能永远停留在一个地区。在农业文明时代，一个国家或一个地区的崛起只需要几十年甚至上百年时间，但是进入工业文明之后一个国家或一个地区的崛起需要几十年时间，崛起的时间大大缩短，不像农业文明时代那样漫长。在空间上它把欧亚大陆和非洲联系在一起了，连结的不仅有东盟市场、日益成长的中国市场，还有印度洋市场和欧洲市场，真正实现了跨区域和跨文明的联系与自强，推动了不同文明与发展层次的升级与共进。中国、东盟、印度在整体崛起，发展速度远远高于世界其他地区，显示出本地区经济合作与交往能力的增强，在克服历史上的一

---

① ［法］菲利普·赛比耶—洛佩兹著，潘革平译：《石油地缘政治》，北京：社会科学文献出版社，2008 年版，第 155 页。

② ［俄］德米托利托雷宁著，河东哲夫、汤浅刚、小泉悠译：《俄罗斯新战略——解读欧亚大变动》，作品社，2012 年版，第 144 页。

些惰性与障碍之后合作的巨大优势已经充分显现出来。这一切都必将使现代丝绸之路的作用增大，产生新的影响力。

四、几点结论

由中国倡导和推动的"一路一带"战略，是对当前世界经济力量不断变化导致国际格局变动的主动反应，是中国外交战略的重大安排和自我发展的重大步骤。从战略重要性以及发展潜力来说，与海上丝绸之路相关联的东盟对中国的重要性已经充分发挥出来，与陆路丝绸之路相关联的中东、西亚地区的重要性正在显露出来。必须指出，推动"一路一带"的战略建设会有许多复杂的变数，也会因为地缘经济与安全上的竞争带来来自某些大国的阻力，因此我们必须充分估计推进"一路一带"战略的紧迫性、复杂性与艰巨性。在最近 20 几年时间里，世界几乎是在伴随着重大事件的冲击中向前发展的，也存在许多的不确定性，大国之间的较量与角逐仍是有增无减，美国、日本、欧盟与澳大利亚纷纷加强与东南亚、南亚与中东国家的关系，印度出于多种考虑也在谋求与东盟国家的关系，无疑会给推进丝绸之路建设带来困难。面对新一轮的政治、经济、科技、能源与安全上的竞争，加强中国海陆丝绸之路建设是何等的迫切和重要。

从相关的几个大国来看，美国、俄罗斯、印度以及相关国家的态度如何，对中国影响很大。从现在的情况看，美国力图在中东西亚地区扩大影响，继续加强它的军事存在；俄罗斯也在努力发挥它的影响作用，有 85％的俄罗斯人确信俄罗斯是一个大国，期待自己的国家终将成为世界的一个主导国家。[①] 印度关注的重点在南亚，有人认为"印度是南亚的枢纽"，"在维护亚洲权力的有效均衡上，具有巨大的地缘政治意义。"[②] 对于刚刚起步着手建设的一项伟大工程来说，这是一个全新的探索过程，机会与挑战并存，风险与收益同在。中国的"一路一带"发展战略是一个整体推进政治、经济、科技、文化、能源与交通整体发展的过程，一旦启动也将是一个永不停顿的过程。中国的外交方向已经明确了，但如何发展，如何去科学合理地规划和布局，是一个值得深入探讨的问题。

---

① ［俄］德米托利托雷宁著，河东哲夫、汤浅刚、小泉悠译：《俄罗斯新战略——解读欧亚大变动》，作品社，2012 年版，第 150 页。

② ［英］杰弗里·帕克著，刘从德译：《地缘政治学：过去、现在和未来》，北京：新华出版社，2003 年版，第 169 页。

论中国企业"走出去"面临的风险与海外华人华侨的新作用

［美国］ 江　峡

（北亚利桑那大学国际教育中心　亚利桑那　86011）

【摘　要】在世界经济一体化与全球化的浪潮中，中国企业"走出去"不仅是中国政府加大改革开放，提高中国在全球竞争力的战略决策，也是中国企业做强做大，在国际市场立于不败之地的必然选择。中国企业走出去是一项长期而艰巨的任务，面临诸多难以预料的困难与风险，对此绝不能掉以轻心。要实现这一远大目标，定居海外的数千万华人华侨是不可缺少的重要力量与依靠的对象。海外华人华侨在中国企业走出去的过程中，将扮演新角色，发挥新作用。

【关键字】中国企业；"走出去"战略；"一带一路"；风险与挑战；海外华人华侨

一、中国企业"走出去"战略与发展趋势

自中国实行改革开放与集中力量发展经济的强国战略以来，中国经济在过去数十年里保持高速度增长，创造出世界经济发展史上的奇迹。中国改革开放初期，由于缺乏资金、技术与管理人才，中国发展经济的策略着重在"引进来"战略，通过积极吸引外国的直接投资、外国的先进技术与管理人才，来推动中国的经济与社会发展。中国企业得益于中国改革开放的政策，从小到大，从少到多，从弱到强，从立足于国内到走出国门，开始到国际市场上竞争，上演世界历史上波澜壮阔的中国企业创新发展的鲜活大剧。尤其是中国加入世界贸易组织（WTO）后，WTO其他成员国对中国进一步开放市场，提供投资与贸易便利，为中国企业走出去开展跨国经营，带来了千载难逢的历史机遇。中国执政党和政府与时共进，及时把握这个历史机遇，为中国企业规划了"走出去"的宏大战略。

2000年2月25日，前中共中央总书记江泽民在广东考察工作时指出："'走出去'和'引进来'是对外开放政策相辅相成的两个方面，二者缺一不可。"他强调："我们必须加快实施'走出去'战略"。2001年，中共中央关于制定国民经济和社会发展第十个五年计划的建议明确提出，实施"走出去"战略，努力在利用国内国际两种资源，两个市场方面

有新的突破。根据中共中央的建议，中国政府当年制定的国民经济和社会发展第十个五年计划强调，加入世界贸易组织，给中国带来新的发展机遇与挑战，要"坚定不移地扩大对外开放，在积极'引进来'的同时，实施'走出去'战略。"① "走出去"开始成为中国执政党与政府在新时期深化改革开放，调整产业结构，加强中国企业国际竞争力的伟大战略目标。以中国加入世界贸易组织和中国政府制定的第十个五年计划为转折点，中国企业，特别是大型国有企业根据政府的战略意图与自身发展的需要，开始迈开步伐，走出国门到国际市场去闯荡，去磨炼，去提升。

在"十五计划"期间，中国企业走出去的速度比较快，成果显而易见。在实施"走出去"战略，推动中国企业走出去之前，中国对外也有所投资，但投资额度不大。从1980年到2000年，中国对外直接投资每年平均约30亿美元。到2000年，中国对外总投资为270亿美元。到2006年，在"十五计划"结束之年，中国对外的总投资达到900亿美元，5年之间增长了3倍。② 中国私人企业对外投资在这时期发展很快。2003年，中国私人企业对外投资占中国对外投资的47%，到2005年上升到70%。中石油、中石化、中海油、中国有色金属以及中国银行等大型国有资源型与金融类企业是中国企业"走出去"、开展跨国经营的主力。与此同时，越来越多的民营企业也加入到"走出去"的大军，在广阔的国际舞台上亮相。在海外经营的中国民营企业，从2002年的1 000家到2005年猛增到2 573家。根据中国进出口银行的统计，在非洲做生意的800多家企业中，有约100家是国有企业，其余都是民营企业，而且主要是来自沿海地区的私人企业。③

在2006年的第十一个五年计划中，中国政府强调中国企业要进一步"走出去"。并明确指出"支持有条件的企业对外直接投资和跨国经营。以优势产业为重点，引导企业开展境外加工贸易，促进产品原产地多元化。通过跨国并购、参股、上市、重组联合等方式，培育和发展我国的跨国公司。"④ "十一五"期间，中国企业兴起了新一波走出去的浪潮。"中国各类企业对外直接投资年均增速接近65%，远高于同期34.3%的总体水平。到2010年，中国共有13 000多家企业对全球178个国家和地区的3 125家境外企业进行了直接投资。截至当年底，中国累计非金融类对外投资达到2 588亿美元。⑤ 而中国累积的对外直接投资净资产达到3 172亿美元。⑥ 中国国有商业银行在全球34个国家与地区建立了59家分行以及17家相关机构。中国从世界上的主要产品出口国成为主要的资本输出国。中国的经济总量在当年超越日本，成为世界上第二大经济体。这期间，中国企业的海外投资市

---

① 《国民经济和社会发展第十个五年规划纲要》，2001年3月15日第9届全国人民代表大会第四次会议批准，http：//www.people.com.cn/GB/shizheng/16/20010318/419582.html.

② "Issues in Focus：China's 'Going Out' Investment Policy"，Center for Strategic and International Studies，May 27，2008 www.csis.org/china.

③ "Issues in Focus：China's 'Going Out' Investment Policy"，Center for Strategic and International Studies，May 27，2008 www.csis.org/china.

④ 《国民经济和社会发展第十一个五年规划纲要》，2006年3月15日第10届全国人民代表大会第四次会议批准，http：//www.gov.cn/ztzl/2006-03/16/content_228841.htm.

⑤ 于晓、矫磊：《"走出去"战略概述》，《侨务工作研究》，2011年，NO.2。

⑥ Paul Nash："China's 'Going Out' Strategy"，Diplomatic Courier，May 10，2012.

场分布日益多元化，遍布全球 200 多个国家和地区。对外承包工程，开拓欧美发达国家市场，对能源、资源与加工制造业等行业的跨国并购日益频繁，对外投资与承包工程和资源开发紧密结合，在海外的基础建设和大型投资项目不断增多，共设立了 1.8 万家境外企业，中国企业的海外资产总额超过 1.5 万亿美元。①

自中国实施"走出去"战略以来，中国企业在海外并购，发展自己的品牌有许多成功的例子。中国著名的计算机制造厂商"联想"在 2004 年在美国市场收购 IBM 的计算机业务后，利用其品牌与自己的生产线优化组合，迅速在国际市场发展壮大。2013 年，联想超过美国的惠普，成为世界上最大的计算机生产厂商。② 中国家喻户晓的家电企业"海尔""走出去"后，在包括美国在内的全球五大洲建立起自己的市场营销体系，成为一个真正的跨国企业。其他一些中国家电企业如美的、春兰、TCL、小天鹅与格力等，也都纷纷在海外投资建厂，受到海外消费者的欢迎，特别是在拉丁美洲与非洲打响了中国品牌名号。

2011 年，中国政府根据国内外形势的新变化，在第十二个五年计划再次强调中国要"加快实施'走出去'战略"，提出要"加强实施'走出去'战略的宏观指导和服务。"要求"按照市场导向和企业自主原则，引导各类所有制企业有序开展境外投资合作。""十二个五年计划"特别强调要"提高制造业核心竞争力，发展战略性新兴产业"，"支持在境外开展技术研发投资合作，鼓励制造业优势企业有效对外投资，创建国际化营销网络和知名品牌。"③ 此时，中国各类所有制企业根据中国政府"走出去"战略走向海外已有10 年时间。一些企业已具备了开拓国际市场和参与国际竞争的能力，形成了全方位、多层次走出去的格局。越来越多的中国企业开始采取入股及股权置换等方式对外投资。中国企业到海外收购销售网络，许可证，技术专利，建立研发中心和工业园已成为趋势。例如，福星集团斥资 13.6 亿美元收购葡萄牙葡国信贷银行 80% 的股权。联想集团斥资 29 亿美元从谷歌手中将摩托罗拉收购为旗下全资子公司。阿里巴巴在旧金山设立总部布局对美国电子商务领域的投资。小米手机在新加坡建立总部，瞄准东南亚与拉美市场。中国企业已步入大规模"走出去"的快车道。

2012 年 11 月召开的中共十八大，根据国内外新形势，提出加快"走出去"步伐，增强企业国际化经营能力，培育一批世界水平的跨国公司的宏伟目标。中国新一届领导人中共中央总书记、国家主席习近平与国务院总理李克强，更是不遗余力地鼓励与推动中国企业加快"走出去"，参与国际市场竞争，创立中国企业的国际品牌，提升中国的国际形象。同时，与世界各国分享中国经济的发展成果，实现双赢与多赢的局面。2013 年 8 月和 10 月，习近平在出访中亚与东南亚国家期间，先后提出共建"丝绸之路经济带"和"21 世纪海上丝绸之路"（简称"一带一路"）的重大倡议，受到国际社会高度关注。李克强参

① 石资明：《中国企业"走出去"机遇和风险呈上升趋势》，中国侨网，2012 年 12 月 17 日，www. chinaqw. com/zgqj/qkjc_ hnyhw/201212/17/
② Scott SI："How Chinese Tech Companies Are Going Global"，Tech in Asia，May 27, 2014. https：//www. techinasia. com/chinese-tech-companies-global/
③ 《国民经济和社会发展第十二个五年规划纲要》，http：//zhengwu. beijing. gov. cn/ghxx/qtgh/t1158927. htm.

加 2013 年中国—东盟博览会时强调构建亚洲互联互通平台，打通面向东盟的海上丝绸之路，建设带动腹地发展的战略支点。"一带一路"战略构想提出来后，习近平主席与李克强总理先后频频出访，多次与有关国家元首和政府首脑会晤，阐述"一带一路"的深刻内涵与积极意义，就共建"一带一路"达成广泛共识。中国政府还设立丝绸之路基金与倡议成立亚投行，为共建"一带一路"筹措资本。

2015 年 2 月 1 日，中共中央"一带一路"建设工作小组在北京召开推进"一带一路"建设工作会议，学习讨论习近平总书记关于"一带一路"建设的重要讲话与指示精神和李克强总理的指示与批示，安排部署 2015 年及今后一段时期"一带一路"建设重大事项与指导工作。3 月 28 日，习近平在出席博鳌论坛发表主旨演讲时，专门谈到"一带一路"建设。习近平强调"'一带一路'合作倡议契合中国、沿线国家和本地区发展需要，符合有关各方共同利益，顺应了地区和全球合作潮流。"他特别指出："'一带一路'建设不是空洞的口号，而是看得见、摸得着的实际举措，将给地区国家带来实实在在的利益。在有关各方共同努力下，'一带一路'建设的愿景与行动文件已经制定，亚洲基础设施投资银行筹建工作迈出实质性步伐，丝路基金已经顺利启动，一批基础设施互联互通项目已经在稳步推进。这些早期收获向我们展现了'一带一路'的广阔前景。"

同日，中国政府正式公布由国家发改委、外交部和商务部联合制定的《推动共建丝绸之路经济带和 21 世纪海上丝绸之路的愿景与行动》，作为推动实施"一带一路"战略的指导性文件。该文件宣称："推进'一带一路'建设既是中国扩大和深化对外开放的需要，也是加强和亚欧非及世界各国互利合作的需要，中国愿意在力所能及的范围内承担更多责任义务，为人类和平发展作出更大的贡献。"该文件对"一带一路"战略提出的时代背景、共建原则、框架思路、合作重点、合作机制、共创美好未来等予以详细阐述，并将中国西北部的新疆和东南部的福建为"一带一路"两大核心区，其主要目标是推动中国资本向外走，带动国内产能过剩的优势企业走出去，"参与沿线国家基础设施建设和产业投资"。① 有西方学者将"一路一带"战略称为"升级版的中国'走出去'2.0"，它标志着"中国对外投资新时代的来临"。② 还有西方学者认为，"建设两条新的丝绸之路的宏大战略，是中国企图将在钢铁、建筑、交通与制造业领域过剩的产能转移到国外去。"③ "一带一路"建设战略构想，已成为中国企业加快走出去的与中国经济转型升级的重大转折点。中国企业走出去已是大势所趋，势不可挡。

二、中国企业"走出去"面临的巨大风险与挑战

"一带一路"建设战略构想提出后，特别是《推动共建丝绸之路经济带和 21 世纪海上

---

① 新华社：《推动共建丝绸之路经济带和 21 世纪海上丝绸之路的愿景与行动》，2019 年 3 月 28 日，http：//world. people. com. cn/n/2015/0328/c1002 - 26764633. html.

② Ben Yunmo Wang："China's 'Going Out' 2.0: Dawn of a New Era for Chinese Investment Abroad"，Huffington Post，April 11, 2015.

③ "The Opportunities of China's 'One Belt One Road'"，Global Risk Insight，March 2015.

丝绸之路的愿景与行动》公布后，中国政府各部门、各省市自治区与各大型企业以及智库都迅速组织人员学习研究，消化理解，并积极采取措施予以落实。许多地方与企业都争先恐后地上项目，对接"一带一路"战略，希望把自己打造成为"一带一路"的关键节点。2015 年已成为"一带一路"建设的开局之年。据中国商务部统计，2015 年 1 至 6 月，中国非金融类的对外直接投资达到 560 亿美元。同时期，中国企业对"一带一路"沿线 48 个国家的投资达到 705 亿美元。① 这些投资包括基础设施、能源合作、农业加工、仓储物流等各个方面。这个时期，中国制造业的对外投资则达到 50.9 亿美元。中国成套设备出口达到 600 亿美元。成套设备的出口都是一些较大的项目，如电站、高铁设备等。② 中国国家开发银行首席经济学家、业务发展局局长刘勇在接受《海投金融报》采访时说，国家开发银行已在"一带一路"沿线的 64 个国家中设有代表处和国别组，与当地商谈具体投资开发项目，其步伐迈得飞快。中国一些媒体与学者强调，"一带一路"战略覆盖亚非欧三大洲 65 个国家与地区，有近 44 亿人口，经济总量约为 21 万亿美元，分别达到全球总量的 63% 和 29%。到 2050 年时，"一带一路"战略将贡献全球 GDP 总量 80%，新增加 30 亿中产阶级。前景看起来美好光明。

然而，中国企业过去 10 多年"走出去"的经历显示，走出去的远景是宏伟美好的，但并不是一帆风顺的，当中充满了风险与挑战。中国企业"走出去"越远，面临的风险与挑战就越多、越大。历史是一面镜子，如果我们回顾中国企业过去"走出去"所经历的风险与困境，以及不成功的例子，可以帮助我们理解现在及未来"走出去"会面临的风险与挑战，以及如何应对这些风险与挑战。

中国企业"走出去"初期，90% 的对外投资都是由央企与国有企业进行的。由于国有企业只对政府负责，享受政府资金支持，他们没有积极性对投资成本、利润回报与风险进行仔细认真的评估，结果是国有企业在海外的投资回报率相当低。中国矿业行业的负责人在 2013 年的评估中估计，中国在海外的矿业投资有 80% 是失败的。③ 另据有关方面的统计，在"十一五计划"期间，中国"走出去"的企业在海外 60% 的购买与 75% 的跨国兼并都是失败的。④ 有许多中外学者认为，今天，在中国政府大力推进"一带一路"建设战略时，中国企业加快步伐走出去时会面临更大风险性与挑战。对此绝不能掉以轻心，麻痹大意。特别是"一带一路"沿线的南亚、中亚、中东与北非是高风险地区，也是大国博弈的地缘政治地带，面临许多不确定的因素与挑战。中国企业"走出去"曾经历过和将要面临的风险主要有如下几个方面。

首先是投资地区与国家内的战争与动乱风险。2007 年，中国企业开始大量奔赴利比亚

---

① 《2015 年前 6 个月中国企业"一带一路"投资 705 亿美元》，海投金融。
② 《2015 年前 6 个月中国企业"一带一路"投资 705 亿美元》，海投金融。
③ Jiayi Zhou, karl Hallding, and Guoyi Han："The Trouble with China 'One Belt One Road Strategy"，The Diplomat, June 26，2015.
④ "China Analysis：Facing the Risks of the 'Going Out Strategy'"，European Council On Foreign Relations Asia Centre，http：//www. ecfr. eu/page/China_ Analysis_ Facing_ the_ Risks_ of_ the_ Going_ Out_ Strategy_ January2012. pdf.

承包工程，这些项目主要集中在基建、电信、石油天然气等领域。2010 年，西方国家对中东推行的颜色革命从突尼斯开始，以惊人的速度向中东与北非地区蔓延，所形成的动乱与战争给中国企业在当地的投资与经营造成了巨大损失。据中国商务部公布的消息显示，仅在利比亚，就有中国国有企业承包的大型项目共 50 个，涉及的合同总金额达 188 亿美元。利比亚战乱迫使这些项目全部停工。许多设备、资产被盗抢破坏。另据中国国资委透露，共有 13 家央企在利比亚的项目全部暂停，这些投资主要集中在基建、电信领域。据中国中冶、中国建筑等 4 家大型央企上市公司当时发布的公告，累积停工的合同金额达到数十亿美元。中国铁建未完成合同达近 42.37 亿美元。① 不少中国媒体预测，中资企业在利比亚的损失可能达 200 亿美元。② 今天，阿富汗与伊拉克战争还在继续。利比亚发生颜色革命后，并没有完成政治与经济社会的转型，国内暴力冲突与恐怖事件频发，成为非洲难民前往欧洲的中转地与输出地。叙利亚的内战越演越烈，并造成第二次世界大战以来中东流向欧洲的最大的难民潮。随着难民潮的激增，一些中东与北非国家极端宗教组织坐大，恐怖主义泛滥，民族宗教矛盾激化，经济社会发展每况愈下。这对中国"一带一路"战略在该地区的推行将是极其大的风险与挑战。

其次是海外投资的政治风险。这个风险指的是在投资国发生的突然政治事件或政权更迭或领导人变换对投资国所带来的风险。这种政治风险往往是突然的和难以预料的，对投资国所造成的损害与影响是深远的。2011 年，中国的长期邻国友邦缅甸受美国战略东移的影响，在政治上开始向西方靠拢，对中国的态度出现微妙变化。缅甸新总统以影响环境和地方反对为由，叫停了中国企业投资的高达 37 亿美元的水电站项目，中国企业投资的铜矿计划也被临时中止，中缅之间的铁路修建也暂停。2013 年夏，由于缅甸国内反华活动升级以及缅甸叛军的炮弹落到中国境内，使两国关系更趋紧张。中石油不得不取消缅甸国内的石油与天然气管道计划。中国政府警告中国企业对缅甸投资要谨慎。中国对缅甸的投资数额急剧下降。③

2015 年 3 月，斯里兰卡新政府上台后宣布，暂停被上届政府批准的、中国在该国首都科伦坡的一个价值 15 亿美元的港口城项目，直到获得有关当局的批准。该国新任财政部长指称："中国利用上一届腐败政府的机会，排挤走其他国家企业参与竞争，令其他国家企业根本没有竞标机会。"④ 斯里兰卡新总统命令重新审视由上一届政府通过的没有经过竞标所定下的 35 个投资项目，其中有 28 个工程项目是由中国企业投资立项的。⑤ 当地环保组织也联合起来反对科伦坡港口城项目，指责这个项目会严重伤害该国整个西南方的海岸线。⑥

---

① 《中国铁建等四大央企 410 亿美元项目搁浅利比亚》，《侨报》，2011 年 3 月 22 日。

② 冯中豪：《利比亚战乱中国企业面临寒冬，损失或 200 亿美元》，《新京报》，2012 年 3 月 18 日。

③ Jacob Gronholt-Pederson："Chinese Investment in Myanmar Falls Sharply", The Wall Street Journal June 4, 2013.

④ "Did China Profit from Corrupt Sri Lanka Deals·" probe International, April 7, 2015.

⑤ Shihar Aneez："Sri Lanka Intensifies Scrutiny of Chinese Projects", Business insider, April 3, 2015.

⑥ Debasish Roy Chowdhury："Shock for Chinese Backers as Billion-dollar Sri Lanka Project Runs into Political Mess", South China Morning Post.

在欧洲，当希腊新政府在 2015 年 1 月 27 日上台后，希腊新总理齐普拉斯一就职就叫停了该国最大港口比雷埃夫斯港的私有计划。中国政府与企业曾对陷入债务危机的希腊给与许多帮助，为赢得该港口的竞标做了大量工作。该港口的多数股权已计划出售中远集团。中远集团已为该港投入 8 亿欧元，并准备再投入 4 亿欧元。比雷埃夫斯港的建设是中国通往欧洲的贸易航运线上重要的一环，是新丝绸之路的一个重要节点。此前，该项目一度被视为中希合作的成功典范，但却因政府更替新领导人上任而夭折。英国的 BBC 报道说，希腊新政府中负责航运的负责人表示，新政府将中止上届政府启动的向中国出售港口股权的进程，并将根据希腊人民的利益重新审核同中国企业的交易。海外媒体称中国企业在比雷埃夫斯港的受挫，是中国丝绸之路在欧洲遭遇的一个挫折。①

从缅甸新政府叫停中国企业投资的水电站项目和中国企业投资的铜矿计划，到斯里兰卡新政府宣布暂停中国在该国首都科伦坡的港口城项目，以至希腊新政府叫停由中国企业投资的该国最大港口比雷埃夫斯港的私有计划，以及墨西哥政府于 2015 年初暂停中国的高铁项目，都在显示，中国企业"走出去"不会一帆风顺，中国的"一带一路"建设战略的推进与实施不会畅通无阻。

第三，中国企业"走出去"与"一带一路"的推进与实施将面临巨大的金融风险。据中国前商务部副部长，现任中国国际交流中心副理事长魏建国估计，"一带一路"将跨越亚非欧 65 个国家与地区，93 个港口和城市，重点项目会达到数千个，其中基础建设设施项目至少有几百个，总共可能需要 60 万亿美元。未来五到十年，"一带一路"亚洲部分的基础设施建设每年至少要 8 000 亿美元，除了通过亚投行每年可能融资 4 000 亿美元，大部分要靠中国政府与企业来投资。② 这么大的资金缺口如何筹集，不可能仅靠中国与"一带一路"沿线的这些国家。而传统上一些西方国家跨国银行是不愿支持中国海外企业融资的。最近，美国与日本及太平洋两岸共 12 个国家成功达成"跨太平洋经济伙伴协议"（TPP），被美国与西方媒体认为是奥巴马的重大外交胜利。《纽约时报》和英国的《卫报》宣称，美国的盟国视该贸易协定的达成，"是对中国的平衡与牵制"，"是对中国在亚洲主导地位的一种挑战"。③《外交政策》杂志发表网络版文章称："TPP 协议的达成，展现出美国与日本在行使领导力，在全球社区面前显示愿意协商出新的规则和职责。这种领导力对中国是挑战"④ 显然，世界上的第一大经济体与第三大经济体和两个主要对外投资国美国与日本，对中国的"一带一路"战略是抱持不同态度的。而且，美日对中国主导创立的亚投行基本上是抵制的。中美日会随着中国"一带一路"战略的推进和美国主导的"跨太平洋经济伙伴"的形成，进一步加强在亚太地区的大国博弈。这种大国博弈对中国企业

---

① 《希腊港口私有化被叫停，中国丝路欧洲受挫》，BBC 中文网，2015 年 1 月 28 日。
② 赵碧华：《魏建国："一带一路"投融资可采用 PPP 模式》，和讯网，2015 年 6 月 16 日。
③ Jane Periez："U. S. Allies See Trans-Pacific Partnership as A Check on China", the New York Times, October 6, 2015; Jessica Glenza："TPP Deal：US and 11 Other Countries Reach Landmark Pacific Trade Pack", The Guardian, October 5, 2015.
④ Barry Naughton and Arthur Kroeber："What Will the TPP Mean for China", Foreign Policy October 7, 2015.

走出去的投资金融风险影响将难以预料。

众所周知的是，大型工程与基础设施建设的金融投资量大，回报周期长，而且风险也无比巨大。中国金融机构与走出去的企业，过去在这方面有惨痛的经验教训，所付学费高昂。特别是"一带一路"沿线的南亚、中亚、中东与北非国家与地区，许多国家政治不稳定，国民经济落后，法制不健全，民族与宗教矛盾尖锐，基础设施薄弱，治安形势严峻。中外学者都认为，"一带一路"沿线国家的政府大多缺乏金融力量与手段支持规划中的大规模投资与基础设施建设。要在这些国家与地区投资大量资金进行大型工程与基础设施建设，面临的风险与挑战将尤其严重。国际评级机构—标准普尔和穆迪等对于世界各国都有主权评级，这些评级主要是对于各国政府在国际市场举债的违约程度进行评估，从而确定这些债务的投资价值以及相应的风险溢价。英国《经济学人》杂志社的情报部门（IEU）于 2015 年发表对"一带一路"沿线国家风险评估的报告，对这些国家的政治稳定风险、主权风险、货币与银行风险，以及经济结构与金融风险等进行了细致的分析与评估，得出的结论是，许多"一带一路"沿线国家的风险指数相当高。[①]中国"中诚信国际信用评级有限责任公司"也在今年 5 月发布了《"一带一路"沿线国家主权信用风险报告》，对这些国家的国情与风险进行了评估与论述。该报告指出，沿线国家主权信用状况不容乐观，其中过半数信用级别未达到投资级别。而且受经济发展水平的限制，目前"一带一路"沿线国家的金融力量有限，难以对当地投资与基础建设提供足够的金融支持。亚洲区域内的开发资金不能满足本地区基础建设资金缺口，其金融信息严重不足。[②] 中国企业选择海外投资时应多借鉴权威机构的评估意见，以便降低金融风险。

第四是投资决策与管理风险。中国中铁下属的中国海外工程集团在波兰承建的高速公路的失败是中国在欧洲投资决策与管理失误的一个典型例子。2011 年 6 月，由中国海外工程集团投资承建的从华沙到柏林的高速公路因欠帐、成本超出预算与工程严重滞后而被取消了。这是该公司所承建的第一条欧洲的高速公路工程，不仅其所有投资与营运经费都打了水漂，还被罚付巨大的违约金，并影响了中国企业在欧洲的形象。[③] 这个工程的失败反映了中国企业管理人员不进行市场调查与风险评估，不熟悉海外市场，不懂被投资国的法律与政治运作而出现的重大失误。中国金融机构与国有企业在海外因投资决策与管理失误给中国造成损失的例子比比皆是，在此不一一列举。因此，在投资前的周密市场调查，和投资决策的正确与否往往决定中国企业"走出去"的目标能否实现。中国企业"走出去"将在不同的国家和社会环境下活动，必须充分调查了解被投资国的经济、政治、文化、法理习俗等各方面的情况，才能在此基础上做出正确的投资决策与有效的管理。

---

① "Prospects and Challenges on China's 'One Belt, One Road': A Risk Assessment Report", From The Economist Intelligence Unit，2015. www. eiu. com.

② "'一带一路'沿线国家风险路线图"，海投金融，2015 年 5 月 27 日。

③ "China Analysis: Facing the Risks of the 'Going Out Strategy'", European Council On Foreign Relations Asia Centre, http://www. ecfr. eu/page/China_ Analysis_ Facing_ the_ Risks_ of_ the_ Going_ Out_ Strategy_ January2012. pdf.

　　第五是在海外投资工程及基础设施建设所带来的生态环保风险。根据"一带一路"战略的构想，中国企业将走出去在"一带一路"沿线国家与地区参与修建许多重要的港口、机场、高速铁路与公路、电信通讯网络、电站、大坝和桥梁以及油田与矿山等基础设施和工程，这必将对当地的生态环境带来变化与影响，反过来会影响中国企业在海外的投资与工程建设。中国企业过去"走出去"的经验证明，如果不正确处理好在海外基础建设与工程的生态环保风险，将给中国企业造成巨大的麻烦，并给中国的国际形象造成严重的不利影响。例如，2015年2月，柬埔寨政府以环保问题为由，宣布暂停中国水电集团以前获准在柬建造总额为4亿美元的水坝项目，此工程项目至少在2018年前都不会动工。此前，这个大坝工程因生态环保原因受到非政府组织的批评。中国水利电力建设集团在柬埔寨遭遇的困境和中国电力投资集团在缅甸建设密松水电站时所面对的情形相似。2011年，缅甸改革派政府上台后，以环保原因叫停了这个水电站工程。斯里兰卡的港口城项目被暂停，环保问题也是其中原因之一。到目前为止，中国企业与金融投资机构在海外参与了300多个水坝电站工程的建设，占据了全球水坝电站建设的市场，受到国际环保组织和某些非政府组织的严密关注与监视。总部设在美国的非政府组织"国际河流网络"针对中国在海外的大坝工程，在2012年制定出新的"行动指南"。瞄准中国"走出去"的大坝建设企业与金融投资机构，"要确保当地居民与环境的权益与安全"。① 在全球化与信息化时代，国际环保与非政府组织可以借助互联网与社会媒体，迅速煽动起媒体与公众，其能量与影响力强大。中国政府、中国企业与金融投资机构必须对生态环保问题以及国际非政府组织予以足够的重视。

　　第六是在中国企业加快步伐"走出去"过程当中，如何面对与保障中国企业与投资机构管理人员与工人的生命财产的安全风险问题。从中国过去对外投资流向前10名的国家和地区的分析与对比来看，发展中国家和地区占了8位，其中对外投资额的约90%投向了亚洲、非洲与南美国家。显而易见的是，中国企业与金融机构对外投资大多集中在政治不透明，法制不健全，政治动乱与社会矛盾与冲突严重，以及治安环境差的国家和地区。2011年，利比亚发生战乱，中国政府为了保护中国企业员工和侨民的生命财产安全，一举从利比亚撤出3万多名中企员工和中国侨民，受到国际社会的肯定。2015年3—4月，由于也门发生大规模动乱，中国海军在亚丁湾的护航编队舰艇成功从也门撤出600多名中企员工与中国公民，及10个国家在也门的225名侨民。中国政府此举不仅受到国内媒体与公众的点赞，还受到国际舆论的肯定。毫无疑问的是，中国政府在海外的撤侨行动保护了中国公民的生命财产安全，维护了国家利益。但同时显示，随着中国企业加快走出去，随着"一带一路"战略的推进与实施，越来越多的中国管理人员与工人及国民也会走出去。中国企业员工与公民在海外面临的安全形势与环境也会越来越严峻。在中国投资遍布世界各地和中国利益覆盖全球的情况下，中国政府与企业应有新的思路与战略，来应对未来中国工人与公民在海外可能遭遇的层出不穷的安全风险与挑战。

---

① "New Action Guide Targets Chinese Dam Construction", Probe International, September 24, 2012.

第七是中国企业对投资对象国的基本国情不熟悉不了解，面临巨大的情报信息赤字风险。情报不明、信息不畅是中国企业在走出去中所遭遇的一个共性且十分严重的问题，是中国企业"走出去"过程中存在的普遍现象。中国古语言"兵马未动，粮草先行"，在信息化时代是"投资未动，情报先行"。中国古代战略智慧相信，知己知彼，百战不殆，透彻地了解掌握对方的情报信息，是运筹帷幄，决胜千里之外的先决条件。而在过去10多年间，不少中国企业"走出去"时因对投资对象国的情报不明，市场信息不畅而盲目投资，承包工程，进行基础设施建设而碰壁，受阻，上当受骗，结果在经济与信誉上损失惨重，这方面的例子不胜枚举。中国正在大力推进实施的"一带一路"建设，其沿线国家与地区中的中亚、南亚、中东与北非，是中国金融投资机构与企业相当陌生的地方，其国情、政治法律制度、语言文化、经济社会发展水平、银行信贷政策与税收政策，以及宗教信仰与中国完全不同。中国企业"走出去"，要在这些国家与地区投资，设立研发中心与产业园，承包工程，开展大规模的基础设施建设等，必须事先做好对各国的情报信息收集分析与市场调查研究，为决策做参考，并建立各种规避减少和紧急应对风险的预案。真正做到"走出去"万无一失。在情报信息收集分析与市场调查研究方面，日本的企业做得细致周密，一丝不苟，相当成功。日本的许多跨国企业如索尼、东芝、松下，以及丰田、本田与三菱等，都成为国际知名的企业品牌。中国企业应向日本企业学习。

上述列举的风险只是中国企业全面"走出去"所面临诸多风险的一部分。其他风险还包括经济贸易保护主义风险、法律风险、税务信贷风险、文化与宗教风险、劳工与合同纠纷风险、工程项目事故风险等等，不一而足。中国企业在"走出去"之前和"走出去"的过程中，对这些风险与挑战必须予以足够重视，不能再付冤枉而高昂的失误学费。

三、充分依靠发挥海外华侨华人在中国企业"走出去"中的独特作用

尽管中国企业加快"走出去"和实施"一带一路"建设将遭遇许多难以预料的风险与挑战，但"走出去"和实施"一带一路"建设是中国的长远国家大战略，是中国至关重要的国家利益，已成为中国的国家共识与国家行为，是大势所趋，只能成功，不能失败。由于"一带一路"战略构想中的海外投资与基础设施建设项目，都是几亿、几十亿甚至上百亿美元的大工程大项目，都是中国投资出去的真金白银，因此对每一笔投资，每一个工程项目，都要有全面细致周密的情报调研和市场风险论证评估，以及各种应对风险的预案。中国各级政府与企业在参与"一带一路"建设时，为了规避或减少风险，需要重视和依靠海外广大华侨华人的强大力量，充分发挥他们独特的资源优势与作用。

中国有约5 000万遍布世界各地的华侨华人，其中有近千万是在改革开放后走出去的新华人新华侨，在非洲就有约200万新华人华侨。他们是中国独一无二的宝贵资源与财富。作为特殊的华人群体，海外华人华侨具有人口数量大，分布广，视野开阔，阅历丰富，思想独立自由开放，从事行业广泛等特点。海外华人华侨的优势在于，他们一般熟悉掌握母国的语言文化，同时也熟悉掌握居住国的语言文化；他们中很多人善于经商，并普遍重视教育，其精英人才与专业人士都掌握先进的科技知识与现代管理经验；经过在海外

多年甚至几代人的打拼，许多海外华人华侨已事业有成，在当地建立了广泛的政商关系网和社会人脉网络。而且绝大多数华人华侨对母国怀有特殊的感情，爱国爱乡，愿意为自己的母国与家乡做贡献。海外老侨、华商与各种专业人士中的许多人，在中国改革开放初期，不仅帮助家乡招商引资引智，还亲自在国内投资设厂，集资兴学，为家乡培养人才，为中国的改革开放与经济腾飞做出了不可磨灭的贡献。中国政府大力鼓励中国企业走出去在国际市场中竞争，积极推进"一带一路"建设，实现中华民族在本世纪中叶伟大复兴的宏伟目标，受到海外千万华人华侨的拥护与支持。中国执政党与政府应更加重视并依靠海外华人华侨的巨大力量，协助中国企业走出去，规避或降低风险，并做好"一带一路"建设中的"五通"，具体可以从如下几个方面入手。

首先，国务院侨办、外交部、商务部等国家级部门应联合建立全球海外华侨华人，特别是华人精英与专业人士以及社团与行会的大数据库，摸清了解其分布和联系方式，为中国计划"走出去"的企业与当地华人华侨社团领袖牵线搭桥，建立密切广泛的联系。中国驻世界各国的使领馆不仅应协助配合建立完善这个大数据库，搞清所负责国家与地区的华侨华人情况，还应配合"走出去"的中国企业，为其提供投资经商等方面的服务。各省市侨办也可利用自己的资源，参与建设这个大数据库，协助本省市企业走出去时，与投资对象国的华人华侨精英与专业人士及社团领袖沟通联系，寻求协助支持的途径与方式。不论是国企或民企进入投资经商的东道国后，要积极主动地与当地华人华侨联系，可以经常通过座谈会和联谊会的方式，征询他们的意见与建议。

其次，可以邀请或聘用投资对象国的华人专业人士为企业依法收集分析当地各种公开的情报信息，进行市场调研，为投资决策与经商做参考，以趋利避害，规避风险。其要收集的情报与市场信息包括东道国的政府政治、法律制度、人口与资源、社会经济发展水平、银行金融系统、贷款税收政策、经商环境、宗教文化、风土人情、社会治安，以及其他跨国企业和相关竞争对手的资料等。

其三，可以邀请或聘用投资对象国的华人专业人士为企业编写投资经商指南小册子，以双语介绍东道国的基本国情，包括政治、经济、法律，社会文化习俗，宗教信仰与治安状况等方面的详细情况以及特别注意事项。并列上当地华人华侨社团与主要侨领的联系方式，以便出现紧急问题时寻求必要的协助与支持。与此同时，还可请当地华人专业人士为企业的管理人员、技术工程人员和一般员工举行东道国法律与社会习俗方面的培训与讲座，帮助他们了解熟悉并尊重当地的法律规则与社会文化习俗。与当地政府、企业与社区搞好关系，真正做到与当地人民民心畅通。

其四，由于中国传统文化的关系，中国人到全球各地都会形成自己的封闭圈子，难以融入当地社会，这是不少中国企业"走出去"后面临的共同难题。结果是中国企业的管理人员与员工在海外没有长远的打算，难以与当地员工和居民和睦相处，以及未能对当地法律、社会习俗与宗教信仰展示出必要的尊重。中国企业可以聘请熟悉了解当地语言文化的华人华侨精英为企业的文化公关顾问或公共外交形象使节，协助企业开展公共外交，向当地政府、媒体与公众阐明中国企业在当地投资经商以及承包工程、开展基础设施建设的动机与目的。由于多种原因，一些海外媒体与公众对中国企业在当地的投资经商存在误解。例如在非洲，有关国家的报纸在头条批评"中国企业在强大的、荷包鼓鼓的中国政府的支持下，将横扫光非洲大陆的商业机会，伤害西方和当地的企业。当人们在非洲大陆所有市场都可以看到'中国制造'的商品，在每一个施工工地都可以看到中国工人身影时，是很容易得出中国正在殖民非洲的结论。"[①]前南非总统曾认为中非关系是"不平等"的。他警告说："中国不能仅仅是跑到非洲来挖原材料，然后离开，卖给我们工业制造品。"[②]因此，中国企业必须下大气力在投资经商的对象国开展公共外交。在中国重要的传统节日和当地的传统节日，中国企业管理层可以通过企业的文化公关顾问或公共外交形象大使邀请当地政府官员、议会议员、媒体记者、商界领袖、执法当局的负责人与社区代表举行联谊活动，协助中国企业与当地政府和社区建立良好的互动关系，在当地扎根开花，既使企业本身做强做大，也回馈造福当地人民与社区。

其五，不论是国有企业或民营私有企业，都应考虑聘请熟悉了解东道国语言文化、政治法律制度的华人专业精英人士，担任付费的法律、金融、财会、税收、环保与劳工问题等领域的顾问，为企业提供法律保障。同时为企业的投资发展献计献策，排忧解难，及时处理各种纠纷与法律问题，保障企业日常工作正常运行与合法权益，包括企业员工及家属在当地的合法权益。与此同时，中国企业高层还可以根据企业法律等专业顾问的建议，多雇用当地本土管理人员与员工，并保护他们的合法权益。

其六，拥有实力的中国国有企业与民营企业，应有自己的政策与风险研究中心或智库，并设立专项"一带一路"智库学者基金，鼓励资助海外华人学者研究中国"走出去"战略和"一带一路"问题。同时，通过自己的研究团队与智库，与海外华人学者一起邀请东道国的政府官员与研究学者，召开中国"走出去"和"一带一路"建设的专题讨论会，分析讨论所出现的现实问题和解决问题的具体政策建议，对任何正在发生的问题和可能出现的风险了然于胸，为企业高层制定解决问题的办法和应对风险的预案。中国企业要鼓励海外华人智库学者，对企业的工作多挑刺、少栽花。对企业发展有突出贡献的学者，要给与充分的奖励。中国企业仅须几十万或上百万美元的小预算经费成本，就可能避免几亿、几十亿甚至上百亿美元的重大风险与失误损失。

其七，中国企业还可以与有学有专长、拥有技术专利的海外华人精英以及优秀的留学生，共同在东道国建立科技园与研发中心，发展创新产品。还可以通过当地华人专业人士的推荐，购买投资国的发明专利，利用当地资源开发新产品，提高中国"智造"产品的科技含量与附加值，直接进入当地与国际市场，真正创立中国的国际品牌，使企业发展成为知名的跨国企业。

总之，中国政府与企业通过依靠海外广大华人华侨独特的优势资源与巨大力量，不仅

---

① Steven Kuo："China's Investment in Africa-The African Perspective"，Forbes，July 8，2015.

② "Issues in Focus：China's 'Going Out' Investment Policy"，Center for Strategic and International Studies，May 27，2008. www.csis.org/china

可以协助支持中国企业成功"走出去",推进实施"一带一路"建设,还可以推动海外华人华侨的经济发展,使海外华人华侨分享中国改革开放的成果与红利,调动、凝聚和壮大全球华人的经济力量,共同实现中华民族的伟大复兴,共同实现宏伟壮丽的中国梦!

"21 世纪海上丝绸之路" 进程中海外华商作用之理论探析

林心淦[①]

（福建社会科学院华侨华人研究所　福州　350001 ）

"推动共建丝绸之路经济带和 21 世纪海上丝绸之路的愿景与行动"指出，"'一带一路'是促进共同发展、实现共同繁荣的合作共赢之路，""全方位推进务实合作，打造政治互信、经济融合、文化包容的利益共同体、命运共同体和责任共同体。"要高度重视和充分发掘华侨华人的巨大潜力，发挥华侨华人作为"一带一路"的参与者、建设者和见证者的作用。"海丝"沿线各国特别是东南亚国家，是华侨华人聚集最多的国家和地区。因此，发挥华侨华人的作用，重点是在 21 世纪海上丝绸之路（本文中简称"新海丝"）沿线国家，特别是东南亚国家。本文着重以海外华商群体特性为出发点，从理论上探析海外华商在推进"新海丝"建设，尤其是促进中国与沿线国家区域经济一体化中，发挥作用的路径和特点。

一、推进"新海丝"中发挥海外华商作用的意义

（一）推进"新海丝"中发挥海外华商作用是海丝历史发展的必然延续

历史上，海上丝绸之路不仅仅是一条商贸之路，同时也是一条人员往来、文化交流和公共外交之路。华侨华人在其中扮演了多种角色，成为海上丝路的参与者、建设者和见证者。"海丝"沿线国家也就成了华侨华人聚集最多的国家和地区。

1. 华侨华人是海上丝绸之路的见证者

作为一条交通要道，海上丝路同时也必然是一条人员往来之路。在海上丝路开辟之后，闽粤等地沿海民众出于生计、安全、发展等需要积极投入到海丝之路中的移民流中。尽管早期移民规模不大，其引领作用却极为重要。近代以来，中国沿海大规模海外移民，正是循着"海丝"印记，漂泊海外艰苦奋斗，华侨华人社会得以形成。以福建为例，福建

---

① 作者简介：林心淦，福建社会科学院华侨华人研究所副所长、副研究员，主要研究领域为中国区域经济、华侨华人经济。

人走向世界之路与海上丝绸之路息息相关，其生息繁衍的历程也见证着海上丝绸之路的发展历史。当年许多福建人沿着海上丝绸之路远涉重洋，闯荡世界，不少人定居海外，成为最早侨居海外的华侨，为海上丝绸之路的发展做出杰出贡献。郑和七下西洋，船队中的主力船员是福建人；在郑和航海活动偃息之后，许多福建商人整家整族汇聚航海力量，开展着有声有色的海上贸易活动。现聚居于东南亚的福建籍华侨华人，大多是不同历史时期沿着海上丝绸之路出去的福建人及其后裔。据不完全统计，目前福建拥有海外华侨华人1 580万人，分布在世界188个国家和地区，其中东南亚地区占76%，有1 200万人。闽籍华侨华人经过长期艰苦创业，许多人不仅融入当地社会，更成为居住国经济发展的重要力量，他们职业分布广泛，以从事商业贸易、餐饮服务、制造等传统行业为主。如今，闽商已成为海外华商中实力最强的一支。据《2013年闽商百强榜（全球榜）》的数据显示，仅百强闽商在2013年的累计财富值高达16280.66亿元人民币。

2. 华侨华人是海上丝绸之路的参与者

侨居"海丝"沿线国家的华侨秉承重商务实、开放兼容的优良传统，长期从事着中国与海外各国的长途贸易。海上丝路主要有东海航线和南海航线，东海航线主要是前往日本列岛和朝鲜半岛。明朝海禁形成的月港时代（1450—1627），中国海商全盘代理了日本的海外贸易。南海航线主要是往东南亚及印度洋地区。东南亚是华侨的主要移往地，他们惯用中国国货，因此，在中国与东南亚之间从事远洋贸易的华侨较多，并形成独特的华商网络。月港时代也是东南亚近现代华商网络形成的阶段。这一时期明朝实行海禁，民间海外贸易沦为走私贸易，沿海港口中的漳州月港成为东南沿海第一大私商大港。中国海商很快掌控了菲律宾与中国、日本间的大帆船贸易，大帆船不停往来于中国与菲律宾之间，贸易不断。西洋航线中的印支马来半岛的航运贸易也掌握在华商手里。也正是在这一时期，华商网络和华商社会开始形成。之后的郑芝龙时代，海外华商仍然可以与西方人在东南亚海域展开对等竞争。月港时代过后，华侨的海上垄断地位有减弱，但海外华侨从事中外商贸的传统却一直得以延续。

3. 华侨华人是海上丝路沿线国家和地区的建设者

华侨华人秉承爱拼敢赢的优良传统，以主人翁精神，为侨居地和祖籍地的建设事业作出了杰出的贡献。对于侨居地而言，早期中国的生产力水平较高，广大华侨带去先进的技术、生产资料，促进了当地的生产力发展；他们与当地居民并肩劳作，拓荒垦殖，建设村镇，兴办文化教育事业，加快了当地经济的发展和社会的进步。例如，为了从事垦荒和开发，许多闽商曾从福建各地组织大规模的移民前往东南亚各国。闽商率先经营的诸多产业奠定了侨居国经济的基础。东南亚许多重要产业都是由闽商首先经营的，比如马来西亚的橡胶业和锡矿业。同时，他们与侨居地民众荣辱与共，积极参与、支持当地人民反抗殖民统治、争取民族独立的斗争。当侨居地获得独立之后，他们绝大多数先后加入居住国国籍，成为居住国公民。当代海外侨胞更加注重回馈当地社会，也积极参与祖籍地建设，不仅积极投资，而且大量捐资修建桥梁、道路、学校、医院、公园和其他基础设施。例如，菲律宾华社"三宝"已成为关爱并回馈当地社会的典范。而在日本发生灾情时，海外侨胞积极捐款捐物，反映出一个负责任的华人群体形象。一些华人因表现积极而受到主流社会的高度评价。

（二）推进"新海丝"中发挥海外华商作用是应对"新海丝"现实挑战的客观需要

在21世纪海上丝绸之路战略推进过程中，因沿线地区的地缘政治关系错综复杂，政治博弈敏感，会遇到许多困难、挑战甚至风险；同时，也给海外华侨华人参与"新海丝"建设带来许多不确定性。

在21世纪海上丝绸之路战略推进过程中，会遇到许多困难、挑战甚至风险，包括部分国家政局不稳，一些国家法制不健全，投资贸易风险较大；多边合作项目，特别是基础设施互联互通，推进难度比较大；少数国家在大国间搞平衡，对中国抱有既合作又防范的矛盾心态，甚至是抵触态度。而且，各国的情况也比较复杂，官方、民间、不同群体，因了解程度不同，利益和立场不同，还存在着复杂各异的心态。从海外学者了解到，东南亚各国对中国倡议的"一带一路"有不同看法，有很多疑虑，甚至总是从负面的角度去解读。这些国家普遍认为，"新海丝"只是中国用来改善与周边国家关系、增强中国的区域影响力、与美国等区外大国进行战略竞争的工具。比较极端的，比如越南精英和外交圈子对中国的意图深表怀疑，估计中国希望利用新海丝把自己塑造成为地区的霸权国家。

近年来，中国企业海外投资屡次因政局变动而遭遇挫折。例如，缅甸国内政治局势的变化导致中缅密松大坝工程和中缅合资的莱比塘铜矿项目被叫停，中缅皎漂昆明铁路工程计划被取消；泰国政局动荡导致中泰"高铁换大米"计划流产；斯里兰卡新政府上台可能导致中国交建承建的、总投资为15亿美元的科伦坡港口城项目面临不确定的政治风险；最近，希腊新政府叫停向中远集团出售比雷埃夫斯港口多数股权的私有化计划，柬埔寨首相下令暂停建造中柬合作大坝；以及墨西哥政府无限期搁置高铁招标计划，并勒令中资坎昆龙城项目停工，引发了社会各界对于中国海外投资所面临的政治风险的高度关注。

中国企业海外投资之所以因政治因素而频频受阻，原因是多方面的。既有中国企业行为不规范和国内政策体系不完善的因素，又有东道国的政治社会经济变化的因素，还受投资行业、地缘政治等因素的影响。国外的政治阻力是中国企业海外投资最容易遭受的障碍，而"国家安全"则成为惯用的理由。"国家安全"的背后很多实际上是商业利益在作祟，是商业竞争政治化的表现。中国企业作为对外直接投资领域的后来者，存在着明显的"后发劣势"，在投资机会选择和市场机会开拓处于明显的不利地位。优质资源几乎全被发达国家企业所占据，不得不到那些政治风险高、社会制度体系不完备、经济发展水平低、投资环境较差和基础设施匮乏的国家去寻找投资机会。中国企业对国际市场不熟悉，国内中介机构发展程度较低，难以有效地对投资项目进行尽职调查和风险评估。国内很多企业缺乏海外投资经验，企业经营人员的素质较低，不通晓当地语言和文化，缺乏具有国际经济专业知识和熟悉当地法律法规、税收制度的经营管理人员。

在一些族群关系比较敏感或者对中国怀有戒心的国家和地区，如果中国企业"走出去"的投资合作过于依赖当地华侨华人，特别是绕开与当地政府的协议框架而直接找当地华商合作，就容易引起当地各界的猜疑、嫉妒，甚至令他们对中国倡议"一带一路"的意图表示怀疑，从而可能对于"一带一路"的全面推进产生更大的阻力。

面对国际社会的不解、疑惑、观望甚至对抗，中国推进 21 世纪海上丝绸之路建设，应官民结合，有效引导民间力量参与，并促进民间力量、市场力量成为 21 世纪海上丝绸之路的最重要依托力量。华侨华人作为最为直接的民间力量，曾经和正在发挥着重要的、积极的作用。就历史而言，华侨华人是海上丝绸之路的参与者、建设者、见证者，现在和将来仍然如此。如今海外华侨华人的数量与日俱增，重点侨商足以影响当地的社会发展，沿线各国特别是东南亚国家，华侨华人具有较深厚的经济实力，比较成熟的生产经销网络，广泛的政商人脉关系，比较牢固的中华文化语言传播平台，具有融合中外的平台优势，是重要的力量。随着经济实力不断增强，不少侨胞与居住国上层人物的交情深厚，关系密切，在涉及中国与住在国之间重大合作项目方面，他们有能力、有实力、有意愿推动与促成。在构建 21 世纪海上丝绸之路的过程中，华侨华人将起到举足轻重的作用，比如，在构建政治互信中可以发挥释疑解惑作用，在双边经贸合作中可以发挥桥梁纽带作用，在区域经济发展中可以发挥牵线搭桥作用，在中外文化交流中可以发挥融合发展作用。

（三）推进"新海丝"中发挥海外华商作用是海外华商自身发展的新机遇

政府搭建合作平台，以企业为行为主体，其中海外华商可以成为直接行为主体，或者成为中国企业和沿线国家企业的中介纽带。这样既有利于项目合作的顺利进行，也有利于维护海外华商与当地的关系，有利于华商获得更多发展机会。分布在海上丝绸之路沿线国家的华侨华人，因其在商业领域的卓越表现，可以为推进"新海丝"战略起到了桥梁纽带的作用。"新海丝"沿线国家的华商熟悉中国与沿线国家双方政治、经济、文化等投资环境，对沿线国家市场有更深的认识，长期积累许多人脉和资讯，可以成为国内企业进入目标市场最直接也是最佳的合作伙伴；可以助推中国与海丝沿线国家的政府间合作，推动海丝规划落地；通过直接合作，实现共商共建共享，在帮助中资企业顺利转型的同时实现自身发展。

利用好华侨华人已有的与住在国政府官员的良好关系，挖掘侨商的民间外交作用，促进中国与所在国国际关系，通过官方与民间联合方式，推进"海丝"建设项目落地。鼓励侨商与国内企业在交通运输、港口与产业园区建设中强强合作，借助华商力量实现产业的转移和转型升级，借助并支持华商参与一些海上支点、重要港口、能源资源开发等重点项目。将海外华商已经或正在进行的国际合作项目予以整合、提升、拓展，纳入"海丝"建设的盘子。通过海外华商整合世界前沿和先进的技术与管理经验，进一步发挥其运用资金、科技、人才、管理等方面的优势，将它融入到其可能参与的项目上，通过升级的方式在祖籍地的经济大发展中寻找新机遇。

二、海外华商资本的根植性和桥接功能

海外华商之所以可以成为一个具备群体性特征的概念，在于一方面，她具有群体性的

共同特性；另一方面，她具有有别于其他群体的特性。本文考察的华商是以华商特性发挥作用，即能运用华商社会资本的华商群体。以下特质，使海外华商成为可以推动中国与住在国区域一体化的作用主体。

（一）具有中华民族文化身份认同的群体性

海外华商最重要的特征是结成以中华文化身份认同为基础的华商网络，恪守着共同的行为规范，具有群体共性的身份识别特征。这一特征是华商可以作为一个群体来考察其作用的前提。

1. 文化认同。明清以降，特别是近代以来，我国有大批民众陆续移居南洋、美洲、澳洲等世界各地。这些在异邦他乡繁衍生息的华人，在政治、法律与中国本土可能毫无关联，经济上联系也可有可无，唯一无法切断的是他们与中华民族之间的文化纽带，这种文化联系是一种数千年历史的积淀，是一种对悠久传统的传承。而这种联系的延续和强化依靠的是海外华人对中华文化的认同，这种文化认同使每个成员始终与华人社会、与中华民族保持着千丝万缕的联系。作为精神母体的中华文化，为这些海外游子提供了智慧源泉、情感藉慰和精神家园。当然，为了求生存谋发展，海外华侨华人必须在自己固有的文化中吸收、综合乃至融合当地主体民族（部族）的文化或其他强势民族的文化。

2. 相互信任和共同行为规范。以特定的共同文化背景产生的认同感、亲近感，有可能转化为经济合作伙伴，发展成网络关系。比如受中国儒家文化的影响，海外华商与中国商家彼此都对信用和信誉十分看重，俗话说：一次不忠，百次不用，一次失信于人就可能永远得不到别人的合作。对信用和信誉的崇拜，在华商以及中国企业之间形成无形的约束作用，使他们都不会轻易地违背自己签订的合同，破坏自己的良好形象。

（二）华商经济资本的跨国扩张性

华商的经济实力有目共睹，在住在国（特别是在东南亚），华商实力雄厚，在当地的影响力巨大，在许多行业占有决定性优势，已具备跨国配置资源的能力，其经济资本已具备跨国扩张的特质和实力。这一特性决定了华商在国际经贸合作的作用实力。如，东南亚华商经济目前正以世界市场为发展空间，以国际产业分工大趋势为动力，日益拓展更为活跃的开放经济体系，有力地推动当地经济的发展。同时，他们与祖籍国交往密切，对促进中国的经济建设和推动居住国与中国的友好关系发挥了重要作用。游仲勋教授在1995年出版的《华侨——经济网络化的民族》一书就充分肯定了华人在亚太地区经济发展中的重大作用。他提出，华人全球化的趋势，使华人的经济网络也在扩大和重新编组之中，华人将成为亚太时代的主角，至少是主角之一。

（三）华商社会资本的桥接性

1. 华商文化社会资本的桥接性。作为华商社会资本的重要组成部分，华商文化既保存着具有身份识别功能的中华文化认同，同时又能兼融当地多元文化特质，于是具备了桥接多种文化群体、跨国经济体的特性。海外华人文化是在中华文化与当地异族文化的兼融并储中，处在既不断"当地化"又坚持"中华化"的对立统一过程与机制中，是不断"当地化"与坚持"中华化"之产物。这种特性造就了华商的文化桥接性，是中华文化与住在国的异族文化进行对话、相互交流的重要中介，是增进中国与住在国友好关系的重要资源，是中国善邻睦邻友邻、建构和谐亚洲和世界的重要资源。

2. 华商社会资本与华商经济资本的融合性。华商网络中有着各种类型的合作模式，其中最重要的一个是通过民间组织的途径。根据科尔曼的看法，社团活动促进了"社会制度的封闭性"，因而有助于商业信用的形成和社会资本的累积。这种社会资本建立在制度化联系的基础之上，并成为华人跨国商业网络维持的重要基础。华商经济资本在形式上虽然与其他经济资本没有两样，但它具有某些特定的属性，这是因为它加入了华商社会资本的作用，因此，华商的特性归根到底是它的社会资本，考察华商的作用也应从其社会资本出发，再延伸到其社会资本的关联要素的作用。从总体来说，华商社会资本产生作用的条件，应是通过主体活动使其社会资本与经济资本及其他要素相结合，从而产生一定效应。从华商个体来说，在其经济活动中只要他有意识或无意识地运用华商社会资本，他所发挥的作用就包含了本文需要考察的华商作用。

3. 华商社会网络的跨国性。华商的社会网络以跨国的广度为特征，不但在华商网络系统内具有跨国的空间分布特点，而且与住在国（地）政界、工商界、民众，与侨乡官方和民间，甚至与其他国家（地区）的不同圈内的人士都有着密切联系。这种跨国社会网络形成跨国象征性资本，成为华商社会资本的补充。通过加强有关跨国企业家的信用和信誉，象征性资本成为累积社会资本的间接但有效的来源，成为推动跨国经济行为的重要资本。

三、海外华商在推进"新海丝"中的作用路径

推进"一带一路"的目标是促进区域经济一体化，构建利益共同体。海外华商的群体特性，决定了其在实现"一带一路"目标进程中，可以发挥积极作用。华商作用是指在华商群体性特征角色定位的前提下，其行为所发挥的作用。这有别于华商不作为"华商"的作用，即部分华商个体在其经济活动中没有运用"华商社会资本"，只是发挥着一般商人属性的作用。海外华商作用包括以下几方面内涵：（1）作用主体是能运用华商社会资本的华商群体，一方面强调群体层次的概念，另一方面剔除了单纯只有血统关系、未能运用华商社会资本的那部分华商个体；（2）作用方式是基于其运用华商社会资本的经济行为、社会行为，而不同于一般性商业行为；（3）作用对象包括中国和华商住在国的经济、社会、文化甚至政策取向，以及二者在这些方面的交往、协调、融合等。

根据华商的特性，以及国际区域经济一体化可行性前提，华商对于中国国际区域一体化的有效作用，可通过五个作用力、五种作用方式和五种作用路径来实现。

（一）作用力

1. 桥接力：桥接住在地与侨乡的社会资本优势。

2. 华商网络力：华商网络中约定俗成的强制力，促进以信任、团结构成的社会资本成为华商国际（特别是在中国与其住在国间）经济活动的优势。

3. 文化力：中华传统文化力量所具备的兼容性与华商自身所特有的开拓性有机结合，形成华商文化力。

4. 经济力：海外华商的勤奋和智慧，使得华商积累了较强的经济实力以及经商能力。

5. 社会活动力：海外华商善于利用当地社会政治资源进行经济活动，构筑社会网络，发挥社会资本优势。

（二）作用方式

1. 经济贸易：通过国际经济贸易活动，拓展区域间经济资源和产品的流通渠道，促进地区间消费结构趋同。

2. 投资生产：通过独资或合资、合作等方式，进行跨国资本拓展，促进投资地经济发展，加强区域间产业关联度。

3. 文化传播：通过与异族民间文化交流，促进中华文化和异族文化的传播、融合与认同。

4. 社会活动：通过构筑社会网络，包括本地和国际的华商网络、异族各界关系网络，发挥社会资本优势，桥接国际社会结构洞。

5. 影响政策：通过组织、参与对政策取向具有影响力的经济和社会活动，影响本地或国际经贸的政策取向，推动国际经贸合作进程。

（三）作用路径

1. 降低区域贸易社会壁垒。华商跨国社会活动力拉近了侨乡和住在地人民间的心理距离，增强商业网络纽带和商业信用，降低了两地贸易的社会壁垒。对于具有悠久海外贸易传统的华商来说，已将闯荡世界视为习以为常的事，对国家间地理距离的感觉已经十分淡泊了。这里可以套用一句由郑和下西洋时代流传下来的福州方言："洋当池"。因此，在华商的影响下，对于华商住在地人民的心理而言，有关中国的地理距离已经是临近的了；同时对于侨乡人民来说，对华商遍布的海外地区也拉近了心理距离；从而增进了二者的相互了解和信任。

2. 推动区域文化认同。海外华商以中华文化认同作为群体共性的身份识别特征，华商的文化桥接性，以及华商价值取向的中华性、本地性、国际性等三重性特征，使得海外华商成为中华文化与华商住在国的异族文化进行对话、相互交流的重要媒介，促进了中国与华商住在国的文化认同、融合，进而推动了其一体化进程。比如，无论在东盟国家，还是在中国，华商既是活跃的经济活动体，又是促进中国与东盟国家文化认同的良好粘合剂。

3. 促进区域需求结构的相容性。华侨华人在海外的生活、经贸等活动，提早使其住在地人民在情感上、文化上认同、接受了来自中国的事物，有利于进一步的交流与合作。在海外华商的努力下，中国与周边国家有了密切的民间交往，且国际贸易频繁，加上海外华商在货物贸易的同时，进行了文化交流和传播，与住在地人民在生活习俗、消费习惯、价值观念等方面相互影响，相互融合，使得中国与华商住在地具有了需求结构的相容性。

4. 提高区域微观经济体的跨国活动能量。在国际区域经济一体化中，比如中国—东盟自由贸易区，华商网络可以说是该集合经济体的血脉，华商则是活跃在其中的血液，对于确保经济体细胞的活动能量起着关键性作用。虽然这一比喻不一定恰当，但可以帮助我们直观地理解华商在中国—东盟自由贸易区经济体内的地位与作用。海外华商，尤其是东南亚华商具有较强的经济实力，而且跨国拓展的实力和意愿都较强，表现在他们的经济实力在住在国的地位、他们对中国的投资等方面，他们有很强的跨国活动能量，在推动中国与东盟各国的经贸合作中起到先锋力量、穿针引线、桥梁—推介、向导—服务、粘合剂—融合等作用。

5. 影响政策取向。许多海外华商具有很强社会活动力，善于利用当地社会政治资源进行经济活动，构筑社会网络，发挥社会资本优势，又反过来利用经济、社会活动影响当地政治势力，从而影响其政策取向。在"新海丝"建设进程中，需要各方的共同努力，齐心推进，华商能通过参与各种形式的国际活动安排在其中起到推动作用。比如，许多华商参与了中国与海丝沿线各国搭建的投资性、论坛型平台的活动及平台建设。

四、海外华商在推进"新海丝"中的作用特点

任何事物的作用都是双向的、动态的和系统性的，因此我们对华商作用的考察也应该注重从动态的角度来认识。以动态的观点考察在"新海丝"进程，特别是促进区域经济一体化中华商作用的特点，应该具有如下特点。

（一）不自觉的基础性作用

在"新海丝"倡议之前，甚至在中国—东盟自贸区谈判之前，华商依其特性进行的活动，推动了民间一体化的发展，在不自觉中为区域一体化体制建立的可行性前提、条件作了基础性的工作。民间一体化指包括由华商网络形成的商业圈，以及中国与东盟各国人民在文化认同、需求结构及其他社会经济活动等方面的融合形态。华商通过其经贸、投资、文化、社会、政治等活动，提早使其住在地人民在情感上、文化上认同、接受了来自中国的事物，促进国际民间交往，逐步形成民间文化、社会、经济活动的跨国融合局面，为区域一体化体制的建立创造了必要的条件，奠定了基础。

东盟国家，是中国人最早走出国门定居的地方。距今1 900多年前的东汉建初八年，已有福建福州人定居越南，自西晋后，福建人大量涌往东盟国家，分别在宋、明、清形成

了数次大移民潮。东盟的印度尼西亚、新加坡、菲律宾、马来西亚、泰国、文莱、越南等成为华侨华人最集中的国家。华人的坚韧、智慧和艰苦奋斗，使得定居东盟国家的华人多选择了经商之路。其中相当部分成长为成功的企业家。东盟华商在东盟各国的巨大影响力、号召力，是由他们在东盟国家悠久的历史、雄厚的经济实力所决定的。这种影响力主要表现在：东盟华商秉承中华民族的文化传统，成功之后，大量投入公益事业，在当地深得人心；东盟华商开办了大量华文学校，既促进了中华传统与文化在海外华人中的绵延，又促进了中华文化与住在国文化的融合；东盟华商或华商家族中有部分人参政，这使得影响力能发生作用的面不断扩大；东盟华商在长期的经济活动中积累了深厚的人脉资源。其雄厚的经济实力和巨大影响力，造就了中国与东盟之间的民间一体化，为该区域自由贸易区建设奠定了可行性基础。

（二）自觉的推动作用

在中国—东盟自贸区体制的建立和完善过程中，及至推进"新海丝"建设中，东盟华商主动参与各项宣传、促进活动，主动参与有利于增进自贸区经济效应的经济活动，推动了区域一体化体制建立的进程。在一体化体制建立过程中，华商在其中起到穿针引线的作用。在自贸区组建阶段，由各国政府扮演主要角色，包括计划的制定，减免税的谈判及其政策的出台，都必须由政府唱主角，华商的主要角色是，努力推动政府加快经济开放和自由化的步伐，促使政府增强对中国的信任，减少对中国的猜疑。华商可以影响政府决策，促使政府进一步加快建设自贸区的步伐。华商在这阶段还可利用自身经济方面的优势，加强文化和宣传方面的工作，促使居住国的人民正确认识中国，了解与中国开展经济合作的好处。（曹云华，2006，6）

东盟华商利用熟悉中国与东盟的政治、经济、文化的特殊优势，收集东盟、中国投资机会、贸易机会、合作机会，而后进行评估、测算，一方面向东盟国家全面推介中国投资兴业机会，另一方面向中国推荐东盟国家投资兴业机会，以促进中国—东盟更密切的经济合作。华商还利用其得天独厚的优势，引导、服务两地企业家更好合作，共同发展。比如，中国商人到东盟投资，东盟华商协助组织团队，负责早期规划，为他们的投资提供丰富经验。东盟商人到中国投资，华商同样利用自己在中国的人脉资源、经验，为他们提供帮助。同时，东盟华商利用自己在东盟社会的广泛影响力，对建立中国—东盟自由贸易区做广泛的宣传动员，消除一些不解和误解，调动更多的力量配合，这是保证中国企业投资东盟成功的要素之一；利用自己投资中国建立起来的资源，动员更多的人配合、支持东盟企业在中国的投资；通过各种形式集合起部分东盟商人与中国商人，联合起来投资一些大项目。

（三）不自觉的促进作用

中国与东盟一体化之路能走多远，要看自贸区建设是否有成效，而一体化效应如何有赖于微观经济体的活动能量。东南亚华商经济实力雄厚，跨国投资拓展、经济贸易活跃，尤其是进军中国市场更有得天独厚的优势，对于增进一体化效应必定起到积极的作用。在中国—东盟自贸区建立以后，华商既是受益者，也是自贸区体系不断完善过程的积极推动者。自贸区建成后，政府由前台退居二线，由各国民间和企业扮演主要角色，这正是东南亚华商大显身手的时候。东南亚华商可以更多地发挥自己在天时、地利与人和方面的优势，参与中国—东盟自由贸易区建设，同时他们在中国与东盟之间架起了一座桥梁，增进了双方的理解和认识，促进了双方的合作。东盟华商凭借其两地投资创业的成功经验，熟悉中国和东盟住在国的政治、经济、文化和风土人情，以及积累了丰富的人脉资源等优势，必然抢占发展先机，积极开展经贸投资活动，使自己成为中国—东盟区域一体化的最大受益者，同时，在不自觉中也增进了一体化的经济效应，又起到先锋力量的作用，客观上促进了一体化的发展。

（四）作用效应的转移

随着区域一体化推进，成员国之间相互降低或取消关税和非关税壁垒，增加有效的贸易投资便利化机制。这对华商作用的影响可能是两方面的，一方面使华商原有优势得以强化，其作用效应得以放大。如，进一步拓展区域市场，优化贸易和投资环境，使得原本就是两地投资贸易活跃力量的华商获得乘数效应；给华商经济结构调整创造了一个更加广阔的回旋余地，有利于进一步整合资源，增强华商经济与中国经济之间的融合度；还有利于东盟各国华人华侨生存与发展环境的改善。另一方面使华商原有一些优势被弱化，其作用效应转移了。随着贸易投资便利化，中国产品将大量进入东盟市场，可能冲击华商原有的市场份额；随着两地壁垒的消除，必将弱化华商原来可以独享桥接作用的社会资本优势。尽管如此，华商仍可以利用占先优势，积极应对，创造性地调整自身的行为方式、作用路径，使得自身获得双赢。

华侨华人与 21 世纪海上丝绸之路

张进华

（福建社会科学院华侨华人研究所　福州　350001）

【摘　要】 2013 年 10 月，中国国家主席习近平访问印度尼西亚时提议，中国同东南亚国家共同建设 21 世纪海上丝绸之路。按照这个构想，中国与东南亚国家之间将形成一个巨大的经济合作区域，实现中国全方位开放新格局。通过东南亚国家，发挥此处富含潜力的广大华侨华人资源，这一 21 世纪海上丝绸之路的先期还可以北起中国，南至澳洲，开拓中国开放型的海洋世纪。在新形势下如何构建海上丝绸之路，国内外诸多学者都有不少富有创意的论述，提出了许多颇具启迪的见解。本文从历史和现实的视角分析、比较海洋与丝绸之路的特征，研究新时期如何通过整合区域资源合作，为建设 21 世纪海上丝绸之路，发表个人见解。

【关键字】 华侨华人；海上丝绸之路；教育；人才

相比较于陆地上的丝绸之路，海上丝绸之路拥有更多我们可以天然接近的发达世界，和我们可以依赖的成功同胞，例如大批来自广东与福建的两省华侨华人先辈。事实证明，与西方的掠夺式扩张相比，我们海上贸易始终是依靠"和平发展、共同繁荣"的原则。今天还要坚定不移地继续开拓和繁荣海上丝绸之路。在经历世界金融危机之后，其中的富豪及许多海外华商，是我们融入 21 世纪全球经济大调整的重要跨文化资源；与改革开放初期一样，他们仍然热衷祖籍国发展，始终是我们走向世界的不可替代的跨国网络资源。

一、贯穿南北的海上丝绸之路正在形成

海上丝绸之路是中国历史上以丝绸贸易为象征、连接中外海上贸易的交通线，以及由此建立起来的源远流长的中外经济贸易和人文交流关系。在《汉书·地理志》中已有记载，中国船只经由东南亚到达阿拉伯半岛的海路。这是距离欧洲海上强权到达波斯湾很久之前。唐朝地理学家贾耽对这条航线做出了更加详尽的记载。那时广州港船只的船主几乎都是波斯人；泉州每年从阿曼进口 400 磅的乳香，以供给中国的达官贵人享用。出生在耶

路撒冷的阿拉伯地理学家穆卡达希早在 10 世纪时就把阿曼和也门的港口称作是中国的"走廊",甚至把红海称作是"中国海"①。而 15 世纪由郑和率领的中国船队抵达这里时,更是受到了现代红地毯般的欢迎。这是较之达·伽玛更早到达波斯湾地区的中国船队。

海上丝绸之路是"市场经济"的产物。古代奔走于海上丝绸之路的商贾,是在缺乏可兑换货币且是以物易物为主导时期经商的勇敢者,在浮动的水面上勇敢地踏出一条没有脚印的海路,开发了诸如泗水、马六甲、阿曼左法尔等地临海居住地,其基本特征是没有政府干预。

纵观海上丝绸之路扬名千年的历史轨迹,其兴盛与湮没引致的荣辱刻骨铭心。它揭示了人们驾驭海洋的能力是伴随着生产力的提升而不断进步,而民生的追求是民族追海的基石,由此催生出海洋经济。海上丝绸之路既是贸易的象征,也是各国各地区文明交流的通路;其中文明程度较高者占据主导,中华文明向海外展开,推动了各地社会生活水平的提高。而其逆向海上丝绸之路的负面作用具有警示意义。中国一旦从海上通路上收缩,西方的文明迫不及待地加以填补,欧洲文明向东方扩张进入,极具残暴性,既有宗教传播,也有炮舰攻入,更有商业竞争,并以海权优势制定规则;直至引发当今的南海危机。

由此向南延伸的海上丝绸之路,根据《中华人民共和国政府和澳大利亚政府自由贸易协定》的内容,中国和澳大利亚之间的经济互补主要体现在以下几方面:

1. 在货物领域,双方各有占出口贸易额 85.4% 的产品将在协定生效时立即实现零关税。减税过渡期后,澳大利亚最终实现零关税的税目占比和贸易额占比将达到 100%;中国实现零关税的税目占比和贸易额占比将分别达到 96.8% 和 97%。这大大超过一般自贸协定中 90% 的降税水平。

2. 在服务领域,澳方承诺自协定生效时对中方以负面清单方式开放服务部门,成为世界上首个对我国以负面清单方式作出服务贸易承诺的国家。中方则以正面清单方式向澳方开放服务部门。此外,澳方还在假日工作机制等方面对中方作出专门安排。

3. 在投资领域,双方自协定生效时起将相互给予最惠国待遇;澳方同时将对中国企业赴澳投资降低审查门槛,并作出便利化安排。

4. 除此之外,协定还在包括电子商务、政府采购、知识产权、竞争等"21 世纪经贸议题"在内的十几个领域,就推进双方交流合作作了规定。

澳大利亚是总量较大的主要发达经济体,是全球农产品和能矿产品主要出口国,有着成熟的市场经济体制和与之相匹配的法律制度及治理模式。中澳自贸协定签署,是我国在加快形成面向全球的高标准自由贸易区网络进程中迈出的重要而坚实的一步。这对于推动区域全面经济伙伴关系(RCEP)和亚太自由贸易区(FTAAP)进程以及加快亚太地区经济一体化进程、实现区域共同发展和繁荣具有十分重要的意义。

处于中国与澳洲之间的南洋地区,自秦汉以来,就由于贸易、取经或弘法、征战、出

---

① Jane I. Abu-Lughod. Before European Hegemony: the World System A. D., 1250-1350 [M], New York: Oxford University Press, 1989. P. 203.

使、逃亡、谋生等诸多原因，引发我国很多人口移居。特别是近代以来，由于华工贸易、南洋开发及我国沿海地区人口的过剩，大批沿海居民迁往南洋地区，华侨遍布南洋各地，并积极投身于当地的建设事业，为所在地区的开发和建设作出了巨大的贡献。南洋地区对中国的崛起意义重大。华侨是中国利益的重要代表和体现，发挥他们的能力意义重大：

第一，南洋地区在世界地位的重要性。一方面，南洋地处热带地区，有着丰富的资源，是世界最大富源之一。农产以米、糖、木材、树胶、椰子、香料、芭蕉麻、果品、茶、烟草、奎宁粉，矿产以锡、钨、铜、石油为大宗，而且尚有广大无垠之区域未经开发；其农产林产矿产若能尽量开发，适宜分配，实足以供全世界之用。另一方面，南洋地区人口众多，但消费水平低下，约为美国十分之一，澳洲白人的五分之一，[①] 是一个有着巨大潜力的消费市场。

第二，南洋地区对中国的重要性。南洋地区与中国相毗邻，历史上就有着比较密切的政治经济联系，该地区资源又极其丰富，是中国发展的一个重要支撑点，具有重要的战略意义。另外，中国也会加强与南洋地区文化等诸方面的交流与联系。

第三，南洋地区华侨拥有雄厚的经济实力。华侨进入南洋地区的历史较早，在该地区已经生根发芽，有着雄厚的基础。近几年来，福布斯全球华人富豪榜单中的海外华人富豪，有近95%集聚于此。华侨华人在南洋地区所拥有的雄厚经济实力对中国的发展必有裨益。

第二次世界大战之后，海外华侨华人运用法治社会的一些公共资源，成长出一代有如李嘉诚、郭鹤年等的新型人才；加上前辈的积累，如今许多更有实力的新生代海外华人又在不断发展的世界文明中被培育出来。海外华人通过对中国的直接投资，及其所带来的出口贸易增长，区域经济发展、产业结构升级、民营经济的提升，无不极大地推动中国经济的发展。2001年9月19日，时任总理朱镕基在第六届世界华商大会上高度概括了海外华商对中国经济的贡献："迄今为止，在华投资的外资企业，大多数的项目和资金来自华商……中国经济取得的辉煌成就，海外华侨华人功不可没……你们的创业精神已经载入中国经济发展的辉煌史册！"

如今，对于提倡"一带一路"建设的中国来说，从北到南贯穿出来的21世纪海上丝绸之路，已经孕育出许多更新型的、年轻一代的侨力资源，连同接受欧美教育的新生代华侨华人，这些资源已经为中国贯通21世纪海上丝绸之路，走进国际社会，提供有力的补充。

二、海上丝绸之路与中华民族复兴

向海而兴，背海而衰，这是许多国家和民族用历史证明了的事实。不论是古代的地中海贸易圈，还是东亚贸易圈，无不说明，与陆地上的政治、民族、宗教、国界，以及地理

---

① 　张金林：《论胡先骕的华侨教育思想》，《黑龙江史志》，2009年，总第214期。

障碍和距离分割等相比，海洋贸易以其接近零成本和自由的航线选择决定其独一无二的快捷性。

可是，欲灭其国，先去其史；为了维护统治，满清封建统治费尽心思地破坏中华固有的文化、思想和科技。

康熙和同时代的彼得大帝，几乎一样的好学。不过，彼得将科技推广到全国，使俄国迅速走向强盛。康熙对科技仅仅是要让汉族大臣看到：他是一位多么能干和智慧的皇帝，满人并非蛮裔。康熙年间，戴梓发明当时最先进的28连发火器，康熙弃之不用，将天才级人物戴梓充军关外。清朝后期，左宗棠平叛西北，从一处明代炮台遗址挖掘出开花弹百余枚，不禁仰天长叹："三百年前中华已有此物，到如今竟然失传，以至被列强所欺凌。"

处于所谓的康乾盛世，康熙二十八年（1689年），中俄签订《尼布楚条约》，把西伯利亚的150万平方公里土地送给俄国，才换来百年的安定，也就难有西北的丝绸之路。

乾隆三十八年开《四库全书》馆，全国图书都要进献检查。乾隆三十九年命各省查缴"诋毁本朝"之书，尽行销毁。乾隆四十年令四库馆臣对所收书籍"务须详慎决择，使群言悉归雅正。"不仅不利于满清的文献被禁毁，连前人涉及契丹、女真、蒙古、辽金元的文字都要进行篡改。查缴禁书竟达三千多种，十五万部之多，焚毁的图书超过七十万部。禁毁书籍与四库所收书籍一样多。唯一幸免于难的就是汉字。满清就是这样阉割了中华的光辉科技和灿烂文化，使中国回到了欧洲中世纪黑暗蒙昧的境地。思想没了，文化没了，科技没了，最后财富也没了。发展了几千年，又被打到原始社会；中华文明被毁灭的同时，清王朝也失去了强盛和进步的基石。清朝的皇帝个个勤政，却落了个丧权辱国的结局；在鸦片战争中，凸显愚昧、麻木、扭曲和奴性叠加的腐朽。

由于女真族民不过百万还是野蛮民族（没自己的文明）。为了维护统治，面对泱泱中华，心理弱势驱使其从汉人的文化和民族自信下手，打掉汉人自信和能干的基石。这就是满清极力丑化扭曲汉人政权及历史的目的。满清后期的屡战屡败，除了落后之外，很大程度上还有满清不愿胜。鸦片战争中，重用琦善，诬陷林则徐，在中法之战中"法国不胜而胜，中国不败而败"，把满清的意图显示得清清楚楚。三元里抗英，说明了英国根本没有想象中的强大。原因是，满清贵族说过"汉人一强，满人必亡。"即使国难当前，满清首先提防的还是汉人。于是，"宁与友邦，不与家奴"也就不难理解了。而且，康乾对漠北蒙古的准葛尔部进行了种族灭绝，残忍得罕见。较之前代的外族统治者，满清更加阴险卑劣恶毒。

明朝虽然也禁海，但海商和海盗依然是海上的统治者。郑成功之父郑芝龙就是其中的佼佼者，出现在中国海域的荷兰船只，常被郑芝龙部截获。天启七年，郑军与驻台荷兰军发生了一场战争。结果，被称为海上马车夫的西方海洋强国——荷兰，战败。此外，明朝非常重视与西方的交流，积极吸收西方先进的技术。木匠皇帝朱由校还为中西交流做了很大的贡献。

明末，传教士利玛窦的《中国札记》这样记载中国：这里物质生产极大丰富，无所不有，糖比欧洲白，布比欧洲精美……人们衣饰华美，风度翩翩，百姓精神愉快，彬彬有礼，谈吐文雅。而乾隆时来访的英国使者马戛尔尼则说：遍地都是惊人的贫困……很多人没有衣服穿……军队像叫花子一样破破烂烂。这就是康乾盛世的本质。

在鸦片战争之前，英国人不敢贸然去惹中国海盗。他们的实力、装备、规模、战斗力对英国人有很大的威慑力。而历代中国海盗中的一部分首领，在多次实战中表现出的智谋和果断，丝毫不逊色于神机妙算、能征善战的统治阶层的精英。

中国古代海盗取得辉煌成果一直不为外人所道。在中国历史上，首先造出万人大船的就是中国海盗。用现代的流行语来说，郑芝龙是世界史上第一个船王。郑芝龙和郑成功父子在海上的力量十分强盛，最后还打败了荷兰东印度公司。海盗虽为盗，亦有善心，比如郑芝龙，在云南发生大灾荒的时候，自己出钱来救当地老百姓，还带领几万灾民去台湾开荒，过新的生活。

和西方统治者依靠海盗的力量来扩展海外殖民地不同，中国历代封疆统治者对中国海盗的态度，不是招安、圈禁，就是"虽远必诛"的无情绞杀。像"七海霸主"陈祖义、"净海王"王直、郑成功的父亲郑芝龙，如此叱咤风云的海盗到了统治者手中，大多未得善终。

当年远航归来的郑和，向明成祖朱棣献上在旧港擒获的海盗首领陈祖义。明成祖下令斩下了陈祖义的头颅。这种在正史中视剿灭海盗、维护航道安宁与和平的政治功绩，实际上是干了一件大蠢事。斩下的不仅是陈祖义的脑袋，也斩下了中华在海洋上崛起的命根。

和陈祖义命运相仿的，是明朝海盗的头一号人物王直，被"招安"后斩杀。根据史书记载，在王直最鼎盛的时期，他手下船队的贸易总量超过了当时明朝最重要的贸易省份浙江和福建。王直问斩的罪名不是"海盗"，而是"叛国"。统治者真正不安的是他自封为王的举动。王直的经商促进了中日经济文化的交流。他是一个中国人，并没有为日本人服务。日本人、葡萄牙人都听命于他，为他的生意服务。

北欧人的祖宗很多是当年驰名海上的江洋大盗。瑞典、丹麦的博物馆中，都客观展示出自己祖先当年当海盗的雄姿，在挪威甚至还有海盗博物馆。这些国家的文化有时会引以为豪地道出自己的先人是海盗，甚至还不乏带有几分得意与自豪。

明朝时期，欧洲开始进入大航海时代。海盗成群结队从欧洲出发，奔赴遥远的"新大陆"，开启了世界殖民史的一个新高潮，同时建构出的，是西方文明相对其他文明的强势地位。

对照西班牙、葡萄牙、英国等当时的其他航海强国，其崛起的过程无一不是充分利用海上的民间力量。相反，我们千方百计要把它消灭掉。如果从西方史学家的角度来看，这些湮灭于中国正史中的叛民、流寇，完全有可能成为与哥伦布、麦哲伦、德雷克齐名的海上英雄。

明清以来，民间海盗中枭雄辈出，他们依靠各种形式的海上营生手段，积累了巨额财富，并拥有了强大的武装团队，一度控制了往来的商路，成为海上不可忽略的力量。但关于这些人物的资料和记录，却像雪花和碎片一样隐匿在国外史料或各种地方志之中。

就在清朝鸦片战争前夕，珠江口有一伙叫红旗帮的海盗，其装备精良远胜大清水师。

红旗帮屡败官军，还重创有美国雇佣兵的葡澳舰队，把澳门围困得几近断粮。

而当他们流亡海外，期望在东南亚等地落地生根时，还会遭到西方殖民者和各种势力的迫害。如果清政府当时能够真正地利用中国海盗的力量，今天的南海问题可能根本就不存在。

可惜，从郑和下西洋到甲午战争北洋水师全军覆没，中国的制海权由极盛步入极衰的悲剧。抗战期间，日本在我国东北推行奴化教育和满清如出一辙。1941年太平洋战争爆发，日军大举南下，南洋各地相继沦陷。出于阻碍中华民族生存与发展，日本借口报复南洋华侨对中国抗日战争的支持，大肆逮捕和杀害华侨中的精英分子。

一直以来，中国受保守的黄土地文化影响。在结束了"十年浩劫"之后，中华民族一定要坚定不移地注视辽阔的海洋。

今天，国与国之间虽有合作，但本质是竞争、冲突和冲突的极端形式——战争。合作是暂时的、有条件的，竞争和冲突是绝对的、是历史的主轴；所谓和平与发展是当代主题的说法最多也只能做为权宜之计，因为我们还面临着钓鱼岛问题、南海问题等等。这些需要中国首先在军事崛起的同时，协调东南亚的华侨华人共同重视文明建设，与澳洲一致共同建设环境优美、社会和谐的21世纪海上丝绸之路。

三、开拓21世纪海上丝绸之路的探索

南洋地区与中国临近，我国有大批侨民在此居住和谋生，拥有雄厚的经济实力；我们欲解决世界问题，不能不解决南洋问题；解决南洋问题，不能不解决南洋华侨问题；解决南洋华侨问题，不能不解决中华民族自身的改革开放。这样才能开拓21世纪海上丝绸之路。

（一）用正能量推动改革开放

德国政府有一个非常可贵的观念：德国经济上去了，就要为世界和平承担更大的义务。世界上这样的国家越多，经济越起飞，对这个世界越好。

历史上德国与波兰是世仇，以前波兰就怕德国经济上来，会发展军备威胁他们。而现在相反，波兰就希望德国经济上去，波兰作为邻居还可以沾光。

德国不仅成为欧洲经济的火车头，也成为欧洲道德的火车头，为和平与进步承担起更大的社会责任和国际义务，而且这也取决于整个社会民众的共识。在这次救助中东难民中，居然有2 300万民众直接或间接参与其中，相当于德国1/4人口，可见德国公民社会的成熟。

1979年中越战争前后，越南政府以最残酷的手段排华，大批越南华侨被赶到公海上。他们划着小木船在海上流浪，有些人划到马来西亚海岸想上岸时，被马来西亚边防军发现后，居然被扫射回大海。

联合国闻讯后向全世界发出紧急呼吁，但应者寥寥，后来是德国开海轮火速从德国赶

到越南附近的海域，到公海里去一个一个地找人和捞人，一下接受了 4 万名越南华侨。

德国议会特地为他们修订法律，使越南华侨可以不经过任何庇护审核，就被全部承认为政治难民，立即获得在德的永久居留权。流亡中失去父母的孤儿们（许多人在海浪中罹难了），全都被德国一个个家庭领养。今天德国越南华侨，大都是自己或其父母 1980 年来德的。

在全球化不断深化推广的今天，我们一定要感恩援救过我们民族的国家和民族。2015 年 9 月 26 日习近平在联合国发展峰会上宣布，中国将免除对有关最不发达国家、内陆发展中国家、小岛屿发展中国家截至 2015 年底到期未还的政府间无息贷款债务。同时宣布将设立"南南合作援助基金"，首期提供 20 亿美元。不仅在经济方面，而且在制度领域，提供对外国投资的吸引力。构建开放型经济新体制，推进外商投资管理体制改革，大幅减少外资准入限制，加大知识产权保护。追求高效的行政环境、平等竞争的市场环境。探索全面实施市场准入负面清单制度。另外，资本市场欢迎海外金融服务业入驻，欢迎各国央行、主权财富基金等投资中国债券市场，并取消额度限制。

"法者，治之端也。"改革驶入深海，更加需要法治护航。例如，中美投资协定（BIT）谈判，一项高水平投资协定的谈判，是两国之间最重要的经济事项。中国在立法、执法、司法等领域必须公平对待外国机构和企业，营造公开透明的法律政策环境，高效的行政环境，平等竞争的市场环境，加快外国投资法的立法进程，努力为各国开展合作开辟更广阔空间。

（二）借鉴澳洲科学教育体系

澳大利亚重视教育，不断提高的教育水平在世界经济合作与发展组织国家中属于最高档次。根据澳大利亚法律，各州与地区政府负责教育，联邦政府则是提供资金和参与制定政策的合作伙伴。投资教育的还有个人、家庭和民间组织。

虽然澳大利亚全国只有 37 所公立大学、2 所私立大学，但由于联邦政府对教育质量的严格控制和管理，并投入大量的资金确保教育和科研的需要，各校都保持很高的质量。

澳大利亚规模庞大、体系完整、发展迅速的职业技术教育，已成促进经济发展的有力武器，并在该国经济发展中占有重要地位。与综合性大学相比，澳大利亚高等技术学院和理工学院的课程特点是更加注重面向就业需要，对经济建设的贡献度更大。

1. 教育与经济、社会相互促进、协调发展

澳大利亚的综合国力属于发达国家之列，并正日益提高。对此，不少澳大利亚人感慨地说："我们的祖先大部分是囚犯，我国能有今天的成就，最重要的就是依靠教育。"

（1）教育普及程度适应了社会对教育的需求。澳大利亚的法律规定：6—15 岁的孩子，必须接受强制性的免费学校教育。之后，孩子可以有多种发展途径：一是上高中；二是直接就业；三是接受职业技术培训（不允许学生待在家里，既不读书又不工作）。目前，澳大利亚已经基本普及 12 年教育，到大学深造的人数增加了近一倍。上职业学校的人则更多，往往还是在职带薪上学。国民受教育的年限延长，反映出社会和经济的发展带动了人

们对教育的需求，而教育的发展也进一步促进了经济增长和社会进步。

（2）政府的重视确保了教育经费的需要。1998 年，澳大利亚教育总经费占 GDP 的 5.46%；财政性教育经费占全部教育经费的 84.1%，而非财政性教育经费仅占全部教育经费的 15.9%。除了州政府的正常性教育投入外，学校用于硬件设施（如建造校舍）的经费全部由联邦政府下拨。另外，除义务教育阶段的费用全部由政府投入外，对于参加各类职业培训的学员，政府也会给予一定的补助。特别是对工作后继续参加职业培训的学员，常常可以带薪读书。

除此之外，家长和社会各界也会对学校的建设自愿捐资，如帮助学校建一个电脑房，或者在校园里建立一个健身房等。一些企业也会向有关职业培训学校提供实验实训设备，如悉尼技术学院汽车系的设备，都是由各汽车厂自愿捐助的。

（3）大力发展和完善职业教育体系。与德国的职业教育水平相当，且有其自身的诸多特点，为澳大利亚的经济建设提供了大量的高素质的劳动者队伍。

澳大利亚进行职业教育的主体力量是技术和继续教育学院（TECHNICAL AND FURTHER EDUCATION，以下简称 TAFE），全国现有 TAFE 学院 250 所，由政府资助的在校生有 130 万人。国家训练局负责制定全国性政策，指导职业教育发展，表现出以下显著特点：

第一，发挥行业组织在职业能力标准制定中的作用。在国家训练局的协调下，澳大利亚设有 21 个全国性行业培训咨询组织。这些组织进行本行业的就业需求预测和职业分析，制定职业能力标准，向 TAFE 学院和其他教育和培训机构提供专业课程和教学依据。

事实证明，很多新增加的就业机会是集职业性、技术性和应用性的工作岗位，发展职业教育对于提高国际竞争力至关重要。在劳动就业领域，具有相应资格证书、技术水平较高的就业人员正在取代那些无相应资格证书、技术水平较低的就业人员。这些事实使行业企业对于职业教育有了很高的认可度；职业教育的毕业生有了很好的就业前景，从而提高了职教的社会地位。一些大学毕业生甚至也需到 TAFE 学院接受职业培训后，才能有比较广泛的就业机会。有的 TAFE 学院具有百余年的历史，办学基础相当雄厚，但并没有升格为大学，这与职业教育地位较高、满足行业企业用人需要并得到行业企业的认可有很大关系。而且，有的行业（例如会计）正在与国际相关行业的职业能力标准接轨。

第二，建立国家统一的证书、文凭和学位框架。这种统一的证书制度和课程内容的模块式结构使职业教育与普通教育、高等教育相沟通，使就业前教育与就业后教育相联系，体现终身教育的思想。例如，在普通高中教育阶段，学生就可以自由地选择证书Ⅰ和证书Ⅱ要求的职业教育课程；进入 TAFE 学院后，学校承认所得的职业教育课程的学分，学生可以直接学习后续的课程模块。

第三，按照职业能力标准和证书框架开发课程、组织教学。澳大利亚职业教育的专业和课程设置，以行业组织制定的职业能力标准和国家统一的证书制度为依据，具体内容和安排由企业、专业团体、学院和教育部门联合制定，并根据劳动力市场变化情况不断修订。TAFE 学院能否开设某一专业，须经过地方教育部门和行业组织的严格审核。

第四，建立高素质的职业教育教师队伍。TAFE 学院的教师一般至少有 3—5 年行业专业工作的经验。这是通过教师的招聘标准来实现的。TAFE 学院的教师全部从有实践经验的专业技术人员中招聘。新招聘的教师在进行教学工作的同时，须到大学教育学院进行为期 1—2 年的"部分时间制"学习，由学院资助取得教师资格证书。教师在应聘之后，同时也是有关专业协会的成员，参加专业协会的活动，接受新的专业知识、技能和信息。在教师的管理上，终身雇佣制教师越来越少，合同制（1—5 年）和临时性教师越来越多。

第五，用市场机制发挥教育资源。尽管政府是 TAFE 学院的拥有者，但每年是以教育和培训"特殊商品"的"购买者"的姿态出现向学院拨款，用商业化方式购买高效率；哪一个学院教育和培训适应经济和社会需要，且质量高（学生的巩固率高、毕业生获得证书的比例高）、成本低（生均经费低），政府就"购买"哪一个学院的教育和培训。这种拨款机制成为澳大利亚职业教育发展的指挥棒。企业的、私立的教育或培训机构也积极参加该市场的竞争。这种管理模式促使学院最大限度地适应当地经济和社会发展需要，高效率地利用教育资源。目前，TAFE 学院中出现了相互合并现象，力求减少管理人员、提高办学规模效益，充分利用教育资源。另外，政府鼓励 TAFE 学院进入市场也得到企业等社会各方面的资助。从一定意义上讲，TAFE 学院不仅是政府的教育和培训机构，而且是"经营实体"。

2. 教育十分注重"以人为本"

学校教育体现以"生"为本，有的地方，中学的教育计划还须征求家长的同意方可实施。学校发展则以"师"为本，设立教师注册委员会，强化师德要求（教师录用前须到警察局调查确无不良记录），提高教师的准入门槛；对已任教师，则十分尊重教师的劳动，尊重教师的创造性工作，关心教师的可持续发展。

澳大利亚的职业教育是与终身教育相联系的。即使大学毕业后，或者工作一段时间后，如果缺少某方面的能力，可以重新回到技术学院去学习相关的课程；进 TAFE 学习没有年龄限制，而学习的费用只是普通大学的十分之一。学生们大大的书包里是各种如同玩具般的模型。这些都为提高国民的科学文化素质，提高劳动者的技术能力提供了极好的条件。

3. 协调大众教育与精英教育的关系

新的教育理念越来越重视教育的大众化和均衡化。由于幅员辽阔，所属各地的经济发展水平差距很大，人口分布也极不平衡，许多扶助政策提高边远地区的孩子也能享受到首府地区同样的优质教育水准。对于精英学校，联邦政府和各州政府采取任其发展的策略，既不强迫取消，也不在经费或其他政策上网开一面，而是完全享受与普通学校同样的标准。在政府对学校的评估时，也绝不纯粹以升学率等因素来评价学校，使各类学校都能得到良性发展。

4. 人与环境的关系加强了环保意识和环境育人的功能

澳大利亚和新西兰的国土，天空特别的蓝，空气也非常清新。蓝天白云、绿草如茵、牛羊成群的油画般的田园风光。其中墨尔本连续多次被评为全球最适合人类居住的城市。

之所以有如此美好的环境，除了这两个国家人口稀少，更重要的是当地人的素质非常高，人人都有强烈的保护环境的责任感。这种责任感的形成，归功于学校长期开展的对孩子们的环境教育。从小学起的各年级，都开设环境教育方面的课程。这些课程并不都是在课堂里纸上谈兵，更多的是让学生在与大自然的接触中，体会、感悟保护环境的重要性，产生发自内心的环保责任心，从而成为环保事业的志愿者。

（三）建立和重视华人独立的智库组织

如同西方众多的独立智库以面对纷繁复杂的国际风云一样，中华民族必须拥有谋求自身生存与发展的独立智库力量，用以统筹国内国际两大局面，协助推进大陆社会变革。

1. 建立公共教育基金，集中海内外华侨华人对大陆公共教育的资助，了解大陆公共教育需求状况。以此结合大陆政府的教育资金投放，准确地资助困难区域或困难群体；

2. 探索解决包括"留守儿童"在内的两代人教育、再教育问题，开始培养改革成功的社会所需要的国民素质，分析并定期发布大陆各地的人才需求与人才使用的状况；

3. 探索从质量、法制等方面入手，提升产业结构，扩大服务领域，增加高附加值的生产，扭转黄金周到国外"买买买"的问题，做好中国与东南亚国家或地区的经贸文化交流。

只有科学探索，才能进一步地提升我们自己的实力，联合当地华侨华人实现与东南亚国家的共赢发展，才能形成贯穿于南北的海上丝绸之路；进而，可以呈现十字型，再向东西扩展，推出一幅更加广阔的21世纪海上丝绸之路。

刍论广东梅州华侨与海上丝绸之路

梁德新

（梅州市旅游局《客都旅游》杂志社　梅州　514700）

【摘　要】 广东梅州人到海外谋生，可追溯到南宋末年。松口港是韩江上游的重要港口，20 世纪 80 年代前列入广东内河流第二港口，它见证了唐宋以来客家人下南洋的历史。据统计，在环印度洋的所有国家中，有近 400 万梅州客家人居住。2013 年 9 月，中国移民纪念广场在梅州市梅县松口镇落成，它是联合国教科文组织在中国国内唯一的移民纪念项目。梅州虽然远离大海，地处山区，但是物产丰富，早期发达的木材生产加工业支撑了船舶制造业，名闻遐迩的茶叶、陶瓷，更成为出口海外的主要产品。汕头作为梅州客家人的出海口，海外客家华侨大量投资汕头市政建设。梅州参与"21 世纪海上丝绸之路"建设是承接历史，着眼现实，顺应时代潮流，尤其是在人文交流方面可以作出特殊的贡献。

【关键字】 海上丝绸之路；梅州华侨；海外贸易；东盟

2014 年 10 月，国家主席习近平在访问印度尼西亚期间发表演讲称，东南亚地区自古以来就是"海上丝绸之路"的重要枢纽，中国愿同东盟国家加强海上合作，共同建设 21 世纪"海上丝绸之路"。地处中国南大门的广东，提出要在重建 21 世纪海上丝绸之路中扮演无可替代的角色。被喻为"世界客都"和"华侨之乡"的梅州市，审时度势提出要发挥优势，主动融入国家"一路一带"战略。那么，梅州在"海上丝绸之路"上究竟处于怎样的地位？

一、客家人与海上丝绸之路

"海上丝绸之路"是古代中国与外国交通贸易和文化交往的海上通道，是已知的最为古老的海上贸易航线，由广东、福建沿海港口出发，经中国南海、波斯湾、红海，将中国生产的丝绸、陶瓷、香料、茶叶等物产运往欧洲和亚非其他国家，而欧洲商人则通过此路将毛织品、象牙等带到中国。"海上丝绸之路"在西汉时始发于广东徐闻，迄今已有 2000 多年历史，是广东省和我国走向世界、对接世界的海上通道。

客家人的迁徙借助了海上丝绸之路。海上丝绸之路的形成、发展与客家民系形成及"世界客都梅州"形成的时间非常接近。海上丝绸之路的发展阶段，西晋时梅州属广州义安郡，客家人开始第一次南迁；海上丝绸之路的繁荣阶段，正是客家人第二次南迁时期，唐宋后中国经济重心已开始转到南方，东南地区经济快速发展。唐朝，潮汕出现了有史记载的最早的港口——古风岭港口（位于汕头澄海区莲下乡的程洋冈，古名大梁冈，又名风鸣冈），古风岭港口直通海外。

潮梅山水相连，正因为有了港口，梅州人的海外迁徙，产品外销以及外来产品进口都可以利用潮梅港口。广东梅州虽然地处山区，算不上沿海城市，但相关研究中发现了许多见证梅州参与海上丝绸之路的重要物证。

海上丝绸之路的发展需要物产的支撑。梅州虽然远离大海，地处山区，但是物产丰富，早期发达的木材生产加工业支撑了船舶制造业，名闻遐迩的茶叶、陶瓷，更成为出口海外的主要产品。

梅州茶叶生产历史悠久。960—1208年间的《惠州府志》中就有长乐（今五华县）生产土茶的记载。建于唐朝的梅县阴那山灵光寺，历代和尚都在寺庙前栽种茶树，加工茶叶。明朝时期，梅州的茶叶生产已遍布全市，清朝时各县相继出现名茶产区，1860年汕头辟为商埠后，茶叶成为外销商品，远销海外。

梅州紫砂陶土、瓷土、钾长石、稀土等自然资源丰富。梅县水车地处梅江河畔，陶土资源优质丰富，取材方便，出产了以青瓷为主的水车窑（又称梅县窑）。据现有考古资料记载，其窑址约有七处，主要分布在今梅县水车镇的瓦坑口、罗屋坑以及南口镇崇芳山等地，中心窑场在瓦坑口一带。大量史料证明，水车窑在南北朝后期至唐代初期创烧，中晚唐盛产，南迁客家先民能工巧匠众多，带来了先进的技术，吸收外地陶瓷的先进技术和经验，大胆借鉴国外金银器的造型，创造出别具一格的外域风情的瓷品，梅县水车窑所制陶瓷产品物美价宜，不仅满足当地市场所需，还借水路直达潮汕港口，远销海外，渐次发展成为广东外销瓷生产之重要基地。从民间收藏家郑桓江等人收集的实物来看，水车窑烧制的产品有碗、碟、杯（盏）、壶、鼎、盂、罐、炉、瓶、灯、灶、砚等。梅县水车窑在已发现的广东地区唐代瓷窑中以质量精、造型丰富而名列首位，泰国南部出土有唐代青瓷碎片，除越窑、长沙窑外，还有广东梅县窑和高明窑碗片，说明在唐代这些产品曾被远销海外。

2013年10月，经国家文物局批准，广东省文物考古研究所联合中国家博物馆、大埔县博物馆等单位对大埔县三河镇余里古窑址进行了考古发掘。余里村发掘出4座明代清瓷窑址，并出土大量青釉瓷器残件，种类有碗、盘、杯、碟、瓶、炉、砚台、盖罐、灯盏、烛台、印模等十余种日常用瓷，这些均系仿龙泉青瓷瓷器。2014年初，在余里村，考古学家发现了广东省境内已知最早的仿龙泉青瓷窑业遗存。在被埋藏数百年的古窑群遗址中，无数被废弃的瓷器碎片再现了元代中晚期到明代晚期昼夜烧瓷的热闹景象。五六百年前，三河交汇处繁华的三河坝码头，大埔本地生产的瓷器在这里被源源不断地装上船只，经高陂、留隍等码头顺韩江前往潮汕，再经过两地的港口出口东南亚和欧美。广东省文物考古研究所副所长、古陶瓷研究鉴定专家刘成基提出："余里古窑址群是见证广东青釉瓷发展的实证，它的发掘，可以揭开龙泉窑在广东生产发展的历史。余里古窑群遗址的发掘，改写了明中期广东没有青瓷器出口的历史，证明了在海外出土的青瓷中，有部分是通过海上丝绸之路来自广东大埔。

有关水车窑瓷器产品外销的史实，杨少祥在《广东唐至宋代陶瓷对外贸易略述》论及："广东唐代生产外销瓷的窑场，目前所知有潮州北郊、新会官冲、梅县水车……"上海博物馆馆长汪庆正编著的《简明陶瓷词典》释述："至迟从九世纪下半期开始，我国瓷器已输出国外。今朝鲜、日本、埃及、巴基斯坦、伊拉克、泰国等地，都出土唐代刑窑白瓷，越窑青瓷，长沙窑、广东梅县窑及唐三彩标本。"这是目前所知广东通过"海上丝绸之路"贸易最早销往海外瓷器的实物例证。

二、广东梅州华侨与海上丝绸之路

广东是华侨华人移居海外最早、最多的省份之一，是国内第一华侨大省。

唐宋时期，广东已经有人移居东南亚国家，称为"住蕃"，主要以经商、谋生的经济性移民为主。宋人朱彧说："北人过海外，是岁不还者，谓之'住蕃'；诸国人至广州，是岁不归者，谓之'住唐'。"

明清时期，由于人口压力增加，对外交往频繁，民众下海通商日益增加，掀起前所未有的向东南亚迁移的浪潮，东南亚重要的贸易城市如安南庯宪、广南会安、暹罗大城、北大年、马六甲、巴达维亚、望加锡等地，都出现华人聚居的社区。

晚清以后，广东再次掀起新一轮向海外移民浪潮，除了东南亚地区，还走向美洲、澳洲新大陆以及欧洲、非洲，遍及世界。他们与当地的华侨一起，为南洋与新大陆开发作出巨大贡献，因而有西方人认为广东人与苏格兰人一样富于创业精神，是"中国的加泰隆尼亚人"。

目前，广东籍华侨华人有2000多万，约占全国的2/3，遍布世界五大洲160多个国家和地区，是中国最重要的侨乡，而东盟各国是主要聚居地。

广东梅州是中国著名侨乡，更是广东省重点侨乡，素有"五洲客家半梅州"之称。梅州旅外华侨人口占国内人口的69%，其中不少客家人在印度洋沿线亚洲、非洲国家创业、谋生。据统计，在环印度洋的所有国家中，都有梅州客家人居住，总人数近千万，其中，现居于印度尼西亚的梅州籍华人华侨达400万，马来西亚约200万，新加坡约30万。

历史上，梅州市梅县松口港是广东内河第二大港，"潮州同乡会"、"永定同乡会"、"五华同乡会"、"武平同乡会"等驻松口的机构应运而生。海外华人寄回梅州的信件，只要在信封上写"中国汕头松口转某村某人"便可寄达，足见松口作为岭南四大古镇在海内外的影响力。

广东省拟将广州的十三行、潮州的古港、阳江的南海一号、湛江的徐闻古港，打包申报海上丝绸之路世界文化遗产。这显然忽略了潮州所在韩江区域上游的梅州。梅县千年古镇松口及火船码头，见证了唐宋以来客家人下南洋的历史，完全有资格进入海上丝绸之路世界文化遗产的序列。

从有史料记载的南宋时期松口人卓谋等一批青年，便落户在今印度尼西亚加里曼丹岛。近千年间有相当数量的梅州人取道梅江、韩江直达潮汕海港外迁，沿着海上丝绸之路出洋的。明清时期，梅州又成为客家人海上丝绸之路的中转站，例如客家人随郑和船队、郑成功船队经过海上丝绸之路向海外迁徙。从清朝乾隆年间开始，众多梅州客家人来到印度洋之处的泰国、印度尼西亚、印度、孟加拉等国拓垦、创业。

梅州客家人对东南亚经济社会文化发展贡献巨大。梅州客家人在移民南洋过程中，与当地居民和睦相处，合作开发，为当地经济和社会发展作出了巨大贡献。梅县人罗芳伯于乾隆四十二年（1777年）在曼多（今印度尼西亚加里曼丹东万律）创建"兰芳公司"时，辖区有华侨2万余人，农耕、采矿、交通和文教事业等都得到发展。大埔人张弼士（1841—1916）在印度尼西亚垦殖橡胶园，开采锡矿，开设银行，创办国际航运公司等，形成了横贯亚欧的商业帝国。平远人姚德胜（1859—1915）在马来西亚的怡保投资锡矿，支持市政建设，新建店铺500余间，当地街道被怡保市议会命名为"姚德胜街"和"姚德胜市场"。梅县人吴佐南（1879—1939）由木行拓展至碾米、锯木、轮船、保险、汽车等行业，其子柏林创立的泰华农民银行，已成为泰国第二大银行。不仅如此，梅州客家人在与当地居民合作发展经济的同时，还主动参与社会文化建设，大量兴建医院、路桥、寺庙等公益事业，促进了当地社会文化发展。如大埔人戴春荣（1849—1919）在新加坡、槟城捐建学校，资助槟城南华医院，玻璃池滑疗养院；梅县人张榕轩兄弟在印度尼西亚捐建济安医院，架造棉兰日里河大桥，资助清真寺、印度教寺庙建设；梅县人伍淼源在泰国倡办曼谷天华医院等。

梅州与东南亚各国互动密切。在梅州人大量移民南洋地区过程中，家母与南洋之间的联系相当紧密，每年往来于家乡与南洋之间的人数以万计，甚至由此催生了一个新行业——水客，不断往来于家乡与南洋之间，专门承担家乡亲人与南洋华侨之间的联络，负责带人、带钱、带物、带信。他们所带的信是一种类似于汇票一样的信件，俗称为"侨批"，承担着家乡亲人养家糊口的责任。据统计，自1949年以来，往来于梅州与南洋之间的水客达数千人，其中梅县有500多人，大埔有300多人。他们沿着梅江到松口，坐船经韩江到汕头，再坐海船出洋，常年奔走于梅州与南洋各国之间，为家乡亲人与海外华侨之间架起了一座"彩虹"。水客如此一往一返，对梅州人投奔海外、出国远行、增强华侨与故土的联系、中外交流的确起了积极作用。梅县乡贤梁伯聪先生在《梅县风土二百咏》中，曾热情称赞："一年大小两三帮，水客往返走海忙。利便侨民兼益己，运输财币返家乡。"而今梅州收藏家魏金华收藏旧时华侨通过水客携带好回国家乡亲人的信件、证件（即侨批文物），辑编成《梅州侨批世界记忆——魏金华收藏侨批档案汇编》。侨批是梅州水客行走"海上丝绸之路"场景的见证。"世界记忆文化遗产"梅州侨批是梅州华侨移民史、创业史及广大侨胞对所在国和祖国经济社会发展所作贡献的历史真实见证，同时也是梅州水客活跃于"海上丝绸之路"的重要物证。

作为韩江的源头，梅州与汕头一衣带水，有着千丝万缕的联系，1860 年汕头开埠至 1949 年，汕头作为梅州客家人的出海口，海外客家华侨大量投资汕头市政建设，其市区的街道、商铺和房地产开发等，一半以上是客家人投资的。汕头最早的两条铁路潮汕铁路和樟汕轻便铁路，都梅州人投资修建的。历史上，梅州是汕头的"后花园"和主要腹地，当代的梅州也应该如此。

梅州是著名的侨乡，城乡随处可见"中西合璧"或"西洋式"的华侨建筑。这些风格迥异、尽显异域风情的建筑不仅是客家华侨在印度洋异域他乡艰苦奋斗的成果，和一种光宗耀祖的表达方式，更为重要的是华侨将外国建筑文化传到了远离海岸的山区，是山区文化与海洋文化，中国传统文化与西洋文化的交流、融汇的结果的见证。华侨建筑见证梅州与海上丝绸之路国家的文化交流。

三、梅州应主动融入 21 世纪海上丝绸之路经济带

2014 年 10 月，国家主席习近平在访问印度尼西亚期间发表演讲称，东南亚地区自古以来就是"海上丝绸之路"的重要枢纽，中国愿同东盟国家加强海上合作，共同建设 21 世纪"海上丝绸之路"。地处中国南大门的广东，提出要在重建 21 世纪海上丝绸之路中扮演无可替代的角色。

被喻为"世界客都"和"华侨之乡"的梅州市，审时度势提出要发挥优势，主动融入国家"一路一带"战略。那么，梅州在"海上丝绸之路"上究竟处于怎样的地位？

梅州是叶剑英元帅的故乡、国家历史文化名城、中国优秀旅游城市、中国最美生态休闲旅游城市、国际慢城、世界长寿乡、广东省唯一的原中央苏区地级市。梅州还有人脉优势，梅州有达 400 万华侨和 180 万台胞，是著名的"华侨之乡"和"台胞祖居地"，梅州与东南亚、中国香港、台湾等地客家人血缘相亲、文化相山、人员往来频繁、经贸交流密切。尤其近几年客商大会、客家山歌节、央视中秋晚会等大型活动，更加密切了与海外侨领和广大乡亲的联系。梅州要用好用活这些优势，主动融入 21 世纪海上丝绸之路经济带。

海峡西岸经济区，简称"海西经济区"，是指台湾海峡西岸，以福建为主体包括周边地区，南北与珠三角、长三角两个经济区衔接，东与台湾岛、西与江西的广大内陆腹地贯通，具有对台工作、统一祖国，并进一步带动全国经济走向世界的特点和独特优势。梅州是"海西"成员，要在用好用活"海西"政策的同时，将"海西"与"海丝"有机结合起来。多方面、多层次关心关注广大海内外客家人以及他们的事业发展，为他们的交流合作提供更好的服务和平台，吸引更多的侨商、客商到梅州投资，开发适应海上丝绸之路周边城市和国家市场需求的新产品。与泰国、印度尼西亚、马来西亚、新加坡等地梅州客家人的财团、企业建立联系，合办经济实体。梅州籍客家人在泰国、印度尼西亚、马来西亚、新加坡等地拥有雄厚的经济实力，掌控了很多有影响的财团、大企业。相对于中国社会经济发展，东南亚国家正处于工业化、现代化初期阶段。梅州市企业在实现产业升级换代之际，可以实施"走出去"发展战略，在东南亚国家沿海港口"自贸区"等区域，联

合当地梅州籍客家人财团、大企业，合作开办企业；利用当地梅州籍客家人的商贸企业合作，把梅州产品销往各地，发挥海外客家人家乡情感浓厚的优势，引进海外资本回梅办企业，助推梅州产业升级换代，振兴梅州经济。梅州早有与印度洋周边国家开展城市交流合作的基础。2005 年，梅县与毛里求斯鸠比市缔结为友好城市，更进一步促进和加强了两地的交往和交流。利用蕉岭华侨农场等资源和条件，效仿汕头做法，申请设立"华侨经济文化合作试验区"，争取政策，争取项目，扩大招商引资，吸引广大梅州籍客家华人华侨回原乡投资兴业，助推梅州振兴发展。

要以文化为纽带，以经贸为重点，发挥海外侨胞的作用，以社团为依托，努力推动梅州与"海丝"周边国家的文化交流与合作。在东南亚地区，华人华侨有近 3 000 万，客家人占 1/3 左右。近 60 年来，由于所在国地区实行居住国落籍制度，尤其是有些国家推行"排华"政策，使海外华人第三代、第四代不会说华语，不识汉字。在当代东南亚国家实行多元文化政策下，梅州市政府应加强与东南亚各国的客家侨团、侨社、会馆合作，合办华文学校，加强华文教育。尤其是在印度尼西亚，在中断华文教育 30 多年后，两三代华人不会讲华语，而当地客家华侨最多，人数达 600 万以上，华文教师缺额近万人。梅州市政府可以与国务院侨办、省侨办相关部门合作，选派志愿者到当地从事华文、客家话教育。同时，可创立相关学术机构和组织，加强对当地客家历史和文化研究，宣传客家文化，把第四代、第五代客家华侨华人的"心"拉回来。

梅州应努力争取国家和省的支持，加快推进铁路、高速公路、机场等基础设施互联互通建设。这些基础设施的建设本身，就能拉动经济增长和就业，提升梅州的经济发展和民生水平。统筹布局海上丝绸之路的航空运输节点，重点推进梅县新机场建设，构建梅县与印度洋沿线国家客家华侨的便捷通道，打通一条方便客商常回家看看的空中走廊。完善陆上通道，重点建设大埔至潮州港高速（含大漳支线）、梅州至平远高速、梅州东环高速、大丰华高速、平蕉大高速 5 条高速公路，以及广梅汕铁路电气化改造项目等铁路建设，积极拓展梅州与沿海港口便捷通道，打造服务梅州山区对外开放的重要出海陆上通道。

要充分用好联合国教科文组织给予的"两块牌"（梅县松口的中国移民纪念广场和梅州侨批入选《世界记忆遗产名录》），谋划将"南洋古道"到印度洋之路与海上丝绸之路进行融合，利用好梅州侨批，整合相关学术机构，设立国际客侨文化交流展示中心，推动客家文化、华侨文化的专题学术研究，传承、保护、诠释和开发文化遗产，凝聚各方力量，提高合作向心力，打造客侨文化交流品牌，振兴梅州的文化活力和魅力，推动梅州振兴发展。

加强与 21 世纪海上丝绸之路沿路政府的沟通联系，设立经济合作产业园，开展经济、贸易、文化等领域合作，优势互补，促进繁荣。同时，有重点、有步骤地组织有实力的民营企业家到"海丝"沿线国家发展，实现产业转移升级。具体实践中，要加强部门合作，互通信息，以"侨"为"桥"，以"乡情"为"桥"，"引资"和"引智"相结合，构筑全方位、专业化的引进外资和留住外资的系统网络。

与东南亚各国有着悠久的交往历史，移居当地的华人华侨众多。这些留居海外的客家人就是梅州实施"海上丝绸之路"战略的坚实后盾。在异域他乡，除了耳熟的乡音之外，"梅县"、"客家"已成为一张响亮的名片，是梅州进行"海上丝绸之路"文化交流与贸易的巨大无形资产。梅州参与"21世纪海上丝绸之路"建设是承接历史，着眼现实，顺应时代潮流，尤其是在人文交流方面可以作出特殊的贡献。

浅谈广西利用侨力资源参与建设新海上丝绸之路

黄家庆

（钦州学院北部湾海洋文化研究中心　钦州　535000）

【摘　要】广西丰富的侨力资源是今天参与共建 21 世纪海上丝绸之路的独特资源。广西侨力资源有其独特性，广西在侨力资源的开发利用做了大量的工作，实践证明，广西海外侨胞与共建 21 世纪"海上丝绸之路"有着密切的关系，21 世纪海上丝绸之路建设为海外侨胞提供了广泛发展空间。为此，广西开发利用侨力资源建设 21 世纪海上丝绸之路，要引进海外侨胞经济科技人才参与"海上丝绸之路"建设；借海外侨胞的人脉关系服务"海上丝绸之路"建设；用华侨投资区的特点和优势建"海上丝绸之路"窗口。

【关键字】侨力资源；建设；新海上丝绸之路

在古代海上丝绸之路形成发展过程中，广西海外侨胞（指定居在海外的保留中国国籍的中国公民和加入侨居国国籍的华侨）曾为中国与其居住国互通有无、繁荣沿线国家经济、推动东西方人文交流做出了重要贡献，形成了丰富的跨国经贸与合作和文化交流的侨力资源。这些侨力资源，是今天参与共建 21 世纪海上丝绸之路的独特资源。如何引导海外侨胞积极参与"海上丝绸之路"，充分利用广西的侨力资源为打造 21 世纪海上丝绸之路新门户、新枢纽服务，造福新海丝路沿岸各国人民，造福广大海外侨胞，是全面实施"一带一路"、全方位对外开放战略，需要认真研究和进行实践探索的重要课题。

一、广西侨力资源的特点

侨力资源指海外华侨、华人、港澳台同胞、国内归侨、侨眷所拥有的各种资源。① 它包括经济、技术、人才、文化、信息、市场、人脉关系等各种物质资源和善举、情感等非物质资源，反映着华侨侨胞的影响力和作用的大小及出处；是实现"中国梦"的主力之一，在建设 21 世纪海上丝绸之路中具有不可替代的作用。广西参与 21 世纪海上丝绸之路

---

①　冯祖华：《依托侨力资源打好"侨牌"——做好广西侨务工作的思考》，《广西日报》，2010 年 6 月 3 日。

建设，无疑要充分利用发挥侨力资源的作用。

广西是中国的第三大侨乡，是全国五个少数民族自治区中最大的侨乡和侨务省份，全区海外华侨华人和港澳台同胞有 700 多万，分布于 90 多个国家和地区；其中 70% 以上的海外华侨华人在东南亚；广西在海外的侨胞社团规模较大的有 68 个，分布在马来西亚、美国、泰国等 11 个国家和地区。广西归侨侨眷 300 万，归侨主要来自越南、马来西亚、印度尼西亚等 10 多个国家和地区。广西籍港澳同胞约 40 万人，眷属约 50 万人。在中国台湾、香港、澳门共有 12 个广西同乡会、联谊会。① 据有关资料统计显示，在广西，华侨华人、港澳同胞投资企业占外商投资企业总数的 70%，投资额占外商投资总数也约有 70%；在侨资企业中，投资时间较长，经营规模较大，涉足领域较广的有金光集团、正大集团、东亚糖业等。② 政府为安置归国华侨建立的场厂企业，在广西有 17 个华侨农场、5 个华侨林场、7 个华侨工厂、5 个内外贸公司及 81 个场办工厂。③ 这些都是广西的侨力资源。

侨力资源具有世界性、民族性、地域性、社会性的特点。广西的侨力资源除了具有这些共性之外，还有其独特性。

1. 地缘和历史原因。广西华侨华人对东南亚的影响不同于其他地区。广西沿海、沿边，与周边的东南亚部分国家接壤，由于地缘和历史的原因，广西海外华侨华人在东南亚的占多数。东南亚国家是我国走向东盟、共建 21 世纪海上丝绸之路的关键地带。因此，广西在东南亚的华侨华人对中外关系的影响，比其他地区显得更加直接、更加深远。

2. 民族与边境原因。广西华侨华人对中越两国乃至东盟经济合作发展的影响不同于其他地区。广西是沿边少数民族地区，与越南接壤的边境地区，在越南一方生活着数以万计广西籍的少数民族华侨华人；在中国一方又安置着大批 20 世纪 60 年代初期、70 年代末被迫回国的难侨侨眷；中越两国边民的关系错综复杂。这些华侨华人、归侨侨眷的经济生活状况直接影响着中国与越南及周边国家的合作发展。

3. 后发展历史原因。广西海外华侨华人的体力劳动者比例较大，经营的企业规模较小，资金欠雄厚。从古至今，广西都是后发展地区，历史上下南洋为生计的大部分都是没文化的穷人，他们以出卖苦力挣钱，积蓄十分有限。后来有所建树的广西海外华侨华人创办的工商企业，与广东、福建的海外华侨华人企业相比较，不仅规模显小，资金也逊色。广西海外华侨华人中"拥有上千万的资产者少，几千万美元的资产者更少。而在当今世界的华侨华人经济中，粤、闽两省海外人士资产上亿者并非个别现象。"④

4. 设立华侨投资区。形成侨力资源开发与利用新平台。广西是全国安置归难侨最多的省区之一。为安置 20 世纪 60 年代初期、70 年代末回国的归难侨，广西存在大量的华侨农林场。随着改革开放的深入，广西推进华侨农林场转型发展，华侨农林场设立华侨投资

---

① 广西侨联：广西侨情，http：//www. gxql. cn. 2014. 10. 31.
② 冯祖华：《依托侨力资源打好"侨牌"——做好广西侨务工作的思考》，《广西日报》，2010 年 6 月 3 日。
③ 广西侨联：广西侨情，http：//www. gxql. cn. 2014. 10. 31.
④ 莫伟华：《改革开放以来广西侨力资源的开发与利用研究——以容县为个案》，广西师范大学，2008 年，第 45 页。

区。由于工作生活在华侨农林场的归难侨、侨眷与海外华侨华人保持着密切的联系，华侨投资区的设立，使之可能成为侨力资源开发与利用的平台和对外开放的窗口。

尽管随着世界的经济发展变化，广西海外华侨华人紧跟潮流发展进行形象转型。改革开放后出去的广西新侨，许多在美国、加拿大、澳大利亚、日本、新加坡等发达国家发展，但人数、从事的职业和经济实力等都缺乏竞争力。从上述特点可见，广西侨力资源中的资金、技术、人才等方面是有限的，甚至是匮乏的，而文化、信息、市场、人脉关系、侨胞社团等则相对丰富的。

二、广西侨力资源的开发利用

改革开放以来，广西各地政府积极发挥海外华侨华人和归侨侨眷自身和其与居住国（地区）各界广泛联系的作用，"以侨引侨"、"以侨引外"，发展地方经济社会事业，扩大对外开放。侨力资源开发利用取得了明显的成效。

1. 引进侨资侨商，创办实业发展经济。广西各地以"请进来，走出去"的形式，通过组织海外华侨华人参加的"投资峰会"、"发展论坛"、"恳亲会"等活动，向海内外侨商推介广西发展的新商机和中国—东盟自贸区建设和建成后的新机遇，引导海外侨胞到广西投资发展，参与广西经济社会建设。近几年，自治区组织了"侨商广西行"、"侨资企业西部行"、"侨商广西侨场行""海外华商相聚中国—东盟博览会"等活动，吸引经济上有实力、专业上有造诣、对广西感兴趣的海外华侨华人到广西投资发展，促成了一批合作项目，投资总金额近 300 亿元。[①] 如钦州市通过各种形式宣传地缘优势和政策优势，引进了金桂浆纸（印度尼西亚）一体化项目、广西钦州同方数字技术（香港）责任有限公司、广西钦州中港皮业（香港）有限公司、中港皮业有限公司等一批在广西有影响的侨资企业。

2. 开展海外侨团联谊，激发侨胞参与建设热情。广西通过与海外侨团商会建立密切联系，利用海外华侨社团在侨胞中和的桥梁纽带作用，与广西同乡会、联谊会等海外侨团合作，开展联谊交流，举办海外华侨华人社团侨领研习班、海外华裔青少年"中国寻根之旅"夏令营活动等，拓展海外联谊工作，让海外侨胞更多更好地认识和了解广西，增强民族认同感，培育和激发海外侨胞对广西故乡的情感与参与广西经济社会建设的热情；并借以将广西文化品牌推向海外，扩大广西与世界各国特别是东盟国家的文化交流。

3. 利用侨胞善举，发展社会公益事业。广西各地通过弘扬中华民族"致富思源，扶危济困，发展企业，回馈社会"的优良传统，利用海外侨胞乐施好为的善举，组织侨胞个人和侨资企业捐资捐物建设家乡，支持社会公益事业建设发展。如钦州市多年来利用侨资企业金光集团捐资累计 1 000 多万元建设特殊学校、敬老院等社会公益机构；市海外联谊会组织侨资企业参与实施钦州市"园林生活十年计划"，利用侨资企业捐资 600 多万元建

---

① 《引导海外侨胞参与 21 世纪"海上丝绸之路"建设》，《广西日报》，2015 年 2 月 5 日。

设"同心园林";利用侨胞为困难侨胞、农村贫困家庭济困助学。

4. 利用侨胞智慧，广纳良言妙策。在开发侨力资源，利用侨胞智慧、技术方面，一是通过侨界人大代表、政协委员撰写议案、提案，参与各级"人大"、"政协"组织的活动，参政议政为政府出谋献策，为地方经济社会发展服务。二是有关部门通过组织专项活动，向企事业单位推荐人才与技术。如广西侨办编印《海外华侨华人专业人士名录》，向各市县、学校、企业推荐华侨华人中的各类专业人才；开展"海外华侨华人专业人士广西行"活动，帮助企业引进技术、人才和高新技术产品、先进管理方法、市场营销网络等。① 三是各地利用侨联结合地方经济社会发展，组织开展调研活动，利用节庆召开归侨侨眷、海外华侨、侨资企业等各种座谈会，了解侨界呼声和诉求，听取对地方经济社会发展的意见建议，促进地方的改革发展。

三、海外侨胞与共建21世纪"海上丝绸之路"的关系

21世纪海上丝绸之路建设是一项宏大的国际合作工程，将为中国和沿线国家、地区和广大居民，包括华侨华人带来互联互通、交流共融的重大发展机遇。在这宏大的工程建设中，海外华侨华人是不容忽视的重要因素之一，具有难以替代的作用，而与之存在着相互依倚发展的关系。

1. 海外侨胞参与建设21世纪"海上丝绸之路"的必然性

近代以来，海外侨胞积极参与中国的革命和建设、改革开放和统一大业、中华民族现代化的推进。他们在参与中与祖国与时俱进，获得自身发展的历史证明，海外侨胞和国内民众都是中华民族和中华文化大家庭的成员，共同承担着中华民族兴亡，承载着共同的文化，中华民族的发展和中国国际地位的提升，离不开海外侨胞的积极参与，海外侨胞的生存和发展，也离不开祖（籍）国的繁荣富强。2013年10月，习近平主席出访东盟国家时提出，中国愿同东盟国家发展好海洋合作伙伴关系，共同建设21世纪"海上丝绸之路"。② 面向东南亚的21世纪"海上丝绸之路"是当代中国与其沿线各国利益交融的发展通途，睦邻友好发展的共赢之路。通过共建21世纪"海上丝绸之路"实现政策沟通、道路联通、贸易畅通、货币流通、民心相通，这是沿线各国人民的共同意愿，更是与祖（籍）国休戚与共、"血融于水"的海外华侨华人的渴望，参与21世纪"海上丝绸之路"建设，必然会成为他们自觉的行动。

2. 海外侨胞是21世纪海上丝绸之路建设的重要力量

海外侨胞通过长期以来的艰苦奋斗，积累了大量财富和资本，形成了相当规模的产业，不仅是在许多国家成为当地经济重要的支柱，还是建设21世纪"海上丝绸之路"的重要力量，有着不可替代的作用。如在海上丝绸之路的互联互通建设中，海外华商与中国海外工程企业联合起来，在高铁、公路、港口等方面投资，将会有效促进海丝路沿线国家

① 广西侨办：《引导海外侨胞参与21世纪"海上丝绸之路"建设》，《广西日报》，2015年2月5日。
② 陈武：《发展好海洋合作伙伴关系——深入学习贯彻习近平同志系列讲话精神》，《人民日报》，2014年1月15日。

基础设施建设发展；在货币流通发展方面，海外侨胞华商可以利用其在住在国经济、金融中占有的重要位置，发挥其在金融行业的桥梁、管道作用，推进人民币的广泛使用向区域化发展；在贸易畅通，深化海洋经济的开发与合作中，海外华商可以发挥广泛的人脉网络作用，利用他们在各行业尤其是运输业、仓储业、船舶、货运代理等的经营基础和经验，参与海洋经济的开发与合作，推进中国和沿海周边国家的双边友好合作关系；在民心相通的建设发展中，海外侨胞可以通过自己参与祖（籍）国的建设与在住在国的经济、社会作为，向住在国政府和人民展示中华民族讲信修睦、爱好和平的美德，传递中国和平、发展、合作、共赢的声音，增进其住在国政府和人民对中国坚定走和平发展道路的理解、信任和支持，使中国梦与世界各国人民的梦想相通。①

3. 海外侨胞是共建海上丝绸之路的"天然桥梁和纽带"

21 世纪"海上丝绸之路"沿线国家聚集着几千万的华侨华人，他们的产业布局枝繁叶茂，分布在海上丝绸之路各个节点上，在促进中国与世界各国的交往和合作中，具有独特的经济、文化、社会优势。海外侨胞对中国和住在国的社会、法律、文化和风土人情了然于胸，又有血缘、地缘、语缘与亲情、乡情、友情等关系，其在参与中国与海丝路沿线国家的政策协调和海上合作、区域互联互通、提升区域贸易合作水平等经济建设和社会活动，搭建起由此及彼的桥梁，无不具有融通中外文化、政治、经济作用与效果；其成熟的生产营销网络、广泛的政界商界人脉和在民众之间建立的亲朋关系，无不成为连接中国与周边国家的"天然桥梁和纽带"。这一"天然桥梁和纽带"是一种无可替代的资源，对共建海上丝绸之路所需要的地区安全、互联互通平台的搭建、深化海洋经济的开发与合作等方面都有着直接的影响。这一"天然桥梁和纽带"也是打造中国—东盟自贸区升级版的桥梁和纽带。

4. 21 世纪海上丝绸之路建设为海外侨胞提供发展空间

随着区域经济一体化发展，海外华商经济已从家族式管理向现代化经营模式转变，从劳动密集型向知识、技术、资本密集型转移。② 海外华侨华人由于具有较高层次知识结构和技能水平、较强经济实力和较深厚文化底蕴的新生代发展，整体专业形象正由过去"菜刀、剪刀、剃刀"的"三刀"，向"工程师、医师、会计师"，"科学家、企业家、发明家"的"三师"、"三家"转型。21 世纪海上丝绸之路从促进区域经济一体化，构建地区和谐繁荣出发，在为各国利益开辟共享地带的同时，也为海外侨胞实现经济转型和专业形象转型提供了空间和条件，以及施展才华、发挥智慧的舞台。如建设 21 世纪海上丝绸之路需要思路创新、经济合作模式创新、政策创新，需要科技、人才和智力的支撑，海外华侨华人中的科技精英、专家学者和他们在住在国建立的研究机构，可以参与构建区域科技与智力支撑的网络。而海上丝绸之路建设不断推进中国和沿海周边国家的合作，从产业转

---

① 李源潮：《团结动员广大归侨侨眷和海外侨胞为实现中华民族伟大复兴的中国梦作出独特贡献——在第九次全国归侨侨眷代表大会上的祝词》，http：//news．xinhuanet．com/politics/2013．12．02．

② 何亚非：《博鳌论剑 21 世纪海上丝绸之路与华商经济》，《中国海洋报》，2014 年 4 月 17 日。

型到能源开发，从基础设施互联互通建设到现代服务业拓展，从海洋资源开发利用到海洋环保、海上搜救、海洋研究，都为海外华商企业和华侨华人参与其中进行合作，实现发展提供重要契机。海外华商企业还可以与"走出去"的中国企业进行合作，在合作中实现两者的转型和发展。

四、广西开发利用侨力资源建设21世纪海上丝绸之路的策略

对外开放的实践证明，侨力也是生产力。[①] 21世纪"海上丝绸之路"建设蓝图的实施，让广西面临前所未有的大好发展机遇，广西应在原来有效利用侨力资源的基础上，不断创新开发利用的思路，依托"侨"的优势，发挥"侨力"作用，更好地推进"海上丝绸之路"建设。

1. 引海外侨胞经济科技人才参与"海上丝绸之路"建设

广西与东盟陆海相连，北部湾一湾连7国，具有建设21世纪"海上丝绸之路"特殊的地理优势；海外侨胞具有雄厚的经济科技实力、资金与人才及其平台，在东南亚证券交易市场上市企业中，华人公司约占70%。[②] 两者有机融合，将能获得双赢发展。为此，广西应结合当前发展的热点、重点，开展多种形式的侨务经济科技活动，积极吸引更多经济上科技上有实力的华商企业、专业上有才干的海外华侨华人参与"海上丝绸之路"建设，与广西进行深层次、宽领域的交流合作。如通过中国—东盟博览会组织"海上丝绸之路"建设专题项目洽谈，结合实施"惠侨工程"，吸引东南亚华商参与基础设施互联互通的高铁、公路、港口建设和海洋经济的开发，推动海上丝绸之路的建设，促进中国与东盟的经济合作和友好关系。通过拓展海外联络，多渠道、多层次、多形式与海外华人社团开展联谊活动，与各国侨领、知名华商、参政议政华人、新华侨华人建立经常性的联系，了解掌握华侨华人中关心广西建设的各种人才情况；根据地方需要聘请他们中的某些人为政府部门或企业顾问，邀请属紧缺专业技术人才的海外侨胞以专业技术入股的形式参与项目开发；不断创新和完善侨务政策、法规和服务措施，创造良好的环境，吸引和帮助侨胞中高层次人才回国创新创业发展。

2. 借海外侨胞的人脉关系服务"海上丝绸之路"建设

海外侨胞有遍及全球的商业网络、广泛的人脉关系。广西参与21世纪海上丝绸之路建设，应借助海外侨胞人脉关系所形成的沟通中外的独特优势，更好地走出去实施互联互通发展。一是发挥海外侨胞连接中国与周边国家的"天然桥梁和纽带"的作用，通过广西华侨商会举办邀请"海丝"沿线国家的政商机构和企业负责人参加的"广西海外投资年会"，以及协调华侨社团组织开展经济座谈与人文交流活动，为广西企业实施国家"走出去"战略进行沟通交流和舆论宣传。二是通过引进海外华商先进管理方法和项目开发合

① 冯祖华：《依托侨力资源打好"侨牌"——做好广西侨务工作的思考》，《广西日报》，2010年6月3日。

② 陈经纬：《充分发挥港澳台和海外华侨华人在实施"一带一路"战略中的独特作用》，《人民政协报》，2014年10月13日。

作，借助他们在运输、仓储、货运代理、能源开发等领域的发展基础和经验以及广泛的人脉网络，[①] 使广西的企业更顺利地"走出去"投资经营。三是发挥华侨社团和海外爱国华商穿针引线、铺路搭桥的媒介作用，提升广西与东盟的合作互信，促进广西企业走进东南亚实现本地化发展。四是充分利用海外侨胞既熟悉住在国的社会文化与风土人情，又熟悉家乡情况的天然桥梁作用，及其在东盟国家政府和企业界的影响力，沟通、化解广西与东盟国家合作中出现的矛盾，促进广西企业"走出去"合作环境的优化与和谐发展。从而推动海上丝绸之路建设和中国与东盟的经济合作与友好关系。

3. 用华侨投资区的特点和优势建"海上丝绸之路"窗口

广西华侨投资区是以华侨农林场转型进行体制改革为前提，为了华侨农林场更好地走出困境，实现"体制融入地方、管理融入社会、经济融入市场"的转型发展，在华侨农林场设立的具有经济开发区性质的特殊区域，其管理机构行使一级政府的行政、经济和社会管理职能。华侨投资区具有归侨侨眷集中并大多数与海外有着密切联系的鲜明特点；同时具有土地优势、政策优势、后发优势和侨力资源优势。

广西应充分利用华侨投资区的特点和优势，推进 21 世纪"海上丝绸之路"新门户、新枢纽的建设。如北部湾华侨投资区可以充分发挥独特的区位、丰富的土地资源、潜在的交通优势，以临海工业为依托，抓住 21 世纪海上丝绸之路建设的发展机遇，发展外向型工业和现代物流业，推进园区工业化、城镇化建设，使之成为在东盟国家华侨中具有影响力的华侨产业园，海上丝绸之路建设中开发利用侨力资源的平台。通过收储土地，发挥国有土地连片易开发优势，进行整体开发，形成产业集群；通过归侨侨眷在海外的关系，以归侨侨眷的"亲情、乡情、友情为纽带"，[②] 发挥归侨侨眷语缘文化优势和华侨社团沟通、联谊作用，组织团队到"海丝路"沿线国家与华侨华商开展穿针引线的洽谈活动，或在投资区内组织多形式的以政策沟通、民心相通为主题的海外侨胞现场考察与咨询活动，进行共建 21 世纪"海上丝绸之路"的招商引资和人文交流，推介北部湾华侨投资区的政策和发展规划，吸引归侨侨眷亲朋好友和海外华商参与投资区建设；引进港澳台胞和外商到投资区开发办实业，将北部湾华侨投资区打造成钦州市新的产业基地和对外开放的窗口。

目前，广西各华侨投资区的建设发展取得了很好的成效，应紧紧围绕共建"海上丝绸之路"的主题，充分利用华侨投资区归侨侨眷的亲缘关系，独特的人文特点和广泛的海内外关系，进一步扩大对外开放，加大招商引资力度，将华侨投资区建设成为广西共建"海上丝绸之路"的"窗口"。

---

① 李晓琳、李斌、李肇星：《海外华商在"一带一路"战略中有建设性作用》，http：//www. chinanews. com/gn. 2014. 06－07.

② 李源潮：《团结动员广大归侨侨眷和海外侨胞为实现中华民族伟大复兴的中国梦作出独特贡献——在第九次全国归侨侨眷代表大会上的祝词》，http：//news. xinhuanet. com/politics/2013. 12. 02

新海丝路背景下的丽光华侨农场改革与发展对策研究

黄家庆

（钦州学院北部湾海洋文化研究中心　钦州　535000 ）

【摘　要】广西国营丽光华侨农场改革转型，设立北部湾华侨投资区具有集诸方面优势，走出困境获得发展，参与 21 世纪海上丝绸之路建设，成为新的对外开放窗口，具有经济建设意义与社会政治意义。而改革转型发展需要解决体制不顺，基础薄弱，条件落后，债务沉重，资金短缺，国有土地被占，基本农田面积过大等问题；采取理顺管理体制，组织基础设施会战，政策资金支持，科学调整基本农田面积；合理安置农场人员，加强人力资源开发；融入海上丝绸之路建设，利用侨力资源实现发展等对策。

【关键字】华侨农场；华侨投资区；改革与发展；海上丝绸之路

2014 年 9 月，钦州市人民政府根据自治区人民政府批复的《广西国营丽光华侨农场改革和发展方案》（桂政函〔2013〕194 号），在广西国营丽光华侨农场（以下简称丽光华侨农场）成立了钦州市北部湾华侨投资区，推进该农场的体制改革，探索转型升级发展之路。它相对南宁、来宾等华侨投资区而言，虽显落后，但有前者的经验借鉴，可少走弯路。可是要后来居上，只有勇于创新、敢于突破，才是北部湾华侨投资区发展之道与活力所在。在共建"海上丝绸之路"的背景下，只有从广西乃至国家战略构想的高度去思考，立足于以发展的方式解决现实的问题，去探索北部湾华侨投资区的建设，才能实现其改革发展的预期目标。

一、丽光华侨农场改革转型与华侨投资区设立的意义

华侨农林场是我国特殊历史时期的产物，它适应当时形势的需要而创办；也顺应我国经济社会发展形势而改革转型，实行体制融入地方，并向经济技术开发区发展。华侨农林场的建立和发展有着与普通农林场不同背景和意义。

1. 丽光华侨农场建立的背景及体现的政策意义

丽光华侨农场的前身是创建于 1952 年的丽光橡胶垦殖场，1958 年更名为国营丽光农场，1964 年又更名为丽光水果场。1968 年，因钦州县下放 300 多名干部到该场劳动锻炼，改名为钦州县一〇五干校；1975 年，因下放干部回原单位，复称丽光水果场。1979 年 3 月，自治区人民政府批准将其更名为广西国营丽光华侨农场，隶属广西区华侨企业局。

其背景原因是——1965 年，越南政权开始推行"越南化"政策，对华侨进行各种限制。之后的 1975—1979 年间排华运动不断升级，越南当局为铲除华侨经济的影响力，先是通过"社会主义改造运动"，兑换货币，接管华侨社团的产业，封闭所有银行，冻结或没收存款，封闭所有进出口和贸易公司等多种手段迫害南方华侨；①接着实行"净化边境"的措施，强行拆毁华侨住房，抢夺华侨财物，强迫华侨填写"自愿回国书"，驱赶北方华侨出境。到 1978 年中越关系明显恶化时，越南北方内地华侨大规模地被驱赶到中国境内。为妥善安置大批被越南驱赶回来的难侨，我国政府实行"保护华侨利益，扶助回国华侨"的政策，根据当时国家经济建设发展的实际情况，决定主要由地方农林场接收安置越南归难侨。当时的钦州丽光水果场，从 1978 年 5 月开始接收安置越南归难侨，到 1984 年 3 月先后接收了 4877 人。并因接收安置大批越南归难侨，华侨成了该场职工主体而更名为丽光华侨农场。

接收安置归国难侨到国营农林场并设立华侨农林场，使他们作为国家正式职工，并在物资供应方面享受着高于中国公民的待遇，给了这批特殊的侨民以特殊的待遇，这是前所未有的。从安置伊始，就不仅让他们在劳动、工作、升学、医疗方面，同当地居民一样享有同等（甚至更高）的权利；而且考虑到如何让这些归国难侨侨眷融入当地社会发展中，并为他们后代的生活发展奠定扎实基础的问题。这体现了我国对归国难侨"一视同仁，不得歧视，根据特点，适当照顾"的侨务政策，体现了我国做好归国难侨侨眷安置工作，不仅为使他们较好地适应、融入当地社会，还为他们在今后的发展中发挥特殊的作用奠基础、寄希望。

2. 丽光华侨农场改革转型与华侨投资区设立的经济建设意义

华侨投资区的设立是以丽光华侨农场转型进行体制改革为前提，以丽光华侨农场的土地优势、区位优势、政策优势、后发优势和侨力资源优势为基础的。既是丽光华侨农场在新的形势下发展的必然，又是钦州市参与建设 21 世纪海上丝绸之路新门户，掀起新一轮"大开发、大开放、大发展"解决建设用地，打造新的产业基地、新的对外开放窗口所必需。长期以来，由于历史和体制因素的原因，丽光华侨农场作为国家集中安置归难侨基地，既是生产经营的实体，又承担着对学校、医院、人口计生、治安等社会性事务管理和相应的政策性、社会性经费支出。以农业生产为主丽光华侨农场经营性收入十分有限，以至入不敷出，发展陷入困境。

丽光华侨农场实行转型，确立"政企分开"的改革思路，设立钦州市北部湾华侨投资

① 《越南排华事件》，互动百科，http://www.baike.com/wiki

区，理顺农场管理体制后，可以轻装上阵，发挥土地优势、政策优势，实施产业升级转型发展；发挥侨力资源优势，利用归侨、侨眷与海外华侨华人保持着密切的联系，借助 21 世纪海上丝绸之路建设的发展机遇，将会建设发展成为新型的华侨企业。北部湾华侨投资区可以充分利用独特的区位、丰富的土地资源、潜在的交通优势，以临海工业为依托，通过收储土地，发挥国有土地连片易开发优势，进行整体开发，形成产业集群；通过积极参与 21 世纪海上丝绸之路建设，重点发展外向型工业和现代物流业，推进园区工业化、城镇化进程，使之成为在东盟国家华侨中具有影响力的华侨产业园，海上丝绸之路建设中开发利用侨力资源的平台。

3. 北部湾华侨投资区设立的社会政治意义

在丽光华侨农场设立华侨投资区是把农场体制改革、产业发展、基础设施、社会事业等方面内容纳入地方总体规划的具体化，目的是使农场广大干部职工共享改革发展成果。华侨投资区的设立是贯彻落实国家《关于进一步推进华侨农场改革和发展工作意见》和自治区政府《关于推进华侨农场改革和发展的实施意见》等文件精神的具体行动，具有战略性的社会政治意义。

北部湾华侨投资区的设立，通过不断建立健全管理机制，逐步向一级政权的管理体制过渡，可以更好地全面履行原丽光华侨农场的社会管理和公共服务职能，将投资区的文化、教育、卫生、体育等各项社会事业发展纳入地方的发展规划建设，有效开展基础设施建设，改造归难侨危房，做好社会保障，使侨民得以安居乐业。这样，会极大地促进一方的社会和谐稳定，增强侨民与地方群众的团结，提高钦州市可持续发展的能力，维护我国侨务工作在国际上的良好形象，使北部湾华侨投资区成为新的对外开放窗口；进而为广西打造 21 世纪丝绸之路新门户、新枢纽作出贡献。

二、丽光华侨农场改革和发展需要解决的问题

据笔者到丽光华侨农场考察调研，查看资料文献，座谈走访北部湾华侨投资区和丽光华侨农场的领导、职工，深感由于历史、经济、社会等原因，丽光华侨农场的转型改革，在面对广西北部湾经济区深入开发开放、中国—东盟自贸区升级版、21 世纪海上新丝绸之路建设等多方面、广区域合作叠加的重大历史机遇的同时，又面临着多方面紧迫、突出需要解决的问题。

1. 体制不顺，制约工作推进

虽然 2014 年 10 月，成立了投资区工委、管委，下设一办四局，并明确了其具体职责。但直至 2015 年 8 月，钦南区尚没有向投资区管委移交丽光华侨农场范围内的开发、建设、管理等方面的工作，尤其是涉及投资区的有关行政审批和执法事项、审批和执法主体等工作还没有对接明确，制约了投资区的招商引资和开发建设工作的不断推进，也很不利于处理解决华侨农场转型涉及职工和村委的事情。

2. 基础薄弱，条件落后

丽光华侨农场因管理体制多变，在城镇基础设施建设方面成为被遗漏的角落，不少基础设施建设既没有列入市的规划安排，也未能列入县区乡镇规划建设计划，致使作为投资区的城镇基础设施十分薄弱。目前，市政设施落后，无大型供水、供电、排污系统；水厂规模小，供水严重不足，部分连队和村屯至今尚未通自来水；交通条件很差，"村村通"的道路覆盖率只有60%，投资区内只有一条镇级公路穿过。城市基础设施基本空白，这与投资区吸引投资商的条件环境要求差距巨大，难以与广西沿海其他经济开发区竞争投资商。

3. 债务沉重，资金短缺

丽光华侨农场主要以农业为主，而农业生产又基本"靠天吃饭"；经济底子薄，产业基础差，农场入不敷出，债务沉重。多年来，农场靠上级侨务部门的拨款和收取一定的管理费，已难以为继。目前，丽光华侨农场拖欠干部职工工资达914万元，拖欠退休人员工资718万元，拖欠职工历史医疗费214万元，拖欠职工参加医疗保险应交医保费429万元，欠缴养老统筹费3 275万元（另外职工个人欠缴1 275万元），各项累计负债达9 000多万元。据初步统计，投资区管委会接管农场和各农村基层站所后，每年正常运转的经费和社会事业支出将达3 000万元，存在着停发农场管理人员工资、停缴职工养老金和医保费的隐患。此外，目前投资区没有任何开发建设资金，很难有效地推进投资区的建设和招商引资，解决一些急切处理的民生保障、社会事务和基础设施维护建设上的问题。

4. 职工观望，民心待稳

自北部湾华侨投资区挂牌成立后，市委、市政府主要领导4次到投资区召开座谈会，为投资区的建设发展理思路、指方向、鼓士气；投资区管委编制了《钦州市北部湾华侨投资区总体规划2014—2030年》，拟定上报了《关于钦州市北部湾华侨投资区接管钦南区丽光华侨农场的实施方案》；一些客商在投资区的投资项目达成了意向或签订了协议，投资区的工作初有成效。这对于以农业为主，没有企业优势且欠下沉重债务、陷入困境的丽光华侨农场而言，无疑是为1.7万农场干部职工群众带来了希望。然而，由于一些问题没有得到解决，一些工作推进迟缓甚至停留在座谈会上，一些实质性事宜没有解决。如钦南区与投资区管委在管理上、工作上等方面的移交迟迟没有进行，也没有具体的推进时间表，客观上给农场干部职工群众造成了观望的局面；一些事项不明确，如农村基层站所的归属和管理，农场管理人员何去何从、待遇如何解决等问题，造成了相关人员人心不定，对投资区的发展前景缺乏信心，对推进投资区的建设底气不足。同时，也影响到调来投资区干部的情绪和开发建设人才的招聘。

5. 农场国有土地被占；基本农田面积过大

据丽光华侨农场反映，该场已确权发证的国有土地为11.07万亩，但被那丽、那彭镇和农场所辖村庄农民群众侵占的土地达6万多亩，占农场国有土地的51.3%。处理被侵占的国有土地，将给投资区招商引资带来障碍。而整个农场的土地，在过去划定基本农田中，由于全市开发建设用地的需要，大部分被调整划定为基本农田，面积达6.8万亩，占该场8.2万亩耕地面积的82.9%，且8.2万亩耕地不少是坡地。这一问题不仅严重影响了可开发建设利用的用地面积，并且给土地收储和引进需要土地成片规划、用地面积较大的项目增加了难度。

上述问题若不解决，投资区的建设就不可能顺利推进。

三、丽光华侨农场改革和发展的对策

丽光华侨农场转型发展需要解决的问题，其形成的原因是多方面的，是历史遗留的问题。在钦州市新一轮"大开放、大开发、大发展"深入推进的形势下，必须通过改革创新，开发建设，用发展的办法来解决。

1. 加紧落实相关文件精神，切实理顺管理体制

要根据《广西壮族自治区人民政府关于进一步加快华侨农林场经济社会发展的决定》等有关文件精神，落实自治区人民政府批复钦州市人民政府的《广西国营丽光华侨农场改革和发展方案》，制订钦南区、丽光华侨农场与投资区在党务、行政、经济、社会事务等方面及其机构交接工作的日程表，并由北部湾华侨投资区开发建设工作领导小组办公室组织实施；使丽光华侨农场"轻装上阵"，集中精力开展现代企业经营管理，真正成为经济实体的转型；使北部湾华侨投资区依托农场，得以有效整合农场资源，组织招商引资、开发建设和开展服务管理，成为自治区级的经济技术开发区，并"逐步向设立一级政权的管理体制过渡"；以尽快实现丽光华侨农场的"体制融入地方，管理融入社会，经济融入市场"。

2. 组织投资区基础设施会战，创造良好开发建设的环境

钦州市应组织力量，在自治区和市各相关部门的协同下，根据审定后的《北部湾华侨投资区总体规划（2014—2030年)》，开展投资区的城市和园区基础设施规划建设。当前，应首先解决投资区交通条件和市政基础设施落后的困境，一是尽快开工建设投资区内那彭至那丽出口13公里的一级公路；二是开展浦北石埇至钦州一级公路投资区路段的规划建设前期工作；三是加强镇村道路建设，力争在两到三年内实现"村村通"全覆盖；四是加快对投资区园区路网和工管委所在地的市政配套基础设施建设；五是加强培育发展服务行业，加快社会公益事业建设。各项建设应列入钦州市各相关部门今明两年的计划加以实施；或从纳入地方政府性基金预算管理的土地出让收入中，扣除相关费用后，通过地方政府性基金预算支出安排用于基础设施建设；或由投资区的投融资机构组织实施。在具体实施中，应采取各种投融资方式，如"企业投资建设、政府一次回购、资金分期支付"，广泛吸收民营资本参与基础设施项目建设。通过基础设施会战，尽快为丽光华侨农场转型发展和投资区招商引资、组织开发建设，创造良好的服务条件和环境。

3. 政策资金支持，化解债务破解发展难题

自治区人民政府《关于进一步加快华侨农林场经济社会发展的决定》（桂政发〔2011〕78号）强调，华侨农林场的改革转型要着力解决影响华侨农林场经济社会发展的主要矛

盾，要求以不断提高华侨农林场职工收入、改善归侨侨眷和职工群众的生产生活条件为根本，把"职工纳入社会保险，实现'应保尽保'"，"清理并解决农林场的金融债务、拖欠财政周转金债务和欠缴社会保险费等问题。"① 因此，要推进丽光华侨农场的转型发展，处理好农场与投资区的关系，必须采取政策资金支持的措施，化解丽光华侨农场的债务，破解建设发展资金缺口难题。一方面，加大"输血"力度，钦州市挤出资金或通过各种渠道，分三年解决拖欠退休工资与在职人员工资、职工医疗保险和养老保险费的问题；另外，将无法参加基本医疗保险的农场职工家属纳入"新型农村合作医疗保险"，对符合条件的困难职工家庭实行地方低保；从地方政府性基金预算管理的土地出让收入中，通过地方政府性基金预算支出安排部分用于职工安置；以解决农场职工的后顾之忧，稳定民心，夯实发展的社会基础。另一方面，加大"造血"力度，钦州市在解决投资区社会保障缺口资金外，为投资区注入开发建设基金，支持投资区建立投融资平台，采取"政府引导，市场运作，企业招商"的模式，引进资金实力雄厚的投资商开发建设园区，再由其自主招商，实行资源合理配置，提高园区投融资的效率，推动整个投资区的发展。

4. 科学调整基本农田面积，坚决收回被占国有土地

土地是最基本、最重要的生产资料，土地资源丰富是丽光华侨农场最重要的优势，设立投资区就是要立足土地求发展。要想通过整合土地资源，对农场土地进行整体规划、收储、开发和建设，将丽光华侨农场建设成为钦州市一流的集产业发展、生态构建、旅游观光为一体的现代产业园，就必须破解其基本农田保护面积虚高和国有土地被占超半的问题。

要按照国土资源部、国务院侨务办公室《关于做好华侨农场土地保护和开发利用工作的意见》（国土资发〔2013〕116号）强调的，"根据华侨农场实际及当地经济社会发展的需要，合理确定华侨农场范围内基本农田数量和区位"② 的要求，由钦州市政府应根据北部湾华侨投资区的园区开发建设规划，分期分批逐步调整置换投资区的基本农田指标。本着连片开发的原则，先进行投资区内部调整，把农场场部周围开发启动区的基本农田指标调整到其他区域；以后根据投资区开发建设的用地情况，在全市范围内进行合理的调整，逐步将要减少的基本农田指标调整到其他乡镇。

根据国土资源部、国务院侨务办公室《关于做好华侨农场土地保护和开发利用工作的意见》（国土资发〔2013〕116号），钦州市、钦南区国土资源部门要严肃查处丽光华侨农场土地被侵占的行为，做好土地纠纷调处工作，坚决依法帮助农场收回被周边农村集体、农民个人非法占用的土地。丽光华侨农场、华侨投资区管委应认真整理好土地被侵占的具体情况材料，主动报送国土资源部门并积极配合做好查处工作。为使土地被侵占问题不影响土地开发和招商引资工作，应组织专门力量，制定土地被侵占的查处工作计划并予以实

---

① 《广西壮族自治区人民政府关于进一步加快华侨农林场经济社会发展的决定》，广西壮族自治区人民政府门户网站，http://www.gxzf.gov.cn/zwgk/zfwj/zzqrmzfwj/201202.
② 国土资源部、国务院侨务办公室：《关于做好华侨农场土地保护和开发利用工作的意见》，中华人民共和国国土资源部，http://www.mlr.gov.cn/zwgk/zytz/201311/t20131101.

施，确保土地侵占行为查处、土地纠纷调处做在土地开发建设前，保障投资区的开发建设顺利推进。

5. 合理安置农场管理人员，加强投资区人力资源开发

丽光华侨农场的改革发展既是经济建设任务，又是社会政治工作，其推进必须"有利于发展、有利于稳定、有利于改善归难侨生活"。因此，设立北部湾华侨投资区核定其编制后，应根据《广西壮族自治区人民政府关于进一步加快华侨农林场经济社会发展的决定》（桂政发〔2011〕78号）的精神，投资区工管委的事业编制人员应按国家有关人事政策，主要从丽光华侨农场现有管理人员中公开招考录用，并从实际出发，对相当于科级干部的现任农场领导，经考核合格符合投资区工管委工作机构任职的，应予免考或给予加分照顾录用，以积极的态度妥善安置华侨农林场管理人员，调动原农场管理干部的积极性。

人才资源是第一生产力。推进丽光华侨农场的转型发展、加快投资区的开发建设，还应加强人力资源开发。除调配和引进急需紧缺人才外，要采取措施利用各级涉农培训资金和资源，根据投资区园区规划建设对人力资源的需求，对丽光华侨农场职工进行技能培训，对侨眷和农场失地人员实施创业就业培训，提升他们融入社会的能力。钦州市人力资源与社会保障部门和投资区的相关机构，应为失业的农场职工进行至少一次免费的职业技能培训或创业培训。通过加强就业创业培训，使丽光华侨农场的人员更好地适应转型发展、适应投资区的开发建设，并做出新的贡献。

6. 融入新海丝路建设，借助侨力资源实现发展

丽光华侨农场与其他华侨农林场一样是归侨侨眷集中的地方。这些归侨侨眷来自不同的地方，有着不同社会制度的生活体验、不同职业的工作经历，他们在原居国还有亲戚、朋友、同事、贸易经商的伙伴和关系户，大多数归侨侨眷与海外有着密切的联系；不少归侨侨眷随我国改革开放不断深化发展，世界影响力的不断提升和与各国关系的不断推进，又重返故地或到其国家（地区）经商创业，形成了独特的侨力资源。钦州地处沿海，是"海上丝绸之路"的始发港之一，与东盟陆海相连，侨力资源与地缘优势、政策优势同时具有，使北部湾华侨投资区参与21世纪海上丝绸之路建设的优势更加突出。应设立专门联系和服务海外侨胞的机构，充分利用优势，主动融入新丝路的建设，借助侨力资源推进北部湾华侨投资区的建设发展。一是以亲情、乡情、友情为纽带，[1] 通过归侨侨眷在海外的关系，介绍北部湾华侨投资区的政策和发展规划，穿针引线、铺路搭桥，引进东南亚华商到投资区开发办实业；引进侨胞和海外人才参与投资区的创新创业，为破解改革发展难题建言献策，帮助企业走出困境。二是以血缘、地缘、语缘为基础，[2] 借助侨胞遍及全球的商业网络，"走出去"与东盟国家华商和外商开展经贸技术合作，促进"海丝路"的双边贸易畅通双赢发展，拓展北部湾华侨投资区经济发展战略空间。三是积极发挥归侨侨眷

① 李源潮：《团结动员广大归侨侨眷和海外侨胞为实现中华民族伟大复兴的中国梦作出独特贡献——在第九次全国归侨侨眷代表大会上的祝词》，新华网，http：//news. xinhuanet. com/politics/2013 - 12/02

② 李源潮：《团结动员广大归侨侨眷和海外侨胞为实现中华民族伟大复兴的中国梦作出独特贡献——在第九次全国归侨侨眷代表大会上的祝词》，新华网，http：//news. xinhuanet. com/politics/2013 - 12/02

语缘文化优势和华侨社团的作用，到"海丝路"沿线国家开展华侨华商与外商联谊活动，或在投资区内组织多形式的政策沟通、民心相通对外联络活动，进行促进合作环境的优化与和谐，推动"海丝路"建设的人文交流，以扩大北部湾华侨投资区的影响，提高建设21世纪海上丝绸之路的参与度，实现自身的发展。

7. 实行错位发展，开辟转型升级新路

丽光华侨农场在钦州市半小时、广西北部湾经济区一小时经济圈范围内，利用其独特的区位、交通、土地资源等优势实现转型发展，既不能走过去的老路，又不能走现在产业园、经济区的套路，应实行错位发展，开辟转型升级新路。目前，广西北部湾经济区内各产业园、工业园、科技园、实验区、经济技术开发区等都在招商引资，引进临海工业等各产业项目，竞争十分激烈。缺乏城市依托和投资建设基础设施条件落后，处于竞争劣势的丽光华侨农场，应实施"升一接二连三"的发展策略，即实行农业升级，建设发展现代农业、生态农业、观光农业，生产高端、健康的绿色农产品；引进新兴产业、高新技术产业，进行农产品深度开发加工，发展与现代农业对接的第二产业；充分利用农场现有资源，积极融资和引进资金，发展与现代农业、生态农业、观光农业和新兴产业、高新技术产业密切联系的观光、休闲、体验的"农家乐"旅游产业，以及相配套的交通、商贸等服务业；形成第一二三产业有机结合发展的产业链。

百越与东南亚

古小松①

（广西社会科学院　南宁　530000）

【摘　要】古代的百越部落分布于从长江、珠江、红河到湄公河流域的广阔地域。百越人创造了辉煌的稻作文化等，并与中原文化一起融合构建了光辉灿烂的华夏文明。历经数千年的演变，保留有自身特色语言风俗的百越后人仍然居住在从华南到中南半岛广大地区。广西在地理和人文上都是百越的中枢。探讨百越文化与东南亚的关系，不仅有助于民族和谐和本地区的繁荣发展，也有利于增进中国东南亚文化交流，建设 21 世纪海上丝绸之路。

【关键字】百越；历史文化；东南亚

一、地域与演变

（一）从长江、珠江、红河到湄公河

百越亦称百粤（越粤相通），他们还被称为越人、古越人、越族、古越族，泛指古代中国南部从长江下游至两广云贵广大地区的古代部落或原住民。百越有许多支系，其中吴越、东瓯、闽越、南越、西瓯、骆越等支系是百越中的大族群，西瓯、骆越等演变为当下的汉族及中国国内外的一些少数民族，如壮族、傣族、黎族等，以及越南、老挝、泰国、缅甸、印度境内的京族、岱族、佬族、泰族、掸族、阿洪人等族群。

从古到今，他们居住在从中国的长江口到珠江、红河、湄公河等流域的广大地区，含盖了今日的沪、苏、浙、徽、湘、赣、闽、台、粤、桂、琼、滇、贵等省区以及越南、老挝、泰国和缅甸、印度的部分地区。因而，古籍记载："自交趾至会稽七八千里，百越杂处，各有种姓"。②

---

① 作者简介：古小松，广西社会科学院研究员，中国东南亚研究会副会长，广西东南亚研究会会长。
② 《汉书·地理志》。

该地区的地理气候不同于长江以北区域，其特点有四：一是地处热带与温带的过渡地带，位于北回归线的南北两侧，气候比较热，但不是极热；二是临海，从长江口到湄公河出海口，有漫长的海岸线，是海上丝绸之路的起点地区，对外开放交流便利和频繁；三是多江河，水资源丰富，种植和生产水稻等农作物有着得天独厚的条件；四是多山，古时交通往来不便，因而居民分布种类多，语言近似而不统一。

这里一年四季不同于温带，也不同于热带，既不像温带地区的冬季时间比较长，也不像热带地区的终年如夏，而是四季长短比较均匀。该地区背靠有"世界屋脊"之称的青藏高原，面临的是世界第一大洋——太平洋，海陆热力性质差异十分显著，夏季由海洋吹向陆地的夏季风，带来大量的暖湿气流和降水；冬季是由陆地吹向海洋的冬季风，气流既干燥又寒冷，很难冷却达到饱和状态而形成降水，从而形成了世界上最典型的亚热带季风气候分布区，是世界上降水较多的地区之一，年降水量大于1 500毫米，与同是北回归线穿过的热带沙漠气候分布区形成了鲜明的对照和强烈的反差，是名副其实的北回归线上的"绿洲"。

由于热量和水分都十分充足，且雨热同期，所以植物容易生长，动物种类也比较多，生物种数和个数都极其丰富。这里是世界上降水较丰富的地区之一，空气比较湿润，云雾天气相对较多，植被繁茂，树高叶大，气候环境非常适宜人类的生存，因而该地区成为世界上人口密集的地区之一。[①]

（二）从东夷到南蛮

古代华夏五方之民，东方曰夷，披发文身，有不火食矣。西方曰戎，披发衣皮，有不粒食者。北方曰狄，衣羽毛穴居，有不粒食者。南方曰蛮，多喜欢吃生菜、色拉和醋。可见，夷乃先秦时期非华夏民族泛称之一，后来一般多用夷泛称环渤海而居，南至江淮的中国东方各族，亦称东夷。

"南蛮"一词在古时泛指南方的居民部落，南蛮的地理区域实际上已经涵盖了当时的中南半岛。南蛮的族群成分相当复杂，大体可分为百越、百濮与巴蜀三大族群体系。百越主要分布在长江以南的区域。

春秋时期，东夷与华夏迅速融合。今江浙一带是东夷与南蛮交汇处。在文化上，东夷的文化先一步发展，所以他们往东南发展与该地区的南蛮结合，建立了越国。越国被楚国灭之后，越人往西、南扩散，形成了后来历史上的百越局面。百越中比较重要的部落有扬越、吴越、东瓯越、闽越、南越、西瓯越、雒越等。

扬越与吴越。扬越，也称"扬粤"。"江南曰扬州。"[②] 今长江下游上海、江苏、安徽、浙江等皆古扬州之属。古扬州之地为越人所居，故曰扬越。扬越人居住地以山地、丘陵、盆地、河谷为主，以农业为主，过定居生活，主要依靠种植水稻；吴越，一指吴国，二指

---

① 《中学地理教学参考》，2005年第7、8期。
② 见《尔雅·释地》。

吴地之越人。吴国和越国之民都是百越民族，历史上吴越并称。春秋时期，越王勾践一度败于吴国，后来勾践吸取教训，卧薪尝胆，发愤图强，终得灭吴。吴越广义上泛指现在的江苏南部、上海、浙江、安徽南部、江西东北部一带地区。在地域上，扬越与吴越有重叠之处，不同时期对该地区及该地区的越民有不同的称呼。

东瓯越。百越有东瓯、西瓯两支。东瓯之瓯，水名，即今浙江温州的瓯江。居住在今浙南的温州、丽水一带的越人称东瓯越。而前面狭义上的吴越是指苏南、上海、浙江钱塘江以北的杭州、嘉兴、湖州以及钱塘江以南的绍兴、宁波、金华、衢州等地。

闽越。古代居住在今福建的闽人，因分七族，故有七闽之称。"闽，东南越，越夷蛮之国也。"[1] 传说，公元前334年，越王无疆被楚威王打败后，其后人率领一支船队从海上南下进入闽江流域及周围地区，与当地土著族群融合，后来该地区的居民即被称为闽越人。公元前221年，秦始皇派兵南下平百越，置闽中郡，从此福建正式纳入中央版图。汉朝汉武帝发动灭闽之战，兵分多路，陆海同时进攻，闽越人终融合于汉。此后，闽越之称在历史上逐渐消失。

南越。"南越"有两种含义：一是，中国历史上有"北胡南越"之说，南越是对中国古代南方越人的总称；二是，这里所说的南越，是百越的一支，指古代居住在今广东地区的越人。《汉书》写作"南粤"，其意相同，后因此简称广东为粤。南越人是具有浓厚文化特色的古代南方族群，随着中原人的持续大规模南迁，原住民南越人与汉族长期杂居，多数土著居民逐渐与汉族融合，最终被汉化。没有被汉化的土著居民聚居地逐步缩小，这些土著居民后来演变为黎族、壮族等少数族群，退居山地。南越人已经汉化了，与中原已"书同文"，但留下了粤方言，读书发音仍然异于普通话，还有粤剧等。

西瓯越，简称西瓯。这是位于岭南西部的百越族群中最强悍的一支，曾在秦攻百越之战中顽强抵抗秦军。"（秦始皇）又利越之犀角、象齿、翡翠、珠玑，乃使尉屠睢发卒五十万，为五军，一军塞镡城之岭，一军守九疑之塞，一军处番禺之都，一军守南野之界，一军结余干之水。三年不解甲驰弩，使监禄无以转饷；又以卒凿渠而通粮道，以与越人战，杀西呕君译吁宋；而越人皆入丛薄中与禽兽处，莫肯为秦虏，相置桀骏以为将，而夜攻秦人，大破之，杀尉屠睢，伏尸流血数十万，乃发谪戍以备之。"[2] 该战过后，西瓯人不断地往西、南迁移，到了今云南南部、越南北部、老挝、泰国，以及缅甸的掸邦、印度的阿萨姆邦等地，最显著的西瓯人的后裔是今天的泰国人和老挝人，分别建立了今日之泰国和老挝。留在原居住地之西瓯人的后裔是包括汉族在内的两广、云南境内的多个民族，比如讲粤语和平话的汉族、壮族、侗族、布依族、水族、仫佬族、毛南族、傣族等。

雒越。雒越人主要居住在今广西南部至红河三角洲及周围地区。中国重要学者罗香林先生认为："西瓯与骆，本为越之二支。"[3] 蒙文通先生也认为："骆越之与西瓯，自民族

---

① 见许慎《说文解字》。

② 《淮南子·人间训》，转引自郭振铎等：《越南通史》，北京：中国人民大学出版社，2001年版，第134—135页。

③ 罗香林：《百越源流与文化》，台湾中华丛书委员会，1955年版，第66页。

言本为二族，自地域言本为二地。"① 结合古籍与当今的族群居民分布，大体可以知道，早年西瓯越人主要分布在珠江流域之柳江、红水河流域以北的广西区域，骆越人主要在红河三角洲一带，广东西南到广西西南一带是西瓯越人与骆越人混合杂居的地区。"茂名（今广东高州市），古西瓯越地。"②

　　要了解公元前雒越人的社会状况，应当主要根据中国古籍的有关记载。在中国唐代以前，中国史籍中关于雒越人的情况，出现过"雒王"、"骆王"和"雄王"的记载，分别见于成书于公元 3 世纪的《交州外域记》、成书于 5 世纪的《广州记》和《南越志》中。后来这几种史籍都已失传，这些零星记载被保留在《水经注》、《史记·索引》、《旧唐书》和《太平寰宇记》中。这些记载说："交趾昔未有郡县之时，土地有雒田，其田从潮水上下，民垦食其田，因名为雒民，设雒王、雒侯，主诸郡县，县多为雒将，雒将铜印青绶。"（《交州外域记》）③ 骆越人是今越南主体民族京族的主要来源。随着中国自秦朝在交趾地区设立了郡县，中原人不断移居交趾地区，与雒越不断融合，雒越则愈来愈变成了今日越南京族。今京族人占了整个越南人口的90%，大约有 8 000 万左右。

（三）从越国到岭南

　　从历史范畴，百越从兴起到消亡，可以看做是古代中国从长江口一直到北部湾地区的一个历史发展时期，大致可分为越国建立及其以前、越国灭亡到秦朝平定岭南以及秦汉以后三个阶段。在越国建立以前，该地区已经有众多的部落在此居住和繁衍，只是还没有冠以百越的族称而已。从历史记载，该地区的各族群称为百越是在越国灭亡之后，大批越国人往西、南迁移到了此后的广大地区，与当地的土著逐渐融合，人们才把该地区融合以后的各个部落称为百越。后来秦始皇统一中原后，跨过五岭，占领了该地区，并将其纳入中国版图，尤其是汉朝以后，直接派员治理该地区，不断移民，使该地区愈来愈汉化，以至于百越及其各支系的名称也逐渐消亡，最后就剩下已经从华夏独立出去的越南还有越族的叫法了。

　　1. 越国始末

　　越国，是古代越人所建立的国家。中国夏朝、商朝、周朝时期，华夏族群扩张至中国东南方的长江下游即今江浙一带，与当地土著融合，并建立起一个诸侯国，即越国，相传其始祖为夏朝君主少康的庶子无余，大禹的直系后裔。"越侯传国三十余叶，历殷至周敬王时，有越侯夫谭，子曰允常，拓土始大，称王，春秋贬为子，号为于越。"④

　　关于越国，后人最为津津乐道的是"卧薪尝胆"的故事。春秋时期，长江下游崛起两个国家：吴国与越国，吴国位于今江苏南部一带，建都于姑苏，即今江苏吴县。越国在今浙江一带，建都于会稽，即今浙江绍兴东南。长期以来，楚国联越制吴，造成吴越多年对

---

① 蒙文通：《越史丛考》，北京：人民出版社，1983 年版，第 82 页。
② 见《太平御览》。
③ 引自黄国安等：《中越关系史简编》，南宁：广西人民出版社，1986 年版。
④ 见《正义奥地志》。

立。公元前 496 年，吴王阖闾出兵攻打越国，两年后阖闾的儿子夫差击败了越国，越王勾践被押送到吴国做奴隶，勾践忍辱负重伺候了吴王三年后，夫差才对他消除戒心，并把他送回越国。勾践回国后并没有放弃复仇之心，他表面上服从吴王，但暗中训练精兵，强政励治，等待时机反击吴国。勾践由于害怕自己会贪图眼前的安逸，消磨报仇雪耻的意志，所以刻意为自己安排艰苦的生活环境。他晚上睡觉不用褥，只铺些薪柴草，又在屋里挂了一只苦胆，不时尝尝苦胆的味道，以不忘过去的耻辱。10 年后，越国在勾践的领导下，实现了兵精粮足，转弱为强。公元前 473 年，勾践亲自带兵攻打吴国，最终灭掉了吴国。

越国前期是一个弱小国家，其核心统治区域主要在今天的浙江省诸暨、东阳、义乌和绍兴周边地区，勾践灭吴后，势力范围一度北达齐鲁，南入两广，东濒东海，西达今皖淮、赣郡，雄踞东南一方。①

越灭吴后一百多年，华夏诸国力量此消彼长，楚越由合作变成了对立。公元前 334 年，越王无疆欲效法列国征伐中原，发兵向北攻打齐国，齐王即派遣使者劝说越王西征楚国。越王无疆以为楚国分兵在列国争胜，国内空虚，因而出兵伐楚。其实，楚王早有灭越之心，并做了准备充分。公元前 333 年，楚威王领军进攻越国，大败越军，杀死无疆，把原来吴国、越国的土地全部攻下。

越国灭亡后，大量越人往南、西逃亡、迁移，散布到瓯江、闽江、珠江、红河等流域的广大地区，并与当地的土著融合，形成和开启了百越时代和局面。

2. 岭南的开发

从越国灭亡到秦始皇统一中原一百多年的时间里，原来的越国地域逐渐汉化，越人的印记愈来愈少。离开故地的越人到了从瓯江至红河流域的新地方，与该地区的各处土著部落逐渐融合，形成了后来人们称之为百越的众多族群。不过，拥有文字记载的中原势力尚未到达这一区域，所以中国史籍有关百越区域的社会发展历史记载很少，人们难以确切了解到该地区的具体情况。只是到了秦朝的军队进攻该区域的前后，才把该区域的族群按地域称为东瓯越、闽越、南越、西瓯越、雒越等。包括"岭南"的称谓也是到了秦朝以后才出现的。因为秦朝以前中原的势力和文化主要在五岭以北，中原与五岭以南的交流很少。五岭以南与五岭以北在地理和人文等方面差异较大，所以人们慢慢形成了一个岭南的概念。

五岭是指越城岭、都庞岭、萌渚岭、骑田岭、大庾岭，大体分布在广西东部至广东东部和湖南、江西的交界处，是中国江南最大的横向构造带山脉，是长江和珠江两大流域的分水岭。岭南，即五岭以南。汉初，岭南是南越国的辖地。《晋书·地理志下》将秦代所立的南海、桂林、象郡称为"岭南三郡"，明确了岭南的区域范围。该地区北靠五岭，南临南海，西连云贵，东接福建，范围包括了今广东、广西、海南及越南中北部。历史上，唐朝设岭南道，包括曾经属于中国皇朝统治的今越南中北部。宋代以后，今越南中北部才分离出去。

岭南所涵盖的地区地理环境相近，属亚热带地区为主，最大的河流珠江，是中国第五

---

① 中国社会科学院历史研究所：《中国古代史常识》（先秦部分），北京，中国青年出版社，1981 年版。

长河，流量仅次于长江，居全国第二位。岭南水网纵横，气候温和，除种植水稻外，还种果、种桑、育蚕、养鱼等，重视经济作物与多种经营。岭南拥有较长的海岸线和较早开放的港口，海上对外贸易活跃。该区域是百越部落最集中的地区，包括南越、西瓯越、雒越等。居民生活习惯有很多相同之处，如吃米粉，抽水烟等。

商周时期，岭南与中原及长江流域已存在着政治、经济和文化等多方面的往来。战国时，岭北汉人因经商、逃亡或随军征战等原因，逐渐南来。但毕竟交通不便，加上语言差异，汉人大规模的南来，则是在秦代统一岭南后才开始的。秦始皇于公元前 221 年跨过五岭，占领了岭南广大地区，在该地区设立了南海（大体为今广东、海南）、桂林（大体为今广西）、象郡（大体为今广西南部和越南中北部）。在南征越人的过程中，秦始皇为了解决劳师费日的粮饷补给问题，派监禄在今广西兴安县城附近和大榕江镇之间开凿灵渠，支分湘水，连接漓水，建设起全长 34 公里，由铧嘴、大小天平、南北渠道、秦堤和陡门等部分组成的完整水道工程体系。灵渠这一人造河渠工程，沟通了越人地区的湘、漓二水，使长江水系与珠江水系得到连接。自秦朝始，大量的中原人移居岭南，包括 55 万秦军南征结束后都留了下来，后来还从内地征调 1 万 5 千名未婚女子为戍守军人缝补衣服，以及秦朝强迫大批的官吏、犯人和商人等移居岭南。秦朝末年，天下大乱，南海郡龙川令赵佗（真定人）乘机割据岭南，于公元前 207 年"击并桂林、象郡"，建立了以番禺（即今广州）为中心的割据政权"南越国"，自立为"南越武王"。南越国境内几乎都是百越族人，包括南越、西瓯、骆越等支系。

公元前 204 年，刘邦统一中国，建立了强大的汉朝。公元前 113 年，南越相吕嘉发动叛乱，汉武帝派伏波将军路博德率军征伐，于公元前 111 年灭南越国，在其地设置 9 郡：南海、苍梧、郁林、合浦、交趾、九真、日南、珠崖、儋耳。唐代开元年间，张九龄主持扩建大庾岭新道，使其成为连通岭南岭北的主要通道。"兹路既开，然后五岭以南人才出矣，财货通矣，中原之声教日进矣，遐陬之风俗日变矣。"[①]

秦朝从中原地区强迫大量劳动人民迁来岭南，与越人杂居共处，他们是最早的大批移民，构成了岭南最早的汉族居民。汉唐以后也有大量的中原人移居岭南，他们与越人融合，有的地区汉人与越人融合后汉化成了汉人，有的地区移居来的汉人则被同化成越人。前来实边的中原人民带来了中原的文化与先进生产技术，不仅与当地的越族一起，胼手胝足，开发了岭南地区，而且还传播了中原地区文化技术，促进了民族之间的融合交流。

二、百越与华夏历史文化的交融

（一）今日百越之后裔

沧海桑田，经过千百年来的交流与发展，百越区域及族群已发生了巨大的变化，一个大的趋势就是不断地与华夏族群及文化的互动与交融。从地缘关系和历史文化角度看，当今百越人的后裔可以分为东区、中区和西南区三大板块。

---

① （明）邱浚：《广文献公开大庾岭路碑阴记》。

一是东区，从长江口到珠江的下游地区，包括古代的吴越（扬越）、东瓯越、闽越、南越等。由于交通便利，与华夏族群及文化交流频繁，这里的百越族群已几乎完全与华夏族群融合，甚至可以说是几乎完全汉化了。古代扬越、吴越留下来至今的印记，除了人们熟知的越王勾践卧薪尝胆的故事，就是以"越"命名的越剧了。作为闽越的后裔福建人以及从福建迁移到台湾的闽南人，保持着妈祖的信仰，日常依然说着他们的闽南话。而南越的后人主要是今日的广府、潮汕、海南人，他们使用汉语汉字，但他们分别朗读出来的仍然是广东方言、潮汕方言、海南方言。粤剧仍在广东以及广西的部分地区，甚至在东南亚地区流行。

二是中区，即两广、海南、云贵区域的少数民族集中居住区，包括壮、傣、侗、黎、布依、水、毛南、仫佬族、仡佬族、京族等，大多是西瓯越和雒越的后裔，居住比较集中的地区为广西的西北部、广东的西北部、海南南部、贵州南部和云南南部，人数最多的是壮族，人口有1 000多万。他们在文化上与汉文化交流比较多，甚至吸收了相当的华夏文化，但依然保留着自己的语言和很多独有的生活习俗。国家在政策上对他们也有一定的优惠倾斜。

三是西南区，位于中国版图之外的百越后人分布的区域，包括西瓯越的后人以及雒越的后人，主要分布在越南、老挝、泰国以及缅甸的掸邦和印度的阿萨姆邦。

表1 百越后裔之分布

名称	包括的族群	区域	面积（万平方公里）	人口（百万人）	与汉文化的接触情况
吴越	汉族	江苏、浙江、上海等	18	148	几乎完全汉化
东瓯越	汉族	浙江温州、丽水	3	11	几乎完全汉化
闽越	汉族	福建	12	37	几乎完全汉化
南越	汉族	广东大部、广西和海南部分	22	112	几乎完全汉化
西瓯越①	壮族、傣族、岱依族、侬族、泰族、老族、掸族、阿洪人、汉族等	广西相当部分、广东和云南少部分、越南北部、老挝、泰国、缅甸掸邦、印度阿萨姆帮	100	111	不同的族群接受了不同程度的汉文化影响
雒越	京族、芒族、部分壮族、少量汉族	越南大部、广西南部	33	90	有一定程度的汉化

注：这里主要是罗列百越中的吴越、东瓯越、闽越、南越、西瓯越、雒越等主要支系，面积和人口都是大约数，其他干越、滇越等分散在江西、云南、贵州等地的百越支系尚未列进来。

资料来源：中国地图出版社：《中华人民共和国分省地图册》（1987年版）、维基百科网等，一些面积和人口估算大约数。

---

① 根据相关资料统计，属于西瓯越后人的中国广西人口有5 000多万，泰国的泰人约4 000万，缅甸掸邦人口约800万，老挝人口约600万，印度阿萨姆邦人口约200万，还有中国云南西双版纳、德宏州以及越南岱依族、泰族、侬族人口各约100万。

云南大学的王文光教授则从百越的融合分化情况将其后裔划分为5个区域：其一，融合区，即吴越、闽越、东瓯融于华夏后，越民族群体分布的东北部即今江、浙、闽地区便成为融合区；其二，受汉文化影响的分化区，即今广西、云南东南部、贵州等地，经历代设置郡县，有汉族杂居其中，一直处于与华夏文化相互吸收、补充的历史过程之中，故人数多少不等、民族大小不一的分布于中国境内的壮族、侗族、水族、布依族、仫佬族、毛南族、仡佬族等；其三，受多种历史文化影响而产生的重新组合区，主要为今越南。红河三角洲地区自古为骆越分布区之一，北有汉文化，西南有高棉民族及信上座部佛教的掸泰民族，南有印度尼西亚语族的占族。京族便在这诸多历史文化的影响下，在政治、经济、典章制度、文化思想方面最大限度地受汉族影响；其四，受印度佛教文化影响的异化区，包括中国云南的南部、西南部、老挝、泰国、缅甸掸邦。从自然地理位置上说，其北有澜沧江，东南有红河，西有巨大的阿拉干山脉，因而形成一个相对独立的分布区。虽然中原汉文化对该区有一定的影响，但由于地理邻近的原因，所以该区较多地接受了上座部佛教的影响；其五，原生文化区，即海南岛与台湾岛，虽然历史上与中原王朝的关系一直不断，但由于海峡之隔，所以当地土著族群较多地保存了百越民族群体的历史文化。

（二）华南与中南半岛：百越后裔在东南亚

人类学、民族学家认为，今日的京族来源于百越之一支——雒越，壮傣族群则来源于百越的另一支——西瓯越。雒越[①]和西瓯越形成之前，红河三角洲地区和西江流域的居民是马来人与古濮人融合的南亚人种（孟高棉人）。再往前推就是，在形成南亚人种之前，这里是马来人居住地。马来人是南方蒙古人与尼格利陀人融合而成。

在地理上，华南与中南半岛连为一体，从滇桂到中南半岛的地势大致北高南低，多山地、高原，山川大致南北走向，且山川相间排列，半岛地形犹如掌状。重要的澜沧江—湄公河、红河都发源于中国，然后流经中南半岛，再从半岛东部、南部注入大海。华南与中南半岛的平原多分布在东南部沿海地区，主要是大河下游面积广大的冲积平原和三角洲。

从地形上看，由于大江大河基本上是南北走向，这为人口的迁移提供了便利，所以自古以来很多族群就会顺江而下，造成中南半岛民族一般都是由土著民族和迁移自中国的民族糅合而成的状况。其中，百越后裔是中南半岛族群的重要部分，主要是西瓯越和雒越的后裔。

1. 西瓯越的后裔

西瓯越主要在西江流域地区，后来迁徙发展到中南半岛的很多地区。从早期的尼格利陀人到西瓯越，再到泰老族群，有一个演变过程：

（1）东南亚北部、华南地区

公元前3000—5000年以前：尼格利陀人

---

① "雒"与"骆"相通，因此"雒越"也可称为"骆越"。

（2）（第一次融合）
东南亚北部、华南地区
公元前 3000—5000 年：
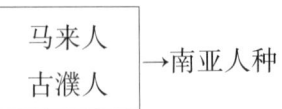 尼格利陀人
南方蒙古人种 →马来人

（3）（第二次融合）
湄公河流域、珠江流域
公元前 1000 年：
马来人
古濮人 →南亚人种

（4）（第三次融合）
西江流域地区
公元前 333 年：
南亚人种
越人 →西瓯越（如今国内主要有壮族、傣族等）

（5）湄公河中游、湄南河流域、萨尔温江中游、越南北部等地区

公元前 214 年：西瓯越→泰老掸岱依族群（把当地的孟高棉族群挤走后形成包括泰国的泰族、老挝的老族、缅甸的掸族、越南的岱依和依族等）

公元前 3 世纪前后，秦始皇平定岭南。居住在岭南地区的西瓯人一部分已汉化，一部分逐渐往西、南迁徙，在今广西的西南部，云南的南部，越南的西北，老挝、泰国、缅甸的东北部，印度的阿萨姆邦等连成一片的，约 100 万平方公里的广大地区定居和繁衍，现有人口约 1 亿多。除在中国的壮族、傣族等外，该族群共同体还有泰国的主体民族泰族、老挝的主体民族老族、缅甸的掸族、越南的岱族、依族、泰族，甚至印度的阿洪人等。他们的生活习俗相同或相近，相互之间日常用语几乎可以听得懂。

尚未汉化者可以分为两大族群：壮依岱依等族群和泰老掸傣族群。从分布看，壮依岱依等族群主要居住珠江流域、红河流域及中越边境地区一带；而泰老掸傣族群则主要居住在中南半岛中西部的泰、老、缅以及中国云南的南部。由于地理差异等原因，壮依岱依等族群吸收越来越多的汉文化；而泰老掸傣族群则接受了不少的印度文化，尤其是上座部佛教。泰老支系是泰老掸傣族部分，甚至是整个泰老壮傣掸依群体中人数最多，居住的地域也最广的。泰人是泰国的主体民族，有约 4 000 人，泰国面积达 51 万平方公里。

2. 雒越的后裔

骆越主要在红河三角洲及周围地区，从早期的尼格利陀人到骆越，再到京族，也有一个演变过程：

（1）华南与东南亚地区

公元前 3000—5000 年以前：尼格利陀人（当今在马来半岛、菲律宾群岛等偏远丛林中仍存在有）

（2）（第一次融合）
东南亚主要地区
公元前 3000—5000 年：
尼格利陀人
南方蒙古人种 →马来人（当今主要在东南亚海岛地区）

（3）（第二次融合）
湄公河流域、红河流域
公元前 1000 年：

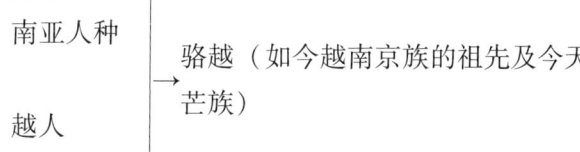

马来人
古濮人 → 南亚人种（如今在柬埔寨等地的孟高棉人）

（4）（第三次融合）
红河三角洲、北部湾
沿岸地区
公元前 333 年：

南亚人种
越人 → 骆越（如今越南京族的祖先及今天的芒族）

（5）（第四次融合）
红河三角洲地区
公元前 214 年：

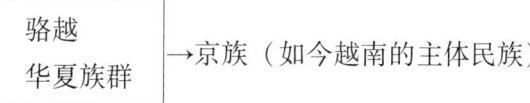

骆越
华夏族群 →京族（如今越南的主体民族）

越南京族与芒族有一个共同的起源，他们的祖先是生活在红河三角洲地区的骆越人。在人种方面，芒族和京族都属于南方蒙古利亚人种，在宗教信仰、风俗习惯以及民间文化上有相同之处。尤其是在语言方面，越语与芒语的语法、语音和基本词汇很接近。通过对比可以发现，古代百越中的骆越人除一部分后人在中国的两广地区外，其余更多的之所以演变成今日的越南京族，主要是由于他们与中原族群两千多年来的长期交融，因此，京族的越汉融合程度愈来愈高。① 同时，骆越人的另一部分之所以成为今日的越南芒族，主要是由于他们后来不断地迁往红河三角洲西面的山区，跟中原族群接触愈来愈少，未能像京族那样吸收更多的汉文化，而保留了不少原先的瓯骆文化，如类似西瓯后人——壮族土司制度的郎道制度。

（三）重要的文化特征

斯土斯民，生生息息，百越人自古以来在与大自然的相处过程中，形成和保留了许多充满智慧而有缤纷多彩的特色文化，并为人类社会的发展进步做出了巨大的贡献。

1. 动植物崇拜与图腾

（1）大象文化

大象是现在世界上最大的陆栖哺乳动物。在亚洲，大象历史上曾广布于中国长江以南至南亚和东南亚地区，现分布范围已缩小，主要见于印度、泰国、柬埔寨、越南等国及中

---

① 对照东南亚土生华人的若干特征，越南京族的状况有过之而无不及。第一，中国人从秦汉开始就已大量移居安南，与当地的世居族群融合，这要比其他东南亚国家华人移居时间早得多；第二，越南京族保留的中国传统宗教信仰和风俗习惯比其他东南亚国家土生华人只有多不会少。越南人不但过春节、贴春联，而且结婚一定要贴大红汉字"囍"；第三，越南语里有 70% 的词汇源自汉语，这比其他任何东南亚国家土生华人使用的语言所含的汉语借词比例都高得多；第四，越南人使用姓名与中国人几乎一样，越南的大姓是"阮"、"陈"、"黎"、"李"、"刘"等，这些在中国也是常见的姓。只是有一点，在族称认同上，越南主体民族京族不认为自己是华人。

国云南省西双版纳地区。

近期研究显示象有复杂的情绪，能为过去的亲人流泪，能记忆季节和草地的位置。大象善解人意，勤劳能干，聪明灵性的"象"，在中国传统文化里与"祥"字谐音，故被赋予了吉祥的寓意。人们以各种方式来表示对象的崇拜，如：象雕塑，有佛象木雕、战象木雕、家象木雕、象石雕、泥雕塑象；象织锦、象壁画、象工艺美术品；象音乐与象舞蹈，等等。

百越族群在古代就与象结下了不解之缘。公元前214年，秦始皇平定岭南，设立三郡，其中象郡就涵盖了今广西南部到越南的中北部。为什么把该地区命名为象郡，是否与当时该地区有很多大象有关，给人们留下了很大的想象空间。

南宁人很早就有对象的崇拜。传说在古代，秦始皇为治理南方的水患，把岭南的5头宝象赶来，以堵住山洪，永保平安。5头大象在临近南宁的时候便停步不前了，秦始皇用手去拍大象的屁股，却拍了个空，他不禁大怒，醒来后才知道原来是一场梦。梦醒的秦始皇半信半疑地派人去南方打探。南宁的南面果然多了5座酷似大象的山，从此以后，南宁这块地方的水患减少了，五象岭成了人们心目中保护南宁的吉祥形象。如果从地理环境、历史文化渊源、人们追求吉祥等因素考虑，南宁其实称为象城更好。

象在古代中国多是南方邻国进贡的礼品，皇家多驯养象用来在典礼时显示威仪。东南亚地区在最早公元前5世纪到20世纪均有使用大象作战的纪录。

（2）青蛙崇拜

变幻无穷的天空和气象，一时红日当顶，和风拂面，万里晴空；一时乌云密布，雷鸣电闪，狂风骤雨，这对原始人来说是多么不可思议。尤其是百越所居住的地区是亚热带地区，雷雨较多，气候变化较大。随着时间的推移，古人开始对各种自然现象之间的因果关系进行观察，力图找出各种之间的联系，那些与人们生活生产攸关的动物、植物自然便成了他们每日接触了解甚至崇拜对象。

青蛙与雨水、稻禾关系密切。在科学技术极其落后的情况下，古人注意到青蛙的鸣叫声与风雨有着很大关系，通过"青蛙叫，暴雨到"的现象和其两栖生存的能力，认为青蛙是能呼风唤雨、驾驭洪水的神灵物，能给人传递风雨的信息；每年春天，青蛙叫时播种季节到了。青蛙的这种"能力"，先民便对它产生了畏惧和崇拜，"恐惧创造神"，青蛙成了百越先民们的氏族图腾崇拜的偶像。

青蛙不仅能预告晴雨，且是水稻生产的益虫。青蛙能为人们捕捉害虫，保护禾苗，获得丰收，这也是壮族等百越族群以青蛙为图腾的一个重要缘由。

（3）槟榔文化

"此客初未谙，劝食俗难阻。

中虚畏泄气，始嚼忽半吐。

吸精得微甘，着齿随亦苦。

面目太严冷，滋味绝媚妩。"

这是宋朝诗人苏轼的一首描写槟榔及其食用习俗的诗歌。"槟榔树高十余丈，皮似青铜，节如斑竹。下本不大，上枝不小。稠直亭亭，千万若一。深秀无柯，端顶有叶，叶似甘蕉，条孤开破。仰望如插丛蕉于竹杪；风至独动，似举羽扇之扫天。叶下系数房，房缀数十实，实大如桃李，天生棘重累其下，所以御卫其实也。味苦涩，剖其皮，煮其肤，坚如干枣，作鸡心状，破皮作锦纹者佳。"①

从华南到东南亚，很多族群特别是越人都有咀嚼槟榔的习惯，常杂以蒌叶、砂仁、豆蔻，贮荷包中，竟日细嚼，唇摇齿转，吐汁鲜红。南方人咀嚼槟榔的风气，由来已久，主要是槟榔有三大功用：一是"醒能使之醉，盖食之久则熏然颊赤若饮酒然"，所以人们像抽烟那样把咀嚼槟榔作为一种习惯。甚至接待客人，也以槟榔招待；二是作为药用，由于长期嚼食槟榔，牙齿由红而黑。嚼槟榔染黑了的牙齿不会害"虫牙"，"少齿疾发生"。染齿，是为了预防疾病发生，染齿是在嚼槟榔的过程中不知不觉地完成的；三是喜庆之礼物。每逢喜庆节日，相互赠送，尤以婚期吉庆，不给喜糖尚可以，不送槟榔就是失礼。一些部族的年轻人从谈情说爱到谈婚论嫁，槟榔就是定情订婚之物，少之不得。

2. 衣食住行

吃穿住行是人类生活的基本需要。百越人创造的稻作文化、树皮衣、干栏式建筑、制舟行水等，不仅体现了自身的日常生活的基本要求，也为人类做出了杰出的贡献。

（1）稻作文化

水稻是人类重要的粮食作物之一。稻作文化是指人们以水稻种植为主要生存和发展方式的文化。

从我国江浙、两广、福建、海南、台湾、云贵以及泰国、老挝、越南、缅甸，一直延伸到印度阿萨姆邦，是一个半弧形地带，科学研究已经证明这里就是稻谷栽培的起源地，而这个地带正好和古书上的百越民族居住过的地方重合，而且现在也是栽培水稻最多的地方。1973 年在浙江省余姚县河姆渡村发现了距今六七千年的大量稻谷遗迹，证明新石器时代江南一带就居住着以种植水稻为生的人类。

水稻的驯化和栽培，是人类文明进程中的大事。目前学界普遍认为，亚洲栽培稻是在 10 000 多年前由东亚的野生稻人工驯化而来，分布于华南的普通野生稻是亚洲栽培水稻的野生祖先种源。

（2）树皮衣

在古代中国，纺织生产还不发达的时候，一般说法是北方的族群多是穿兽皮为衣，而南方的族群，特别是许多百越居民是穿树皮衣。他们把树皮剥下来，经过拍打粗加工变成薄薄的树皮布，串起来就后成为无缝的衣服。树皮衣具有非常重要的历史价值，被誉为"服装活化石"。树皮布是具有世界性影响的重大发明，穿用树皮布做的衣服，不是野蛮落后的标志，而是文明进步的象征。树皮布在人类学及文化史上有着不可替代的特殊地位，因为只有树皮布才可证明，人类衣物从无纺布到有纺布的发展过程。

用树皮布制作衣服，是百越居民对人类社会的伟大贡献。海南岛的黎族树皮衣距今已

---

① 见《南方草木状》。

有 3 000 多年的历史，它是由海南黎族先民用楮树等树皮经过繁琐的工序手工制成，主要用于遮羞、保暖，海南黎族树皮衣主要分布在中南部黎族集聚区。

近年学术界提出，世界树皮布文化可能源自中国南方，特别是岭南至云南一带。在香港至环珠江口如深圳、珠海等地，曾发现迄今所知世界最早期的树皮衣制作工具。有专家指出："在类衣服历史上，发源于中国的纺织丝布和楮树皮的无纺织布，同样是具有世界性影响的重大发明。丝织品由丝绸之路自中国西向，在陆路上远达西欧，最后进入英伦三岛。树皮布技术自南中国南向进发中南半岛，席卷东南亚岛屿后，从海路上跨过太平洋岛屿进入中美洲。"

（3）干栏式建筑

"上古之世，人民少而禽兽众，人民不胜乌兽虫蛇，有圣人作，构木为巢，以避群害，而民悦之"。①"南越巢居，北朔穴居，避寒暑也"②。上层住人、下层圈畜的房屋，史书上称为"干栏"，有的地方叫"高脚屋"。百越族群地处亚热带地区，气候温和、雨水充沛、温差小、湿度大。这里的早期居民根据自然地理环境和气候特点，创造发明了最具有民族风格和特点的干栏式房屋建筑形式。干栏式民居除了透气凉爽外，也有避免瘴气、潮湿、淹水，并防止虫蛇进入的功能，另外，在架设上也较为简易。

干栏建筑，历史悠久，源远流长。据考古报道，在浙江吴兴县的钱山漾，江苏丹扬县的春草河、吴江县的梅堰，云南剑川的海门口等新石器时代文化遗址，都发现有属于干栏建筑的柱洞遗址或木桩遗物。浙江余姚县河姆渡新石器时代遗址，第四文化层发现有很多属于建筑物的遗迹，有"成行排列的木桩和大量的木梁、柱、地板等木板残件，共有数千件之多"。有些梁柱留有卯榫遗迹。考古专家认为，这是"干栏式木构长屋"的遗物。

按照下层透空柱梁空间的高度划分，有高楼式和低楼式两种。按照因地制宜、就地取材的习惯，干栏式有全竹、全木、半竹半木式的三种，屋顶也有草、瓦、树皮等三种。干栏建筑的取材和形式直接来源于自然环境，与周围的环境十分协调，是十分优美的人文景观。比较典型的干栏式建筑，是傣族的竹楼和侗族的木楼。

（4）制舟行水

在古时候，北方人善于骑马、坐车，南方的越族先民则由于本地区山多，河流多，面向大海，而善于制作舟船，行船渡人，捕鱼食用。他们傍水而居，依水而生，在渔猎生产生活中"陆事寡，水事重"，舟楫成为不可或缺的工具。他们"刳木为舟，剡木为楫，舟楫之利，以济不通"。③"今夕何夕兮，搴中洲流。今日何日兮，得与王子同舟。"④

东海、南海航路的打通与中国东南及南方沿海的百越民族的制舟行水文化是不可分割的。百越民族长期生活在河流纵贯、湖泊密布的泽国水乡，它们"非有城郭邑里"，"水行而山处"，交通往来为舟楫，地理环境使他们与"舟"结伴。越人善于驾舟的本领从浙

---

① 见《韩非子·五蠹篇》。
② 见张华：《博物志》。
③ 见《易金·系辞》。
④ 见《越人歌》。

江河姆渡与良渚文化中出土的划舟与木桨可见其历史久远。

早在春秋战国时期，各诸侯国间在江南连年爆发水战，这推动了造船业的发展。"至迟在春秋晚期，在浙江省境内，已经开始制造木板船。这是造船史上的一件大事"。① 越国当年有专门的造船工场。"舟室者，勾践船宫也。去县五十里。"② 这个距离国都五十里、坐落在钱塘江南岸的"舟室"、"船宫"，就是越国的造船工场。

百越人背山面海，很早就走向海洋，是海上丝绸之路的最早开拓者。

3. 生产与社会活动

远古的人类生活生产水平还比较低，他们生产用的工具、生活用的器具等还比较简单，后来才一步一步改进和发展，从百越人使用石斧石铲，制作印纹陶，发展到多种青铜器具，可见一斑。

（1）石斧石铲

石制工具是人类最早使用的生产工具之一。南方的百越人很早就已制作石铲，作为一种起土或翻土的农具，这在南方各越人部落的史前或商周遗址中有较多的发现。西瓯、骆越地区的大石铲颇具特色，它主要分布在左右江流域的丘陵或平原地带，主要形状为双肩，肩部有平斜二种，器身扁平而长，有直腰、束腰二种，短柄，刃部呈弧形，石质坚硬。

石斧和石锛也是南方各地十分常见的两种农具，其中的有段石锛和有肩石斧，更具有独特的地方文化风格。有段石锛平面呈梯形，以利于人手把握或捆绑，有肩石斧实际上是双肩状石斧，也是以利于把握而设计的。这两种石器农具一般认为分别源于江浙地区的早期文化遗存和广东中部的西樵山文化。从江浙闽台到东南亚及环太平洋沿岸地区，古代的土著部落都制作和使用有段石锛。

（2）印纹陶

印纹陶，是中国新石器时代晚期至汉代流行于百越分布区的最常见陶器种类。工艺上属于盘泥条筑法手工制作或慢轮制作，在制作陶坯时用带有印子的木板进行反复拍打，使陶坯牢固成形，并留下各种印纹。根据其烧制温度的低高，又分为印纹软陶和印纹硬陶。

几何印纹陶主要流行于浙江、江苏、安徽、福建、台湾、江西、广东、广西、云南等地，器形大都为日常用品，如瓮、坛、罐、盂、钵、杯、盘、尊等。器物多留有布纹、席纹、绳纹的痕迹，后渐趋丰富、精美，纹样均为几何形纹饰，主要有水波纹、米字纹、回字纹、方格纹、编织纹、云雷纹等。

几何印纹陶是百越民族的典型器物，工艺简单朴拙，与百越民族质朴的性格，自给自足的农耕生活方式息息相关。

（3）铜剑与铜鼓

百越人很早就懂得开采铜矿，炼铜，制作各种铜器，其中铜剑和铜鼓是最具代表性的两种。

---

① 见《浙江航运史》。
② 见《越绝书》卷八。

铸造铜剑主要是东部地区的吴越人，其铸剑技术闻名天下。吴越故地是春秋时代青铜宝剑的故乡。干将和莫邪的故事流传甚广，浙江莫干山即由此得名，并有剑池遗址。因越人擅长铸造和使用青铜剑，所以在许多地方每每发现有古越人的青铜剑遗存。1965 年在湖北出土一把越王勾践的宝剑，1973 年在湖北江陵又出土一把越王州句剑，应该是当年楚国灭越国之所获。

多年来，从岭南、云南到中南半岛各地都有铜鼓发现，甚至一些少数民族至今还保存有铜鼓。发现铜鼓的地方主要是百越族群生存居住的地方。铜鼓的造型多种多样。在壮族地区发现了很多青蛙纹饰的铜鼓，也叫蛙神铜鼓。该种铜鼓是稻作文化、蛙神崇拜与青铜文化的统一结合体，有水稻的地方就有青蛙，蛙是鼓的神灵，鼓是蛙的寄身，这些共同支持着百越先民的心理。蛙纹铜鼓揭示了百越先民的社会生活及精神世界，记录了蛙神崇拜的起源、发展、演变之轨迹，留下了百越各部落融合的历史烙印。

三、增进中国东南亚人文交流

（一）从古百越到建设 21 世纪海上丝绸之路

海上丝绸之路，又被称为陶瓷之路，起点位于中国南方沿海，形成主因是因为中国东南沿海山多平原少，且内部往来不易，因此自古许多人便积极向海上发展。这是一条中国到西域与沿途各地进行双向贸易和文化交流的海上路线。具体路线及贸易货物是：由中国东南沿海港口出发，经中国南海、波斯湾、红海，将中国生产的丝绸、陶瓷、香料、茶叶等物产运往欧洲和亚非其他国家；而欧洲商人则通过此路将毛织品、象牙等带到中国。国家主席习近平 2013 年 10 月 3 日访问印度尼西亚，在印度尼西亚国会发表题为《携手建设中国—东盟命运共同体》的重要演讲，全面阐述中国对印度尼西亚和东盟睦邻友好政策时提出："东南亚地区自古以来就是'海上丝绸之路'的重要枢纽，中国愿同东盟国家加强海上合作，使用好中国政府设立的中国—东盟海上合作基金，发展好海洋合作伙伴关系，共同建设 21 世纪'海上丝绸之路'。"①

深入研究百越文化可见，百越之地就是海上丝绸之路的起点地区，百越人就是最早的开拓者。最早、最详细记载海上"丝绸之路"航线的是著名的《汉书·地理志》。西汉初年，汉武帝平南越后，即派使者沿着百越民间开辟的航线，从广州出发，带领船队远航南海和印度洋，经过东南亚，横越孟加拉湾，到达印度半岛的东南部，抵达锡兰（今斯里兰卡）后返航。汉武帝时期开辟的航线，标志着海上丝绸之路的发端。明朝永乐三年（1405年）至宣德八年（1433 年）的 28 年间，中国使者郑和率领 200 多艘海船，27 000 多名官兵，先后七次下西洋，从江苏苏州的太仓刘家港起锚，到达东南亚、印度洋、红海、东非等地区，航程总计 16 万海里。

---

① 新华社 2013 年 10 月 3 日雅加达电讯。

百越与东南亚有着千丝万缕的联系。地理上山连山，水连水，从海上可用舟船通达南洋各国，从陆上可乘车辆驾至各地。学者建议，随着高铁技术的发展和应用，应早日开通从百越区域最东面的上海，沿海南下经过百越各地，一直到达中南半岛最南端的新加坡，全长仅5 000多公里，一天多的时间就可到目的地。

在人文方面，百越人与东南亚人有三方面的密切关系，一是百越先民和南岛语族都善于乘舟水行，据科学家基因测序，发现中国南方居民与东南亚海岛的居民更接近，而离中国北方的居民更远，很可能南岛居民的远祖来自中国南方；二是，如上所述，越南、老挝、泰国的主体族群及缅甸掸族与中国壮傣族群是同根生的民族；三是，东南亚有3 000多万的华人，他们90%都是近现代自百越地区迁移去的。这些对发展中国与东南亚的关系非常有利。中国与东盟在经历了建设自贸区的"黄金十年"之后，双方希望努力创造"钻石十年"，提出建设中国—东盟命运共同体、打造新海上丝绸之路正当其时，顺应时势。中国与东盟的双方贸易到2020年的目标是达到1万亿美元。

无论是地理位置，还是国家的多少、面积的大小、人口的多寡、经济总量的大小，推进与东南亚的合作都是海上丝绸之路的重头戏。从海上和陆上，搞好华南至东南亚的交流合作，实际上就完成了海上丝绸之路建设的半壁江山。发挥百越的历史人文因素作用，将对促进海上丝绸之路的建设起到积极的作用。

（二）百越中枢：广西的地位与作用

1. 百越区域地理中心

从地理上，今日广西位于百越区域的中心，接北联南，背靠中原，面临大海；承东启西，东有粤闽浙，西有滇老泰。可见广西战略地位重要，得天独厚。

如果从百越的历史文化看，广西是地下有遗存，地上有族群，外部有兄弟。百越的文化特征，广西基本都具备，有的还非常突出。

2. 稻作文化的故乡

中国科学院上海生科院国家基因研究中心韩斌课题组从全球不同生态区域中，选取了400多份普通野生水稻进行基因组重测序和序列变异鉴定，与先前的栽培稻基因组数据一起，构建出一张水稻全基因组遗传变异的精细图谱。通过这张精细图谱，他们发现水稻驯化从中国南方地区的普通野生稻开始，经过漫长的人工选择形成了粳稻；对驯化位点的鉴定和进一步分析发现，分布于中国广西的普通野生稻与栽培稻的亲缘关系最近，表明广西很可能是最初的驯化地点。他们同时还发现，水稻中的两大分支——粳稻和籼稻并非同时驯化出现。通过群体遗传学分析，可以大致推断出栽培水稻的扩散路径：人类祖先首先在广西的珠江流域，利用当地的野生稻种，经过漫长的人工选择，驯化出了粳稻，随后往北南扩散，其中往南扩散的一支，进入了东南亚，在当地与野生稻种杂交，再经历不断的选择，产生了籼稻。[①]

---

① 英国《自然》杂志在线以 Article 发表了题为《水稻全基因组遗传变异图谱的构建及驯化起源》的论文。

广西南宁隆安一带气候炎热多雨，土地平坦宽阔、湖泊湿地众多，非常适合野生稻的生长，历史上这一带曾有广泛的野生稻分布。如今仍随处可见直立生长的野生稻。野生水稻被称为植物中的"大熊猫"，它最大的特点是抗病、抗虫害能力特别强，基本不会染虫害，并且这种水稻的结实率非常高，一穗就可以达千粒果实。野生稻的光合作用效率也非常惊人，高出水稻 10 倍左右。

广西先后在南宁市及其所辖的隆安县等地发现了古代越人稻神庙的遗址。2011 年广西的专家在南宁市江南区江西镇那廊村发现了一处古代族群祭祀稻神庙遗址，稻神庙汉语名叫谷母大王庙，遗存有一座古铁钟。据钟上的铭文记载，稻神庙至少在清代康熙四十六年前就已存在了，是当地居民为了纪念创造水稻种植技术的稻祖神而建造的。[1] 2012 年广西的专家又在离南宁市不远的隆安县发现一个 5000 多年前的古越人大型稻作文化祭祀遗址群。遗址群以乔建镇儒浩稻神山为主体，包括高岭、大岭、安吞岭等祭祀坛，面积约 10 平方公里。

从南宁市的江南区江西镇到隆安县大体是连成一片的。专家认为，以南宁市隆安县、江南区和西乡塘区、崇左市扶绥县为中心的地区是中国野生稻的重要生长区，也是中国水稻文明的重要发源地，有大量的古代稻作文化遗存。古代的水稻栽培很有可能就是从这里开始的。

古越人用什么工具来栽培水稻呢？与稻作文化密切相关的大石铲也在广西隆安发现。"世界史前稻作文明最先进的工具是古骆越人发明的大石铲，它是学术界公认的新石器时代稻作文化的标志性文物。"目前国内外已知的大石铲出土遗址分布于 40 多个县区共 130 多处。而隆安一个县就达 40 多处，是世界上发现大石铲遗址最多的县区，这说明以隆安为中心的古越人居住区在新石器时代已出现了密集的稻作村落，有了规模化的稻作生产，是我国最早、规模最大、生产工具最先进的稻作中心。

好雨知时节，落下蛙先知。与稻作文化密切相关的还有百越人对青蛙的崇拜，广西的壮族等百越后裔所在的地区依然保留有青蛙节。

广西还有很多重要的百越古文化遗存，如中外驰名的花山崖壁画等，是中国重要的文化遗产，也是世界的重要文化遗产。可见，从图腾文化看，广西从古到今一直都是百越族群的重要地区。

3. 西瓯越后裔——壮泰族群的家园

广西居住着百越重要的两个支系：西瓯越、雒越，尤其是西瓯越，秦朝以前是一个很强大的部落。今日留在广西的西瓯越后裔有壮、侗、布依、水、毛南、仫佬族等，其中壮族是当下中国人数最多的少数民族，人口有 1 000 多万，占整个广西总人口的 1/3 强。

秦朝开拓岭南后，西瓯越的后人往北是中原，往东是汉化了的南粤，往南是比自己更加汉化的骆越，因而他们只好往西南方向迁移发展。往西南，他们来到了中南半岛的中西部，其中有重要的一支泰人，占据了湄公河中游和湄南河流域，建立了今日的泰国。与泰

---

① 新华网 2011 年 7 月 29 日南宁专电。

人很接近的一支是佬人，他们建立了今日的老挝。其他还有一些同根生的族群扎根在了越南北部、缅甸的掸邦和印度的阿萨姆邦。这些到了中南半岛的西瓯越后人一直把中国称为"秦"，"知秦不知汉"，因为他们是在秦朝攻占岭南后就离开故土了。

4. 中国东南亚交流合作的重要平台

华南与东南亚海陆相交，其实就是广西与东南亚海陆相交。广西与越南有接近千公里的陆地边界，还与很多东南亚国家隔海相望。

地缘加上人文关系的紧密联系，广西在中国与东南亚的交流合作中，有着其他省市所不能取代的位置。随着中国与东南亚合作的加强，广西的地位和作用愈来愈突出，其中最显著的是，一年一度的中国东盟博览会落户南宁。这是中国与东盟进行政治、经济、文化交流合作的重要平台。中国东盟博览会自2004年举办以来，促进了中国东南亚的交流合作。

古百越区域是海上丝绸之路的发祥地和始发地，也是今日中国东南亚交流合作的重要平台，包括壮傣等族群在内的百越部族创造了古代灿烂和先进的农耕文明、商业文明、造船纺织和制陶技艺，为中华文明作出了无与伦比的重大贡献。习近平总书记提出了建设新海上丝绸之路的倡议。新形势下，我们要发挥百越地区的地缘优势，弘扬其历史文化价值，打造新的中国东南亚文化交流合作平台，促进中国与东南亚的友好，也促进本区域的繁荣和发展。

充分发挥海外侨胞在"一带一路"战略的作用

容伟天

（钦州市侨联　钦州　535000）

海外侨胞是我国建设、改革事业的重要力量，是参与"一带一路"建设的坚定支持者，是融入"一带一路"发展的有力推动者，是促进"一带一路"民心相通的重要实践者，更是"一带一路"公共外交的积极参与者。我们要抓住这一重要历史机遇，加快推进北部湾地区在更深层次、更广范围融入国际经济大循环。

一、广大海外侨胞是我国建设、改革事业的重要力量

海外侨胞是中国建设和改革事业的积极参与者。新中国成立后，面对祖国百废待兴、百业待举的处境，以李四光、华罗庚、周培源、钱三强、钱学森等为代表的一大批海外华侨科学家毅然回国，在极其艰苦的条件下呕心沥血，创造出举世瞩目的科学成就。改革开放初期，海外华侨华人和港澳同胞率先回国投资兴业，带来资金、技术、人才和先进管理经验，有力推动了中国改革开放进程。一直以来，华侨华人捐赠兴办公益事业惠及教育、医疗卫生、交通、文化教育、社会福利等多个领域。在国家遭受重大自然灾害时，他们也总是首先站出来慷慨解囊。历史证明，我国改革开放和现代化建设事业取得伟大成就，海外侨胞功不可没。

海外侨胞是中国和平统一大业的坚定支持者。长期以来，广大华侨华人以民族大义为重，在涉及国家主权、尊严和领土完整等重大问题面前，旗帜鲜明地支持中国政府的立场和主张。他们通过各种渠道，向住在国政要和主流媒体宣传介绍我方针政策，争取国际社会理解和支持，积极营造有利于维护和促进祖国统一的国际环境。在全球范围持续开展多层次"反独促统"运动，通过各种途径与台湾岛内民众联系，推动两岸各领域交流合作，促进巩固两岸关系的感情基础、民意基础和社会基础，为推动两岸关系和平发展做出了积极努力。他们以特有的方式支持中国申办奥运会、世博会，为反对"台独"、"东突"、"藏独"等分裂势力干扰挺身而出，全力维护中国主权和民族尊严。历史证明，促进祖国统一、维护领土完整，是华侨华人的光荣传统。

华侨华人是弘扬中华文化的传播者。以爱国主义为核心的民族精神和以改革创新为核心的时代精神，是全体中华儿女的强大精神支柱。随着中国综合国力和国际地位的提升，华侨华人与祖籍国的联系更加紧密，民族认同和文化认同显著增强，对展示中华文化魅力愿望强烈。广大华侨华人作为中华文化在世界各地的传承群体，自觉承担起传播中华优秀文化、展示中华民族构建和谐世界理念的重任。华文教育蓬勃发展，"汉语热"席卷全球，孔子学院遍布五大洲，"唐人街"成为当地多元文化的重要标志，红红火火的"春节"等民族节庆活动，都直观地向世界传递着中国文化气息，成为展示中华文化和中国形象的重要平台和窗口。海外华侨华人是中华文明和民族精神的重要继承者、传播者和展示者。

华侨华人是中国民间外交有力推动者。华侨华人虽身居异国他乡，但与祖籍国血脉相连，是向世界解释和宣传中国最好的"民间大使"，也是我们了解外部世界的重要渠道和发展国际民间友好事业的重要促进力量。广大华侨华人充分发挥自身优势，通过不同方式，向住在国政府和主流社会积极传递中国和平发展的政治理念，增进中国与住在国之间的政治互信。回顾历史，我们不会忘记，华侨华人为促进中国同有关国家建立和发展外交关系做出的重要贡献。放眼今天，我们高兴地看到，海外华侨华人组织和社团正积极从事促进双边关系发展的各项活动，为住在国政府发展对华关系建言献策，增信释疑，向外国宣传中国的内外政策。在海外一系列反华事件中，广大华侨华人用各种方式，向世界展示了他们支持中国领土完整、支持中国和平发展的决心和信心。他们的积极参与，使住在国政府和人民更加认识和了解当代中国，也丰富了我们进行民间外交的手段。

二、海外侨胞的独立优势，是实施"一带一路"战略的强大力量

海外侨胞有化解民间疑惑的优势。一些国家的政府和民众对中国提出的"一带一路"构想并不理解和支持，存在较多顾虑。在此背景下，做好广大华侨侨胞的团结工作显得十分重要而急迫。因此，需要充分发挥华侨华人在维护中国海外利益方面的作用，以反对和遏制海外分裂势力，协助化解外交僵局，维护国家周边安全。华侨华人既了解中国国情，又熟悉住在国国情和社会经济形势，与当地社会有着千丝万缕的关系，所以需要借助他们及其开设的媒体，宣讲"一带一路"构想之意义、互利性、光辉前景等，加强相关国家和地区对中国新丝绸之路建设倡议的认同和支持。

海外侨胞有化解政治分歧的优势。政治风险是指东道国以涉及重大国家利益为由，动用法律或者政策直接干预本国企业与中国企业合作形成的障碍。出于意识形态的本能排斥，一些政客把资本市场上的商业合作，涂上政治色彩，为中国企业"走出去"人为地设置障碍。当然，中国企业的官方背景很容易引起西方国家的警惕，政治因素往往成为合作失败的重要因素。但华商企业均为私企，并且主体在海外，一些华商也具有当地政府或者政治实权人物的背景，但他们在与外企开展合作时，当地民众不会把这个外企当作其所在国政府的工具，对企业决策机制合并购后的发展战略也不存在疑虑。因此，华商企业的参与可以自然而然地规避政治风险。

海外侨胞有化解技术壁垒的优势。华商企业在人才、经营理念方面有助于逾越技术性障碍。各国的华商企业群体在百余年的大浪淘沙中逐步形成，纵观当今华商的大中型跨国企业，多数已有半个多世纪的发展历程，华商们在市场经济中，积累了丰富的经验，聚集了一大批优秀的国际商务人才，他们熟悉国际市场规则，懂得合作共赢，又适应住在国的文化氛围。华商的这些人才可以弥补"走出去"中国企业的人才不足。

三、发挥侨联组织的优势，凝聚各方面力量实施"一带一路"战略

积极向海外侨胞宣传我国实施"一带一路"原则。关于"一带一路"，中国具体提出了五项原则，一是恪守联合国宪章的宗旨和原则。遵守和平共处五项原则，即尊重各国主权和领土完整、互不侵犯、互不干涉内政、和平共处、平等互利；二是坚持开放合作。"一带一路"相关国家基于但不限于古代丝绸之路的范围，各国和国际、地区组织均可参与，让共建成果惠及更广泛的区域；三是坚持和谐包容。倡导文明宽容，尊重各国发展道路模式的选择，加强不同文明之间的对话，求同存异、兼容并蓄、和平共处、共生共荣；四是坚持市场运作。遵循市场规律和国际通行规则，充分发挥市场在资源配置中的决定性作用和各类企业的主体作用，同时发挥好政府作用；五是坚持互利共赢。兼顾各方利益和关切，寻求利益契合点和合作最大公约数，体现各方智慧和创意，各施所长，各尽所能，把各方优势和潜力充分发挥出来。

加强与沿线国家侨团侨领的交流，推动政策的沟通。侨联组织要根据"一带一路"建设需要，为国内企业赴沿线国家开展交流研讨或实地调研提供帮助，通过侨领在有限的时间内接触尽可能多的当地政商界人士，最大程度低提高调研质量和交流成果。各地侨联也应相互帮助，分享各自掌握的海外侨务资源，积极"走出去"的方式方法，共同提高对外交流能力。沿线侨联组织可通过加强信息和业务交流，实现各个层面的共享和协调，达到信息能够共享，活动相互协调，减少重复性研究，通过海外侨团的力量，凝聚各方共识，通过合作研究寻找利益切合点，真正将共商、共建、共享原则落到实处，共同推动形成优势互补、各有所长、相得益彰的发展局面。

发挥海外联谊优势，积极实施"走出去"和"请进来"。一方面，借助海外侨团侨领的政商网络资源，有序引导本土优势企业到丝绸之路沿线地区兴建境外生产加工基地和境外经贸合作区，参与海外上市与并购，加快推动企业链条式转移、集群式"走出去"；另一方面，要推动产业输出和企业、市场"走出去"，以亲情、乡情、友情为纽带，争取引进符合先进制造业基地发展要求、对现代化产业带动明显的大项目、好项目，积极引进技术含量高、产业关联度大、市场竞争力强的优势项目，努力把更多有利于产业转型升级的项目带回来，努力实现"一带一路"建设与华商经济融合发展。

促进中华文化传播，不断提升中国的软实力。"一带一路"既需要经贸合作的"硬"支撑，又需要文化交流的"软"助力。要认识到各国文化互有千秋，都应该得到尊重，要引导海外侨胞虚心学习、积极借鉴住在国民族文化的优点和精华，取长补短、兼收并蓄，

使中华文化与世界各国文化和谐相融，让世界上不同肤色、不同语言、不同信仰的人们一起携手，共同创造更加美好的生活，使中国梦与世界各国人民的梦想息息相通。要找准民心相通的契合点，进一步推动与沿线城市在文化、艺术、教育、旅游等各方面的友好交往，同时，积极引导侨胞、侨团参与公共外交，促成有条件的城市与沿线国家重要城市结为友好城市，筑牢"一带一路"建设的民意基础，培养更多友好力量，增进海外民众对中华文化核心价值的了解，增强中华文化的亲和力、感召力和影响力。

蓝海战略：
新海丝路背景下东南亚华人华侨与海洋文化共建

张秋萍①

（钦州学院北部湾海洋文化研究中心　钦州　535000）

作为新海丝路的必要构成，海洋文化共建必须整合不同国家、不同群体以营造共同体意识。身处全球华商力量最强的区域，华人华侨在东南亚的经济活动及居住国对他们所展开的一系列活动，都会因为中国与东南亚在地缘政治上的毗邻而促进跨文化空间的形成并充实地方的跨文明协同进程。② 对此，庄国土、刘文正著文以论证东亚经济贸易圈、华商网络与移民之间存在着互为作用的关系。③ 郑一省等学者也阐述了华人华侨与国内在经济文化上的互动关系。④ 以上揭示出东南亚华人华侨及其居住国、中国之间在经济、文化上的互动。充分发挥华商在"一带一路"中的作用是形势所需，然而，如何发力这个问题需要明确。需要说明一点，本文所指"海洋文化"只探讨分布于海丝路路线上的东南亚国家及中国沿海城市部分。

一、东南亚华人华侨徙居历程及其影响

1. 华人华侨徙居东南亚的历程

"侨"一字在先秦就有出现，"华侨"一词则始于近代，这揭示了中国人徙居海外的历史悠长。早在5000多年前，南岛语系族群的徙入便开启了中国与东南亚千丝万缕的联系。随后先后又有南亚语系族群、汉藏语系族群的迁徙浪潮，初步构建东南亚原住民以外的人口结构。而中国与东南亚的互动交往可追溯至先秦时期，但有文字可靠的历史记载是从秦汉时期开始的。汉书《地理志》上的记载"自日南障塞、徐闻、合浦船行……有译

---

① 作者简介：张秋萍，硕士，现就职钦州学院北部湾海洋文化研究中心。研究方向：民俗文化、北部湾海洋文化等。

② ［俄］O. B. 扎列斯卡娅著，郝葵译：《20世纪20—30年代旅俄华侨在远东：远东跨文化空间的形成》，《俄罗斯学刊》，2014年第2期，第39页。

③ 王爱平：《东亚华商网络与华人社会：全球视野与区域格局下的观照》，《华侨华人历史研究》2010年第3期，第68页。

④ 郑一省：《华侨华人与闽粤侨乡互动关系的恢复和发展》，《东南亚研究》2004年第2期，第83页。

长，属黄门，与应募者俱入海市明珠、璧琉璃、奇石异物，赍黄金杂缯而往……"① 即是对公元前 2 世纪中国与东南亚在古代海上丝绸之路上交往的描述，这里特别提到了时属雷州半岛的合浦郡治徐闻。对于中国人真正移居东南亚的时间，有学者认为始于唐代，而真正在东南亚形成华侨移民聚居区，则始于宋代。从宋代至近代，经历了华侨到东南亚的三次浪潮：宋代经济中心南移，且造船航海技术进步，使得宋代开启了华侨出国的第一个浪潮，出国经商型移民是主体。元朝因重视商业和海外贸易，又形成华侨出国东南亚的第二个浪潮，以政治性难民和经济性移民为主。郑和下西洋则带动了华侨出国的高潮，即华侨移居东南亚的第三次浪潮。郑和的远航为华侨出国及其在东南亚的经营与居住创造了有利的条件，因此，它在中国与东南亚文明交流史上的地位可见一斑。

第二次世界大战后，华人华侨在东南亚发生了显著的变化。首先，出国人数迅速增多，特别是改革开放以来，移民潮再次出现。出国的动因也从原来的谋生存、"三把刀"转为出国留学深造和专业技术移民为主。此时，东南亚仍然是重要的华侨华人聚居地。其次，战后华侨社会逐渐转变为华人社会，即由"落叶归根"转为"落地生根"②。

2. 华商经济的崛起及其影响

据学者统计，20 世纪初，全球华侨华人总数约为 400 万—500 万；20 世纪 50 年代初，总数增加至 1 200 万—1 300 万，其中 90% 集中在东南亚；到 2007—2008 年间，在全球 4 543 万华侨华人中，东南亚占比虽较以往有所下降，但也达到 73% 左右。截止到 2013 年，文莱约 6 万人、柬埔寨约 60 万人、东帝汶约 2.2 万人、印尼最少 1 800 万人、老挝至少 30 万人、马来西亚约 639 万人、缅甸约 600 万人、菲律宾约 200 万人、新加坡约 276 万人、泰国约 700 万人、越南越 114 万人。其中，印尼的华人华侨约占到该国总人口的 7.5%，是东南亚华人华侨最多的国家之一，也是全球华人华侨人数最多的地区。另外，文莱的华人华侨约占到该国总人口的 14.56%、泰国和缅甸该比例则分别占到 11%、10%。这些华人华侨多移民自两广及福建一带③。

这些华人华侨凭借着坚忍不拔的精神与勤劳简朴的美德，不但站稳脚跟并为自己赢得充分的生存和发展空间，还与当地各民族一起致力于居住国的经济与文化发展。特别是近代以来的华商经济崛起，更是为居住国经济及世界经济做出了突出贡献。据香港《亚洲周刊》2010 年 12 月 5 日统计数据，仅东南亚新加坡、马来西亚、菲律宾、印度尼西亚、泰国五国的华商企业数为 81 个，总资产达 7 948 亿美元，总市值 3 243 亿美元，分别占全球华商 1 000 强（除中国大陆以外）的 24.9%、24.9%、22.0%。同时，以"五缘"为基础建立的华人社团组织逐年增加，其在国际经济舞台上的地位与影响也在逐渐扩大。影响力比较大的如新加坡排名前三的陈氏、林氏、李氏宗亲社团；菲律宾的"菲华商联合会"、"菲华工商总会"等。

① 班固：《汉书》，卷二八下，地理志。
② 梁杰伟：《多元、一体、共生——东南亚文明之路》，人民出版社，2011 年版，第 93—106 页。
③ 葛兰：《华人经济年鉴（2012—2013）》，中国华侨出版社，2013 年版，第 3—31 页。

二、东南亚华人华侨参与海洋文化的优势及受限

新海丝路海洋文化开发亟待完善的同时，也需要更多的合力。东南亚华人华侨充分参与其中，利弊共存。

1. 东南亚华人华侨参与新海丝路海洋文化建设的优越性和合理性

东南亚华人华侨的海洋性。稻作文化的传播、南岛语族的迁徙等各个方面显示出华人对于东南亚以及太平洋地区在文化传播方面的重要地位。① 这种文化联系的千丝万缕使两者的历史记忆和情感联系尤其久远。而海洋在这种记忆中充当重要媒介与载体，也使东南亚华人华侨本身带有厚重的海洋性。加之华商在居住国经济中的重要地位，发挥华人华侨在海丝路海洋文化共建中的主体作用，具有充分的历史合理性乃至优越性。

东南亚华人华侨的"中国"情结式经济与文化行为。与其在东南亚的经济影响相对应，华人华侨相当程度上也带动了我国特别是东南沿海的经济与文化的繁荣发展。经济方面，通过民间经济交往发展而自然形成的"华人经济圈"已把中国大陆变成华人资本的主要投资场所。以福建为例，据统计，2013 年，福建引进侨外资项目 127 个，投资总额 131 亿美元，实际到资 71.18 亿美元；16 名侨商会会长（副会长）在福建投资较大型项目 36 个，投资总额 500 多亿人民币；16 位闽籍侨界高层次人才（团队）获得中国侨界贡献奖。② 文化方面，通过东南亚的各种社团组织、商会以及国内省、市、县等各级侨联，搭建良好的对话机制与平台，维护侨谊、联谊交流与文化宣传在逐年拓展。血浓于水的深厚情感在华人华侨的意识建构和历史记忆中占据重要位置。出于这种情怀，他们积极参与祖国与家乡的经济与文化建设，侨汇、捐资一直是中国侨乡建设的重要来源。

感情网带出贸易网、文化交流网。历史与现代经济发展的背后，华人华侨所带动的国内外的积极联系所形成的亲情网，不断叠加出一张张范围越来越大的贸易网与"华人经济圈"、交流网等等，这些都是利于东南亚华人华侨投身于中国国家发展战略的一个基础格局。

2. 东南亚华人华侨参与海丝路海洋文化建设的制约因素

文化的差异性。深刻受到中国文化影响的同时，特别是后代也更多地受到居住国文化的冲击、融合，华人华侨文化呈现出多元化特征，体现出与中国文化间的文化差异。而行为方式、价值观等文化差异一定程度上影响到海洋文化开发的理念、合作甚至成效。如何平衡或中和差异、求同存异最大限度地保证海洋文化开发的充分与必要性，是一个需要合力解决的核心问题。

从"以情感为纽带"到"以经济作纽带"导致的情感缺失。通过东南亚不同国家历史以来的各种同化与融化政策，落地生根已是当代华侨华人经济发展的必然趋势。发展至今，东南亚国家中接棒华商经济的已是侨四代、侨五代之后，因客观因素如一出生就在居

① 陈洪波：《华南与东南亚早期文化关系研究述评》，《广西师范大学学报》2013 第 1 期，第 12—16 页。
② 《中国侨联年鉴》编纂委员会：《2013 中国侨联年鉴》，中国华侨出版社，2013 年版本，第 415 页。

住国等，华人华侨新生代对祖国的感情和直观印象都相较其父辈的要弱，因此，正在发生微妙变化的现象是：老一辈华人华侨以对祖国与故乡的情结作联系纽带，而新生代则逐渐倾向以成就和经济联系作纽带。"经济"纽带不免更多地带有经济性和利益性、受经济流通规则左右，情感因素就相对减弱了。

国与国之间资源、文化的差异性。因地理位置、历史发展阶段、所受外力等因素影响，各个华人华侨居住国的资源、文化在历史长河的流塑中也呈现不同的形态。整体上来看，东南亚的半岛地区和海岛地区，因分处热带季风气候和热带海洋性气候，资源不同、主要的社会经济发展方式不同，加上所受外力如中国文明、印度文明、伊斯兰教文明等也有所差异，这些都决定了东南亚半岛国家与海岛国家的差异以及各板块中国与国之间的差异。

跨国合作的障碍。东南亚华人华侨要参与到新海丝路战略中，可以通过两种途径加入，一是直接参与到中国的项目中，另一是直接通过居住国参与。无论哪种途径，都必须跨越国界障碍。这种障碍不只是地域上的，尤其指制度障碍、文化障碍。而对应这个需要，目前尚未充分建立围绕新海丝路海洋文化共建的对话机制与平台。

三、充分发挥东南亚华人华侨合力，共建海丝路海洋文化

如前所述，海上丝绸之路沿线国家华人华侨他们拥有雄厚的产业和金融实力、全球化的生产营销网络、丰富的智力资源、广泛的政商人脉，对于中国的投资环境有充分的了解，也完全融入住在国。同时，他们与祖国和故乡始终保持联系，这种亲缘网络更利于联合东南亚与中国东南沿海丝路城市开展海洋文化共建。因共建要涉及中国内陆东南沿海城市及海丝路上东南亚国家间的跨区域合作，科学的策略就显得尤为重要。

1. 海丝路沿线地区与国家须做到三个"统一"，实现顺利无缝对接

海上丝绸之路战略倡导沿线国家自愿参与、多方共赢，你中有我、我中有你。沿线的东南亚国家与地区必须要共同增强共同体意识，这也是有历史基础的。从南岛语系族群徙入东南亚地区甚至更早之前，东南亚与中国便有了联系。自此之后，文化的交流从未真正停止过，并共同经历相近阶段的历史发展，同时对和平与经济发展有着一致的诉求、意识形态与文化相近。当前之间存在经济发展差异，也间杂有少数不和谐的声音，但文化认同能弥合沿线国家和地区的价值与经济差异。有差异，更显合作的互补性。但因国家众多、且跨区域合作，因此，海丝路沿线的东南亚国家与地区必须在此基础上统一共同体认识，统一海洋文化共建及华人华侨参与的重要性认识和文化发展理念，统一协调机制以清除政策障碍，实现良好对接。海洋文化是一种健康文化、生态文化，必须开发与保护并行；充分发挥东兴、钦州等在海丝路中的桥头堡、先行军作用。相比而言，因地理便利，中越间的互动与交流就非常频繁。2015 年 8 月中越联合推出的五项便民利民举措，就是一个生动的表现。

2. 坚持文化交融与共生，联合开展海情调研

海丝路沿线的东南亚国家与中国东南沿海地区间的这块海域大体在环北部湾经济圈内。应建立在交融与共生而非文化冲突的立场上，充分加强文化产业交流，求同存异以达双赢甚至多赢，切勿短视或功利。同时，国情不同、区域广阔、资源丰富、多样，要很好地共建海洋文化，首先就必须联合相关国家与地区联合进行"海情"调研，不同国家对海洋文化与海洋经济的定位不同，应在充分调研的基础上对海洋文化资源进行科学划分，从而合理、可行地开展开发与保护。如越南，是一个沿海岛屿旅游资源和附近海域渔业资源丰富的国家，长期以来实行海洋经济战略，其岛屿经济的发展是落实该国海洋战略《至2020年越南岛屿经济发展总体规划》的具体形式，岛屿经济与国防安全直接关联。在这种前提下，该国围绕海洋进行的渔业、旅游业和服务业都比较成熟，基础设施建设也较重视并向岛屿移民。在这种情况下，中国要联合越南共建海洋文化，就必须考虑到该国这个实际情况和可能会遭遇的敏感问题。

3. 充分建立国际对话平台与机制，充分发挥已有社团、组织的纽带作用

要发挥华人华侨对海洋文化共建的贡献，就要积极创造机遇。在这点上，要充分肯定对话平台与机制创建的重要性，如国务院侨务办公室主办中国侨务论坛和各种华商投资峰会等。利用这些平台，让东南亚华人华侨有途径、渠道了解海丝路的战略主张以及沿线的东南亚国家和中国对海洋文化的战略设想。同时，加大海丝路宣传，通过出台各种优惠性政策吸引他们加入。另外，基于"五缘"创建尤其是地缘性和血缘性社团在居住国占比非常大。其中，马来西亚有将近7 000个华人社团，泰国共有侨团1 300多个、宗亲会60多个。这些社团中，首推各种华人华侨商会，"华人经济圈"在国际上的发声越来越受瞩目，其由族群自治团体转变为现代意义上的社会公众组织，并加强了国际化倾向。① 因此，经济的发展和海洋文化的共建应充分发挥该组织的纽带和凝聚作用。同时，也应充分尊重华人华侨老一辈和新生代意识层面的不同表现形态，吸引他们对海洋文化共建的关注和参与。在笔者与钦州侨办相关负责人的一次谈话中，就提到马来西亚华人华侨对参与祖国经济建设的期待，一位老人就感叹：祖国还没有给我机会回来做贡献！从这里可以反映出，东南亚华人华侨对参与祖国建设的迫切性，这十分利于海洋文化和"一带一路"共建。

4. 开发华人华侨海丝路寻根旅，重视国内侨乡、华侨聚居区等"旅游目的地"的内力辅助作用、发展"银发经济"

第二次世界大战以前的华人华侨出国史，也是一部血泪史。天灾、人祸、朝代变更等是"安土重迁"的中国人被迫离开祖国和故乡的主因。而彼时的出洋路线又基本与新海丝路重合。因此，为充分尊重东南亚华人华侨的历史，增强其对海丝路共建的认同感，可以开发海丝路寻根之旅，为海洋文化共建中旅游部分的一个必要内容。

同时，祖国与华人华侨的情感是血浓于水的存在。许多华人华侨越来越看好祖国的发展，同时也出于"落叶归根"的思想观念，聚集而居，就有了"侨乡"的出现。同时，

---

① 李兴、刘权：《东南亚华人社团的复兴与重新定位》，《东南亚纵横》2002年第5期，第51页。

在特殊历史时期，国家为安置被迫回国的大批东南亚归难侨而设立的国有农业企业，又称为"华侨农场"。20世纪50—80年代，广东、广西、福建、云南、海南、江西、吉林等七省区共建立84个华侨农场，集中安置归国华侨约24万人。其中广东23个，广西22个，福建17个，海南5个。作为国家集中安置归难侨的基地，长期以来，华侨农场既是生产经营的实体，又承担着对学校、医院等社会性事务的管理和经费支出，存在的问题逐步增多。农场必须逐步建立适应市场经济要求的体制和机制，使归难侨和职工的生活得到改善。从20个世纪90年代以来，我国华侨农场逐步进入改革阶段。不同农场的情况别，但其最大的优势、立足的根源与根本，在于他们都有与海外华人华侨的亲缘关系，这是任何企事业单位都不能取代的。应充分利用老一代华人华侨对祖国和故乡的深厚情结，将华侨农场变成其"旅游目的地"，"旅游"至此就定居下来并吸引其新生代华人华侨定期回国探亲，形成"候鸟经济"、"银发经济"，以此达到既促进农场转型改革，也发展所在地区的生态产业经济的双赢目的。这也是从内为海丝路海洋文化发展发力。

华人华侨是沟通中国和世界的桥梁，是让海外侨胞回到家乡，让中国发展的机会更多地惠及侨胞的一座桥。海洋文化也是一座桥，它可以沟通中国与东南亚乃至世界，真正实现新海上丝绸之路。"两座桥"都要发挥好作用，才能抓住自贸区和"一带一路"机遇从而达到多赢。

第二篇

国际移民与归难侨

"美国留学热"及其前景与影响

廖小健 ①

（暨南大学华侨华人研究院　广州　510632）

【摘　要】 近年，在国内外各种因素的影响下，特别是金融危机以来美国政府和美国学校的积极推动下，中国掀起了留学移民美国的新一波热潮。这波美国留学热将持续升温，对社会的影响也将日益增大。

【关键字】 留学热；原因；前景；影响

有评论认为，中国正掀起改革开放以来的第三拨移民高潮，这拨移民高潮又称新世纪移民潮，其主力由新富阶层和知识精英组成，通过留学、技术移民或投资移民等方式移居海外。② 作为新一拨移民重要途径的"留学"，日益引起人们的关注。本文拟以留学和移民大国——美国为例，探讨近十多年来我国出现的"美国留学热"，以及它的未来发展趋势与影响，希望对出国留学的走势及其影响有一个基本的把握。

一、"美国留学热"的现状与特点

（一）人数众多、增幅很大

2008 年美国签发了 82 000 个中国学生签证，比 2007 年的 65 600 个，上升了 20%。③ 此后每年留学美国学生签证升幅都高达 30% 以上。启德教育集团发布的历年《中国学生留学意向调查报告》也显示，把美国定为留学首选国家的学生占 50% 以上，各地组织的招生系列活动，美国展台都是最火爆的。统计数据显示，2013 年中国学生出国留学人数为

---

① 作者简介：廖小健，暨南大学华侨华人研究院教授，博导，主要研究国际问题、华侨华人问题。
　本文系 2015 年国家社会科学基金重点项目《华侨华人在中国大国外交建设中的作用与对策研究》（项目批准号：15AMZ012）阶段性成果。
② 《中国出现第三拨移民高潮　中坚阶层集体流失》，新华网，news. xinhuanet. com/society/2010 - 06/04/c _ 12182275. htm，2010 - 06 - 04.
③ 李琼：《便利签证助推"留美热"》，广州日报，2009 年 12 月 17 日。

41 万，到美国留学的多达 14.6 万，占 36%。2014 年，海外中国留学生总数达到 108.89 万人，其中美国大学中国留学生为 27.4 万人，占 25.16%。[①] 2013 至 2014 学年，在美国高校学习的国际学生一共有 886 052 人，其中，来自中国的留学生居首或占 31%，远远多于紧随其后的印度（12%）和韩国（8%）[②]。

（二）赴美留学趋平民化

2009 年下半年启德教育与新浪教育的调查数据显示，前些年出国，现在已回国的留学生群体中，普通家庭子弟只占 2%，而目前他们占国外留学人数的 27%，占 2009 年准备留学人数的 34%[③]。

留学平民化，固然与国内教育的各种因素有关，与美国教育的吸引力，美国大学奖学金的覆盖率，以及人民币升值等原因有关，其中留学中介产业的蓬勃发展也是非常重要的原因之一。据统计，目前经我国政府正式核准的留学中介约 400 多家，[④] 其各地分支机构不计其数，在它们的产业化运作和强大宣传攻势下，留学信息几乎充斥所有媒体，普通家庭的留学需求迅速给激发起来，不但发达城市，连不少二三线城市也呈现出强劲的留学需求。例如某留学中介郑州分公司的数据，2009 年受理量为 500 人，2010 年超过 1 000 人，增幅超过 100%[⑤]。

（三）读高中、本科学生明显增加

金融危机后，赴美留学除了人数迅速增加外，一个比较突出的特点，是到美国读本科和高中的大陆学生越来越多。即过去读研究生的比例占 74.9%，现在大概是本科生与研究生各占半壁江山。[⑥] 根据美国留学生人口常年报告统计，2008 年到美国念大学学位的中国学生达到 2.6 万多人，而 5 年前只有约 8 000 人，读研究院的中国学生则多年都保持在 5 万人左右。[⑦] 另外，到美国读中学的学生也越来越多，如位于奥斯汀附近的圣马克斯浸信会私立高中（San Marcos Baptist Academy）的 170 名寄宿生中，有 45 人来自中国。启德教育集团美国教育中心的数据显示，2009 年赴美念高中的学生占到总人数的 15.8%，念本

---

① 《智库〈报告〉：中国"留学赤字"严重》，（新加坡）《联合早报》，2015 年 10 月 22 日。

② 徐一凡：《中国留学生增加最快 占在美国际学生比例超过三成》，（美国）侨报网，http://news. uschinapress. com/2014/1117/999196. shtml，2014 - 11 - 17.

③ 《2010 年中国学生留学意向调查报告及预测》，2010 年 1 月 21 日，启德教育网，http://news. eic. org. cn/News. aspx？id = 6455

④ 《自费留学中介服务机构名单》，截至 2010 年 8 月 13 日，中国教育部监管信息网，http：//www. jsj. edu. cn/md_ index. php

⑤ 《中国留学生今年将近 30 万 输出量全球居首》，2010 年 7 月 17 日，中青在线，http：//news. cyol. com/content/ 2010 - 07/17/content_ 3330426. htm

⑥ 《中国留学生今年将近 30 万 输出量全球居首》，2010 年 7 月 17 日，中青在线网，http：//news. cyol. com/content/ 2010 - 07/17/content_ 3330426. htm

⑦ 《中国留美学生去年激增两成》，2009 年 11 月 17 日，（新加坡）《联合早报》，http：//www. zaobao. com/gj/ gj091117_ 002. shtml

科的学生占到总人数的 42%①。也就是说，经该集团办理的赴美留学生，读本科和高中的人数比读研究生的还多。

（四）商科依然是热门选择

变化不大的是学科选择，虽然商科类专业在 2009 年一度"遭冷落"，但依然是不少学生的首选。《2010 年留学意向调查报告》显示，商科仍然是最多学生计划出国留学选读的专业，如金融与会计、市场营销、商业管理等专业，有近三成学生选择，其中计划到美国、英国、澳大利亚留学的学生选读商科的比例更大。计划出国读工科、文科和理科的学生数量相当，分别是 7.8%、7.4% 和 7%；计划攻读艺术类课程的学生数量约占 4.2%，比 2009 年略有上升。②

选择商科的主要原因是商科毕业后的就业范围比较广，职薪高，而经济衰退只是短期的。另外，相对其他文科和理工科，商科对语言和学科没有特别的要求，转学商科和申请学位都相对容易一些。

二、美国留学政策的调整

以上数据表明，近年赴美留学的人数迅速增长，确实可以称之为"留学热"。导致这一波美国留学热的原因很多，其中，金融危机背景下美国政府和美国学校调整相关政策，应是最重要的原因之一。

（一）金融危机对美国经济的冲击

2007 年底美国本土爆发金融危机后，美国面临财政紧张，员工失业，收入减少，消费低迷等严重问题。统计资料显示，美国失业率一度居高不下，从 2007 年 12 月的 5.0%，上升 2009 年 10 月的 10.2%，后虽有所改善，但 2010 年 8 月仍维持在 9.6% 的高位。③2007 年 12 月到 2010 年 7 月，美国的就业人数从 13 795.1 万减少到 13 024.2 万，减少了770.9 万个工作岗位。④ 随着不少美国人失去工作，美国贫困人口不断增加，2009 年增加了近 400 万，达到 4 370 万，美国贫困率也随之提升到 1994 年以来的最高水平或 14.3%，每 7 个人就有 1 个人生活在贫困线以下。⑤

（二）国际学生对美国学校和美国经济的影响

一方面，经济衰退导致的拨款收缩和投资失利，使不少美国高校收入顿减，需要提高

---

① 《2010 年中国学生留学意向调查报告及预测》，2010 年 1 月 21 日，启德教育网，http：//news. eic. org. cn/News. aspx？id=6455
② 李琼：《〈2010 年留学意向调查报告〉顶头大热 还是美国》，《广州日报》，2010 年 1 月 21 日。
③ "Unemployment rate"，Nine 15, 2010，美国劳工部网，http：//data. bls. gov/cgi-bin/surveymost
④ "ALL EMPLOYEES"，August 26, 2010 ，美国劳工部网，http：//data. bls. gov/cgi-bin/surveymost
⑤ " Income，Poverty and Health Insurance in the United States：2009"，美国人口统计局网，http：//www. census. gov/ hhes/www/poverty/data/incpovhlth/2009/index. html

学费和招收更多的国际学生以弥补不足。据统计，2009—2010 学年美国公立大学学费，本地学生平均为 7 020 美元，比上一年提升 6.5%，加上住宿等费用，一年的花费达到 1.52 万美元。留学生一年学费平均是 1.8 万美元，上涨了 1 100 美元，增幅为 6.2%。私立大学的学费增幅约为 4.4%，但平均学费也要 2 6273 美元。① 著名的哈佛大学将学费调涨 3.5%，学生人均年支出包括学费、食宿和杂项等高达近 4.9 万美元。② 加州大学董事会甚至还通过增加 23% 学费的决定。③ 加州大学伯克利分校校长伯吉诺在 2010 年 8 月 26 日明确表示，鉴于众所周知的财政原因，学校从州政府获得的拨款严重不足，未来 4 年内，该校将大幅提高外国学生和外州学生比例，从 11% 上升至 20%。④ 美国国际教育协会会长古德曼也指出，许多大学今年都试图通过招收更多国际学生来确保其课程的完整性。⑤

另一方面，吸引大量的中国留学生，还可以提升美国的消费。消费是美国经济发展的主要动力之一，然而，经济衰退导致的收入减少，却大大地影响了美国人的消费意愿，国际学生的涌入，对刺激消费无疑是非常有利的。按美国国际教育协会会长古德曼的说法，国际学生在当地的购物、租房等开销，每年可为美国带来 178 亿美元的收入⑥。而中国留学生的消费能力被形容为"强劲"，中国学生的到来实际挽救了美国一大部分经济的空缺。⑦ 据统计，留学生在美国的生活费开销，每年至少需要 1 万美元以上。

（三）政府调整相关政策

配合上述的经济发展需要，金融危机爆发后，美国政府迅速调整相关政策，采取各种措施鼓励和吸引中国学生到美国留学。

首先提供签证便利。2001 年发生"911"事件后，美国一度收紧留学签证，很长一段时间，只有拿到奖学金的学生才能顺利获得去美国大学读研究生的签证，自费留学则往往被拒签。以至坊间认为"中国学生签证有配额限制"，"要成功申请签证必须学理科商科或是拿到奖学金"。但金融危机后情况发生很大变化，数据显示，在 2008—2009 年度，美国在中国签发了 82 000 个学生签证，比上一年上升了 20%，超过 80% 的申请者获得签证，读研究生的签证比例更高达 90%⑧。2007 年从德州农工大学辞职回中国担任留学咨询顾问的高燕定表示，他所经办的私立中学学生签证通过率百分之百。

---

① 李琼：《热门留学国学费疯涨》，《广州日报》，2009 年 12 月 10 日。
② 鹏致：《经济不景气 哈佛也裁员》，《广州日报》，2009 年 6 月 25 日。
③ 李琼：《热门留学国学费疯涨》，《广州日报》，2009 年 12 月 10 日。这个决定一度引起该学生抗议示威和罢课行动。
④ 《美加州大学大幅增加留学生比例》，《广州日报》，2010 年 8 月 28 日。
⑤ 《中国留美学生去年激增两成》，2009 年 11 月 17 日，（新加坡）《联合早报网》，http://www.zaobao.com/gj/gj091117_002.shtml
⑥ 《中国留美学生去年激增两成》，2009 年 11 月 17 日，（新加坡）《联合早报网》，http://www.zaobao.com/gj/gj091117_002.shtml
⑦ 《中国留学生今年将近 30 万 输出量全球居首》，2010 年 7 月 17 日，中青在线，http://news.cyol.com/content/2010-07/17/content_3330426.htm
⑧ 李琼：《便利签证助推"留美热"》，《广州日报》，2009 年 12 月 17 日。

再有就是官方立场。2009 年 11 月美国总统奥巴马访华时，明确表示欢迎更多的中国留学生前往美国学习，当时签署的《中美联合声明》，中美双方认为，人文交流对促进更加紧密的中美关系具有重要作用。双方高兴地看到近年来在彼此国家留学的人数不断增加。目前在美国的中国留学人员已接近十万人，美方将接受更多中国留学人员赴美学习并为中国留学人员赴美提供签证便利。① 这不仅使已经火热的美国留学升温至沸点，还将进一步推进便利签证，促进未来的赴美留学。

（四）学校纷纷积极招生

学校吸引中国留学生的措施之一，是纷纷组团到中国招生。以往极少直接到中国招生的美国公立大学，2008 年起纷纷组团赴华招生，在一些留学展中，经常是十几所美国学校一起亮相招生，其中一些还在主会场旁开起了讲座，宣传学校的种种优势，这在以前非常稀罕的，"说明公立大学现在开始欢迎中国学生的到来了"。据启德教育的统计，2009 年美、英、澳、加等顶级海外名校更加强了与启德教育集团的合作，各国学校来访量是 2008 年的近 2.5 倍，美国的普渡大学、迈阿密大学等名校均到启德做过专场面试或来访活动。此外，2008 年开始，美国私立中学也首次联合登陆中国招生，此后每年都在中国举行多次私立高中教育展，吸引了大批中国学生。

三、发展趋势与社会影响

（一）美国留学将持续升温

1. 美国将继续放宽中国大陆学生赴美留学政策。近年美国放宽留学政策，虽然与 2008 年金融危机的经济状况有关，但同时希望由此达到扩大对中国学生影响，提高美国软实力的目的。因此，虽然美国的经济状况已经好转，失业率已降到 5% 左右，但吸引中国学生到美国留学的政策不变。

2. 部分美国学校将持续吸引中国留学生。这两年的留学美国热的升温，与美国大学打破惯例，直接到中国招生不无关系。未来几年，即使学校财政改善后，估计仍有不少学校继续实施吸引中国留学生的措施。其原因：一是打开了路子，建立了各种招生的机构与联系；二是尝到了多招国际学生的甜头。

3. 美国历来是中国学生留学的首选，只要政策允许，学生们将蜂涌而至。而且，随着人民币兑美元的持续升值，美国留学费用将逐渐减少；随着美国经济的逐渐复苏，在经济衰退期间被大范围减少的留美奖学金，也会逐渐恢复。

（二）留学移民的难度明显增大

海外留学，最主要的目的是拿到相应的文凭，找份好工作；另外，美国是一个移民国

---

① 《中美联合声明》，2009 年 11 月 17 日，中国外交部网，http://www.fmprc.gov.cn/chn/gxh/zlb/smgg/t627468.htm

家，留学移民也是许多中国学生选择留学美国的主要目的。无论留学还是留学移民，都存在一定的风险，但在留学中介公司的倾向性宣传中，这些风险都被大大地淡化，给人印象是极少风险，甚至没有风险。一些学生家长甚至认为，只要能掏钱到美国留学，就能成为炙手可热的海归人才，或移民美国成为专业人士，对到海外留学面临的风险，以及留学移民面临的问题缺乏足够的认识。

职业移民（Employment-Based Immigrant），特别是第三类职业优先（EB-3），是中国学生通过留学，移民美国的主要途径。理论上，美国职业移民的第三类优先（EB-3），要求并不高，拥有学士以上学位的专业人士都可以申请永久居留权（绿卡）[①]，过去很多中国留学生都通过EB-3成功地移民美国。

不过，循此途径移民美国的难度逐渐增大。按照美国政府的规定，职业移民必须先找到工作，由美国雇主向美国劳工部申请劳工证，然后才能开始申请绿卡，在申请排期期间失业，申请程序还可能随之终止。[②] 找到一份相对稳定的工作，显然是申请职业移民的必要前提。然而，由于中国留学生急剧增加，僧多粥少，留学生毕业后，想马上找到一份工作，并不容易。而且，为了减少本土美国人的就业竞争，美国国会还推出了各种措施，限制企业招聘外籍员工。结果，不少中国留美学生，毕业后因找不到工作，已经纷纷打道回府。

（三）赴美留学的低龄化趋向

这几年，随着美国签证政策的变化，以及公立大学和私立中学加大招收中国大陆学生的力度，中国学生到美国读大学本科和高中的人数迅速增加，这种低龄化趋向，估计会持续下去。未来读大学本科和高中比例，应占赴美留学生的30%—40%左右。

吸引低龄留学的重要原因，是可以提前跨越到美国读研究生的门槛。到英美等国家读研究生，英语成绩是必要的条件，一般需要托福550分或雅思6.5分，热门学校和热门专业的英语要求还要高，不少中国学生屡考屡败，怎么样都达不到标准，即使再有钱，也只能"望校兴叹"。但到美国读高中，对外语没有硬性要求，毕业后只要有英语成绩、平均学分（GPA）和课外活动等方面的优势，不仅轻易地跳过考托福或雅思的这一关，在申请进入美国大学名校上还具有一定的优势。

（四）留学的社会影响日益增大

对于中国学生到海外留学的影响，过去比较关注的是人才流失。因为以往主要是精英留学，如北大、清华的毕业生大部分留学美国移民美国。但随着留学从精英趋向平民，留学人数的急剧增长，留学，就不仅是人才流失的问题，还可能是人口流失，特别是有知识

[①] "Employment-Based Immigrant Visas"，美国国务院网，http://travel. state. gov/visa/immigrants/types/types _ 1323. html#first，2010 年 9 月 2 日下载。

[②] 根据美国国务院公布的 2010 年 9 月的移民排期表。中国大陆的职业移民排期，第三优先为 2003 年 10 月 22 日，长达 7 年。

的青少年流失的问题。如果他们都不回国的话，长此下去，中国不但会损失人才，还可能面对有知识的青壮年劳力不足等问题，在中国人口老龄化日渐逼近时期，"人口红利"逐渐减少之际，人口流失和劳力不足等问题应及早引起关注。

留学的平民化和扩大化，造成的其他影响还有不少。如空巢家庭增多，现在都是三口之家，独生子女出国留学和移民后，家里就只剩下父母，其孤寂可想而知，时间一久，很可能引发更多的问题，诸如家庭矛盾，老人无人照顾等。再如，随着留学规模的不断扩大，对我国高等教育的发展与普及可能会造成的冲击，一方面是不少地方大学招生不足，另一方面则是越来越多的学生早早计划留学，甚至不参加高考。

值得注意的还有留学资金外流的问题，过去人们很少关注这个问题。表面看起来，到美国留学，每年人均的留学费用仅几万美元，但由于留学生众多，流到美国的资金就变得非常可观了。以留学美国每人年平均支出3.5万美元（学费2.5万，生活费1万），年均10万以上学生签证计算，每年留美学生支出的总资金竟高达35亿美元。另外，特别需要注意的是，赴美的中国留学中，有约40%是到美国读高中或本科，他们要连续几年地支出3.5万美元，读高中或本科的，分别需要7年和4年才拿到大学文凭，继续读硕士的话，还要再加2年。也就是说，他们完成学业拿到硕士学位的个人支出，分别大概要32万美元（读高中）和21万美元（读本科），加上其他60%读硕士的两年支出费用，每年赴美留学的资金流出总额，相当惊人。

综上所述，近年，在国内外各种因素的影响下，特别是金融危机以来美国政府和美国学校的积极推动下，我国掀起了留学移民美国的新一波热潮。这波美国留学热将持续升温，对社会的影响也将日益增大，应引起重视，及早采取相应的对策。

第二家园的多元景观：中国跨国移民与马来西亚的脉络

［新加坡］游俊豪

（南洋理工大学中文系/中华语言文化中心　新加坡　200031）

【摘　要】本文以马来西亚第二家园计划为案例，探讨中国新移民如何跨国构建家园，如何跨境部署各种资源，如何产生在地影响。马来西亚逐渐跟随美国、加拿大、澳洲、新加坡等国后面，成为中国新移民的新聚居热点。在马来西亚第二家园计划内，中国新移民成为最大群体，超越了来自其他国家的移民。本文意图指出中国新移民的抵达与聚居，其实在重层脉络当中运行，不但牵涉中马两地的国际关系，而且也带动了中国企业与中国人民的流动，牵动了马国吉隆坡、新山、槟城三座城市的空间规划与社会反应。由殖民地时代、新民族国家初期、全球化时代串连而成的脉络，揭露离散华人跟中马国两国互动的多元景观。案例清楚地揭示，尽管种族文化因素依然发挥作用，但经济考量更是重要。借助了媒体景观，马国"第二家园"得以牵引中国新移民与中国企业的脚步，背景条件是意识景观的开放，族群景观的配合，主因却是金融景观整合了各方利益。

【关键字】跨国移民；中国；马来西亚；第二家园；中国企业；族群景观

　　因此，当分散人群须要宣示其存在的时候，离散（diaspora）的语言就运作起来，描述其族群的某个时刻或维度。所有的共同体，哪怕最为植根于在地的群体，都维持着结构性的行旅线路，连接着那些"在家"与"在外"的成员。在大众传播、全球化、后殖民主义、新殖民主义的条件变动下，这些线路有选择性被结构与被绕道，而这取决于内在与外在的张力。在当代离散文化的各种形式当中，族群的移置与网络特别显著。①

　　　　　　　　　　　　　　——引自历史学家詹姆斯·克利福德（James Clifford）

　　詹姆斯·克利福德关注移民与其后裔所形成的特性，认为他们跟居留国与祖籍地存在着特殊的关系，经常受到某些因素的影响，一直处在重组的过程当中。其实，也可以采取这样的离散视角，来观照华人族群的历史嬗变，以及当今网络。

---

① James Clifford，"Diasporas"，*Cultural Anthropology* 9（3）（1994），p. 309.

此篇论文探讨离散华人如何形构中国与马来西亚的多重关系。2014 年，中国是马国的最大贸易伙伴，而马国是中国的最大东盟贸易国、第三大亚洲贸易国，仅次于日本与韩国后面。① 本文探测族群脉络、国家话语、市场经济之间互动，借此论析离散华人如何在中马两国之间移动。

深入分析之前，有两方面需要澄清。首先，马国的多元种族的组成、多元文化的脉络，主要由土著、欧洲殖民者、来自其他国家的离散族裔相继构建。其次，按照许多标准来衡量，马国的多元种族结构尚未达至埃文·左哈尔（Itamar Even-Zohar）所谓的"复系统"；各个种族之间、各种文化之间，并没有贯彻完整的双面或多面的交流。② 事实上，作为强势的多数民族，马来族一直单面地对其他种族行使霸权主义。下面章节会指陈，种族与文化因素在许多方面影响了离散华人，也决定了他们在中马关系所扮演的角色。本文的题旨，在于论析马国的多元文化格局与身份认同政治，检阅它们如何为离散华人在中马关系的参与提供机会，或带来限制。

一、离散族裔的重层景观

为了揭示跨国主义如何在中马之间形构，也为了论析跨国网络如何在不同阶段运作与转变，这里有必要仔细观察这些关系的形式与内容。阿尔君·阿帕杜莱（Arjun Appadurai）提出的有关全球文化经济的五个维度，可资挪用为解剖工具：族群景观（ethnoscapes）、媒体景观（mediascapes）、科技景观（technoscape）、金融景观（financescapes）、意识景观（ideoscapes）。扼要来说，族群景观是人群当中的政治，尤其是涉及移动中的个体与群体，例如游客、移民、难民、流亡者、客工。媒体景观，包括资讯生产与传播的能力与管道。科技景观，体现在全球科技的组成，通过机械与信息两方面贯通国家疆界。金融景观，连接各地的货币市场、国家股市、商品货物。意识景观，则是连串的图象与概念，通常具有直接的政治性，关涉国家政府的意识形态，以及挑战国家势力的反意识形态的运动。③

根据阿尔君·阿帕杜莱的观察，只有在全球化时代，这五个景观才得以充分而密集地彰显，相互影响，前所未有地涵盖辽阔的地理区域，以高速度发生着，并连接着各个地点与场域。虽然他的概念具有时间的特殊性，主要针对全球化的语境，然从中可以提炼出两个意思。首先，全球网络的形式与运行，不能单面地进行简约主义的理解，而要特别去注意多重管道的存在，论析它们在不同元素之间如何进行勾连，或者发生断裂。其次，需要进一步拷问的是：到底是怎样的历史情境与时间，导致当前各个跨国媒介、现象、联系的复杂性。

① Alan Ting, "Malaysia-China Ties: 40 Years On and Still Counting," *Bernama Daily* (Malaysia), 28 May 2014, http://newsdata2. bernama.com/ebiz/edition21/ebiz.pdf.

② Itamar Even-Zohar, "Polysystem Theory", in Itamar Even-Zohar, 'Polysystem Studies', special issue, *Poetics Today* 11 (1) (1990), pp. 10-11.

③ Arjun Appadurai, "Disjuncture and Difference in the Global Cultural Economy", in Arjun Appadurai, *Modernity at Large: Cultural Dimensions of Globalization* (Minneapolis, MN: University of Minnesota Press, 1996), pp. 33-36.

如果延伸时间的线条，考察视域将得以拓展，展示离散华人如何与各种因素互动，穿行与定位于中马之间的各个历史阶段与拐点。如此，景观的构成与运作，随着时间的推移，也展现了差异与变易。历史上，这些景观的区别，体现在经济系统、科技传播、媒体范围、意识交流等方面。随着时间的前进，这些景观更加充满张力，益愈繁复与复杂。通过这样的视角，离散华人的角色与行动更加清晰可见。

当然，离散华人的重要类型，需要进行确认。1850 年前，华商是重要的移民类型，穿梭来往于中国南方与东南亚之间。从 1850 年至 1930 年，华工是具有代表性的类型，前往东南亚、北美、欧洲等地劳工密集型的经济领域工作。1920 年代与 1930 年代，中国知识分子在东南亚的华文文化产业涌现，虽然人数较少，但在传播思想方面影响深远，是重要的离散华人类型。从 1949 年至 1990 年，华人停止移民至东南亚，东南亚各地华人从华侨身份转成新兴民族国家的国民，有的则逃离东南亚偏差的种族政策，再度迁移至北美、澳洲、新西兰、欧洲等发达国家。自 1990 年代始，随着全球化的深化，东南亚的离散华人以各种身份与角色，回应着中国在国际关系中的崛起。[①] 另一方面，中国 1978 年改革开放后，新移民的足迹遍布全球，展现了与其他离散华人类型相异的特性。而地理位置处于东南亚的马来西亚提供了一个场域，可资检阅不同华人移民潮与离散华人类型，探讨他们在区域与全球的境遇。

二、第二家园的各种因素

通过马来西亚第二家园计划（Malaysia My Second Home，MM2H），马国政府企图对其境内房地产进行国际化，鼓励外籍人士到来居住，借此拓展其金融景观。该计划在 2002 年出来，由马国旅游文化部负责监管。外籍人士只要符合特定经济与健康条件，就可以申请多次入境社交签证，长期居留在马来西亚。多次入境社交签证有效期限为 10 年，可以更新。该签证拥有者，可以让其伴侣与年龄低于 21 岁的小孩申请为其签证的眷属，在马国一起居留。[②]

对于那些为了各种原因而想在外国安家的人们来说，这项计划具有很大的说服力与鼓动力。2014 年 10 月，一份孟加拉的报章就描绘马国购房的各种好处，可以兼顾置家与投资的考量：

"马来西亚提供了一个该区域里的最佳投资计划，何况那里的生活品质非常美好。而且，该国政治稳定安全。不仅仅是孟加拉的人们，还有中国人、日本人、澳洲人、其他国

---

① 这里可以重新回顾王赓武对华人移民历史坐标所作出的分类：（1）华商，1850 年前的主要类型，其重要性一直延续至今；（2）华工，1850 年后随着经济需要而移民海外，1930 年代由于排华运动与世界经济不景气而消退；（3）华侨，中国国族主义的体现，1900 年至 1950 年特别显著；（4）华裔或再移民，1950 后的现象，因为华人移民在中国以外繁衍子孙，以及再次迁徙他处。参阅 Wang Gungwu, "Patterns of Chinese Migration in Historical Perspective", in *China and the Chinese Overseas*（Singapore：Times Academic Press，1992），pp. 3-21.

② "Attracting the Best to Malaysia", *New Sunday Times*, 7 July 2013.

家的人都选择马来西亚为他们的'第二家园'。"①

表1揭示，自从2002年推出，中国移民成为这个"第二家园"计划的最大参与者，在2013年达到4 925位。来自日本与孟加拉的移民位居第二与第三，但他们分别为2 755与2 076的人数远远地落后于中国移民。即便新加坡是马国的邻国，其人民参与"第二家园"人数也只有1 032位。

表1　2002—2013 年马来西亚第二家园的参与者

国家/地区	人数
中国	4 925
日本	2 755
孟加拉	2 076
英国与北爱尔兰	1 289
伊朗	1 289
新加坡	1 032
中国台湾	960
巴基斯坦	856
韩国	797
其他	728

资料来源: Lily Kuo and Wang Yuan, "Why Chinese Families Will Keep Moving to Malaysia Despite Their Anger over MH370," *Quartz*, 15 April 2014, http://qz. com/196492/why-chinese-families-will-keep-moving-to-malaysia-despite-their-anger-over-mh370/（浏览：2015 年 4 月 8 日）

就以媒体景观而言，"第二家园"实际贯穿全球，其他国家的人民都能在第一时间跟进消息。该计划设有官方网站，社会媒体如脸书上也有专页，一些网站还有小组讨论。脸书"Malaysia Property JB, KL, Penang 马来西亚第二家园计划"，大多的信息与讨论都以中文进行，其主要对象显然是中国人民，以及离散华人当中华语语系的群体。②

晚近一项调查显示，中国人民对在马国安宅落户很感兴趣，主要出于以下几个原因：（1）马国幸免于天灾，气候良好，空气干净；（2）政治局势稳定；（3）房地产价格较低；（4）相对中国香港与新加坡来说，马国对外籍人士购房实行的约束较少；（5）马国的房地产法律高度透明，房地产所有者获得保障；（6）投资者相信，随着马国经济转型规划的推展，例如吉隆坡地铁系统、吉隆坡往新加坡的高铁工程、柔佛州依斯干达发展区的建

① Abu Afsarul Haider, "Malaysian 'Second Home' Beckons the World", *The Financial Express* (Bangladesh), 15 October 2014, www. thefinancialexpress-bd. com/2014/10/15/61112.

② "Malaysian Property JB, KL, Penang", https://www. facebook. com/pages/Malaysia-Property-JBKLPenang-% E9％A9％AC％E6％9D％A5％E8％A5％BF％E4％BA％9A％E7％AC％AC％E4％BA％8C％E5％AE％B6％E5％9B％AD％E8％AE％A1％E5％88％92/229573487127251? fref = nf（浏览：2015 年 2 月 16 日）

设，马国的房地产价格将有所提升；（7）其他的基础建设取得很好的发展。①

在广袤的世界地图上，马国是中国人众多喜欢移居地之一。1978 年，中国实施改革开放政策，重新与世界接轨，新移民浪潮涌现。加拿大、美国、澳洲、英国等先进国家，以及新加坡等亚洲繁荣城市，出现了许多中国新移民的身影。②值得注意的是，伴随这些迁移的离散华人是中国的商业机构，包括私人发展商、国营银行、保险公司、财富基金，由此而构成特殊的族群景观与金融景观。高纬环球（Cushman and Wakefield），这家商业地产与代理顾问公司，2014 年公布了一项调查的数据与分析。调查显示，从 2008 年至 2014 年 6 月，中国流向境外的房地产投资当中，国企与私人的参与大致各占了五成。③

当其他国家提高了移民门槛的时候，马来西亚"第二家园"计划显得更加吸引，尤其对于中国的富人与中产阶级来说。中国新移民与中国商业机构的参与，深刻地改动了马国的金融景观。2013 年，中国大陆在马国房地产投入了 19 亿美元，超越了在中国香港、新加坡、澳洲的各别数额。2014 年，起码有四个中国房地发展商宣布在马国投资 48 亿美元。④

新移民建构国际家园的地点，主要集中在吉隆坡、槟城、新山三大城市。作为马国的首都，吉隆坡吸引了许多中国家庭，因为具备了多所高素质的国际学校，可以给小孩提供教育。那里的中国移民，许多都工作于华为这一中国巨大电讯公司设在当地的工厂。槟城是一座岛屿城市，受到中国退休人士的喜爱，因为那里的生活节奏比较悠闲。

由于靠近新加坡，新山也成为购房热点。那里的依斯干达开发区计划，正在吸纳中国大型发展商的投资，迎来像服务公寓、运动俱乐部、购物中心、游乐园等高档设施。柔佛州中华总商总会长，预见这样一幅由离散华人编织而成的美好图景："这座位于马来西亚半岛最南端的城市，与新加坡仅相隔一道柔佛海峡，纷至沓来的中国开发商，将让新山在未来成为'小中国'"。⑤ 参与新山房地产的中国发展商，包括北京的卓达集团，广东的碧桂园，广州的富力以及绿地集团。至 2014 年 7 月为止，它们总共购地 150 公顷，而填土计划将另外增添 2 000 公顷。⑥

值得探讨的是，这三大城市拥有自 19 世纪以来通过数代建立起来的华人社会。因此，新移民更容易适应在地文化，并居住其中，可以说，中国与离散华人的相结合，使得马国

① Mei Kay Wong, "Hope CBD to Spur Malaysia-China Real Estate Activity", *The Edge Malaysia* (Weekly), 24 June 2013.

② Mary Szto, "Representing Chinese Real Estate Investors in the United States", *Minnesota Journal of International Law*, 23 (2) (2014), pp. 173-211.

③ Cushman & Wakefield, *China's Outbound Boom: The Rise of Chinese Investment in Global Real Estate* (A Cushman & Wakefield Research Publication) (New York: Cushman & Wakefield, October 2014), www. cushmanwakefield. com/ ~/ media/ global-reports/CHINASOUTBOUNDBOOM_ EN2410. pdf.

④ Lily Kuo and Wang Yuan, "Why Chinese Families Will Keep Moving to Malaysia Despite Their Anger Over MH370", *Quartz*, 15 April 2014, http: //qz. com/196492/why-chinese-families-will-keep-moving-to-malaysia-despite-their-anger-over-mh370/ (浏览：2015 年 4 月 8 日)

⑤ "大马是中国人购房投资的'天堂'"，佳礼网站：http: //cforum1. cari. com. my/portal. php? mod = view&aid = 49752 (浏览：2015 年 10 月 2 日)

⑥ Rennie Whang, "Iskandar Malaysia: China Developers' New Land of Opportunity", *The Straits Times* (Singapore), 6 July 2014, www. straitstimes. com/the-big-story/asia-report/malaysia/story/iskandar-malaysia-china-developers-new-land-opportunity-201.

成为华人国际家园的一个重要地点。族群景观的重组与配合，给中国影响力增添了新的内容。

三、历史脉络的离散变动

若要理解中国、马国、离散华人如何在当前全球网络当中并置，其中一个合适的方法是从历史角度去探究离散轨迹、脉络、定位。在马来西亚的各个领域与景观里，当代中国如何被诠释和认知，其实是受到历史脉络的深刻影响。主要分为殖民地时代、新民族国家初期、全球化时代三阶段。

（一）殖民地时代

欧洲殖民主义袭卷之前，东南亚区域的族群界线包容性很大，对于离散华人与中国食物的接受度也是很高。华商在南中国海穿梭织就的贸易网络，没有碰到多少防卫主义的阻扰。跟随季候风的时序，华商来到这被称为"Golden Khersonese"和"Land of Gold"的地方，跟也远洋而来的阿拉伯商人与印度商人买卖，跟居住当地土著交易。[1]

那时候的商业领域没有被极端地种族化。商人都知晓彼此之间的文化差异，但他们的种族意识没有被政治化。区域里的各个政权，通过对中国朝贡的系统、对在地君主致敬的仪式，跟外地商人密切互动。[2] 相对而言，当今的金融景观则充满紧张关系，国家利益与自由市场在对弈，自由主义与保护主义在抗衡。[3]

当今马来西亚的疆界，曾经被葡萄牙、荷兰、英国相继殖民过。英国殖民地政府更是实行了"分而治之"的政策，导致种族隔阂的体制化，产生了 John S. Furnivall 所谓的复数社会（plural society）。为了聚敛在地资源，推动当地经济，英国殖民地政府引进大量来自中国与印度的劳工。对离散华人社会的形成，最为直接的影响是"商人"与"劳工"两大群体的诞生，而"官僚"与"农民"却阙如或稀少。[4]

相对而言，只有华商比较容易穿越各种地理与社会空间，华工则囿于唐人街、矿场、种植园等地。第二次世界大战爆发前夕，种族界线已然泾渭分明。华人聚居于城镇而从事商业，土著生活于乡村而自耕自足。在族群景观里，"种族"逐渐被本质主义化，种族身份固化而难以

① Paul Wheatley, *The Golden Khersonese: Studies in the Historical Geography of the Malay Peninsula before A. D. 1500* (Kuala Lumpur, Malaysia: University of Malaya Press, 1959).

② Kenneth R. Hall, *A History of Early Southeast Asia: Maritime Trade and Societal Development*, 100-1500 (Lanham, Md.: Rowman & Littlefield, 2011); Anthony Reid, *Southeast Asia in the Age of Commerce*, 1450-1680 (New Haven: Yale University Press, 1955).

③ Natasha Hamilton-Hart, *Asian States, Asian Bankers: Central Banking in Southeast Asia* (Ithaca, NY: Cornell University Press, 2002).

④ Yen Ching-hwang, "Class Structure and Social Mobility in the Chinese community in Singapore and Malaya 1800-1911", *Modern Asian Studies* 21 (3) (1987), pp. 417-445.

改变。①

与此同时，离散华人的思想意识有了新维度，逐渐受到中国国家论述与爱国情操的洗礼。一方面，这是因为前面论及的种族隔阂。另一方面，也是由于中国国族主义的传播。通过华语语系的各种管道，中国国族主义渗透离散华人的社会，在他们的心灵里留下深刻的烙印。②华文报章、华文学校、华文书籍发挥了极大作用，帮助传播维新、保皇、革命、共和、抗日等意识，华人的中国性逐渐推向高潮。③何况那时候的宗亲认同仍然强烈，家乡关系仍然密切。④ 凡此种种，使得离散华人成为一个以中国为本位的想象共同体。

当然，这也得力于科技景观的改进。交通工具与通讯技术的改良，例如蒸汽船、电报、印刷的发明，联系着离散华人与中国，也让离散华人附属于中国。⑤ 随着中国政治人物与知识分子在东南亚走动与活动，华商与华人变成"华侨"，成为效忠中国侨民。

（二）新民族国家初期

1957 年马来亚从英国那里争取独立成功，1963 年马来亚半岛跟沙巴、砂拉越、新加坡组成马来西亚，1965 年新加坡脱离马来西亚。在这国家建构的变动与发展中，离散华人经常被他者贴上"从事商业"、"居住城里"、"效忠中国"等标签。这些种族性的刻板印象，使得他们在马来西亚国家架构里处境尴尬，境遇艰辛。在这新民族国家的初期，英国殖民地政府遗留的种族主义，延续为根深蒂固的种族纠葛。马国的媒体景观与金融景观，见证了国家话语的狭隘。

实际上，第二次世界大战结束后不久，公民性就成为非常重要的命题。⑥ 在国家建构的意识景观里，华人与其他种族深深地卷入并嵌入种族政治里。随着 1955 年的万隆会议，中华人民共和国宣布采用单一国籍法。离散华人必须作出抉择，只能在中国或居留国之间两者选一，只能成为一国的公民。在马来西亚，绝大多数华人选择疏离中国，转而参与马国的国家发展。需要指出的是，尽管名义上是马国公民，华人在许多方面受到边缘化。马国所实行的"分化公民性"（differentiated citizenship），在国家的意识景观里，落实了马来

---

① Charles Hirschman, "The Making of Race in Colonial Malaya: Political Economy and Racial Ideology", *Sociological Forum* 1 (2)(1986), pp. 352-353; Ann Laura Stoler, "Rethinking Colonial Categories: European Communities and the Boundaries of Rule', *Comparative Studies in Society and History* 31 (1) (1989), pp. 122-141.

② 晚近，"华语语系"（Sinophone）成为新的热门研究课题。参阅 Shu-mei Shih, Chien-hsin Tsai, and Brian Bernards (eds), *Sinophone Studies: A Critical Reader* (New York: Columbia University Press, 2013).

③ Yen Ching-hwang, *The Overseas Chinese and the 1911 Revolution: With Special Reference to Singapore and Malaysia* (Kuala Lumpur, Malaysia: Oxford University Press, 1976).

④ Chen Ta and Bruno Lasker, *Emigrant Communities in South China: A Study of Overseas Migration and Its Influence on Standards of Living and Social Change* (Shanghai, China: Kelly and Walsh, 1939).

⑤ Howard K. Kick and Peter Rimmer, Cities, *Transport, and Communication: The Integration of Southeast Asia since* 1850 (Basingstoke: Palgrave, 2003); Stephen Leong, "Sources, Agencies and Manifestations of Overseas Chinese Nationalism in Malaya, 1937-1941", PhD diss., University of California, Los Angeles, 1976.

⑥ "公民性"（citizenship）概念，涉及如何以公民身份参与国家的所有活动与讨论。参阅 Gershon Shafir, "Introduction: The Evolving Tradition of Citizenship", in Gershon Shafir (ed.), *The Citizenship Debates: A Reader* (Minneapolis, MN: University of Minnesota Press, 1998), pp. 1-28; Will Kymlicka, *Multicultural Citizenship: A Liberal Theory of Minority Rights* (New York: Oxford University Press, 1996).

霸权主义，旁落了华族与其他种族。[1]

另一方面，中国的影响在另一维度里继续。中华人民共和国在 1949 年成立后，不少离散华人回到这新中国。开始的时候是要参加社会主义国家的建设，接着是在单一国籍法下作出选择，然后是逃避排华运动。这些归侨，以及侨眷，在中国境内形成特殊群体，海外经验与跨国关系成为他们的集体标记。在大跃进（1958—1961）与文化大革命（1966—1976）的动荡中，对于资本主义与海外关系的否定，使得归侨与侨眷备受批斗。[2] 这严重地损害了离散华人的意识景观，以及族群景观。马来西亚的华人基本上放弃了对中国的政治认同，与中国亲属的关系也逐渐淡薄。

在马来西亚的意识景观里，由于种族政治是主调，语文政策与语文教育变得非常敏感。马来语被合法化与正统化为国语，被政府推崇为国家价值、文化、教育的精粹。其他语言，包括华文华语，成为国家一级下的族群语言，地位次等，常常被马来极端分子指责破坏了国家的统一与团结。虽然华文教育系统韧性十足，保持了从小学至大专体制的完整性，但其合法地位始终没有获得充分的保障，随时有覆灭的可能。[3]

（三）全球化时代

多数学者赞同，全球化在 1990 年代开始提高速度与广度，压缩时间与空间，迫使在地结构不断回应世界系统。随着东欧社会主义体制的瓦解、冷战意识形态壁垒的消解，跨境的人类、资本、概念流动取得史上最大的数量。在全球化时代，民族国家体制仿佛消失了关联性，国家疆界似乎可以完全渗透。移民的跨国主义、产品的跨国链条、文化的跨国体现，成为频密发生的现实。美国，这一硕果仅存的超级强国，其民主理念与消费文化继续影响着其他国家，以致有的学者认为所谓全球化就是"美国化"。[4] 另一方面，中国的经济崛起逐渐重组着国际秩序，重构着离散华人的关系。

有一历史性的事件，开通了中国与马国在国际关系与全球网络方面的互动。这发生在 1989 年，马来亚共产党（马共）领导陈平与马来西亚政府在泰国签署和平条约，结束了马共四十载要推翻马国政权的武装斗争。[5] 这提供了更好的条件，让中马两国得以合作，进行全球化的计划。

[1] Robert W. Hefner, "Introduction: Multiculturalism and citizenship in Malaysia, Singapore, and Indonesia", in Robert W. Hefner (ed.), *The Politics of Multiculturalism: Pluralism and Citizenship in Malaysia, Singapore, and Indonesia* (Honolulu: University of Hawaii Press, 2001), pp. 1-58.

[2] Glen Peterson, *Overseas Chinese in the People's Republic of China* (Chinese Worlds series, 29) (New York: Routledge, 2012).

[3] 郑良树：《马来西亚华文教育发展史》，4 册，吉隆坡：马来西亚华校教师会总会，1998，1999，2001，2003 年。Tan Liok Ee, "Chinese schools in Malaysia: A case of cultural resilience", in Lee Kam Hing and Tan Chee-Beng (eds.), *The Chinese in Malaysia* (Shah Alam, Malaysia: Oxford University Press, 2000), pp. 229-254.

[4] James L. Watson, "McDonald's in Hong Kong", in Frank J. Lechner and John Boli (eds.), *The Globalization Reader*, 3rd ed. (Malden, MA: Blackwell, 2008), pp. 126-134.

[5] Wang Gungwu, "China: 1989 in Perspective", in Ng Chee Yuen (ed.), *Southeast Asian Affairs* 1990 (Singapore: Institute of Southeast Asian Studies, 1990), p. 72.

在经济领域的全球化里，马国是东南亚国家值得一提的例子。其相对成功的经济发展，原因很大部分在于1991年首相马哈迪提出的"2020年宏愿"，目的是为了整个国家能在2020年成为自给自足的工业化国家。[①] 为了这目标，马哈迪认为国际贸易方面应该取缔保护主义与偏颇行为。在这样的背景下，中国逐渐出现在马国的金融景观里，重要性越来越大。有的国际关系学者指出："马来西亚的精英开始将中国认知为崛起中的参与者，在区域与全球事务中扮演越来越重大的角色。"[②]

然而，马国的族群景观，显示有关中国的意象与概念变得多元而复杂。中国政治，再也不像第二次世界大战前那样容易触动华人的神经，不那么轻易得以点燃中国国族主义。历经数代人的变迁，华人已经是马国公民，所思所想围绕着马国的国族主义。中国的远程国族主义（long-distance nationalism），实际已鞭长莫及，因为马国华人不可能全部保有跟中国的政治关系，或者对中国的政治认同。[③]

文化方面，中国的影响力继续在华语语系里流传，尤其传播到华文学校与华文报章，以及其他的华文文化产业。经济方面，中国在全球场域逐渐扩大并深化其势力，其跨国网络引起华人与非华人的注意。

中国象征意义与实际影响的脱钩，在所谓"侨乡"地区面貌里可以反映出来。中国1978年改革开放后，广东福建两省的许多传统侨乡经历了相异的发展路线，因为来自东南亚、北美、中国香港、台湾的离散华人反应不一，作出了不同程度的家用汇款、公益捐赠、经济投资。冷战四十载的隔阂，造成马国与其他东南亚国家的华人跟祖籍地的关系疏远。而且，马国华人意识景观、金融景观、科技景观的嬗变，意味着祖籍地因素在中国跨国主义方程式里作用不大。[④]

当今，金融景观是中国与世界接轨的最重要场域。中国的经济改革与经济崛起，意味着中国成为全世界巨大的工厂与市场。马国华商的商业活动，已经越过自己的祖籍地，拓展到中国其他城镇，争取更多的机会，寻求更大的利润。这已破解了离散华人族群景观的迷思：原生主义并没有驱动中国关系，经济考量却决定了离散网络。甚至马来西亚政府，跟北美、欧洲、日本贸易多年后，也积极推动在中国的各种经济项目。[⑤] 由此看来，离散

① Ahmad Sarji Abdul Hamid, *Malaysia's Vision* 2020: *Understanding the Concept*, *Implications and Challenges* (Petaling Jaya: Pelanduk Publication, 1993).

② Cheng-Chwee Kuik, "Making Sense of Malaysia's China Policy: Asymmetry, Proximity, and Elite's Domestic Authority", *The Chinese Journal of International Politics* 6 (2013), p. 448.

③ 有关"远程国族主义"，参阅 Benedict R O'G Anderson, "Long-distance Nationalism: World Capitalism and the Rise of Identity Politics" (Working paper, 5.1) (Berkeley, CA: Centre for German and European Studies, University of California, 1992); Zlatko Skrbis, *Long-Distance Nationalism: Diasporas, Homelands and Identities* (Brookfield, VT: Ashgate, 1999).

④ Yow Cheun Hoe, *Guangdong and Chinese Diaspora: The Changing Landscape of Qiaoxiang* (New York: Routledge, 2013); Leo Douw, Cen Huang and Michael R. Godley (eds.), *Qiaoxiang Ties: Interdisciplinary Approaches to "Cultural Capitalism" in South China* (London: Kegan Paul International in association with International Institute for Asian Studies, 1999); 王本尊：《海外华侨华人与潮汕侨乡的发展》，北京：中国华侨出版社，2000年版；庄国土主编：《中国侨乡研究》，厦门大学出版社，2000年版。

⑤ 目前，马国跟中国与印度的经济关系，比跟美国与日本的还要密切。参阅 Hooi Hooi Lean and B. N. Ghosh, "Economic Integration in Asia: Quo Vadis Malaysia?" *International Economic Journal* 24 (2) (2010): 237—248.

华人跟马国政府的步伐一致，对中国景观的看法一样。

以一种比较柔和细致的方式，中国文化继续传播到马国，以及世界其他国家。通过科技景观益愈便利的方法，中国的各种文化因素流入华语语系，甚至其他语系里。展现了特殊的形式与内容，中国大陆的当代电影、电视剧、流行音乐逐渐在马国华人当中受落，渐渐跟中国香港台湾这两个华人流行文化抗衡，甚至超越。实际上，中国的流行文化融合了传统与现代，在全世界受欢迎的程度与范围，可以与美国、日本、南韩的流行文化相比。在这种中国文化软势力的网络当中，也可以看到马华艺人的参与，进一步地丰富了华文复系的内容。①

全球化的进程，也给族群景观带来了"弹性公民性"（flexible citizenship）的现象，其中有马国华人的参与。有相当数目的马国华人，虽然他们的国籍属于马国，但生活在其他国家，投入当地的经济与公共领域，并且在金融景观里保持跨国主义。② 譬如，许多马国华人生活并工作在新加坡，保留马国国际身份，同时持有新加坡的永久居留证与各种工作准证。③ 另外，在中国的商业与社会里，也可以看到越来越多马国华人的身影。

随着中国 1978 年打开国门后，新移民迁徙到他国的人数益愈增多，展示了跟 1949 年华侨与其后裔相异的特质。④ 新移民的行业与职业更加多元，不再局限于传统的华商与华工的类型。他们的足迹显示在更多的景观与维度，不但加入东南亚与北美的传统华人社会，而且将离散范围扩及欧洲与非洲这些华人原本稀少的区域。⑤ 在东南亚，新加坡是新移民最大的聚居点，但最近那里的意识景观在激烈地辩论国家资源的使用，该如何在公民与移民之间分配。⑥ 在马来西亚，如前所述，移民管治在意识景观里取得局部的放宽，新移民因此能在金融景观里获得好处。"第二家园"，见证了族群景观与金融景观的互动，多年脱钩后重新叠合。

上述的概念讨论与案例研究，揭露了多元维度与多重景观，离散华人借此跟中国与马

---

① Joshua Kurlantzick, "A Charm Strategy", "The Tools of Culture", in Joshua Kurlantzick, *Charm Offensive: How China's Soft Power is Transforming the World* (New Haven, CT: Yale University Press, 2007), pp. 37-60, 61-81.

② "弹性公民性"的概念，参阅 Aihwa Ong, *Flexible Citizenship: The Cultural Logics of Transnationality* (Durham, NC: Duke University Press, 1999); Aihwa Ong and Donald M. Nonini (eds.), *Ungrounded Empires: The Cultural Politics of Modern Chinese Nationalism* (New York: Routledge, 1997).

③ Theodora Lam and Brenda S. A. Yeoh, "Negotiating 'Home' and 'National Identity': Chinese-Malaysian Transmigrants in Singapore", *Asia Pacific Viewpoint*, 45 (2) (2004), pp. 141-164; Sin Yee Koh, "The Sceptical Citizen, the Mobile Citizen, and the Converted National: Chinese-Malaysians in Singapore Negotiating 'Skilled Diasporic Citizenship'", paper presented at the International RC21 Conference 2011 on "The Struggle to Belong: Dealing with Diversity in 21st-century Urban Settings", Amsterdam, 7-9 July 2011, http://www.rc21.org/conferences/amsterdam2011/edocs/Session%2019/RT19-1-Koh.pdf.

④ Wang Gungwu, "New Migrants: How new? Why new?" in Gregor Benton and Hong Liu (eds.), *Diasporic Chinese Ventures*, pp. 227-238.

⑤ Mette Thun (ed.), *Beyond Chinatown: New Chinese Migration and the Global Expansion of China* (NIAS Studies in Asian Topics, 41) (Copenhagen, Denmark: NIAS Press, 2007).

⑥ Hong Liu, "Beyond Co-ethnicity: The Politics of Differentiating and Integrating New Immigrants in Singapore", *Ethnic and Racial Studies*, 37 (7) (July 2014), pp. 1225-1238.

国互动，形成张力，产生变化。殖民地时代，华人移民被约束在金融景观的某些领域里，他们的种族与族群身份的形塑，在中国与英属马来亚意识景观里受到铭刻。马来西亚作为新民族国家的建构初期，适逢冷战壁垒分明的年代，所以华人与中国疏远四十载，却以种族姿态与公民身份在马国存在，在各方面进行程度不一的参与。全球化在 1990 年代降临后，中马关系中离散华人因素再起变化，各种景观因此有所更易。

　　具体来说，"第二家园"的案例清楚地揭示，尽管种族文化因素依然发挥作用，但经济考量更是重要。借助了媒体景观，马国"第二家园"得以牵引中国新移民与中国企业的脚步，背景条件是意识景观的开放，主因却是金融景观整合了各方利益。可以说，离散华人的新旧成员，是当代中国与华人居留国之间关系的重要因素。其实，离散华人从未停止回应并投入民族国家的体制与管治，在全球架构里不断建构着公民性的内容与界线，进行着家族与族群的跨国连接。

青田新移民的特征及其经济转型

郭剑波

（浙江师范大学华侨华人研究中心　金华　321004）

【摘　要】浙江青田是全国著名的侨乡之一。20 世纪 90 年代以来，该县新移民人数急剧上升，显示出"全球分布，集中欧洲"的空间分布特点。几次调查统计的数据都表明，新移民总体文化素质不高，多数人的学历在初中及其以下水平，由此也决定了新移民的行业相对集中于住宿餐饮、批发零售和皮革、服装制造业；新移民职业多元化趋向十分明显，已经涉足一些新兴行业；新世纪以来，商贸业发展特别迅速，并开始回国投资第一到第三产业，经济处于向现代化的转型之中。

【关键字】青田；新移民；特征；经济；转型

关于移民的界定，《辞海》认为是"迁往国外某一地区永久定居的人"。中国大陆相关部门一般将改革开放后移居国外的人，包括取得永久居留权的华侨，已加入当地国籍的华人，甚至在国外工作的临时性移民（留学生），统称为"新移民"或"新华侨华人"。

青田县位于浙江省东南部的瓯江中下游，山地面积占 89.7%，素称"九山半水半分田"，唐睿宗景云二年（711 年）置县，至今已有 1300 多年历史。清朝康熙年间已有县人侨居国外①，华侨历史也有 300 多年。晚清陆续赴欧"拎卖"青田石雕以及当地小商品的"青田小贩"是"先锋移民"。民国六年（1917 年）8 月 14 日，北洋政府宣布对德、奥、意宣战，"以工代兵"参加协约国，在全国十多个省区招募华工去欧洲战地服务。当年分给浙江省的 2 000 个名额全拨到青田，凡报名者均被录用。12 月 26 日，青田民工从上海登船，一个多月后在法国马赛上岸。战后大多定居欧洲，仅法国就有 1 000 多人。这批留下的赴欧华工成为青田华侨今后集中于欧洲的"火种"。

最新披露的青田侨情告诉我们，居住在海外的青田籍涉侨人员中有 0.21% 是在 1949 年前出去的，改革开放初期到 1989 年出国的为 0.27%，20 世纪 90 年代出国的占

---

① 陈慕榕主编：《青田县志》，浙江人民出版社，1990 年版，第 641 页。

19.58%，2000 年之后出国的占 50.53%，国外出生的为 23.28%。[①] 这一态势引发了一连串的侨情新变化，青田已被称为"浙江第一侨乡县"。本文试图探讨青田新移民的特征及其经济转型。

一、青田新移民的特征

1. 原职业身份的多元化

早年出国的青田人基本上是清一色的山区农民，号称"五无"（一无文化、二无技术、三无资本、四无背景、五无语言）阶层，职业比较单一。改革开放前，青田一直是个贫困县（直到 1998 年才"摘帽"），出国的人仍以农民和手工业者为主，数量不多，职业还是单一。1978 年，随着世情、国情的变化，特别是大陆实行改革开放政策之后，青田出国人员逐渐增多，新移民的原职业开始呈现出多样化和复杂化状态，几乎覆盖了所有的社会职业人员，除农民外，商人、工人、教师、学生、文艺界人士、企事业管理者、机关公务员、医护人员、转业军人、党政官员等多种职业出身的人纷纷加入到新移民行列。据统计，1979—1995 年，青田县"合法出境的 4 万余人中，农民占 50%，工人占 25%，商人占 12.5%，学生占 7.5%，干部占 5%"。[②]

2. 全球分布，集中欧洲

据相关资料，民国时期的青田华侨分布在 44 个国家和地区，其中 20 多国属欧洲，约 1.7 万人，占当时欧洲华侨总数（约 5.1 万）的 1/3 强。[③] 1949 年 10 月至 1978 年底，30 年间批准出国的人仅为 752 人。[④] 但这是新一代的青田"先锋移民"。改革开放后，随着侨务政策的拨乱反正，青田人出国浪潮不断高升。1979—1986 年批准出国的人数总计 11 000 人。[⑤] 1987 年统计，青田华侨共 20 030 人，分布在五大洲 46 个国家和地区，欧洲 19 国 17 750 人，占总数 88.6%；[⑥] 1992 年，青田华侨 52 829 人，分布在五大洲 56 个国家和地区，欧洲 22 国 47 078 人，占 89.1%；[⑦] 2003 年，青田华侨华人 225 105 人，分布在 124 个国家和地区，欧洲 35 国 197020 人，占 87.5%；[⑧] 2006 年该县侨情调查显示，共有华侨华人 146 825 人，分布在五大洲 84 个国家和地区，欧洲集中了 141 014 人，占总数 96%。[⑨] 据 2009 年全省侨办系统侨情调查统计，青田县有 25 万华侨华人、港澳同胞分布

① 《青田县基本侨情调查报告》（2015 年 1 月 25 日，内部资料），第 36 页。

② 浙江省侨联：《关于浙江省新移民情况的调查报告》，周望森主编：《华侨华人研究论丛》第二辑，中国华侨出版社，1997 年版，第 3 页。

③ 青田华侨史编纂委员会：《青田华侨史》，浙江人民出版社，2011 年版，第 28 页。

④ 青田华侨史编纂委员会：《青田华侨史》，浙江人民出版社，2011 年版，第 85 页，根据青田公安局档案资料统计而得。

⑤ 青田华侨史编纂委员会：《青田华侨史》，浙江人民出版社，2011 年版，根据《大事记》第 13—18 页相关数据统计而成。

⑥ 青田，http://www.chinaqw.com/news/2005/0920/68/394.shtml

⑦ 《海外青田人》，华业出版社，1999 年版，第 14 页。

⑧ 青田华侨史编纂委员会：《青田华侨史》，浙江人民出版社，2011 年版，第 97 页表格。

⑨ 周峰：《青田县侨情调查分析报告》，《大青田周刊》（总第 7 期），2006 年 9 月 5 日。

在 120 个国家和地区，侨务资源数据位居全省县级第一。① 2015 年 1 月，最新的侨情数据出台：2013 年有华侨 279 646 人，华人 48 262 人，分布在世界 121 个国家和地区，欧洲 41 国，华侨华人达 91.31%。②

上述数据说明，改革开放后，新移民已成为青田籍海外侨胞的主要群体；青田华侨华人的分布格局已从 40 多国扩散到 120 多国，呈现出广泛性特点；青田华侨华人集中于欧洲的特点一直没变，20 世纪八九十年代保持着 87% 以上的高位，进入新世纪后甚至达到 91% 以上的新高位，有着明显的"全球分布，集中欧洲"的空间分布特点。

3. 学历总体不高

国内学者在讨论中国新移民时，无论从国内移出的华侨和出生在国外的华侨华人或华裔，多数认为其素质越来越高，就全国而言大体吻合。但对青田新移民，笔者认为应作特别分析，如果从纵向、横向两个维度来看，文化素质总体均不高。

就纵向看，国内移出的新移民，比前辈老华侨，文化水准大有变化。一项对民国时期 1 000 名青田华侨的抽样调查得知，文盲占 40%，半文盲占 38.5%，初小学历为 15%，高小为 5%，初中仅为 1.5%。③ 1991 年以方山乡调查的 306 人为例，文盲为 0；半文盲 3 人，占 1%；小学 103 人，占 34%；初中 154 人，占 50%；高中 43 人，占 14%；大专 3 人，占 1%。④ 该案例较具代表性，反映了全县华侨文化程度的基本面——"两头小、中间大"的教育结构，即中等文化教育程度成为主体（占 65%），改变了建国前文盲、半文盲占主体（78% 以上）的情状，说明出国人员的文化程度有了提高。但就整体说，直接出国的青田新移民所受的教育程度明显偏低。改革开放后，中国的教育事业发展很快，民众受教育的机会提高很快，2005 年高中阶段毛入学率为 52.7%，2010 年为 84%，2013 年达 86.0%。⑤ 而青田新移民接受教育的程度不高，两组间隔多年的调查数据表明，出国人员多在初中学历以下！2006 年的调查，146 825 名华侨中，初中及以下的 120 756 人，占华侨总人数的 82%；本科 497 名、硕士 39 名、博士 43 名。⑥ 2013 年的侨情显示：居住在海外的青田籍涉侨人员（包括留学生）的学历，初中及以下学历者占总数的 75.31%；其中，华侨具有初中及以下学历者占 78.1%，具有大学本科及以上学历者仅占 0.7%。⑦ 这样的文化水准，"草根"特性极为鲜明，侨居在文化迥异、发展程度大大高于中国的欧美社会里，决定了他们中的绝大部分"没有熟练的当地语言及技能，很少能在当地公司找到称心的工作"，只能从事一些服务性行业，只能在自己的亲戚、同乡、同胞所办的几个行业中从事"超强度的工作"，成为当地社会的"边缘分子"，很难融入主流社会。如开餐

① 《青田县基本侨情调查报告》（2015 年 1 月 25 日，内部资料），前言。
② 《青田县基本侨情调查报告》（2015 年 1 月 25 日，内部资料），第 7 页。
③ 青田华侨史编纂委员会：《青田华侨史》，浙江人民出版社，2011 年版，第 103 页。
④ 青田华侨史编纂委员会：《青田华侨史》，浙江人民出版社，2011 年版，第 103—104 页。
⑤ 《中国教育概况——2013 年全国教育事业发展情况》，http://www.moe.gov.cn/jyb_sjzl/s5990/201503/t20150331_186797.html
⑥ 周峰：《青田县侨情调查分析报告》，《大青田周刊》，2006 年 9 月 5 日。
⑦ 《青田县基本侨情调查报告》（2015 年 1 月 25 日，内部资料），第 37 页。

馆，门槛低、技术含量少、上手快，于是他们便纷纷投身中餐馆，从几十家发展到几百家、上千家，使中餐业成为他们在居住国创业的第一大行业。最新的侨情也证实：青田籍海外侨胞中 15 周岁及以上的在业者中，比重最大的行业是住宿和餐饮业，达到 53.73%；批发和零售业占 27.29%，居第二；制造业（服装、鞋帽、皮革和机械）为 10.65%，位列第三。从事三个行业的比重累计超过九成，达到 91.67%。① 显然，青田新移民从事的行业参与当地社会的分工不强，不是当地的主流行业，正与低门槛、低学历相关。

就横向而言，出生于 20 世纪四五十年代、移民于七八十年代的这批"长在红旗下"的华侨，在侨居国得到前辈提携站稳脚跟后，大体要在 90 年代开始重视对下一代的教育。按国外的教育制度和政策，其后代在学龄段就要接受所在国的西式教育，第二三代华侨华人（华裔）大多数人都受过中等以上程度的教育，一部分接受高等教育，一家后代多人或全都上大学，获得学士、硕士以至博士学位的已有案例。他们一般都受到当地文化和母国文化两种教育，这些"中外文化兼通，多元文化兼容"的青田新移民可说是佼佼者，但基数不大，七八十年代出国的人毕竟不多，其后代也未必都是人人成才的。最新的数据很能说明问题：青田外籍华人比本籍华侨所受的教育强不了多少！2013 年，4 万多名青田外籍华人中，具有初中及以下学历者占 58.6%，高中学历者占 25.77%，具有大学本科及以上学历者占 7.59%。② 这样的文化教育水平在当下的西方发达国家创业，不是"偏低"，而是太低！绝对无法与现代产业、现代文明发展相适应。因此，他们所从事的行业与华侨一样，也集中在住宿餐饮、批发零售和皮革、服装制造业，其比例分别是 61.52%、22.72% 和 3.56%，③ 三类行业容纳了 87.8% 的就业人员，也应与低学历教育现状有关。

二、青田新移民行业经济的多元化和集中化

20 世纪 60—80 年代，青田华侨华人的职业形成了多样化格局，从事餐馆的最多（70%），其次为经贸（12%），从事体育、家庭服务、皮革、服装的人数较多，从事其他职业的门类较多，但人数都不多，特别在当地政府机关、公司企业的职员、技术员、工程师、设计师、会计师、律师、外派业务员等领域更是少得可怜。④

20 世纪 90 年代中期以后，随着人数的增多，青田新移民的职业和经济行为发生了较大变化。传统经营中相对集中的餐饮业、皮革业、服务业基本达到饱和，于是不断开拓新的经营领域。旅游业、首饰业、种植业、金融业、房地产业、电子业和高新技术产业等新兴行业悄然兴起，一批新型实业家脱颖而出，经济实力有所提升。新移民的职业开始向多元化方向发展，越来越多的人除经营传统的制衣制革、餐厅外卖店、理发店、金饰店外，也开创了许多诸如中药店、豆腐店、"百元店"等富有特色的杂货超市，有的开始涉足房

① 《青田县基本侨情调查报告》（2015 年 1 月 25 日，内部资料），第 40 页。
② 《青田县基本侨情调查报告》（2015 年 1 月 25 日，内部资料），第 37 页。
③ 《青田县基本侨情调查报告》（2015 年 1 月 25 日，内部资料），第 41 页。
④ 青田华侨史编纂委员会：《青田华侨史》，浙江人民出版社，2011 年版，第 112 页表格。

地产、电脑、物流运输、装潢装修、蔬菜种植等新行业，其中，发展最快、从业人员递增最多的是国际商贸业，一时成为青田新移民经济的翘楚。这批从事国际贸易的青田新移民，靠大陆经济快速发展的有利机遇，利用原先的人脉资本和中国商品的价格优势，以及东欧、巴尔干和独联体等新贸易区的商机，开始经营规模化的现代商业贸易。许多青田华侨以家族和股份制形式实行优势分工，开始走温州人走过的创业之路，实行"前店后厂"模式——前店就是在欧洲建立自己的设计批发转运中心，后厂就是在青田或是在国内其他地区自己投资办厂，组织生产开始更大规模的创业，接着在中国义乌、晋江、广州和欧洲、非洲、南美洲的批发市场之间快速地编织起一条条贸易链。据统计，截止2000年，青田新移民国际贸易大军约1万人，年营业额约30亿美元；2005年，外贸人员增至3万多人，贸易总额不低于100亿美元。① "1997年起是做贸易最好的时候。高峰期是1997年到2005年。"② 当时，多种因素促成外贸利润较高，估计有27%的毛利，没几年，有人就上升为几十万、几百万甚至上千万美元的富翁，一批青田新移民完成了资本的原始积累。

国外成长的新移民，由于所处环境和所受教育的影响，基本不愿继承前人职业，尤其是中餐、皮革、服装等职业，绝大多数人总想另辟新天地，在科教、文化、卫生、金融等方面占上一席之地。而从现有的资料看，因低学历之故，这类人数量并不多。最新调查数据表明，在信息传输、计算机服务和软件业、租赁和商务服务、房地产业、金融业、采矿业、公共管理和社会组织、教育科学研究和文化艺术娱乐等8个行业，累计比重仅为0.78%。③

尽管青田新移民的经济活动已迈出了多元化步伐，但规模和影响尚没有突破传统，行业的集中度仍然很高。据旅法华侨王景仁调查，青田人在国外开的餐馆共有7万多家，杂货店1万多家。④ 2006年调查数据显示，青田华侨从事餐饮服务业的有57 102人，占从业人员总人数的39%；商贸业的有33 015人，占从业人员总人数的22%；从事加工制造业（与餐饮、服装、皮革、超市相关）的有13 165人，占9%。这三大行业占了从业人员的70%，在科教、文化、卫生、金融等行业从业的华侨只有174人。⑤ 前面的最新侨情数据也表明，无论是华侨还是华人，都改变不了集中于住宿餐饮、批发零售和制造业三大行业的态势，说明青田新移民行业相对集中于传统行业的状态至今也没有实质性的变化。

然而，通过几代人的积累，青田华侨至少拥有6 090亿美元资本，在海外的青田人人均拥有资产5万美元左右⑥，这为青田新移民经济在进入新世纪后的转型，逐渐迈向国际化、现代化和高科技化，追赶先进华人群体奠定了坚实的基础，也为青田2003年倡议"华侨要素回流工程"、打造华侨总部经济（2009年）提供了宝贵的要素资源。

---

① 青田华侨史编纂委员会：《青田华侨史》，浙江人民出版社，2011年版，第136页。
② 2013年10月28日，陈肖英、任幸芳访谈姜文耀先生，叶宙女士记录。
③ 《青田县基本侨情调查报告》（2015年1月25日，内部资料），第40页。
④ 《青田侨乡报》，2001年10月22日，第3版。
⑤ 周峰：《青田县侨情调查分析报告》，《大青田周刊》（总第7期），2006年9月5日。
⑥ 黄伟君：《青田发展总部经济可行性研究》，《青田侨报》，2008年6月16日，第4版。

三、青田新移民的经济正处于转型之中

一直以来，中餐业、皮革业、服装业和其他商业、服务性行业是青田华侨华人的传统支柱产业，在西班牙、意大利、法国等国，从事这些行业的青田新移民人数达到80%以上。如此密集的行业生态，是移民经济的硬伤。在进入21世纪后，经济全球化进一步深入发展、行业内部竞争日益剧烈的时代背景下，暴露的问题越来越明显，如资本和技术程度相对较低、竞争力较弱，行业同质化现象严重；在职业上带着传统的特征，谋生手段比较简单；企业规模多为"小微"；产品档次低，技术含量低，等等。2008年，美国的次贷危机引发了欧洲的金融危机，导致股市暴挫，借贷成本上升，欧元贬值，"生意难做"。青田新移民的重点侨居地正是欧债危机最为严重的几国（希腊、西班牙、葡萄牙、意大利等），受到的冲击和影响非常严重。2012年8月至12月，青田县政协港澳台侨委对居住在欧、美、亚、非等国的青田华侨进行了主题为"全球金融危机对海外华侨从业、经营情况以及投资方向和区域的影响"的调查，调查对象中，侨居欧洲的占90%，问卷中有"金融危机带给海外华侨的主要影响"项，选择收入减少占36%，不敢投资占23.8%，没有合适的投资项目占23.6%。被调查者共同反映：2010年前，经商的利润有76.6%，欧债危机发生后，2012年底只有50.97%，餐饮和零售等主业首当其冲。[①] 这些问题的存在倒逼着青田新移民要反思图变、转型创新。

有学者认为，转型可分两类：一是内生性转型；二是外生性转型。简单地理解，内生性转型，就是关注企业自身内在的变革，涉及经营管理理念、产品与市场、产业链、多元化等方面的变革与升级；外生性转型就是退出原有行业，进入新行业。

其实，青田新移民在海外的转型已较早开始了。如，1990年到法国继承家业的卓旭光分析当时国际贸易形势和政治形势，选择了纺织品行业，并在巴黎11区犹太人经营的传统纺织品批发区打出"巴黎欧洲纺织品进出口公司"的牌子，叫板犹太人，经过4位同胞14年的艰苦创业，把纺织品批发企业发展到1 000多家，分布在巴黎11区、2区和93省，打破了犹太人在法国该领域一统天下的格局，为中法纺织业架起了桥梁。他把设计最流行、最新颖的纺织品样式拿到中国工厂批量生产，然后再返回法国，商品销往整个欧洲乃至全世界。[②] 21世纪以来，他的事业得到了极大发展。2000年，麻卓民、周文岳、孙永敏、郑碎眉（女）等人面对惨烈的同业竞争，合作创立了"西班牙中国餐馆业集团"，把国际化、集团化经营作为现代餐馆业的发展方向，以集团的合力和优势提高品位，优化经营并增强项目，如跨区域合作联营、增开融购物、美食、娱乐为一体的娱乐城，增加餐饮业所需的物资批发业务，等等。该集团开创了青田新移民餐饮业从分散到集约的经营新模式，并运用现代经营管理知识和经验，使传统中餐业有了改观。

"抱团取暖"、"借腹生子"是新移民转型的利器。法国、荷兰、奥地利、匈牙利、意

---

① 参见青田县政协港澳台侨委：《把握新侨情　做好大侨务》，2012年12月。

② 刘崇伟：《卓旭光：叫板犹太人》，《钱江晚报》，2004年4月6日，第6版。

大利等国的青田侨胞带头建设巴黎中国城（孙正满负责）、阿市中国城、海牙中国历史文化城（吴洪刚负责，占地 6 万平米，集商业、餐饮、娱乐、旅游为一体）、维也纳中国城、布达佩斯中国城、意大利中华商城，并到国内大陆、中国香港、东南亚进行广泛联络，使中国城成了跨国资金、跨国科技的多元化的产业、商业中心。在长期的商业发展中，青田新移民也累积并形成了较为稳固的营销网络。如，周松波的德国周氏王朝国际控股有限公司，在 2001 年中国与奥地利的贸易总额中，其执掌的集团占 17%—18% 的份额，在中德贸易额中占 6%；杜纪川统领 2 700 名员工的金士顿集团，整合零售商 3 000 多家，遍布美国、马来西亚等，2003 年营业收入达 18 亿美元；高平在西班牙创办亚纺服饰公司、国贸城集团，成为华人在南欧最大的礼品、日用品批发中心。[①] 到 2011 年底，高平和他的国贸城基本上稳定了为西班牙、意大利等国的 9 000 余家固定商户的供货，其批发销售范围还辐射到葡萄牙、希腊、波兰、德国以及南美各国。[②] 2008 年 3 月，巴西的邱叶康、徐慧国、林伟萍、何建圣、徐小勇五人抱团组建了"巴西鼎盛贸易股份有限公司"；[③] 2014 年3 月，尹霄敏、尹相从兄弟在里约热内卢投资的"中国商贸城"开业，是为华人在巴西创办的首家集产品批发、商品展示、咨询代理、物流配送于一体的大型商贸市场。[④] 上述企业应该说已经跨进跨国集团的门槛，成为国际化、现代化的企业集团。

中国加入 WTO 后，在国内的投资转型也开始了。这时，大陆涌现出无限商机，不少新移民回国投资多种行业，拓展了国内的大市场，涉足房地产业、小水电开发、工业企业、餐饮业、矿产开发、进口贸易、生态农业、旅游等领域，可谓是"遍地开花"。1997 年底，全县创办三资企业 67 家，累计协议利用外资 1.4 亿元人民币，外贸自营出口近 2 000 万美元；[⑤] 统计表明，到 1999 年，青田侨资企业有格瑞斯、大事利、意尔康、依利得、奥斯达、兽霸、卡洛斯、华欧鞋业、焕恩电站、伯品电站、飞鹏大酒店、劳克依光学、纳可服饰等 50 多家，投资总额 1 778 多万美元，协议外资 1 041 多万美元。截止2010 年底，青田县已经拥有侨资企业 100 多家，注册资本 22 亿元人民币，涉及机械制造、金融、餐饮、服装等多个行业，侨资企业年产值达 60 多亿元。[⑥] 从青田新移民回国投资的轨迹看，已从第三产业的餐饮、旅店、房地产转向第二产业的工业制造业、能源开发业、电子信息业等，商业资本开始转化成产业资本，商业服务性行业转型为现代产业，这样的经济行动有可能使他们在欧洲等住在地难以转型、难以走向现代化的目标有望在中国大陆实现。

2003 年，青田县政府根据本地新移民积累的原始资本苦于在住在地没有新的投资余地

---

① 黄伟君：《青田发展总部经济可行性研究》，《青田侨报》，2008 年 6 月 16 日，第 4 版。

② 杨晓舟、潘灯：《西班牙华人巨富之殇：欲融入主流社会成出头鸟》，http://finance. sina. com. cn/leadership/mroll/20121210/215913956968. shtml，2012–12–10.

③ 叶肖忠：《"鼎盛"时代的选择》，《青田侨报》，2010 年 7 月 5 日，第 3 版。

④ 飞雪：《青田侨胞投资的里约中国商贸城开业》，《青田侨报》，2014 年 3 月 24 日，第 3 版。

⑤ 张秀明：《改革开放以来青田人的跨国迁移活动及海外青田人对青田的影响》，《东南亚研究》，2005 年第 3 期，第 69 页。

⑥ 《浙江青田华侨喜回家乡创业赚得利润较海外时翻几番》，《青田侨报》，2011 年 6 月 13 日，第 3 版。

等情况，适时地提出了"华侨要素回流工程"的建议。2004 年 10 月，徐爱荣、陈志荣、陈乃科、陈侠等人出面成立青田华侨投资者协会，纷纷回国投资，在短时间内投资超过 500 亿人民币；[①] 欧债危机后，回国找出路的新移民更是急剧增多。据青田公安局出入境管理科统计，从 2008 年的 960 人增加到 2012 年的 3 981 人；县政协的侨情调查也显示，31.6% 的受访者在县内有各类投资，有 17% 的受访者在国内县外有投资。[②] 最新侨情显示，1999 年前回国的人只占 1.88%，2008 年后回国的人呈大幅上升态势，累计达 5 048 人，比重达 79.56%[③]。

　　侨资投入母国（家乡）的利益是双向、双赢的。新移民在国内从事第三产业（房产开发、旅馆、酒店等），扩大了积累，拥有了更多资金，向国家纳税，做出了贡献。据统计，1998 年至 2002 年的五年，青田华侨在家乡投资总额就达 15 亿元，单 2002 年一年，就有法属圭亚那郭胜华投资圣旨街转盘处房产开发，土地转让金 7 100 万元；意大利、西班牙华侨陈侠、陈志荣的"正达花园房地产有限公司"在西门山别墅小区、青田宾馆、大会堂等改建工程中投资近 3 亿元；意大利王泽厚在水南投资 1.5 亿元开发房产；西班牙陈迪光投资江南大厦、华光大厦超亿元；罗马尼亚华侨厉旭伟投资 200 万元办起顺特鞋服有限公司等等，该年华侨投资超 8 亿元，是历史上最多的一年。因祖国、家乡的大规模建设，使侨资找到了一个最好的流向，找到了一条实现资本转向，产业转型，投入新兴工业，走向现代化的路径。通过在国内的大手笔投资，青田华侨就融入了中国经济发展的主流，借此可以获得走向现代化、进入先进华侨华人行列的最佳机遇。如，郑同舟等人斥资在上海奥斯卡娱乐有限公司（世界各地几十家华人作股份投入）和上海华侨商务总汇有限公司加入股份，进入了跨国集团公司，并在江西投入能源开发；孙焕然在无锡、南昌等地投资制造业，也获得明显效益；2001 年 10 月，荷兰季增斌、朱汉斌、裴伯平、李大雷、傅旭敏五人共同组建了"荷兰五星集团公司"，先后在宁波投资了得力浦电子有限公司、得力信科技信息有限公司和吉信通讯设备有限公司三家，致力于高精尖电子设备的生产，这是海外青田人走出传统产业投资高新技术产业的一大标志性转变。[④] 也是青田新移民进入国内市场，向国内投资，迈向跨国集团公司的成功演示。这样的机遇在欧洲等发达国家很难找到，作为世界资本主义发源地和最先成熟、最早发达的欧洲，市场经济体系完善严密，没有外来移民进入的余地；欧洲资本主义已经老态，退出了 PDI（外国直接投资）的强势地位，自身的资本正在转向新兴市场国家，不可能留给外来移民创办新兴产业，特别是高新技术产业的机会。青田新移民一旦在母国实现自身经济的基本现代化，就与欧洲主流社会接近了距离，就可"回归"欧洲，进入到先进行列。但从青田新移民回国投资发展的现状看，总体上还是低水平的，效果也不都是尽如人意的，有不少问题亟待解决，特别

① 陈孟林、叶肖忠：改革开放三十年 华侨巨变 侨乡巨变，《青田侨报》，2008 年 9 月 9 日，第 3 版。
② 周峰：《欧洲经济危机下青田华侨的经济转向与转型分析》，青田侨联网，http：//www.qtxql.com/common/Model/ShowArticle.aspx? WHICHID = 3539
③ 《青田县基本侨情调查报告》（2015 年 1 月 25 日，内部资料），第 11 页。
④ 《青田侨乡报》，2001 年 11 月 5 日，第 3 版。

应改变投资的不良状态，如，小小的县城（鹤城）集中了以侨资为主体的大小房地产公司59 家①，这很不正常；投资的多为餐饮、娱乐、轻工等资金少、规模小的短线项目；经营、管理水平低，专业人才欠缺，等等。世界变幻无穷。如果青田新移民能利用如今大陆产业转型的契机，以股份制形式投入到长线的能源、交通、原材料等基础建设和高新技术项目，利用 2013 年中国政府提出的"一带一路"战略构想，向第一、二产业进发，去海上丝绸之路经济带和 21 世纪海上丝绸之路沿线寻找商机，循序渐进，他们的经济转型目标大多能实现。

诚然，对新移民的经济转型不能估计太高。2006 年侨情调查显示，他们在国内以消费和置业为主，真正完成资本积累并回国投资创业的仅 523 人，其中，在本省投资创业为主的有 405 人，以外省为主的有 118 人，这在 14 多万华侨中纯属少数，其投资领域以房地产业、小水电、酒店、酒吧、茶座为主，② 仍以服务业为核心，第一、二产业为数极少。2008 年金融危机来临前，有人财富虽已达上亿层级，但只是个位数；千万、百万层级的人多了起来，但在 30 多万新移民中也是少数；"小康"和温饱型的居多，"困难户"还有，这与福建、广东侨群或与本省宁波帮、温商相比差距很大。可以说，青田新移民大多仍处于创业的初始阶段，经济的转型尚在进行之中。

---

① 黄伟君：《青田发展总部经济可行性研究》，《青田侨报》，2008 年 6 月 16 日，第 4 版。

② 周峰：《青田县侨情调查分析报告》，《大青田周刊》（总第 7 期），2006 年 9 月 5 日。

试探南流江通道的历史作用及其流域的海外移民方式

石维有

（玉林师范学院发展规划处　玉林　537000）

一、问题的提出

南流江通道是古代著名的"南海道"、"通越道"、"交趾道"，是南海古丝绸之路的内陆组成部分。南流江流域是最近的港口腹地，也是广西重点侨乡。但是，学界对南流江通道的历史作用及其流域的海外移民方式的总结都不够全面。在广西积极打造"一带一路"有机衔接重要门户的背景下，本课题具有一定的查漏补缺的作用。

二、南流江通道的历史地位及其原因

自西汉开辟南海古丝绸之路以来，南流江通道在历朝都被重视使用，包括官方、民间、外国使节，是中原物流、人流的重要便捷通道，是海上丝绸之路的内陆组成部份。南流江通道之所以被重视，主要有三方面的原因。

第一是南流江的独特地理条件。南流江在《汉书·地理志》名为"瘴江"和"合浦江"，《方舆纪要》名为"晏江"，《读史方舆纪要》名为"廉江"，发源于大容山南麓，向南流经北流、玉州、博白、浦北、合浦5县（市，区），于合浦县南注入北部湾，全长287公里，流域面积9 704平方公里，是广西独流入海的第一大河。南流江与北流江、桂江、湘江都是南北南流的江河，通过运河相接，或者水陆联运，在以水路交通为主的古代，可以建成难得的南北大通道。

第二是南北大通道的开辟和修缮。秦始皇吞并岭南，为了解决秦军转运粮饷问题，"以卒凿渠而运粮道，以与越人战"，在广西兴安县的湘水与漓水间开凿了一条灵渠，沟通了长江与珠江水系的交通，也沟通了合浦地区与中原的联系。由于当时南流江与北流江分水坳——桂门关地势很低，由北流江经小段陆路可进入南流江，再经合浦港出海可通交趾。为了完全打通这条南北水路大通道，明朝洪武二十七年（1395年），明太祖准奏开凿沟通北流江与南流江的运河，长 13 公里，并设容山闸，置闸夫 39 人。[①] 可惜只挖了一半，工程就因故停止了，现只留下茂（林）北（流）古运河遗址。

第三是各个朝代在政治上、军事上、经济上对南北大通道的需要。古代中国，自秦始皇在岭南设置桂林、南海、象郡以来，不仅现在的华南一直是中国的领土，越南北部自秦至宋代的千年时间里，也是中国的领土。历代王朝出于对岭南统治的加强，必然要充分利用江河，不断改善交通条件。

南流江通道直到新中国成立后，由于被拦截筑坝建水库，历时 2000 多年的繁忙水运才明显衰落。

三、南流江通道在中外关系史上的作用

自秦皇汉武开始，南流江南北通道首先成为官方所需要的军事要道，进而在政治、经济、文化等各方面发挥作用。

在军事上，依托南流江南北大通道运输兵马、粮草。首先体现在秦始皇开凿灵渠。公元前 218 年，秦灭楚后，挥戈南下，分兵五路进攻岭南。但由于岭南地区山路崎岖，运输线太长，粮食接济不上，加上秦军不适应山地作战，百越部落军队凶悍顽强等重要原因，秦军 3 年未能取胜，而且伤亡严重，"三年不解甲弛弩"[②]。灵渠粮道全面开通后，秦军就轻易平定了岭南。秦以后，历代对秦代象郡范围的用兵，几乎都使用了湘江—桂江—西江—北流江—南流江这条南北水道。重要的事例主要有：西汉时期，汉武帝元鼎五年（公元前 112 年），汉武帝遣伏波将军路博德，楼船将军杨仆，"征集楼船十万人"，兵分五路平定南越；东汉建武十七年（公元 41 年），汉光武帝任马援为伏波将军，以扶乐侯刘隆为副帅，督楼船将军段志等率军南征交趾；唐朝时期，唐懿宗咸通四年（863 年）春正月，南诏攻陷交趾。唐代高骈征交趾。

在政治上，借助水路交通建设南疆政治中心。这一点在汉代特别突出。汉武帝平定南越后，设置儋耳、珠崖、南海、苍梧、郁林、合浦、交趾、九真、日南九郡。岭南东部的统治比较稳定，而岭南西部统治不稳定，常发生反叛。汉武帝元封元年（公元前 110 年）置珠崖、儋耳二郡，"率数年一反，杀吏，汉辄发兵击定之。"仅从置郡至昭帝始元元年（公元前 86 年）"二十余年间，凡六反叛"，始元五年被迫罢儋耳郡。神爵三年（公元前 59 年）"珠崖三县复反"；甘露元年（公元前 53 年），珠崖九县复反；初元元年（公元前 48 年）珠崖又叛。两汉时期交趾、九真、日南、苍梧、合浦、郁林等六郡都发生了民众反叛，以前三郡为多，而东汉岭南东部的南海郡却未见一次军事之役。合浦郡就是中央政府建设的岭南西部政治中心。而两汉能有效在岭南西部这些蛮夷地区拓疆开土，实行有效统治，亦与两汉帝国实行强有力的中央集权措施有关，不仅在各郡采取有力措施，而且重视合浦战略作用，确保中央到合浦的道路通畅。建国以来合浦发现大量西汉时期高级官员

---

① 《明太祖实录》卷二三五。又见《明史·河渠志六》。"闸"原作"牌"，据《明史》改。

② 《淮南子·人间训》。

的墓葬，由此可见一斑。

在外交上，南流江出海口处设置了海关，南流江南北大通道就是贡使和贡物的交通线。汉元鼎六年（公元前 111 年），汉武帝平南越国后，在南流江南北通道的出海口合浦郡设合浦关。另外在今广西范围内，也是在南流江南北通道附近，置苍梧郡设离水关，及同属该郡的荔浦设荔平关、谢沐关，置郁林郡设雍鸡关。合浦等五关就是广西最早的海关，合浦关是全国唯一沿海之关。合浦等海关均设"关都尉"，下有关吏、录事若干人，直接向汉王朝负责，严格执行统一的政策法令，外事由汉王朝"大鸿胪"直接管理，外贸由"少府"直接领导。

两汉时期，交趾郡是当时中国最南边的郡治，也是一个重要的贸易港口。"自武帝以来，皆朝贡必由交趾之道"。"和帝时数遣使贡献……频从日南缴外来贡献"。外国使者和商人抵中国，大都先经交趾到合浦再进入中原。交址郡、日南郡、珠崖郡等地的各种朝贡、税赋都是通过合浦转达中央王朝。《后汉书》载："元和元年（公元 84 年），日南徼外蛮弗究不事人邑蒙献生犀，白雉。"这是外国商人由日南经合浦溯南流江向汉朝廷进行官方贸易和交往的记载。《廉州府志》载："（汉）武帝威德远播，薄海从风，外洋各国夷商，无不梯山航海，源源而来，现在幅辏肩摩，实为海疆第一繁庶之地。"唐宋时期，合浦虽然已经不是最重要的始发港，但依然是中原经南流江南北通道，沟通岭南地区及海外各国的一个中转站。据广西民族出版社出版的《防城交通志》记载："南朝梁武帝时（502—556 年），林邑商船每年 10 多批，大部分都经合浦溯南流江，经北流河、桂江，过灵渠，沿湘江通荆州，直达洛阳。"

在经济上，汉代开辟"海上丝绸之路"后，合浦港口以及南流江南北通道在对外经济交流上进入一个新时期。早期的"丝绸之路"贸易往来带有较浓厚的官方馈赠性质，如用中国的丝织品、金、银器交换东南亚各国的珍宝，在合浦汉墓出土的陪葬物中便有以玛瑙、琥珀、水晶制成的装饰品。自三国至隋唐，合浦港仍为中国南方对外贸易重要口岸，东南亚商贾或外交使者自海道进中原必经合浦，合浦出现"舟舶继路，商使交属"的繁荣景象。宋代南流江成为广西漕运海盐干线，廉州、石康是漕运中心。尔后盐运、粮运一直是南流江运输的重要内容。宋代，合浦港出口货物主要为南流江、钦江流域的稻、麻、豆、甘蔗、桐油、五倍子、桂皮、荔枝、龙眼、木菠萝等农林产品及钦廉沿海的盐、贝类、海味等海产品，还有日用陶瓷制品。合浦港进口的东南亚国家货物主要有苏合油、光香、金银、朱砂、沉香、檀香、犀角、玳瑁、象牙等贡品或商品。明朝，合浦港进口的东南亚各国的货种有沉香、胡椒、苏木、钻石、犀角等。出口的有盐、鱼干、牛皮、桂皮、铅、锡、桐油、五倍子、陶瓷器、铁锅、丝绸等。永乐二十年，博白县吏王延广上书建议："玉林的博白、北流、陆川、兴安四县，岁运粮九万余石输梧州、平乐等四千户所，今其地储积有余，而玉林州水行可至廉州，去交趾新安俱近，若从玉林及博白等县粮输廉州仓，令交趾军民自运其廉州县粮，则以输交趾新安、万宁甚便。皇太子从之。"① 清初

---

① 《明太宗实录》，卷二五零。

由于迁界和屡申海禁，诏令沿海居民内迁，港口贸易中断。直至康熙二十四年（1685年）撤销禁令，港口贸易才逐渐恢复。当时全国开辟了一百多处允许中外商人经营进出口贸易的港口，其中北部湾沿岸有钦州关、廉州关和山口关3个小口，出口瓷器、铁锅、糖茶、桐油、牛皮、盐、海味、锡等，进口呢羽、香料、大米等。光绪二年（1876年）《烟台条约》签订后，北海港（合浦沿海各港口因淤塞，主要港口移至冠头岭港，即今北海港）成为对外通商口岸，合浦港曾经辉煌的对外贸易史由北海港而续写。抗战时期，在1938年广州沦陷和1939年西江封航之后，广州湾（今湛江市）是中国唯一可以自由进出的对外开放港口，南流江通道也成为当时华南地区唯一的水路国际通道，转运抗战物资和洋纱洋布百货等舶来品。北海东安街（今珠海西路）的"全升"（上海人开设的）、"谦益祥"（浦北人开设的）、"钜兴祥"（在今珠海中路、小江人谢品一开设）这几间商号都是经营蓝靛转口的。从玉林、博白经南流江水路运输到北海的蓝靛，大多是进入这几间铺头，进销量每年都超过一万余桶。远运去海防、香港或上海，然后转销美国各地。①

文化上，南流江通道促进了中外文化的交流与传播，特别是宗教文化。与中原地区佛教由陆路传入不同，广西佛教最早由海路传来，首先在南流江南北通道传播。首先是佛物传播。今广西梧州（汉至南朝为苍梧郡）、贵港（汉至南朝为郁林郡治）、合浦郡均有胡俑出土，胡俑又名陶僧俑，人类学家认定其原型是欧罗巴人种的印度地中海地区人。多数学者认为早期佛教传播既无佛经佛像，更无佛塔佛寺，随船东来的胡俑就是最早的传播载体。贵港市还出土了东吴黄龙元年（229年）的神兽纹铜镜，镜背内区主纹为高浮雕佛像，这是广西发现的最早的佛像。其次是佛教和佛学的传播。中国佛教的初传有陆路也有海路，由海路东来的时间并不后于陆路。地临北部湾，又有南流江南北通道的广西，佛教传人比较早。"广西地区由合浦经南流江到北流江，再经苍梧上漓江转湘水入长江，一度成了佛教文化传播的通道。""广西地区唐及唐以前共建有佛寺三十九所，其中位于古交广通道附近的就有三十一所，占百分之八十，南流江边的宴石寺、北流江边的乾亨寺，梧州的先孝寺，平乐的龙兴寺，桂州的开元寺、延龄寺，全州的湘山寺，都是鼎盛一时的著名寺院。除了古交州通道，其他州县则在原始巫教的顽强包围下，很难发展佛教。"② 汉代起佛教和佛学就在以苍梧为中心的岭南地区传播和兴起。东汉末光和年间（178—183年），苍梧人牟子著《理惑论》，是中国历史上第一部佛学专著。晋朝，合浦已经有了佛台佛像，还有了广西最早的佛寺。隋以前博白县宴石山悬崖就有佛像，现存的三龛佛像最早的摩崖佛像。博白顿谷镇的宴石寺，就是广西较早的佛教寺庙，人称"广西第一寺"。在盛唐时代，容县都峤山与佛教结缘，成为道佛并存的宗教圣地。

四、南流江水运交通的变迁

南流江上的码头是水运交通繁忙程度的见证。自秦汉以来南流江沿途都纷纷设埠。在

---

① 北海市政协文史资料委员会：《北海文史（第10辑）》，第132页。
② 范翔宇：《海门佛踪：北海佛教海路南传通道纪事》，广西民族出版社，2008年版，第117—118页。

现玉林辖区内有茂林屯兵储粮的马援营，州城南门户的云龙桥埠，被称为岭南都会明珠的船埠，曾为鬱林州鱼盐总埠的辛仓埠。在现博白辖区内有大岭埠、常乐埠、沙河埠。在现合浦辖区内有宋代广西漕运海盐中心廉州港（亦称合浦港）、"海上一大都会"乾体港（合浦港）。今玉林博物馆、博白博物馆，藏有从南流江玉林江段出沙（土）的唐代、宋代、元代、明代、清代的钱币，都先后在南流江众多的商埠流通，印证了南流江通道的开拓、发展与繁荣。

南流江的航线体现了人们的使用规范。唐代以前，水运多采取"分段运输"方式，水路和陆路分开。宋元时期普遍开辟水陆联运路线，提高效率。在广西，"梧州—浔江—绣江—北流河—郁林—南流江—合浦出海"是其中的重要水陆联运路线。[①] 1890—1899 年，北海的帆船运输线有九条，北海于玉林船埠是其中之一。[②]

南流江的运输工具也随着造船技术的进步和运输量需求而变化。宋代苏东坡曾两次取道南流江，第一次是绍圣四年（1097 年）从广东惠州贬往海南，第二次是元符三年（1100 年）由廉州（今合浦）移永州（今湖南零陵）。据载，他所乘坐的是木筏。实际上，宋代合浦、北海沿海已能制造容纳数百人的"木兰舟"大海船，"舟如巨室，帆若垂天之云"，[③] 行走在南流江上的更多是木帆船，不过，没有专门的客船，都是客货混载。清代以前北海船只以木帆船为主，属"广船"体系，常见类型为滑尾、开尾、两头尖，具有亦渔亦运、海河兼驶的特点，著名的有"头艋"、渡船、蛋家艇、地角艇。"渔船式"、"内河式"，或称"双头尖"，"虾艇"、"党江公板船"、"高桅仔"都属两头尖。"公板船"也叫"江船"、"大尾登"，身长底平，有竹编长蓬，航行南流江，间或行驶浅海。[④] 这些木帆船，顺风时挂帆行驶，逆风或无风时用竹篙撑船，而船体较大的要拉纤。

北海开埠以后，尽管遭受外轮排斥，木帆船继续行驶内河、沿海，集散土货、舶来物。1919 年，商办"廉北内河航运公司"成立，开辟廉州至玉林船阜的南流江航线，营运工具是高德造船工人建造的木壳内燃机动力的"电船"。[⑤] 抗战前，百吨长船可通至郁林县船埠圩。抗战期间，南流江通道曾一度成为中国唯一的国际水路交通线，因此当时所有盐、煤油、棉纱、抗战物资等，由海船抢运至合浦党江，改用内河长船，溯南流江直上，抵郁林船埠。[⑥] 抗日战争期间，是南流江水运的鼎盛时期。南流江航行民船 1 300 多艘，每艘船载货量一般有 10 吨—20 吨，最大的可载货 65 吨。船工有 1 万多人。每年上、下航运输货物近百万吨。[⑦] 仅运盐木船多达五七百艘。船埠码头日停船只上百艘。抗战结束后盛况稍减，据民国三十五年（1946 年）统计。领牌照的船只有 152 艘，1949 年尚余大小船只 42 艘。

① 覃尚文、陈国清：《壮族科学技术史》，广西科学技术出版社，2003 年版，第 176 页。
② 陈锦光：《北海交通志》，广西人民出版社，1991 年版，第 100 页。
③ 顾裕瑞、李志俭：《北海港史》，人民交通出版社，1988 年版。
④ 帅立国，等：《北海市志》，广西人民出版社，2002 年版，第 529 页。
⑤ 北海市政协文史资料委员会编：《北海文史》（第 13 辑），第 68 页。
⑥ 北海市地方志编纂委员会编：《北海史稿汇纂》，方志出版社，2006 年版，第 100 页。
⑦ 李建源：《博白县志》，广西人民出版社，1994 年版，第 415 页。

新中国成立后，南流江还继续发挥过航运作用。20世纪50年代博白县交通局在船埠设航运分站，1960年玉林在船埠设水上运输管理站。① 50年代，载重70吨的船舶可直抵玉林船埠。1958年"大跃进"后，河流碍航、断航的建筑物（如水坝）不断增多。南流江玉林—博白河段，原来可通航30吨船只，由于上游处建水库，建水坝6座，1966后断航。博白至沙河的40公里，1970年修建沙河坝后断航。1964年总江口大桥修建后，下游航道改经人工运河过船闸出海，船舶通航受到很大限制。1977年浦北修建泉水水电站，南流江中游又断航。1974年南流江参加运输船舶（包括农副业船）只有120艘，共1 902吨位，仅是50年代的1/3。1979年，专业从事南流江运输的水运企业已停止了内河运输，其中的合浦水运公司改为沿海运输。②

五、南流江流域海外移民的方式

光绪二年（1876年）中英签订《烟台条约》，开辟北海为通商口岸，也成为契约华工的出国口岸。光绪七年（1881年）清政府在北海设"洋务机构"。光绪十三年（1887年）德商森宝洋行开业，代理外国轮船和招募华工出洋等业务（以前华工出洋经香港转口），接着，法国孖地银行，荷兰好时洋行、罗兹和赤斯公司及邦加锡矿公司都在北海高点招工。③ 清光绪十五年（1889年）北海口岸始出现外轮专载华工出洋。光绪十六年（1890年）设北海洋务局，稽查出洋华工。

南流江流域民众出国定居，大多数是因为经济原因，取道北海出国。从北海运往世界各地的民众，每年多达4 000多人，少时也有几百人。光绪十七年至宣统三年（1891—1911年），从北海口岸出国的华工超过2万人。④ 在马来西亚，1920—1940年的广西人估计已有20多万，以容县、北流、岑溪三县的同乡最多。20世纪70年代，马来西亚总人口为1 300万，华侨竟占400万，其中广西籍后裔约达50万，"以怡保一州最多，初履其地，一片容县、博白乡音，到处可闻。连在当地经商的印度人，也说广西乡音来，宁非怪事?!"⑤

表1　北海港口出国人数（契约华工）统计表

时间	人数	出发地	目的地	备注
光绪五年（1879年）	500多	北海	新加坡	经香港。
光绪十五年（1889年）	数批		印度尼西亚日里种植园	

① 玉林市志编纂委员会：《玉林市志》，广西人民出版社，1993年版，第496页。
② 陈锦光：《北海交通志》，广西人民出版社，1991年版，第158页。
③ 广西壮族自治区地方志编纂委员会：《广西通志·侨务志》，广西人民出版社，1994年版，第24页。
④ 广西壮族自治区地方志编纂委员会：《广西通志·侨务志》，广西人民出版社，1994年版，第24页。
⑤ 《广西文献》第3期（1979年），第107页，转自赵合曼：《广西籍华侨华人资料选编》，广西人民出版社，1990年版，第79页。

（续表）

时间	人数	出发地	目的地	备注
1896 年 5 月至 1897 年 8 月	3003	北海	马达加斯加	（美）利昂·斯劳基：《法国对马达加斯加华人的政策》，《非洲华侨史资料选辑》，新华出版社，1986 年版，第 391—393 页。
光绪十六年（1890 年）	1300	北海	印度尼西亚的苏门答腊	乘德籍轮船咸洛时号
光绪十七年（1891 年）	1000	北海		潘乐远：《合浦县志》，广西人民出版社，1994 年版。
光绪二十六年（1900 年）	1361		新加坡	《合浦县志》
1901 年	802	北海	留尼汪	《非洲华侨史资料选辑》见赵和曼主编：《广西籍华人华侨资料选编》，广西人民出版社，1990 年版。
1901 年	200	北海	新加坡	
1902 年	2897	北海	印度尼西亚文岛	《北海港史》第 125 页。
光绪二十九年（1903 年）	2380	北海	印度尼西亚	《合浦县志》

南流江流域民众出国的方式，可以归纳为四种。

一是"卖猪仔"。这是 19 世纪中后期西方殖民地招募华工赴南洋、美洲等地转卖的方式。从招工方看，不择手段，有拐、骗、掳等。从华工方看，有被骗、逼、诱的，也有自愿的。各种情景，在招工代理人"客头"的组织下，在南流江流域都反复重演。

表2　清代南流江沿岸"契约华工"案例

出国年份	姓名	籍贯	出国口岸	运往地点
清光绪五年（1875）	张祺福	合浦	北海	新加坡
清光绪五年（1875）	张祺明	合浦	北海	新加坡
清光绪十六年（1890）	张信龙	博白	北海	印度尼西亚
清光绪十八年（1892）	朱三	博白	北海	印度尼西亚
清光绪十八年（1892）	李云阶	博白	北海	印度尼西亚
清光绪二十五年（1899）	周福才	博白		印度尼西亚
清光绪二十六年（1900）	苏嘉荣	博白	香港	印度尼西亚
清光绪二十六年（1900）	颜西	博白	香港	印度尼西亚
1923	刘太	博白	北海	印度尼西亚勿里洋
民国十六年（1927）	黄亚西	博白		印度尼西亚

1892 年，博白县农民朱三、李云阶等人，外出廉州等地寻找生计，在北海被诱骗

"卖猪仔"到印度尼西亚。朱三是被绑架送下大帆船关在船仓里，从北海到印尼码头，交给荷兰人，后又被捆绑送到邦加岛做锡矿工。① 浦北县福旺乡梁自倬、梁以宣、梁以雁三人于 1920 年 5 月在在北海高德修公路，被人骗到上船以每人 300 元大洋的身价卖到新加坡做工。② 有的是自愿找"客头"带出洋的。博白县刘太，家庭还算富裕，因赌博输了三担谷被骂，就自己跑到北海走"客头"带出洋，经中国香港、新加坡，达印度尼西亚做锡矿工。

二是自费自愿。一些本来在国内有工作，或者家庭条件不错的人，由于各种原因，自费自愿出洋谋生。

博白县李光前、王从坚、刘凤谦等一些知识分子，就是这种类型。王从坚原名王从军，博白三滩白中人。1910—1912 年和李光前一起到桂林学习，1913 年两人徒步到北海后乘船到印度尼西亚邦加岛。刘凤谦，博白三育人，1918 年于玉林中学毕业后，在乡村小学教书并随叔父学医，1928 年赴印度尼西亚邦加岛南榜小学任校长，同时研讨医学。③

三是亲友携带。有的人到南洋后有的发展了家业，回来携带妻儿、兄弟等移居南洋。有的华侨则寄钱回家赡养父母妻儿或买田置地，村里人认为南洋易捞钱，纷纷跟随外出。

李云阶、王从坚就属于这种类型。李云阶，被"卖猪仔"到邦加岛锡矿做矿工，由于他机灵能干，深得矿山老板的器重，"卖猪仔"期满后，留下来协助老板管理矿山，直致担任矿山的副矿长，最后摇身成为该锡矿老板的乘龙快婿。华侨李云阶在印度尼西亚发展了产业后，又带 3 个兄弟出去帮助料理业务。王从坚到印度尼西亚邦加岛后，最初教书，后来经商。王从坚 5 兄弟中有 4 兄弟去了印度尼西亚，以后他们又先后返回带领亲戚邻居多人到印度尼西亚。④

四是乡贤帮带。有的乡贤在海外成功后，通过各种方式帮助乡亲出洋和谋生。

庞敦武（1858—1922 年），祖籍博白英桥乡捻子坡庞屋村，又名庞大。出身贫寒，自幼失双亲。与许多广西华侨一样，受到广东"过番风"的影响，走上海外谋生之路。1877 年庞敦武从北海出发，搭坐帆船（时称大眼鸡），飘洋过海，移居新加坡。庞敦武从打工仔发展成为"源和客栈"老板。20 世纪初庞敦武受到英殖民地华民厅委托，回中国招募工人，在曾几次回国，"梓里乡亲，由其持携南来者甚众"。"源和客栈"成为同乡新客们的中转站，既是暂时的安身之所，也是职业介绍所。⑤

博白三育乡社背村李其，到马来亚煤炭山后，在李喜（广东籍）的公司做工。他取得老板的信任，由老板预支路费，回乡招工，第一次招去 20 多人，第二次回来又招陈玉昆、陈玉秀等 30 多人去印度尼西亚。华侨蓝俊清在印度尼西亚开设万和春药店，经常回国购

① 唐旭亮：《印度尼西亚邦加岛的广西籍华侨》，《八桂侨史》，1988 年，第 2 期。
② 《浦北县侨情资料》。
③ 博白年鉴编纂委员会：《博白年鉴 1990—2003》，广西人民出版社，2007 年版，第 899 页。
④ 广西壮族自治区地方志编纂委员会：《广西通志·侨务志》，广西人民出版社，1994 年版，第 187 页。
⑤ 赵和曼：《广西籍华侨华人研究》，中国华侨出版社，1996 年版，第 212—213 页。

买药品到印度尼西亚出售，来来去去，也带了不少乡亲到印度尼西亚、马来亚定居谋生。[①]

李光前则采用"落地帮"的方式。李光前是博白县城厢乡新村人，原名李培先，清宣统年间进桂林师范学堂，不久出洋，居印度尼西亚邦加岛勿里洋埠。先在乡下三号巴力（即矿区）附近兴办"平民学校"，后来经商经营振和昌公司、橡胶园、胡椒园。他曾两次回家乡，但不直接带乡亲出洋，而是对国内国外的乡亲予以其他方式的帮扶，甚至还资助王力到法国留学，扶植王力成为世界著名的语言学家。

六、结语

在南流江通道、北海口岸等条件下，在冒险精神和帮扶精神的鼓舞下，在南流江流域的民众移民出国也出现"扎堆"的情形。博白县城厢乡、三育乡、三滩镇、那卜乡、双旺乡的出国人口较多。其中三育乡的三育、新田、秀岭三个村，华侨、华人、归侨、侨眷占该村总人口的40%左右。有的自然村几乎户户有人出南洋，如三育村的社背屯，建国前16户人家，户户有人旅居马来西亚。[②] 当前，南流江通道已经不再是人流、物流的通外线路，但是，南流江流域形成的开放精神、进取精神和帮扶精神，对于我国实施"一带一路"战略，依然具有借鉴意义和促进作用。

---

① 广西壮族自治区地方志编纂委员会：《广西通志·侨务志》，广西人民出版社，1994年版，第187页。

② 李建源：《博白县志》，广西人民出版社，1994年版，第414页。

中越跨国"艾人"地方社会探析
——区域研究的视角

何良俊①

（钦州学院北部湾海洋文化研究中心　钦州　535000）

【摘　要】在全球化的背景下，人口的流动几乎已成为一种常态，区域研究成为解释因人群迁徙而形成的地方社会的重要工具。环南中国海研究以"人的流动"为基本落脚点开展区域研究，考察因流动而产生的族群文化互动问题和区域建构过程。作为区域中的重要群体，"艾人"为客家人的一支，因所操方言为"艾话"而得名。由于生计、避难、避祸等原因，艾人在不断从福建、广东向广西以及越南迁徙，形成跨国而居的分布局面。区域文化及族群互动也呈现出多样性和复杂性。因此，"艾人"的研究，既是以人类学的视角对区域研究的具体实践，同时可能也从民族志个案的角度丰富环南中国海区域研究的内容。

【关键字】区域研究；环南中国海；跨国民族；艾人；艾族

民族志个案研究，历来是人类学之所长，并在很长一段时期内，推进了中国人类学学科的重大进步。而面对中国社会的文化复杂性以及学科所提倡的整体性研究的要求，个案研究是否能够适应，一直以来也是学者们探索和讨论的命题。特别是在全球化的背景下，人口的流动几乎已成为一种常态，单一村落的个案很难解释人口迁徙而型构的区域社会。故此，近年来，越来越多的人类学者开始关注和探讨区域研究对学科发展的积极意义。事实上，在以中国复杂社会为主要研究对象的国内人类学界，由于整体性研究的要求，区域研究本身即是学科传统之一。前辈学者所提出的"藏彝走廊"、"南岭走廊"、"珠江三角洲"以及"华南研究"等区域性概念，后来者们多自然而然地将研究分别纳入其中。在人类学发展过程中，民族志无疑是学科发展不可或缺的工具，而区域研究则成就、甚至超

---

①　作者简介：何良俊（1984—），广西柳州人，博士，钦州学院北部湾海洋文化研究中心专职研究员。

本文系 2013 年度广西哲学社会科学研究青年项目（13CMZ007）；2013 年度广西高等学校科学研究一般资助项目（SK13YB100）；2013 年度广西民族大学中国—东盟研究中心开放课题（KT201331）。

越民族志。① 实际上，中国传统的区域社会研究的目标之一就是结合时间和空间的概念，把"地方社会"形构的过程展现出来。紧密相连的时间、空间与人的流动，由此而形成的社会空间已成为人类学解析群体社会的主要工具。② 近两三年来兴起的"环南中国海研究"似乎也在力图使人类学在区域研究的传统得到进一步发扬，倡导以"人的流动"为基本落脚点开展区域研究，考察因流动而产生的族群文化互动问题和区域建构过程。从华南推进至环南中国海区域，最终要建立的是山地文明、河流文明和海洋文明之间复杂关系的宏大问题导向。③ 麻国庆认为，南中国海应包括北至广东、广西、福建和台湾海峡，东至菲律宾群岛，西南至越南与马来半岛的狭长海域，连接中国南部、中南半岛和东南亚群岛三大区域。④ 本文所论之"艾人"，正是在"环南中国海区域"内的一个重要群体，现主要聚居于北部湾（广西）沿海地区、越南广宁、北江以及南部以胡志明市为中心的地区。笔者的田野调查点目前主要涉及北海公馆蛇地村、钦州灵山东风华侨林场、防城东兴以及滩散、那良等地。各田野点皆有其特点，公馆镇为北海地方艾人较为集中的乡镇之一；东风华侨林场，20 世纪 70 年代末因大量接收越南归侨而得名，其中林场三队皆为艾人，原居越南广宁省；而东兴、滩散和那良等地分别为中越边境上的口岸和边贸点，考察此类地方对揭示现实地方社会的族群互动有着重要意义。

从口述回忆及族谱看来，他们有着绵长的迁徙历史与路途，福建、广东是他们的迁出地，先后在今广西的博白、北部湾地区落脚，而北部湾并不是他们所有人迁徙的终点，因各种原因，他们的兄弟更是远徙越南，甚至远涉重洋，定居欧美。但长达数百年的迁徙中，他们会把祖籍地记得很清楚，并且在村子里修建华丽的"祖公堂"用以祭祀先祖。他们操着既非廉州方言又非钦州白话的生活用语交流，而且经常"艾"不离口，如人们常会听到他们说"艾歇押"（我吃饭）、"艾北僚"（我去玩）。因此，周边的族群把这群人的话称为"艾话"，并称他们是"讲艾的"或"艾人"。

艾人是环南中国海区域中的重要群体，"艾人"既是自称，又是他称。这种情况凸显了艾人在流动过程中所形成的族群互动及社会网络的某个侧面。对该群体的研究，笔者认为既是以人类学的视角对区域研究的具体实践，同时可能也从民族志个案的角度丰富环南中国海区域研究的内容。

一、艾人与客家：国内外关于艾人的研究概述

关于艾人的研究，目前尚未见专著，而就相关问题作专门讨论的文章也属凤毛麟角。以艾人为主要研究对象的成果，国内目前主要有《"侬族"考》、《侬族华人》等文及范宏贵的《中越跨境民族研究》一书。

---

① 周大鸣、詹虚致：《人类学区域研究的脉络与反思》，《民族研究》，2015 年第 1 期。
② 秦红增：《对文化复杂性的认知：基于中国西南地方文化抒写讨论》，《思想战线》，2014 年第 5 期。
③ 麻国庆：《文化、族群与社会：环南中国海区域研究发凡》，《民族研究》，2012 年第 2 期，第 43 页。
④ 麻国庆：《文化、族群与社会：环南中国海区域研究发凡》，《民族研究》，2012 年第 2 期，第 34 页。

《“侬族”考》和《侬族华人》详细介绍了越南广宁的艾人及其“侬”这一名称的来源：19 世纪末法国殖民政府为居住于海宁地区（今越南广宁省一部）艾人的政治身份。19 世纪末期，法国通过《天津条约》，一方面是清廷与越南脱离了宗藩关系，另一方面，促成清、越勘界，明确了双方的疆界。在此背景下，原属清王朝的包括海宁地区在内的部分边境领土划归越南，由此，早已留耕海宁的艾人随之归越。为巩固统治，法国殖民政府对所辖人口进行登记，海宁艾人在“职业”一项均报“务农”。由于不便将艾人归入任何一个族群，殖民者即以职业将其记为“农人”或“农族”。海宁艾人则以汉字的书写习惯，多记为“侬人”或“侬族”。两篇文章论述的内容及观点相似，所不同的是，清文旨在区别在越南地域相近且名称相似的“凉山侬”和“海宁侬”两个群体；① 而乔文则侧重介绍艾人（侬人）在越南广宁的历史及其对地方的贡献。②

范宏贵在《中越跨境民族研究》一书中明确提出艾人属于客家人的观点。他认为（越南艾族）讲话时“艾”字不离口，总是“艾”什么“艾”什么，因而毗邻而居的人便称他们为艾人，“艾”是第一人称“我”的意思。他们自称客家或客家人，其他民族也称他们为客家或客家人。③ 除了族称的出处外，范宏贵还介绍了越南艾族的迁徙历史、婚姻家庭、居住文化、民间信仰等方面内容。

相对于上述学者的从历史文化方面考察艾人，梁猷刚和李永玲则从语言方面对艾话（艾人）进行界定。梁猷刚认为，广西客家方言称“客家话”，或“涯话”、“麻介话”、“新民话”、“土广东话”等，在钦廉地区，讲客家方言称为“讲艾”，故人们也称当地的客家人为“艾人”。而钦州、防城、北海三地“讲艾”的人主要聚居于钦州的大直、大寺、那彭、张黄；防城的大录、那良一带以及合浦的公馆等乡镇。④ 由此，借助梁猷刚以语言学为基础勾勒出“艾话”分布图，居住于广西北部湾地区的艾人分布基本上可以确定一个大致的范围。其另一同样重要的贡献是，从语言学的角度确定艾人属于客家人的一支。李永玲则对此做了细致的比较语言学分析。北海涠洲岛大部分居民讲艾话。她以在北海涠洲岛的占岛民总人口 62% 的艾人作为样本进行研究，认为涠洲岛客家话的语音跟梅州客家话相比虽有些差别，但不是很大。⑤ 这进一步确定了艾人与客家族群的关系。

吴小玲在其关于北部湾民族文化的文章中也论及了广西北部湾地区艾人的“客家”文化特征：在北海的闸口、曲樟等“讲艾”的乡镇均有最具有客家文化特色的、保存较为完整的客家围屋；当地人特别注重建宗祠。如曲樟乡璋嘉村陈氏宗祠和南城村张家祠堂，都是目前保存尚好的宗祠。⑥ 此为艾人与客家关系明证之一。另外，虽无具体的、学理上的论证，但以现实生活的经验，越南老华侨陈贻泽也认为，（越南）广宁省的艾族，原是

① 清风：《“侬族”考》，《八桂侨史》，1996 年第 3 期。
② 乔文：《侬族华人》，《八桂侨史》，1992 年第 1 期。
③ 范宏贵、刘志强，等著：《中越跨境民族研究》，北京：社会科学文献出版社，2015 年版。
④ 梁猷刚：《广西钦州地区的语言分布》，《方言》，1986 年第 3 期。
⑤ 李永玲：《涠洲岛哇话语音》，《桂林师范高等专科学校学报》，2011 年第 10 期。
⑥ 吴小玲：《浅论北部湾地区的独特居民群落》，《钦州师范高等专科学校学报》，2003 年第 6 期。

"广东的客家人"。①

综上所述，到目前为止国内所涉艾人之研究，确信艾人为客家之属是无疑的。而有意思的是，笔者在合浦公馆、防城东兴，以及地处中越边境的滩散、那良等艾人聚居地做调查的过程中，几乎没有报道人具有客家人的自我认同。较为普遍的认识是："我们就是讲艾的。"他们承认艾话与客家话"有点像"，但还是"不一样"。曾任职灵山东风华侨农场侨联的 XZX 是"排华"归国的艾人，退职后到东兴做矿产生意，游历过不少地方。他明确表示："客家话与艾话有些词在发音上有相似，但很多听不懂，基本不能交流。博白话同艾话则更近一些，但还是有区别。"更多的报道人则只笼统地表示自己是本地"讲艾"的。然而，从他们的文化表征及迁徙源流方面考察，"客家"的印记已是相对明显。客家人在其他地区也有不同的自称或他称。事实上，在文化抒写过程中，文化多样要比"真实性"更为重要。文化抒写本身在某种程度上可能就是文化创新，随着时间的推移，可能成为其文化积淀的一部分。② 因此，艾人对"客家"认同的疏离亦不足为奇。笔者认为，此时或许可以理解为他们因需要强调自己在这块土地上拥有的"先入为主"而获得的权利，而进行"有利"的文化表述。

相对于国内的研究，国外的学者关注艾人这一群体事实上更早。由于艾人在越南有一定的规模，且已被识别为一个民族，越南学者对其也有一定的研究。但关注相关问题的学者不多，成果集中在 20 世纪七八十年代，中越交恶的时期。

20 世纪 70 年代，中越关系走向低谷，甚至爆发边境战争，身处中越边境的越南艾族"有少部分群众"帮助中国军队。而再此之前，越南政府的排华政策也导致了众多的艾人向中国一侧回流。包括艾人在内，以"难侨"身份迁往中国的华人多达 10 万余众。在此背景下，作为越南艾族学者，叶中平开始吁请当局开展艾人研究，关注艾人相关问题。③ 而实际上，在越南学者对艾人的研究中，华人与艾人基本被视为一体，较少分别讨论。如根据阮筑平的田野调查结果，来自广宁、凉山、河江及河北等省的农村地区的华人皆自称为艾人（ngai nhan），艾人的这一自称在艾话中即为"我"的意思。相对的，在市镇的华人，其自称则为客人（khach nhan）或者华人（hoa nhan）。而主要分布于农村的艾人则称市镇上的华人为艾留人（ngai luu nhan）。因此，他建议统一越南北部华人称谓。④ 越南学者黄南提出，艾族迁越前，其祖籍地为中国广西防城的"五峒地区"（Ngu Dong）。⑤ 迁越后在广宁、河北等省定居，与其他族群交错而居。主要居住与广宁省的潭河、下居等县。⑥ 据当前笔者所掌握的资料，越南学者关于艾人的研究除上述三种外，几乎再无专论。这或许与他们长期以来倾向于将艾人归入华族进行而概括性的考察有关。

① 陈贻泽：《越南北方华侨历史演变概况》，广东政协编：《华侨沧桑录》，广州：广东人民出版社，1984 年版。
② 秦红增：《对文化复杂性的认知：基于中国西南地方文化抒写讨论》，《思想战线》，2014 年第 5 期，第 56 页。
③ ［越］叶中平：《越南的华族、艾族与大国沙文主义》，《民族学杂志》，1979 年第 2 期，第 12 页。
④ ［越］阮筑平：《越南华族及其各支系的称谓》，《民族学通讯》，1973 年第 3 期，第 98 页。
⑤ 据笔者在田野调查的资料，报道人认为艾人的"五峒"即：峒中、滩散、滩凿、扶隆、大箓等地。其中，除大箓外，其余"四峒"皆在边境地区。
⑥ ［越］黄南：《越南 54 个民族的传统文化特征》，河内：社会科学出版社，2013 年版，第 352 页。

英人巴素同样较早时候在其著作《东南亚之华侨》中提及艾人。他注意到，与其他华人群体主要从事工商业不同，（艾人）穿过陆地边界，驱退安南人和泰人，定居在芒街、先安之间毗连中国的冲积平原和丘陵地带。他们住在该地区内的小村庄中，依靠精心灌溉的农田和打渔为生。即便是在越共政权在越北施行对工商业的社会主义改造政策后，在芒街地区仍然还存在因未从事工商业而保存下来的一个相当大的华侨农民社区，这显然是以农、渔为生的客家人居留团。① 可见，巴素同时也支持"艾人属客家"的观点。

二、艾人的迁徙

笔者在北海公馆镇的田野调查表明，当地廖姓艾人从广东廉江迁到合浦，后再到公馆定居，至今已 400 余年。公馆的廖姓继续开枝散叶，往西迁徙，到达钦州、防城等地。据看守廖姓宗祠的老人介绍，每年钦州、防城各宗支都派代表回公馆镇祭祖。

对于钦廉地区的整个客家群体来说，400 年的迁徙历程并不算久远。宋人周去非的《岭外代答》有载：

> 钦之民有五种，一曰土人，自昔骆越之种类也，居于村落，容貌鄙野，以唇舌杂为音，殊不可晓，谓之蒌语；二曰北人，占籍钦州也；三曰俚人，史称俚僚者是也，此种自蛮峒出居，专事妖怪，若禽兽然，语言不可晓；四曰射耕人，射地而耕也，子孙尽闽语；五曰蜑人，以舟为室，浮海为生，语似福、广，杂以广东、西音。②

文中所提到的射耕人，可能即是艾人。引民国时期防城地方文人黄知元的观点："名之曰射耕者，因此种人以觅耕地为目的，耕地所在，即举家挈农具赴之，如射者之向的放矢然"。③

同时，黄知元通过实地调查对地方所现人群作了一定的考证："当今采访所得，邑境居民，以村人（即土人）、偃人（即射耕人）、客人（即操广东语者）为最多。"④ 相对于村人，艾人并非防城的土著族群，而是新来"射地而耕"之人。一般来说，后至者才称为"客"，艾人迁入该地区的时间应早于"操广东语"的客人。艾人立足地方虽晚于村人，但发展至民国时期，则颇有后来者居上的态势。

> "今之（防城）县境居民，有蓬勃之气象者为客人、偃人、村人……偃人之来，盖因土人怠惰成性、苟且自安、土旷人稀、空穴来风，由自然之招致乃射耕而来。射耕人，本福建人，射地而耕也，子孙尽开田土……农村得射耕人补种土人之地，由是县境之□亩日开，农业始为之改观。此辈本为射耕而来，故专从事农务。然亦间有业工商者，盖为农民所需要，诚为农民之□来耳。偃人初来，其

---

① ［英］巴素著，郭湘章译：《东南亚之华侨》，台北：国立编译馆出版，1965 年版。
② （宋）周去非著，杨武泉校注：《岭外代答校注》，北京：中华书局，1999 年版。
③ （民国）黄知元：《防城县志初稿》，手抄本。
④ （宋）周去非著，杨武泉校注：《岭外代答校注》，北京：中华书局，1999 年版。

农事劳作技艺比土人为优，优胜劣败，土人之田地，不免渐为僙人所有。土人之觉悟者，乃学其劳作技艺始能与之相当。此今日县境农村业已成为僙人、村人对峙之局也。"①

从黄知元的论述可之，至民国时期，村人、艾人与客人乃是防城地方较为发展的三大群体。其中，操广东话的客人，应该是从商逐利而来的商人，居于市镇，不事农业，所以仅形成僙人与村人"对峙之局"。而僙人是为农业土地远徙而来，此过程笔者亦可举实地调查中所获上文所提越南艾人归侨 XZX 家谱为证：

防城许氏大宗源流概述

太祖泗一公，又名万一公，原籍福建福州府闽县人，选举进身，任广东遂溪县令，年老解组归田后，立宅与（广东）阳江丹载，为丹载许氏开基祖。祖妣陈氏，隋祖公自福建迁来，殁后与祖合葬与丹载北贯一图。

二世祖可公，泗一公长子。祖配黄氏，享年七十七岁，终于皇明永乐十一年……生七子，皆住丹载。

二世祖艺可公，庠士，泗一公次子，谥中正。因见丹载父创之基业微薄，俱让与兄言可，携眷复往遂溪，后移廉江立宅许村。三世祖宗岐……四世祖坚光……五世祖良璧……

六世祖敬公于皇明天顺四年（一四六一年）迁博白始立基业……九世祖德祥公，葬大录江口牛路滩窝岭……十世祖元照公……为生活所迫，携子流落那良白赖，后移滩散之江壩……②

由上摘录的家谱内容可知，许氏原籍福建闽县，始祖先是为官广东而开始迁徙，随着世系繁衍，许氏也逐渐向西迁移，从阳江至廉江再到博白。博白是广西著名的客家人聚居地，以客家人固有的宗族的团结性，我们可合理地推测艾人前往博白是因为文化"铰链作用"的带动。而九世祖德祥公所葬之"大录"，如前所述，艾人聚居地之一，最后在十世祖（约 200 年后）迁移至今中越边境的艾人聚居地那良、滩散等地。当然，迁徙过程也有往复，但总的趋势还是移向西部人口较少的地方。笔者在调查中参看那良郑氏和熊氏的家谱，祖籍都可追溯到福建或广东，重要的是，迁徙中都经过博白这一广西客家的聚居地。

事实上，已经身处边疆、射地而耕的艾人并没有停止迁徙的脚步，基于种种原因，在长达两三百年的时间里，他们还有部分人继续西南方向进发，进入越南地界，以致中越勘界后，在某种语境下开始有华人、艾族，甚至侬族等一些身份。

艾人迁入越南最为密集的时期实在 19 世纪末、20 世纪初这一时期。如太平天国运动失败、刘永福黑旗军余部留居越南进入越南以及孙中山等人在防城、钦州地区组织的几次反清起义失败，这些地方上的历史事件，都成为艾人游走于中越边境的直接原因。直至中国抗战时期，仍有不少艾人从中国迁入越南。

---

① （民国）黄知元：《防城县志初稿》，手抄本。
② 摘录于《许氏宗谱》。笔者在田野调查过程中抄录于东兴市许家，时间：2015 年 1 月。

《先安地方志》中，上述两县也是艾人聚集的地区。材料的相互印证的结果可以确定，先安、潭河、下规等地区即为艾人聚集之地。当然，我们的调查中还要特别注意的是艾人在抗日战争时期以及越南统一战争时期，由越北大量南迁的事实。

从目前掌握的资料来看，迁徙的原因主要有以下几点：

1. 明末清初，明朝遗民反清复明失败后而被迫游走他乡的。如明末清初，客家人起师抗清，后因兵败而被迫迁移。

2. 清代的华南地区由于地少人多，原居于广东东部和北部（主要是客家地区）的一部分人往中越边境地区谋生。咸丰六年（1856 年）便爆发了历史上有名的"土客斗案"。直至同治六年（1867 年）广东巡抚蒋益澧，始议令土客联和，划赤溪一厅，互易田地。赤溪土地贫瘠，难以解决客家人的生计，官方便拨款廿万两，加上地方自筹的资金，分给客家成年者每人八两，未成年者每人四两，客户发执照一份，让他们到高、雷、钦、廉地区开垦荒地，① 由于当时清朝和越南的疆界尚未明确，海宁地区（今属越南广宁省）仍为清政府管辖，故有一些垦民在该地区落脚。中越勘界后，他们则自然附籍越南。

3. 反对王朝的起义失败，起义军迁入越境避祸。如太平天国起义、孙中山在钦、防地区的几次反清斗争等。

因太平天国起义失败而进入越南的主要是刘永福所部。刘永福属太平天国起义军将领吴琨部将，起义失败后，刘永福率军进入越南以躲避清军的追剿。刘永福祖籍博白，属客家人。其父因生计迁往防城县小峰乡，所以刘永福在防城出生、成长，对钦防一带较为熟悉。在越南北部抗法期间，刘永福多次派人回钦州、防城一带招兵。故其所率军旅中，管带、帮带、哨官等各级军官即有（钦、防一带的）客家人 100 多名，兵勇中客家人亦占多数。② 后刘永福奉命归国，只带 3 000 余人，留居越南的黑旗军余部近万人，③ 若算上家眷，则数目更多。以此推知，此次应该有为数不少艾人留居越北。

孙中山、黄兴等人在钦州、防城举事反清失败也成为艾人迁越避难的原因之一。在钦防发动当地人参加的反清起义，如大直、那彭等地皆为艾人所居，起义失败后，参与革命的艾人多蜂拥入越，寻找安身立命之所。而此时，正是法国殖民政府经营北圻，人口较为集中的交通要津都在进行市镇建设，需要大量的劳动力。如广宁省的先安市镇即为当时避难艾人的主要居留地。到达先安的艾人垦地耕种或佣工谋生，法国政府对此时迁入的艾人来者不拒。④

以上所列，皆是有史可查的艾人迁徙入越的主要事件。应当指出的是，据廖源的个人回忆录《春风秋雨》，持续不断地有艾人因生计（包括往返中越两地做买卖等）或其他个人原因迁居越北。⑤ 廖源是 20 世纪前半期生活在越南广宁省先安县华人，他的回忆录为包

---

① 清风：《"侬族"考》，《八桂侨史》，1996 年第 3 期，第 1 页。
② 钦州市政协编：《钦州文史（10）》，2003 年。
③ 赵和曼：《试论海外少数民族华人的若干特点》，《南洋问题研究》，2004 年第 1 期。
④ 廖源：《春风秋雨》，台北：天美设计印刷有限公司，2006 年版，第 6 页。
⑤ 廖源：《春风秋雨》，台北：天美设计印刷有限公司，2006 年版。

括艾人在内的越南华人研究提供的弥足珍贵的资料。同时，在回忆录中，我们看的是艾人迁越的一个长期、持续的过程。

三、越南艾族

越南艾族学者叶中平在他的文章里提到：明朝衰亡的时期，在一些越南北部村落，意大利的传教士已经能接触到一些人，他们衣着似"福建人"，其村落与越人的村子相交错。越南的阮朝官府准许他们通过耕种或买卖维持生计，并与越人自由通婚。这群人应该是早期来自中国一侧的艾人。[①] 这是目前看到最早关于艾人迁入越南的记载。这批艾人应该是不愿归附清朝起兵反清而失败的客家人。

就越北华人社会而言，华人陆续迁入越南的时间长达几个世纪之久，直到 20 世纪 40 年代为止。越南北部的华族共有五个支系：艾人（Ngai）、客人（Khach Gia）、华人（Hoa）、汉人（Han）及上方人（Xa Phang）。[②] 这五个支系，或者说五种称谓，不仅存在于现实生活中，而且在 20 世纪 70 年代，在一些正式的文件中也会出现。而在多数情况下，方言也可作为区别和划分越北华人集团的一个标准。据阮筑平在广宁省及其所属各海岛的调查，该地区华人所操方言分为三种：艾话（ngai）、白话（pac va）和白龙尾方言（bach long vi）。

而据笔者调查，从越南归来的艾人日常只使用两种方言：艾话和白话。艾人主要集中在农村地区，在家则用艾话交流；操白话的华人聚居于市镇经商，艾人上街买卖则用白话。可能也因为白话是城镇流行的语言。用报道人 ZSJ 的话说："白话比较庄重。"据他回忆：在越南时他家在芒街县宝各乡南市村，村里都是"讲艾"的，大家平时自然用艾话交谈，而芒街的华人都讲白话。不论是村里还是街上的华人都上政府办的学校，老师们都是芒街人，上课用白话。至于白龙尾方言，或许主要为海岛华人交流所用，居于陆地，以农耕为生的艾人未必了解。因此，总的来说，在越北华人所操的三种方言中，白话为各华人支系间的通行语。艾人之间交流时操艾话，与市镇上的华人交谈则使用白话。居于谅山省录平县及谅山市的艾人，也可以自如地用岱依语交流。

越南艾人迁入越南的时间主要集中在近代以来各个时期。虽然迁入越南的时间最早不过两三百年，但各地艾人都自认为"本地人"（pun ti nhan）。[③] 阮筑平与叶中平两位越南学者都认为艾人得名于其方言中"艾"为第一人称"我"之意。这一点笔者在中国一侧的艾人村落中的调查能够印证。但叶中平还另外提及：艾人中还有一群人自称"山艾"（san ngai），意为山林中的人。而笔者在调查中也特别关注到这一自称，然中国一侧的艾人群体中并无此说。由此推知，"山艾"的自称可能是艾人在迁越后才出现。

事实上，越北华人的支系非常复杂。除了以语言为标准可以进行划分外，若按照文化

---

① ［越］叶中平：《越南的华族、艾族与大国沙文主义》，《民族学杂志》，1979 年第 2 期，第 5 页。
② ［越］阮筑平：《越南华族及其各支系的称谓》，《民族学通讯》，1973 年第 3 期，第 96 页。
③ ［越］阮筑平：《越南华族及其各支系的称谓》，《民族学通讯》，1973 年第 3 期，第 6 页。

表征或历史记忆等要素来区分华人社会的内部结构似也可行。由于迁入越南的时间和过程以及祖籍地不一，主要有艾人、艾佬蛮、客家、蜑人、村人、明乡人、上方人、潮州人、广东人和唐人，造成聚居各地的华人在风俗习惯上有所差别。迁越的艾人，根据迁居时间的不同，在地域的认同呈现不同的特征：先期迁越的艾人，如前说述，自认为本地人。而近代（太平天国起义）之后入越之人，则倾向于以祖籍地为自称，如廉州人、潮州人、福建人等。在日常生活中，人群多自觉地以地方为区别，很少自称为华或汉。这一现象也表明，中越边境，特别是广宁一带地方，华人聚居较为密集，以至于"华"的称谓不足以在现实中有效地划分族群边界。

然而，如此细致而松散的划分只停留在民间的层面。以一定的标准识别民族成分并有组织地实行民族主义教育对一个民族国家来说是必须的。特别是对地处边境地区且有跨国族源的民族，确立该民族在政治上的权利与义务，培养爱国主义思想的工作必不可少。这就必须要开展民族识别工作，以整合各族群。

越南的民族识别沿用前苏联的标准。从目前的识别结果来看，政府是以艾人单独作为一个民族，即艾族。但在一些特殊的时期，无论是在学术讨论上还是在现实中，都存在将艾人融入华族的意图。

虽然在一些资料中我们注意到，在 1954 年（日内瓦协定签署）发生了一次华人由越北向南方迁徙的过程，巴素认为这一过程对南北方华人人口的比例尚未造成实质上的改变。[①] 但同时，巴素也提醒我们注意，这次迁徙的华人有数千人，吴庭艳政府以按出生及其他措施强迫同化的方式加强了迫使华侨同化于越人社会的运动。根据华人的出发地点和一些个人回忆录资料显示，迁入南方的华人中必定有一部分艾人被卷入强迫同化的过程中。

根据 1999 年越南人口普查的数据统计，越南艾族人口有 4 841 人，主要分布在广宁省和海防市，谅山、北江等省也有少数艾族聚居。而 2009 年的人口普查结果显示，艾族的人口数量减至 1 034 人，[②] 十年间锐减了 3 000 多人。人口减少 3/4，其原因何在？这不由得使笔者想到近期在广宁调查期间遇到的难题：笔者所访谈的越南年轻人，日常生活能使用艾话，但全都只表示自己为华族，只是讲艾话而已。一些广宁越人甚至不知有"艾"。我们不妨推测，在 2009 年的人口普查中，民族识别工作更改了部分艾人的民族成分，他们已归入华族，抑或已继续远迁他国？当然，相关的信息和数据还有待进一步的田野调查。

区域研究的目标之一在于通过考察人的流动而揭示地方社会的形成以及在此过程中的文化塑造及族群互动。笔者在前人研究的基础上，试图以人类学的视角，在环南中国海区域研究的框架内探索艾人的"流动"以及由此形成的族群关系。通过对相关文献的梳理，

---

① ［英］巴素著，郭湘章译：《东南亚之华侨》，台北：国立编译馆，1965 年版，第 248 页。
② ［越］黄南：《越南 54 个民族的传统文化特征》，河内：社会科学出版社，2013 年版，第 353 页。

结合田野调查之材料数据，我们看到一个跨中越两国而居的艾人群体：他们是客家人的一支，在自称和他称上并以"艾"名之。从文献与族谱中，我们基本上能梳理出这个群体迁徙的方向及路径：福建和广东是艾迁徙的始发地，广西东南部的客家重镇博白似乎是远徙之路上的必经之地，之后，部分艾人又一路西行，"射耕"钦廉以及海宁地区（今属越南广宁省）。艾人在迁徙中形成的族群互动及社会网络，是对地方社会文化的多样性和复杂性的彰显。关于"艾人"的研究仍有较大的纵深。艾人社会文化和族群互动方面的问题还有待进一步深入挖掘。总之，"艾人"研究，既是践行人类学区域研究的传统，也是在区域研究的框架下，走向"环南中国海"的实践。

滇西边境回流"无国籍"边民境遇变迁——以盈江县昔马侨乡回流"无国籍"汉族边民为例①

许振政

（昆明学院人文学院　昆明　650214）

【摘　要】 20 世纪 50—70 年代，受中国复杂政治运动、落后社会经济和边民观念等因素的影响，滇西边境盈江县以汉族为主的各族昔马边民大规模迁移或逃往缅甸谋生。此后，部分外逃或外迁的昔马汉族边民和少数民族边民回流较早，重新融入原籍社会，有的定居缅甸并融合进缅甸社会，还有的则辗转前往第三国或其他地区定居或生活。多数留在缅北的昔马汉族边民直到 1987 年缅北战乱才被迫归国。一些回流后开始重视户籍的昔马汉族边民通过各种渠道获取中国户籍而转变了身份。然而，因为受户籍意识淡薄、家庭贫困、希望重返缅甸谋生和中国制度和政策变迁等因素影响，使得仍有不少回流的昔马汉族边民个人或子女保持着"无户籍"和"无国籍"的状态。随着中国形势和社会的发展变化，这类回流边民一定程度上分享了中国社会变化所带来的社会福利或利益，但因"身份不明"没有及时得到明确，他们没能充分平等地融入原籍地社会或国内社会，成为具有贫困化和被边缘化倾向的弱势群体。

【关键字】 边民；汉族；回流；昔马；户籍；无国籍

在人口的迁移现象中，由于边民是居住在一国边境地区的人口群体或个人，和国境接壤的邻国边民群体或民族群体存在着如地缘、族缘、亲缘或血缘等方面的关系，使得边民群体或个人的流动或迁移在许多方面有别于国际移民中跨国范围更大的流动。

新中国成立后，西南边疆民众跨国流动正如有学者指出的具有阶段性的特征：20 世纪 50—70 年代中期是中国西南边民人口大规模向周边国家单向流动的阶段；20 世纪 70 至 90 年代是中国西南边民与周边国家边民双向流动的阶段。在后一阶段，20 世纪 50 年代中

① 本文系昆明学院引进人才科研项目"滇西昔马侨乡贫困归侨的适应与困境"（项目编号：YJW14003）、云南省教育厅科学研究基金项目"昔马侨乡贫困归侨困境研究"（项目编号：2014Y378）及云南省哲学社会科学创新团队建设项目"云南社会／边疆及生态环境研究"阶段性研究成果之一。

后期逃往国外的边民开始大批回迁，中国政府对他们采取了欢迎的态度并给予周到的安置。不过，1992 年中国推出沿边开放政策之前，边境地区经济发展滞后而缓慢，除联产承包到户之外，中国边民未获得改革带来的更多切身利益，因此，外流到周边国家寻找更多的经济来源和发展空间。[①] 这反映出中国西南边民跨境流动的"便利性"和追求现实利益的"趋利性"。

事实上，不同时期、不同地区的中国边民的回流因侨居地和边民民族身份差异及回流时期国内政策或法律制度的变化而有不同的境遇，并不一定都能得到中国政府的安置。例如：在滇西边境怒江、德宏等地区均有不同数量在 20 世纪 80 年代中期前后回流后具有边缘化倾向的边民，人数较多的是怒江州福贡、泸水、兰坪及德宏州盈江县昔马侨乡。他们虽然多数回流至原籍地，但因没有中国户籍、没有中国国籍从而造成他们本人及子女在谋生、受教育等方面遭遇不同程度的困难。本文主要通过对盈江县昔马侨乡回流汉族边民生活境况与中国社会变迁之间关系的梳理，反映滇西边境回流边民试图重新融入原籍地社会的尝试及存在的困难与尴尬，希望引起社会更多的关注和研究，以有助于改善这类回流边民的境遇。

一、滇西边境昔马边民的三次外迁潮

（一）昔马侨乡概况

昔马位于德宏州盈江县西部，西、北与缅甸接壤，原属永昌郡软化府乞兰部盏达土司辖地，目前是盈江县主要边境通道之一。自嘉靖三十九年（1560 年）有人居住以来，至今已有 450 多年的历史。新中国成立后，昔马行政区划名称多次更换，辖区基本不变，历经乡、区、公社、区、乡、镇各个时期。[②] 1997 年划出那邦村另设那邦镇之前，昔马乡国境长约 42.3 公里，有 1 条公路和 7 条小路通往境外。[③] 2002 年昔马撤乡设镇，辖有保边、团结、胜利 3 个村委会，23 个自然村，37 个村民小组，居民主要以汉族、傈僳族、景颇族为主。据 2012 年统计，全镇户籍人口有 2 998 户 12 269 人，其中，汉族 10 570 人，占总人口的 86.19%，傈僳族 1 105 人，占总人口的 9%，景颇族 480 人，占总人口的 3.91%。[④]

该地区具有气温差异大、雨量大、雨季长、日照时间短、干季霜期长等气候特征，人称"昔马地方苦地方，半年雨水半年霜；小瓜葫芦刺竹笋，苦荞粑粑苤菜汤"。[⑤] 因为冬

① 何明：《开放、和谐与族群跨国互动——以中国西南和东南亚国家边民跨国流动为中心的讨论》，《广西民族大学学报（哲学社会科学版）》，2012 年第 1 期，第 3—4 页。

② 李儒登、李林祚编撰：《昔马镇志》，芒市：德宏民族出版社，2013 年版，第 55 页。

③ 盈江县归国华侨联合会：《昔马举行华侨中学教学楼落成典礼情况简报》，《侨联动态》（第三期），1990 年 9 月 18 日。

④ 盈江县史志办公室：《盈江年鉴（2013 年卷）》，芒市：德宏民族出版社，2013 年版，第 91 页。

⑤ 李儒登、李林祚编撰：前引书，第 34 页。

天气候寒冷，大牲畜常被冻死，有"老牛老马难过冬"的说法。当地流传着"过了霜降各找方向"的说法，即过了中秋前往缅甸谋生，雨季返回家乡，具有悠久的马帮文化和外出谋生或经商的传统。人们将去缅甸玉石场挖玉石叫"上场"，将组成马帮赶马出境叫"上脚"，到达境外所经的地点称为"脚"，如到缅甸后以密支那为中心，走钦邦的称上钦山脚，走印缅边界的叫上后江脚，走缅北石灰卡的叫上石灰脚。[①]

自然气候不利于农作，耕不足食，别无出产，人稠地枯及其他原因使昔马在不同时期迁居国外的人户甚多。1987 年 2 月昔马成立侨联后，统计国内公民[②]数为 9 371 人，在国外的侨民人数共 8 244 人，有归侨 1 020 人及侨眷 2 132 人，侨民多数寄居于缅甸，另有同胞在泰国、美国、日本、中国台湾、香港等地。[③] 是盈江县乡镇之中华侨、归侨、侨眷最多的地方，也是德宏州内所有乡镇中无可相比的侨乡。[④] 因此，1990 年 11 月 9 日德宏州政府同意将其命名为"昔马侨乡"。[⑤]

2012 年盈江县侨务资料记述昔马全镇大多数居民为归侨、侨眷，主要集中于保边、胜利两个村。这一乡镇存在约 3 000 人"侨民"身份认定不明的人群，他们于 20 世纪 80 年代返乡，由于入境未办理相关手续，形成无身份证、无户口证、无田地资产的情况，难以享受政府的帮扶政策，生活困难。[⑥]

据笔者调查，20 世纪 50—70 年代该地区外逃到缅甸的景颇族和傈僳族在克钦邦[⑦]具有相同民族成份，相较于外逃到此的汉族边民而言较易融入当地社会，也较容易获得缅甸政府对这两类民族在缅北居住的认可，他们多数在缅甸定居下来。因此，目前在昔马居住的"无国籍"边民主要由汉族构成，除少数原籍非昔马之外，绝大多数原籍都是昔马籍，并且主要是 1987 年从缅北克钦邦山区回流的边民及其后裔，有的生于昔马、侨居过缅甸，有的生于缅甸，有的则是回流"无国籍"边民之间或与境外异族之间通婚的后代。

（二）昔马边民的三次外迁潮

据史志记载，自明隆庆五年（1571 年）至 1942 年之前，昔马人口以迁入为主。1942 年 2 月日寇入侵昔马，为躲避日寇迁往纳婆、昔马拱的昔马人分别有 30 户和 10 户，约 220 人，这是第一批迁居缅甸的昔马人。部分人家在抗战胜利后不再返回昔马。昔马人第

---

① 李祖品：《盈江昔马侨乡的马帮文化》，载于李巨涛主编：《云南侨乡文化研讨会论文集》，昆明：云南省归国华侨联合会，2005 年版，第 54 页。
② 公民指具有某一国国籍，并根据该国法律规定享有权利和承担义务的人。中华人民共和国宪法规定凡具有中华人民共和国国籍的人都是中华人民共和国的公民。
③ 李儒登、李林祚编撰：《前引书》，第 207—209 页。
④ 省盈江县归国华侨联合会：《盈江县昔马华侨中学教学楼落成》，《侨联动态》（第二期），1990 年 9 月 16 日。
⑤ 李儒登、李林祚编撰：前引书，第 209 页。
⑥ 盈江县人民政府侨务办公室：《盈江县侨乡——昔马镇特色工业小镇打造情况及当前急需解决事项报告》，2012 年 9 月 13 日。
⑦ 克钦邦地区以克钦族为主体民族，与中国境内的景颇族属同一民族。此外，这一地区还有掸族、傈僳族、汉族等其他少数民族。

二批迁居缅甸发生于昔马新中国成立前后[①]，共迁出约 50 户 280 多人，其中一部分人因昔马处于反对苛征的动荡局势而迁出，另一部分人因为昔马即将解放担心形势对自身不利而迁往缅甸。昔马边民第三批迁往缅甸主要发生于 1958 年。当时民众觉悟有限，因全国大搞大跃进、办人民公社等原因而像西南边疆其他地区的民众一样卷入外逃之风[②]。各村寨都有不少人迁去缅甸，有的村寨走得精光。这一期间共迁出 600 多户，其中"半出户"[③] 150 多户，外出户占昔马总户数的 60% 以上。数年后，这批外出的边民约有 150 户返回家乡。因此，第三批迁居缅甸的昔马人约 450 户 2 000 多人。[④] 有受访者称昔马边民第三次外迁潮始于 1957 年，1958 年才开始出现民众大规模外逃而成风潮。

此外，"文革"期间昔马受各种运动冲击和影响，也有不少边民逃往缅甸。例如：1968—1970 年间"文革"进入"清理阶级队伍运动"[⑤] 和"一打三反运动"[⑥] 阶段，部分昔马边民被列为清理和打击的对象，引起社会波动，外迁约 20 户。1970 年 6 月起昔马作为盈江全县的试点开展"政治边防运动"（简称"政边"运动），不准边民互市，严查边境出入人员，不准两边做家，将各自然村并成一个生产大队。在箐河寨和蚌林成立"学习班"，搞刑讯逼供，挖出许多"特务组织"和"特务分子"，被吊打致死者多人，致残者数十人。[⑦] 有受害者表示这一运动其实就是相互整人的荒唐闹剧，有的群众之间或社员与"社干"之间平素结怨，因此借机寻仇报复，告发和诬陷他人为特务。一位受访者告诉笔者，运动之时他是村社的会计，被当作特务组长，受吊打、坐喷气式飞机等刑罚，他的上级支书被当作大特务头子。有二三百人被定为特务，有的被送去"劳改"。由于缺少安全感或出于恐惧，一些受牵连的边民在运动之中或之后逃往缅甸。

此外，"文革"期间外逃缅甸的昔马边民有的并不是因为受迫害，而是因为国内形势与生活不好，国外好谋生或生活较好，因而被先期前往缅甸临时返乡的亲属接往缅甸，或是自己出国投靠在缅甸谋生的亲属。有的昔马边民则是在"文革"结束后才前往缅甸。

二、1987 年缅北战乱前昔马边民回流原籍地状况

（一）"文革"前外迁或外逃的昔马边民的回流

第一批外迁缅甸的昔马边民因是躲避日寇而逃难到缅甸，抗战胜利后多数返回家园。

---

① 1950 年 5 月中国人民解放军进驻昔马建立了基层人民政权。参见李儒登、李林祚编撰：前引书，第 11 页。
② 大跃进期间，云南省外逃总人数在 15 万人以上。参见何明：前引文，第 4 页。
③ 这里的"半出户"与"全出户"相对应，指如下家庭：多数老年人在国内，即老小在国内，中年、青壮外都外出，一般十四五岁及以上的孩子都外出；"全出户"指一家老小上至祖父母下至孩童皆逃往国外。参见许振政：《滇西昔马侨乡调研资料——李林祚先生访谈记录》，德宏盈江县，2015 年 8 月 5 日。
④ 李儒登、李林祚编撰：前引书，第 53 页。
⑤ "清理阶级队伍运动"简称"清阶"或"清队"，始于 1968 年 5 月。在这场运动中，云南省委书记赵健民被康生指控为叛徒，并捏造一个"国民党云南特务组"。云南地区深受此案影响。
⑥ "一打三反运动"始于 1970 年 2 月，指打击现行反革命破坏活动，反贪污盗窃、反投机倒把和反铺张浪费。
⑦ 李儒登、李林祚编撰：前引书，第 168—169 页。

第二批外迁缅甸的昔马边民除前文提及顾虑新时局对自身身份或经历不利者经缅北山区前往密支那、"瓦城"① 等城市而留居缅甸之外，因反抗苛征的动荡局势而外迁的昔马边民属穷苦百姓，多数在昔马解放后返乡。新中国成立后至 1953 年才在大部分农村建立户口登记制度，这两批外迁的边民回流后不存在难以重新融入原籍地的户籍问题。

第三批外逃到缅甸的昔马边民（1957—1958 年左右的外逃者）有一部分在"文革"前数年间陆续返乡，如前文所述达 150 户左右。这些人归国后一般都重新落户，并根据各合作社的经济状况每个人交二三十元至四五十元左右的提留重新加入合作社。所入合作社经济状况差的提留交得少一些，经济状况好的提留交得多一些。至于他们回流的原因是多方面的，有不堪忍受缅甸三岔口土匪的祸害及其导致的"木如坎事件"② 影响的因素，有缅甸政府军与"克钦独立军"③ 引发紧张关系和战乱的因素，还有人心思定及国内时局和生活暂趋稳定等因素。

例如：归侨武有学（1956 年生于昔马王家寨一组）一家于 1958 年外逃缅甸后居于三岔口，父亲被杨发强为首的土匪抓去勒索和拷打，后经亲戚凑钱救回，失去了劳动能力，1960 年全家回到昔马。这股三岔口土匪在中国边境地区的解放军、民兵联合"克钦独立军"围剿下于 1963 年 5 月 7 日投降。此后较长时期内景颇族仍仇视生活在缅北的汉族边民，加上主张对包括"克钦独立军"在内的缅甸少数民族武装采取强硬政策的奈温发动政变后上台执政（1962 年 3 月—1988 年 7 月），缅甸政府军与"克钦独立军"在缅边境频发战事，导致缅甸东北部分村寨的汉族四散逃离。④ 有的昔马汉族边民因此返回原籍地。

当然，也有 1958 年外逃的昔马边民因家庭遭遇其他变故而在 20 世纪 60 年代中期前归来。例如：归侨蒋恩怀（1955 年生于昔马街子一组）因其父亲于 1962 年病死于纳婆，生活失去主要的依靠，其母亲当年就带着一家 4 口人返乡；归侨申忠芳（1952 年生于昔马营盘坡）原来侨居缅甸纳婆、木如坎，因没有办"老缅"⑤ 证件，父亲被抓去关一年半，四叔被关两三年，1962 年左右父亲被释放后带着家人归国。

1965 年昔马区党委书记张绍福带领全区人民种枫茅、油桐、蓖麻、咖啡等多种经济作物，群众生活得到改善。同年，昔马区在那邦界河交界口处建立拉咱街，搞边民互市。此前，1959 年昔马纠正"大跃进"的错误，撤销公共食堂，政府还发出"外出人员的田地合作社谁耕得归谁所有，不准荒田"的号召，人民生活得到恢复，社会逐渐安定。1963年回国投诚的以杨发祥和王德尚为首的三岔口土匪得到政府安置工作。⑥ 政府这些经济和

---

① 指曼德勒，因缅故都阿瓦在其近郊，旅缅华侨一般称其为"瓦城"，是缅甸中部文化、经济和交通中心。

② 受台湾"军统"、"中统"拉拢，1958 年昔马人杨发祥、王德尚等人受上司"纵队司令"王德祥指使在三岔口、纳通一带组织"反共救国军盈江、莲山支队"，将迁到缅甸的中国边民逐寨拉拢、要挟，封官许愿，发展组织，四处敲诈勒索，搜刮民脂民膏，滥杀无辜。1963 年春到缅甸南散坝烧毁景颇族米店，杀其子，导致"木如坎事件"。景颇族持刀报复，认为此烧杀行为是汉人所为，从木如坎到三岔口一带滥杀汉族边民 18 人，亦有被砍伤逃脱者。参见李儒登、李林祚编撰：前引书，第 200 页。

③ "克钦独立军"简称"克钦军"。由于擅长在高山丛林里生活和战斗，中国边民习惯称之为"山兵"。

④ 李儒登、李林祚编撰：前引书，第 200 页。

⑤ 在缅甸的华侨华人把缅甸人称为"老缅"。

⑥ 李儒登、李林祚编撰：前引书，第 12—13 页。

政治方面（按：安置回国投诚的三岔口土匪是为显示政府的宽大政策，以稳定边境居民的人心）的政策无疑有助于外逃缅甸受战乱之苦、希望安定的部分昔马边民在"文革"前返回原籍地。

（二）"文革"期间外逃昔马边民的回流

笔者采访得悉，这一时期昔马外逃边民回流主要指"文革"时期受冲击或迫害而外逃缅甸并在文革结束前返乡的边民，少有 1958 年左右外逃缅甸的昔马边民在"文革"期间回流返乡并定居的情况。2010 年昔马镇政府统计的一份有关农村散居归侨侨眷及贫困归侨侨眷的资料也反映出"文革"期间少有 1958 年左右外逃的昔马边民归国。[①]

"文革"前期昔马常受到各种运动的冲击。"文革"后期特别是 1971 年"林彪事件"之后，昔马的"政边"运动有所缓和。在全面"批林整风运动"中，"政边"运动被彻底否定。1973 年初全面落实"清理阶级队伍运动"和"一打三反运动"遗留问题，落实"政边"运动中的冤假错案。[②] 这些平反政策使得"文革"中受迫害或牵连而逃往缅甸的一些昔马边民在"文革"结束前回到家乡。这类人归来一般无需重新落户，还得到政府的安抚，如给予平反和退回抄家被没收的家产等。不过，也有少数"文革"期间外逃的昔马边民滞留缅甸而未较早归来。例如：边民张应邦（1949 年生于昔马箐河寨）在"政边"运动中被诬告，遭到关押和迫害，被释放后带着结婚不久的妻子王兴书逃往缅甸洛坤，以致在 1987 年归来后夫妻和子女成为"无国籍"边民。

（三）"文革"结束后至 1987 年缅北战乱前回流的昔马边民

"文革"结束之际，缅北局势又趋紧张。1976 年"克钦独立军"放弃建立"克钦共和国"的主张，以争取民族区域自治为斗争目标，由缅共提供武器并与其联合作战。[③] "克钦政府"规定：男子从十三四岁起就必须当兵，而且终身不能退伍，即使以后不在军队里也只能算"休假"，有战事发生就必须马上回来；每户人家如果有 5 名子女必须 3 名参军，有 3 或 4 名子女必须两名参军，有两名子女必须一名参军；如果没有男子就招女兵。"克钦独立军"士兵一般是在十四五岁甚至更小的时候在"自愿和强迫相结合"的情况下到了军队，服役过程中如有逃兵行为，抓回来一般是枪毙。[④] 时局的紧张使为保证兵源和扩充实力的"克钦独立军"对逃往克钦邦谋生的汉族边民也按类似上述的规定进行"抓兵"。昔马汉族边民将为躲避被"山兵"抓去当兵的情形称"躲兵"。

20 世纪 60 年代以来缅北的局势或"克钦独立军"与缅甸政府军的关系如克钦政府内政部官员森瓦在接受中国记者采访时表示的："政府军和克钦军一直打打和和，1962 年、

① 云南省盈江县昔马镇人民政府：《农村散居归侨侨眷及贫困归侨侨眷调查表》，2010 年。
② 李儒登、李林祚编撰：前引书，第 169 页。
③ 《独家解密：克钦独立军是拿着中国生产的枪在战斗》，西陆网，2015 年 1 月 9 日，http：//junshi.xilu.com/news/keqindulijun789.html
④ 尹鸿伟：《KIA：克钦独立军》，《南风窗》，2002 年第 10 期，第 65 页。

1973 年至 1974 年、1980 年至 1981 年及 1994 年，双方先后签订过停战、和平协议"。①

因此，"文革"结束后至 1987 年缅北战乱前，有一些因 1958 年左右或"文革"期间外逃缅甸的昔马边民顾虑缅甸局势不好和害怕适龄或年纪渐长的子女被"克钦独立军"抓去当兵等因素而在不同时期归国。统计资料显示：1980 年归国的原籍为昔马古永寨的数十位边民有的是 1958 年出国，有的是 1968 年出国。根据这份资料记载，另有边民是1959 年出国，1986 年归国；有的是 1968 年出国，1977 年归国；有的是 1975 年出国，1983 年归国。② 如此等等，不一一指出。

1981 年昔马全面落实家庭联产承包责任制，最初预定"五年不变"。这一政策对"文革"结束至 1987 年缅北战乱前回流的不少昔马汉族边民而言并不具有吸引力，他们归国只是暂避缅甸的紧张时局，并不是看重家乡的田地。因为，在缅甸久居的他们熟知和缅甸侨居地相比家乡人多地枯，没有什么像样的经济来源，生活条件艰苦，缅甸局势虽然不稳，但时紧时缓，因而存有重返缅甸继续谋生或冒险的想法。这类人归国后观望局势，虽然当时入社需交的提留不多，落户手续简单，一些人还曾被"社干"动员或劝说过，也不想重新落户或交提留入社，从而在此后造成有些家庭所有成员或部分成员回流原籍地至今都是"身份不明"的"无国籍"边民。

只有归国后想定居下来的部分回流边民才重新落户，或同时交提留入社，有的家庭因此在联产承包到户时分得水田。只落户但交不起提留或不想交提留的回流边民在一定程度上影响了他们此后作为具有户籍的边民的待遇。有的虽归国较晚没能分得水田，但还是落户并交提留入社。

例如：现居岔河的归侨李定芳（生于 1954 年，祖籍地为昔马尖山脚）告诉笔者，1958 年父母带其逃往缅甸。后来父母先后病死于缅甸花椒河，又因为缅甸形势不好，以种大烟为生的生活也不太好过，于是在 33 年前决定离开缅甸归国（1982 年左右归国）。归国时，家乡水田已经分完，一家 6 口人交了 1 000 元当做提留，入社成为社员，并重新落了户籍，当时的户口本费用为 5 角。

三、1987 年缅北战乱后昔马"无国籍"汉族边民的境遇

（一）边民生活落差与昔马"无国籍"边民身份的形成

民国九年起，昔马和其他一些地区的各族民众一样合法种大烟、吸食鸦片，以致家家户户有鸦片，街道上也摆满鸦片。当时，鸦片是便于携带和零售的高价物品，一般人都以保存鸦片为储钱方式，当地群众把鸦片和钱币同时储存和使用。盈江和平解放后，为稳定边疆和少数民族地区局势，人民政府让各族人民仍以原来的方式生产和生活，允许种植鸦

---

① 尹鸿伟：《克钦独立军的美国幻想（2014 年）》，新浪博客，2014 年 6 月 6 日，http://blog.sina.com.cn/s/blog_63ec24f50102ewqr.html

② 云南省盈江县昔马镇人民政府：前引资料。

片和经营鸦片。[①] 1955 年，人民政府对群众进行"以发展农业为主"、"禁止种植和吸食鸦片"的思想教育。1956 年，政府出告示宣布"一律不准种植和经营鸦片"，结束了盈江境内数十年盛行种鸦片的历史。[②]

通过访谈，笔者了解到滇西边境生产、生活习惯使得 1950 年左右外逃的昔马边民就开始在缅北山区种植大烟，大规模开荒种植大烟始于边民大量外逃的 1958 年。除到缅北坝区当粮农的边民外，缅北纳婆、花椒河、洛坤等山区的昔马少数民族边民与汉族边民一样种植大烟。在那些地区，汉族边民几乎每家都种大烟。少数民族种大烟的技术、资金等方面不如汉族，种植人数相对较少，规模也较小。以种大烟为生的昔马边民生活所需大米取自出产水稻的缅甸坝区。有些外逃的昔马边民也种山谷、玉米或养牛马骡子。20 世纪 50 年代至 1987 年的二三十年间，据水稻收成的程度，一两大烟可换得 1—2 斗大米，每斗大米约 15 公斤。普通汉族边民家庭一般年产 5—7 公斤（按：一般少数民族家庭年产大烟的量约是汉族家庭的 1/2 至 2/3）的大烟，所得收入 1/3 可用于购买大米，1/3 用于日常家庭开销，另有 1/3 可做本钱买牛马或扩大大烟种植规模。除种大烟要交税之外，边民各家开垦用于其他用途的山地不论多少就算各家的。生活在缅北的昔马边民且不说可以种大烟的家庭，就算是缅北坝区的粮农家庭，由于土地肥沃、气候适宜，粮食产量高且可一年多熟，当时在那的生活一般也好过在家乡纯粹当农民的乡亲。若非迫不得已，总有外逃在缅甸谋生的昔马边民不愿意返回家乡。

1987 年 5 月，缅甸政府军对"克钦独立军"发动自其成立后最大规模的军事围剿。克钦政府主席执行不抵抗政策使克钦"中央政府"被迫退到距离云南盈江昔马约 14 公里的勒新，有的"克钦独立军"家属进入昔马避难。受此战乱影响，缅北山区的中国边民除暂时就地躲藏到山林避祸和逃往缅甸其他地区之外，逃往中国的有不少人是从盈江县数个边境乡村进入，其中，有数千人来到昔马，原籍属昔马的约 200 多户达一两千人。

以往，只要方便一天之内返乡和国内局势稳定或缓和，外逃或外迁缅甸的昔马边民在侨居地和家乡间经常往返。家乡村社民众对这类"来来去去的边民"基本持"来的不撵，去的不留"的态度。因为他们可从多条小路分散非法进出边境及数量不突出，政府和边防人员难以有效加以禁止。

此次大规模逃难边民的到来使政府和边防人员需加管制，不允许他们随意涌入昔马腹地，将他们安置在昔马营盘坡至岔河[③]一带暂住，设卡日夜值守达数月之久。其中，在营盘坡居住的逃难边民基本为汉族，在岔河一带则是逃难汉族边民和"山兵"家属杂居在一起。这批逃难边民若想通过关卡进入昔马购买生活用品或走访亲朋，必须凭写有姓名、事由等信息的字条出入，并被要求当天往返。除政府救济少量大米和提供医疗帮助等方面外，他们生活所需基本靠自己解决。

---

① 李儒登、李林祚编撰：前引书，第 133—134 页。
② 李儒登、李林祚编撰：前引书，第 11—12 页。
③ 岔河是逃难边民的聚居点，距离盈江县昔马镇政府驻地约 7 公里，从岔河往西约 7 公里即为中缅边境线。

当年归来的边民称因为是逃难的难民，政府对他们的到来并不太愿意接纳，边防人员在管制的关卡撤消之时对他们称："我们要撤了，你们从哪里来的，就到哪里去"。昔马汉族边民与景颇族、傈僳族边民之间少有通婚，但本地汉族边民内部彼此长期通婚，多数家庭与其他数家间常互有亲戚关系，不少外逃汉族边民有亲属仍留在家乡。因此，多数回流汉族边民在临时管制撤消后到昔马各村寨投靠亲友，或回自己祖籍地老宅居住。初始，另有约有六七十户因老宅房屋年久破败倒塌或被亲属占去使用等因素，而在岔河沿公路两侧搭建茅草屋暂居下来。

据当地边民和逃难边民介绍，在缅甸的经济来源较多，一般生活状态较宽裕。受访的王姓两兄弟称，到1983年左右，他们侨居的缅甸花椒河几乎每家都有3匹以上的马或骡子，多数或一半以上家庭还有养牛。战乱之前，生活在那比在家乡好过。因此，1987年因战乱回流的边民虽是逃难归来，除部分在缅甸原本相对较贫困的家庭遭战乱更贫困外，另有不少家庭虽损失不少家产，仍比家乡普通农户家庭宽裕。一位现居岔河的边民告诉笔者，他们一家原居缅甸三岔口，离昔马约30公里左右，那里几乎家家户户种大烟，他们家还养有牛马。当年战乱逃到中国时将二三十头牛马赶到昔马岔河。

1988年缅政府发行新币，宣布旧缅币75元和25元面值的大钞作废，使不少携缅币逃难归来的昔马汉族边民遭到不同程度的损失，作废的缅币"一夜之间"成为一堆废纸。有的汉族边民逃难时在缅甸境内或中缅边境一带埋藏了大烟，在缅甸卖出后所得收入亦遭此次缅币大钞作废的变故。

因为战乱脱离以往在侨居地的生活方式和经济来源造成生活的落差，有的归国后因较贫困无力购买或缺少基本的生产和生活资料，又无合法身份方便在中国内地谋生，使得不少回流汉族边民生活日渐窘迫。初期，回流汉族边民有的在昔马或中国边境线一带帮人打工为生，有的归国短暂居留后即重返缅甸另谋出路。

关于这些回流汉族边民"无国籍"身份形成的原因，就客观的外部因素来说，主要是因为中国国内管理人口的制度和法律法规发生如下变迁所致：一方面是新中国成立后户籍制度和相关政策法规的变化；另一方面是20世纪80年代中期起中国政府推行居民身份制度的变化。相较居民身份证制度而言，户籍制度和相关政策的变化对类回流汉族边民"无国籍"身份的形成更直接。

虽然新中国在1955年与印度尼西亚签署解决华侨双重国籍问题的条约，正式宣布中国政府放弃承认双重国籍，但直到1980年9月10日中国政府才颁布施行专门管理中国公民国籍问题的《中华人民共和国国籍法》。在此之前，中华人民共和国公民身份由户口登记簿和户口簿登记的事项来证明。

新中国成立后，先后在城市和农村逐步确立户口登记制度。1955年发布《关于建立经常户口登记制度的指示》要求全国城市、乡镇建立户口登记制度，开始统一全国城乡的户口登记工作。1958年1月9日以"主席令"形式公布并于当日施行的《中华人民共和国户口登记条例》开始对中国人口流动实行严格限制或管制，在事实上废止了1954年宪法中关于人口自由迁徙和居住的规定。这一户口登记条例对于中国居民户口的登记、变更、迁移、注销等方面均有规定，并规定了应追究刑事责任的情形。

1962 年下半年和 1963 年及 1971—1972 年云南在各县市屡次开展户口核对、清查工作，纠正错漏差错。1981 年，云南省进行户口整顿，查出人户分离 12.71 万户，26.33 万余人。1989—1990 年，云南全省户口整顿查出人户分离 105.87 万余人，其中，有户无人 59.78 万余人，有人无户 46.09 万余人。①

上述云南省户口清查、整顿工作必然注销长期在缅甸、未按规定办理户口迁移或变更手续的昔马边民原有的户籍。根据 1958 年施行的《中华人民共和国户口登记条例》的规定，户口身份必须主动及时地到公民常住地户口登记机关申报登记，因此，外逃昔马边民在缅甸侨居地生育的子女若没有及时回国办理户口登记，也就不具有中国户籍。

关于中国居民身份证制度，1986 年 11 月 28 日由公安部发布执行的《中华人民和国居民身份证条例实施细则》② 部分规定如下：

第二条 申领居民身份证应当填写《常住人口登记表》。

第六条 年满 16 岁的中国公民，应当向常住户口所在地的户口登记机关申请领取居民身份证，并按照规定履行申请领取手续。

第七条 回国定居的华侨……在办理户口登记手续的同时申领居民身份证。

第八条 在中国境内定居的外国人和无国籍人被批准加入中华人民共和国国籍，年满 16 周岁的，在办理户籍登记手续的同时申领居民身份证。

第十条 公民申领居民身份证件，需填写《常住人口登记表》，交验户口薄，交近期标准相片两张。

第十三条 公民出境定居的，在办理注销户口手续时，应当交回居民身份证。

这些规定与 1999 年公布施行的《中华人民和国居民身份证条例实施细则》中的相关规定基本一致。1999 年版的实施细则第二条规定修改了 1986 年版实施细则第二条规定的内容，即居民身份证的编号使用公民身份号码。户口登记机关在为公民办理登记时按 GB11643—1999《公民身份号码》国家标准为公民编制公民身份号码。

2012 年 1 月 1 日施行的《中华人民共和国居民身份证法》对于中国居民身份证的申领比以往有了更完善的规定，其中第九条规定：香港同胞、澳门同胞、台湾同胞迁入内地定居的，华侨回国定居的，以及外国人、无国籍人在中华人民和国境内定居并被批准加入或者恢复中华人民共和国国籍的，在办理常住户口登记时应当依照本法规定申请领取居民身份证。

根据上述规定可知，中国居民身份证只颁发给具有中国公民身份的居民，同时必须在

---

① 云南省地方志编纂委员会、云南省公安厅：《云南省志·公安志（卷56）》，昆明：云南人民出版社，1996 年版，第384—385 页，转引自曹维盟：《中缅边界少数民族无国籍人口问题研究——以建国初期云南省福贡县外流边民群体为中心》，《八桂侨刊》，2013 年第 3 期，第 30 页。

② 这部法律法规已经失效，取代它的是经过修改、完善并于 1999 年 10 月 1 日由公安部公布施行的《中华人民共和国居民身份证条例实施细则》。2004 年 1 月 1 日起施行《中华人民共和国居民身份证法》时同时废止在此之前施行的《中华人民共和国居民身份证条例实行细则》。2011 年 10 月 29 日颁布的《中华人民共和国居民身份证法》于 2012 年 1 月 1 日起施行，取代 2004 年施行的《中华人民共和国居民身份证法》。

中国境内定居并在常住地办理过户籍登记手续。在中国境内定居的外国人和无国籍人只有被批准加入中华人民共和国国籍①，年满 16 周岁的，在办理户籍登记手续的同时才能申领中国居民身份证。

第五届全国人民代表大会第三次会议于 1980 年 9 月 10 日通过并施行的《中华人民共和国国籍法》具有如下规定：

第三条 中华人民共和国不承认中国公民具有双重国籍。

第四条 父母双方或一方为中国公民，本人出生在中国，具有中国国籍。

第五条 父母双方或一方为中国公民，本人出生在外国，具有中国国籍；但父母双方或一方为中国公民并定居在外国，本人出生时即具有外国国籍的，不具有中国国籍。

第六条 父母无国籍或国籍不明，定居在中国，本人出生在中国，具有中国国籍。

第七条 外国人或无国籍人，愿意遵守中国宪法和法律，并具有下列条件之一的，可以经申请批准加入中国国籍：一、中国人的近亲属；二、定居中国的；三、有其他正当理由的。

第九条 定居外国的中国公民，自愿加入或取得外国国籍的，即自动丧失中国国籍。

第十条 中国公民具有下列条件之一的，可以经申请批准退出中国国籍：一、外国人的近亲属；二、定居在外国的；三、有其他正当理由。

第十一条 申请退出中国国籍获得批准的，即丧失中国国籍。

第十三条 曾有过中国国籍的外国人，具有正当理由，可以申请恢复中国国籍；被批准恢复中国国籍的，不得再保留外国国籍。

第十四条 中国国籍的取得、丧失和恢复，除第九条规定的以外，必须办理申请手续。未满十八周岁的人，可由其父母或其他法定代理人代为办理申请。

第十六条 加入、退出和恢复中国国籍的申请，由中华人民共和国公安部审批。经批准的，由公安部发给证书。

第十七条 本法公布前，已经取得中国国籍的或已经丧失中国国籍的，继续有效。

由中国国籍法的上述规定可知，在不承认双重国籍的前提下，中国国籍的取得具有出生地和血统相结合的特点，可分自动取得和申请取得两种情形。就自动取得的情形来说：中国国籍法第四条规定属于自动取得的情形；中国国籍法第五条规定的取得的情形是为表明中国政府和中国国籍入籍原则首先尊重出生者出生地国入籍是以出生地为主的原则。中国国籍的丧失可分自动丧失和申请后丧失，自动丧失的是中国国籍法第九条规定的情形，

---

① 由于中国不承认双重国籍，外国人要申请中国居民身份证除满足年龄和定居等条件外，须放弃原国籍，并被批准加入中国国籍。

而申请退出的情形如中国国籍法第十一条规定，必须办理申请退出中国国籍的手续，获得批准的即丧失中国国籍。换言之，原具有中国国籍的人，如没有办理申请退出中国国籍的手续，或申请退出中国国籍的手续未被批准的，及没有被剥夺中国国籍的，仍应具有中国国籍。

1948 年 1 月 4 日缅甸独立当天同时生效了《缅甸联邦宪法》，成立缅甸联邦。缅甸国籍的取得由此从以往殖民时期以出生地为主转为以血统主义为主、出生地为辅。根据缅甸宪法第 11 条及缅甸联邦国籍条例第 4 条的规定，中缅混血和二代以上侨生被当然视为缅甸公民，无须申请国籍。父母已经入籍的侨生可以申请归化入籍，其他一代侨生和在英属殖民地出生的新移民，在缅甸有 8 年以上居住历史者，可以申请入籍。①

20 世纪 50 年代起外逃或外迁到缅甸的昔马汉族边民初期出国是为逃难、避祸，或因贫困，在缅甸久居的则是为了比在家乡生活得更好，或想寻找致富的机会。居住长久的达二三十年，归国前一般只传到第二代或第三代，且习惯于汉族内部或昔马汉族边民之间通婚，几乎很少有与缅甸人或缅族人通婚混血的情况。他们绝大多数没受过多少教育，甚至是文盲，户籍观念淡薄，在缅甸谋生的绝大多数人只顾眼前谋生的利益，不在意有没有中国户籍，基本没有什么国籍意识，一般也就不会考虑是否加入缅甸国籍。外逃昔马汉族边民的这种意识某种程度上如滇西边境一些边民评价他们所说的"心思没有定下来，哪边形势好，就往哪边跑"。他们多数人在缅甸办理的是"克钦政府"方便他们客居和通行的证件，类似中国的暂住证，就算办有缅甸人办理的证件，一般也是方便客居和通行的证件。

因此，就中国户籍制度和中国居民身份证制度而言，由于被注销户籍或没有办理中国户籍登记手续，外逃或外迁的昔马汉族边民即使归国定居，在失去或不具有中国户籍的情况下不能申领中国居民身份证。

依据 1980 年的中国国籍法，由于他们没有主动办理申请退出中国国籍的手续，又没有主动加入缅甸或他国国籍，他们不应自动被剥夺原有的中国国籍，所生子女若非主动或自动加入他国国籍，按其父母双方或一方原具有中国国籍的情形，也应具有中国国籍。

如按申请恢复加入中国国籍的情形来说，他们多数人拥有归国后在中国定居及具有中国人近亲属的入籍条件。就算是将回流及不具中国户籍的昔马汉族边民视为"无国籍"人或国籍不明的人，按中国国籍法规定，他们中不少人有父母定居在中国和本人出生在中国的情形，具有恢复或申请加入中国国籍的条件。

因此，可以说 20 世纪 80 年代回流或逃难归来的昔马汉族边民的身份不难辨别和确认，是他们自身或父母、祖父母辈的外逃或外迁缅甸的经历使他们在现实生活中被视为"遗失"中国户籍和中国国籍的人，而非法律程序上被剥夺了他们应该具有中国国籍的身份和权益。又因为他们没有法律意识，归国后没能及时为自身争取明确国籍的身份，盈江县侨办侨联虽曾呼吁云南省人大常委会外事华侨工委会调研和协调解决这类问题，并提出

---

① 转引自范宏伟：《第二次世界大战后缅甸华侨"双重国籍"问题研究》，《厦门大学学报（哲学社会科学版）》，2005 年第 4 期，第 71—72 页。

解决建议，但至今未能解决。①

（二）昔马"无国籍"边民作为"暂住者"的身份

有受访者称 1988 年起昔马边防派出所即要求在昔马居住的成年"无国籍"边民办理暂住证，并按人头缴纳一定的费用，最初办理的暂住证样式简单，只是一张纸片。

1995 年 10 月 26 日，云南省针对管理离开常住户口所在区的市区或乡、镇而在其他地区暂住的部分人员发布施行《云南省暂住人口管理办法》。昔马边防派出所据此自 1996 年起要求年满 16 周岁的"无国籍"边民参照《云南省暂住人口管理办法》拍照申领《云南省流动人口暂住证》。

在使用暂住证期间，昔马"无国籍"边民换领过几类不同样式的暂住证，证件信息有所差异。其中，2001 年持有的暂住证所填基本内容除发证机关和有效日期外，有姓名、性别、出生年月、婚姻状况、现暂住地址、现从事职业、随行子女情况（与户主关系、姓名、性别、年龄）、缴纳治安管理费情况、变动登记、查验记录、记事栏等信息。证件注意事项如下：

> 一、凡年满 16 周岁、拟在暂住地居住一个月以上，符合《云南省暂住人口管理办法》应办证的外来人口，须申领《暂住证》。二、持证人应遵守国家法律法令和有关规定。三、持证人应主动按规定缴纳暂住人口治安管理费。四、此证不得涂改、变造、伪造和转借他人，应随身携带以备查验。如有遗失，应及时向发证机关报失补领。五、持证人住址变动应及时向发证机关办理变更登记，离开时应交回原发证机关。六、本证自签发之日起一年有效，延期居住的须办理换证手续。

持有暂住证的"无国籍"边民可在国内出行、住宿及子女入学受教育等方面证明身份。他们中的多数人的父母或祖辈都是昔马人，归国后在原籍地（有的是在祖籍地老宅住下）却成了"暂住者"，政府要求需持暂住证才能居留下来，这让他们普遍存在着抵触或消极应对的情绪。

昔马回流的"无国籍"汉族边民在折返缅甸或到长期在外地谋生的情况下基本就没办理《暂住证》。至于在岔河和昔马各村社住下生活的"无国籍"汉族边民对办理暂住证也持消极的态度，有的为了不出或节省治安管理费，或先躲在偏僻之地居住，或少报人口数，或只有大人办理暂住证，有子女在读书持有学生证的就不写入暂住证。

昔马边防派出所作为暂住证签发机关，或因机构人员有限，或回流边民消极应对及流动性强等因素，未能有效、严格地管理和换发暂住证，管理也不规范。暂住证规定签发一年内有效，期满须换领，在填写有效期限却写为 3 个月、4 个月等不等的期限。有的不到16 周岁，却也要求持有暂住证。有的未及时换领即受罚款的惩处，有的见边防派出所管

---

① 盈江县归国华侨联合会、盈江县人民政府侨务办公室：《关于请求帮助协调解决盈江县"无国籍"人员落户的报告》，2011 年 11 月 11 日。

理松紧不一且因在祖宗之地住下，就没有及时换领，或只办过几次暂住证即不再按规定办理换证手续，昔马边防派出所却没加追究。到 2002 年左右，昔马边防派出所停止为回流的昔马"无国籍"边民办理或换领暂住证的手续。

（三）"上场热"的兴起与昔马"无国籍"边民的参与

在以往赶马帮到缅甸谋生的时代，昔马就流传着有人到缅甸玉石场挖玉石的事迹。相对后来而言，去的规模不大，人数也较少。有发财当大老板的人，也有没能发财长年劳苦在玉石场的长工。昔马山歌文化里传唱的"场上银子场上花，场上银子难回家"反映了玉石场财富不稳定和生活的艰苦。[①]

"文革"结束后，特别是 1978 年起中国实行改革开放的政策，和落实家庭联产承包责任制，对于中国其他地区的广大劳动人民来说，对未来充满愿景，激发了农民勤苦劳作的积极性。不过，如前所述，对生活在人多地少、土地和气候等自然条件不太适合农业劳作、以往就有外出谋生传统的昔马边民来说，土地承包到户对农民生产的积极性虽有促进作用，不过是有限的。

联产承包到户前，据昔马农村经济经营管理站 1977 年统计：当时昔马户籍人口总数为 6 069 人，共有水田 8 579 亩，旱地 4 006 亩，若以此计算，人均水田 1.41 亩、旱地 0.66 亩。[②]此后，昔马曾开荒为田，人均田地仍然有限。由于昔马农村经济经营管理站遗失许多 1978—1989 年份的统计数据，此间仅 1985 年这份统计数据可反映人均水田、旱地的资料：1985 年，昔马户籍人口总数为 8 001 人，水田 10 850 亩，旱地 1 059 亩，人均水田 1.35 亩、旱地 0.13 亩。[③]

可见，具有户籍的昔马边民个人所能分得的土地是有限的，那"一亩三分地"一年的产出也是有限的，甚至不足食用。如受访者告诉笔者，昔马地理和气候只能适合种老的稻种，产量还得看年份的好坏，好的水田不多，每亩水田所产水稻在 600—700 市斤，多数水田每亩产量在 200—300 市斤左右，一般的水田少有过亩产 400 市斤。昔马最好年份收成的水稻一般也只能吃 7—8 个月，有 1/3 粮食靠外运进来，几乎每家都要购买粮食。[④]

1981 年全面落实联产承包到户并初定五年不变，更多的是稳定了昔马边民的人心。因此，一些昔马边民特别是汉族边民在觉得家乡务农不可能发财、致富的情况下自 1981 年起像前辈一样到缅甸玉石场挖玉石。

随着中国改革开放政策的推进，20 世纪 80 年代中后期起，开始有一些先期到缅甸玉石场发财的昔马人归国探亲和投资，刺激了更多的昔马边民前往缅甸追寻发财的梦想。一位昔马籍教师告诉笔者：他的父亲大约是 1985 年或 1986 年去"上场"帮亲戚管理挖玉石的洞子，因为父亲在缅甸发了一些财，大约在 1989 年左右，他家成为昔马转坡寨第一个

---

①　李祖品：前引文，第 54—55 页。

②　昔马农村经济经营管理站：《昔马农村经济经营基本情况统计表》，1977 年。

③　昔马农村经济经营管理站：《昔马农村经济经营基本情况统计表》，1985 年。

④　许振政：《滇西昔马侨乡调研资料——谷忠正先生访谈记录》，盈江县昔马镇古永寨，2015 年 8 月 29 日。

有黑白电视的家庭。①

1987年昔马成立侨联组织后，选举缅甸归侨李儒登为侨联主席。在盈江县侨办、侨联支持下，昔马侨联组织利用书信、座谈会和其他方式广泛和侨居缅甸的昔马乡亲联系，宣传中国改革开放政策和国内侨务政策，鼓励和欢迎侨胞回国观光、考察及支持祖国经济建设，受到一些发财的昔马侨商或侨胞的积极响应。他们积极联络昔马侨胞中的商界人士，热心为家乡捐资修桥、修路、助学等。② 其中，昔马侨商或侨胞对教育的捐助最为突出，受捐助的学校有黄莲河小学、昔马中心小学、昔马华侨中学、保边华侨兴华小学等。1990年9月4日，昔马隆重举行昔马华侨中学教学楼竣工落成典礼。③ 1990年11月16日，昔马举行的侨乡庆典在昔马华侨中学广场隆重举行。④

在上述背景下，1989年起昔马兴起了上缅甸玉石场前所未有的热潮。前后有三四千的昔马人到过玉石场，多数人是去帮人挖玉石做苦力，少数人是带本钱前去做生意的。除人数众多的特点外，这股"上场"热潮具有如下特点："上场"的民族包括了昔马汉族、傈僳族、景颇族，主要以汉族为主，相对汉族而言，少数民族去的人数少得多，约有几十人上过玉石场；性别方面以男性为主，女性因多有不便，去得较少，上场的女性一般是结了婚、随同丈夫前往的妇女，以做一些为玉石场提供生活用品的小本生意为生；年龄方面，从十五六岁左右到四五十岁左右不等，主要以二三十岁左右的青壮年为主，少年或老年的男性较少。职业方面，这一群体主要是从事农业的昔马边民，另有一些人是办理了"停薪留职"而经商的当地中小学教师。

昔马边民和当年去过玉石场的"场客"（指上过玉石场的人）告诉笔者，在"上场热"中，除老幼妇女外，由于青壮年几乎都去过玉石场，以致有的村寨办丧事却找不到抬棺材的人。当地人有这样的说法："不上玉石场，不是昔马人"。⑤ 昔马少有没人"上场"的家庭：有的人去得时间较短，去过一个或几个干冬就回来；有的人干冬去雨季回，如此往返去了多年；有的较少返回家乡，一去就是好几年，甚至在那呆了十几年才归来。缅甸帕敢玉石场距离云南省盈江县约四百公里，生活条件艰苦，自然气候容易使人致病而死，有的人因吸毒和嫖妓以致染病而死，有的人因被人谋财害命或遭仇杀而死，有的人在玉石场劳动时出意外而死。可以说当年昔马人的"上场热"正如亲历过的"场客"所称的就是"赌命"，既是赌有无发财一夜暴富的"命运"或"运气"，也可能是搭上性命的"赌命"。

虽然"上场热"期间前往缅甸的昔马人主要是有户籍的汉族边民，但是，由于归国后没有什么生活来源，又受"上场"社会风气和以往侨居缅甸冒险谋生观念的影响，因此，除老弱及要照顾家庭老小和其他不能出国的情形外，昔马大多数回流的"无国籍"汉族边

---

① 许振政：《滇西昔马侨乡调研资料——屈琪老师访谈记录》，盈江县"昔马华侨中学"，2015年9月5日。
② 李儒登、李林祚编撰：前引书，第207—208页。
③ 盈江县归国华侨联合会：《昔马举行华侨中学落成典礼情况简报》，《侨联简讯》（第三期），1990年9月18日。
④ 李儒登、李林祚编撰：前引书，第208页。
⑤ 许振政：《滇西昔马侨乡调研资料——屈琪老师访谈记录》，盈江县"昔马华侨中学"，2015年9月5日。

民都参与了"上场"。有的"无国籍"汉族边民甚至带上妻子和孩子"上场",或在玉石场上找到女子结婚,生儿育女并继续留在场上。

当年在玉石场招工人支几个"洞子"(按:限于财力,昔马人一般支2—3个左右的洞子,财力大的会有4个以上的洞子)挖玉石卖毛料需要不小的费用或开支。特别是只做玉石毛料交易生意的,会有资金积压的情况,要有较雄厚的资本和量力而行才较稳当。昔马人有通过"赌石"交易玉石毛料以求一夜暴富的风气,有的人暂时暴富而声名鹊起,也有可能在以后大宗的"赌石"交易中因解开的玉石一文不值而倾家荡产及在玉石商界中销声匿迹。在当时,不少做这玉石毛料"赌石"生意的昔马人老板损失几十万、上百万元人民币甚至更多的情况是常有的事。

因此,有本钱、能经得起损失或善于经营的昔马籍老板才可能发财,为老板做苦力挖玉石的工人基本不可能发财,甚至连往返缅甸和家乡的路费都没有,以致几年都不得归来。昔马多数"无国籍"汉族边民因为缺少本钱,只是前去帮人挖玉石,和许多有户籍的贫困昔马边民一样带着发财的梦想而去,却几乎空手而归。有些"无国籍"的昔马汉族边民有本钱或与人合伙"上场"做生意,因此,有的发了大财,有的也只是发一些小财。

20世纪90年代,缅甸政府曾以走私玉石为名没收在缅甸玉石场做生意的中国商人的玉石毛料,昔马商人也因此受过几次损失。这对昔马边民"上场热"有所影响,但仍有不少昔马边民想到玉石场寻找发财机会,受打击破产的一些昔马商人有的也心有不甘,重新凑钱做玉石的生意。因此,昔马的"上场热"持续到2001年左右。2001—2008年间缅甸政府调整玉石出口政策,只允许以一般贸易方式出口玉石,不允许以边境贸易方式出口,使得中国国内玉石毛料交易市场由盈江转移到广东平洲,盈江玉石产业界呈衰退之势。[1]加上缅甸玉石场2001年左右已经大规模使用机械,不需要多少的劳力。因此,昔马人的"上场热"渐行消退。

(四)昔马"无国籍"汉族边民身份转变的渠道和局限

20世纪90年代初起,中国户籍管理逐渐实现了计算机化、系统化、网络化,并于2000年之前基本得以实现。2000年云南统一用电脑对户籍信息进行录入和管理。此前,云南省户籍通过纸质的常住人口登记卡手写进行登记和管理。这种户籍管理模式为一些人提供了变更或修改户籍信息的便利。户籍管理模式的转变影响着昔马"无国籍"汉族边民身份转变的方式或渠道。

1987年缅北战乱至20世纪90年代中期大约十年间,回流到昔马的多数"无国籍"汉族边民及其后裔认识不到具有中国户籍和他们未来利益关联的重要性。可以说,1996年之前他们中的许多人由于没有文化和法律意识,意识不到中国社会此后会有迅速的发展和变化,对于转变无中国户籍或"黑户"的状态不太主动,具有被动性,有的还不想转变,想看中缅形势而重回缅甸谋生。

---

① 盈江县归国华侨联合会、盈江县人民政府侨办公室:《盈江县2012年侨情分析报告》,2012年8月24日。

教育对昔马"无国籍"汉族边民身份的转变主要发生于 20 世纪 90 年代初左右。由于当时户籍管理和落户政策还较宽松，一些先期于 1987 年前归国读书或 1987 年后归国读书的昔马汉族外逃边民的子女因为成绩优秀，昔马的学校出于爱惜人才的考虑，出面协调政府和户籍管理部门，为那些初中毕业、成绩优秀的学生争取申请办理落户籍和申领居民身份证的手续，使这类孩子改变了无中国户籍、"无国籍"的状态，以合法中国公民的身份得以继续求学，有的还因此考上了大学，改变了他们的人生轨迹，在政府或社会其他领域担任公职人员。但这类情形只存在了几年就消失了。之后，"无国籍"的学生只能读到初中毕业，因为听说或有老师告诉他们没有户籍不能考大学，不少学生在初中未毕业就辍学了。

此外，20 世纪 90 年代中期左右，另有少数家境较宽裕或较重视教育的"无国籍"汉族边民在其孩子就读昔马小学或中学期间即送他们到密支那求学，通过亲朋关系为孩子办理缅甸合法的证件，有的孩子在高中毕业后考上中国台湾的大学而到台湾继续深造。

1998 年 7 月改革后的中国户籍政策解决了新生婴儿随父落户、夫妻分居等问题，即新生婴儿在此后可随父母的任何一方落户。2014 年 3 月新生儿落户手续必须提供完备落户资料之前，通过与有户籍的中国公民通婚，不少昔马汉族"无国籍"边民所生子女的身份因此得到确认。

昔马汉族"无国籍"边民男子娶外地或本地有户籍的女子，所生育的子女在符合计划生育政策的情况下可以正常落户在孩子母亲名下。在孩子母亲未迁原户籍关系时，有的则落户在孩子母亲娘家户籍名下，超生的子女在缴纳"社会抚养费"后也能落户。这种通婚关系主要是解决"无国籍"汉族边民男子后代户籍的问题，至于"无国籍"汉族边民男子本人一般少有通过通婚关系而改变自身"无国籍"和无户籍的状态。

至于昔马汉族"无国籍"边民女子嫁给外地或本地有户籍的男子，孩子随父母的任何一方落户政策实施后，所生子女一般落户于孩子父亲户籍名下。1998 年 7 月之前，新生婴儿随母亲落户，而母亲若没有户籍，这种情况一般也不妨碍孩子的落户，因为孩子的父母会用孩子父亲家庭的名义解决落户籍的问题。依家庭经济条件和户籍意识，昔马"无国籍"汉族边民女子嫁给有户籍男子为妻后，有的通过金钱和社会关系帮妻子解决了中国户籍问题，有的因为贫困或没有户籍意识及缺少社会关系，则没有改变妻子无中国户籍的状况。

"无国籍"汉族边民之间，或"无国籍"汉族边民男子与境外缅甸国籍或无缅籍证件女子通婚所生的子女，因为双方家庭关系中少有可以挂钩的有中国户籍的人，一般没能解决孩子落户的问题。目前，生活于昔马的"无国籍"汉族边民除老年人及年龄较长的人之外，不少人即是此类情形通婚者的后代。

2015 年 6 月底，昔马计生管理部门统计夫妻一方面无中国户籍的人员都算境外通婚者，共有 551 人，其中，女方无户籍的有 463 人，男方无户籍的有 88 人。昔马汉族边民告诉笔者：这四五百名所谓的境外通婚者，其实有百分之八九十是昔马汉族"无国籍"边民的后代，有的就在昔马当地出生，已经在昔马定居了一二十年了，甚至在出生后从来没有出国过。这种情形可以反映出昔马汉族"无国籍"边民子女与昔马有户籍边民通婚具有普遍性,前者对后者的"依存度"较高,这是他们尝试通过民间方式融入国内社会的一种生存方式。

在"上场热"兴起后的前半期,多数昔马汉族"无国籍"边民想的是通过到缅甸谋生或"上场"发财致富,不把没中国户籍的问题当回事,或不加重视。直到1996年左右,由于有些人逐渐意识到没有户籍和居民身份证不便自身的生活及子女的受教育状况,或认识到"上场"发财的只是有本钱的老板,玉石场生活艰苦,积累的玉石财富不稳定,没有缅甸或中国合法身份不方便在缅甸谋生的问题。加上听闻昔马一些乡亲传言可以通过出钱的方式解决户籍,也因为那时的云南省户籍管理还没有实现计算机化和网络化,方便变更或修改手写的户籍信息,因此,1996年左右起昔马汉族"无国籍"边民中一些有一定积蓄或"上场"发了一些财的家庭及一些家境普通的"无国籍"边民开始重视无中国户籍的问题。一些昔马边民反映,在20世纪90年代中后期出钱落户的家庭或个人中,有关系或门路的出钱少一些,没有关系或门路的出钱多一些。如有的一家数口人只出几百元,有的一家落户要出数千元。至于就个人来说,有的一个人出500元才能办理落户,有的一个人只要出300元。通过这种出钱数额不等而落户的方式,昔马不少"无国籍"、无户籍的汉族边民为整个家庭成员或家庭中的部分个人解决了没有中国户籍的问题,因而也就明确了国籍身份。

此后的十五六年间至今,随着电脑和互联网时代的发展,特别是2005年全国户籍信息升级联网后,中国户籍的管理方式日趋完善,管理也更为严格。在不容易落户的情况下,一些昔马"无国籍"汉族边民比以往出钱落户的人要花更多的钱才能为自己的子女落户,一般是通过借着亲属的名义在昔马或其他乡镇修改或变更户籍信息来解决户籍的问题。随着国家反腐力度的加大,这种通过社会关系而出钱落户的渠道变得不容易行得通了。

可以说,昔马目前生活的"无国籍"汉族边民多数是因为经济条件因素,或当年户籍意识不强没有及时解决户籍而保持"黑户"或"无国籍"的状态。

(五)昔马"无国籍"汉族边民分享的社会待遇及局限

由于回流到昔马的汉族"无国籍"边民归国后没有或没能及时办理确认他们身份的手续,使得他们没有中国户籍和中国居民身份证等能证明他们身份的有效证件,加上没有家庭联产承包合同和非社员等原因,从而不能分享中国改革开放后社会发展或变迁所带来的利益或成果,缺少一些必要的社会保障。例如:不能分享农业种植补贴、边民补贴、农村居民最低生活保障(简称"农村低保")、养老保险等。在此仅介绍和分析他们能够分享的如教育、新型农村合作医疗保险(简称"新农合")、"林改"等社会待遇及存有的局限。

昔马汉族边民外逃或外迁后,或他们逃难归国前,一些家庭因为担心缅甸战乱或局势不稳定,将子女送回家乡寄居在亲戚家,接受国内小学或中学的教育。由于没有中国的户籍，他们除要缴纳学杂费之外，要另交借读费。

1986 年 4 月中国通过《中华人民共和国义务教育法》，规定国家实行九年制义务教育，但因地区差异、教育经费保障不足等原因，缅北战乱之前和战乱之后归国求学的昔马"无国籍"汉族学生仍要交借读费。

20 世纪 90 年代，一些昔马中小学学校受华侨捐助而改名：1990 年，昔马中学改名昔马华侨中学；1994 年，昔马中心小学改名昔马华侨中心小学；1995 年，保边小学改名为保边华侨兴华小学。中小学校冠有华侨之名后，有的"无国籍"汉族边民表示在其读中小学时不用交借读费了，有的"无国籍"汉族边民表示其子女读那些中小学仍要交这项费用，说法和遭遇不一。

让"无国籍"汉族学生在小学和初中能和中国公民子女平等享受真正的九年义务教育始于 2006 年 9 月 1 日中国实施新的《义务教育法》后。不过，此后至今，昔马"无国籍"汉族学生因为无中国户籍和手续的问题，不能考大学，就读高中或职业学校要交借读费。因此，常有一些"无国籍"汉族学生在知道会因没中国户籍而不能正常升学就读或不能考大学后，就在初二自暴自弃，放弃学业，影响了他们的文化水平和以后职业的选择及生活水平。

"新农合"是中国政府于 2002 年提出的各级政府要积极引导农民建立以大病统筹为主的新型农村合作医疗制度。它由中国各级政府组织、引导和支持，以农民自愿参加为原则，采取个人缴费、集体扶持和政府资助的方式筹集资金，是一种新型的农村基本医疗保障制度。从 2003 年起在中国部分县市进行试点，到 2010 年基本覆盖全国农村居民。同时，参与者的"医保"补助标准和住院费用比例逐步得到提高。

云南省盈江县昔马镇于 2006 年开始推行"新农合"，以户为单位，每年 10 月底到 12 月 31 日进行筹资，次年元月一日生效，每年审核一次。没有昔马本地户籍的流动人口或"无国籍"人员参与"新农合"必须居住 6 个月以上，要由其住所所在地村委会认可和提供证明。

2006 年，昔马只有少部分"无国籍"汉族边民参与"新农合"。一方面是因为存在"无国籍"汉族边民是否愿意参与或是否及时知晓的问题；另一方面主要是因为当时的政府最初不太允许"无国籍"边民大规模地参与"新农合"。因此，于 2006 年参与"新农合"的"无国籍"汉族边民主要是和有昔马本地户籍通婚的人员，他们作为有户籍者的家庭成员参与"新农合"。2006 年当年，"无国籍"汉族边民作为户主参与"新农合"的情况较少。

直到 2007 年，昔马镇政府才放开政策全面允许符合居住条件和受所在地村社认可的昔马"无国籍"汉族边民参与"新农合"。"无国籍"边民家庭成员有户口的以持有户口本的户主为"新农合"户主；"无国籍"边民家庭成员全部没有户籍的以家庭年长者为"新农合"户主，不论男女。若参与"新农合"的"无国籍"边民家庭曾有参与的记录，即使后来某年暂时中断参与，还可凭以往的参与记录重新参与。①

散居于昔马各村社的"无国籍"汉族边民因为多数是住在其祖籍地的村社，容易为其当地村社所认可，所以，他们参与"新农合"一般是居住地的村民小组为名义并以户参加的。在岔河的"无国籍"汉族边民因为其所在地不设村委会，因此，此地"无国籍"边民需要自己征得昔马某村民小组"社干"的认可，才能以户为单位及以接纳的某个村民小组的名义参与"新农合"。

关于昔马政府为何全面接纳符合条件的"无国籍"边民参与"新农合"，分管民政的昔马镇副书记（副镇长）接受笔者采访时称：政府通过调研了解到长期居住在昔马的"无国籍"者的贫困状况，这类家庭成员往往还涉及跨国婚姻。昔马的"无国籍"边民约达2 000人左右，只有让这些人减少因病造成家庭的贫困，生活状况好转才能更好地接受教育……体现边疆地区社会惠民政府的优势，减少影响边境社会安全或稳定的不稳定因素。通过上报，获得了上级政府的批准。不过，自2014年起不允许原本没有参与的"无国籍"边民参与"新农合"。做出这一限制，是因为通过以往几年的宣传和实施该政策，想参与的人都应该参与了，如继续大量增加是不正常的表现，会让境外身份不明确的社会人员享有中国的惠民政策，故而开始严格管理和审核"新农合"参与者的身份。②

昔马"无国籍"汉族边民只要按时参与"新农合"，除了报销医疗费用需村社提供证明之外，和有昔马本地有户籍的"新农合"参与者享有同等比例的报销待遇。由于昔马属于边境乡镇，在2006—2014年间，昔马的"无国籍"边民和全镇有户籍并参与"新农合"的边民同样享有盈江县民政助缴个人缴费部分的待遇。直到2015年，"新农合"个人需筹集90元，具有昔马户籍的边民仍可享受民政为其助缴60元的待遇，他们个人只需缴交30元，而"无国籍"边民则需全部由自己承担个人筹资的90元。③

此外，由于"无国籍"汉族边民没有昔马户籍，他们所生子女一般为两三个或更多，即使只生一个，因为不被纳入计生管理范围，自然不能像有昔马户籍的"独生子女户"可在参与"新农合"子女未满18周岁前享受民政全额助缴个人缴纳部分的待遇。

由上可见，虽然目前在昔马居住的"无国籍"汉族边民基本参与了"新农合"，并在报销医疗费用时和有户籍者一样同享平等的待遇，但是，由于他们没有昔马户籍或因为是"无国籍"和无中国户籍的身份，他们分享"新农合"这一社会待遇或社会保障时存在着一些局限。

2002年，昔马自然村合作社开始划分集体林地给社员各户植树造林。④ 2008年，昔马镇全面落实"林改"工作。⑤ 在"林改"中，昔马各村社一般是首先保证有社员资格的人可以分得集体林地。有的村社因为人多林少，或因其他方面的原因，不允许分给"无国

① 许振政：《滇西昔马侨乡调研资料——马庆云访谈记录》，盈江县昔马镇，2015年8月26日。
② 许振政：《滇西昔马侨乡调研资料——昔马镇胡安富副书记访谈记录》，盈江县昔马镇，2015年8月20日。
③ 许振政：《滇西昔马侨乡调研资料——马庆云访谈记录》，盈江县昔马镇，2015年8月27日。
④ 李儒登、李林祚编撰：前引书，第21页。
⑤ 李儒登、李林祚编撰：前引书，第23页。

籍"汉族边民予林地。有的村社虽然也允许分给祖籍原属本村社的"无国籍"汉族边民一些林地，但是，他们所得林地要看各村社规则，一般来说是分得较少的，有的"无国籍"汉族边民还要交一定费用才可分得林地。

例如：在昔马王家寨，凡是居住生活于该村社的边民，不论有无户籍，皆可平等分享集体林地的划分，如本村社有户籍的男子若娶的媳妇是"无国籍"边民或缅籍女子，一样可以按人头平等分享村社集体林地的划分，不需要他们另外出钱，本村社外嫁到其他村社或其他乡镇的女子即便有户籍也不能分享王家寨划分的林地；在昔马转坡寨，居住于该村社的"无国籍"汉族边民在"林改"中按半个人头来分享；在昔马秋场坡，"无国籍"汉族边民在"林改"中分得一些林地要出一定的费用，如此等等。各村社在"林改"中对待"无国籍"汉族边民是否可分得林地及分得的数量或条件并不一致。

昔马"无国籍"汉族边民群体的形成和其境遇的变迁有着复杂的社会背景，涉及了中缅两国的局势和社会变迁，特别是涉及了新中国成立后社会制度和政策的变迁。在中国社会发展变迁过程中，一些原本也是"无国籍"、无中国户籍身份的昔马汉族边民主要因为具有财力或社会人脉资源、较有头脑而通过各种渠道重新办理中国户籍来解决他们身份确认的问题，这类人为自身身份及时转变而感到庆幸。目前，昔马居住的"无国籍"汉族边民基本是因为自己或父母、祖父母缺少户籍意识或以往对户籍不重视，又因限于经济条件或父母双方皆为"无国籍"边民等因素，因而没有能力、没有社会关系及时转变他们的身份，或虽有经济能力但错过及时转变身份的机会，是社会政治经济形势和个人意识等方面因素综合作用而形成的社会问题。

昔马"无国籍"汉族边民回流后的境遇不是德宏盈江县境内孤立的社会现象，正如盈江县侨办、侨联向上级部门呈文提议解决盈江县"无国籍"人员落户报告所指出的，盈江境内包括昔马、那邦、勐弄、卡场等十几个乡镇至 2011 年底仍存在"无国籍"人员的状况。[1] 类似滇西边境昔马侨乡这类"无国籍"边民，只要他们没有改变"无国籍"的身份或状态，他们就不可能真正或充分与平等地享有同国内本地中国公民同样的社会福利或待遇，即使是定居于国内，拥有居住的房屋，与中国公民或居民通婚，具有一些林地或田地等等，仍缺少一些社会法律的保障，不能完全改变他们作为特殊社会群体被边缘化和具有贫困化倾向的处境，不能算是真正地融入到当地社会或国内社会。中国边疆社会发展变化不能限于追求社会经济的发展，应该同时追求社会发展的团结和稳定。只有消除昔马侨乡"无国籍"汉族边民这类社会群体或社会现象，中国边境社会才能更好地实现稳定与繁荣。

---

① 盈江县归国华侨联合会、盈江县人民政府侨务办公室：《关于请求帮助协调解决盈江县"无国籍"人员落户的报告》，2011 年 11 月 11 日。

八闽侨乡"过番歌":海上丝绸之路上近代华人移民历史风貌的文学鉴证

萧 成

(福建社会科学院文学所 福州 350001)

众所周知,近代中国有三次大规模的人口迁徙:"闯关东"、"走西口"和"下南洋",都属近代中国底层民众自发外出谋生、务工、逃荒或逃难所形成的重大历史性事件。"闯关东"和"走西口"属于国内移民,而"下南洋"则是中国人走出国门的移民潮,长路漫漫,充满了血泪辛酸,但也更显得恢弘壮阔,不仅具有跨国、跨洲、跨洋色彩,而且路程更远,所到达的国家与地区范围更大,时间亦长达上百年,其历史意义与文化影响可谓更加广泛与深远。

"南洋"的地理概念主要是指包括当今东盟 10 国在内的广大区域,也就是人们通常所理解的"海上丝绸之路"的核心区域。在中国古文献中,这一地区曾先后被称为"南海"、"西南海"、"东西洋",清代则泛称"南洋",后沿用至 20 世纪中叶。而广义的"南洋"还包含当今的印度、澳大利亚、新西兰以及附近的太平洋诸岛。中国与"海上丝绸之路"上诸国的交往可以追溯到 2 000 年前。① 历代封建王朝末年,大多伴随着天灾人祸、农民起义、外族入侵和王朝更替,不堪战乱的普通百姓和权力失落的前朝贵族纷纷移居海外。由于地缘上山水相连的毗邻关系,东南亚成为中国移民的迁徙地和避难所,这种迁徙即"下南洋"。近代所出现的"下南洋"移民浪潮,特别是闽粤及其周边地区的民众之所以成为大规模"下南洋"先驱有着深刻的历史原因:

1. 从国内情况看,闽粤两省自然环境和经济压迫的窘境,导致许多人为改变个人或家族的命运选择了"下南洋"。一般而言,一个族群的生活方式乃至价值观与其生存的自然环境密切相关。闽粤均是沿海山多地少的典型省份,因"人稠地狭,田园不足于耕",

---

① 据《史记》、《汉书·地理志》等文献记载,公元 1 世纪左右,中国就与缅甸、越南等国互有来往。西汉末年,一批汉儒学者、军政官员数千人逃往越南;南北朝时五胡乱华,中原人士纷纷移居印度支那;唐末黄巢起义军袭广州时,粤人争相逃往东南亚,移民开始增多,他们被当地人称为"唐人";元灭南宋时,大批遗民也落难于此;明末清初,大量难民、被清兵打散的农民军及明军余部,还有不愿降清的明遗民,掀起了移民东南亚的高潮。不过中国人的"下南洋"路一直到了晚清、近代才越走越宽。

故不得不"望海谋生"。自宋代以降，通远洋贸易的良港叠出，福州、长乐、泉州、漳州月港、安平、厦门、南澳、樟林、广州、澳门等地的港口，远多于其他省份。这些外洋贸易港极大地方便了闽粤民众出洋；明中期以后，这些地区的民间百姓到海外寻求谋生空间的欲望，比中国其他地方的人更为强烈。据统计，鸦片战争前，"下南洋"经商、谋生的华人已达150万之多。

2. 从国际局势方面看，17世纪以降，西方殖民势力开始进入远东，荷兰、西班牙、葡萄牙、英国、美国等国家先后在东南亚开辟商埠，将远东纳入世界殖民贸易体系。在南洋殖民化过程中，殖民者需要大批劳工来开发南洋，而非洲黑奴贸易在18—19世纪之交已式微，西方殖民者遂把眼光投向人口众多的中国，颁布了一系列优惠政策，鼓励华人前往东南亚。① 而清政府被迫签订种种不平等条约，包括允许西方在东南沿海招募华工，由于应募者要订立契约而称为"契约华工"，俗称"卖猪仔"，由此民间"下南洋"也进入了一个新时期。

3. 闽粤地方封建官府控制力较弱或有不及。民间出海百姓相对疏离政府的控制，或可说是官府管不住，这是闽粤民众大规模出洋的又一重要原因。鸦片战争以前的明、清两朝，虽然都对海洋贸易施以严厉管辖惩处，乃至禁海，尤其对海上私商贸易更施以严厉打击，移民海外更被官府视为"弃民"乃至"叛逆"，直至1893年清廷才正式解除海禁。然而中国幅员辽阔，中央政府对全国的控制能力，依其对政治中心的距离越远而递减。闽南、粤东僻处海隅，远离中原，甚至远离省城，也非区域政治、经济中心，所谓"山高皇帝远"也，历来不为朝廷所重视，百姓大规模出洋亦不易引起中央政府的注意。

4. "三宝太监"郑和"七下西洋"壮举的广远影响，也是八闽民间百姓纷纷"下南洋"的驱动力之一。从事远洋贸易的中国帆船是海外移民的主要运输工具，而只有从事私商贸易的远洋帆船才会搭载移民，因此19世纪中期以前中国移民依洋船贸易而成行。闽南作为对外贸易的首善之地，在移民海外方面也获得先机，他们靠着勤劳、勇敢和智慧在他乡闯出了一片广阔天地，很多人也由此发财致富，从而彻底改变了自己与家族的命运。换言之，大量华人移居东南亚，既缓解了国内人口压力，又极大推动了当地经济发展。可以说，东南亚的近现代历史是由土著族群与华人共同书写的。

虽然闽粤两省都是我国著名侨乡，但与广东相比，福建人口当今不足3 700余万，但具有福建祖籍的目前散居于世界各国的华人华侨却达2 700多万，占比接近目前海外华人5 500余万总数的1/2，素有"有海水的地方就有华人，有华人的地方就有闽人"的说法。作为"海上丝绸之路"核心区域的东南亚地区乃近代华人移民最为集中之区域，至今在东南亚与福建侨乡中存留的、产生于近代的"过番歌"可谓是华人移民历史在"海上丝绸

---

① 鸦片战争之后，英国、荷兰殖民统治下的南洋诸国为吸引华工先后推出一系列优惠政策，很多人就是在此时，携妻带子或孤身一人，漂洋过海前往南洋。如马来西亚联邦的沙捞越州，"白色拉者二世"执政时期曾颁布一个特别通告：给移民足够的免费土地种植，政府提供临时住屋安置移民；免费供给大米和食盐一年；提供交通运输工具，建立警察局保护华人安全，华人可永久居住在沙捞越等。这样的政策对于中国国内流离失所、丧失土地的无业流民来说，具有强大吸引力。

之路"上最生动的文学印记和最确凿的史料鉴证之一。"过番"又作"来番"、"落番"，或"下南洋"，即到今天"海上丝绸之路"核心区域的东南亚国家，这是闽粤、客家等各方言族群先辈们移民海外的共同历史记忆。"过番歌"指的就是在共同"下南洋"历史背景下中国侨乡与海外华人族群民间流传的先辈到海外谋生为主题的民间歌谣。"过番歌"所吟唱的那些背井离乡、流居异域的海外华人不是我们的陌路人，他们的血泪史与中国近代历史紧紧相扣。从"关山难越，谁悲失路之人？萍水相逢，尽是他乡之客"这样的"过番"诗句中，我们看到先辈的影子，看到中华民族历经的磨难，感受到中华儿女坚毅的精神，其所蕴含的充满血泪的丰富情感和史实价值自不待言。换言之，在对华人移民史的研究方面，"过番歌"具有"文学地理学"与"文学历史学"的双重价值与意义，它所反映的便是近代以来中国东南亚移民的海外生存经验，是经济困顿而无奈出国的穷困华侨流落异邦的一段底层人生的经历和感受，是他们归乡之后对于噩梦般的异国人生的一段民间记忆和诉说，因而"过番歌"作为真实反映时代风貌的重要非物质文化遗产之一，具有历史文化"活化石"之称。

　　一般而言，流传于"海上丝绸之路"与福建各地的"过番歌"，就目前搜集到的资料看，虽然"过番歌"主要产生于漳州、泉州、厦门为核心的闽南地区，但同为侨乡的福州五区八县，以及闽东地区宁德的寿宁、屏南、古田等县，闽西的龙岩、永定、长汀、宁化等地，三明的永安，闽北的光泽等地，也都有"过番歌"流传。"过番歌"是伴随着经济压迫原因人们被迫"下南洋"而产生的。[①] 当时"对许多父母来说，让孩子飘洋出海常常是一个两难的选择。在一位客家籍受访者的村子里，所有父母内心深处的情感都是不让孩子出国的，但是乡村中的贫困和（社会）混乱使当父母的别无选择"。与此同时，"20世纪初期中国农村的动荡和混乱使（番平）发财的神话在千方百计要摆脱贫困生活的农民眼中变得极富吸引力"。[②] 那些过番者在南洋发财的故事给潜在移民描绘了一幅他们热切向往的美好愿景。但过番之前人们的思想是矛盾的：得面对家庭的离散，得筹措到南洋的船费，得在言语不通、人地生疏的他乡讨生活等等，令人思虑万千，但却无由摆脱。毕竟当时过番是违法与危险的。迁居海外无异于"弃绝王化"，不仅被禁止，而且朝廷对回国者严加制裁。加上早期移民偷渡出洋，整日担心官军稽查与海盗行劫，海上风信难测，帆船时时有倾覆之险，旅途艰险无比。特别是近代出洋华工则几乎与奴隶无异，饱受"猪仔头"与"猪仔馆"的虐待。华工被封禁在船舱内，条件恶劣，死亡率极高，贩运华工的船只被称为"移动地狱"。再就是过番之后的艰难，既要克服难以适应自然环境的问题，又受到当地各种势力的多重倾轧。殖民者急需华人参与开发，但又对华人迅速扩张的经济

---

① 中国太平洋学会曾于1934年9月至1935年4月对闽南、粤东的10县实地调查905户过番者家庭，分析得出当时华人出国的原因如下：经济压迫：633户，占69.952%；南洋的关系：176户，占19.453%；天灾：31户，占3.434%；谋求事业的发展：26户，占2.875%；行为不检：17户，占1.886%；时局的不靖：7户，占0.777%；家庭不睦：7户，占0.778%；其他：8户，占0.88%。显然，当时因"经济压迫"原因而移居南洋者，竟占69.95%。此资料来自陈达：《南洋华侨与闽粤社会》，商务印书馆，1938年版，第48页。

② 陈国贲、张齐娥著，王业龙译：《出路——新加坡华裔企业家的成长》，中国社会科学出版社，1996年版，第129—132页。

实力充满担忧，因而有意抑制华人权益，迫害、屠杀华人的惨烈事件多有发生，这些都在"过番歌"中有鲜明呈现。福建各地"过番歌"的主题内容与艺术形式都极为丰富，通常以闽方言叙事短篇歌谣和长篇说唱的形式，兼杂采用诗体、变体、叠体、曲体、月份季节歌等形式，以及七言四句体的女性独唱曲和"郎搭妹、妹搭郎"的男女对唱曲等山歌形式，通过对难舍难分的亲人送别、"过番"谋生危难重重的叙说、对家乡的牵挂与对亲人刻骨铭心思念的描写、对留守女人哀怨复杂情感的描述，直接或侧面地规劝、告诫亲人"莫过番"与安守家园的主旨。这些"过番歌"不仅是近代华人移民史的活化石，同时是"漂泊史，也是情感史，当然，更是一部生命史"！① 依题材大致可以划分为如下几个大类：

类一：送别歌。福建侨乡流传的过番歌中叙述棒打鸳鸯的苦情，表达难舍难分的亲人送别场景的歌谣有不少。譬如《十送郎君去番邦》（福清）通过夫妻分别，妻子对到南洋赚钱丈夫的叮咛，表现了依依不舍的感情。《夫妻临别》（石狮）通过男女对唱表现了妻子的不放心和丈夫的安慰，最后女方唱："敬君一杯酒，祝君长岁寿；银钱会入手，紧紧回泉州。"男方唱："事事免交代，君我会安排；阿娘顾厝内，安心等我来。"《临别歌》（南安）也是以男女对唱形式表达了妻子与丈夫不忍分别又不得不分别的复杂心情。《送别歌》（石狮）表现了妻子的不放心和丈夫的保证，妻子唱"十指尖尖捧一杯，问君此去何时回？路过野草君莫采，带念家中一枝花。"丈夫唱："双手接来茶一杯，过番赚钱人就回，野花好看我不爱，一心只爱家中花。"《十送郎君过番平》（同安）和《送君上船》（安溪）等，都通过妻子对丈夫的千叮咛万嘱咐，表现了依依深情。其中比较有艺术代表性的是闽西客家"过番歌"，主要是运用女性独唱、男女对唱等山歌特有形式，通过对棒打鸳鸯、强忍悲痛送"亲哥（指夫君）"过番悲情的抒发，直接表达"莫过番"的主旨。如《妹送亲哥去过番》：

> 妹送亲哥出外洋，路上歹人爱提防。在家之时千日好，出门单身苦难当。妹送亲哥到西阳，郎就痛心妹痛肠。他日中秋月圆日，两人望月各一方。送哥送到丙村圩，暗暗伸手牵郎衣。低言细语同郎讲，三年两载你爱归。送哥送到观音宫，观音娘娘带笑容。烧香点烛拜三拜，保佑涯郎爱顺风。送哥送到蓬辣滩，险滩行船系艰难。石角尖尖水又急，几多挂念妹心同。妹送亲哥到三河，十分难舍涯亲哥。若问妹子心头苦，泪花还比浪花多。妹送亲哥到府城，湘子桥下得人惊。又有关官恶过鬼，吓得满船面夹青。妹送亲哥到汕头，一看大海妹心愁。大海茫茫有止境，妹想亲哥无尽头。妹送亲哥到码头，脚踏火船浮对浮。火船开走容易转，涯郎一去难回头。妹送亲哥上火船，汽笛一响割心肝。下番系有水客转，搭银搭信报平安。

这首过番歌采用山歌七言四句女性独唱的基本格式，全篇铺排 10 章以"妹送亲哥"的不断复沓将感情层层推进，将妹子对亲哥"下番"那种"痛肠"、"割心肝"般的牵肠

---

① 谭元亨：《客家圣典》，海天出版社，1997 年版，第 309 页。

挂肚表现得淋漓尽致。歌中铺陈了若干地名，从第一章妹子（妻子）送"亲哥"出外洋，到最后一章"妹送亲哥上火船"过番，以路线图的方位顺序为转换铺排，起着推进叙述时间，转换叙述情境的作用，与叙事内容本身融为一体，构成了一种一唱三叹的跌宕效果，体现了一种语言均衡的美感。

而另一首《劝郎谣》则是通过"郎搭妹、妹搭郎"的男女对唱的形式来表达难分难舍、无可奈何的离愁别绪：

> 妻：丈夫瞒我出南洋，下汕去入猪仔行，
> 　　秤子无砣无法使，妹子无郎家难当。
> 夫：回头望妻在码头，几多悲伤几多愁，
> 　　棒打鸳鸯分两地，不知何日共水游。
> 妻：塔下潭水滚滚流，水中鱼儿逐浪游，
> 　　望见船儿水上走，我今眼泪似水流。
> 夫：雕子无羽难过山，鱼儿无鳍难上滩，
> 　　树头不硬难烧炭，阿哥不穷不过番。
> 妻：穷莫走来冷莫动，我愿嫁郎不怕穷，
> 　　人情好来饮水饱，郎去乞食妹挽留。
> 夫：柑子跌落古井心，一半浮来一半沉，
> 　　归去只有寻死路，过番难舍妹深情。

这首男女对唱的"过番歌"在曲调、结构形式上与客家山歌"郎搭妹、妹搭郎"形式没有差异。这首歌谣第一二章是开门见山道出丈夫在走投无路之下，瞒着妻子卖身"猪仔行"过番。妻子发觉后赶到码头劝阻："秤子无砣无法使，妹子无郎家难当"，歌谣首章用比。第三章"塔下潭水滚滚流，水中鱼儿逐浪游"，是即情即景，兴之所至，随口而出，起兴定韵。"我今眼泪似水流"，夸张比喻兼用，继第二章之后，歌谣再度用比。第四章为比兴式，最后一句是歌词表达的主要内容，为歌腹，"阿哥不穷不过番"道出了过番是贫困潦倒、迫不得已之为。前三句都是喻体，前后呼应，浑然一体。第五章妻子苦劝丈夫不要过番，并作出"我愿嫁郎不怕穷，人情好来饮水饱"的深情告白。第六章比兴式，丈夫面对妻子的告白，难舍难分，是去是留犹如掉进古井的柑子半浮半沉般地纠结，但最终"归去只有寻死路"的残酷现实，让他选择了"棒打鸳鸯分两地"的结局。

另一首客家"过番歌"这样吟唱：

> 女唱：风吹乌云堆打堆，保护汕头么船开，
> 　　　保护船主死下得，等涯亲夫转回来。
> 女唱：阿哥出门去过番，妹子赶到汕头拦，
> 　　　番邦举目无相识，去时容易转时难。
> 男唱：无食无著债务缠，十分无奈正过番，
> 　　　贤妻唔使多拦阻，去虽难来留更难。
> 女唱：阿哥卖入猪仔行，卖身还债去南洋，

　　　　　　三叉路口来分手，郎刈心肝妹刈肠。

男唱：两人分手泪唔断，听妹言语涯心酸，

　　　　涯今若怕分离苦，在家终久无春光。

女唱：浑水长流有日清，阿哥去后无处寻，

　　　　远隔千山无处问，朝望日头暮望星。

男唱：涯今去番你莫愁，自有云开见日头，

　　　　番邦有苦有搏斗，三年五载起洋房。

女唱：临别再三劝亲郎，勤俭二字唔好忘，

　　　　交友爱交忠厚者，人情难测水难量。

男唱：汕头出海七洋洲，七日七夜水茫茫，

　　　　船行七日无食饭，记妹言语当干粮。

女唱：一心望哥早回唐，有福同享苦同当，

　　　　在生同饮双溪水，死后同葬象山岗。

　　这首歌谣中反映的也是妻子万般拦阻"卖身还债去南洋"的夫君无效后，只好面对现实，寄语丈夫要勤俭、交友要谨慎，并冀望夫君"早日回唐山"。丈夫面对发誓要"在生同饮双溪水、死后同葬象山岗"的妻子，也只能以"自有云开见日头"来好言安慰妻子莫要忧愁，并以"三年五载起洋房"之美好图景与妻共勉。全文于字里行间透露了昔日自"汕头出海七洋洲"，历尽"七日七夜水茫茫"的艰辛过番行程。纵使旅途中备尝"船行七日无食饭"之苦楚，为夫者也不忘以"记妹言语当干粮"的心里话相赠，让在家"朝望日头暮望星"的爱妻闻言甜蜜在心头。上述几首"过番歌"可谓完美体现了闽西客家人的诗性智慧。

　　类二：嫁番歌。这类题材的"过番歌"生动形象地呈现了男人过番之后，留守家园女人饱含思念、诅咒、悔恨、痛苦与盼归等的多重情感矛盾、纠结的复杂心理，直接表达了过番给女人造成的苦痛，形成了凄清苦楚、哀怨绵绵的格调和感伤氛围。如《嫁番客》（安溪）表现了女方长期"空房苦无伴，暝日受孤单"的凄苦，嫁给过番丈夫的留守女人独守空房，长夜漫漫无法入睡，或许白天有活儿干还可暂时遗忘这种孤独，最难耐的就是夜深人静之时。这一简单而又苦涩不堪的细节让人唏嘘不已。《洋客妇》（光泽）也诉说了男人到南洋谋生后，空守闺房妇女的悲惨命运。《将阮嫁番客》（永春）和《父母主意嫁番客》（南安）都表现了女子与番客订婚多年却因番客未归而无法成婚的凄苦命运。《兜爱我嫁番客》（厦门）唱出了新婚夫妻分别5年，妻子至今不知丈夫何时归的痛苦心情。而对过番丈夫愈发深情的思念愈甚，在现实中能再团聚的机会就愈发少，这就有可能导致因爱生恨的诅咒。《我君去番邦》（泉州）即吟唱的是留守女人苦等过番丈夫，在音讯全无之下怀疑丈夫把钱花在了风月场，随后满腹牢骚地诅咒道："夭寿短命来害我，害我青春少年时，害我三囝共五儿"。《六月思君》中的留守女人则表达了"早知番邦这般样，就是三日吃两顿，也不让君过水门"的悔恨之情。由于过番男人即使经过重重险阻侥幸抵达目的地，但不少人因生活所迫，"纵爱回归，耐无盘缠"，只能一辈子沦落异邦。有些虽能回家乡与结发妻子相见，但也是"去时小生弟，转时留白须"，在家苦候的妻子几十年甚至是到死都过着难以想象的"夜夜守空房"的寂寞凄苦日子。如《盼郎归》以荡气回肠的三章叠体咏叹了留守女人一生苦苦等待过番丈夫回家的心理：年轻时期的离别，约定桃子成熟是归期，而桃子熟了又熟，一年又一年，女人年年盼，盼到孙儿能吃桃子了，仍不见丈夫回家。月有阴晴圆缺，而留守女人只好一如既往等待着丈夫回家共享天伦之乐。歌谣最后一章，连发四声"转来食桃看新厝，转来惜团抱孙儿，转来共享天伦乐，转来祖孙三代大团圆"，苦等之情催人泪下。整首歌谣从韵脚的不断复沓中将留守女人那种祈盼、哀怨、悔恨、牵肠挂肚、百般无奈，甚至诅咒均鲜明表达出来了。

类三：苦番歌。这类"过番歌"主要叙述过番之苦。19世纪中期西方列强两度对中国发动鸦片战争，用武力打开了中国的门户，1842年的《南京条约》把厦门和福州列为通商口岸；1860年签订的《北京条约》允许英法在中国招募劳工。而当时中国内战不断，农村破产，民不聊生，也为东南亚殖民政府提供了到中国沿海各地招募劳工的机会，"民之趋南洋者若鹜"。[①]"西方列强就利用洋行及客头作为中介人在福建大事招募契约劳工或赊欠劳工到东南亚当苦力。"[②] 然而，早年南洋未开发之时，遍地荒野，过番绝非美事。诚如一首厦门《过番歌》所叙："喇狸空，喇狸窟，会得入，不得出。卜想掘金去过番，哪知死得无身骨"；客家《过番歌》："无食无著债务缠，十分无奈正过番"，都充分说明过番谋生的无奈和凄苦艰险。这一历史现象在福建各地流传的"过番歌"中都有所叙述。从文化角度看，安土重迁是中华民族最大特点之一。要做一个离家的游子去开拓新世界，确实需要极大勇气，但是与其眼睁睁坐以待毙，不如走出去，或许能闯出条活路来衣锦还乡，因此虽然过番的路上充满了血泪与艰辛，但还是充满了各种美好梦想与发财欲望。过番更像是一种赌博，同命运与老天爷的一场赌博。与番邦那能烤昏人的酷热、凶猛的海上风暴，神出鬼没的海盗集团的劫杀，以及恶劣的生存环境等赌博。赌注就是自己的一条生命。闽西客家歌谣《莫过番》唱道：

> 至嘱亲友莫过番，海浪抛起高过山，晕船如同天地转，舱底相似下阴间。半夜三更就起床，带工催促乱忙忙，三百六工足足做，总嫌夜短日子长。想起过番更孤单，水蟒准席搭准被，转来大家喊番客，几多凋凉谁人知。

歌中番客以自己的亲身经历劝阻亲朋好友千万莫过番。且不说到异邦赚钱，能否有命到达目的地已是个很残酷的现实问题。"海浪抛起高过山"，"晕船如同天地转，舱底相似下阴间"，这种恐怖的体验恰恰就是漂洋过海必经的第一道难关。番客的这种"亲历"足以让山里人对过番望而却步。换言之，尽管过番者对下南洋淘金的可能机遇萌生各种梦幻般的奇想和热望，可现实中过番生活却是苦不堪言。侥幸到了番邦者，从事的是无止息的超长时间与超负荷劳动。下面这首《过到番邦更加难》如实、细腻地反映了当时矿工们倍受煎熬的生活苦况：

① 冯尔康：《18世纪以来中国家族的现代转向》，上海人民出版社，2005年版，第456—457页。
② 苏庆华：《东南亚华人宗教与历史论丛》，新加坡青年书局，2013年版，第311页。

家中贫苦莫过番，过到番邦更加难，若系同人做新客，三年日子样怎得满？昔日谋生到外洋，初到锡山苦难当。公司事务唔相识，冷言冷语刺心肠。半夜三更就起床，带工催促乱忙忙，三百六工足足做，总嫌夜短日子长。去到佛郎系锡坑，又爱锄来又爱担，一工算来做七点，七点做完命都冷。讲起过番涯讨饶，挑等锡泥过浮桥，千转过得千转好，一转失脚命会无。日头似火热难当，挑担锡泥上跳绑，一身晒到锅底黑，心中苦楚谁思量？番片岭岗无条松，只见杂树叶系浓，唔见有人做屋住，只见客人搭茅蓬。贫苦唔好过番邦，日里热到难抵挡，夜里蚊咬又蚊契，日里难过夜凄凉。鸡啼半夜就起身，八次冲凉急无停，唔冲又会发热病，日夜冲凉苦死人。好花难有百日鲜，番片患病真可怜，自己手中无钱使，无只亲人在身边。想起过番真孤凄，水蟒准席搭准被，转来大家喊番客，几多叼冻谁人知！苦劝叔侄莫过番，番邦唔得转唐山，山高水远无依靠，辛苦日子唔得满！郎在番邦妹在唐，两人共天各一方，妹在唐山无双对，郎在番邦打流浪。

南洋炎热的气候、"似火热难当"的日头，令过番的华工"一身晒到锅底黑"。他们"鸡啼半夜就起身"，"八次冲凉急无停"，"唔冲又会发热病"，受尽"夜里蚊咬又蚊契，日里难过夜凄凉"的煎熬。此外还得"三百六工足足做"，每日连续进行长达7个时辰①"又爱锄来又爱担"的"挑担锡泥上跳绑"的高危劳作。结尾前总结："苦劝叔侄莫过番，番邦唔得转唐山，山高水远无依靠，辛苦日子唔得满！"一个"苦"字，令人不禁为其身处异地、孤单无助、度日如年的堪怜处境流下一把同情泪，确实既呈现了过番之苦，更有劝阻之苦，劝阻亲人别再重蹈自己漂洋过海、苦不堪言的过番覆辙，要安守家园才是。

而且不管是流传于福建还是海外的闽语歌谣，都以叙事道尽了过番者到南洋谋生的凄惨处境，表达了他们在番邦生活与劳动的不易与艰辛。譬如流传于晋江的《过番》和《相邀到番邦》，前者反映了"在厝无路"的农民"到达番邦"，依然"无依无靠"、谋生艰难；后者表现了过番后的极度失望；来自福州的《南洋手巾》和《割枙白扇诗》则描述了当年到砂拉越的华工咬紧牙关当起割胶工人，以"手巾"起兴，诉说每天收入仅"元二三"，"伙食着用五六角，七除八扣没相干"拮据生活，年关将至时不禁发出"行到何处没准法，冬节在前悔是迟"的慨叹。后者以"几把扇子"铺陈，描述了当年砂拉越华工劳动的艰辛，叙述了割胶工早上三四点就起来割胶，"右手掏刀左掏火，割好枙碗套上去，胶汁就从皮里梨"的割胶和收胶汁的过程。歌谣铺陈至"十把扇子十完全"之后，呼吁"兄弟在唐勤耕作"，直接表达"千万莫想去南洋"的主题。再如这首"过番歌"："星仔光光，打开寮仔门；风仔微微，担上畚箕儿；走到芭园去。心肝卜卜跳，目汁金金吊；又惊番仔，虎叫还好坫，番仔一来，铁棍儿，额顶照照；唔合番仔意，生命无半厘！卜，卜，卜，拖到化尸室去，猩红骨头，一枝一枝。儿在番邦碎尸，母在唐山盼望儿！"这里描述了一个惨不忍睹的场面，刻画记录了一段不堪回首的历史记忆：当年过番者到南

---

① 此处的7点，指7个时辰，一个时辰等于2小时，换言之，7点就是14个小时。

洋芭园当劳工，生存状况恶劣，芭园时刻会有老虎出没，但"虎叫还好坫"，"番仔"更凶恶。一旦番仔不满意就会用铁棍取去过番者的性命，把尸首拖去化尸室。据歌谣下原注："化尸室者，室内蓄养大蛇，把将死之奴隶（华工）掷入去葬蛇腹，而猩红头骨则置于旷野，填积如山，名之曰'白骨山'。"[1]"猩红骨头，一枝一枝"确实如实描述了当年过番的先辈们在异邦遭遇的这种惨绝人寰的境况，让人不忍卒读。"儿在番邦碎尸，母在唐山盼望儿"，孩儿已在异国他乡被碎尸了，不知情的母亲还在故乡日夜盼望儿子的回来，让人唏嘘泪落。哪位母亲听到此歌谣后还愿送子到如地狱一般恐怖的番邦去呢？再如《心慌慌，意茫茫》这首歌谣，也逼真记载了当年先辈们在国外卖苦力备受煎熬的日常生活：

> 心慌慌，意茫茫，上山做苦工；日出乞日曝，雨来乞雨沃；所食番薯糜，所擎大杉桁；通日拼生死，磨到目塌塌；草底有蛇毒，山顶豺狼恶；树高林又密，唔知东西共南北；一日拖磨咬牙根，一夜倒落合目；底日转唐山？厝来起，田来辖。

过番到南洋做苦工者已不被当作人看了：炎热天气，烈日暴晒，倾盆雨天，冒雨劳作，这是非分的劳动要求。吃的是番薯糜（红薯稀粥），扛的是大杉桁（桁，屋梁）。无法填饱肚皮的伙食，超负荷的工作强度，是恶劣的生活环境与劳动环境。更可怕的还有"草底有蛇毒，山顶豺狼恶"，一旦遇到毒蛇恶兽攻击，还不知道往哪个方向逃生，因为"树高林又密，唔知东西共南北"，这是非人的生存环境。是什么支撑着过番者在如此苦不堪言的生存境况下，还咬紧牙关撑下去？是"转唐山"，"厝来起，田来辖"的信念。正是这一愿望支撑了过番者在举目无亲的异邦、在极度恶劣的环境下漂泊着、奋斗着，尽管"磨到目塌塌"，仍然劳作坚持。真可谓是几多辛酸、几多艰难、几多失望、几多感慨啊？

此外，福建百姓的过番虽以"下南洋"为主，但也有扩展到美洲的。在这些悲叹"下南洋"苦的歌谣中，尤其值得注意的是，流传于闽东寿宁的长篇说唱《下西番》，不仅是目前所见较长的"过番歌"，还与"下南洋"不同，乃"下西番"，全文576行，演唱的是"清末年间闽人被卖'猪仔'到美洲作劳工的历史事件"。这首歌谣真实全面反映了"过番"美洲的血泪史。闽东是天主教势力侵入最早、也最深的地区之一；教堂、牧师和教友是这起"骗工"事件的牵线人，其开出的经济诱惑很迷人。歌谣中唱道：

> 不论谁人就肯去，起身就发十元钱。若还哪个去番边，约定总要做五年。逢年月月会清楚，每月六元做工钱。恐有死在我番界，二十四两身价钱。此去住行食我的，船价盘费不要钱。等你快来落姓名，每月再偿二元钱。

这里开出的"卖身价"说明当时骗招华工的"买猪仔"不仅在广州有，福建的厦门、福州也都是劳工的重要出口地。从"五月时节雨纷纷，齐人都到福州中"至"九月时节是重阳，车船驶到大西洋"后，"算来未剩一半人"。这是整个不堪回首时代下的千家万户由于经济逼迫的时代原因不得不去过番的真实写照。总之，在这类"过番歌"中，以反映先辈们到番邦谋生的艰辛与困境的歌谣居多，构成了血泪斑斑的海外移民史。至于有多

---

[1]　钟敬文：《钟敬文民间文学论集（下）》，上海文艺出版社，1985年版，第324—327页。

少人死在了这条"下南洋"的路上？当时没有统计也无法统计。

类四：盼归思根歌。这类"过番歌"沉痛抒发了远在万里异域他乡的"过番"男人对家乡的思念与亲人的牵挂，以及留守家乡的亲人盼望团圆的殷殷心情。如《何日落叶归根源》（东山）：

> 山中自有千年树，世上百岁人难留。日落西山缈缈去，落花流水水悠悠。朝
> 着青山去暗暗，暮听古漳水潺潺。青山有在水长流，何日落叶归根源。

《紧紧回家来团圆》在无奈慨叹"是好是怯全凭命，未知何日回寒窑"，"家中父母年已老，身中无钱又想回"的同时，又抒发了"钱银知寄人知转，勿忘父母共妻房"等思亲怀乡之情，令人感同身受，不胜唏嘘。歌谣最后一段："信一封，银二元，叫刻苦勿愁烦。囝儿著扶持，教伊勿博钱，田园著力作，猪囝著力饲，等到我赚有，紧紧回家来团圆。"显然作者在叙说过番者令人心酸的异邦生活之后，"心思记挂想亲人"，深情表达的是过番者对留守家乡的父母、妻子、儿女以及家园的魂牵梦萦，抒发回家团圆的强烈渴望与热切期盼。闽南长篇说唱《过番歌》（安溪）可谓典型地体现了一种在离乡别亲的人生漂移所诱发的外在矛盾和内心冲突。歌谣详细刻画、描绘了过番者所遭遇的比家乡更为悲惨的劳苦处境：

> 灵圭报晓天未光，四点翻身就起床；想起懒肉真干苦，无灯无火暗暗摸；早
> 饭吃了天未光，工头就来叫出门；头前先到通吃烟，尾后即到宿无困；能个龟里
> 锯柴科，袄用龟里拙草埔；有个升苦不肯拙，工头就骂无吧突。

而工资待遇更是受尽克扣：

> 别人一月发四摆，汝今不发说我知；汝请去问大头家，我今存银有若干？头
> 家听说就应伊：汝今无银在公司。龟里再问大头家：有做无银是若何？头家就共
> 财富讲，做人忠直即有银。

显然，这种梦想与现实的巨大落差，确实会唤起过番者无尽的怨悔：

> 实劝居了无几时，冥时眠梦返乡里。看见父母及兄弟，亦有叔侄及厝边，一
> 厅牙人满满是，声声说咱勿会趁钱；悃去着惊搭领醒，醒来想着泪淋啼……哪知
> 命歹会变款，前日咽窗来过番；山川河水都隔断，何时回归咱中原？

这种交错在精神寂寞的文化陌生和谋生艰难的生存压力，以及过番前的期待到过番后的失落，现实给了过番者一个无情的回答。此情此境，更激发了过番者盼归思根的思绪，"独自青山看世景，看了世景就烦心"，"外乡虽是好景致，不及在家当初时"，歌谣在反复吟咏了过番者谋生不顺的经历中不断涌起的思乡怀亲思绪之后，过番者终于做出一个反悔自己初衷的决定返回故乡唐山，要与亲人团圆。与此相应的是，在家乡的留守亲人也日夜殷殷期盼着亲人团圆的一天早日到来。《亲人早归来》（龙海）：

> 孤帆海上挂，何时靠岸来？唐山引亲在等待，亲人早归来。

还有直接抒发盼望亲人归来的急切心情的《欢喜船入港》（莆田）：

> 欢喜船入港，我君走船人。番邦对蚶江，远渡今返航。风浪七洲洋，厝间等
> 情人。相思两地牵，盼君守空房。欢喜船入港，牵手心相同。盼君早归航，亲人

喜团圆。

　　总之，这类过番歌都表达了当时过番者与他们的家人的真实心态，毕竟不管漂泊何地，行得多远，家永远是中国人心中的牵挂！回家团圆更成了过番者们在外拼搏的精神支柱。

　　综上所述，"下南洋"自清中叶开始，到1950年代戛然而止，春去秋来转眼间上百年过去了，过番的先辈们用血泪唱出与流传下来的"过番歌"，其中凝结了无数离愁、别恨、牵挂、恩怨和血泪。它是一个广大族群久久不散的往事回忆，一种超越时空的艺术经典、戏曲与民歌结合的奇葩。先人们虽然逝去了，但每每听到这些已经成为古董或活化石的"过番歌"，仍能让人们不禁泪洒青衫，毕竟先辈们在这"下南洋"的路上已走了上百年。因此通过仔细构筑和辨析和"过番歌"形成与流播过程的方方面面与点点滴滴，不仅可以"还原"近代以来"海上丝绸之路"上移民的历史面貌和精神记忆，而且可以由"过番歌"延及到民间大量存在的反映"过番"的评书、话本、戏曲、音乐、舞蹈、绘画等文艺，可以使之呈现出作为可与历史文献互证的中国海外移民的民间记忆；而"过番歌"所提供的19世纪后半叶以来中国移民的世界性生存经验和近代文化精神也有益于激发中国现代化的国家意识、民族意识、危机意识和自强意识。历史进入21世纪，随着中国国力的进一步提升，可以预见"下南洋"的中国人还会越来越多。而随着中国—东盟自由贸易区建设的加紧推进，随着"一带一路"区域经济合作战略构想的实施，中国人的南洋之路，定会越走越宽，因此进一步探究"过番歌"中所具有的社会价值和文化意义，自然也就是我们今天"一带一路"研究中的题中之意。

泉州南山巴厘村印尼归侨的归国历史及其巴厘岛传统文化传播

郑有成①

（厦门大学南洋研究院　厦门　361005）

【摘　要】 南山巴厘村是位于福建省泉州市洛江区双阳华侨农场的南山社区。在这里住着 20 世纪 60 年代初期因印尼排华而归国的归侨难侨及其子女，至今已有第四代，他们比较完整地保留了印尼巴厘岛的方言、服装、音乐、舞蹈与饮食，故称为"巴厘村"。目前村里大概还有 200 多户人家，人口 500 人左右。本文通过对巴厘村归侨的回国历史与生活进行口述历史调查与文献收集，初步探讨巴厘岛归国华侨与本地社会的融合，巴厘岛方言、文化、传统的保持与延续，巴厘文化村特色旅游项目开发的潜力。

【关键字】 巴厘村；归侨；文化传播；侨乡

印度尼西亚素有"千岛之国"之称，人口为 2.1 亿人，文化多样化，1000 多个民族，近 746 种语言和方言，同时也是全东南亚华侨华人人数最多和最集中的国家。② 印尼华侨大多数是来源于中国广东省与福建省为主，而因故受到印度尼西亚 20 世纪 60 年代的排华运动爆发的影响，有部分印尼华侨选择离开印尼回中国，居住在中国各地的侨乡，成为了我们现在所说的印尼归侨。随着中国—印度尼西亚外交关系的不断强化，不可否认居住中国各地的印尼归侨及其文化的传播逐渐得到重视。

谈到印尼的传统文化，肯定离不开巴厘岛遐迩驰名的独特文化，几乎全世界的人都认识到巴厘岛的文化和美景。同样，在中国也有个"巴厘村"。这个巴厘村指的是"南山巴厘村"，是唯一一个从 20 世纪 60 年代至今一直保留着由印尼巴厘归侨带来的巴厘传统文化的村落。巴厘村里的老归侨是 1961 年因为遭受印尼排华运动而归国，安置在南山的群体，而今天，这些曾经在印尼巴厘岛生活过的中国归侨，很自豪的把自己的社区冠名为"南山巴厘村"，看似纪念他们是来自印尼巴厘岛，但人们觉得其中所包含的内容还不止这

① 作者简介：郑有成，2014 级厦门大学南洋研究院国际关系专业，硕士研究生。
② 耿红卫：《印度尼西亚华文教育的历史沿革与现状》，河南师范大学文学院，2007 年。

些。人们也会关注他们从巴厘岛所带来的文化和风俗习惯，归侨成为成为中国与周边国家的文化交流的桥梁的象征。

一、巴厘村简介与归国历史

也许对中国人来说，在国外见到唐人街或者中华城都不会感到很惊讶，是因为已经很普遍了，他们早就习惯了。但作为印尼人来讲，在印尼以外看到具有印尼传统特色的地方，就觉得很稀有，很少见，更何况像南山巴厘村这样具有印尼巴厘岛传统特色的地方。[①]南山巴厘村是位于中国福建省泉州市洛江区双阳华侨农场的一个社区——南山社区。在这里住着 20 世纪 60 年代初期因印尼排华而归国的归侨难侨及其子女。人口大约 500 多人，其中 170 人为第一代巴厘归侨，剩下的是第二、三、四代侨眷、除了来自巴厘岛的归侨之外，还有来自印尼棉兰、邦加及越南的归侨，这里还住着一些中国人。

为什么南山被人们称为巴厘村？

从表面上来看，巴厘村与中国的别的地方几乎没什么区别，但走进去，就会发现巴厘村里住的这些归侨、侨眷和其他村民的确与其他社区有所不同，巴厘村的"村民"们在某个程度上沿袭着印尼巴厘岛传统文化特色与习惯。特别是生活在这里的居民，村民之间天天使用的沟通语言除了汉语、普通话与闽南话之外，日常生活中还会讲流利和标准的巴厘话（巴厘岛方言）、此外还讲一点点带着巴厘口音的印尼话。

关于巴厘岛华侨回国的历史，与 20 世纪 50 年代末期难忘的印尼政治变化与冷战因素有关，印尼政治变化导致印度尼西亚发生了严重的排华骚乱。印度尼西亚是海外华人重要的聚居地之一，但同时也是海外华人遭受劫难最多的国家。

20 世纪 50 年代，印尼政府排华的相关法律有以下的条例：

1. 印尼政府颁布"1957 年第 16 号外侨税紧急发令"（1957 年 1 月 1 日实行）。这法令规定居住在印尼的外侨每次应连续交三年"外侨税"，每年家长 1500 印尼盾；妻子及成年家庭成员 750 印尼盾；未成年家庭成员 375 印尼盾延期交税每月加 3%，并还要加息 0.5%。

2. 印尼政府颁布的"1957 年 11 月 6 日最高军事权者监督外侨教育第 989/MT/1957 号条例"及 1957 年 11 月 13 日的补充规定，全印尼原有侨校 2000 所、42.5 万人学生，瞬间减少为 850 所，学生 15 万人，使得 1100 侨校改为印尼学校（Sekolah Pribumi）。

3. 印尼政府颁布监督外侨居住及旅行的"1959 年第 3 号条例"（1959 年 5 月 9 日起生效）。这条例规定凡被认为危害治安、风化或公众福利或不遵守为外侨而设的其他条例的外侨，掌权者有权禁止他们在某个地方居住或罚款 10 万。

4. 在印度尼西亚包括巴厘岛于 1957 年就发布了禁止外籍人士经商营业，国家政府颁布了禁止华裔营业的条例，加上后来出笼的 1959 年 11 月 8 日颁布的第 10 号法令

---

① 林小宇：《中国有个"巴厘村"》，《福建侨报》，2011 年。

（PP10），不允许华籍人士生活在第二行政区内，此外又征收外侨税，以上种种原因，推动了华侨回国浪潮。学生的离失和经济的萧条，使得当时住在巴厘岛的华人们生活上一度紧张。1960 年由于当时政府发布排华的 10 号法令，其中限定凡是已经入印度尼西亚国籍的华人不可以在中华学校念书或进行中华文化的仪式，同时也使得许多印尼华侨华人、华商、小贩以及其他零售商无法再做生意而无法谋生。这种情况造成侨工失业、学生失学、导致华人家庭经济陷入经济困境，于是一部分华侨华人考虑到带着一家人生活，不得已放弃他们的生意财产，离开印尼回到中国。

就在这困难时刻，中国也在关注这些生活在海外的华侨，印尼排华事件发生不久，1960 年 2 月 2 日中国国务院决定《中华人名共和国接待和安置归国华侨委员会》。同年 2 月 15 日发出《国务院批转中桥委、农垦、粮食、商业、交通等十个部委"关于 1960 年接待安置归侨工作若干问题的意见"的通知》。决定派船接运难侨回中国，并创办华侨农场，进行接待安置工作。其中一个是福建省泉州市的双阳农场。双阳华侨农场接待安置印尼归侨共有五批，共 3200 人。其中一批第五批是接待南山巴厘村的归侨，由戴金花、洪火树带队，于 1961 年 4 月 4 日在中国政府的帮助下，524 名来自巴厘岛华侨登上了中国政府租用前苏联派来的接侨船"果戈里"轮船。同船随夫回来的中国籍的印尼巴厘岛土族有：妮公皮杨、妮都荣、妮敦敦、妮布陆、妮利伯克、妮斯丽、妮罗查、妮江科林、妮江花、妮沙洋、妮某娜（为了识别她们是印尼人，在名字前加一个"妮"字）。南山巴厘村的这些归侨来自于巴厘岛的各个县和镇：

表 1　南山巴厘村巴厘归侨的来源地方

县	镇/村
Buleleng	Singaraja、Buleleng、Temukus、Seririt、Banjar、Kemuning、Tegalasih
Tabanan	Pupuan、Pempatan、Bajere、Penebel、Kediri、Baturiti、Marga
Gianyar	Sukawati、Lampu、Tegalalang、Blahbatuh
Badung	Denpasar、Kuta、Kapal、Mengwi
Jembrana	Negara
Bangli	Kintamani

来源：南山巴厘归侨侨友会

从巴厘岛北部 Padang Bae 海港出发，经过 7 天 7 夜的海上旅程，他们终于踏上了中国广州，经过中国政府的安排，这批巴厘岛归侨坐火车到厦门。1961 年 4 月 25 日他们到达安置地——福建省泉州市洛江区双阳华侨农场的其中一个社区——南山社区。关于双阳华侨农场，目前有四个侨乡社区：（1）阳山社区，在这住着来自印尼棉兰（Medan）的客家族归侨为主；（2）坪山社区，在这住着来自印尼石腊班攘（Selat Panjang）的归侨为主；（3）南山社区，在这里住着来自印尼巴厘岛的归侨为主；（4）阳江社区，之前在这住着来自各个地方的归侨，但现在基本上都分散了。

二、南山巴厘村归侨生活发展

1961 年 4 月 25 日，来自巴厘岛的 524 名归侨到达安置地，当时叫做南山管区。起初，农场生活对那些归侨来说简直像进入了一种与之前在印尼的生活非常不一样的境界，也过了比在印尼更困难的日子。第一，他们来到了一个格外陌生的地方，风俗习惯、文化都不一样，再说那些归侨大多数在印尼没受过足够的中文基础，导致与当地人的交流比较困难。第二，这些归侨回国之前在印尼干的职业一般都是开店做买卖与类似的工商业的职业，到了南山他们都得做他们一生从来没做过的事，例如搞农业劳动。第三，当时的中国经济状况没现在这么好，所以他们居住的环境也是很一般，如住的地方比较窄，一个屋子里住着 5 个人，而且都是非常简朴的老土房。那些归侨承认虽然在印尼过的生活也不是很富裕，但他们从来没穷到没饭吃，白天也不用刻苦地耕地种地，晚上就可以跟家人在比较好的屋子里安心的睡觉。[①] 以上这些原因使得一部分归侨对他们在南山的新生活感到不习惯或恐惧，这种生活也使那些归侨受到一定程度的压力。刚回国初期，在当地干部和老场员的关系和帮助下，那些归侨迈步熟悉当地的风俗习惯，慢慢学会了汉语，懂得了闽南话，掌握了农业生产技术。

虽然说初期生活对他们来说不怎么好过，但他们当前真心感受到祖国对他们的关心和照顾。除了到印尼派接侨船之外，到了安置地他们还受到比国内居民更特别的对待。当时只要愿意参与农业与生产劳动的归侨，会由大队派干部带队到临时作业组，每天都会拿到工资，工资按劳动力的强弱分别为三角、五角、七角。国家当时天天都在南山的大礼堂里准备粮食，吃饭不用钱，还送衣服。他们的孩子也可以在当地的小学上学。当时农场开始成立管区和生产队。生产队设会计、出纳、保管、实行单独核算。劳动按相似农牧级评定工资等级，最高七角，最低是三角。在相当时期，职工还是按等级发工资，处于"捧铁饭碗，吃大锅饭"的状况。当时主要的农业劳动任务是开荒并试种各种亚热带经济作物，如：橡胶、咖啡、椰子、胡椒、木瓜、菠萝蜜、丁香等等。同时还种植桃、梨等各种水果。1965 年进入"社交运动"，为了贯彻"按劳动取酬，多劳多得"的社会主义分配原则和克服"平均主义"思想，农业推行"死分活评"、"小段红包"以及"计件工分"。

1966 年下半年中国进入"文化大革命"，在那十年动乱时期，各级南山农业干部处于瘫痪状态，有些人杀到社会闹革命，农业产生秩序受到严重干扰与破坏，农业生产当时大量的下降，资金也无法得到有效控制，双阳农场包括南山管区的财务严重亏损。过了几年南山村民人数也变多，为了更好地使用当地人力资源和增加收入，南山于 1978 年创办纸箱工厂，一部分归侨开始搞工业。

关于南山社区归侨住房的发展状况，南山社区自 20 世纪 60 年代至 90 年代共有 9 栋住房楼，分别为：在 1960 年代，也就是归侨刚到安置地时，南山社区已有非常简谱的 4

---

① 林娇莲、林小宇：《千里寻芳纵》，《福建侨报》，2013 年 5 月。

栋土房楼；接着 1970 年代，建立 4 栋石房楼，其中两栋是二层楼；在 90 年代南山社区有一栋砖混楼；到了 2007 年，泉州市政府再建立政府侨屋。① 此外，南山社区也创办当地的托儿所、幼儿园以及小学一年级到 4 年级。双阳华侨农场的四个社区里包括南山社区，各社区都设医疗站。虽然刚回国初期的归侨，他们面对的是荒凉又陌生的土地，面对饥饿和贫穷、也会到田里耕地种地，但如今南山绝大部分归侨已住进政府为他们改建的新楼房，归侨职工享受到基本社会保障和医疗保障，还有其他广大的生活中的安居乐业。

自从 1997 年起，村里归侨的生活水平提高了不少，几乎每年都有归侨去巴厘岛探亲、旅游等办其他事情。回巴厘村的时候一般都会带一些巴厘岛的传统服装、印尼产品、舞蹈服装、印尼和巴厘音乐光盘等等。当需要用到这些东西的时候，就可以随时用。村里也有几家专门卖印尼产品的小卖部，还有一家印尼特色美食饭店。关于村里的旅游开发最近的热门话题，村里的侨友会正在忙碌准备开发巴厘村里的一个"以巴厘岛特色为主题的休闲旅游区"，目前当地政府已经同意这项计划，现在还在找地和完善计划的过程当中。希望过几年这旅游区能建立成功，能成为南山巴厘村里的一种旅游吸引力，使更多的人认识和欣赏巴厘村。

三、巴厘村文化传播与保留

移民是文化的传播者，海外移民如生活在世上各个国家的华侨或因为某个原因而归国的归侨无论是到社会经济发展程度低于中国的东南亚，还是到已经完成工业革命的北美洲，都会将中华的文化传到侨居国，同时，我们也要注意到他们也会将异域文化带回来。受到印尼排华运动而回国的南山巴厘村归国华侨们是其中的一个例子。他们是中国—印尼巴厘岛的文化桥梁，更重要是他们同时也是住在中国的巴厘传统文化传播者。南山巴厘村的归侨们大多数是来自印尼巴厘岛移民过来的，他们不仅带着他们的家人、朋友和一些财物，他们同时也带着巴厘岛的传统文化、风俗习惯等等。我们都知道巴厘岛的传统文化是世界上最独特的一个文化，巴厘岛有自己的方言、艺术文化，还有大部分的巴厘岛原住民信印度教。不过因为印尼华人包括南山巴厘村的归侨一般信佛教、天主教与基督教，所以南山社区虽然到现在称为巴厘村，但它本身没有像巴厘岛具有和浓厚的印度教气味。

作为巴厘岛传统文化的传播者，巴厘村的归侨几乎每年 5 月 1 日都会举办印尼巴厘岛美食街。这里会给村里、双阳华侨农场里，及周边的人展现印尼巴厘岛为主的文化与美食展览，分别为：首先是印尼艺术文化表演：主要是歌舞。如今南山，印尼歌曲、印尼巴厘岛舞蹈的 Legong 已为大众所熟悉和喜爱。想听印尼歌，看印尼舞蹈，南山巴厘村的归侨们在这美食街活动上都能为观众表演。第二，印尼服饰文化展示：1961 年之前南山巴厘村极少见过游人穿过沙龙（Sarung）与巴迪科（Batik），归侨回来后，人们可以经常看到一些穿着沙龙和巴迪科的归侨男女老少。第三，印尼饮食文化：村里的归侨们还种植了各

---

① 洪木龙：双阳华侨农场历史材料，双阳华侨农场，2006 年。

种印尼巴厘岛的美食香料和原料，如香茅（Sereh）、南姜（Issen）、青柠（Jeruk Lemo）、黄姜（Kunyit）等香料。有了这些香料他们才会做印尼传统沙爹肉串（Sate）、巴厘岛传统烤全猪（BabiGuling）、烤芭蕉鱼（Pesan）、辣肉丝（Be Sisit）、印尼薯饼（Perkedel）、加多加多（Gado Gado）等各种印尼美食。此外，巴厘村里的归侨带来的印尼和巴厘岛糕点的制作工艺、用具、毫无保留的传授给其他归侨侨眷及当地居民。如今大部分南山人都掌握了印尼糕点的制作工艺，极大地增加丰富南山巴厘村的饮食文化。那些糕点其中有糯米条（Lemper）、七层糕（Lapis）、黑糯米糕（Dodol）、烤米糕（Bikang）太阳糕（Matahari）等等。除了年度美食街这活动之外，每当春节来临，巴厘村归侨的家家户户都在忙与制作印尼美食和糕点作为必备年货，在这期间，也有外地来客纷纷定做各种印尼和巴厘岛的糕点作为送给朋友的礼物。

印尼巴厘归侨的到来，为双阳南山和周边带来了巴厘岛良好的热情的风俗习惯。印尼巴厘岛是礼仪之邦，巴厘人讲究人与人之间和谐的道德关系。回中国之前，印尼华侨长期与印尼当地人相处，耳濡目染，形成了许多优良的传统和生活习惯。在这方面，人们对巴厘岛归侨的评价是：做事勤劳、老实、不太愿意与他人争吵、不讲粗话、开口闭口老是说Terima Kasih（谢谢）等等。南山巴厘村的村民们不仅成为了巴厘岛文化传播者，同时也是在巴厘村里一群令人佩服的文化保留者。巴厘村归侨已安置在南山50多年，至今已达到第四代。最明显一直保留和使用的文化现象是他们保留着巴厘话，也就是巴厘岛的方言，巴厘方言成为日常生活中成为村民之间的沟通语言。不管是第一代巴厘归侨，还是第二、第三、第四代归侨都基本上会讲和理解巴厘话，甚至生活在巴厘村的印尼邦加和棉兰的华侨、越南华侨与一部分中国人，凡事住在南山巴厘村，都会在交流当中使用巴厘话为沟通语言。语言传播的根本动因在于价值。有价值的语言，才会被他族他国学习和使用。①村里的归侨们对自己巴厘话的使用和保留这方面感到非常自豪，如果将现在巴厘人所讲的巴厘话与巴厘村讲的巴厘话相比，我们得承认南山巴厘村村民所讲的巴厘话是属于纯巴厘话，也就是最地道的巴厘话，这种巴厘话几乎不受到印尼语词汇和语法的影响。村里的巴厘话保留方式其实很简单，就是村民之间天天使用。自从524个巴厘归侨到达南山，他们在人数方面已经成为了绝对多数，这些巴厘华侨早就习惯天天用巴厘话沟通，这种状况间接规制了南山管区的语言环境，生活在这种环境的来自不同地方村民也只能受到巴厘话的影响，慢慢学会了巴厘话。

四、结 论

华侨文化是因为华侨出国，侨居异地，将中国文化与侨居国文化交流、结合的产物。华侨文化的传播者是华侨，包括巴厘村的归侨，他们通过探亲、书信、与巴厘岛人保持联系，他们不仅影响或改变当地文化景观或结构，同时也将本土文化带到侨居地，这种由华

---

① 黄昆章：《印度尼西亚华文教育发展史》，外语教学与研究出版社，2007年版。

侨兴起、结合、传播及保留的特殊文化，称为侨乡文化。

泉州市双阳华侨农场里的南山社区，很多人称它"巴厘村"，这是因为这里住着20世纪60年代初期因受印尼排华迫害而回国的印尼巴厘岛华侨。他们很热情、好客、勤劳、能歌善舞，虽然经过了半个世纪多的岁月，但仍然保留着那种品质。如今巴厘方言、巴厘饮食、巴厘音乐舞蹈流传在南山的每个家庭里。虽然他们也入乡随俗，与当地人接触，但凡是来过南山的人，尤其是印尼游客，这里还弥漫着浓厚的巴厘岛气味。他们在村里的存在成为了巴厘文化在中国的一个火种，继续传播文化，继续令人认识到巴厘岛。中国这个巴厘村，的的确确就是一个历史的写照，不仅体现了历史的轮回，也反映出时代的变迁，更是描述了人们思想变化的轨迹。虽然一开始那些归侨过得很辛苦，为了尽快解脱贫穷，他们努力学习、勤劳工作，掌握基本的农业生产技术。日出而作，日落而息，度过每一天。不过如今，南山归侨的生活环境得到了很大的改善，居住条件优美，经济收入逐年提高。在中国政府的关怀下，各项社会保障制度得到完善、落实，老有所养、老有所依。每个人都有自己的记忆，每个记忆都会陪伴自己，虽然有些老归侨们心中的那棵童年的树装满了悲哀和困难的日子，但现在他们心中有了一串美好的记忆，那就是他们这50年里一起爱护和改建的南山巴厘村。虽然这些来自巴厘岛的南山巴厘村归侨们是因排华而归国，但他们不计前嫌，用一种巴厘归侨的热情看好中国—印尼的关系，同时也用印尼归侨善良看待过去，看待现在，看待未来。

在双阳华侨农场归侨回国50周年庆典晚会上南山归侨代表

【参考文献】

[1] 朱国章：《伯拉巴度镇的树》，《福建侨报》，2013.

[2] 白瑞欢：《今夕是何年》，《福建侨报》，2013.

［3］侯俊玮：《谈印度尼西亚排华问题》,《安阳师范学院学报》, 2008.

［4］朱陆民：《印度尼西亚华族政治地位变迁研究》, 世界知识出版社, 2008.

【采访】

采访对象：白瑞欢（泉州南山巴厘村侨友会秘书长）和巴厘村侨友会

采访地点：泉州市南山巴厘村侨友会办公室

采访时间：2015 年 7 月 24 日

从"农场到投资区"的华丽转身
——钦州市丽光华侨农场改革及发展调研

吴小玲　　张秋萍①

（钦州学院北部湾海洋文化研究中心　　钦州　535000）

【摘　要】建立北部湾华侨投资区是实现丽光华侨农场改革及发展的关键一步，是促进农场发展的重要机遇。从农场到投资区的转型，必须打好侨牌，充分利用政策优势，在理顺管理体制、找准突破点，做好现有资源的挖掘和开发利用的基础上，加强招商引资力度，盘活经济，保障资金注入，加大基础设施建设、加快土地利用规划调整，正确处理华侨群体与非华侨群体之间的利益、关系，保护归难侨及侨眷的合法权益，推动农场转型升级进入实质性发展阶段。

【关键字】华侨农场；投资区，转型发展

2014年10月28日，中共钦州市北部湾华侨投资区工作委员会、钦州市北部湾华侨投资区管理委员会在原丽光华侨农场正式挂牌成立。建立北部湾华侨投资区是实现丽光华侨农场改革及发展的关键一步，是促进农场发展的重要机遇。丽光华侨农场的改革虽有众多的华侨农场作为借鉴，但如何适应北部湾经济区的开放开发，选准突破点，准确定位开发区的发展是丽光华侨农场能否顺利实现顺利转型的关键。

一、丽光华侨农场转型的背景

（一）国内的华侨农场正面临着新的发展机遇，改革现有的体制模式是必然趋势

华侨农场是在特殊历史时期，国家为安置被迫回国的大批东南亚归难侨而设立的国有农业企业。20世纪50—80年代，为安置回国定居的华侨，广东、广西、福建、云南、海南、江西、吉林等7个省区共建立84个华侨农场，集中安置归国华侨约24万人。其中广

① 作者简介：吴小玲，广西高校人文社会科学重点研究基地钦州学院北部湾海洋文化研究中心教授。张秋萍，广西高校人文社会科学重点研究基地钦州学院北部湾海洋文化研究中心讲师。
本文系广西高校人文社会科学重点研究基地"北部湾海洋文化研究中心"研究成果之一。

东 23 个，广西 22 个，福建 17 个，云南 13 个，海南 5 个，江西 3 个，吉林 1 个。作为国家集中安置归难侨的基地，长期以来，华侨农场既是生产经营的实体，又承担着对学校、医院等社会性事务的管理和经费支出，存在的问题逐步增多，如基础设施落后，自然条件差，自然灾害多，产业结构单一，农场经营性收入有限，资产负债严重，归侨职工工资难以保障；各种政策性、社会性支出如退休金、医药费和社保缴费等支出越来越多；危房亟待改造……不少华侨农场的发展陷入困境。农场必须逐步建立适应市场经济要求的体制和机制，使归难侨和职工的生活得到改善①。从 20 世纪 90 年代以来，我国华侨农场逐步进入改革阶段，广东的大旺、广西的武鸣、福建的常山、云南的陆良、海南的东方、江西的敖山等华侨农场在改革的思路、路径、模式等问题上探索了不少成功的经验②。这些典型先例为丽光华侨农场的改革和发展提供了经验教训。

（二）广西北部湾经济区的开放开发为丽光华侨农场的改革提供了发展机遇

2008 年 1 月 16 日，国务院正式批准《广西北部湾经济区发展规划》，2008 年 5 月 29 日，国务院下文同意设立"钦州港保税港区"。2010 年，中国—东盟自由贸易区建立，2012 年，钦州保税港区正式封关运作，中马钦州产业园区进行开发建设等，北部湾开放开发的步伐进一步加快。目前，经济区内聚集电子信息、新材料、石化等产业集群，总产值超过 3 300 亿元。2014 年，经济区生产总值（GDP）增速高于全区及西江经济带，财政收入、工业、投资、消费、进出口等主要经济指标增速也均高于全区③。成为拉动全区经济增长的重要引擎，成为名副其实的中国—东盟自由贸易区先行示范区。

在北部湾经济区开放开发取得突出成效的时刻，只有深化丽光华侨农场的改革，将它的土地优势、区位优势、政策优势、后发优势和侨力资源等转化为经济发展资源，才能把丽光华侨农场的发展真正融入国家和地方经济社会发展的大局之中，推动华侨农场的跨越性发展，有效地解决华侨农场面临的债务等一系列历史问题，与北部湾地区的其他地方一起，实现全面建设小康社会的重要任务。

二、转型是丽光华侨农场自身发展的必然要求

（一）丽光华侨农场的发展历程

丽光华侨农场位于钦州市东部，距钦州市区 42 公里，距钦州港、钦州保税港区、中马钦州产业园区 35 公里，距北海市 72 公里，到三娘湾风景区 50 公里，交通便利；属南亚热带季风气候，气候宜人；土地资源丰富、水源充足；人文资源优越，农场职工中有归

① 贾大明：《我国华侨农场管理体制改革探析》，《福建论坛（人文社会科学版）》，2005 年第 10 期，第 10—14 页。
② 李海峰：《树立科学发展观，推动华侨农场全面协调可持续发展》，《八桂侨刊》，2004 年第 4 期，第 11—15 页。
③ 广西壮族自治区统计局：《2014 年广西北部湾经济区增速领先全区》，广西壮族自治区人民政府门户网站，www.gxzf.gov.cn.2015—02—12.

侨及侨眷 5 775 人，他们与在世界上二十多个国家和地区的华人华侨有着亲缘联系。现主要以农业为主。截至 2013 年底，丽光华侨农场下辖三个农村管理区（村委）及 19 个国营连队，农场总人口 17 096 人，其中国营非农业人口 6 987 人（其中归侨侨眷 5 775 人），农业人口 10 109 人，在册职工 2 184 人，其中在职职工 882 人，离退休 1 302 人，是目前广西的第二大华侨农场。丽光华侨农场的发展经历了国营农场——国营华侨农场——北部湾华侨投资区设立的三个阶段。

第一个阶段：国营农场（1952—1978 年）

1952 年，丽光橡胶垦殖场创建，隶属广东粤西农垦局。1958 年更名为国营丽光华侨农场，1962 年更名为丽光水果场，1968 年 10 月 5 日，更名为钦州县一〇五干校，辖家属农场和 311 农场。1971 年与钦县青年茶场合并。1975 年复称为丽光水果场，设立钦州县党校。

第二阶段：华侨农场阶段（1978—2011 年）

1978 年 5 月 22 日，农场开始接收安置大批越南归难侨，到 1984 年 3 月先后接收 4877 人。1979 年 3 月，经广西壮族自治区人民政府批准，更名为广西国营丽光华侨农场，属事业性质企业管理的正处级单位，隶属广西华侨企业局。1980 年 10 月，钦州地区行署批准，将钦州县的那丽公社红箭、殿艮两个大队的 42 个生产队和那彭公社新屋、凤凰两个大队的 35 个生产队及农民共 8 031 人划成三个管区并入农场管理。农场开始了从事业性质企业管理阶段到企业与行政单位双重性质阶段的转换。1997 年 9 月 30 日，自治区人民政府将农场下放钦州市管辖，12 月 22 日，钦州市将农场下放到钦南区管辖。

第三阶段：转型发展期（2011 年至今）

2011 年 3 月，钦州市正式启动丽光华侨农场的体制改革工作。2013 年 9 月 22 日，广西壮族自治区人民政府批准实施《广西国营丽光华侨农场改革和发展方案》。2014 年 10 月 28 日，投资区工委、管委正式揭牌成立。

（二）丽光华侨农场转型的必然

在较长的一段时间里，作为国家对归侨的"集中安置模式"的载体，丽光华侨农场作为一个独立的、封闭的、自成体系的小社会存在，积极贯彻和落实国家的有关政策，推动归侨安置工作，体现国家对归侨的关心和照顾。但是，随着时间的推移和改革开放的深入，管理体制上的矛盾也逐渐明显，严重制约了农场的发展。主要表现有：

1. 社会负担重

1980 年以来至今，丽光华侨农场一直是企业与行政单位的双重身份，社会性负担过重。如近 10 年来，丽光华侨农场的社会性、政策性支出和退休费支出每年都需要 600 多万元，扣除财政拨补，还需要农场负担 300 多万元。但华侨农场的年经营利润仅不到 100 万元。20 世纪 90 年代末以来，学校等社会性事务虽然逐步剥离出去，但农场的社会负担仍然很重，在职工工资、养老保险、医保方面承受沉重的债务负担，截至 2013 年底，丽光华侨农场已欠债 9 000 万元。

2. 管理体制不顺

丽光华侨农场一直承担生产经营和社会管理的两种职责。但随着市场经济条件的变化，农场的内外经营条件也相应发生变化，原有的"小农场、大社会"的运行模式与华侨农场作为独立的市场经济主体的地位不相适应。2000 年前后的农场体制改革，虽然把学校、医院、治安等社会职能从农场中剥离，农场保留了国有企业的行政式的管理体制，但封闭式和半封闭式管理的状况并未改变，国有资产存量未能从根本上盘活，职工的积极性未能调动起来，职工收入还是停滞不前。农场与地方政府部门之间的利益关系没有得到根本解决。在工作对接时还容易衍生相关部门相互推诿、推卸责任的现象，进而不利于相应政策、福利的争取、实施、兑现，阻滞农场的改革发展。

3. 缺乏竞争意识

由于丽光华侨农场是安置归难侨的场所，过去基本上是靠政府政策性补贴维持，长期以往，造成部分归难侨职工等、靠、要的思想，比较缺乏进取心和奋斗的精神。

4. 土地使用权限不明确

丽光华侨农场农场建场时是由国家划拨土地的。但由于种种原因，农场已办理土地使用证的土地大多处于有证无地的状态，导致与毗邻乡镇的场界纠纷不断。据反映，丽光华侨农场被侵权的土地就有 6 万多亩。

如何走出发展的桎梏、困局，实现经济、社会新发展，农场社会化转型成为必然。

三、丽光华侨农场改革发展中遇到的问题和困难

2013 年 9 月 22 日，"广西壮族自治区人民政府关于广西丽光华侨农场改革和发展的方案的批复"（桂政函〔2013〕194 号），明确"同意以广西丽光华侨农场的管理区域范围设立钦州市北部湾华侨投资区"[①]，拟通过大力发展工业，把丽光华侨农场建设成为钦州市新的产业基地、新的对外开放窗口、城镇化新区、新的经济增长点，打造成北部湾经济区重要的经济贸易合作载体和平台。投资区设立一年来，各方面工作得到了一定的推进，但丽光华侨农场再次面临经济体制发展转型所出现的困境。

（一）管理体制机制仍未能理顺

投资区设立后，虽然有国内十几家华侨农林场的一些成功经验可借鉴，但投资区与原农场管理机构之间关系如何理顺？还是一个尚未明晰的问题。如果根据农场市场化改革的要求，实行政企分开原则，把农场的行政管理职能和经济管理职能分开，政府承担相应的义务以减轻企业负担，是较好的选择之一。但因丽光华侨农场的行政隶属几经更改，造成了它与投资区在国土、卫生、城市监察等行政执法权和工商注册、税务登记等行政审批权尚未理清，阻碍了招商引资和开发建设。性质、权属没有厘清，都严重阻滞了农场的改革转型。

---

① "广西壮族自治区人民政府关于广西丽光华侨农场改革和发展的方案的批复"（桂政函〔2013〕194 号）[Z]. 2013 年 9 月 22 日。

（二）基础设施落后，建设发展资金短缺

由于双重身份，且原来没有全面纳入到地方行政管理体制，丽光华侨农场长期处于"中间地带"的尴尬，基础设施建设相对滞后，目前仅有一条镇级公路穿场而过，"村村通"道路覆盖率只有60%，交通条件十分落后。农场农田水利基础薄弱，基本"靠天吃饭"，农业发展和产业经济落后。区内目前无大型供水、供电、排污和市政配套设施，城市基础设施基本空白。还有历年累积下来的沉重债务（累计负债9 000多万元）。投资区设立后，要解决规划编制、农场债务、民生保障、基础设施建设和社会事务管理等的难题，资金缺口非常大。据初步统计，投资区接管农场和七站八所后，仅每年的正常运转经费和社会事业支出将近达到3 000万元，如果没有市人民政府的支持，根本无法保证正常的运转。

（三）土地资源的优越性无法体现

与周边农村的土地权属纠纷问题不断。由于历史原因，华侨农场与周边农村的土地纠纷问题一直持续不断，农场土地使用问题长期得不到解决，大量土地被侵占。目前农场已确权的土地为15.6万亩，但被侵权的国有土地面积便达到了6万余亩，占农场国有土地11.2万亩的50%，占农场耕地面积8.2万亩的82.9%。造成农场现有土地面积减少，不能形成连片存在的格局，农场土地资源多和连片的优越性和丰富性无法体现，不利于招商引资项目的进入，严重阻碍了农场的开发和发展。

此外，基本农田保护指标太多也制约农场的发展。为支持钦州市的发展，为北部湾大开放开发建设助力，约4 393公顷（约65 297亩）基本农田保护指标被压在了丽光华侨农场，大大制约了农场的发展空间。

（四）职工身份置换不明确，民众不稳，积极性、创造性调动不足

改制中，必然会涉及农场职工身份置换的问题。现有丽光华侨农场管理干部分为领财政工资（事业编制）和不领财政工资（企业编制）两种，二者在工资、福利保障等待遇上差异悬殊。领财政工资的干部因办公地点远离市区、上班成本高，工作环境和生活环境稍差等，思想上不够稳定。而不领财政工资的农场管理干部有43人，投资区成立后，如何妥善安置他们？投资区作为事业单位，在接收干部入编问题上，必须遵守事业单位公开招聘工作人员的方案，"凡进必考"，这对部分年纪大的职工是一个严峻的挑战。农场职工对切身相关的利益问题的过分关注和观望、等候，民心不稳，积极性、创新性不足等，这都从根本上制约农场的改革和发展。

四、加快丽光华侨农场转型推进北部湾华侨投资区开发建设的对策及建议

在新的历史条件下，如何适应北部湾经济区的开放开发，充分利用丽光华侨农场自身便利的地理位置和优越的自然资源实现投资区经济的新发展、新突破，选准突破点是一个

关键。

（一）理清管理体制，尽快克服投资区建制存在的"两张皮"状况

华侨农场作为特定历史条件下的产物，与一般意义上的国有企业有诸多区别。综合考虑，把华侨农场定位为社区，对深化管理体制改革更为有利。因此，投资区应尽快完成农场党务、行政、经济、社会事务和社会职能等的交接工作，严格按照"三定方案"落实移交事务的归口管理，把侨务工作的义务和责任接过来，充分发挥好政治的保障作用。同时，坚持"政企分开"的改革思路，尽快理清各种职权关系，稳妥实施农场体制改革，推动农场加快发展，使农场成为直接面对市场的经营主体，为经济发展提供更多的保障和助力。在这方面，广东省在华侨农场体制改革过程中出现的区场合一模式（肇庆市大旺综合经济开发区为典型）[1] 及广西武鸣的"南宁—东盟经济园区"模式给予了较好的启示。

（二）因地制宜，找准发展的突破点

根据相关方案，北部湾华侨投资区发展定5位为以钦州临海工业为依托，发挥国有土地连片易开发优势，坚持"高起点规划、高水平运作、高质量建设、高效率管理、高速度发展"五项原则，实施"产业立区、项目兴区、创新强区、生态建区"四大战略，重点发展农（海）产品深加工、生物制药、纺织、外向型工业和现代物流业，将园区建成为我市一流的集产业发展、生态构建、观光旅游为一体的华侨产业园。开发模式主要以主体企业主导园区开发模式为主[2]。总体思路是：充分利用独特的区位、交通、土地和资源等优势，通过对资源的整合、开发，加快推进投资区工业化、城镇化进程，使投资区产业结构由以农业为主向壮大第一产业，接通第二产业，连接第三产业转变。

目标、思路已明确，但找准突破点是关键。从丽光华侨农场的实际情况出发，突破点应该在产业结构的调整上，立足点应是特色农业（或高效农业）的发展。因为经过多年的发展，丽光华侨农场已初步具有一定的生产专业化和机械化、布局区域化、经营一体化、服务社会化的经营条件和实践经验，农产品加工、商业（对外贸易）、运输业、基础设施建设已有一定的发展。但农场经济基础仍较薄弱，资金积累严重不足，电力设施跟不上，水利基本设施欠缺，人力资源优势短缺，总体上不具备发展现代工业的技术、资金、人力资源等条件。若盲目地推进产业结构高级化，不但不会顺利实现工业化，还会破坏农场经济的发展基础。因此，立足于农业资源、土地资源、生态资源的比较优势，以资源为导向，发展外向型的现代化农业（或特色农业、高效农业），以农业作为农场经济的增长源和突破口，带动农副产品加工业发展，实现第二、第三产业联动是其首要选择。这样既可以避免了与周边县区城镇产业趋同所带来的负面影响，同时也将华侨农场的"侨"、"农"

---

① 杨英，傅汉章，郑少智等：《广东省国有华侨农场体制改革基本思路探索》，《中国农村经济》，2003 年第 2 期，第57—62 页。

② "广西壮族自治区人民政府关于广西丽光华侨农场改革和发展的方案的批复"（桂政函 [2013] 194 号）[Z]. 2013年9月22日。

资源优势充分发挥出来①。具体做法是可以将外向型农业、高新技术农业、特色农业三者相结合，通过引进资本及技术（侨资是重点），引进新品种、新农艺，对传统农业进行改造，优化农业结构，促进特色农业及相关产品加工业的发展（如东南亚特色水果等），瞄准国内外市场，对农产品精加工后销往国内其他地区或出口创汇，从而实现特色农作物种植、农产品深加工及销售的一体化经营。在此基础上，带动生物制药、纺织、外向型工业和现代物流业，旅游业等第二、第三产业的发展。

（三）做好现有资源的利用与挖掘、开发，丰富经济发展方式

要切实实现农场改革发展，必须做好现有资源的利用与挖掘、开发，培养新的经济开发点、增长点、创新点。为此，要充分利用农场现有的自然生态环境、人文景观优势，努力发展旅游服务业，开发生态农业游、归侨历史文化景观旅游项目，建立归侨历史博物馆等，培育多种经济方式，带动农场经济发展；鼓励发展商贸、中介、信息、科技等服务业，不断增加第三产业在经济结构中的比重，充分开发经济发展活力。要通过组织举办投资区投资环境推介活动，促进招商项目和资本对接。要坚持项目带发展，创造条件，在特色农业发展的基础上，通过规划建设工业区，扶持一批主业突出、产业关联度大、竞争力强的加工型企业，培育产业群，形成产业链。

（四）加强招商引资力度，盘活经济，保障资金注入

从农场到开发区的转型，必须要有充分的发展资金。为此，可借鉴武鸣华侨农场等的先进经验和成功做法，创建投融资平台，创新投融资模式，开展多种方式的融资，加快推进投资区基础设施建设，切实改善招商引资条件。同时，充分发挥农场现有国有土地连片易开发的优势，大力开展特色种植业、农林产品加工、现代物流、生态旅游等特色产业招商引资，用招商促进投资区进入持续发展道路。

（五）加大基础设施建设、加快土地利用规划调整

投资区要积极推进各种规划编制工作，明确投资区开发建设方向，争取国土部门支持，采取基本农田指标园区内部调整的办法，分批逐步把部分基本农田指标进行置换，尽快调整出一定规模的土地成片规划为建设用地，以解决项目用地难题。要加快推进投资区周边连接高等级公路的路段规划及建设等，逐步改善投资区交通条件落后的状况。多方筹措资金，加快对园区内排水、排污、给水、供电、管线、市政配套设施等基础设施建设，完善投资区农业水利设施和镇村道路建设。

（六）正确处理华侨群体与非华侨群体之间的利益、关系，保护归难侨及侨眷的合法权益

农场在转型过程中不可避免会面对一系列压力，如土地权属、资金、利益冲突以及人

---

① 林琳，李禹辰，肖玲：《广东省华侨农场的类型划分与发展思路》，《热带地理》，2008 年第 3 期，第 166—171 页。

才引进等问题。在着重发展经济的同时，归难侨及侨眷的合法需求和合法权益也不忽视①。因此，投资区要在深入调研的基础上，加快制定农场土地开发、人员安置、征地拆迁和青苗补偿等方案以及改制资金筹措施，推动民生工程建设。在投商引资中，不能单纯地追求招商引资项目，对于归侨侨眷的生活要给予相应的关注和帮助，确实保护归难侨的政治权利保证、归难侨的基本生活保障、归难侨生产经营的维护、归难侨对外开展经贸活动等。要注意协调好各层级利益团体的权利分配，本着"以人为本"的原则，针对归难侨的"三保"问题、教育问题、就业问题采取相应的措施，为农场的转型发展扫清阻碍。

在丽光华侨农场设立北部湾华侨投资区是其发展的重要机遇，投资区必须打好侨牌，充分利用政策优势，在理顺管理体制、找准突破点，做好现有资源的挖掘和开发利用的基础上，加强招商引资力度，盘活经济，保障资金注入，加大基础设施建设、加快土地利用规划调整，正确处理华侨群体与非华侨群体之间的利益、关系，保护归难侨及侨眷的合法权益，才能推动农场转型升级进入实质性发展阶段。

---

① 徐晶：《基于湛江奋勇华侨农场为例的华侨农场转型升级研究》，《产业与科技论坛》2015 年第 2 期，第 111—113 页。

侨房政策下的侨房问题个案浅析
——以大埔县昆仑村黄进添家族为例

许颖　肖文评①

（南昌大学历史系　南昌　330031）

（嘉应学院客家研究院　梅州　514015）

【摘　要】本文以两份关于侨房报告的申请作为研究起点，在进行实地田野调查的基础上，收集采用有关档案资料。通过分析侨乡侨房问题的具体处理事项，以此来阐明落实政策的艰巨性。

【关键字】侨房政策；华侨政策；退还侨房

移民在中国有几百年的历史，无论如何改变，政府采取什么样的政策，海外华人总是不能割舍自己的原乡情结和先祖思念。人们都将自己的祖居地比作为"根"，人不能忘了"根"，寻根问祖是每个子孙后代必须履行的家族传统。国内祖居地的祖堂、家居房屋便成了联系国内外族人的中介，祖屋更是"根"的直接代表、"根"的凭证，并且国内家居房屋也是很多华人回国探亲、过节、祭祖的最好的居住选择。

一、黄进添侨房问题

如下是黄竹祥从台湾写给银江区昆仑乡（1958年—1983年为昆仑大队，1983—1987为昆仑乡、属银江区，1987年至今改为昆仑村）人民政府的申请报告：

报告

事由：请当地人民政府早日落实我的房产。

本文：本人黄竹祥，现居台湾。这次通过印尼妹妹黄想英转一信。请求政府了解我家的房产是否仍在（存在），在此，顺便申述：凡是有人借用或占用我的

① 作者简介：许颖，嘉应学院客家研究院与南昌大学联合培养专门史专业2013级硕士研究生。肖文评，历史学博士，嘉应学院客家研究院副院长、教授、硕士生导师。
本文系国家社会科学基金特别委托项目"侨批文书整理与研究"（项目编号：12@ZH020）、广东省普通高校人文社会科学重点研究基地嘉应学院客家研究院招标课题"粤东北民间文献与近代客家侨乡社会变迁研究"（项目编号：12KYKT01）研究成果之一。

房产者，希望由政府按政策办理归回我所有。对我的房产核实及全部交回我嫂嫂丘团英保管，希望总有一天回家团聚，过着幸福生活也。

此致：

大埔县银江区昆仑乡人民政府

申请人：黄竹祥 上书

1984 年 7 月 31 日①

根据田野调查得知：黄进添为银江镇昆仑村上田背人，在 1952 年时被评划为"富农"阶级，1955 年改为华侨自由职业。黄进添生有黄炮松、黄竹祥两个儿子。大儿子黄炮松于 1934 年下南洋至马来西亚从事医务工作，并有两位妻子：大妻丘团英一直在家务农，生有黄建超、黄博超两子；二妻袁玉珍在马来西亚。黄竹祥于 1948 年被抓壮丁到台湾，至今没有回过大陆老家。

黄进添系黄福来从大麻买来做儿子的，后过继给黄健先为儿，故继承有其房产三间一厅。1947 年黄进添的宗亲黄福大去世，因死后无后继业。于是召开族长会议（每户家长出席）商议，遗产出标（三间一厅、一天井）转卖族内人。黄进添中标，标款归入修祠理事会，逢年祭祖，就由黄进添户负责。因家境贫寒，黄进添向外出租其名下的六间两厅房屋以得租金。然而在 1952 年时，因为黄进添拥有十间以上的房屋而评划为"富农"阶级。在"清算"斗争中，将其出租的房屋没收，进行分配。计六间两厅，面积 180 平米。分配房户有四户：黄杭平、房蜂英、张银英、丘晋娘。另外还有一间屋被生产队强行拆掉。檩、桷、瓦被没收为公用，墙头泥被作肥料散入田中。

印尼有一位华侨写了一首关于自己在国内的房屋作为公家分配品的诗：

"漂泊南邦几十秋，血汗随同涕泪流。

采得百花成蜜后，鹊巢鸠占我何有？

归根故土无指望，北望神州倍增愁。

日中常作还乡梦，谁知埋骨在异丘。"②

这是在南洋华侨社区常有的凄惨之事，因此，当听说中国政府制定了退还侨房的政策并严格执行时，他们喜不自禁地急切写信申述，希望得到原属于自己的房产。即使是身在台湾，难以直接寄信回国的黄竹祥，也是从印尼转信回来请求人民政府落实侨房政策。

接下来是 1984 年 8 月 23 日昆仑乡上田背丘团英向银江区昆仑乡政府递交的申请报告：

报告

事由：请求上级落实政策，把被没收和占去的房产早日归还我家管理。

本文：我家是侨属，又是台属，土改时被评为富农成份（分）。及贯彻了华

---

① 1984 年 7 月 31 日黄竹祥由台湾转印尼寄给大埔县银江区昆仑乡人民政府的申请报告。在此诚挚感谢梅州侨批档案馆馆长魏金华热心提供的侨批档案材料，两份报告均来自魏先生的私人收藏。

② 吕华：《落实华侨房屋政策可以搞得快一点》，《广东侨报》，1982 年 2 月 5 日，第 1 版。

侨政策,改变为华侨自由职业。由于运动的影响,我家被没收了一批房产,其中也有占用的。直到今天,蒙政府落实华侨房产政策。为此,特向政府请求派员前来落实我家的房产。早日归还物主,以慰海外亲人。是盼。

此致

银江区昆仑乡政府

申请人:昆仑乡上田背丘团英上

1984 年 8 月 23 日①

在报告背后附有房屋分配和现状说明。其大意是:

(1)现上田总祠右横正间一节,被没收分配给黄佛养(其嫂张银英)所有。

(2)现上田总祠右横开唇间,土改时分给黄杭平。

(3)丘晋娘分得住房三个、一正厅、一天井、一门坪。

(4)房蜂英分去住房一间。

笔者在大埔县档案局意外找到一份黄炮松的二妻袁玉珍写的申请报告,是 1988 年 3 月 16 日从马来西亚吉隆坡写给银江镇落实侨房办的。内容同样是希望政府早日派员前往了解,归还使用。并且重申了被分的房屋情况,完全与上述部分一致。②

二、乡镇侨房问题的处理

关于土改期间对黄进添家族与其他家族执行华侨政策的具体事务记录,因为频发各种运动和特殊条件的受限,现今未能找到。只留有大致的情况:建国后,在清匪反霸、镇反、土地改革运动中,依照《中华人民共和国土地改革法》以及政务院《关于没收反革命财产的规定》没收接管了一批圩镇的房屋、店铺,同时依照广东省人民政府《关于清理城镇封建性房屋的几点意见》,把原属祠堂、善堂等房产,一概收归共有。1952 年夏收结束后,银江镇开始土改。当时,土改工作队共 94 人组成(区干部 25 人、土改工作队 39 人、教员 3 人、农民支援队 27 人)。土改队分 4 个单元,14 个小组进行。土改队进村后,扎根串连发动群众,组织队伍,斗地主,划阶级,评成分,没收地主阶级土地,分给无地、少地农民。共没收土地 6 949.2 亩,山林 657.898 亩,房间 798 间,耕牛 66 头,农具 2 205 件,征、没收粮食(果食米等)33 116.9 斤,在全银江区 3 074 户中,评定地主 66 头、富农 25 户、中农 658 户、贫农 2 181 户、雇农 63 户、小土地出租者 21 户、革命军人 4 户、工商业家 20 户、迷信职业者 7 户、小商贩 9 户、手工业 5 户、贫民 3 户、工人 1 户、游民 2 户,此外外出 47 户。1953 年,银江进行土地改革复查,解决土改中的遗留问题,核定地主 60 户、富农 29 户、中农 658 户、贫农 2 188 户、雇农 68 户、小土地出租者 2 户、工商业家 7 户、小商贩 5 户、手工业者 4 户、贫民 3 户、工人 1 户、外出 74 户,其他 17 户。同时进行查田定产,对全区 3 063 户,7 893 人,由县人民政府颁发了《土地房

---

① 1984 年 8 月 23 日昆仑乡上田背丘团英向银江区昆仑乡政府递交的申请报告(1)。
② 1991 年度《银江镇政府》档案目录,全宗号 107,大埔县档案局 1988 年第 24 号卷资料。

产证》，黄抗平的所分得的房间就是在此时获得的《土地房产证》。确定了田地 12863.9 亩。1954 年，全乡出租的私房分别纳入"双管"（产权属私人，管理属房管部门）。另外接收的祠堂、尝产等，由于事业发展的需要，所有部分已改建，有些拨给当地政府、学校和事业单位免租使用。[①]

在落实侨房工作中，银江镇积极贯彻中办发［1984］44 号和广东省委［84］24 号文件的指示。中办发［1984］44 号文件是指中共中央办公厅、国务院办公厅转发的《关于加快落实华侨私房政策的意见的通知》，其第一条规定："在土地改革中，农村和城镇没收、征收的华侨私房，应一律退还侨房主。"在县委、县政府的领导和上级侨务部门的指导下，从 1984 年开始成立了落实侨房领导小组 5 人，领导小组深入调查摸底，镇政府派人下村、村干部陪同一起做侨务工作，进行劝说退还。经过五年多的努力，按政策全镇应落实已落实侨户 30 户，房屋（包括非建制圩镇的农村店铺）385 间（厅）面积 10 600 平方，退还侨房（包括宅基地）分得户 139 户，补助金额（包括困难补助）176 329 元。从 1984 年 7 月黄竹祥台湾上书反映到 1988 年 3 月黄竹祥二嫂袁玉珍马来西亚写信申请，到真正解决（业权转让）的时间 1988 年 5 月 20 日为止，跨度差不多满五年。在 1979—1990 年的十年时间里，正好是对原有的计划经济时期的弊端进行改革的时期。当时政府一方面要将侨房归还，另一方面要为占住侨房的单位、住户提供房源。另外，市场经济刚开始建设，之前计划经济时期的政府管理体制还是在改革初期影响着各项事务处理。因此给侨房退造成了政策执行的弹性和延误。表现出如下不利状况：侨房相关规范性文件大多缺乏明确性和强制力；从事人员事务素质不一；侨房政策执行工作中政府官员除了冠以党政违纪处分外，未建立绩效责任追究机制。

三、黄进添侨房问题的处理

好在经过如此长时间的反映申述，终于，在 1988 年 4 月 9 日落实侨房领导小组组织了一场在丘团英儿子黄博超家的公开座谈会。会议有土改老干部、华侨干部（已退休）、落实侨房领导小组成员及黄进添家族成员。经过讨论商议，会议一致认定土改中被分配的房产，是黄进添的产权，应该归黄进添后裔管理使用。并且记录在案存入档案。随后的 4 月 10 日，昆仑村民委员会根据座谈会议作出并公示了《落实黄进添侨房的讨论意见》，银江乡政府也在同意村委做法的同时，公布了《关于落实黄进添侨房调查情况综合意见》。结论是根据省委省政府 1984 年［24］号文件精神规定，其侨房属错划没收对象。经过研究同意原业主收回房产，给原业主之儿媳丘团英所有。[②]

这里有必要提一下，除开申请报告，剩下的文件都是同一个人的笔迹，誊写人为落实华侨领导小组房化民，在同一份文件中其名前后不一（在座谈记录里写的是房化照，登记入档案写的却是房化民，在另外一本变成了房化明）。据此断定誊写的应该不是其本人而

① 银江镇志编委、县地方志编委办公室：《大埔县银江镇志》，1996 年 12 月，第 38 页。
② 1991 年度《银江镇政府》档案目录，全宗号 107，大埔县档案局，1988 年，第 24 号卷资料，第 29 页。

是他人，因为自己不可能将自己名字在同一份文件写错几次。在退还侨房补助登记表中，将黄进添儿媳写成是其妻。这些不严谨的做法令档案信息价值大打折扣。

在 4 月 10 日同一天，分得户房蜂英、张银英、黄抗平承认在土改中分得房产的事实，并同意退还。其中，黄抗平是黄进添宗亲，他分得的房产在土改时已登记在他家的土地证内。4 月 12 日分得户丘晋娘也同意退还并都上交了退房意见书。

5 月 20 日，以丘团英为名的业权转让书，这样写道：经落实归还的房屋是黄进添所有的，丘团英为照顾各分得户，人口多房屋少的实际困难（如下表），同意将业权调换成分得户该领的退还侨房补助，四户总额 3 050 元。①

表 1　各分得户房产情况（1988 年）

分得户姓名	房蜂英	张银英	黄抗平	丘晋娘
房产性质	住房	住房	住房	住房、厅堂
面积（米²）	20	20	20	60、60
间数	1	1	1	3、2
使用情况	现仍居住	现仍居住	现仍居住	现仍居住、使用
在家人口	7	2	4	7
现有房数（包括分得房）	3	3	5	8

资料来源： 大浦县档案局，1988 年，第 24 号卷。

然而业权转让书的签证机关却是村委，这是不合法理的。所谓业权，是指在房地产领域内，权利主体在法律规定的范围内，直接支配一定的物业，并排除他人干涉的民事权利。在现行法律中是产权的意思。1986 年 6 月的《中华人民共和国土地管理法》第六十二条规定："农村村民建住宅，应当符合乡（镇）土地利用总体规划，并尽量使用原有的宅基地和村内空闲地。农村村民住宅用地，经乡（镇）人民政府审核，由县级人民政府批准。"1995 年 1 月 1 日颁行的《中华人民共和国城市房地产管理法》第六十一条规定："房地产转让或者变更时，应当向县级以上地方人民政府房产管理部门申请房产变更登记，并凭变更后的房屋所有权证书向同级人民政府土地管理部门申请土地使用权变更登记，经同级人民政府土地管理部门核实，由同级人民政府更换或者更改土地使用权证书。"因此此项签证是不符合规定的，也可以说是没有法律效力的。尽管如此，各分得户还是签字同意了这些文件。据此，侨房退还问题在双方的妥协下就这样解决了。

侨房业主已落实了使用权和所有权，分得户也得到妥善安置，这样既保护了华侨合法权益，又受到海外侨胞的赞扬。华侨纷纷捐资家乡，兴办公益事业。银昆公路便是其中之一，昆仑公路是银江镇通往昆仑、坑头两个行政村的唯一村道。两村有 7 000 多人口受益，

由海外华侨廖群章、曾庆阶、余金龙、谢郡章等募捐集资，于 1998 年铺筑水泥路面。在村头的公路旁刻有很多块修路碑记。

四、案例延伸的视野

在本案例中，按照以往和现今的法律以及规章来说，其实是远远没有解决的。第一是前面已论证了的，昆仑村委签证的房屋业权转让书是没有法律效力的。所以黄炮松的两个儿子黄博超、黄建超及其后裔是可以以法律手段要回房屋的，关于私自进行业权调换"退还侨房补助"的交易是没有法律依据。不过黄抗平所分得的房产在土改时有了县政府颁发的《房屋产权证明书》，在进行产权争夺时，一是在当时农村较少有房契、产权证等文书，而且原业主确实也没有，至少在黄进添家族申述以及提供的材料中没有出现。二是即使有也会出现两份合法的产权证明，尽管不是同一个政权的。据村民回忆，丘团英自 1990 年去世后，其大儿子一直在茶阳镇生活，现在已经过世。黄竹祥在被抓去台湾后，1952 年其在大陆的妻子改嫁他人。现在黄进添家族只知道丘团英二儿子黄博超的情况，其他的未找到联系方式。黄博超搬往梅州城区居住，现已教师退休居家养老。笔者在昆仑村原村长余干秋那得到了黄博超的电话号码。在笔者打通了他的座机电话，想向他咨询侨房退还相关事务时。无论怎么沟通，他一直否认自己认识丘团英、黄进添、黄竹祥，称笔者打错电话了。可能侨房问题已经在他们心中留有不好的印象。所以黄进添后裔的采访暂告结束。现在居住在那的是以前的四位分得户，他们的说法也是与档案材料的一致，并无出入。

在档案局查阅资料时，笔者发现其他家族即使有房产证证明的档案材料，资料保存期限写的同样是"永久"。根据 2006 年新《文书档案保管期限表》的规定，档案局的机关文件材料、文书档案保管期只按永久和定期分类。其中，机关事业单位的各类档案中处理人民来信来访的文件材料，"有领导重要批示和处理结果的"，机关在归档时其档案保管期限定为永久。大埔县档案局的工作人员也是在陪同时，不断提醒不能拍照，因为侨务局领导批示过。档案局同志接着说道：因为之前其他家族发生过房屋产权官司的事，加上黄进添家族没有产权，在档案中的各类有关房屋面积的记录也是有好几个数值。于是笔者在网络上找到了一份相关案件。"梅州梅县区隆文镇'理九居'侨房所有权属"的案件：梅县政府将"理九居"当作侨房全部落实归还给李少明依据的唯一原始凭证是李少明的子孙提供的土改时的《土地房产所有证》。其他家族却并未有相关文件，所以在打官司、行政复议等皆为失败。[①] 事实是黄进添后人接收了当时补助换产权的建议，黄抗平也没有据房产证不依不饶。不然争夺起来，一边是有法律效应的土改房产证明，一边是没有直接证据的族人记忆，很难得出让双方满意的决议。

五、结语

落实侨房政策争取了侨心，使广大侨胞和港澳同胞的向心力得到了空前的凝聚。在如

---

① 梅州梅县区隆文镇"理九居"侨房所有权属，http：//bbs. tianya. cn/post-50909 – 599 – 1. shtml

今，在海外的华侨后代大都已经加入他国国籍，侨房问题也逐渐得到解决。至 1990 年，梅州市落实农村侨房政策基本完成任务。通过对黄进添家族侨房退换的事务解析，我们看到了侨房政策制定与执行的复杂。侨房政策的制定者、执行者、被执行者都是当中重要的一环。政策制定者应当实事求是、多方调研，把握好各地情况的特殊性。执行者在侨房落实行动上，多关注侨房背后侨乡社会内部的变化，因地制宜。华侨、归侨和侨眷要积极争取自身合法权益。只有这样侨务政策才会有利于推进侨乡社会和谐发展。

第三篇 海外华人社会

海外华人的政治参与和权益抗争：论马来西亚华人社会变革和政治觉醒，1998—2014

［马来西亚］祝家丰

（马来亚大学中文系　吉隆坡　58200）

【摘　要】于 2008 年举行的马来西亚第十二届全国大选见证了该国的另一次政治转捩点。自 1969 年发生种族流血冲突后而成型的种族霸权体制在 2008 年政治海啸的冲击之下已呈现动摇之态。华人在是届大选求变并大量投选反对党催谷了政治海啸的主因。该届大选所催生的两线政治/两线制在选民的政治意识日渐提高和公民社会的蓬勃发展下已日趋成熟和巩固。该国的两个政治阵线，即在朝的国阵与在野的民联在 2008 年的政治发展中竞争激烈，两个阵线势均力敌，皆有机会在 2013 年的普选中执掌中央政权。有鉴于马来西亚首次出现政权轮替的契机，因此政治人物和选民对第十三届大选有颇高的期盼。虽然执政党希望华人在一贯的钟摆投票行为影响下在 2013 年的普选中支持政府，但华裔选民更进一步倒向反对党。因此华裔选民可说是做了一次重要的政治抉择，与执政的华基政党割切以促成马来西亚政治体制转型和政权轮替的局面。马来西亚华人勇于作出如此的政治选择可说是源自华人社会所发生的社会变革和政治觉醒。此研究发现，该国 1998 年所发生的"烈火莫熄"政改运动和政府的协商政治机制失灵是造成华人投选反党的主因。

【关键字】马来西亚；华人政治；种族霸权；巫统；诉求

华人海外移民在居住国之政治参与长久以来一直受到学者们的关注。由于居住国的国情各异，华人移民在各国的政治适应和政治参与亦有迥异的发展轨迹。因此研究个别国家的华人政治参与之具体情况或国与国之间的华人政治参与比较研究都有其实用和学术价值。在东南亚区域，中国华南移民于 19 世纪和 20 世纪期间大量移入并参与了当地的政治。早期南来东南亚的华人多是为了寻求更好的生活而暂时选择侨居，他们在内心都有落叶归根的打算。对于当地的政治发展往往是采取不过问的态度。但随着侨居日久，他们开始购置产业并对居住国有了感情。因此为了维护族群利益和福利，东南亚华人开始积极参加居住国的政治。由于时代的号召，他们参加了反殖民的行列。过后他们参与争取居住国的独立与建国。现今他们更参与了其国家政治民主化的进程。华人移民在东南亚各国的政治参与展现了不同的发展轨迹。

　　马来西亚华人在 1957 年独立前就已参与该国的政治活动。从反殖民抗争到争取独立，该国的华人都扮演了一定的角色。马来西亚华人的政治参与虽不主导该国的政治发展，但由于华裔选民的投票趋向未呈现一致性，这往往引起学者和政治领袖的关注。华裔选民在大选的投票行为所呈现的无一致性和在支持执政党与反对党之间摇摆一般上被学者称为"钟摆效应"。这种投票行为促使执政党与反对党更需努力去争取华人的选票。华裔选民的选票是倾向于执政党或反对党，通常取决当时的政治趋势和国阵政府是否能向华社交出一份亮丽的成绩单。当华社在 20 世纪 80 年代末期面对各种困境与权益被蚕食下，华裔选民在 1990 年大选里倾向支持反对党以实现两线制。但当马哈迪于 90 年代初实施以发展主义为主导的小开放政策，华裔选票在 1995 年和 1999 年大选又大量回归国阵。

　　在 1969 年种族流血冲突事件发生后，马来西亚的政治格局更进一步衍生为以巫统一党独大的种族霸权政治体制。华人族群亦面临政治边缘化的局面。另一方面，2015 年华裔人口在全国人口的百分比也下滑至 23.7%。华人已沦为少数族群，其政治力量亦受影响。但有鉴于华裔选民的"钟摆效应"之投票行为，他们往往能在大选里扮演着关键性少数的角色。当马来政治出现分裂时，华裔选票更能扮演着举足轻重的角色。这可从 1998 年安华被开除副首相一职后所引发的"烈火莫熄"政改运动中看出。当时的马哈迪政权在大量流失马来人的支持后，就是靠华裔与印裔选民的支持才能稳住其政权。在 2008 年举办的第十二届大选，华裔选民再次发挥了其关键性少数的角色。但该届大选他们集中把选票投给反对党而引发了马来西亚政坛罕有的政治海啸。

　　2008 年 3 月 8 日所发生的政治海啸可说是马来西亚政治的另一个政治分水岭。它不只催生了政治新格局，而且也给马来西亚政治发展带来深刻的影响。由于国阵政府失去其在国会里一贯保有的 2/3 多数议席，由巫统主导的一党独大的政治格局亦被打破。国阵政府失去五个州属的执政权更进一步蚕食了其政治正当性。308 大选成绩也彰显了跨越族群的投票趋向，催生了多元族群政治。这使到盘踞马来西亚政坛多时的种族政治面临严峻的挑战。除此以外，由人民公正党、民主行动党和伊斯兰党组成的人民联盟（民联）迅速崛起成为国阵的强势竞争对手。这两个阵线的形成使两线制再次出现于马来西亚政坛。

一、马来西亚种族政治下的华人政治边缘化与困境

　　马来西亚华人和马来人在政治上的关系可谓息息相关。马来人之政治权力嬗变一直在牵动着华人之政治力量。由于马来西亚是由数个民族组成的多元社会（plural society）国家，民族问题与纷争一直困扰着国家领导人。所以有学者认为多元社会在建国过程中所达至的民主并不稳固（Rabushkha & Shepsle，1972）。这情形在二元社会（bipolar/bimodal）尤为严重。虽然马来西亚名为多元社会，但许多政治学者都把它当成二元社会 ①。这是因

---

① 　有关把大马社会当成二元社会的提法，可参阅 Milne（1981）和 Chee（1987）的研究。

为该国推行土著主义政策而使社会陷入二分法，那就是马来人/非马来人，或土著/非土著。另一方面，独立前后马来人在人口上没占绝对优势，例如在 1964 年马来西亚（包括新加坡）的华巫人口比率是 42.2% 与 40.6%（祝家华，1994：69），再加上当时华人在经济所占之优势，这造成大马的族群竞逐与冲突一直围绕在华巫这二大族群上。协和式民主（consociational democracy）理伦的倡导者 Lijphart（1977：55）亦指出在上述的二元社会国家，它们的政治精英倾向于利用支配和宰制来掌控族群竞逐。此种情形将衍生一种危险的均衡或支配权的局面（Lijphart，1977：56）。但民族精英所达至的均衡如果没有支配权的支撑将不会持久。因此在民族竞逐激烈的国家，各别的精英往往都意识到唯有掌握了支配权才能为他们之族群带来安全感（Milne，1981：207）。

虽然巫统与马华公会远在 1952 年已开始了政治合作 ①，并成功争取马来亚的独立，但华巫族之竞逐并不因此而消弭。陈志明曾指出，马来西亚社会内的族群意识是建构于华人与马来人互有不安全感上（Tan，1987：112）。在 1950 年代当马来人确知英国统冶者会让马来亚独立后，当时的马来社会普遍上存有不安的情绪。这是因为他们察觉到如果没有英国人的保护，再加上华人的经济优势，华人将会控制马来亚的统冶权。马来社会的这股不安心理一直鞭策着他们以取得在政治上的主当权。此种心理更衍化为马来支配主义或宗主权情结（Malay Supremacy）。这可从英国统冶者欲在 1946 年推行对马来社会不利的马来亚联邦计划（Malayan Union）而引发了声势浩大的反对运动事件中窥探出来。这事件更催生了"马来人统一机构"或简称为巫统的政党（1946 年创立）和把马来民族主义发酵至顶点。

过后马来人反对运动取得成果并于 1948 年成功争取与英国统冶者签署对他们有利的马来亚联合邦协定（The Federation of Malay Agreement）②。这新协定确认了马来苏丹为各州的统冶者和马来人的特殊地位。当时的华人曾剧烈反对新协定并于 1947 年 10 月 5 日在全国发动了大罢市，但英殖民地政府并不理会华社之反对。马来人在这次的制宪斗争中所取得的优势对以后大马的政局发展起了决定性的作用。Comber（1983：33）认为马来西亚现今的宪法正是以马来联合邦的新协定为蓝本。Cham B. N（1977：210）则认为该国独立前马华与巫统的种族协定（racial bargain）之基础与原则早已在 1946 年至 1948 年期间就制定好了。因此这次的协定可说是为马来人在政治上取得支配性地位铺了路。

接下来马来人在第二回合的宪制斗争中获取了第二次的胜利。1957 年的独立宪法再次确定马来人在马来西亚的当权地位。对该国政治生态影响深远的马来人特殊地位正式入宪 ③。马来人把这特殊地位看成他们在这个国家的政治支配权和特权之象征。在这种情形下，任何人提出质疑马来人特殊地位将被视为挑战马来政治主权。政治学者 Means（1986：

---

① 英殖民地政府于 1952 年首次举办吉隆坡市议会选举，由于李孝式没有得到马来亚独立党领导人拿督翁的尊重，所以由他领导的雪兰莪马华公会便选择与吉隆坡巫统合作竞选该届选举。这项地方性的权宜合作行动竟然取得了辉煌的胜利，更于后奠基了成立联盟的基础，这可说是出乎意料的发展。有关详情可参阅谢诗坚（1984：46 - 48）。

② 有关草拟新协定的过程与其详细内容，详见 Ratnam（1965）。

③ 有关马来特权对各方面影响之探讨，可参阅拙作（2001）。

101）就认为马来人特殊地位之制定是为了确保马来政治支配权受到永恒的保护。另一方面马来人特殊地位提供了于 1971 年实施的新经济政策之法律凭据。

在马来西亚独立前就有种族协定，但代表华社的马华公会只能向巫统争取到以出生地为条件的公民权。这也是以接受马来人特殊地位作为相互交换条件才能获取的（Heng，1988：206）。当时的马华公会领袖认为华人有了公民权就能在大选时投票选政府，并以此政治权利争取华社的权益。但马来人特殊地位之入宪却直接影响了其他族群之平等权利，因此当政府开始实施各种贯彻马来人特殊地位之政策以扶助马来人时，华人才醒悟他们的权益日益被侵蚀。这现象尤其是在 1971 年新经济政策推展以来更为严重。所以我们可以说华人之不平等待遇已被建制化了，这就造成了华人往后发动了一波波艰辛的权利平等运动。

虽然马来人在马来亚独立伊始时已取得了政治支配地位，但是在东姑时代的族群竞逐并不那么剧烈。这主要是因为东姑的绅士型领导作风和珍惜由巫统、马华公会与国大党在争取独立时建立起来的协商机制。因此那时的政治体制被称为协和式民主。在治理国家经济方面，东姑采取了自由放任式（laisser-faire）的策略。他保留了马来人在乡村的传统经济作业方式。另一方面他亦不干涉华人的经济活动。这样的发展策略可说是完全沿袭了英国殖民地政府的作法（Shaharuddin，1988：120—124）。在年轻一代的马来政治精英眼中，东姑协商式之领导对华人的各种诉求作出太多的妥协。他们开始不满东姑不能有效地照顾马来人的经济利益。这股不满之势力的背后推动力源自在当时正在日益膨胀的马来经济民族主义。到了 1969 年的大选，当时在选战时所提出的各样种族诉求使当时的种族关系日趋紧张。在那届普选，非马来人提出要求平等权利和检讨马来人特殊地位；马来人也质疑以出生地作为公民权的条件。

1969 年的大选可说是大马政治的转捩点。大选后所发生的种族流血冲突事件彻底改变了马来西亚的政治生态。[①]当时由最高元首颁布成立的国家行动理事会（National Operation Council）架空了东姑的势力。由敦拉萨领导的这个理事会便开始实施一系列以马来人议程为主导的政策。如此一来标榜东姑时代的协和式民主政体所注重的种族协商与政治权力分享可说是来到尽头了。许多政治学者认为 1969 年后的马来西亚政局已完全被马来政治势力所支配，一切政策的实施都以马来精英的意愿为依归。经过五一三事件的洗礼后，马来人在这个国家的不安全感可以通过马来支配权的行使而彻底消除。往后的发展正可证明这点，尤其是在新经济政策结束后的 20 世纪 90 年代，我们看到马来民族已蜕变成一个充满自信与自豪的民族。此种发展正吻合了我们先前所讨论的 Lijphart 与 Milne 之观点，也就是在族群竞逐剧烈的社会，唯有通过支配权才能消弭不安全感和达到社会均衡。

马来支配权是通过巫统来达至，因为巫统于 1969 年后国内所形成的政治新秩序中已支配了政府。所以说巫统已开启了以党治国的时代（祝家华，1994：89）。这可从敦拉萨在

① 政治学者倾向于把 1969 后马来西亚的政治体制称为种族霸权国家（Ethnic Hegemonic State），详见 Weiner（1987）
和 Ho Khai Leong（1988）等人的研究。

1970 年接任首相职位之谈话中看出端倪：

> 这个政府是基于巫统所组成的，我把此责任交给巫统，以使巫统能决定其体制 —— 政府应遵循巫统的意愿与需求，并须实施由巫统决定的政策。

（Funston，1980：224）

巫统在这次政治权力重组中所获取的支配权，在层次上远远超越了独立后至 1969 年的宰制形势。巫统政治精英就利用政治支配权来制定许多以马来人利益为依归的政策。这种在政治上的绝对优势便造就了华人政治力量的边缘化。在掌控了政治权力后，马来政治精英就不需与马华公会领袖作协合式的协商了，如此一来他们可望达至以往所不能实现的马来议程。当国会于 1971 年复会时，马华公会失去了内阁里的工商部长职位，接着从独立以来一直由马华公会议员出任的财政部长也于 1974 年改由巫统接任。敦拉萨所主导成立的国阵政府虽然吸纳了由林苍佑领导的华人政治力量（即民政党），但实质上华人的政治力量却进一步被削弱了。这是因为民政党和马华这两股在国阵里竞逐华人代表权的势力却形成相互制衡之局面而没能落力为华人争取权益。如此下来就形成了这两党长久以来所面的权威危机和协商困局 。①

另一方面，在大选时马华公会的国州议员很多时候必须依赖马来人选票才能顺利当选。Heng Pek　Koon（1988：269）就指出此种依赖现象更易使马华公会受制于巫统。由此可见，华人的执政领袖必须靠马来政治精英之庇佑才能延续他们的政治生命。在华人反对党方面，由民主行动党所代表之华人政治反对力量得到不满国阵施政方针之华人的大力支持。这可从该党在 1978、1986 与 1990 年之普选中取得不俗表现显现出来。但由于该党只能在执政体制外争取华人利益，因此也没有能力影响国策的拟定。这样看来，代表华社的在朝与在野的政治势力都不能有效地为华人争取权益。政治学者 Khoo Boo Teik（1995：283）贴切地用 "agony of coalition" 与 "futility of opposition" 的字眼来形容这二股势力的困局。有学者把这种当家不当权而又没能向华社交代的窘困格局称为 "联盟的苦楚" / Agony of Coalition。

二、1998 年烈火莫熄政改运动的影响：公民社会力量再出发

于 1998 年发生在马来西亚的烈火莫熄政改运动对该国现今之政治发展留下不可磨灭的烙印。当年由金融风暴所引发的巫统权争导致当时的副首相安华依不拉欣被当时的首相马哈迪革除所有的党政职务。此项开除行动造成安华与其支持者走上街头示威以延续其政治斗争。该运动虽给该国政局带来短暂的动荡不安，但它所催生的政治效应却是深远的。②其所产生的新政治对国内的政治生态带来实质的嬗变并使马来西亚走上民主化的道路。Loh Kok Wah（2002：38）认为当时出现的新政治格局是指其国内各族群内出现的分裂与分

---

① 在这课题上，何启良（1995：22—37）作了一个很详尽与透彻的分析。

② 有关政改运动对 1999 年大选成绩的影响可参阅 Loh Kok Wah & Saravanamuttu（2003）；有关其对该国各民族的政治互动和公民社会发展之影响可参阅 Weiss（2006）。

化现象及种族、民主参与和发展主义之各种政治论述之涌现与它们相互之间的竞逐。1999年第十届大选成绩确确实实地彰显了这些分化与相互竞争的现象。

烈火莫熄政改运动能在很短的时间内席卷西马半岛，这主要是归功于安华的魅力型领袖风范及其早年曾领导过马来社会的著名非政府组织，即马来西亚伊斯兰青年运动（ABIM – Angkatan Belia Islam Malaysia）并在当时与国内的各族群之非政府组织合作过。[①]因此他轻易便获得了各种跨越族群的非政府组织之支持以动员社会力量来与马哈迪政权斗争。这种局面造成了许多非政府组织不避讳地与该国的反对党合作与结盟，创造了非政府组织走向政治化的契机（潘永强，2006：290）。当时的反对党阵线集结了各族群非政府组织，分别成立以安华夫人旺阿兹莎（Wan Azizah）为首的"公正运动"（Pergerakan Keadilan Sosial 简称 ADIL）、伊斯兰党为首的"马来西亚人民公正运动"（Majlis Gerakan Keadilan Rakyat Malaysia 简称 Gerak）及社会运动领袖蔡天强为首的"人民民主阵线"（Gagasan Demokrasi Rakyat 简称 Gagasan）三个组织。当时的情况堪称马来西亚非政府组织的总动员并积极地参与政治活动和提呈各式各样的人民与民主诉求以推动社会与国家的改革。[②]此种概况可说是该国公民社会力量之发展进入另一个高潮。Chandra Muzaffar（2001：198）就认为往往是一国大型的政治危机逼迫公民社会组织及其领袖直接参与政治。所以烈火莫熄政改运动所产生的政治觉醒并促使非政府组人士以候选人身份参加1999年普选之举动可谓是空前的。[③]

除了上述公民社会组织与其活跃分子直接投身政治活动之外，政改运动亦激发马来西亚各种组织的兴起与向政府提呈种类繁多的诉求。当年由华社于1999年8月16日所发表的《马来西亚华人社团大选诉求》（诉求）是一份涵盖面非常广并涉及全民的诉求文件。《妇女改革议程》（Women's Agenda for Change-简称 WAC）提出了保护妇女和不受性别歧视的诉求。一批华裔知识青年则提出《人民是老板》宣言。除此以外，其他以议题取向（issue-oriented）组织则提出了涉及和影响某群体或阶层的议题，例如印裔组织向政府提呈要求调查警方开枪滥杀无辜人士的呼吁书。另外40个跨越族群的公民社会组织更成立了"马来西亚人民大选监督会"（Pemantau Pilihanraya Rakyat Malaysia），一个专职监督公平选举和教育选民的组织。

烈火莫熄政改运动对马来西亚政治民主化之过程提供了许多助益。其主要效应显现于

---

① 政府于1981年拟议实施社团法令修正案，强制规定所有社团必须作出抉择以归类为联谊或政治性团体。当时身为马来西亚回教青年运动主席的安华便召集了国内各族群的非政府组织以抗议该法案。他在当时被推选为主席，秘书是饶仁毅，副主席为詹德拉与 Gurmit Singh。在安华的积极领导和抗争下，政府终于收回该项修正案。因此，安华在非政府组织里享有一定地位。

② 此次跨越族群的非政府组织力量自主地串联与结盟以推动社会改革之举可说是空前的，有关其详细分析可参阅 Weiss（2001：82 – 99）。

③ 当时以公正党名义参选的人士有蔡天强、Md. Nor Nawawi、Md. Nor Manuty、Anuar Tahir、Irene Fernandez、Fuziah Salleh、Chandra Muzaffar。以民主行动党旗帜出战的人士有 Dr. Kumar Devaraj、Zaitun Kassim 与 Abdul Rahman Ali。代表回教党参选的则有 Dzulkifli Ahmad 和 Dr. Hatta Ramli；R. Sivarasa 则以人民党的身份参选。在选战后他们当中有许多继续活跃政坛，参加了308的大选并成功当选国会议员。这些议员是蔡天强、Fuziah Salleh、Dr. Kumar Devaraj、R. Sivarasa、Dr. Hatta Ramli 和 Dzulkifli Ahmad。

人民政治意识之提升和民主参与（participatory democracy）。所谓的民主参与不仅是只囿于人民参与政党政治和每五年一次的普选空间，它含括了非正式的政治领域参与活动，例如参加社会里的各种非政府组织，其目的是为了打造一个更负责任、具有透明度、公正和注重人权的政府（Loh，2002）。如此看来，马来西亚在政改运动期间所衍生的民主参与正说明了公民社会的苗壮。这些民主参与活动正是欲塑造公民社会所强调和营造的自主性公共领域。

1998 年的政治危机与其所催生的政改运动，令公民社会与非政府组织首次跃上马来西亚主流政治的历史舞台，并迅速受到该国各族群中产阶级的强力支持与参与。该运动也促发已沉寂一时的马来西亚学生运动再次兴起，当时由华裔学生所筹办的马来西亚青年和学生民主运动（学运）可说是为往后马来西亚政坛注入一批生力军，其影响已在 308 大选中显现出来。①巫裔学生亦成立了 Bersatu Untuk Demokrasi & Insaniah 简称 BUDI 的非宗教型的公民组织。这时期种类繁多而积极活动的公民社会组织虽依然面对种族、宗教与语言的隔阂，但我们可从其参与的各种串联活动中看出它们已表现得更具包容性与开放性。因此政改运动提供了一个更大的涉政与参政空间给影响力日渐扩大的公民社会组织。研究马来西亚社会运动的著名学者 Meredith Weiss 就认为，公民社会将成为马来西亚政治转型的一个重要行动角色，它可能发挥反霸权话语的意义（潘永强，2006：201）。

1998 年的政改运动亦彰显了它与以往社会运动不同之处。这次的运动见证了数量众多的马来中产阶级积极地参与。这批新崛起的中产阶级过往都是巫统与国阵的支持者，但在烈火莫熄的浪潮的冲击下，他们已转变成要求政治与社会改革的中坚份子。安华被革职事件是此项转变的催化剂。有鉴于安华之被捕与在身陷囹圄期间受到不公平的对待，这些马来中产阶级直接向马哈迪政权呛声。在同情安华遭遇的马来非政府组织如 ABIM 与 JIM（Jemaah Islah Malaysia）的带动和影响下，马来社会出现了空前的反政府情绪。由于这两个组织的动员能力和影响力，许多马来平民和乡村居民都热烈响应。烈火莫熄事件在马来西亚政坛所留下的最大冲击力是在于它成功在马来中产阶级形塑敢于反巫统/国阵的政治取向和催生以多元族群政治为主导的公正党。②这两项政治嬗变是 2008 年政治海啸的有利诱因。

---

① 在第十二届大选里有许多学运出身的华裔青年纷纷以反对党人士参选并大有斩获。加入人民公正党并当选为人民代议士的华裔青年有槟城州的沈志勤、王敬文，霹雳州的郑立慷、曾敏凯和雪兰莪州的颜贝倪。其他在烈火莫熄时代曾参与学生运动并加入民主行动党，而在今届大选当上议员的有槟州的刘镇东、黄伟益和雪州的欧阳捍华及李映霞等人。

② 1998 年 9 月 20 日安华被捕后，其来自各族群的支持者在 1999 年 4 月 4 日正式成立公正党。该党于 2002 年 10 月 27 日召开的特别代表大会正式通过和人民党合并之议决，并取名为人民公正党。由于公正党成立时安华身陷囹圄，该党及过后的人民公正党都一直由安华的夫人，旺阿兹莎领导至今。但自 2004 年 9 月 2 日安华重获自由后，他便一直是该党的实权领袖。

三、308 政治海啸对华人政治的影响

2008 年 3 月 8 日马来西亚第十二届的大选成绩让许多政治观察家大跌眼镜。从 2004 年的狂胜到 2008 年的重挫，执政的国阵在 308 大选之成绩可说是个大逆转。它不只丧失了在国会里的 2/3 多数议席的优势，也失去了五个州属的政权。该次的大选成绩一举改变了马来西亚的政治版图，国阵的霸权局面亦被冲破。政治学者与观察家把该次的大选突变形容为政治海啸。但该次的政治剧变并没给大马政治生态带来灾难，反之它却促使马来西亚迈入政治的新里程碑。在该次大选里选民运用手中的一票，唾弃了那盘踞 51 年的种族政治；他们明显地选择了多元族群政治。大选成绩说明了以单元种族路线为斗争方向的政党已得不到选民的青睐；选民们通过此次的大选明确地宣示他们拥护走多元族群政治路线之政党。308 后的政坛剧变亦说明了国阵已不是唯一能执政的政党；由人民公正党、民主行动党与回教党组成的人民联盟（民联）已崛起成为一个有能力取代国阵政府的阵线。马来西亚已正式步入国民期盼已久的两线制。

对于 308 政治海啸所促成的雏形两线制，华人社群可说是乐见其成。在这方面国阵里华基政党领袖对两线制的出现亦持有积极的看法。这有异于 1990 年和 1999 年大选时他们皆不看好当时所出现的两线制。此次他们对新政治格局抱有积极的看法可说是他们深深体认到巫统一党独大给国阵与各成员党带来的戕害。这些领袖支持两线制因为他们极想国阵能作出改革以因应新的政治局面。在他们看来，两线制下民联的崛起将给国阵带来挑战并促使它作出改革。例如，当时的民政党代主席许子根就公开说明国阵不须畏惧两线制所带来的竞争并认为那是一种健康的政治发展（*The Star*，2008.6.21）。另一名民政党领袖，杜全焕欢迎 308 大选所出现的政治新格局并认为唯有两线制才能制造竞争的政治制度，进而把马来西亚的民主空间扩大。当时的马华公会总会长，黄家定亦认为雏形两线制的出现对国家及人民都是个好现象，只要各政党能公平施政，健康的两线制也是人民所期待的发展（《星洲日报》，2008.4.25）。该党的时任副总会长蔡细历也指出两线制让人民有选择的机会，他们可在比较国阵和民联后投票，人民欢迎此健康的竞争。

在这方面国阵里华基政党的接受和支持立场可说是出乎人们意料之外。马华公会和民政党支持两线制是希望巫统能作出改革，如此以来国阵才能重新获得人民的支持并恢复其政治正当性。他们希望巫统能放弃其一党独大之势力并与他们共享权力或是以制衡的方式来削弱巫统的政治力量。虽然马华公会和民政党接受和支持两线制，但却无助于强化两线制的形塑。这两党的领袖无法把接受与支持两线制的力量转化为实际的行动。在 308 大选后，制衡巫统以促使国阵转变为更有效率的阵线之呼吁声此起彼落。但在后 308 的政治格局里，他们无法落实此项行动。由于这两党经历了 308 政治海啸的挫败后，他们已完全丧失了制衡巫统的政治实力。另外，巫统的一些领袖非常不满国阵里的华裔领袖指责巫统的一党独大是造成华基政党失利的原因。政治海啸亦冲击了巫统的政治势力，这也使他们采取不协商与不妥协的立场。

在此种情况下巫统并没有解决华基政党的不满。因此巫统在国阵里的地位还是稳如泰山，继续支配国阵的其他成员党。该党的一些领袖和支持者还是依然固我地玩弄种族课题。有些领袖更是骄横自大。这可从巫统槟城升旗山区部主席阿末依斯迈于 2008 年 8 月 23 日发表针对华人的"寄居论"之言词中看出。当时的首相曾指示他向华社道歉，但他却不听从指示。时任副首相纳吉只好代表巫统向华社道歉（《马来西亚前锋报》，2008.9.3）。由此可见马华公会和民政党根本无法改变巫统在国阵里一党独大的格局。因此国阵难于重新获得华裔选民的支持，其欲恢复政治正当性的努力也受影响。

巫统曾在 2009 年 9 月底召开脑力激荡会以讨论该党的政治路向。在会里，该党达至了需更积极争取马来人的支持之议决。这是因为其领袖认为在 308 大选后华人的反国阵情绪依然浓烈，他们无望争取回华裔选民的支持。有一些领袖更强调他们无需依靠国阵的成员党而能独立在马来西亚的政坛里存活。这些领袖认为他们能通过玩弄种族和宗教伎俩得到更多马来人的支持。[1]因为他们意识到夺得更多马来人游离选票，才是巫统生存之道。在如此的思维引领下，再次彰显了巫统并不打算摒弃其种族政治。国阵里的华基政党领袖终于了解到要促使巫统改变和放弃其种族政治是一项艰辛的工作。因此有些领袖开始对巫统和国阵感到失望，这亦引发了马华公会和民政党领袖与支持者的退党浪潮。

除了以上的退党浪潮，华裔年青人参加反对党已成为后 308 政治发展的一项显著趋势。其实年青人参与反对党早已始于 1998 年的"烈火莫熄"政改运动。[2]但在 2008 年大选前和 308 政治海啸过后年青人投身反对党有激增的趋势。在 308 大选，前学运份子出来参选的现象可谓空前热烈并缔造了以往未有的记录。这现象的出现是因为有一批学运份子在大学毕业后就直接活跃于人民公正党和民主行动党。他们在大学时期参与学运活动让他们有机会训练其领导才能和组织能力。这些经验与能力使他们在各自的政党里冒出头来并被挑选为 308 大选之候选人。代表人民公正党出征 2008 年大选的前学运份子计有：

表1　以人民公正党旗帜出征 2008 年大选的前学运份子

候选人	选区	成绩	多数票
王敬文	N17 武吉登雅（槟城）	赢	1 904
沈志勤	N36 班台惹雅（槟城）	赢	1 258

[1] 这种趋向可从 308 大选后巫统在两场补选中所用的竞选策略中看出。在槟城峇东埔（2008-8-26）和瓜拉登嘉楼（2008-1-7）举行的国席补选中，巫统发动了以"拯救马来人"为主轴的竞选运动。该党的领袖和支持者付诸各种种族政治手段来提高马来人的支持率。另外，巫统的支持者在反对兴都庙迁建在马来人为多的雪州莎安南社区时竟于 2009 年 8 月 28 日持着血淋淋的牛头示威。此项示威行动是得到一些巫统领袖的默许。

[2] "烈火莫熄"政改时期，那些同情安华的各院校之学运份子都受到校方的打压。这情况反而造成来自各族群之学运份子倾向于支持反对党以表达他们争取公正和社会改革之决心。在华裔学生群体里，他们于 1998 年创办了马来西亚青年学生民主运动（简称学运）。学运是一个全国华裔大专生组织，它为各地的学生争取权益和福利并提供援助。在学运与政治环境的影响之下，许多华裔大专生毕业后选择加入人民公正党和民主行动党。相关资料可参阅祝家丰（2011：240—244）的研究。

（续表）

候选人	选区	成绩	多数票
曾敏凯	N44 新板波赖（霹雳）	赢	3 386
郑立慷	N45 迪遮（霹雳）	赢	175
颜贝倪	N14 万挠（雪兰莪）	赢	4 192
林秀凌	N8 马接（马六甲）	败	1 639

资料来源：整理自 *New Strait Times* 10.3.2008 报导的第十二届大选资料

除了人民公正党成功吸引了大批前学运份子，民主行动党在这方面也有斩获。虽然该党一直以来被国阵政府标签为华人政党，但民主行动党并不是一个种族性政党。其民主社会主义之斗争理念宣示了该党的跨越种族路线。此外，该党数十年来能一直坚持扮演着监督国阵政府的角色也形成一股吸引年轻人的力量。因此为数众多大专毕业生选择了该党作为实现他们改革社会的理想。在308大选有机会代表该党出征的前学运份子计有：

表2　以民主行动党旗帜出征2008年大选的前学运份子

候选人	选区	成绩	多数票
刘镇东	P48 升旗山（槟城）	赢	16 122
黄伟益	N28 光大（槟城）	赢	3 328
李映霞	N22 莲花苑（雪兰莪）	赢	8 085
欧阳悍华	N28 斯里肯邦岸（雪兰莪）	赢	7 244
陆兆福	P130 亚沙（森美兰）N11 罗白（森美兰）	赢　赢	13 151　6 928
陈弘缣	P190 斗湖（沙巴）	败	4 867

资料来源：整理自 *New Strait Times* 10.3.2008 报导的第十二届大选资料

这两批前学运份子出征了2008年大选并顺利当选州议员或国会议员给马来西亚的政治生态带来影响。他们的中选不只强化了人民公正党和民主行动党，而且也巩固民联的地位。他们的当选显示了各族选民，尤其是年青人亦积极参与政治。有鉴于他们深受"烈火莫熄"政改运动的影响，因此他们的政治理念是跨越族群的多元族群政治。他们坚决反对由国阵自独立以来所奉行的种族政治。虽然这批国州议员有些是来自民主行动党，但他们却是安华领导的非种族性政治路线的中坚支持者。这批后起之秀对马来西亚未来是否能走出种族政治扮演了举足轻重的角色。他们对308政治海啸所催生的多元族群政治极其珍惜。这可从他们跨种族性的言论和不分肤色为选民提供选区服务的举措中看出。

前学生领袖与学运份子在308大选前后积极参与反对党的趋向扭转了之前这群学生倾向于支持和参加马华公会的趋势。譬如在十多年前大学毕业生都竞相以加入马华公会为荣。但在后"烈火莫熄"和后308政治海啸时期，马来西亚华裔大专院校参政的毕业生皆选择人民公正党与民主行动党。他们认为唯有这两党能实现他们要改革社会及维护人民利益的理想。因此马华公会只吸引了极少数的"烈火莫熄"和后"烈火莫熄"时代的华裔大学毕业生参加该党。当时加入马华公会的毕业生计有吴健南、吴渐彪、李锡锐及陈绍谦等人。他们之中只有吴渐彪有机会出征 308 大选，但他却铩羽而归。再加上一些州属已由民联掌权，马华公会和民政党失去分配政治资源的机会。这因素更强化了华裔青年对国阵华基政党的离心力，所以这两党愈来愈难吸引年青人入党。

四、2013 年大选与华人政党表现

纳吉首相在 2013 年的 505 选战成绩揭晓当晚就以"华人海啸"来形容国阵的竞选成绩。如与 308 大选所发生的政治海啸相比，他显然不满意国阵再次大量流失华人选票。虽然国阵在他首次领军作战下成功保住联邦政府的执政权，但其阵营的表现并不达标。纳吉原本预计能重夺国会 2/3 的多数议席和雪兰莪州政权，但是这两个目标皆落空了。国阵在此届大选的成绩其实还比不上 2008 年普选的成绩。其所赢获的 133 个国会议席比上一届大选少了 7 席，州议席则从 307 席滑落至 275 席。尤为严重的是国阵只能获取 47.38% 的全国选票；反观民联却赢获了 50.87% 的选票（Lee & Thock，2014：26）。聊以让纳吉与巫统领导层告慰的是该党的选战表现比上一届的成绩有显著的进步。该党的国席从 308 的大选的 79 席提升至 88 席，州议席则增加了 2 席至 241 席。巫统的略好表现也让国阵重夺吉打州政权和保住霹雳州政权。

无论如何国阵的整体表现却被其他成员党的差劲表现所拖累，尤其是华基政党惨不忍睹的表现所拖累。由于华裔选民在 505 的大选中铁了心要实现政权轮替的局面，因此他们选票都投向民联这阵线。马华公会在此届大选中面临民政党在 308 选战的命运。在马来西亚政坛叱咤几十年的马华公会几乎被第二次的政治海啸连根拔起。民政党也在政治海啸 2.0 的大潮中挣扎求存，只赢获了微不足道的 1 国 3 州的议席。下表对比华基政党在 505 与 308 大选的表现：

表 3　马来西亚半岛华基政党在 2008 年和 2013 年普选的表现（国州议席）

政党	2008 年大选		2013 年大选	
	国席	州席	国席	州席
马华公会	15（40）	30（89）	7（37）	11（88）
民政党	2（12）	4（31）	1（11）	1（29）
民行党	26（35）	72（92）	31（36）	91（95）

资料来源：*New Straits Times*（7.5.2013）& Tew（2011：222－235）

注：（　）内数据为竞选议席总数

马华公会的候选人在国州议席的竞选中兵败如山倒，该党的两名部长（江作汉与曹智雄）和两名副部长（何国忠与李志亮）皆在华裔选民改朝换代之浪潮中无法捍卫其在上

届大选所赢获的国席。马华公会在 505 选战中只竞选 37 个国席，比上一届少了 3 席。[1]由于大量流失华裔选票下，该党只能在巫裔居多的选区或混合选区胜出。在所赢获的 7 个国席中，有 4 席是马来选民居多，另外 3 席是混合选区。马华公会在在华人居多的选区皆一败涂地。下表详列马华公会所赢获国席的选民结构和多数票分析：

表 4　2013 年大选马华公会所赢获的国席分析

序	国席编号	州属	国席名称	选民族裔结构（%）				候选人	多数票
				巫裔	华裔	印裔	其他		
1	P077	霹雳	丹绒马林	53.49	27.25	14.02	5.24	黄家泉	4 328
2	P135	马六甲	亚罗牙也	58.49	27.80	12.87	0.85	古乃光	11 597
3	P089	彭亨	文冬	44.61	43.88	9.12	2.4	廖中莱	379
4	P142	柔佛	拉美士	36.53	46.46	15.08	1.94	蔡智勇	353
5	P148	柔佛	艾依淡	57.91	37.96	3.96	0.17	魏家祥	7 310
6	P158	柔佛	地不佬	47.42	38.19	13.26	1.14	邱树祥	1 767
7	P165	柔佛	丹绒比艾	52.11	46.50	1.07	0.32	黄日升	5 457

资料来源：*New Straits Times*（2013.5.7）

由于华裔选民在前几届的大选选择了钟摆式的投票行为，马华公会在 1995 年至 2004 年的普选中都有所斩获并保有一定的政治势力。但该党的选战成绩之大幅度滑落始于 2008 年的大选，2013 年之大选更见证了其全线溃败。这样的选战成绩说明了马来西亚华人对马华公会的政党认同已起了根本的变动，以往该党在各届大选所享有的认同板块已被转移至民主行动党和人民公正党。因此第十三届大选可说是华人选民的重组性选举（潘永强，2013：59）。在华裔选民欲在 505 大选实现政权轮替的浪潮催谷下，马华公会与民政党可说是溃不成军。选战成绩说明华人已在政治上豁出去，也不在乎马华公会的存在和摒弃了"有人在朝好办事"的思维。因此该党虽不至于陷入泡沫化，但已无可避免地步入式微与"被告别"的困境：

> 第十三届大选，则是华人选民明确宣示"告别马华"，期望重回政治主流的集体表态，马华公会无法解读这个时代精神，还错估形势，意图以不入阁来绑架华社主流民意，最后反遭民意席卷。但是，华人选民为了重返政治，不惜短暂切割与建制的关系，不在乎失去华人部长，这种吊诡实反映出对现有建制的集体告别与彻底失望，在呛声与出走之间，皆需要勇气与决心，也是华人社会自主公民的艰难抉择。

潘永强（2013：65—66）

---

[1]　该党把 3 个国席，即旺莎玛朱、地不佬及关丹让给巫统出征，因为巫统领导层认为它们在这 3 个议席有更高的胜算。但巫统的候选人依然在这 3 区败选。

2008 年政治海啸所产生的反风继续在 2013 年普选里发酵与扩散，民联的华基政党，民主行动党是此次选战的最大赢家。该党在西马半岛所竞选的 36 个国席中赢获了 31 个国席。在一些国席，其候选人以超过 4 万多张多数选票击败马华公会之候选人。该党以狂风扫落叶之姿态赢完所有的西马半岛之华裔选民居多之 22 个国席。民主行动党除了在 505 选战中缔造了辉煌的战绩外，该党亦取得了数项标杆性的进展。该党向来都是依赖华人的选票，但自 2008 年大选巫裔选民也开始支持该党的候选人。这趋向在 2013 年的普选里更明显了，民主行动党的候选人能在混合选区胜出证明了此项政治新趋势。除了华人居多选区，该党在西马竞选了 14 个混合国会选区并在 9 个选区胜出。如果不是巫裔选民选民的支持，民主行动党是无法缔造以往所不能达到的成绩。例如位于吉隆坡周边的沙登国会选区可说是混合选区之典型例子，该区拥有 39.57% 的马来选民、48.63% 的华裔选民、印裔选民则占 11.04%。民主行动党的候选人王建民却能以巨大的多数票（42, 206 票）赢获该选区。华社的反风与城市巫裔选民的鼎力支持，即马来选民的支持率从 2008 年的 36% 递增至 2013 年的 43%，这就促成了该区的高额多数票。下表详列民主行动党在混合国会选区的表现：

表5　民主行动党在 2013 年大选马来西亚半岛混合国会选区的表现

序	选区编号	州属	选区	选民族群结构（%）				胜选政党	多数票
				巫裔	华裔	印裔	其他		
1	P060	霹雳	太平	37.13	47.92	13.52	1.42	民主行动党	11 745
2	P076		安顺	38.58	41.93	19.05	0.44	民主行动党	7 313
3	P078	彭亨	金马仑	34.15	32.29	12.48	21.08	国阵（国大党）	462
4	P080		劳勿	49.82	40.33	6.49	3.36	民主行动党	2 814
5	P089		文冬	44.61	43.88	9.12	2.4	国阵（马华公会）	379
6	P102	雪兰莪	沙登	39.57	48.63	11.04	0.76	民主行动党	42 206
7	P103		蒲种	39.36	43.52	15.91	1.21	民主行动党	32 802
8	P110		巴生	32.94	45.78	19.82	1.46	民主行动党	24 685
9	P128	森美兰	芙蓉	43.67	41.08	13.69	1.55	民主行动党	12 553
10	P130		拉沙	27.84	48.34	22.16	1.67	民主行动党	23 485
11	P142	柔佛	拉美士	36.53	46.46	15.08	1.94	国阵（马华公会）	353
12	P152		居銮	39.57	49.26	9.79	1.39	民主行动党	7 359

资料来源：*New Straits Times*（2013.5.7）

此外，505 大选成绩亦为民主行动党的发展注入多元族群的元素。该党一直以来都被巫统标签为华人沙文主义政党，但其选战成绩证明了其马来领袖一样得到多元族群选民的认可。该党的两名候选人，即槟城的再里尔（Zairil Khir Johari）和彭亨莫哈默阿里夫

（Mohd Ariff Sabri）[1]都在各自的国会选区胜出。另一名领袖，东姑朱布里（Tengku Zulpuri Shah Raja Puji）则在彭亨州文德甲州议席取胜。尤为重要的是他们都是把来自马华公会的候选人拉下马。

五、华人的政治觉醒与抗争

自1957年独立以来马来西亚华人对2013年的普选最充满热忱、憧憬与期待。许多华人认为他们手中的一票能换掉旧政权并促成马来西亚第一次的政权轮替格局。因此华裔选民在选前对各种政治活动，尤其是民联的政治讲座和募款活动都大力支持。在槟城和新山的民联政治讲座更得到成千上万的选民到来聆听而造成万人空巷之景观。[2]有鉴于意识到手中一票的重要性和能带来的改变，由反对党所发动的"回乡投票"浪潮不只吸引了到国内各地工作选民的支持，它亦横扫旅居世界各地马来西亚华裔公民。[3]此外，选前也出现了之前罕见的各种华人社团、知识界和文化人群体、大学生组织和企业家纷纷站出来公开呼吁选民勇于利用手中的一票以促成马来西亚改变的现象。这样的趋势见证了马来西亚华人社会少有的政治总动员。在反风向全国各地疾吹之下，华人之选票一面倒地投向反对党。

在2013年大选前夕，华社所吹起的反风可谓非常强劲，许多政治观察家都认为政治海啸将再次来袭。这股反风彰显了马来西亚华社对国阵政治协商模式的失望和唾弃。华人2013年大选的投票行为可说是对国阵一党独大的政制由不满到绝望的具体表态。事缘华人的许多问题和困境自1969年以来一直在原地踏步，没有获得解决。例如面对该国华社极需增建新华文小学（华小）的诉求，国阵政府往往只会根据"政治需要"，在必要时，尤其是国阵政府在全国大选或补选面临反对党严峻挑战之际，宣布搬迁和增建一些华小。在此情况下，搬迁和增建华小已沦为执政党捞取华人选票而分派的"政治糖果"。譬如国阵政府在1999年大选面对由前副首相安华发起的"烈火莫熄"政治改革运动时，宣布增建6间新华小和搬迁13间微型华小。到了2004年之大选，由于选情对国阵政府一片大好，政府就连一间新华小也没增建或搬迁。但到了2008年大选，局势对国阵政府不利之际就于2008年1月30日宣布增建与1999年大选同样数额的6间新华小和搬迁13间微型华小。这些由政治人物派发的"政治糖果"，其许诺易如反掌，但实践起来却异常缓慢。当地的华社与家长可要引颈长盼新华小的设立。譬如，1999年宣布增建的安邦华小二校（位于吉隆坡周边）竟需耗9年的时日，于2008年才正式启用，这可苦了当地的华裔家长。同年宣布增建的彭亨州关丹中箐华小分校，时至2012年中才落成。另一个极端的例子是雪兰莪州的沙登新村华小二校，其在1967年已获得批准并操作的校舍竟需耗时20年（于

---

[1] 莫哈默阿里夫曾是巫统彭亨州领袖，亦在巫统旗帜下中选为州议员。再里尔则是巫统元老佐哈里之子。

[2] 有关选民对民联和国阵的竞选活动之支持和参与，可参阅王国璋（2013）的选举观察和报告。

[3] 那些旅居国外的马来西亚华裔选民对2013年大选的关注和返乡投票之浪潮可说是空前，相关的报告和分析可参阅潘婉明（2013）。

1987 年）才正式成功迁校并启用（董总，2004：608；洪嘉玲，1998）。①

在 2008 年大选后所举行的 16 场补选期间及第十三届大选将来临之际，华校可说意外得到各种拨款；②国阵领导人也纷纷到各地为新华小举办动土礼。但这些发展并不代表华校将面对顺境了。新华小在举办动土礼后，其建委会须面对筹款、图测批准、政府拨款延迟拨出、工程延误的许多问题，因此新华小的筹建可说是荆棘满途。诚然马来西亚华教发展困境的症结在是在于国阵政府所实施的单元教育政策。有鉴于该国的教育问题直接涉及国族建构取向，再加上其与种族政治纠葛不清，华文教育已衍变为政治问题。在这样的格局下，马来西亚的华教问题须由政治方法解决。很多时候，华教问题的解决方案往往是在朝的华基政党与巫统政治谈商和妥协下的产物。该国的政治格局是由巫统独揽政权，所以华教问题的解决需符合该政党领袖之意愿。但，巫统领袖一向来都是奉行排外的马来民族主义并以单元化的教育政策为国族建构方向。因此所谓的通过政治谈商而达致的有关华教问题之解决方法，一般上都难于达到华社的要求。为了争取华教的平等权利，华社里的华团和华教人士只好通过向政府施压或对教育部的各种举措作出抗争。譬如，董总在 2012 年就发动五次的抗争大会以争取华教权益（祝家丰，2014a：215）。

在 2008 年后除了华人问题，马来西亚华人为了国家的未来和追求更完善的政治体制，更热诚地参与各项政治改革运动。由公民社会组织"干净与公平选举联盟"简称净选盟自 2007 年所发动的"Bersih"（公平与干净选举）游行开始得到华人群体的支持与参与。由于 1969 年种族流血冲突的阴影，华人一般上都不敢走上街头示威。但自参加 2011 年 7 月 9 日举办的"Bersih 2.0"后，他们对威权和警察的镇压不再惧怕，勇敢地走向走上街头示威以争取马来西亚的改革。示威的参与者不再局限于年轻人，华裔中年人和老年人也集体上街展现公民抗命，留下深刻的民主烙印：

> 民众大规模上街，打破了 513 种族暴动阴影，突破分而化之的刻板种族印象，如华人怕乱及留在家屯粮，不敢参与集会 。

（杨凯斌，2011：2）

到了 2012 年，华人更积极地参与公民抗争的运动。如果说 Bersih 2.0 的上街示威者有 5 万人，那么到了 Bersih 3.0（于 2012 年 4 月 28 日举办），人数就激增至 10 万人。此外马来西亚的重要华团组织，隆雪华堂在更早的数年前就积极地参与形塑该国的公民社会力量。它自 2005 年举办第 22 届全国华人文化节时提出"迈向公民社会"的愿景后，就推动与其他非政府组织串联。它更在 2007 年 12 月 19 日成为该国首个推介公民社会奖的华团。当该国出现了一系列宗教信仰自由和改信宗教的争端，隆雪华堂的民权委员会和其青年团

---

① 沙登新村华小二校在 1967 年已获得批准设立，它当时是暂借沙登新村华小一校校舍上课。过后沙登区时任马华公会州议员叶炳汉配合该区华人社团成立了建校工委会以积极向教育部争取建设沙登新村华小二校新校舍。政府批准该区的二片新校地原为国小校地，基于一所新国小已于 1985 年建竣，但其学生仅有 200 人，建校工委会便以该区已设立了国小而其新生并不理想为由，申请把另一片校地转换为华小。此项申请过程虽遇到各种阻碍，但建校工委会最终成功在 1987 年建竣该校，有关此项建校详情，可参阅洪嘉玲（1998）之报导。

② 譬如首相纳吉于 2011 年 10 月 22 日到访雪州四大华人稠密区时宣布拨款总额 1 260 万元给双溪龙华小、加影新城华小、锡米山华小和龙溪华小。

发起了联署活动促请各界尊重马来西亚自由与多元的价值并捍卫家庭与人道精神。除了扮演公民社会团体的角色，隆雪华堂已意识到跨族群工作在马来西亚政治剧变中的重要性。因此该组织自2009年起就积极落实此项工作，其具体成果是在2011年10月29日与20个来自不同领域、跨族群的非政府组织共同组成了"马来西亚行动略列联盟"，可说是完成了隆雪华堂要为国家建言、积极参与国家建设的跨族群计划之目标（姚丽芳，2015：225）。

六、结语

马华公会在马来西亚的参政过程彰显了东南亚海外华人在参与其居住国政治发展的局限性。这局限性往往是因为华裔人士在海外是少数民族，其政治实力也因此受到限制。另一方面，早期的海外华人都没有打算在居住国落地生根，这就造成他们不热衷于当地的政治。此种趋向使他们错失主导政治的先机。华公会成立于1949年，这比马来人的巫统落后了3年。当时英殖民地政府帮助华社成立马华公会其主要目的是为了照顾新村里华人的福利，所以马华公会是以一个福利机构的机制出现。但当时的巫统是马来民族主义高涨下催生的产品，因此它拥有很强烈的政治目的。虽然华人在反殖和争取独立扮演了一定的角色并在独立后的联盟政府中是执政党的一员，但1969年的种族流血冲突事件后所衍生的种族霸权体制导致华人面临了被边缘化的困境。往后华人只能在此格局下做出持续不断平等权利的抗争。

1998年的"烈火莫熄"政改运动见证了马来西亚公民社会力量和华人政治觉醒的再出发与苗壮，它所倡导的公民抗议和抗争引发了308政治海啸。此政治发展彰显了马来西亚公民社会的发展已进入完善期。这是因为它扮演了推动政治变革的角色，催生了该国迈向两线制和多元族群政治的新格局。在308大选前它所举办的许多联署或动员社会民众活动已大大地提高了各族人民的政治觉醒，让民众知晓他们可利用手中的选票来作出政治上的改变。因此，第十二届大选见证了极高的民众政治参与度。作为该国公民社会一份子的进步华团亦在强化两线制的过程中扮演了一定的角色。自从1999的"诉求"事件中被巫统领导人打压和标签为极端分子后，一些华团已开始走出传统华团的利益表达（interest articulation）模式。马来西亚华社的主导华团如隆雪华堂和林连玉基金已通过串联、跨越族群及游说（lobby）的策略来表达其诉求。它们所进行的联署或动员社会民众不只在政治上教育了人民，尤为重要的是它让人民意识到政党或政党阵线须为他们服务。人民有权选择那些能实现他们的诉求之政党。如此的运作方式让民众更明了两线制并积极地去落实它。

2008年大选成绩开创了马来西亚政治民主化的新纪元。政治海啸所冲击出来的政治新格局已使到马来西亚处在一个政治转捩的重要关口。两线制和多元族群政治的出现可对马来西亚的政治生态产生深钜之影响。民联的形成与巩固使到雏形的两线制在后308的政治发展中日渐完善。人民公正党、民主行动党和伊斯兰党在308大选赢获了更多的国州议席使它们更能扮演好反对党的角色或是执政党的角色。所以 308 政治海啸所催生的民联肯定比 1990 年的人民阵线/回教徒团结阵线及 1999 年的替代阵线（替阵）强大与有实力。它的出现与强化已威胁到国阵在下一届大选的执政地位。由于政治觉醒的提高，华人在 2008 与 2013 年的大选摒弃了其一贯实践的钟摆式投票行为并勇于投选反对党以改变马来西亚的政治格局。这对该国的两线制和政治发展起了积极的作用。

综观马来西亚 2008 年至 2014 年的政治发展，华人在此段时间的积极参政可说为该国政治民主化之进一步发展提供了契机。华人的政治参与促使两线制之落实并推动了多元族群政治的发展。这不但避免和减少马来西亚国民继续受种族政治的戕害，而且还帮助促进该国的民族关系与和谐。因此华人在马来西亚的参政过程中虽彰显了各种抗争式的活动，但它在该国政治民主化的道路上留下了不可磨灭之足印和贡献。在此过程中，我们看到华人的参政已从过去的族裔性争取权益发展至现今的民权诉求阶段。华人当今的诉求很简单，即要求执政者给予公平的待遇和公民的权益！

【中文参考书目】

[1]《当今大马》，2006 - 9 - 28，2010 - 5 - 12.

[2]《东方日报》，2008 - 11 - 6，2010 - 2 - 24，2010 - 4 - 3，2011 - 5 - 21，2011 - 5 - 4，2013 - 9 - 15.

[3] 董总：《董总 50 年特刊（1954—2004》，《马来西亚加影：董总》，2004.

[4] 何启良：《政治动员与官僚参与：大马华人政治论述》，吉隆坡：华社资料中心，1995.

[5] 洪嘉玲：《增建华小如何落实?》，《南洋商报》，1998 - 12 - 29.

[6]《马来西亚前锋报》，2008 - 4 - 13，2008 - 9 - 3，2011 - 4 - 20，2013 - 5 - 7.

[7] 潘婉明：《离散的政治：全球返国投票运动的评析》，潘永强 & 吴彦华：《未完成的政治转型：马来西亚 2013 年大选评论》，吉隆坡：华社研究中心，2013.

[8] 潘永强：《远离治理：马来西亚民社会的兴起及其当前处境》，何启良，等编著：《马来西亚、新加坡社会变迁四十年》，新山：南方学院出版社，2013.

[9] 潘永强：《第十三届大选：华人政治的重组性选举》，潘永强 & 吴彦华：《未完成的政治转型：马来西亚 2013 年大选评论》，吉隆坡：华社研究中心，2013.

[10]《星洲日报》，2008 - 6 - 9，2008 - 7 - 12，2008 - 9 - 4，2009 - 3 - 16，2009 - 5 - 17，2009 - 10 - 4，2011 - 2 - 1.

[11] 王国璋：《第十三届全国大选：过程、议题与影响》，潘永强 & 吴彦华：《未完成的政治转型：马来西亚 2013 年大选评论》，吉隆坡：华社研究中心，2013.

[12] 谢诗坚：《马来西亚华人政治思潮演变》，槟城，1984.

[13] 杨凯斌：《序言：人民力量在网络与街头齐飞》，《共赴 709——Bersih 2.0 实录》，吉隆坡：燧人氏事业、当今大马、独立新闻在线，2011.

［14］姚丽芳：《民权道路的回顾与隆雪华堂的转型》，《堂堂九十：隆雪华堂 90 周年纪念特刊》，吉隆坡：隆雪华堂，2015.

［15］祝家丰：《马来特权的制定与其影响》，《人文杂志》，2001（08）.

［16］祝家丰：《马来西亚后 308 政治脉动与华人政治路向：两线制评析》，廖建裕 & 梁秉赋编：《华人移民与全球化：迁移、本土化与交流》，新加坡：华裔馆，2011.

［17］祝家丰：《政治海啸与政治博弈下的马来西亚华文教育发展机遇和挑战分析，2008—2013》，郑一省编：《传承与交融：多位视野下的海外华人与中国侨乡关系研究》，桂林：广西师范大学出版社，2014.

［18］祝家丰：《种族霸权国家的政治体制转型困境：以马来西亚 2008 年与 2013 年大选成绩为探讨案例》，《国立台湾师范大学文学院主办"2014 文史与社会国际论坛：全球视野下的亚太"研讨会论文集》（B），2014.5.26—28.

［19］祝家丰：《政治双海啸冲击下的国阵华基政党：告别马华公会?》，《新纪元学院 2014 年"变迁中的华社"学术研讨会论文》，2014.11.8—9.

［20］祝家华：《解构政治话：大马两线政治的评析（1985—1992）》，吉隆坡：华社资料研究中心，1994.

【英文参考书目】

［1］Cham B. N. 1977. "The Racial Bargain in West Malaysia" in Means, G. P. （ed.）. Development and Underdevelopment in Southeast Asia. Ontario：Canadian Society for Asian Studies.

［2］Chandra Muzaffar. 2001. "Non-government Organizations（NGOs）as a Vehicle of Social Change" in Colin Barlow（ed.）. Modern Malaysia in the Global Economy. Cheltenham Edward Elgar.

［3］Chee, Stephen. 1987. "Political Change and Socio-cultural Pluralism：The Dilemmas of Bimodal Society of Malaysia" in Hong Sung-chick（ed.）. Consequences of Modernization and Social Development in Asian Societies. Korea University：Asiatic Research Centre.

［4］Comber, L. 1983. 13 May 1969：A Historical Survey of Sino-Malay Relations. Kuala Lumpur：Heinemann.

［5］Funston, John. 1980. Malay Politics in Malaysia：A Study of UMNO and PAS. Kuala Lumpur：Heinemann.

［6］Heng Pek Koon. 1988. Chinese Politics in Malaysia：A Study of the Malaysian Chinese Association. Singapore：Oxford University Press.

［7］Ho Khai Leong. 1988. Indegenizing the State：The New Economic Policy and the Bumiputra State in Peninsular Malaysia. Ph. D Dissertation. The Ohio State University.

［8］Khoo Boo Teik. 1995. Paradoxes of Mahathirism：An Intellectual Biography of Mahathir Mohamad. Kuala Lumpur：Oxford University Press.

［9］ Lee Kam Hing & Thock Ker Pong. 2014. "Thirteenth General Election (GE 13)：Chinese Votes and Implications on Malaysian Politics". Kajian Malaysia, Vol. 32, Supp. 2.

［10］ Lijphart, Arendt. 1977. Democracy in Plural Societies：A Comparative Exploration. New Haven：Yale University Press.

［11］ Loh Kok Wah, Francis. 2002. "Developmentalism and the Limits of Democratic Disourse" in Francis Loh Kok Wah & Khoo Boo Teik (eds.). Democracy in Malaysia：Discourses and Pratices. Surrey：Curzon Press.

［12］ Loh Kok Wah & Saravanamuttu, Johan (eds.). 2003. New Politics in Malaysia. Singapore：ISEAS.

［13］ Means, Gordon P. 1986. "Ethnic Preference Policies in Malaysia" in Nevitte, N & Kennedy, C. H. (eds.). Ethnic Preference and Public Policy in Developing State. Boulder：Lynne Rienner Publishers.

［14］ Milne, R. S. 1981. Politics in Ethnically Bipolar States. Vancouver：University of British Columbia Press.

［15］ New Straits Times, 10. 3. 2008, 7. 5. 2013.

［16］ Rabushka, A & Shepsle, K. 1972. Politics in Plural Societies：A Theory of Democratic Instability. Ohio：Charles E. Merill.

［19］ Ratnam, K. J. 1965. Communalism and Political Process in Malaya. Kuala Lumpur：University of Malaya Press.

［20］ Shaharuddin Maaruf. 1988. Malay Ideas on Development. Singapore：Times Book International.

［21］ Tan Chee Beng. 1987. "Ethnic Relations in Malaysia in historical and Sociological Perspectives". Kajian Malaysia, V (1).

［22］ Tew Peng Kooi. 2011. "Prestasi MCA, Gerakan dan DAP" in Fernando, Joseph M & et al (eds.). Pilihan Raya Umum Malaysia ke-12：Isu dan Pola. Kuala Lumpur：Penerbit Universiti Malaya.

［23］ Weiner, Myron. 1987. "Political Change：Asia, Africa, and the Middle East" in Weiner, M. & Huntington, S. P (eds.). Understanding Political Development. Boston：Little Brown.

［24］ Weiss, Meredith. 2001. "Overcoming Race-based Politics in Malaysia" in Ho Khai Leong (ed.). Mahathir's Administration：Performance and Crisis in Governance. Singapore：Times Book International.

［25］ ＿＿. 2006. Protest and Possibilities：Civil Society and Coalitions for Political Change. Stanford：Stanford University Press.

Chinese Politics in West Kalimantan in the Post-Suharto Era: Cultural Expression and Ethnic Relations

［日本］ 松村智雄

Research Associate at Waseda University, Tokyo, Japan

Introduction

This paper examines the dynamics of ethnic relations, especially viewed by Chinese in West Kalimantan after the fall of Suharto in 1998. The regime change brought an end to the longstanding ban on explicit expression of Chinese culture and to the restriction of political participation by ethnic Chinese during the New Order Period. In the 2000s, however, the increasing influence of Chinese exacerbated the political tensions between Dayak people (indigenous non-Muslim people), Malay people (indigenous Muslim people) and Chinese, and complicated inter-ethnic politics. This process was curtailed by the crystallization of ethnic borders among Chinese, Dayak, and Malay people, which started to function in practical political processes in West Kalimantan.

I especially focus on the Singkawang case because Singkawang has a large Chinese population (almost 60 percent of the total population), and political competition among these ethnicities was more obvious than in other cities such as Pontianak. Moreover, in 2008, Singkawang city experienced an epoch-making incident, the election of a Chinese man as mayor. After this event, the tensions among ethnic groups became higher, and his municipal government made efforts to handle this situation. In this paper, the process of constructing three ethnic groups in West Kalimantan and the aftermath (especially in Singkawang) will be clarified.

1. Chinese in West Kalimantan

Here I show a brief history of West Kalimantan Chinese and other ethnicities. The Hakka Chinese in West Kalimantan were descendants of laborers who worked gold mines in the hinterland in the 18th century. At that time, there were several Malay kingdoms, and the local sultans invited Chinese laborers to their territories to work in the mines owned by sultans. Most of the Chinese immigrants were from Guangdong province in Southern China. The Hakka had a relatively high degree of solidarity and gradually became independent from the Malay sultans, forming several polities themselves, and organizing mining activities and trading gold for their own profit, including *Lanfong Kongsi* in the Mandor district of the Kapuas river basin [Yuan 2000, Somers Heidhues 2003: 48-84]. After gold mining declined in the second half of the 19th century, they began planting rubber trees and rice.

On the other hand, the Teochiu (潮州), who dwelled mainly in Pontianak, engaged in trading with Singapore and the Riau islands, among other places. Even after Indonesia was born in 1945, the Chinese communities in West Kalimantan had strong economic and political connections with the Chinese in Singapore and China. Initially, local Chinese merchants thus had little consciousness of belonging to Indonesia.

However, in the early 1960s, their fate changed drastically because communist guerillas from Sarawak (neighboring Malaysian province) resisted the formation of the Federation of Malaysia (1963 –) and became active in West Kalimantan.[①] The influence of the Sarawak guerillas in the Malaysia-Indonesia border region grew rapidly with the support of President Sukarno, who initiated a "Confrontation Policy" in opposition to the Federation of Malaysia.

The situation suddenly changed after the September 30th Incident of 1965, quickly impacting the lives of the Chinese. After October 1965, General Suharto imposed a harsh anti-communist policy, systematically destroying all remnants of communist influence throughout Indonesia. West Kalimantan was no exception. The Indonesian army began to cooperate with the Malaysian army, and designed a plan to sweep the guerillas from West Kalimantan and Sarawak. The Hakka in the hinterland of West Kalimantan were suspected of having liaisons with guerrillas from the Sarawak Chinese community, and in late 1967, they were driven from their hometowns to larger cities near the coast [Tai 1974, Mackie 1976: 127, Coppel 1983: 145 – 149, Somers Heidhues 2003: 243 – 255]. After that, their movement to other towns was restricted, and this change resulted in a decline in commercial activities in West Kalimantan.

The impact on Hakka who were previously engaged in agriculture in the hinterland was even greater, because they could no longer live in the hinterland and lost their agricultural lands. Most became refugees in Singkawang and Pontianak, quickly reaching a total of 60 000 people [Davidson and Kammen 2002: 72]. They lost their assets, were forced to move, and many died of malnutrition [Somers Heidhues 2003: 252 – 255].[②] Chinese in the larger towns and cities

---

① This followed the proposal of Prime Minister Abdul Rahman of the Federation of Malaya (1957 – 1963) for the constructing of a new independent polity, the Federation of Malaysia, uniting the Malay Peninsula, Singapore, Sarawak, and Sabah.

② Ex-refugees continue to live in relative poverty; in suburban districts in Singkawang, there are a lot of extremely modest houses in a crowded space.

engaged in commercial activities, but even this activity was restricted from 1967 until 1977 by Indonesian authorities.

The September 30th Incident changed their way of life, and it also created a large pool of refugees in Pontianak and Singkawang with no livelihood. For that reason many refugees engaged in timber industries, which were booming at that time. After their expulsion in 1967, West Kalimantan Chinese were under control of the Indonesian military officers. The Indonesian government regarded the domestic Chinese problem as a security issue, and imposed an assimilation policy on the domestic Chinese community.

In the 1950s, Chinese organizations and schools were active, but after the September 30th incident, almost all Chinese associations were prohibited except for mutual aid organizations. At that time, Chinese culture was suppressed, and Chinese in West Kalimantan were pressured to assimilate into local culture. Moreover, at that time, the governmental administration was headed by mostly Muslim Malay and Javanese, not by indigenous Dayak or Chinese, and these *pribumi* (native) in West Kalimantan were marginalized. At that time, Chinese culture was expressed under the control of local government's supervision [Matsumura 2013: 104 – 110]. In addition, the way for Chinese to participate in politics was restricted to collaboration with the governmental party, *Golkar* (*Golongan Karya*).

2. Chinese Politics and Cultural Representation

In Indonesia, the representation of ethnic culture has a political meaning especially in the Suharto era and up to the present. Kitamura already analyzed the Chinese cultural representation in Jakarta in the post-Suharto period, in the context of political negotiation among various actors such as Chinese organizations, NGOs, the Indonesian government. She examined various ways of representing Chinese culture, and she emphasized the political meaning of expressing culture, especially true for Chinese culture in Indonesia [Kitamura 2014]. Tsuda also wrote that although the restriction on Chinese culture imposed on Chinese in the Suharto era has been lifted, Chinese are acutely aware of a "line not to cross" which would provoke the sentiment of non-Chinese. This demonstrates the impact of the resurgence of Chinese influence on ethnic politics in post-Suharto Indonesia [Tsuda 2012]. The way of expressing Chinese culture is still a controversial issue in Indonesia.

Concerning Dayak-Malay and Madurese[①] politics, there are studies such as the works of Davidson, Tanasaldy, and Thung Ju-lan, who all agree that the conflicts occurring in 1997 and 1999 should be understood in the context of contest of a political power between Dayak and Malay

① Madurese were originated from the Madura Island located in East Java. In the Suharto Era, many Madurese immigrated to West Kalimantan.

people [Davidson 2008, Tanasaldy 2012, Thung 2009]. However, these studies do not include cases after Chinese participation in West Kalimantan politics, where the ethnic relations drastically changed. Thus, my case study will contribute to further study of ethnic politics in the Post-Suharto era in Indonesia, and also to more general studies about ethnic relations.

3. Background of expressing Chinese culture in post-Suharto era

The post-Suharto era saw big changes in Chinese political participation and the way of expressing their culture. Chinese in the 2000s began to express their culture more boldly. One of the factors responsible for this rapid participation of Chinese in the political arena can be seen in the development of local autonomy. Thanks to this, leaders were elected directly by the inhabitants, instead of through appointment by the central government as was the case in the Suharto era. Moreover, the reorganization of administrative districts (*pemekaran*) was conducted, and former administrative districts were divided into smaller districts [Matsui 2002]. For example, Singkawang city, which has a large number of Chinese inhabitants, was established only in 2001. This rearrangement of administrative districts raised the possibility that Chinese could be elected as leaders.

In West Kalimantan, the political participation of Chinese proceeded much more rapidly than in other provinces in Indonesia, and a lot of Chinese representatives emerged in West Kalimantan province, city (*kota*), or regency (*kabupaten*) levels (the same administrative level). In 2008, a middle school headmaster, Christiandy Sanjaya (Chinese) was elected as vice governor of West Kalimantan province with Cornelis, a Dayak, as governor. At the same time, Hasan Karman, a Chinese businessman, was elected as mayor of Singkawang city.

This political participation of Chinese was curtailed by the expression of Chinese culture. In the Suharto era, Chinese in general could not express their culture, and more specifically West Kalimantan Chinese were under the military supervision after the 1967 incident, and were in a more difficult situation. As a result, political movement first occurred among Dayak people, who were also marginalized in that era.

In fact, it was not the first time that a pan-Dayak movement took place. In the age of Indonesian independence, Oevaang Oeray, a potent leader of the Dayak community in West Kalimantan, argued for the interests of Dayak people as *pribumi* (native people) in national politics, and he organized a pan-Dayak political party, PD (*Partai Persatuan Dayak*). He also became the first Dayak governor in West Kalimantan during 1960 – 1966 [Davidson and Kammen 2002]. This experience of Dayak people remained in the minds of Dayak leaders in the 1980s, and it caused the rising pan-Dayak movement.

The Dayak leaders pushed for agendas such as the improvement of the environment, and the education of Dayak people. In this movement, Dayak leaders started to make efforts to record their culture and traditional legal system (*hukum adat*) as well as their legends. Their movement protested against a government that marginalized Dayak people. More specifically, they established an organization named *Pancur Kasih*, which was a mutual financing association on a large scale. Apart from that, in the 1980s, their own media, Kalimantan Review, started to be published by the Insitute for Dayakology (*Institut Dayakologi*), Pontianak, a research center funded by the Ford Foundation.

This rising Dayak identity gradually embraced criticism against the timber industry which was wrecking the environment in Kalimantan. Large companies were active in West Kalimantan at that time (the 1980s was the climax of timber industry in West Kalimantan). Throughout the 1990s, many cases of indicting and punishing foreign companies using Dayak customary law arose [Davidson 2008: 108 – 117].

In 1995, Dayak leaders established the Association of Dayak Tradition (*Dewan Adat Dayak*, DAD), and they promoted the unification of Dayak people in West Kalimantan who were formerly divided into myriad of ethnic groups with different languages and culture [Davidson 2008: 231 – 232]. This reinforcement of Dayak identity prepared conflicts between the Dayak and the Madurese. Dayak-Madurese conflicts in small scale had already occurred in the 1970s, but the culmination of their conflict was in 1997 [Davidson 2008: 85 – 103].

The tremendous conflict in 1997 brought Madurese refugees to Singkawang and Pontianak, and the Dayak succeeded in expelling the Madurese from their main territory, that is, the hinterland of West Kalimantan, just as the Chinese had been driven out in 1967. The triumph of the Dayak made the Malay people, who were in the ruling position in the Suharto era, anxious about the rapid increase of Dayak influence. As a result, Malay people also started to argue on behalf of their own identity [Davidson 2008: 118 – 146].

The pretentious display of power of Malay people was shown in the conflict against Madurese again in 1999. In this sense, the Madurese were scapegoated in a power competition between Malay and Dayak as natives (*pribumi*) in West Kalimantan. After the Dayak-Madurese conflict in 1997 in the hinterland around Bengkayang, another harsh expulsion of Madurese took place in Sambas,[①] this time by Malay people, not Dayak. Up to the present, Madurese cannot go back to their original place in Sambas because of fear.

Malay people who purged Madurese in 1999 impressed their power on the Dayak, former winners in 1997. According to Jamie Davidson, this incident crystalized the Malay identity as well as Dayak identity in quite a brutal way. Just after the conflict in 1997, Malay leaders established the Association of Malay Cultural Asset (*Majelis Adat Budaya Melayu*, MABM) in Pontianak.

———————————————

① Sambas city is located in north of Singkawang. Its city has a long tradition of Malay kingdom.

This was the first Pan-Malay association in West Kalimantan. MABM, just such as DAD by Dayak, was aimed at mutual aid among Malay people, preservation of ethnic culture, and promotion of Malay political position in West Kalimantan by way of unification of Malay people [Davidson 2008: 149 – 150].

These Pan-Dayak and Pan-Malay movements were followed by an upsurge of Chinese influence after the fall of Suharto, and triggered the establishment of a Pan-Chinese organization in West Kalimantan. The founders named this organization the Associaton of Chinese Cultural Asset (*Majelis Adat Budaya Tionghoa*, MABT, in Chinese 中華文化慣習協会), the name was almost the same with Malay one. MABT was established in September 2005, and led by Chinese middle-aged leaders in Pontianak [Majelis Adat Budaya Tionghoa 2005 – 2010].

There were also Chinese, especially in Singkawang, who opposed the leadership of Pontianak Chinese in this organization and up to the present. They have not succeeded in acquiring popularity among ordinary Chinese.[①] However, it is noteworthy that the Chinese initiative to organize a pan-Chinese organization arose in the first place. Through this process, a triangular view that there are three ethnic groups in West Kalimantan, that is, Chinese, Dayak, and Malay, was gradually constructed.

This triangular view was also expressed visually in Pontianak. In the 2000s, monumental buildings which represented Dayak and Malay identities were built. DAD took initiative in building a huge Dayak house (*Rumah Dayak*), and MABM built a Malay house (*Rumah Melayu*) on a big scale. These buildings adopted traditional Malay and Dayak architectural features. This triggered MABT to build a house with Chinese taste in competition with Dayak and Malay.

Behind the Museum of West Kalimantan, there is a park named Cultural Park (*Taman Budaya*), where there were also two buildings with Dayak and Malay features. MABT planned and constructed the hexagonal building as an expression of Chinese culture [Majelis Adat Budaya Tionghoa 2005 – 2010]. The triangular vision of West Kalimantan was expressed visually with these buildings. It can be said that this park is a Kalimantan version of *Taman Mini Indonesia Indah* (the Small Garden of Beautiful Indonesia) in Jakarta, opened in 1975 under Suharto, which represents the culture of each ethnic group in Indonesia. The concept is of a miniature Indonesia with typical traditional buildings from each ethnic group in Indonesia situated around a man-made lake.

This phenomenon strengthened even more the view that West Kalimantan has three main ethnic groups, that is, Chinese, Dayak, and Malay (excluding Madurese). This change introduced the next phase of competition of power among three imagined ethnic groups.

---

① Interview with Andreas Acui Simanjaya, one of the founders of MABT, Pontianak, February 15, 2011.

4. Strengthened friction among ethnicities

In the 2000s, the competition for power among Malay and Dayak was reinforced, and the Chinese also started to participate in this contest, leading to heightened tension among ethnic groups in Kalimantan. This inclination became more obvious after the elections of the Chinese vice governor of West Kalimantan province and the Chinese mayor in Singkawang city, which had a majority Chinese population in 2008.

Moreover, the Protection Front of Islam (*Front Pembela Islam*, FPI), that had a center in Jakarta, became more active in West Kalimantan, especially in Pontianak and Singkawang. They protested against "excessive" Chinese presence and provoked local Malay leaders to criticize "Chinese domination" in economic and political arenas. I raise two cases in Singkawang, although another case took place in Pontianak in December 2007. [①] One is the case of the dragon monument which took place during 2008 – 2010, and the other is the anti-Chinese mayor demonstration.

4 – 1. Dragon monument incident in Singkawang during 2008 – 2010

A dragon monument (*tugu naga*) was built in December 2008 as a symbol of Singkawang in the main street, *Jalan Niaga*. That was in the first year of the governmental administration under the Chinese mayor. It had the antipathy of some of the inhabitants from the beginning, and this led to friction. Malay leaders in Singkawang with support of FPI criticized that the dragon monument excessively emphasized Chinese presence in Singkawang. In particular, a Malay organization named the Malay Youth Association (*Majelis Pemuda Melayu*) in Singkawang began to protest against the monument.

FPI also protested against the monument from the beginning, and until 2010, the FPI and some of the Malay leaders also argued that this monument should be destroyed or should be moved to a Chinese temple, and that if the mayor, Hasan Karman and a manager of a luxury hotel in Singkawang who initiated the building of the dragon monument, could not manage this problem, they themselves would destroy the monument. Malay Youths reacted to this argument and organized demonstrations.

Dayak people in Singkawang cooperated with the Chinese to protect the dragon monument. This movement reflected a balance of power between Malay and Dayak people that was already constructed before this incident. After this demonstration, attacks using Molotov cocktails by the FPI and demonstrations of Malay and Dayak took place several times, so at last, in May 2010,

---

① This Pontianak case is called "Pristiwa Gang 17 (17th lane Incident)", an ethnic conflict.

the Singkawang police arrested many members of the FPI, as they were the main players involved in the long-term turmoil. FPI protested the deed of the police harshly, and in May 2010, Singkawang witnessed terrorism using Molotov cocktails again many times, as well as pelting stones toward the monument.

On this occasion, Lo Abidin (a Dayak-Chinese mixed blood social activist) and other Dayak leaders organized a large scale demonstration. They argued to the municipal parliament directly that the dragon monument was innocent and that the parliament had to protect the security of the city by controlling trouble makers. This demonstration consisted of Dayak and Chinese youths of Dayak Youth Association (*Persatuan Pemuda Dayak*) and Chinese Youth Association (*Persatuan Pemuda Tionghoa*), and the branch of DAD in Singkawang. ①

After this demonstration, according to Lo Abidin, he was threatened by strangers that his house would be burned down, so he went to the police station and reported the event. While he was in the police station, rioters came to his house. He heard this on his phone as he talked with his wife, who was in his house, and requested the immediate arrest of those involved. The police quickly arrested several members of the FPI who attacked his house. Through this incident the police hardened its attitude toward terrorism masterminded by the FPI. A week after this incident, conditions returned to normal, according to Lo Abidin. ②

This case can be interpreted as the outcome of the rapid increase of Chinese influence in Singkawang city which concerned Malay leaders. The FPI had their place there. The dragon monument gave Malays a good excuse to criticize Chinse excessive presence, which, according to them, was not appropriate, and they tried to curb Chinese political power.

4 – 2. Anti-Chinese mayor incident in 2010 in Singkawang

In 2010, Singkawang city witnessed another anti-Chinse movement. Malay leaders in Singkawang and more widely in Sambas regency protested the content of a presentation given by Chinese mayor, Hasan Karman, in a book-releasing event in 2008.

A contemporary newspaper at that time reported on May 28, 2010, Malay leaders in Singkawang city, Sambas regency, and Pontianak city gathered in Singkawang, to review the paper of Hasan Karman on the origin of Malay people in West Kalimantan presented on August 26, 2008. Hasan Karman was at the beginning of his career as a mayor of Singkawang. ③ He made a presentation with the theme of the origin of Malay people and the summary of their history (*Sekilas Melayu Asal-Usul dan Sejarahnya*), in the book-releasing event titled the Islamic custom of Malay

---

① Details of this demonstration was recorded in [Lo 2010].

② Letters from Lo Abidin, September 15, 2015.

③ "Borneo Tribune" May 29, 2010.

people (*Fiqf Melayu*), and his paper had been circulated. In his paper, Hasan Karman wrote:

In the 17th century, Malay people involving themselves in trade and piracy (*perompakan*) gradually built trading bases at the mouths of rivers in West Kalimantan. (*Pada abad ke-17, orang Melayu yang terlibat dalam perdagangan dan perompakan telah memperkuat kedudukan mereka di muara-muara sungai sepanjang pesisir Kalbar dengan mendirikan banyak sekali pusat-pusat perdagangan dan pangkalan-pangkalan maritime.*) [Karman 2008]

In this paper, we can see the word *perompakan* (in Indonesia, this word is usually spelled *perampokan*). In the maritime era, these kinds of deeds were quite usual and Hasan Karman also said that he only cited this paragraph from a book about the Malay history, but some of the Malay leaders raised question about the word *perompakan*. I think that as a matter of course they know in the 17th century there were a lot of deeds which can be interpreted as piracy in modern understanding, but they chose to use this case as an excuse to denigrate Hasan Karman.

They requested clarification of this paragraph from Hasan Karman, and also demanded his resignation. They argued that his paper insulted the authority of the Sultan of Sambas, and moreover demanded from him an apology to Sultan of Sambas in accordance with rituals of Malay aristocrats within a week.

Could Hasan Karman have ignored this argument? He could have, but as a mayor, and seeing his unstable political base in Singkawang, he chose to react to their demand, and in the end Karman went to the palace of the Sultan in Sambas and apologized directly to the Sultan, which calmed tensions. An important point about this incident is that not only the FPI but also Malay leaders in Sambas, Singkawang, and Pontianak criticized Hasan Karman's paper. This can be interpreted as a reaction against excessive Chinese presence in Singkawang. The FPI itself was able to be active with support of local Malay leaders and Malay youths.

As I wrote in the previous parts, the more obvious representation of Chinese culture and political presence of Chinese in West Kalimantan, especially in Singkawang, heightened tensions among ethnic groups. In this difficult age, Hasan Karman, as the first Chinese mayor, started to construct a new image or new representation of Singkawang.

5. Tidayu concept

In this part, I examine the Tidayu concept of representing culture of Singkawang. The word Tidayu is a compound word from Tionghoa (Chinese)[1], Dayak, and Melayu (Malay) composed

---

① The word of *Tionghoa* in Indonesian derives from Hokkien (福建) word Tiong (中) hoa (华).

by Hasan Karman himself. Tsuda wrote that Singkawang city has an oriental nuance and the municipal government also utilized this image in promoting sightseeing such as developing the *Cap Go Meh* festival (the fifteenth day festival of the lunar calendar) and so on [Tsuda 2012]. Apart from that, Singkawang has been nicknamed "Indonesia's Hongkong" with its high percentage of Chinese and its strong Chinese atmosphere. However, Hasan Karman promoted a completely different view of cultural expression, that is, Tidayu.

According to Hasan Karman's statement in my interview, originally the idea of Cidayu (Cina, Dayak dan Melayu) was promoted in Pontianak in the beginning of the 2000s. (This might have some relationship with constructing identities of Dayak and Malay in Pontianak in the 2000s.) However, at that time, this new concept of Cidayu was not popular. Karman said to me that he used this concept of Cidayu again and adapted it to Singkawang's situation.[1] He used this Tidayu representation of culture many times in various contexts, as a slogan of his governmental administration. Let us analyze the meaning of his approach.

Karman started to emphasize Tidayu representation for the first time in the Quran reciting competition (*musabaqah tilawatil quran*) in Singkawang in June 2008. Karman became an executive committee chairperson of this Islamic event. At this event, the Tidayu dance (*Tarian Tidayu*) or the dance of three ethnic groups (*Tarian Tiga Etnis*) was performed on stage for the first time,[2] and this dance was performed several times thereafter, for example at the event Founding Day of Singkawang city, that is, July 10.[3]

The most gorgeous stage of the Tidayu dance might be the stage of *Cap Go Meh*.[4] I attended the festival in 2012. On the stage, dancers in Dayak, Chinese, and Malay fashion danced separately first, and in the finale, all the dancers raised Indonesian flags. This represents that all ethnic groups belong to the same Indonesian nation (*Bangsa Indonesia*).

Apart from that, Karman's administration promoted Tidayu batik. On this theme, there is already analysis by Tsuda. He described Tidayu batik as a batik combining the undulating curves of a Dayak motif and a bamboo shoot-shaped Malay motif with a Chinese motif of folding fans, bamboos, and clouds in a well-balanced design, and also wrote that even though Chinese are a majority in Singkawang, in Indonesia, representing the identity of the area with the Chinese element only would be problematic. Although the ban on asserting Chinese culture had in fact been lifted, there is no doubt that ample consideration toward the *pribumi* became indispensable in its expression [Tsuda 2012].

---

[1] Interview with Hasan Karman, Singkawang, February 19, 2011.

[2] "Beletin Permasis" No. 10, 2008, p. 4. Apart from that, Karman explained this process to me in interview, Singkawang, February 19, 2011.

[3] "Info Kalimantan" August 2009, pp. 46-47.

[4] The festival of the 15th day of the Chinese new year, 元宵节. In Indonesia, the Hokkien term cap go meh (十五暝) is generally used.

Why was batik chosen as a media of promoting Tidayu? Tsuda speculated that batik without a doubt had come to be perceived as the essence of Indonesian culture; therefore, using batik to create expressions unique to a given locality can help promote the fact that the area has a culture no less worthy of pride than any other. And he emphasized that Singkawang, as a newly established city, needed to appeal to some unique culture they have toward all Indonesia. Batik today has become an effective medium for these localities to express their cultural individuality because it is possible to incorporate any pattern or motif design with Indonesian authentic taste at the same time [Tsuda 2012].

Tidayu batik was promoted by Hasan Karman and his wife in various ways. Karman's wife attended a TV program in Jakarta, and introduced crafts of Singkawang on the program. She stressed the variety of ethnic groups and their cultures (*keberagaman etnis dan budaya*) in Singkawang. She stated on TV that Tidayu batik expressed *binneka tunggal ika* (Indonesian motto, the unity in diversity), and harmony among various ethnic groups in Singkawang. [1] Hasan Karman in Jakarta stated that 'Singkawang is a miniature of *binneka tunggal ika*,'' and emphasized harmonious coexistence of ethnic groups. [2]

In May 2009, Hasan Karman was also invited by the sultan in Solo, the center of Javanese aristocratic culture, because of his contribution to cultural promotion by Tidayu, and he received a title of Javanese aristocrat, that is, Hasan Karman Notohadiningrat. Moreover, he acquired a prize from the Indonesian Culture Corporate Association (*Badan Kerjasama Kesenian Indonesia*, centered in Jogjakarta) as a representative of Singkawang city. The association valued his efforts to promote local culture and tourism, and especially emphasized harmonious coexistence of various ethnicities in Singkawang. [3]

The Tidayu concept became famous as a positive harmonious representation of coexistence, but we cannot forget that the promotion of Tidayu was conducted in the midst of conflict around the dragon monument. We can also read Hasan Karman's intention to handle the administration of Singkawang in his hard time by promoting the Tidayu concept. In order to satisfy Malay people and also Dayak, and conciliate them, he promoted this kind of representation, not only Chinese culture promotion. It can be said that this kind of representation was needed for a favorable situation in Singkawang.

He promoted this concept not only in Singkawang, but also in West Kalimantan and even at the Indonesian national level. He tried to re-construct the image of Singkawang as the city of coexistence of three ethnic groups, and no longer that of a "China town."

---

① "Info Kalimantan" June, 2012, p. 64.
② "Info Kalimantan" June, 2012, p. 43.
③ "Info Kalimantan" June, 2012, p. 50.

6. What was the outcome of Karman's administration?

In the election held in September, 2012, Hasan Karman entered the municipal election but he did not succeed. His popularity declined, and the former Malay mayor before Hasan Karman, Awang Ishak, was elected again as mayor and has served up to the present. After this "Chinese retreat" in favor of a Malay counterpart, a conflict in the Chinese community developed. This is noteworthy.

In the election campaign, apart from Hasan Karman, another Chinese candidate participated in it. He was supported by an anti-Hasan Karman group in the Chinese community. Interestingly, after Karman's retreat, his supporters criticized the supporters of the other Chinese candidate as betrayers. Karman's supporters argued that all Chinese had to support Hasan Karman as a Chinese representative; if not, they were betrayers, adding that the anti-Karman group divided Chinese votes and it caused the retreat of Karman in the election. Finally, the supporters of Karman cursed the supporters of another candidate in the main Chinese temple in Singkawang. ① They thought that all Chinese had to vote for Karman and emphasized the unity of the Chinese community. This is one of the outcomes of emphasizing the similarity of opinion in the Chinese community in the competition with other ethnic groups, and denying differences within the Chinese community. This was indeed ethnic politics.

7. Conclusion

In this paper, I discussed the change of ethnic relations in West Kalimantan in the post-Suharto era, especially in Singkawang city which has a majority population of Chinese. At first, the representation of Chinese culture in West Kalimantan was preceded by the upsurge of Dayak identity and Malay identity. In the 2000s the Chinese also participated in the competition of ethnic identity, and this caused the crystallization of representation of three ethnic groups in West Kalimantan.

In Singkawang's case in the 2000s, in accordance with rapid resurgence of political power of Chinese, the promotion of Chinese culture was reinforced by the municipal government. However, this rapid change provoked antipathy of Malay people against Chinese and anxiety of Chinese control in the political arena. Several ethnic conflicts followed as we saw in the previous parts.

In that unstable period, Karman's administration invented a way of representing culture where not only Chinese culture stood out such as a "China Town" representation, but also used

---

① "Berita Kalimantan" No. 46, "Inhabitants in Singkawang conducted ritual for cursing the betrayers (warga Singkawang gelar ritual kutuk penghianat)" September 4th week, 2012. This is the article which circulated just after Hasan Karman's retreat on September 20, 2012. "Berita Kalimantan" is published in Jakarta and is read by communities of West Kalimantan there.

the Tidayu concept to underscore the peaceful coexistence of three cultures，three ethnicities. This Tidayu representation made the situation of "balance of power" in Singkawang more solid．In this presentation，I clarified the process of constructing the vision of three ethnic groups with a certain political intention in West Kalimantan，especially in Singkawang historically，and how the municipal government managed it in the quite unstable situation of the post-Suharto period．

Bibliography

Japanese

［1］ Aizawa，Nobuhiro，*Kajin to kokka*：*Indoneshia no "China mondai,"* Shoseki koubou hayayama，2010．（相沢伸広『華人と国家：インドネシアの「チナ問題」』書籍工房早山、2010 年）（Chinese and the state："China problem" in Indonesia）

［2］ Kitamura，Yumi，"Esunishiti hyoushou toshite no muziamu：Posuto Suharuto ki Indoneshia niokeru kajin aidentiti no sousei," *Gengo shakai*，1：361 – 385，2007．（北村由美「エスニシティー表象としてのミュージアム―ポストスハルト期インドネシアにおける華人アイデンティティの創生」『言語社会』第 1 号：361 – 385．2007 年）（The museum as ethnicity representation：the regeneration of Chinese identity in the Post-Suharto Indonesia）

［3］ Kitamura，Yumi，*Indoneshia tsukurareyuku kajin bunka：minshu ka ikou no hyoushou wo megutte*，Akashi shoten，2014．（北村由美『インドネシア 創られゆく華人文化：民主化以降の表象をめぐって』明石書店、2014 年）（Chinese culture in the making in Indonesia：the representations after the democratization）

［4］ Tai，kokuki and Igusa Kunio，"9.30 jiken zengo no Indoneshia kajin，kakyou jijou"，Taikokuki（ed）*Tounan ajia kajin shakai no kenkyu*，2nd vol，Ajia Keizai kenkyu jo，159 – 180，1974．（戴國輝、井草邦雄「9.30 事件前后のインドネシア華人？ 華僑事情」戴國輝編『東南アジア華人社会の研究？ 下』アジア経済研究所、159 – 180 頁、1974 年）（The situation of ethnic Chinese in Indonesia before and after the September 30th incident）

［5］ Tsuda，Koji，"Batik ni someagerareru 'kajin sei'：Posuto suharuto ki no kajin to bunka hyoushou wo megutte"，Kagami Naoya（ed）*Minzoku taikoku Indoneshia：bunka keishou to aidentiti*，Bokutaku sha，117 – 158，2012．（津田浩司「バティックに染め上げられる「華人性」－ポスト？ スハルト期の華人と文化表象をめぐって」鏡味治也（編著）『民族大国インドネシア―文化継承とアイデンティティ』木犀社、pp.117 – 158、2012 年）（Batiks dyed with "Chineseness"：On ethnic Chinese and their cultural representation in Post-Suharto Indonesia）

［6］ Hara，Fujio，*Mikan ni owatta kokusai kyouryoku：Maraya kyousantou to kyoudaitou*，Fukyou sha，2009．（原不二夫『未完に終わった国際協力：マラヤ共産党と兄弟党』

風響社、2009 年）（The unfinished international cooperation: the Malayan Communist Party and the brother parties）

[7] Matsui, Kazuhisa, "Chihou bunken ka to kokumin kokka keisei", Sato Yuri (ed.) *Minshuka jidai no Indoneshia*, Ajia keizai kenkyu jo, 2002, pp. 199 – 233. （松井和久「地方分権化と国民国家形成」佐藤百合編『民主化時代のインドネシア』アジア経済研究所、2002 年）（The decentralization of power and the formation of nation-state）

[8] Matsumura, Toshio, "Indoneshia nishi karimantan shu ni okeru 1967 nen kajin tsuihou jiken no keii", *Ajia chiiki bunka kenkyu*, 8: 92 – 111, 2012. （松村智雄「インドネシア西カリマンタン州における1967 年華人追放事件の経緯」『アジア地域文化研究』第 8 号: 92 – 111、2012 年）（The process of the expulsion of Chinese in West Kalimantan in 1967, Indonesia）

[9] Matsumura, Toshio, "Nishi karimantan kajin to Indoneshia kokka, 1945 – 2012: 'kokka no gaibusha' kara seiji sanka heno kiseki," Dissertation, the University of Tokyo, 2013. （松村智雄「西カリマンタン華人とインドネシア国家、1945—2012 年—「国家の外部者」から政治参加への軌跡」東京大学大学院総合文化研究科提出博士論文、2013 年）（West Kalimantan Chinese and Indonesian nation, 1945 – 2012: the trajectory of outsiders of nation participating in Indonesian politics）

[10] Matsumura, Toshio, "Posuto Suharuto ki no nishi karimantan shu ni okeru 'kajin sei' jousei no dainamikusu", *Kakyou kajin kenkyu*, 10: 91 – 99, 2013. （松村智雄「ポスト？スハルト期の西カリマンタン州における「華人性」醸成のダイナミクス」『華僑華人研究』10: 91 – 99、2013 年）（The dynamics of incubating "Chineseness" in West Kalimantan in the Post-Suharto Era）

English

[1] Coppel, Charles, *Indonesian Chinese in Crisis*, Kuala Lumpur: Oxford University Press, 1983.

[2] Davidson, J. S. and Douglas Kammen, "Indonesia's Unknown War and the Lineage of Violence in West Kalimantan," *Indonesia*, 73: 53 – 87, 2002.

[3] Davidson, J. S., *From Rebellion to Riots: Collective Violence on Indonesian Borneo*, Madison: University of Wisconsin Press, 2008.

[4] Hawkins, Mary, "Violence and the Construction of Identity: Conflict between the Dayak and Madurese in Kalimantan, Indonesia." in Sakai, Minako, Banks, Glenn; Walker, John H eds. *The Politics of the Periphery in Indonesia*, Singapore: NUS Press, 2009.

[5] Hui, Yew-Foong, *Stranger at Home: History and Subjectivity among the Chinese Communities of West Kalimantan*, *Indonesia*. Leiden: Brill, 2011.

[6] Porritt, Vernon L., *The Rise and Fall of Communism in Sarawak* 1940 – 1990, Clayton: Monash Asia Institue, 2004.

[7] Somers Heidhues, Mary, *Golddiggers*, *Farmers*, *and Traders in the "Chinese Districts" of West Kalimantan*, *Indonesia*, Ithaca: Cornell University Press, 2003.

[8] Tanasaldy, Taufiq, Regime Change and Ethnic Politics in Indonesia: Dayak Politics of West Kalimantan. Leiden: KITLV Press, 2012.

[9] Thung, Ju-lan, "Chinese-Indonesians in Local Politics: A Review Essay," *Kyoto Review of Southeast Asia Issue* No. 11, 2009.

Magazines and Newspapers

[1] "Berita Kalimantan" (Kalimantan News), Jakarta (weekly)

[2] "Beletin Permasis" (Brochure of the Association for Singkawang People), Jakarta (quarterly)

[3] "Borneo Tribune," Pontianak (daily)

[4] "Info Kalimantan," Jakarta (monthly)

Other material

[1] Karman, Hasan, "Sekilas Melayu: Asal-usul dan Sejarahnya," Acara Bedah Buku Fiqf Melayu, 2008. (The origin of Malay people and the summary of their history in the event of book review on the book titled the Islamic custom of Malay people)

[2] Lo, Abidin "Demonstrasi mengenai Tugu Naga," Singkawang, 2010. (The demonstration against the dragon monument) (video material)

[3] Majelis Adat Budaya Tionghoa, "Dokumen-Dokumen MABT," Pontianak, 2005 – 2010. (the documents on MABT)

Interviews

[1] Hasan Karman, Singkawang, February, 19, 2011

[2] Andreas Acui Simanjaya (one of the founder of MABT), Pontianak, December 15, 2011

从明末遗民到天地会开拓南洋的历史留痕：
以另类视角重新解读17—19世纪南海华人如何组成社会

［马来西亚］ 王琛发

（马来西亚大同韩新传播学院　吉隆坡　58200）

研究南洋华人历史文化，绝不能忽略唐宋元明以来，南海诸国早已经存在各自地方上的华人社会的事实，他们也不是静态地散居各方，互相之间不单是互有往来贸易，子孙间也会为了谋生方便，迁居各处。① 另外，亦不能忽略，自清朝入关中原以后，原来明代已经散布南海诸国的各地华人社区，有很长时间，是以南明遗民自居，其后又有承继南明遗民反清复明思想的洪门子弟，作为主力，形成明末清初以来南洋华人社会历史的基础。以碑文说历史，这些南明遗民组成的早期社会，显然是有组织，有文化，也拥有整体社会共同服膺、赖以互动的集体思想体系。他们形成以武装自治保障集体的制度，在不同年代继续迎接一批接一批陆续南来的后人，一再增加人员与扩大开拓的地理范围，由此落实了延续祖先伦理价值与社会文化的使命。

从明末清初南洋华人社会延续过明朝乡约的"亭"之概念，再演变到至迟在乾嘉年间由洪门各地分支以"公司"形式经营南洋各地开拓区，长期影响过地方社会结构与文化变迁。相对于清朝统治中原，同时代的南洋华人社会，其新旧加入的成员人生之中一再经历洪门仪式，重述前明故土沦丧的悲情，誓约个体融入地方社会群体的忠孝仁义，都是为了华夏子孙当有反清复明义务，可视为在借助某种诠释大众历史记忆的过程，以同类的叙事语言重复去建构社会公众认知，为大众的异域生活添加神圣意义与理想未来。当整个社会是有组织的神道设教，有意识的延续遗民心态与前明认同，历代南下先民其实都在接受感召，不单无惧缺乏国家保护，反而会牢记"漢人失却中土"之悲壮，转升出维续祖辈文化犹如"洪水泛滥天下"② 的豪情。

---

① Caspar da Cruz 著作于 1556 年的《中国旅行记》提到，在明代对平民实行海禁政策时期，还是有部份人私自出海到外国贸易，出国大都不再归回中国，"此等出国者，一部份住于满剌加，一部份住于暹罗或大泥，亦多数散于南洋各地"；转引自张美惠：《明代中国人在暹罗之贸易》，载台北：《文史哲学报》，第 3 期，第 167 页。

② Schlegel, Gustave (1886). Hung-league, Batavia：Lang & Co., reprinted by New York：AMS (1973), p. xxi, p. 64.

一、遗民"龙飞"：唯愿前朝出新君

在南洋，现今可追溯明末遗民社会的极早证据，可以马六甲青云亭庙《甲必丹李公博懋勳颂德碑》[1] 为证，此碑刻文有说，碑文所记载的李为经甲必丹，在昔日"因明季国祚沧桑、航海而南行，悬车此国"，而碑上记载的立碑年份是"龙飞乙丑年杪"。对照李为经孩子替父亲设立牌位时候并用了明清两朝年号："生于万历肆拾贰年甲寅捌月，卒于康熙拾柒年柒月"，可知"龙飞乙丑年"即是公历 1685 年。

李为经的半子兼继承人曾其禄甲必丹，青云亭供奉他的神主牌位是刻着"故明显考避难义士"，更足以证明李曾翁婿两人皆是前明遗民。在曾其禄神主内层，墨字写着他是"生于崇祯癸未年拾月，避难麻六甲，卒于戊戌年二月"，以戊戌年是西历 1718 年而言，明亡此时亡朝已久，"故明避难义士"死后继续强调"避难"的姿态，呈现为供奉在当地整体社会公庙的牌位，并且受着后人供奉，说明整个社会认同曾其禄坚持海外孤臣孽子的光荣。早在曾其禄去世前，地方上为他立《大功德主曾公颂祝碑》，也是采用"龙飞"纪年，碑上刻了"龙飞岁在丙戌"（1706 年）。

事实上，从 17 世纪到 20 世纪，"龙飞"纪年在整个南洋社会，随处可见，并非单在马来亚半岛的马六甲才能找到。自 17 世纪以来，从越南到马来亚，一路到缅甸，属于明朝遗民使用的"龙飞"年号，受到后人沿用，不止散见于各地碑文，也会出现在近代部分年代较老的洪门会簿。[2] 由此可见，"龙飞"有它的特殊意义。也不妨假设，自认渊源于天地会正宗嫡系的南洋洪门，为了等待反清复明大业成功，曾经在整体社会活动的公开层次，暂时使用过"龙飞"纪年？又或者，也可能只是部份天地会后人受到南洋当原来明军遗部和明朝遗民影响，沿用了对方使用过的"龙飞"年号。

根据笔者至今记录，马六甲青云亭的历代领袖之间，最早使用"龙飞"年号，是比李为经更前任的甲必丹郑芳扬甲必丹，"龙飞"年号出现在他的墓碑上。若参考郑芳扬甲必丹为父亲郑贞淑设立的神主，郑贞淑牌位刻着"卒于隆武戊子"（1648 年），可知郑甲也如郑成功部队一度实行的惯例，在隆武帝 1646 年驾崩以后继续使用"隆武"年号。但是，到了郑芳扬自己在 1677 年去世，他家人翌年为他立墓的碑，刻的是"龙飞岁次戊午吉旦"。再对照马六甲三宝山现已寻获的最早明代墓碑，即明朝天启二年（1622 年）的"皇明显考维弘黄公，妣寿祖谢氏墓"，当知自明朝定鼎至南明隆武帝殉国，人们不见得需要另立"龙飞"年号。而上述天启二年黄维弘夫妇墓碑，右下角刻文作"壬戌年仲冬谷旦，孝男黄子、辰同立"；这种夫妇同葬、子女立碑，说明地方社会的完整。人们有条件通婚成家，生儿育女，而且社会提供共同义塚，地方上包括懂得按照典章礼俗书写碑文的文

---

[1] 本文引用的碑刻文字，皆源于现场抄录 。以下不另作注解。

[2] 相较于"龙飞"，洪门多数使用的是"天运"年号。但成员身份证明的"腰评"或"布票"还是会采用相应"龙飞"意义而自誓保密的"龙现不正，便不开洪关"说法（Schlegel, op. cit.）。为尊重各方，凡属新加坡和马来西亚独立以后继续流传的《会簿》诗句，引用来源保密。

士，以及刻碑的工匠，大众又是采用干支与节气计算时间，正反映这里华人社会有能力维持较完整的社会运作，延续中土文化。尤其是"天启"年号出现在马六甲海峡岸上，说明此地华人的政治认同，既是效忠大明皇朝，又在当地落地生根，生是当地人，死为明朝归。

对比1641年到访马六甲的荷兰政府使臣斯候登的记录，黄维弘和他子孙所处的社会，显然是经历完了葡萄牙人殖民马六甲城市以后，又经历了荷兰人，但不变的是明朝认同；在荷兰人占领了马六甲一年后，当地乌比萨巴克郊区有300至400人数的华人居民，其中有33位是由荷兰东印度公司殖民政权，为了要确保热带种植类粮食，从巴达维用船舰载送到马六甲开垦菜园和农田，城北则有一位叫Nochin的小商人被他们委任为华人甲必丹。①

但是，要说明"龙飞"年号并非偶然被个别人物使用，不能仅仅基于考虑到先民本有重视年号、不随意僭越的朝野伦理。重要的是，同样年号被历届地方华人领袖通用于生死大事，出现在当时作为马六甲华人最高机构的青云亭，使用于涉及地方集体公共事务的场合。这就说明应用此一年号，也是反映社会集体意识与认同倾向的实在证据。按《甲必丹李公博懋勳颂德碑》碑文，李为经原籍"银同之鹭江"（后来的同安县厦门），当年是"因明季国祚沧桑、航海而南行，悬车此国"，到达当地以后在地方上经营养生送死等社会事业，有功当地，大众因此刻石为纪。可见郑李两位甲必丹所处年代，曾有许多像李为经和曾其禄那样的"避难"或"外来者"，因着"明季国祚沧桑"退守与融入到南海各地原来华人世界。以李为经为例，这些原本不属于当时各地方华人社会的后来者，可能原来与当地本有联系，也可能本是来自海上的势力。重要是，他们和原来居民同样政治倾向，不接受清朝年号，而且上岸以后很快就取得地方开拓的领导权，主导经营当地华人社会的方向。

而越南由郑怀德（1765—1825）编纂的《嘉定通志》，是秉承越南朝廷立场的说法，记述明朝遗民部队是在黎熙宗永治四年，或大清康熙十八年，大部队向越南撤退。此时正当郑成功殁后，其儿子郑经于康熙十八年开始与清朝使臣展开系列谈判。《嘉定通志》载说："己未三十二年（1679年）夏4月，大明国广东省镇守龙门水陆等处地方总兵官杨彦迪、副将黄进，镇守高、雷、廉等处地方总兵陈胜才、副将陈安平等，率领兵卒门眷三千余人、战船五十余艘，投来京地思容、沱㞕二海港。奏报称大明国逋播臣，为国矢忠，力尽势穷，明祚告终，不肯臣事大清，南来投诚，愿为臣仆"。② 当年越南正值南北分裂，南明大部队开进国境难免引起猜疑，但越南南方政权还是欣赏这支部队对明朝忠贞，并设想他们有助南越开垦和经济发展，所以《嘉定通志》接着说："时以北河屡煽，而彼兵远來，情伪未明，况又异服殊音，猝难任使；然他穷逼奔投，忠节款陈，义不可绝。且高蛮

---

① Schouten, Commissionary Justus (1641), Report on Malacca, Quoted Leupa P. A. 1936, "The Siege and Capture of Malacca from the Portuguese, 1640–1641", Translated by Mac Hacobian (1936), JMBRAS, vol. 14, Part 1.

② ［越南阮朝］郑怀德：《嘉定通志》卷三，疆域志。

国东浦地方，沃野千里，朝廷未暇经理，不如因彼之力，委之闢地以居，斯一举而三得矣。爰命犒劳嘉奖，仍准依原带职衔，封授官爵，令往农耐以居，拓土效力。并开谕高蛮国王知之，以示无外。"①《嘉定通志》以下便记载，自明军舰队奉旨分散驶入各海港据守开垦，他们开地开荒、构立铺市、引进商贾交通，最终导致唐人、西人、日本、闍辚商船凑集。②按《嘉定通志》，到 1698 年，越南政府将华人子孙纳入行政体系，镇边的华人，设立"清河社"，居留在潘镇者设立"明香社"，而此前明朝遗部开拓已经见成果："中国华风已渐渍，蔚然畅于东浦矣"。③

以上述《嘉定通志》结合胡志明市等地方明乡人会馆，还有在等其他华人会馆所见，从属于闽南泉州人的温陵会馆铜钟出现"龙飞乙酉年仲春月吉旦"之说，虽说难以分辨其对比公历的真正年代会更早，或是公历 1825 年、1885 年，抑或 1945 年，但可以联想《嘉定通志》所说"商贾交通"其中的"唐人"，肯定包括邻近马六甲到印尼等处使用同样年号的华人。笔者印象中，使用这个年号的，还包括缅仰光的观音庙，昔人曾有记录，属于洪门第二房分支的"义兴公司"，其分布到缅甸组成大公司，曾经于 1853 年在此"架桥开墟"，招收反清复明新丁。④

由此亦可联想，当时荷兰东印度公司那些既商既军的船队领导称号"甲必丹"（captain），他们同样封称郑芳扬、李为经等人，也可能事关这些华人领袖原来印象。参考江日升《台湾外纪》⑤ 与杨英《先王实录》⑥，由郑成功主导的那支南明部队，正是依赖着海上贸易结合根据地垦荒，才有能耐长期包围清军占据的中土。昔日郑成功主导的南明抗清部队，设立海上五商分仁、义、礼、智、信，山路五商分金、木、水、火、土，组织如此庞大而严密，兼且涉及战时物质与人员往来，其海上部队不可能不是配备武装的公开队伍，亦商亦军，并且分流联南洋各处。⑦

更重要是"龙飞"两字的意义。在商务印书馆自民国四年编纂的《辞源》，"龙飞"辞条的解释，意味着新帝登基。⑧ 从它引用《易经》"飞龙在天"⑨ 以及张衡《赋》的"龙飞白水"为解，回到东汉张衡《东京赋》的原文，可知那是形容汉室子孙刘秀由白水

---

① 同上注。
② 同上注。
③ 同上注。
④ 陈孺性：《缅甸华侨史略》，载新加坡《南洋文摘》第五卷第二期，1964 年 2 月 1 日，第 24 页。
⑤ ［清］江日升：《台湾外纪》，卷三、卷四。
⑥ ［明郑］杨英：《先王实录》，福州：福建人民出版社，1981 年版，第 153—154 页。
⑦ 南栖：《台湾郑氏五商之研究》，福州：福建人民出版社，第 194—208 页。
⑧ 陆尔奎等：《辞源正续编合订本》，长沙：商务印书馆，民国二十八年六月第一版，第 1732 页。
⑨ 《周易》第一卦的"乾"卦，为一切正位之元，强调"天行健，君子自强不息"、"飞龙在天，大人造也"，重点在其《象》曰："大明终始，六位时成，时乘六龙以御天。乾道变化，各正性命，保合太和，乃利贞。首出庶物，万国咸宁"，明代以朱熹为正统的解说是"不终则无始，不贞则无以为元也"，后来天地会众依此卦通俗化解释入会仪式为"重新出世"，重现大明皇朝是"乾坤再造"。参考朱熹：《周易本义》，北京：中国书店，1994 年版，第 16 页。

乡依靠民间势力奋起的姿态，是重建汉朝的典故。① 另外，明代漳州布衣吴朴撰写《龙飞纪略》叙述明朝开国事迹，亦堪以旁证南洋的闽南遗民文人应该不会对"龙飞"的意义感到陌生；巧合的是，《龙飞纪略》主张朝廷听任民间贸迁，经营异域，详记考证西域、塞外、南海傍海诸国之海陆道路，认为"上可充六军之费，下可宽民力之征"，又恰恰相通于后来南海诸国南明遗民衣冠南渡、经营海陆的心境。②

由"龙飞"意涵可知，原来从越南到马六甲再到缅甸，当然包括现代的果敢，曾经有过大批明朝遗民衣冠南渡，分散聚居在昔日明朝诸藩各地，又是声气相通、连成一片，采用着相同的年号，将反清复明作为理想。从他们开始，历代子孙南洋开拓新故乡，无疑就是在当地重建中华，在开拓异域与四海贸迁的过程中，神圣化也合理化先民陆续下南洋的生存意义。

另外，也应该注意南洋各地反清复明志士是采用"龙飞"，而不是采用"永历"年号。按连横《台湾通史》等文字，郑成功是在 1648 年遥闻桂王即位于肇庆，改元永历，从南澳奉朔提师，以后即使永历帝在 1662 年遇害于昆明，郑氏子孙直到 1683 年归顺清朝前，依旧奉"永历"正朔。③ 可是，自郑成功 1661 年底攻取台湾，到 1662 年清、荷军事联盟，南洋各地的华人就很难在荷军眼皮下与台湾军民互通；正如巴素《马来亚华侨史》引用的荷方资料，荷兰在长期交战状态当中，虽然允许地方华人穿着明装，延续明制礼俗，但荷军也规定，忠于"国姓爷"船舰会遭到攻击，人员会抓捕监禁，抵抗者会被格杀勿论。④ 这一来，自 1662 年起，当地居民领着荷兰人发的通行证，即使内心倾向明郑，也不可能公开与大陆东南沿岸郑部共同采用永历年号。何况，大家也知道，永历遇害以后，南明再无新君，大家只能期待寻找到流落民间的朱家子孙，拥护他们犹如汉朝刘秀或其祖先朱元璋，由民间"龙飞"起事。

二、洪门"公司"：重肇明军理旧疆

按照洪门内部广泛传说，会众以"洪"结义，源由于"汉"人失去"中土"的拆字喻意。大家都姓"洪"，警诫会众毕生毋忘反清复明，定要恢复中原。据此说法，洪门的内聚力量，显然建立在自居前明遗民当中的忠臣义士，定位在继承先烈伦理价值，才能说明其聚众武装真的是"顺天行道"。如此观念，明显表达在洪门接引新丁仪式，其中如《先锋问答》，即通过虚拟问答，让新丁誓约入会目标在于《孟子·万章》"读到洪水横流，泛滥于天下"。按照伦敦大不列颠博物院所藏 Oriental 8207G（1）抄本，其记载施列格《天地会》记录的相同内容，是使用粤语方言："有多少书友？一百零八。读乜书？读

---

① ［东汉］张衡：《东京赋》有说："巨猾间衅，窃弄神器。历载三六，偷安天位。于时蒸民，罔敢或贰。其取威也重矣！我世祖忿之，乃龙飞白水，凤翔参墟。授钺四七，共工是除。欃枪旬始，群凶靡徐，区宇乂宁，思和求中。"

② ［明］吴朴：《龙飞纪略八卷》，北京图书馆藏，明嘉靖二十三年吴天禄等刻本，《通例》第六至七页。

③ 参考连横：《台湾通史》，北京：商务印书馆，第 21—42 页。

④ 巴素撰、刘前度译：《马来亚华侨史》，马来西亚槟城：《光华日报》，1950 年版，第 22—23 页。

孟章书？读边句？读到洪水横流，泛滥于天下。"①

若论康雍乾年代的局面，明朝遗民遍布南海各地港口市镇，等待"龙飞"，一旦《孟子·万章》的理想真随着船舶往来四方，海上不便公开的共同秘密，的确有域外包围中原的态势，也恰如会众腰凭廻文诗说的"身上洪英无人知"，等到完成"洪"水泛滥天下，就是廻文诗结尾说的"此事传与众兄弟，他日相会团圆时"。②

《孟子·万章》论述许多重要概念，是从史例讨论朝野、君臣、父子、师友、夫妻等人事的相处之道，涉及儒家建议各种为人处世原则。现在很多文章讨论洪门历史，多注重组织演变，不太重视洪门思想所本，但参照荷兰人施列各《天地会》引用荷兰殖在 19 世纪中叶搜获的洪门文件，其《先锋问答》仪式内涵提倡儒家伦理的思想教育，实足说明，洪门拜请儒释道三教神圣与洪门诸先烈见证新丁，确是依靠神道设教确保"招军"之严谨。③ 不论《先锋问答》声称"先生教习立纲常，花亭相会作文章"，④ 或在其他仪式语言重复儒家"三纲五常"，自定位日常分散隐蔽民间的前明部队，是基于原来人们信仰神人共鉴，从入会请神到歃血为盟，每一刻提醒入会者《孟子·万章》，作为共同思想教育。不论会场上以纸牌虚拟重构洪门最初成立的"红花亭"，或牌位写上"洪门堂上历代宗亲"，还有供奉历代先烈和"仁义礼智信"牌位，都是为了让会众模拟自愿带粮投军，重演传说的红花亭聚会，以强化《孟子》"取义"所为何事。而洪门三十六誓，以及组织内的分工合作，则保证根据这套教导在日常互助福利当中的落实。

正如施列各《天地会》所示，当年洪门入会，会众要使用上书"修身"与"礼"的符咒，当"先锋"以"顺天行道"为冠首，教导大众"顺心和气孝双亲，天意无私本是仁，行过两京十三省，道排兵将左右分"，与诗文相对照的，是洪门会场上飘扬的方形"天庭国式"招军帅旗，旗中央以"仁、义、礼、智、信"五字逆时针围绕"帅"字，旁添"顺天行道，复转明朝"的飘带。⑤ 这系列构成洪门思想的教育氛围，宣教着儒家主张的修身齐家治国平天下，让大众联想起追溯"正朔"的家国情怀，感受到国族灾难与个人不幸，归根到底在清朝不仁不义。

而且，应该重视，洪门内分五房，其实也渊源自明朝军制分配的金、木、水、火、土五行旗号，但又是通过会众由儒释道三教神圣与先烈见证而歃血为盟，将原属部队单位之间的分野，转化出共同姓"洪"的拟血缘亲人情操。五房一旦真正进入战斗状态，会众是可以立即根据腰凭归属，直接转变为隶属基础单位常驻武装人员，按照五方五行颜色旗帜确定人员单位与职责，有效率调动。亦如戚继光《纪效新书》所述，洪门要行军打战，也如同中国传统军阵，其中军坐纛，以及调度单位的符码，可以由阴阳、八卦，以及《河

---

① 萧一山编：《近代秘密社会史料》，北京：国立北平研究院是学研究会，1935 年，卷四第三至四页。
② 同上注，卷一第二五至二六页。
③ Schlegel, op. cit., pp. 129 – 135.
④ Schlegel, op. cit., p. 63；亦见于同注 20，卷四第三二页。
⑤ Schlegel, op. cit., p. 34.

图》构成，将庞大队伍化约为符号与数字。[1] 只是，这支部队的集体生活，无从依赖国家机器威权控制与粮饷供应，单靠文书契约保障士卒听命，不见得有效。于是，乡情和方言产生的亲切感，共同信仰，乃至施列各《天地会》描述围绕"天庭国式"帅旗的"仁、义、礼、智、信"价值体系，再加上会众天地诸神和诸位先烈灵前献血誓约，能让大家自觉互有义务。若按照伦敦博物馆所藏，19 世纪各地洪门会众盛行的"三十六誓"原有各处不同版本，[2] 但对照各版本建议的人伦道德，皆不离巴素《马来亚华侨史》所载 20 世纪初期较为通用的版本："自入洪门，尔父母即我父母，尔兄弟姐妹即我兄弟姐妹，尔妻我嫂，尔子我侄，如有背誓，五雷诛灭"，[3] 所强调的道德伦理准绳，相当一致。由此而言，会众互相献血为盟，所确立的是不论何处何地的拟血缘关系，彼此承诺不论何时何地互有义务承担对方养生送死和安家，是激发神鬼共鉴的高操，成就会众之间即使跨越地理区域也能互信互助。

由此而言，前明遗民很早垦殖南洋各地，生活在地方土侯与外国势力环伺之下，一定要建立共同的基本社会形态与规范，却不见得能公然强调自身是明朝部队。当他们面对地方法制不明、缺少社会秩序，还是必须迎接不同时代南下新丁，并关注实质的权能与财力分配。于是，作为现实社会组织的"公司"制度，便可能回应现实需要。"公司"也是洪门组织各分支对内对外的主体单位。由"公司"组织包含大哥、二哥、先生、先锋、红棍、十三省议事、柜匙、收柜、代收柜，到领导小范围地区性质的"草鞋"，还有挂上"带马"职务的人员负责评鉴以及带进新丁，"公司"就像一个生产军团，其管理深入扎根到街区里巷的层次。[4]

洪门"公司"招兵买马，如此将人们通过结义金兰，不重视清朝廷儒家重视强调的血缘亲疏、嫡庶、上下等级，重新把各地人群连接在四海一家的新群体网络，还确实是威胁了依赖诠释主流伦理维持威权的既有政权。雍正朝《大清会典》的规定："歃血结拜弟兄者，不分人之多寡，照谋叛未行律，为首者拟绞监候，秋后处决；为从者杖一百，流三千里。其止结拜弟兄无歃血焚表等事者，为首杖一百，徒三年，为从杖一百"。[5] 但是，对南洋群体而言，大家即使不一定有机会回到中原反清复明，可是大众就是以清朝作为标靶，确立拟血缘关系，以政治伦理凝聚认同，恰恰符合南洋华人跨地域抱团自我保护的共同利益。

相比起更早前，明遗民在南洋等地，从越南各地的"亭"到马六甲"青云亭"，都是延续着原来明朝以地方乡里结合组成的"亭"制度，即是以地方乡约自治呼应朝廷规范，处理内部与管制来往旅人事务；"公司"体制，内设各种文武职称，讲究誓约纪律，无疑

---

① 王琛发：《南洋洪门对八卦文化的诠释与传承》，载龚鹏程主编：《八卦城谈易：首届中国·特克斯周易论坛论文集》，北京：世界图书出版公司，2013 年版，第 83—84 页。另参考 [明] 戚继光：《纪效新书》，北京：中华书局，2001 年版，第 265—267 页。

② 萧一山编：《近代秘密社会史料》，北京：国立北平研究院是学研究会，1935 年，卷三第一至十二页。

③ 巴素撰、刘前度译：《马来亚华侨史》，马来西亚槟城：《光华日报》，1950 年版，第 113 页。

④ Schlegel, op. cit., p. 47.

⑤ 《大清会典》，卷一九四"奸徒结盟"。

更适合平日生活在"亭"制度的人们以延续明军体制开发邻近蛮荒的需要。英殖莱特在 1786 年占有槟榔屿以后，1794 年所写致印度总督报告，描述槟榔屿当时已有 3 000 华人，最堪重视，是说起华人邻近地区牟利不倦，冒险开发与贸易的优点，但又提他们"善以秘密结社，以反抗政府法律之不称意者，其人勇而敏，恐必为祸于将来。"① 可知，"公司"当时普遍于南中国海与马六甲海峡之间。作为集体武装力量兼经济生产集团，与村镇类似日常乡制的组织不同，可能一体两面，也可能取代后者，直接控管整个地区。

从另一角度看，17 到 20 世纪初期，洪门五房分散到各地分支，各自以具体的"公司"组织自称，也可以说是由于洪门子弟自认是明军流亡部队，因此循规蹈矩，不敢僭越朝廷另设王国，或者自认可以拥有正式的衙门。那些后来实质上开拓各地根据地的所谓"公司"，又或者是以经济资助与指导着地区性质"公司"的大"公司"，顾名思义，实为"公共之司（机构）"的意义，是先民赖以凝聚势力，对内协调、对外交涉的自治组织，藉以照料成员从经济利益到社会福利的需要；组织或以会党分支"公司"直称，或根据成员多数源自的原乡以地缘乡会名义出现，实际上又都是存在共处会党网络内部的互动关系。② 而事实上，在南洋洪门内部，不论属于大房的"和胜公司"、属于二房的"义兴公司"，以及属于三房的"海山公司"，其"公司"都不等于整个洪门或其中任何一房整体的组织体系，也不见得如后来一些历史论述以为是分属不同派别。所有"公司"都清楚共同使用的暗语和相认诗句，也总不离开各房内部自报家门的特定方式。

甚至，各"公司"内部，大"公司"底下地方性质分支"公司"，才是维护具体开拓地区的武装自治生产队伍。不同的大"公司"落实在地方上的分支"公司"，可能还会支持成员所组织的以地缘结合名义的同乡"公司"互相互相整合资源与利益。以二房底下的"义兴公司"为例，其内部便包括很多分支小公司，即使回归到中国组织不论上海小刀会或者是厦门小刀会起义，起义时总是尊重大公司，挂起"义兴公司"的旗号。③ 从《孙中山全集》收录了 1914 年 7 月 29 日，孙中山有《致函新加坡洪门义兴公司并转南洋各埠洪门》，④ 可知当时体制还在延续。

所以，洪门具体的组织形态，对华人在南洋各地落地生根，维续中华文化海外传承的重要贡献，就在于它是有理念的将明军制度民间化为社会制度，又以民间结义文化巩固武装军事自治的生产制度，让大家信仰传统价值，主动纪律化与付出对他人义务，带出异域生活的公共秩序，确保大众的生活资源。南洋华人自明清两朝到各地开荒，缺乏法律保障，也没有国家实力作为后盾，通过会党形式确保组织严密，以洪门伦理巩固组织的伦理取向，以会党武装自治的开荒集体主体，并且必须拥有支撑这套制度的规矩和观念，也就

① ［英］书蠹编撰，顾因明、王旦华译：《槟榔屿开辟史》，香港：南华出版社，1959 年版，第 138—139 页。

② 参考王琛发：《东南亚客家乡会是地缘利益结合的共同体》，载《中国社会科学报》之《人文岭南》，2011 年 7 月 28 日。

③ 参考金毓黻、田余庆：《太平天国史料》，北京：中华书局，1953 年版，第 258 页。

④ 孙中山：《致函新加坡洪门义兴公司并转南洋各埠洪门》，载《孙中山全集》第三卷，北京：中华书局，1982 年，第 104—105 页。

从具体完成先民互相崇尚"仁、义、礼、智、信"的人事原则，通过保护集体去利益个人。大家强调互赖，以仁、义、礼、智、信为原则，通过保护集体去利益个人，就等于异地重构中华民间的结义文化，在每个人生命中其内涵价值观念，由此带出异域生活的公共秩序，确保各自的生活资源。①

过去一些史论，单纯从中国原乡的"地缘性"或者"方言群"去顾名思义，作为认识这些"公司"的准则，可能只看能到它们依靠"乡团"凝聚的含义，忽略了它们到了南洋，是依靠当地的地缘利益背景而强化了维持共同体的必要。当他们的主要存在目标在于保护成员在地方上的共同利益，正如马六甲与吉隆坡的惠州会馆，前者馆址前身，原来是洪门三房"海山公司"，② 而在吉隆坡的惠州会馆，最初成立，不但接受同在三房海山公司生死与共的台山赤溪人，甚至可以让赤溪人接任惠州公司领导；可是与海山公司对立的刘关张赵宗族集团，即使是真正惠州老乡，却成为内战战场上的死敌。③

事实上，英殖民地官员很早便搞懂某些同乡组织称为"公司"，其实与会党"公司"一体两面，会党"公司"可以是乡团名义的"公司"赖以相互支持的联盟，两种组织的成员是重叠的，随时可以互相转化出面的形式。利昂康伯（Leon Comber）著作《马来亚的华族私会党，1800—1900》引述 1825 年槟城警察长 R. Caunter 针对会党和会社的调查，把惠州、仁和、仁胜等七个组织列为会社；同时，他在一则注解中引用前英殖华民卫护司巴素的看法，认为所谓"守法"华人会社只不过是"欧洲人的概念"，一旦华人组织遇到疑惧或对抗政府，就会把一切转入"秘密"。④

又不能否认，洪门主动以海外维续中华凝聚民间力量，必定违反西方殖民者要求当地华人改变认同倾向的最终目标。这也导致，各地洪门分支组织一直遭遇西方殖民政府压迫、取缔、挑拨内斗、分化等手段，并面对污名化的命运。而且，纵使洪门内部授职，说明某些职位即是流亡中的明朝的"礼部尚书"或"兵部尚书"，可是自西欧工业革命以后，这个虚拟的流亡在海外的明朝毕竟无从经济自立。各"公司"开拓区依赖中国农矿业的先进手工技术，向西方供应原产品，而不是掌握国际供求市场。各地华人即使再人多势众，也还是殖民政府左右或甚至代表各路买方主权势力。因此，即使会党中人一再痛定思痛寻求互相团结，现实中的最终结果也不会是海外重建明朝，而是西方势力基本得逞——最具体的案例：原来通过歃血为盟，把互相付出无限义务视为人生崇高价值的"公司"制度不见了；同样一个叫"公司"的词句，现在被应用以翻译 company，内涵常是指称让私人因规定"有限责任"而敢于冒险投资的私人企业，旧公司的"昆仲"体制被新公司"阶级"关系取代，大家日常惯用前后文字互相矛盾的"私人有限公司"而不自觉。

---

① 王琛发：《东南亚生死五常》，载《看历史》月刊，2013 年第 1 期（总 34 期），第 65 页。

② 《马六甲惠州会馆》，载赖观福主编：《雪隆惠州会馆馆史》，马来西亚吉隆坡：雪隆惠州会馆第一一八届执委会编印，1997 年版，第 326 页。

③ 王琛发：《马来亚半岛"泛惠州人"现象初探》，载林清明主编：《第二届东江文化全国学术研讨会论文集》，广州：中山大学出版社，2014 年版。

④ Comber, Leon. (1959), Chinese secret societies in Malaya; a survey of the Triad Society from 1800 to 1900. Locust Valley, New York：Published for the Association for Asian Studies by J. J. Augustin, p. 40－42.

三、先贤"封神"：异域从此变吾乡

不论是华南宗族村落族谱上经常留下不同版本的《迁流诗》教诲后代"驿马匆匆过四方，任君随处立纲常"，或者是会党《团圆诗》豪迈预言的"五人分开一首诗……他日相会团圆时"，它们的精神面貌，都是一致体现出华夏文化对待族群繁衍的基本观念，主张子弟要能开枝散叶，扩大族群在地理上的分布位置。但是，强调"纲常"或者"洪英"的身份，又说明先辈重视如何在到达新土地之后不忘历史文化根源。这样的思考，呈现为信仰文化，可以《周礼·考工记》所谓"左祖右社"作为根据。"祖"象征拥有具体演变时空的家族/民系文化，"社"说明土地与资源的神圣。如此价值认同，显现为各地区人民对原乡神明的崇拜，就在于大家认同神明是代表着大众认可的价值观与家乡文化，家乡神明也可以算是集体祖神。

若论民间社会继承的"祖"和"社"传统，"祖"和"社"的祭祀互相对应的形式，也不一定就要硬性照搬《周礼·考工记》以"左祖右社"分布朝廷祭坛的标准规范。很多时候，他们是将原乡神明带到当地立庙，神庙作为聚合神明、节日、仪式的载体，象征这一切所内涵的文化因素与价值体系，由原乡转为当地的精神，完成他乡无殊祖地的过程。当集体去到新的地方，将集体祖先所拜神庙的香火供奉在新地方。连同当地土地神一起保佑集体，"祖"和"社"同时俱在，就代表信仰者自身成为祖先文化和当地资源结合的载体。

而且，早期依托洪门的南洋先民，他们当中发展出许多具有地方特色的先灵崇拜，不是礼敬源自中国任何地方的神明，而是追祭原来带领大众开拓有功或不幸牺牲的洪门人物，宣称他们在地方上成仙，化升为原来开拓地区的保护神。这其实也是一种以地方新神明兼顾"祖"与"社"双重信仰性质的论述——不论是在西马来西亚被视为矿区保护神"仙四师爷"，或者说从马国到印尼各地那些不同姓名的"大伯公"与华裔"拿督公"，他们作为开拓群体先辈化身的地方神明，兼具了集体祖神与地方保护神的身份。当神圣管辖的凡间范围是他生前努力的地方，信徒也都是生前追随过他的部众，或他们的后代，这尤其有利后者以继承者身份诠释自身定位，论述整个集体对新地方的认同、归属与主权意识。这其中，最具体的例子是盛明利。生前作为矿区领导，在三房海山公司职称"先生"或"师爷"，他马六甲三多庙碑记留下带他带领"炉骨"和"芙蓉"矿区捐款的记录；在芙蓉遇害后，海山公司子弟供奉其神主转战吉隆坡等地十数年，最后在海山公司取得雪兰莪华人主导权以后，和解各方共同认可"仙师爷"盛明利英魂不朽，神为当地华民保护神，庙为当地华民最大福利机构。以后盛明利又随着信众扩展到向邻近地矿区，被宣佈为更多新市镇的保护神明。①

但是，还得承认南洋洪门承继了儒家的伦理秩序观念，才能理解至今影响南洋各地英

① 王琛发：《惠州人与森美兰》，马来西亚芙蓉：森美兰惠州会馆，2002 年版，第 31—42 页。

灵崇拜的尊称秩序。或许，从荷兰施列格《天地会》发现有"义伯"一说，[①] 有助大家想象某些先贤死而神称"大伯公"，但其他先贤不是一律尊称"大伯公"，也是洪门鼓励有规有矩、恩怨分明、长幼有序、尊贤重德的神道设教；大凡各地区领导，或是地方红棍、或是白扇师爷、或仅是草鞋，生前不到称"大伯公"，就决定他们死后的神圣位置也不称"大伯公"。[②] 以盛明利甲必丹来说，其生前身份既然仅是"师爷"，即使他在芙蓉内战牺牲以后被尊称为"玉封仙师爷"，香火随着华人开拓十数新矿区分香，但他不能叫大伯公。又如洪门二房义兴公司的苏亚昌，生前身为地方头目兼战将，被当地马来人普遍尊称Panglima（统领），他在霹雳拿律会战被土侯杀害，英灵化身"苏拿督"接受万民香火，亦还称不上大伯公。[③] 而南洋"大伯公"虽然凌驾于诸种土地神明之上，可以被洪门后人分香各地，可以在家家户户的正厅接受崇德报功，但因明朝未曾复兴，没有朝廷可封其城隍或其他职称，先贤即使成神也只能继续接受生前在会党的尊称，信仰的处理，显然涉及如何实践"三纲五常"的考量。信仰之所以变得重要，也因环境使然——既然大家身在深山野岭，无法确信任何法律或契约的保障，由乡情和方言而产生的亲切，以及共同的神道信仰与政治理念，反而构成最有效承诺的基础。当一部份洪门先辈生前受人尊敬，死后受到大众怀念，不愿他们就此消失，尊之为神明，他们带给后人的身教言教也就转变为永远的传奇。各地信众给这些先烈上升的地方新神明送上匾牌，内容总不离"仁、义、礼、智、信"，显见从会党到大众崇尚的价值观，正是源于后人崇尚神明，希望神明所代表的价值观能指导与保佑符合标准的人间事理。说白了，洪门从中华传统继承的信仰文化，以至在地方上根据传统信仰价值观产生新的神明，都是有利子孙不会忘本的文化资本，又是大众化"异乡"为"吾乡"，证明民族在地开拓主权之所本。

近数百年来的南洋华人历史，可以被单纯地解读为一批接一批先民在不同年代陆续南下谋生的历史，也可以根据当地社会自明末以降一直是有组织、有文化、有集体思想体系，将之视为坚持在异地重构中华的艰苦过程。从明末遗民集体期待"龙飞"，到洪门组织自居为退守南海诸地的明军部队，以"公司"形式延续为"明朝"招军买马，再到最后演变出某些领袖人物海外成神的传奇，先人总不离华夏文化崇德报功、慎终追远、开枝散叶、化异域为新故乡的祖先传统。当一代又一代人们虚拟着重建"大明"认同的仪式，当中真实完成的不见得是大众依靠模糊印象想象的"明朝"，却视为整体华夏文明衣冠南渡提供客观氛围，使得各个民系的祖先历史记忆以及儒释道三教影响的生活文化散播到各地落地生根。正因如此，一个大众熟读《孟子·万章》、从海外包围中原的理想新明朝虽然只是存在于大众的想象，未曾实现，可是对南洋大众来说，"反清复明"的涵义在人心潜移默化日久，早已超越"明"与"清"对峙的概念，变成一个选择文化与道德价值立

---

① Schlegel, op. cit. , p. xxxviii, p. 233.

② 王琛发：《信仰的另一面——从南洋天地会视角解读大伯公》，徐雨村主编：《族群迁移与宗教转化：福德正神与大伯公的跨国研究》，台湾新竹：清华大学人文学院，第75—76页。

③ 同上注。

场的符号。当西方列强在他们的殖民地对付洪门结社，他们针对洪门组织产生的负面影响做了许多解释，但压制、改造、取缔、分化所有"公司"以后，最客观的效果毕竟是抹掉了民间社会联系历史、文化、传奇与记忆的载体，何尝不就是把当地华人实行"去中华化"？到清朝末年，不论清廷、维新派、革命党都试图笼络和说服南洋洪门各系，希望会党能接受与依照他们的立场去支持中国重兴，当孙中山体验说"华侨是革命之母"，大背景何尝不是得力于先人为着"洪水泛滥天下"不懈奋斗？

　　俱往矣。今日重新研讨清代的南洋华人历史，应重视自 19 世纪中叶以后，英荷殖民政府对各地洪门诸多政策以后，各地"公司"失却了他们在各地以武装自治维持生产与规范社会秩序的局面，缺乏根据地的组织也逐渐不再能维持地方群众即是会众，组织反映地方公议的原来性质。以后有些"公司"转化为各类公益社团，有些"公司"演变成为流民或流氓无产者依托以互相串连的组织，以至被各种落后政治势力利用，甚至分化出打着原来旧"公司"名义实行犯罪的组织，也是客观条件造成的客观事实。而会党开拓地方的贡献，正如其本质就是华人文化如何落地生根，如何将没有意义土地转化为具有文化与经济价值的过程。问题就在这恰恰涉及先民历史以来南海地区开拓主权的议题，足以在华人之间传播另一套不同于西方殖民社会主流认知的历史叙述；这正好是不论西方殖民主义者或东南亚各地极端种族主义兴起以后忌讳的话题。自居"前明"流亡部队撤退到南海生蓄休养的想象共同体，在各地一再实现为实质开发与管理地方的实体，从来不被西方殖民政权和清朝政府承认其政治地位，这也导致先民的南海开拓史，从来就是西方殖民者描述的"外来移民史"。可是，如果脱离先民赖以维持其社会关系与内部运作的组织与文化，我们可能会看不清很多，解读许多现象也都可能差之毫厘，失之千里。

构建和谐侨社，充分发挥侨社正能量

李其荣①

（华中师范大学国际移民与海外华人研究中心
／国务院侨办侨务理论研究武汉基地　武汉　430079）

【摘　要】构建和谐侨社是我国构建和谐社会与和谐世界的必然要求，是全面建成小康社会、传承中华文化的必然要求。构建和谐侨社，关乎海外侨胞福祉，有利于我国"一带一路"建设，有利于中国梦的实现。当前海外侨社呈现出一些新的特点，侨社活力不断增强，我们提出以"和睦相容、合作共赢、团结友爱、充满活力"为核心的"和谐侨社"理念。为了推动华社发展，树立华侨华人的良好的整体形象，本文探讨了和谐侨社发展的新路径。

【关键字】和谐侨社；理念；特点；正能量

根据最新统计，海外华侨华人总量已逾6 000万，分布在198个国家和地区，其中各类华侨华人社团逾2.5万个。② 这些社团包括：全球公共外交类、地域同乡类、姓氏宗亲类、慈善公益类、专业技术类、"反独促统"类、文化艺术类以及商会、校友会、青年会、妇女会等华侨华人社团组织。③ 构建和谐侨社是海外侨胞的共同目标，也是侨务工作的一项重要任务。2007年国务院侨办李海峰主任在第四届世界华侨华人社团联谊大会上率先提出构建和谐侨社的倡导。2014年，国务院侨办举办"和谐侨社年"，实施惠侨工程，表明

---

① 作者简介：李其荣，华中师范大学国际移民与海外华人研究中心教授、武汉侨务理论研究中心／国务院侨务办公室侨务理论研究武汉基地主任、国家社会科学基金、教育部项目评审专家。曾在美国哈佛大学、明尼苏达大学、圣地亚哥大学、加拿大卑诗大学、英国爱丁堡大学、丹麦哥本哈根大学、新加坡国立大学、南洋理工大学、马来西亚马来亚大学、拉曼大学、南方大学、新纪元学院、韩国首尔大学等进行讲学、研究和学术交流。主要研究领域为：国际移民与海外华侨华人研究。先后主持"国际移民政策比较研究"等国家和教育部、国务院侨办重点研究课题10余项。出版著作20部，在《民族研究》、《世界民族》、《世界历史》、《近代史研究》、*International Migration Review*等杂志发表论文100余篇。代表作有：《国际移民与海外华人研究》（2005）、《国际移民与海外华人研究续篇》（2013），多次获得教育部、国务院侨办、湖北省政府教学科研奖励。
② 《谭天星：构建和谐侨社关乎海外侨胞福祉》，2014年3月18日，http://world. people. cn/n/2014/0318/c157278 - 24669579. html
③ 《继往开来相融共赢全面深入推进和谐侨社建设——国侨办主任裘援平在第七届世界华侨华人社团联谊大会上的讲话》，http://www. qhws. gov. cn/html/4336/440528. html

中国政府十分重视和谐侨社的建设。为什么要构建和谐侨社，其意义何在？应该说，构建和谐侨社具有重要的理论和实践意义。

一、构建和谐侨社的理论与实践意义

构建和谐侨社具有重要的理论与实践意义。从理论意义来说：

1. 构建和谐侨社是我国构建和谐社会与和谐世界的必然要求。① 当时的胡锦涛总书记在纪念联合国成立 60 周年首脑会议的系列演讲中，倡议各国共同努力，构建一个持久和平、共同繁荣的和谐世界。因此，这是我国对外工作的重要战略目标。构建一个和谐和睦、充满活力的华侨华人社会，是我国构建和谐社会与和谐世界的必然要求。分布在世界各地的 6 000 万海外侨胞是中国文化的传播者，在推动居住国人民和政府与中国发展友好关系、促进两国文化、教育的交流与合作，推进和谐世界建设中，海外华侨华人社团任重而道远。②

2. 构建和谐侨社是贯彻四个全面，即全面建成小康社会、全面深化改革、全面推进依法治国、全面从严治党的需要。数千万海外侨胞是中华民族在海外的延伸，是沟通中外友好交往的桥梁和纽带，是我国全面建成小康社会、实现中华民族伟大复兴不可或缺的资源。我们要紧紧围绕中央的"四个全面"的战略布局，以凝聚侨心、侨力同圆共享中国梦为主题，最大限度地把侨务资源的优势转化为推动中国科学发展的动力，将侨务工作的力量汇聚成，实现中华民族复兴中国梦的正能量。

十八届三中全会标注了现代化的新高度，即全面深化改革，总目标是完善和发展中国特色社会主义制度，推进国家治理体系和治理能力现代化。到 2020 年，在重要领域和关键环节改革上取得决定性成果，完成本决定提出的改革任务，形成系统完备、科学规范、运行有效的制度体系，使各方面制度更加成熟更加定型。将制度的完善与发展熔铸为改革的总目标，这样的跨越，不仅是一个充满战略意义的改革擘画，更是当代中国最重要的顶层设计，甚至是人类制度文明一段富有勇气的征程。中华民族伟大复兴，是和平发展合作共赢的复兴。在中国走出去的过程中需要世界各国的理解，海外侨胞应是这一历史进程中的整体参与者。海外侨胞在住在国讲好中国故事、传播好中国声音、提升中国形象，这本身就是实现"中国梦"不可或缺的重要环节。所以，构建和谐侨社是贯彻四个全面的需要。

党的十四届四中全会明确提出涉侨利益保护任务，并首次提出要"依法为维护海外侨胞权益"，这进一步强化了宪法和归侨侨眷权益的重要职责，强化了侨务工作法制化和权威性，为政府侨务部门依法行政、依法办侨务筑牢了基础，创造了新机遇，提供了新动力。因此，构建和谐侨社就要求我们依法维护海外侨胞的利益。

---

① 许又声：《解放思想，锐意创新——进一步开创侨务理论研究工作新局面》，《侨务工作研究》2007 年第 1 期，第 9 页。

② 姜敏达：《构建和谐侨社的几点思考》，《侨务工作研究》2008 年第 3 期，第 32 页。

3. 构建和谐侨社是传承中华文化的必然要求。博大精深的中华文化是中华民族5000年智慧的结晶，是维系海内外中华儿女民族特性的精神纽带。中华文明饱经沧桑却延绵不断，正是由于中华文化积淀中华民族最深层的精神追求，代表着中华民族最独特的精神标识，为中华民族生生不息、发展壮大提供着丰厚滋养。

作为中华文化的精神内核和谐文化，具有深厚的历史渊源和鲜明的时代特色。"和谐"二字"深深融入中华民族的血脉，成为中华文明的基本特性和价值取向"，[①] 是中国社会稳定、各民族团结的思想根基，是与其他族裔友好相处的精神保障。自古而来，中华民族就信奉"和合"思想，懂得"和而不同"的哲学观念，形成"和实生物，同则不继"的辩证思想，以开放心态、宽广胸襟博采世界文明之长。中华民族尊崇"协和万邦"理念，张骞出使西域、郑和七下西洋，留下中外友好交往的佳话。中国新一届政府提出"亲、诚、惠、容"方针，倡导并推动与周边国家结成休戚与共的利益和命运共同体。中华民族遵循"以和为贵"的处世原则，形成强大的民族向心力和聚合力。中华民族坚持"和衷共济"的公德意识，秉持"和气生财"的商道哲学，铸就尊老爱幼、扶贫济困、协作互助、礼让宽容的礼仪之邦，推崇合法经商、诚信经商、文明经商。海外华侨华人只有传承以和谐理念为基石的中华文化，才能保持民族特性和文化优越性；只有构建和谐侨社，才能激发侨社生命力、创造力和凝聚力，赢得住在国社会的认可、尊重与接纳。[②]

从实践意义来说：

1. 构建和谐侨社，关乎海外侨胞福祉。和谐侨社的建设不仅是我们当前侨务工作的重点，也反映了海外侨社自身发展的需求。"华侨华人的生存发展与海外侨社的发展变化息息相关，各国各地区侨社发展是否健康和谐，直接影响到身处其中的华侨华人是否能够安居乐业，关系到华侨华人在当地主流社会中的形象和地位"。[③] 因此，构建和谐侨社对华侨华人的事业的发展、形象的展示、力量的凝聚，具有重要意义。

2. 构建和谐侨社，有利于我国"一带一路"建设。2013年，习近平主席在访问中亚和东南亚国家时，提出建设"丝绸之路经济带"和"21世纪海上丝绸之路"的倡议，希望以实现"政策沟通、道路联通、贸易畅通、货币流通、民心相通"这"五通"给区域各国人民带来实实在在的利益。在各国寻找新的增长动力过程中，推动区域经贸关系更紧密地融合已成为重要的共识，而华商和华人经济在促进这一融合方面可以发挥至关重要的作用。侨社和谐了，侨团与各族群之间的关系和谐了，侨社与住在国的关系和谐了，华商和华人经济才可以在"一带一路"建设中发挥独特的作用。

3. 构建和谐侨社，有利于中国梦的实现。华侨华人在海外长期生存发展，需要和平友好的中外关系。中国坚持走和平发展道路，愿意同世界各国友好交流与合作，与国际社

---

① 王琳：《中华传统文化与和谐侨社建设》，《侨务工作研究》2007年第3期，第36页。

② 《继往开来相融共赢全面深入推进和谐侨社建设——国侨办主任裘援平在第七届世界华侨华人社团联谊大会上的讲话》，http://www.qhws.gov.cn/html/4336/440528.html

③ 《谭天星：构建和谐侨社关乎海外侨胞福祉》，2014年3月18日，http://world.people.com.cn/n/2014/0318/c157278-24669579.html

会共同推动建设持久和平、共同繁荣的和谐世界，这是中国梦的应有之义。倡导构建和谐侨社，有利于树立华侨华人良好形象，积极开展中外友好交流活动，推动与其他族群和睦相处、不同文明交融互鉴。谭天星副主任强调，"中华民族的复兴伟业中国梦的实现为海外侨胞带来了新的机遇、尊严和荣耀。只有凝聚好海外侨胞力量，侨社和谐才能更好地实现中国梦和世界梦。"

总之，构建和谐侨社是我国构建和谐社会与和谐世界的必然要求，是传承中华文化，全面建成小康社会，实现中国梦的现实需要。

二、国内外研究现状

梳理国内外研究现状，主要是关于华人社团研究，构建和谐侨社的意义、对策研究，举办构建和谐侨社论坛与座谈，举办"和谐侨社建设年"。

（一）关于华人社团研究

20 年前，李明欢教授撰写了《当代海外华人社团研究》一书。[①] 该书把海外华侨华人社团作为一个整体加以剖析、研究，并就其出现的历史条件、组织形态、经济机制、社会功能进行了比较全面的探索，这是第一部比较系统阐述华侨华人社团的专著。该书提出华侨华人社团在其形成和发展的历史进程中，具有两方面的作用，即对于特定的社会群体，以至整个华侨华人族群内部关系的协调作用，及特定社会群体以至整个华侨华人族群和当地社会各种关系的协调作用。

关于国别华人社团的研究，值得一提的是石沧金博士的《马来西亚华人社团研究》一书。[②] 马来西亚约有 9 000 个华人社团，作者肯定了马来西亚华人的两大作用，一是这些组织群体是凝聚华人民间力量的重要工具；二是说马来西亚社会比邻国稳定，政府与华团之间的沟通与关系的建立是关键。作者用丰富的史料说明马来西亚华团的进步性与保守性。

赵红英、张春旺主编的《华侨史概要》一书第七章专门论述了亚洲、美洲、欧洲、大洋洲、非洲华侨华人社团的历史、类别、功能，以及海外华侨华人社团的国际化。[③]

除了著作的出版外，还有举办关于华人社团研究的国际会议。2001 年 12 月，由广东省侨联、广东侨史学会联合召开了"海外华人社团发展趋势"国际学术会议，有来自美国、加拿大、澳大利亚、新加坡、马来西亚、印度尼西亚、日本 7 个国家以及中国大陆和港澳台地区的侨史专家共 31 人与会，会议收到 24 篇论文。涉及的问题主要有：海外华人社团的变化与发展趋势；海外华人社团的国际化趋向；华侨华人民间信仰与海外华侨华人社团；海外华人地缘性社团的特点与发展趋向，等。

① 李明欢：《当代海外华人社团研究》，厦门大学出版社，1995 年版。
② 石沧金：《马来西亚华人社团研究》，暨南大学出版社，2013 年版。
③ 赵红英、张春旺主编：《华侨史概要》，中国华侨出版社，2015 年版。

（二）构建和谐侨社的意义、对策研究

姜敏达在《构建和谐侨社的几点思考》一文中阐述了构建和谐侨社的意义。他指出：构建和谐侨社的意义有三点：一是构建和谐侨社是海外侨胞长期生存与发展的需要；二是构建和谐侨社是中国推动和谐世界建设的需要；三是构建和谐侨社是反对"台独"、维护和促进祖国统一大业的需要。[①]

如何建设和谐侨团，学者们则从三个侧面进行了探讨：

第一，大力拓展华文教育，促进华社和谐发展。崔岳在《大力拓展华文教育，促进华社和谐发展》一文中引证了李海峰主任的看法，发展华文教育，是广大华侨华人传承弘扬中华优秀文化、保持民族特性的有效手段，是凝聚侨心、汇聚侨力、促进华社和谐发展的内在动力。[②]

第二，建设和谐侨团是实现和谐侨社的关键。李明欢《建设和谐侨团是实现和谐侨社的关键》一文中提出，建设和谐侨团是实现和谐侨社的关键。作者以欧洲华侨华人社会为例，对其欧洲各国逾千的侨团，根据其宗旨、结构进行了分类，并提出了相关对策，她建议进一步明确对海外华人社团的分类指导，进一步加强对新兴的、有影响的侨团的法制教育，引导新侨领建立利益共享的主动意识，特别是要重视中文学校、行业协会这两类组织。[③]

第三，中华传统文化对构建和谐侨社的意义。王琳在《中华传统文化与和谐侨社建设》一文中，分析了中国传统文化对于华侨华人的影响及其对构建和谐侨社的作用。作者提出，中国传统文化中的社会观念对华侨华人具有重要影响，中国传统文化中的伦理道德观成为华侨华人的共同的文化取向，儒家文化构成了中华传统文化的基本精神，我们要进一步增强中华文化的凝聚力，构建和谐侨社。[④]

（三）举办构建和谐侨社论坛与座谈

2015 年 8 月 7 日，几十家旅法侨团的负责人齐聚一堂共同参加"和谐侨社建设论坛"中国国务院侨务办公室副主任谭天星一行抵达法国巴黎。这是首个海外"和谐侨社论坛"。中国驻法使馆领事部主任李平公和李京生等参加了此次论坛。分别来自法国华侨华人会、法国潮州会馆、法国青田同乡会、法国法华工商联合会、法国华人贸易促进会、法国文成联谊会、法国华侨华人妇女联合会、法国浙江同乡会、中法"服装实业商会"以及旅法苏浙同乡会的侨领在论坛上畅所欲言、共话友谊。谭天星在会议上对和谐侨社内容及侨领提

---

① 姜敏达：《构建和谐侨社的几点思考》，《侨务工作研究》2008 年第 3 期，第 32 页。
② 崔岳：《大力拓展华文教育，促进华社和谐发展》，《侨务工作研究》2007 年第 6 期，第 24 页。
③ 李明欢：《建设和谐侨团是实现和谐侨社的关键》，《侨务工作研究》2008 年第 3 期。
④ 王琳：《中华传统文化与和谐侨社建设》，《侨务工作研究》2007 年第 3 期。

出了基本要求。①

2015 年 7 月，来自美国、加拿大、泰国、马来西亚、日本等 10 多个国家和地区的近 50 名华侨华人社团负责人相聚广西南宁，参加于此间举行的"第 34 期华侨华人社团负责人研习班"。该活动由国侨办主办，广西侨办承办、广西民族大学协办。50 名侨团负责人南宁研习和谐侨社发展新路径。②

2015 年 8 月 12 日，20 多位侨团负责人德国柏林举行"德国和谐侨社"座谈会，畅谈"和谐侨社"建设。③ 谭天星出席并强调，"和谐侨社"的建设重在行动，贵在坚持，关键在侨领。海外华侨华人积极从事侨务工作，是秉着爱国爱乡的情怀，出发点各有不同，但为侨胞服务是最高的宗旨。"和谐侨社"对华侨华人的"事业的发展、形象的展示、力量的凝聚、促进住在国和祖（籍）国的关系"等方方面面都具有非常重要的影响。

（四）举办"和谐侨社建设年"

为加大侨务资源涵养力度，让广大侨胞共享中国发展成果，国务院侨办将 2014 年定为"和谐侨社建设年"，实施"惠侨工程"。④ 2014 年，国务院侨办以"服务社区、和谐发展"为主题，举办第七届"世界华侨华人社团联谊大会"，推动海外侨团加强基础建设，同时，国务院侨办在全国 60 个华侨华人逾 10 万人的中心城市扶助建设"华助中心"，支持华人福利机构，采取惠侨举措，搭建关爱帮扶、文化交流、咨询服务的平台，服务基层侨胞和社区。

综上所述，从政府到学界，关于和谐侨社建设，所做的工作和研究是：一是关于华人社团研究；二是构建和谐侨社的意义、对策研究；三是举办构建和谐侨社论坛与座谈；四是举办"和谐侨社建设年"。这些成果为我们进一步探讨如何构建和谐侨社奠定了一定的基础。但是，从研究的层面上来说，不够系统全面；从对策研究来说，还需要做深入的思考和实践。本文力求理清当代侨社的现状与发展特点，提出构建和谐侨社的理念，以及可资参考的对策。

三、海外侨社发展现状与特点

当前海外侨社发生了许多积极变化，表现在：海外侨社活力不断增强，侨胞侨团数量增长，华侨华人成为一些国家或地区最大少数族群，新华侨华人和华裔新生代成长为侨社中坚力量；侨胞经济科技实力显著增强，积极融入主流社会，社会地位不断上升；侨胞弘

---

① 中国新闻网：《首个海外"和谐侨社论坛"法国举办》，2015 年 8 月 8 日，news. sina. com. cn/o/2015 - 08 - 08/121832183796. shtml

② 中国政府网：《50 名侨团负责人南宁研习和谐侨社发展新路径》，2015 年 7 月 23 日，http：//roll. sohu. com/20150723/n417399505. shtml

③ 中国侨网：《谭天星与德界座谈："和谐侨社"建设关键在侨领》，2015 年 8 月 13 日，http：//www. gqb. gov. cn/news/2015/0813/36447. shtml

④ 乔岩：《凝聚侨心侨力 同圆共享中国梦》，《侨务工作研究》2014 年第 4 期，第 1 页。

扬中华文化意愿强烈，传统节庆活动声势浩大，文化交流影响广泛；华文教育日益发展，中华语言文化受到国际社会重视；华文媒体水平提升，沟通中外、反映侨声作用突出；侨胞民族认同感增强，积极充当中外友好使者。这些积极变化得益于祖（籍）国发展壮大，更是海外侨社自我完善、追求和谐的结果。①

（一）侨胞侨团数量增长

现在官方使用的数据，全球华侨华人有 6 000 万。1950 年代初，中国政府对海外侨胞的数量估计为 1 300 万—1 500 万人，85% 以上集中在东南亚。到 1980 年带初，华侨华人已增至 2 000 万。1980 年代初以来，中国开始大规模新移民潮，包括台港澳在内的中国新移民可达 750 万以上。加上海外传统侨社的自然增长率，全世界华侨华人的总数可能约在 4 500 多万人，比 1970 年代末增长 1.5 倍。1980 年代以前，东南亚华侨华人占世界华侨华人的 85%—90%，但现今东南亚华侨华人的比例降为 73%。北美华侨华人多达 530 万，从 1980 年代以前占世界华侨华人总数的 4% 增至 2007 年的近 12%。欧洲华侨华人从 1980 年代以前占华侨华人总数不足 1% 增至 2007 年的近 5%。日本华社从 5 万多人增至 70 万人，澳大利亚华社从 10 余万人增至近 70 万人。南韩和南非约有数十万华侨华人。截至 2013 年底，我国出国留学人员达到 305.86 万人，留学回国人员达到 144.48 万人，回归率为 47%，其余留居海外，成为新华侨华人。②

根据国侨办的数据，全球公共外交类、地域同乡类、姓氏宗亲类、慈善公益类、专业技术类、"反独促统"类、文化艺术类以及商会、校友会、青年会、妇女会等华侨华人社团组织逾 2.5 万个。

从历史上来看，华侨华人社团从有华侨华人开始就诞生和存在了。初期的结社是如广东、福建同乡会，福州、泉州同乡会这一类的地缘性社团。后来是血缘性的社团，因为大家都姓李，就结成李氏宗亲会，大家都姓林，就结成林氏宗亲会。随着华侨华人事业的发展，业缘性的社团逐渐增多起来，最突出的就是各地成立的"中华总商会"，因为大家都是做生意的，是同业。这样，海外华侨华人社会就形成"地缘"、"血缘"和"业缘"性社团的态势。华侨华人社会经过 100 多年来的变迁、发展，社团也有了新变化：业缘性的社团越来越多元，地位和作用更加凸显。华侨华人秉承"相亲相扶、相勉为善"的理念。现在，除中华总商会外，科技的、文化的、福利的、参政的，各种各类业缘性的团体越来越多，呈现出勃勃生机。

以东南亚为例，进入 20 世纪以后，东南亚侨团的发展进入一个新的时期。侨团不仅数量增多、会员人数增加、社会影响和贡献增大，并且逐渐超越了帮派的鸿沟，出现了"三超"即超地域、超帮派、超行业的社团组织，如总商会、总会等。它们的出现表明，

---

① 《继往开来相融共赢全面深入推进和谐侨社建设——国侨办主任裘援平在第七届世界华侨华人社团联谊大会上的讲话》，http://www.qhws.gov.cn/html/4336/440528.html
② 庄国土：《华侨华人分布状况和发展趋势》，国务院侨办政策法规司编，2011 年版，第 7 页。

华侨社会日益感到要在海外生存和发展，必须成立社团组织，也表明华人社会日益成熟，华侨的团结日益增强。

（二）海外华社活力增强

近年来，海外华社活力不断增强。表现在：一是华侨华人经济、科技实力显著增强。北美地区迅速成长的许多华侨华人高科技企业，展示了巨大潜力；欧洲等地区的众多华侨华人中小企业，已有一定的资本积累，多元经营已现曙光；东南亚华人企业已逐渐摆脱亚洲金融危机的阴影，开始重现活力。在宏大的华侨华人科技人才队伍中，可以预见，众多的年轻华裔优秀人才在未来高科技领域将占据更加重要的地位。

二是新华侨华人和华裔新生代成长为侨社中坚力量。他们受到良好教育，成长环境好，所以很多人成为高学历、高收入、高成就的"三高"人群，新华侨华人和华裔新生代渐成华社主体，海外华社呈现年轻化、知识化特点，他们在经济、科技、文化、政治等各领域有所建树。他们既有中华文化滋养积淀、又有国际视野和专业素养，在各国主流社会游刃有余，处于人生最富有创造力和活力的黄金时期。与其父辈相比，海外华裔新生代观念正在发生变化，他们以主人翁的心态积极参与住在国各领域的事务，这有助于构建一个和谐的海外华人。

三是华侨、华人社团联合的趋势进一步加强。近年来，除世界性华侨华人同乡、宗亲社团日益活跃外，"世界华商大会"、"全球反独促统大会"等以经济、科技合作交流为主要内容和以促进中国和平统一为目的的世界性、区域性华侨华人组织和活动越来越多，规模越来越大。随着经济全球化的发展，海外华侨、华人社团要求加强跨地域、跨国家的联系与合作，促进优势互补、共同发展的愿望更加迫切。1992年在荷兰正式注册成立了跨国际性的"欧华联会"，争取旅欧华人的合法权益，协助华人解决其所面临的各种问题。

（三）华人参政势头强劲

随着华人经济、科技实力的增长，精英队伍的更加壮大，广大华人的住在国公民意识和参政意识进一步加强。华人政治性、权益性社团呈现较大的发展势头，许多华人加入各种党派，有些国家的华人还组织政党，以多种形式参与政治、参与选举。一些侨团积极推进族群融合，联合举办重大活动，密切了与当地政府和民众的感情。一些侨团联合组成维权小组，向当地政府反映诉求，驳斥媒体不实报道，增强维权主动性和针对性。2013年10月16日在美国广播公司（ABC）的脱口秀节目中出现"杀光中国人"的辱华言论，为抗议种族歧视，10—11月，华人以示威游行、向白宫请愿、华人官员谴责等方式，在华盛顿、纽约、洛杉矶等20多个城市连续爆发声势浩大的反歧视抗议行动，是维护华人权益的最大一次民权行动。① 一些侨团与当地警方联合组建警民合作中心，有效确保侨社平安。有的侨团与当地政府签署长期合作协议，加强国家间文化交流，增进两国人民友谊，引导

---

① 叶小利、古皓瑜：《当代美国华人政治参与影响因素分析》，《八桂侨刊》2015年第2期，第13页。

华商合法经营，实现各方互利共赢。

（四）华社对华文教育的需求更加迫切

随着我国综合国力的不断增强、国际地位和国际影响力的提高，广大侨胞对华文教育的需求更迫切、更热烈。发展华文教育对于推动海外华裔青少年传承中华传统文化，促进中外文化交流，促进海外华社和谐与进步，涵养侨务资源，增强国家软实力，都具有深远的战略意义和重大的现实意义。海外华文教育被形象地称为"留根工程"，留的是中华文化的"根"。这一工程自是得到了海内外相关人士的大力支持。[①] 华文教育作为维系华侨、华人社会与中国联系的重要纽带，作为提升华侨、华人生存发展竞争力和促进所在国与中国开展合作交流的重要手段，越来越显示出强大的生命力，华文媒体水平提升，沟通中外、反映侨声作用突出。广大华侨、华人对中华文化和华文教育的需求大量增长。[②]

（五）侨胞民族认同感增强，积极充当中外友好使者

随着我国综合国力和国际地位的不断提升，海外侨胞的民族认同感和自豪感极大增强。中华文化对海外侨胞的凝聚力和吸引力大大增强，中华文化作为维系海外侨胞与祖（籍）国血肉联系的"根"与"魂"，正焕发出强大的生命力。广大华侨华人充分发挥自身优势，通过不同方式，向住在国政府和主流社会传递中国和平发展的政治理念，增进祖国与住在国之间的政治互信。华侨华人社团从事促进双边关系发展的各项活动，为住在国政府发展对华关系建言献策，增信释疑，向外国宣传中国的内外政策。

华人华侨虽身居异国他乡，但与祖国血脉相连，是向世界解释和宣传中国的最好的"民间大使"，也是我们了解外部世界的重要渠道和发展国际民间友好事业的重要促进力量。当一些国际事件发生时，身在海外的华人华侨都义无反顾地维护祖国的尊严。除此之外，他们积极通过民间外交活动等手段，协助中国对外政策的观测和实施。如前些年，争取美国政府延长对我国的最惠国待遇等等。历史和现实表明："华侨华人是拓展民间外交、发展中国人民与世界各国人民友好交往最积极最热情的推动者"。[③]

许多国家的华人华侨还纷纷成立旨在促进所在国政府与我国发展政治、经济等关系的组织和机构，发挥了民间外交的独特作用，也为中国实现统一大业发挥了重要作用。华侨华人是推动中国改革开放的重要力量。在中国改革开放的进程中，分布在海外100多个国家和地区的华人华侨发挥了不可替代的重要作用。在"引进来"方面，华商侨资最早进入内地，也是最主要的海外投资来源；在"走出去"的新阶段，他们又与内地企业结伴，一起开拓世界市场。

---

① 人民网：《海外华文教育需求巨大：华文教育为中华文化"留根"》，http://news.163.com/10/1214/14/6NSC64T400014JB6.html

② 陈玉杰：《海外华侨华人社会呈现六新特点和新趋势》，中国新闻网，2003年10月9日，http://www.chinanews.com/n/2003-10-09/26/354813.html

③ 侨务评说：《改革开放三十年侨务工作发挥出独特作用》，《侨务工作研究》2008年第5期，第1页。

四、构建和谐侨社理念

姜敏达在谈到构建和谐侨社的实施过程中，提倡以下四个理念和原则，即"双向互动"理念，"内外协调"理念，"可持续性"理念，"以人为本"理念。上述看法不乏真知灼见，具有启迪。

在 2007 年举办的"第四届世界华侨华人社团联谊大会"上，国务院侨办首次提出以"和睦相容、合作共赢、团结友爱、充满活力"为核心的"和谐侨社"理念。8 年来，这一理念已深入人心，得到了海外侨胞的广泛认同和积极响应。"和谐侨社"一直在进行中，没有"休止符"。[①] 此部分对和谐侨社理念，展开作进一步的分析。

（一）和睦相容

和谐侨社是关系到生存和发展的大事，是发挥侨社"正能量"的重要契机。因此，华侨华人会在加强自身建设的同时，也加强了与兄弟侨团的联系和合作，结果是增加相互的了解、理解和信任，为以后的团结协作奠定了良好的基础。

侨胞是传播中国声音更直接，树立中国人形象更直观的群体。和谐侨社使华侨华人形成合力，为中外人民进一步友好交流起到促进作用。如悉尼一直是海外华侨华人传播中华文化的重镇，文化侨团不仅多次与来自祖（籍）国的著名艺术家同台献艺，还在"反独促统"方面起到不可替代的重要作用。在庆祝新中国建国 60 周年的活动中，200 多个侨团首次团结一致，以实际行动体现了"和谐侨社"的巨大合力。以澳华文联为首的华人文艺团体在多方面起到了积极作用，尤其是在团结在澳台湾同胞方面做了大量工作。澳大利亚悉尼文化市场空间大、包容性强，澳大利亚华人艺术团体不仅能让中华文化走入社区，还能在符合当地民众需求的基础上进行深层次的沟通交流，在传承和创新中华文化艺术方面多作贡献。

（二）合作共赢

中国经济的发展和"一带一路"建设，需要广大华侨华人的参与。李克强总理提出让华侨华人当好促进中国经济转型发展的"生力军"，架起中外经济合作共赢的"彩虹桥"。我们希望在世界各地的华人华侨团结互助，和睦相容，不断壮大自身事业的发展。我们欢迎华侨华人到中国能够多走走、多看看，参与中国的经济社会发展中来，为实现"中国梦"贡献自己的力量。广大华侨华人是推动各国和世界经济发展的重要力量，也是促进中国经济与世界交流融合的重要纽带。中国要全面建成小康社会，实现"两个一百年"奋斗目标和中华民族伟大复兴的中国梦，离不开广大侨胞的热情支持和积极参与，也必将给华侨华人的事业发展带来更多机遇。李克强总理希望华侨华人：

---

① 《谭天星与德侨界座谈："和谐侨社"建设关键在侨领》，2015 年 8 月 13 日，http：//www.gqb.gov.cn/news/2015/0813/36447.shtml

一是当好促进中国经济转型发展的"生力军",充分发挥海外华侨华人在资金、技术、管理、商业网络等方面的优势,更广泛、更深入地参与中国经济建设,在助推中国经济提质增效升级的同时,实现自身事业的更大发展,共同分享中国改革发展的"红利"。

二是架起中外经济合作共赢的"彩虹桥",结合自身专业成就卓著、政商人脉广泛、熟悉当地法律规则等特点,为推进"一带一路"建设、国际产能和装备制造合作发挥积极作用,为中国企业走出去积极牵线搭桥,促进中国与世界经济深度融合、互相促进、互利共赢。

三是打造华商在世界上的"新形象",继续发扬中华民族传统美德,与住在国人民一道,创业兴业、团结互助、和睦相容,诚信守法经营,承担社会责任,为当地经济社会发展贡献智慧和力量。希望侨胞客观真实介绍中国经济社会发展情况,增进中国人民与各国人民之间的相互了解和友谊。①

(三)团结有爱

构建和谐侨社,一是要处理好与住在国政府和人民的关系。当住在国有难时,应挺身而出团结互助。2011年日本发生了特大地震海啸灾害,造成了重大影响。众多中部侨胞挺身而出,发扬守望相助、共克时艰精神,团结互助,同时也为灾区的救援重建工作做出了贡献。海外侨胞的赈灾行动"诠释了中华民族'一方有难,八方支援'的传统美德"。②中部有10万侨胞,华侨华人事业不断发展壮大。一年来,中部侨团和睦相容,充满活力,活跃开展了各项活动,为加强侨界联谊互动,提升侨团的凝聚力和影响力,增进中日民间交流做出了积极贡献。中国侨务部门今后应将继续支持侨社团结协作发展,积极维护侨胞福祉。

华裔应有一个整体形象,团结互助互爱,对住在国作出贡献,维护族群整体利益。裘援平主任访问柬埔寨时对柬华理事总会的评价是"讲团结"、"讲传承"。她表示,柬埔寨侨胞相互扶持,融入当地主流社会,与当地民众良好相处,事业有了各自的发展,也为柬埔寨不断地走向发展、进步和繁荣作出了贡献。③ 海外华侨华人携手传递正能量。如苏里南华侨华人秉承和谐友爱的优良传统,生活蒸蒸日上。每当华人报纸报道谁家有困难时,大家都会慷慨解囊,使受难者及时得到救助和周济。除此之外,新老华侨之间关系非常融洽。老侨会在生活、事业上主动帮助新侨,使他们更好地融入当地社会。驻苏里南大使袁南生说"从整体上讲,苏里南华侨华人是我见过最团结的海外侨民。"④

在看到海外侨社发展势头良好的同时,需要指出的是,广大侨胞的生存发展也面临新

---

① 《李克强会见首届世界华侨华人工商大会全体代表》,2015年7月6日,http://www.gov.cn/guowuyuan/2015-07/06/content_2892859.htm

② 乔川:《历史永远铭记海外侨胞的善行义举》,《侨务工作研究》,2011年第3期,第1页。

③ 张冬冬:《裘援平赞赏柬埔寨华人"讲团结"、"讲传承"》,中新网,2013年7月6日,http://www.chinanews.com/zgqj/2013/07-06/5011250.shtml

④ 孙少峰、邢若宸:《海外华侨华人携手传递正能量》,《人民日报(海外版)》,2013年2月8日,第13页。

问题新挑战。如：外界对中国快速发展不太适应，国家间关系对侨社处境有一定影响，在少数国家华侨华人问题敏感度上升；世界和各国经济形势严峻，影响侨胞事业发展特别是华商经营环境，少数华侨企业因经济利益和不规范经营引发矛盾摩擦；少数侨胞和出国人员不尊重住在国文化习俗，不文明行为引起当地民众反感与抵触。这些不和谐现象损害侨社整体形象，影响海外侨胞生存发展环境。这对我们如何加强对海外侨胞权益的保护，如何在切实维护我侨胞合法权益的同时，处理好与住在国的友好关系，都提出了新的要求。我们需要对华侨华人住在国政府及主体民族对华侨华人的态度和政策、华侨华人与当地人民在经济、文化、习俗等方面存在的现实和潜在的冲突、冲突产生的深层次原因及应对措施等，进行前瞻性研究。

二是侨社内部团结和谐问题很重要。世界各地的侨社发展不平衡，有的侨团不够团结。如人们普遍认为，印尼华人社会不团结，表现为：派别林立，社团分裂，新客华人与土生华人鸿沟较深，一些华人领袖互不服气，难于团结。典型的事例是：印尼排华骚乱后，雅加达先后出现两个较大的华人社团组织。两大华人社团在全国都有许多分部。2000年8月17日印尼国庆55周年，这两个华人社团为华人社会庆祝印尼国庆意见不同，一些社团左右为难。[①] 实现华侨华人社会内部的团结，是构建海外和谐侨社的前提和基础，始终是侨务工作面对的紧迫问题。怎样使海外侨胞树立大局观，谋团结、谋合作，提升中国人在海外的形象，是侨务工作的一大课题。本课题将在这一方面作些探讨。

（四）充满活力

第一，要使华社充满活力，就要使其经营的企业转型升级。海外华人经济发展面临一系列的问题和困难：一是发展粗放化；二是经营家族化；三是利益短期化，四是创新瓶颈化。

因此，华人华侨社团要帮助华人企业转型，发挥比较优势，做大做强产业。重视科技进步，促进企业转型。要加快应用先进适用型技术，通过科技创新，不断提高传统产业的科技含量；要转变经济增长模式，促进企业由外延型转向内涵型，实现劳动密集型与资本，技术密集型产业的和谐发展。增强社会责任，实现融合发展。要把海外华人企业发展纳入所在国的经济体系，加强与当地企业的分工协作，促进优势互补，共同发展。要关注当地民生，承担相应的社会责任，共同维护华族的合法利益，形成融合发展的族群关系新格局。四是与国际接触，改善家族经营模式。

第二，要使得侨社充满活力，华侨华人要积极参与当地政治。第二次世界大战以后，绝大多数华侨有了"身份"，先后加入所在国国籍成为当地公民，这样"华侨"就变为了"华人"。华人经济、文化地位的提高，华人参政如雨后春笋般涌现，出类拔萃的华人登上了许多国家权力的高峰。在东南亚国家，华人参政最多，成绩也尤为显著；近年来美国出

① 温北炎：《印尼华人社团的现状与特点》，载广东华侨历史学会编：《海外华侨华人社团的发展趋势国际研讨会论文集》，香港荣誉出版有限公司，2006年版，第133页。

现华人参政热。在美洲的苏里南历届政府阁员中，也有华裔担任重要职务，在美洲的加拿大、巴西、秘鲁都有华人参政。在欧洲、大洋洲甚至在非洲都有华人参与当地政治。华人参政遍全球。

华侨曾经埋头苦干，辛苦赚钱，不关心所在国政治，这是海外华人给人留下的印象。但是最近几年，海外华人的参政意识有了显著提高。尤其是新生代华裔在加快融入主流社会的同时，参政风气日渐浓厚。比如，2011 年加拿大大温哥华地区的市选中，华裔参选者中有众多的第二代，以至于有媒体称"华裔参政已有普及化和年轻化的正面发展"。

第三，要使华社充满活力，华侨华人要开展广泛的文化交流。华侨华人文化的传播，使得中华文化与世界各国文化交流、冲突与融合。全球化拓宽了文化视野，创造了当代文化的多样性，促进当代文化的繁荣，赋予当代文化以广阔发展空间。"汉语热"、"孔子学院"的建立、"春节热"走向世界说明了中华文化在海外的传播，还有海外华文媒体对中国宣传力度的加大、内容的增多都大大有利于世界了解中国。特别是海外华人逐渐融入主流社会、华文教育融入主流教育、华文媒体进军主流文化产业等方面都使中华文化与当地主流文化由冲突逐渐开始转向融合，促进当代文化的繁荣、多元文化社会继续发展；同时也显示侨社充满了活力。

五、和谐侨社发展新路径

海外华侨华人为中国的建设和发展发挥了不可替代的作用，做出了不可磨灭的贡献；由于世界经济的大融合，越来越多的国人走出国门，华侨华人这个群体越来越大。这个群体能否和当地人民和睦相处，能否发展，与祖（籍）国、住在国关系都很重要，华社要发展，华侨华人要树立良好的整体形象，我们提出如下发展新路径：

（一）完善组织架构，打造活力侨团

构建和谐侨社、促进侨社发展，关键在社团领导人。发挥侨领表率作用，完善协会机制建设是发展"和谐侨社"的重要方面。谭天星副主任强调优秀侨领应具备"讲大局、人品好、有才干、肯奉献"的品质。[①] 完善机制建设就是要按章程办事，面对社团建设发展中遇到的各种矛盾，要做到有据可依，按章办事。此外，社团间的协作机制也十分重要，各社团要协同合作，齐力克服困难。国务院侨办正在探索与地方侨办、有关院校进行项目化合作培训模式，培训侨团负责人，在海外侨胞中弘扬植根基层、服务社区、甘于奉献的精神。

（二）拓展华文教育，促进华社和谐发展

博大精深的中华文化是海外侨胞共享的巨大精神财富，是维系侨胞情谊的天然纽带，

---

① 《谭天星与德侨界座谈："和谐侨社"建设关键在侨领》，2015 年 8 月 13 日，http：//www. gqb. gov. cn/news/2015/0813/36447. shtm

也是增进中外友好交流合作的重要载体。我们要推进海外华文教育工作，建立华文教育体系，精心打造"留根工程"。[①] 要按照国家海外华文教育工作规划部署，大力推进华文学校的标准化、专业化、正规化建设，拓展同华侨华人住在国政府的交流合作机制，精心打造华文教育施教体系、教材体系、培训体系、体验体系、帮扶体系、文撑体系六大分支体系，为海外侨胞留住"文化之根"发挥积极作用。[②]

（三）通过"学缘"促进侨社团结合作，共建和谐侨社

分布在世界各地的众多中国高校海外校友会是面向海外校友、服务侨众、维护侨胞权益、繁华侨社、发展事业、传承文化、增进与住在国民众交流的载体和平台。各地的海外校友会代表着新侨的独特力量，海外校友会具有自身学贯东西、融通中外的优势，充分发挥专业特长，广泛联系和凝聚海外校友及更多侨胞，加强侨界团结、互相帮助和鼓励，推动华社全面发展。海外校友会负责人要广开思路，带领所有社团和华人社区，多举办内容多样、形式生动的各类传播展示中国优秀文化的活动，加强校友与母校之间的联系，增进与中国各领域的合作交流；同时积极推动公共外交，增进住在国与当地民众对中国的了解，促进中外民间交流。[③]

（四）重视华人融入主流社会和华人参政

近年来随着中国强大以及华人自身事业发展，华人思想观念有了很大转变，积极融入住在国主流社会和参政议政已成为共识，并已取得很大成效。但地区之间发展不平衡。中国新闻网上曾有一篇文章，题目为《聚焦海外华人参政：欧美喜忧参半，亚洲亮点闪现》，文章中还有三个小标题，一是"走出偏见与阴霾 美洲华人参政上演'逆袭'"；二是"欧洲华人参政喜忧参半，'西边不亮东边亮'"；三是打破沉默惯例，亚洲华人参政渐入佳境'亮点'闪现。"[④] 这表明华人参政是不平衡的。我们要多做华人参政议政引导和推动工作。如举办一些世界性、地区性的华商会议，为海外侨胞融入主流社会提供平台；以适当名义组织召开华侨华人融入主流社会及参政议政情况交流会，加强工作引导。

（五）努力推进侨团与住在国的合作共赢

一是要引导侨团充分尊重当地人民的文化习俗。世界各国民族间文化习俗上的冲突是最大的冲突，当今世界许多不和谐、不协调的现象，大都是因民族间宗教文化背景的不同而引起。因此，要教育和引导海外侨胞充分认清和尊重当地民族文化习俗的重要意义，重

① 《为"十二五"侨务工作开好局、起好步》，《侨务工作研究》，2011 年第 1 期，第 1 页。
② 乔岩：《"海外惠侨工程"惠及广大侨民》，《侨务工作研究》，2014 年第 5 期，第 1 页。
③ 《裘援平寄语海外校友会负责人共建和谐侨社》，2015 年 7 月 1 日，http：//www.chinaqw.com/sqjg/2015/07 - 01/55274. shtml
④ 王海波等：《聚焦海外华人参政：欧美喜忧参半，亚洲亮点闪现》，《中国新闻网》，2014 年 6 月 27 日。转引自《华侨华人资料》，2014 年第 4 期，第 7—11 页。

视处理和解决华侨华人与当地人民在文化、习俗等方面存在的现实和潜在的冲突，研究产生冲突的深层次原因，采取前瞻性或预测性的办法措施，从而更好地与当地人民和睦相处，共同发展。二是要引导华侨华人遵守住在国的法律，尊重当地社会和民族的习俗。加强与住在国人民的沟通，求同存异、建设和睦相容、合作共赢、团结友爱的和谐社团，促进华社与住在国人民的和睦相处。要引导侨团努力与当地人民实现互利双赢。①

近几年来，海外侨团的经济实力不断提升，这在一定程度上与当地同业形成了激烈的竞争，影响了住在国人民的利益，因此，侨胞与住在国人民的矛盾有所显现。如俄罗斯华商货物被查抄事件，西班牙"烧鞋事件"，所罗门、东帝汶、汤加的"烧抢华商商铺事件"等等。这既损害了侨胞的声誉，影响了侨胞在当地长期生存发展的根本利益，也造成了财力、物力的重大损失。海外侨胞要加强宣传华侨华人为住在国所做的贡献；另一方面，广大侨胞要有"和气生财"的商业和道德意识，做到合法经营，诚信经商，文明经商，充分注意到自己与其他族群的关系，注意回馈当地社会，努力树立华侨华人社会的良好形象。②

（六）开发平台和渠道，支持海外和谐侨社建设

国务院侨办提出了八项计划，即"侨团建设计划"、"华助中心计划"、"华教发展计划"、"中餐繁荣计划"、"中医关怀计划"、"文化交流计划"、"事业扶助计划"、"信息服务计划"。这八大惠侨工程，是惠侨民、暖侨心、聚侨力的建设蓝图，得到海外侨胞的拥护，有利于和谐侨社建设。此外，我们还要建立侨团组织网络，华文教育网络，文化交流网络，华文媒体网络，发挥各类工作平台，引导海外侨团，规范发展，激发海外侨社健康发展，促进侨务资源可持续发展。③

（七）协助侨胞来华开展各领域交流与合作

长期以来，广大侨胞虽身居国外，却恋祖爱乡，情系桑梓，始终关心和支持祖（籍）国的现代化建设。华侨华人是中国建设和发展的一支重要力量。在中国革命、建设、改革的各个历史时期，他们都为中国的繁荣和发展，做出了不可替代的重要贡献。特别是改革开放以来，广大华侨华人心系祖国，积极返乡投资兴业，带来了国内急需的资金、技术、人才和先进的管理经验，促进了中国经济发展并与世界经济的接轨融合。中央先后提出创新驱动、"走出去"、"一带一路"、京津冀协同发展和长江经济带建设等一系列重大发展战略。充分发挥海外侨胞拥有雄厚的经济实力、广泛的商业网络和人脉资源、先进的经营

---

① 杭州市侨办：《加强和谐侨团建设　实现共同发展目标》，《侨务工作研究》2008 年第 3 期，http：//qwgzyj. gqb. gov. cn/bqch/142/1146. shtml

② 杭州市侨办：《加强和谐侨团建设　实现共同发展目标》，《侨务工作研究》2008 年第 3 期，http：//qwgzyj. gqb. gov. cn/bqch/142/1146. shtml

③ 乔言：《进一步完善侨务工作体系建设和》，《侨务工作研究》2015 年第 2 期，第 1 页。

管理理念等优势，改进引资引智工作。[1] 华侨华人是"一带一路"建设的重要力量，在"一带一路"沿线地区，集中 4 000 万华侨华人，他们在参与推动"一带一路"建设中能发挥独特且重要的作用。我们应帮助侨胞深入了解中国情况，协助他们来华开展各领域的交流与合作。

（八）激发海外侨团爱国热情，推动祖国的统一大业

实现祖国的完全统一，是海外内外中华儿女的共同心愿。近年来，随着海外华侨华人"反独促统"活动在全世界范围内广泛深入地开展，一支全球性的促进中国和平统一的力量正在形成。据统计，全球五大洲已有 70 多个国家和地区成立了 130 多个"中国和平统一促进会"或类似组织。继 2000 年德国柏林召开首届"全球华侨华人推动中国和平统一大会"之后，海外侨胞已先后 10 次举办了全球或地区性"反独促统"活动。"反独促统"大会是"民族薪火"的承续。他们向世人庄严宣示：中国的主权和领土完整不容分割，两岸同胞血浓于水的骨肉情谊不容割裂，中华儿女热切希望中国早日实现完全统一的心愿不容违背。

为激发海外侨胞爱国的强烈热情，我们要通过有效工作手段，一是使海外侨团向住在国政府和人民广泛宣传我国政府对台问题的方针政策，坚定"一个中国"立场，广泛争取国际社会对我和平统一大业的理解与支持。二是要利用各种渠道主动与台湾省籍侨团、侨胞交往、积极推进两岸人员的往来和经济、文化的交流。求同存异，努力形成最广泛的"反独促统"联合阵线。

总之，构建和谐侨社是我国构建和谐社会与和谐世界的必然要求，是全面建成小康社会、传承中华文化的必然要求。构建和谐侨社，关乎海外侨胞福祉，有利于我国"一带一路"建设，有利于中国梦的实现。当前海外侨社发生了一些新的变化，呈现出某些新特点，总的来看，华社的活力不断增强。我们提出以"和睦相容、合作共赢、团结友爱、充满活力"为核心的"和谐侨社"理念。为了推动华社进一步发展，树立华侨华人的良好的整体形象，我们需要深入探讨构建和谐华社发展的新路径。

---

[1] 裘援平：《适应新常态新要求 开创侨务工作新局面》，《侨务工作研究》2015 年第 1 期，第 1 页。

菲律宾恩庇主义与华侨华人群体研究现状及思考

彭慧 孙莹①

（华中师范大学历史文化学院 武汉 430079）

【摘 要】菲律宾是东南亚地区受恩庇主义影响深远的典型国家，经历了传统道义恩庇向现代政治恩庇的转变，而菲华社会的发展深受菲律宾主流社会变化和发展的影响，经历了被动卷入到主动融入菲律宾恩庇关系网络的过程。本文以菲律宾历史发展脉络为线索，整合归纳了学术界对不同时期菲律宾华侨华人参与恩庇关系网络的研究，为深入探讨菲律宾恩庇主义与华侨华人群体的关系奠定基础。

【关键字】菲律宾；恩庇主义；华侨华人

菲律宾是东南亚地区一个多元族群和多元文化的社会，华族是菲律宾国内一个重要的少数民族群体，移居菲律宾的历史十分悠久。早在 17 世纪前期马尼拉白银贸易繁盛时期，菲律宾曾是东南亚华人最多的地区，华人总数超过 3.5 万人，马尼拉已成为最早建立的华侨社会。至 2007 年，菲律宾华侨华人的数量大约在 150 万，约占菲律宾总人口的 1.7%。②虽然与东南亚其他主要国家相比，菲律宾华人占当地国人口比例较小，但是菲律宾华人对菲律宾的贡献和影响力不容小觑，历来吸引海内外学者的高度关注。

以互惠为特征的非正式的恩庇关系网络，超越阶级、语言、民族和宗教的界限，自上而下垂直式地把个人或群体、区域间不平等的社会财富、政治权力、社会地位、安全等因素有机整合起来，应用于政治学领域，化为一种重要的分析范式，与正式的官僚制度、权力结构相结合，发展演变为恩庇政治，成为东南亚政治的一种重要的结构性构成原则，得以科学化地解释东南亚国家的政治行为。菲律宾是东南亚地区受恩庇政治影响深远的典型国家，有着悠长的发展历程，随着菲律宾历史发展进程，经历了从以土地为核心的传统道义恩庇向以国家资源分配为核心的现代政治恩庇的转变。

---

① 作者简介：彭慧，华中师范大学历史文化学院副教授，研究领域为东南亚史、华侨华人史；孙莹，华中师范大学历史文化学院研究生，研究领域为东南亚史、华侨华人史。

② 庄国土、陈华岳，等著：《菲律宾华人通史》，厦门大学出版社，2012 年版。

前殖民时期的菲律宾，在以血缘家族为核心、具有奴隶制和封建制混合性质的巴朗盖社会的基础上，产生了以效忠和服务首领拿督为根本的恩庇—侍从关系，这是个体与个体间传统恩庇关系的萌芽。沦为西班牙殖民地后，殖民体系的深入打破了最初的恩庇关系结构，最初的首领充当地方行政首脑，形成了恩庇者—经纪人—侍从者三元庇护关系，产生了特殊的权贵家族。美殖时期，美国式三权分立的民主制度引入菲律宾，并没有削弱菲律宾传统恩庇关系，反而与选举政治、政党政治相结合，使恩庇关系上升到国家资源分配领域，构成正式权力结构的基础，传统恩庇关系向现代选举恩庇和政党恩庇转变。民主制的运用，使传统的权贵家族利用自身优势发展为政治家族。而后随着菲律宾独立和不断发展，虽然大众不断参与政治，但国内社会没有平衡政治权贵的力量，菲律宾特有的选举恩庇制逐渐形成并不断发展，这一政治特征及其影响也制约着菲律宾向民主国家的转型。

恩庇政治模式主导菲律宾政治经济社会的发展，而菲华社会的发展又深受菲律宾主流社会变化和发展的影响。那么，随着菲律宾历史演变，菲律宾传统恩庇关系向现代选举恩庇和政党恩庇的变化过程中，华族与菲律宾上层社会间的恩庇关系的呈现形式是怎样，发生了怎样的变化，以及华族是如何调整、适应并参与这一恩庇政治的运作之中的，需要进行进一步的研究和分析。笔者希冀通过借助恩庇网络理论，从政治经济学角度，为分析菲律宾与华人间的族际关系，以及华人内部纯种华人与华菲混血儿之间的关系，展现一种新的分析视角和方法，也为当代菲律宾华人进一步有计划、有目的地投身菲律宾政治生活提供启迪。

一、关于菲律宾恩庇主义理论的研究

关于"恩庇"或"恩庇关系"的概念及其研究开始于 20 世纪 50 年代，宏观探究恩庇主义理论的学术成果颇丰，最典型的当属美国人类学家詹姆斯·斯科特（James C. Scott）的代表作《东南亚社会的恩庇政治与政治变革》[1]（*Patron-Client Politics and Political Change in Southeast Asia*），文章详尽论述了恩庇—侍从关系的发展与演变，作者突破了西方政治学者主要运用合作和冲突两种模式，分析第三世界国家政治行为的方式，运用垂直的恩庇关系模式，更合理地解释东南亚国家的政治活动。

具体到关于菲律宾恩庇政治的研究，主要是从菲律宾社会发展的历史进程角度分析，更多的是强调现代社会中，与政党政治相结合的现代恩庇主义的发展及其影响。赫伯特·基茨塞尔特（Herbert Kitschelt）和史蒂芬·I·威尔金森（Steven I. Wilkinson）所撰写的《恩庇者、侍从者和政策：民主问责模式和政治竞争》[2]（*Patrons*，*Clients*，*and Policies*：*Patterns of Democratic Accountability and Political Competition*）从菲律宾历史发展进程的角度，

---

① James C. Scott，*Patron-Client Politics and Political Change in Southeast Asia*，The American Political Science Review，Vol. 66，No. 1（Mar，1972），pp. 91 – 11.

② Herbert Kitschelt and Steven I. Wilkinson，*Patrons*，*Clients and Policies*：*Patterns of Demcratic Accointability and Political Competition*，Cambridge：Cambridge University Press，2007.

对菲律宾恩庇政治的产生、发展演变进行了概括性的梳理总结，方便我们理清菲律宾恩庇政治的发展历程。瑞·博阿维达（Rui Boavida）撰写的《东南亚恩庇主义：前殖民结构，现代政治文化》①（Clientelism in Southeast Asia：Pre-Colonial Structure，Modern Political Cultures）立足于东南亚恩庇主义的共性，以文化为视角，跳脱出菲律宾美国式民主政治的外观，论述了身为曼荼罗国家（Mandala State）的菲律宾现代恩庇政治的发展，深受庞大政体（Galactic Polities）的传统政治文化的影响，并产生了"猪肉桶政治"（Pork Barrel），追求特殊主义的寡头利益。德克·托姆萨（Dirk Tomsa）同安德烈亚斯·尤芬（Andreas Ufen）所著的《东南亚政党政治——印度尼西亚、泰国和菲律宾的恩庇主义与选举竞争》②（Party Politics in Southeast Asia：Clientelism and Electoral Competition in Indonesia，Thailand and the Philippines），论述了菲律宾恩庇主义在现代选举制度下的不同表现形式、存在的原因及其客观影响。

主要论文成果有：阿曼多·多罗尼拉（Amando Doronila）的《战后菲律宾恩庇关系的改变及其政治影响》③（The Transformation of Patron-Client Relations and Its Political Consequences in Postwar Philippines），作者以菲律宾发展历史为线索，论述了菲律宾恩庇政治产生的政治经济背景，以及1972年费迪南德·马科斯颁布《戒严令》后，菲律宾恩庇关系受家产制威权体制的影响，改变了菲律宾政党恩庇政治的内容。本尼迪克特·J·卡尔克利特（Benedict J. Tria Kerkvliet）在《关于菲律宾政治更全面的分析：超越恩庇关系和派系结构》④（Toward a More Comprehensive Analysis of Philippine Politics：Beyond the Patron-Client，Factional Framework）一文中，阐述了菲律宾恩庇政治和派系结构对菲律宾政党、政客、政治运动和人民日常政治活动的影响，并比较分析了恩庇关系、派系结构理论与新殖民主义理论、精英民主理论，在分析菲律宾政治活动中的差异及各自的利弊，为研究菲律宾政治拓宽视野。此外，国内学者彭慧的《东南亚的庇护政党制刍议——以菲律宾、泰国及印度尼西亚为例》⑤着重论述了20世纪80年代菲律宾、泰国和印度尼西亚三国在政治转型时期，形成了独特的侍从式恩庇政党制，这一从上到下、覆盖整个社会的恩庇网络，对三国多党竞争的政治产生了深远的影响，影响着三国民主政治的发展。又在其《试论当代菲律宾国内的三种政治形态》⑥的文章中，具体分析了菲律宾在向现代国家转变时，形成了精英控制、民主为壳的政治恩庇制度，其主导地位及对其他政治形态的影响决

---

① Rui Boavida, *Clientelism in Southeast Asia：Pre-Colonial Structure*, Modern Political Cultures, Singapore：Southeast Asian Studies, June, 2001.

② Dick Tomsa and Andreas Ufen, *Party Politics in Southeast Asia：Clientelism and Electioal Compatition in Indonesia*, *Thailand and the Philippines*, London and New York, Routledge, 2013.

③ Amando Doronila, *The Transformation of Patron-Client Relations and Its Political Consequences in Postwar Philippines*, Journal of Southeast Asian Studies, Vol. 16, No. 1（Mar., 1985）, pp. 99 – 116.

④ Benedict J. Tria Kerkvliet, *Toward a More Comprehensive Analysis of Philippine Politics：Beyond the Patron-Client*, *Factional Framework*, Journal of Southeast Asian Studies, Vol. 26, No. 2（Sep., 1995）, pp. 401—419.

⑤ 彭慧：《东南亚的庇护政党制刍议——以菲律宾、泰国及印度尼西亚为例》，《东南亚研究》2013年第6期，第4—11页。

⑥ 彭慧：《试论当代菲律宾国内的三种政治形态》，《东南亚研究》2010年第6期，第11—16页。

定着菲律宾国内的政治局势的安定或动荡。此外，崔运武、胡恒富的《论菲律宾政党政治的特点及其与政治文化的关系》①和《论菲律宾的政党政治》②将菲律宾政治文化和政党政治相结合，借助恩庇关系的相关因素，分析了菲律宾政党政治的运行特点。

恩庇主义理论的研究，涉及人类学、社会学、政治学和历史学等学科领域的研究方法，重点主要在于以政治为视角，探讨传统恩庇关系向现代恩庇网络的动态演变，把恩庇关系这一非正式制度，与现代民主政治相结合，分析恩庇政治对政治现代化的影响。但是学术界多从宏观的、整体的就恩庇政治而研究恩庇政治，相较而言，具体探索菲律宾恩庇政治的相关论著成果较少，多集中分析菲律宾现代恩庇政治，较少以历史发展脉络为线索，客观分析菲律宾恩庇政治的发展趋势。值得注意的是，与印度尼西亚等东南亚国家的庇护关系相比，菲律宾恩庇政治有着其自身的独特性。就社会基础而言，菲律宾恩庇关系植根于以血缘家族为基础，效忠于首领大督为根本的巴朗盖社会，大督与依附民间的租佃分成关系和债务奴役关系构成菲律宾传统恩庇关系的萌芽，巴朗盖社会的发展和演变是菲律宾社会发展的基础，产生于其中的菲律宾恩庇关系构成菲律宾政治经济社会的核心，影响着菲律宾政治经济社会的发展。就文化基础而言，菲律宾的传统政治文化是"以准封建式的社会结构为基础，以家族主义和主从关系为核心"，具有"父权式的领导和政府行政的高度人格化"特征的典型的封建文化，并植根于菲律宾历史发展的各个时期。菲律宾独特的非对称式的政治文化氛围促使菲律宾恩庇关系得以根深蒂固。就历史发展而言，菲律宾作为东南亚地区受殖民统治时间最长的国家，自16世纪后至20世纪中期深受西班牙和美国殖民统治的影响，使得菲律宾恩庇关系呈现承袭性恩庇关系和压迫性恩庇关系相互交织的特征，而西方现代民主制度的引入也推动菲律宾恩庇政治的发展。就恩庇模式而言，菲律宾恩庇政治与菲律宾政治家族相结合，主要是一种以私利为主的掠夺型、高度个人化关系的恩庇模式。就恩庇关系的参与者而言，除了菲律宾家族和经济精英的参与，华族作为影响菲律宾的重要力量，必须给予高度重视。在菲律宾华侨华人中，与其他东南亚国家的土生华人不同，菲律宾"密斯蒂佐"阶层被赋予独立的法律地位，其对菲律宾恩庇政治的参与对菲律宾政治经济社会产生了重要影响。因而作为受恩庇传统影响深远的典型国家，研究菲律宾恩庇政治的具体问题有着重要意义。

二、菲律宾华侨华人研究的集中领域与代表性成果

追溯学者对菲律宾华侨华人研究的发展历程可知，自1905年起中国开始较为全面研究菲律宾华侨华人群体，以《中国殖民八大伟人传》为代表。此后，高等学院作为研究主体，也参与了华侨研究，创作了一批以南洋地区为主要研究领域的专业杂志。学者虽然为菲律宾华侨研究开创道路，却呈现政治意味强、学术占其次的鲜明特征，并随着时代变

---

① 崔运武、胡恒富：《论菲律宾政党政治的特点及其与政治文化的关系》，《南洋问题研究》1998年第2期，第54—59页。

② 崔运武、胡恒富：《轮菲律宾的政党政治》，《思想战线》1998年第9期，第10—15页。

迁，学者更多的是关注华侨民族主义和华侨爱国理论的讨论，而鲜少针对早期菲律宾华侨做专门系统的论述。新中国成立以来，虽然国内对华侨华人研究的资料欠缺，但在老一辈学者的潜心研究下，也取得了一定的成果，南洋研究院等一批有影响力的华侨华人研究所相继成立。20 世纪 60 年代后期受极左思潮等因素的影响华侨华人研究一度趋于停顿，直到 80 年代后期复兴，菲律宾华侨华人研究也逐步快速开展起来，主要集中于华人经济发展、菲华社会发展演变、政治认同与融合、新移民研究等领域。

（一）华人经济发展

菲律宾华人人口虽在菲总人口中所占比例较小，但华人经济在菲律宾经济发展中发挥着举足轻重的作用，影响菲律宾各行各业，学者们对菲律宾华人经济的研究已成重中之重。相关专著有：杨建成主编的《三十年代菲律宾华侨商人》[1]、吴文焕的《菲律宾华人社会经济实况（1948）》[2]、夏诚华的《菲化政策对华侨经济之影响》[3]，和黄滋生、温北炎主编的《战后东南亚华人经济》[4]。这些著作提供了大量关于菲律宾华人经济发展的具体数据，详细论述了不同时期菲律宾华人经济发展的状况，为我们以后研究菲律宾华人经济史奠定了基础。

随着全球化、华人经济和华商网络的发展，学者们的探讨主要围绕菲律宾华人企业集团展开，讨论菲律宾华商大财团经济实力快速成长与壮大的原因，认为华族经济史菲律宾国内经济的组成部分，进而探究经济全球化以及中国强大对菲律宾华裔经济、华商网络的影响。代表著作有：汪慕恒主编的《东南亚华人企业集团研究》[5]，云冠平、陈乔之主编的《东南亚华人企业经营管理研究》[6]，和廖小健等撰写的《全球化时代的华人经济》[7]等，均对菲律宾华人企业集团的经营模式、经营策略以及全球化影响下的竞争与发展等内容做出了详尽的阐述。

国外学者对华人经济成长研究的硕果累累，主要体现在：谢尔顿·阿普列顿（Sheldon Appleton）的《菲律宾华侨与菲律宾经济民族化》[8]（*Overseas Chinese and Economic Nationalization in the Philippines*）、约翰·T·奥莫亨德罗（John T. Omohundro）的《伊洛伊洛的华人商业家族：菲律宾中心城市的商业家族》[9]（*Chinese Merchant Families in Iloilo：Commerce and Kin in a Central Philippine City*）等，多以社会发展或区域发展的角

---

[1] 杨建成：《三十年代菲律宾华侨商人》，台北：中华学术院南洋研究所，1984 年版。

[2] 吴文焕：《菲律宾华人社会经济实况（1948）》，马尼拉：菲律宾华裔青年联合出版社，2003 年版。

[3] 夏诚华：《菲化政策对华侨经济之影响》，台北：中华民国海外华人研究学会，2003 年版。

[4] 黄滋生、温北炎主编：《战后东南亚华人经济》，广州：广东出版社，1999 年版。

[5] 汪慕恒主编：《东南亚华人企业集团研究》，厦门大学出版社，1995 年版。

[6] 云冠平、陈乔之主编：《东南亚华人企业经营管理研究》，北京：经济管理出版社，2000 年版。

[7] 廖小健等著：《全球化时代的华人经济》，北京：中国华侨出版社，2003 年版。

[8] Sheldon Appleton, *Overseas Chinese and Economic Nationalization in the Philippines*, The Journal of Asian Studies, Vol. 19, No. 2（Feb., 1960），pp. 151 – 161.

[9] John T. Omohundro, *Chinese Merch1ant Families in Iloilo：Commerce and Kin in a Central Philippine City*, The China Quarterly, Volume 93（Mar. 1983），pp170 – 171.

度来研究菲律宾华人经济，使华人经济史的研究更加细化。菲籍学者黄淑琇撰写了《菲律宾的公共政策、政治文化和华族商业》[①] 一文，认为菲律宾华商之所以在 20 世纪 80 年代以后快速成长与经济全球化影响下菲律宾政府实施的经济自由化政策同中国对外开放有着必然的联系。

（二）菲华社会发展演变

海外华侨社会的形成，应当以其自觉地提出自己的正当诉求，有组织地捍卫自己的正当权益为标志。虽然华侨华人在菲律宾已有千余年的历史，但近代菲律宾华侨社会的形成，则是近百年之事。菲律宾华侨社会的形成，是华侨社会内部条件趋向成熟，与外部条件催化相结合的结果。学者对菲华社会发展变化研究，菲律宾国内学者一马当先。20 世纪 60 年代，菲籍学者陈烈甫所书的《菲律宾的民族文化与华侨同化问题》[②]，对老中青三代华人的认同问题进行了分析。

施振民先生堪称是菲华社会史研究推陈出新的学者，其《菲律宾华人文化的持续——宗亲与同乡组织在海外的演变》[③]、《菲律宾的华人社团与种族认同》[④] 等代表作，在实证调研的基础上，从文化传承和社会结构的视角出发，探讨菲律宾华人宗亲与同乡组织形成的背景、发展特点以及所发挥的功能与面临的问题等，是该领域的扛鼎之作。值得一提的是，陈衍德教授的《现代中的传统——菲律宾华人社会研究》[⑤] 充分利用田野调查所得，结合文献资料，以论文的形式，从移民—侨居—定居的独特视角，针对历史、社会经济和文化等方面深层次探讨了当代菲律宾华人社会的变迁。而周南京的《菲律宾与菲华社会》[⑥]、梁英明的《战后东南亚华人社会变化研究》[⑦] 和庄国土等著的《第二次世界大战以后东南亚华族社会地位的变化》[⑧] 皆以时间为横截面，从历史、经济、社会地位以及文化教育等角度，概括性地对菲律宾华人社会的变化进行了探索与分析，方便我们宏观理解菲律宾华人社会的基本情况。

作为维系海外华侨华人社会本质的三宝之一的海外华侨华人社团，学者们也表现出了极大的关注，相关研究成果逐渐增多。国内学者宋平的《承继与嬗变：当代菲律宾华人社团比较研究》[⑨] 运用比较研究，讨论了菲律宾新旧华人社团的异同、发展和变化。曾少聪

---

① Leo Suryadinate, Southeast Asia's Chinese Business in an Era of Globalization: Coping with the Rise of China, Singapore, Institute of Southeast Asian Studies, 2006.

② 陈烈甫：《菲律宾的民族文化与华侨同化问题》，台湾：正中书局，1970 年版。

③ 施振民：《菲律宾华人文化的持续——宗亲与同乡组织在海外的演变》，载自李亦园等主编：《东南亚华人社会研究》，台北：正中书局，1985 年版。

④ 施振民：《菲律宾的华人社团与种族认同》，载自洪玉华编：《华人移民——施振民教授纪念文集》，马尼拉：菲律宾华裔青年联谊会、拉刹尔大学中国研究室，1992 年版。

⑤ 陈衍德：《现代中的传统——菲律宾华人社会研究》，厦门大学出版社，1998 年版。

⑥ 周南京：《菲律宾与菲华社会》，香港社会科学出版社，2007 年版。

⑦ 梁英明：《战后东南亚华人社会变化研究》，北京：昆仑出版社，2001 年版。

⑧ 庄国土等：《第二次世界大战以后东南亚华族社会地位的变化》，厦门大学出版社，2003 年版。

⑨ 宋平：《承继与嬗变：当代菲律宾华人社团比较研究》，厦门大学出版社，1995 年版。

的《菲律宾华人社会组织的建构及其功能》① 一文则从组织建构原则和社会功能的角度，对菲律宾华人社团进行分类，并且分别对其功能展开讨论。

（三）政治认同与融合

受菲律宾政府的同化和融合政策影响，20 世纪 70 年代大部分华侨加入了菲律宾国籍，成为菲律宾华人，增强了对菲律宾的归属感和认同感，由此，华人开始更倾向于关注自身的政治命运，以及菲律宾政坛的发展走向。随着菲律宾华人社会地位从侨民向公民的转变，华人政治参与能力不断提升，涉及菲律宾华人政治生活的研究开始得到重视。

新加坡学者特蕾莎·卡里诺（张素玉）所作的《菲律宾华人与政治融合初探》② 一文中，从融合的角度，充分利用前人对菲律宾政治融合的相关文献资料和理论基础，着重探究了影响菲律宾华人政治融合的诸因素，得出政治融合取决于优势的国家意识形态和菲律宾华人的政治观念之间的相互包容的结论。许梅的《菲律宾民族文化的形成与发展及其对华人政治融合的影响》③ 立足于菲律宾独特的政治文化环境，从文化的角度，对华人政治态度和政治行为进行了分析和探讨，并提出了华人文化的适应与转变问题。其《菲律宾华人参政的历史演变与发展》④ 又从历史发展过程的角度，再现了菲律宾华人参政漫长而艰辛的进程。深入探讨东南亚华人政治参与的代表作——曹云华等创作的《东南亚华人的政治参与》⑤ 从政治学的角度透视东南亚华人政治参与的发展规律；其中又从国别的角度，详细分析了菲律宾华人政治参与的范围、程度及积累的经验、教训，是研究菲律宾华人政治参与的重要参考。

（四）新移民研究

20 世纪 70 年代以来，中国出现了新一轮向海外移民的浪潮，这批人被称为新移民。虽然大部分新移民倾向于前往发达国家，但也有相当一部分人选择东南亚，尤其是菲律宾，以福建省的新移民为主。目前在菲的中国新移民约数十万名，新移民的不断发展壮大得益于中菲建交以及 20 世纪 80 年代初期以来菲律宾历届政府实施开放政策以促进经济发展。在菲律宾，菲华社会普遍运用"新侨和旧侨"区分新、老移民，而学术界对菲律宾新移民问题的关注较少，并未对华人新老移民进行细分，而菲律宾的中国新移民在促进中菲两国经济、文化等诸方面的交流合作以及中菲关系的发展上发挥了积极作用，同时中国新移民逾期滞留菲律宾、少数非法移民于菲律宾从事贩毒等犯罪活动困扰两国友好关系理应值得关注。

---

① 曾少聪：《菲律宾华人社会组织的建构及其功能》，《世界民族》2001 年第 4 期，第 36—45 页。
② ［新加坡］特蕾莎·卡里诺著，黄滋生译：《菲律宾华人与政治融合初探》，《华侨华人历史研究》1990 年第 3 期，第 39—46 页。
③ 许梅：《菲律宾民族文化的形成与发展及其对华人政治融合的影响》，《东南亚纵横》2002 年第 9 期，第 29—33 页。
④ 许梅：《菲律宾华人参政的历史演变与发展》，《八桂侨刊》2001 年第 4 期，第 38—40 页。
⑤ 曹云华、许梅、邓仕超：《东南亚华人的政治参与》，北京：中国华侨出版社，2004 年版。

洪玉华老师的《在菲律宾的中国新移民与国际性犯罪：问题和挑战》①，也对菲律宾的中国新移民进行了深入分析，阐述了中国新移民在菲律宾的生存情况以及由此产生的相关问题，及其对当时新老移民和当地社会的影响等问题，资料详实，内容丰富。陈衍德教授也在《现代中的传统——菲律宾华人社会研究》② 一书中，通过广泛的调查，以众多在菲中国新老移民的访谈个案为依据，详细而具体地分析了菲化社会中移民网络的形成、特点及其对新移民的支持作用。其在《菲律宾华人知识化新移民的特点》③ 论文中，从经济活动的角度考察知识化新移民的特点。代帆的《菲律宾中国新移民研究——马尼拉中国城田野调查》④ 和《近三十年中国人移民菲律宾原因探析》⑤，采取田野调查的方法，对以不同方式移民到菲律宾的中国移民的移民原因、移民类型与菲律宾社会的经济社会关系进行探讨，认为移民菲律宾除了历史、移民文化和移民网络等因素外，菲律宾的比较优势和中国移民的族群经济，也为中国新移民的海外生存提供机遇，降低了移民的风险和成本。得出低收入国家所蕴含的机遇也是吸引国际移民的重要因素的结论。

总的来说，学者们对菲律宾华侨华人史的研究主要集中在经济、社会和文化领域，对菲华政治生活方面的关注较少；恩庇政治网络结构在菲律宾经济政治社会中根深蒂固，受此影响下的菲律宾华侨华人如何更好地适应并参与菲律宾社会，仍需要对此展开更加深入的分析和探究。

三、菲律宾华侨华人在恩庇关系网络中不断调适的相关研究

目前学术界对恩庇关系影响下的菲律宾华侨华人的参与还没有直观性的研究，仅仅是相关性研究。菲律宾传统恩庇关系随着社会的发展而不断演变，华侨华人需要随着历史的发展，不断调整和适应恩庇主义影响下的菲律宾社会。笔者以下皆就菲律宾历史发展的不同时期，学术界对菲华参与恩庇关系的研究成果进行梳理和分析。

（一）殖民统治时期

在对菲律宾西殖时期华侨华人史的研究中，加拿大学者魏安国（Edgar Wickberg）撰写的《菲律宾生活中的华人（1850—1898）》⑥　（*The Chinese in the Philippines*，1850—1898）是一部标杆式的著作，作者是第一位使用国家历史档案馆的第一手资料撰写菲律宾历史的学者，根据国家档案馆的西班牙原始文件，该书对西班牙统治时期的菲律宾华人经济成长、文化发展和社会状况作了精辟的分析，为我们客观描述了西殖时期菲律宾华人社

---

① Teresita Ang See, *China*, *New Chinese Immigrants*, *and Transnational Crimes in the Philippines*: *Problems and Challengres*, International Conference on 30 Years of Philippines-China Relations, Manila, Kaise, 2004.
② 陈衍德：《现代中的传统——菲律宾华人社会研究》，厦门大学出版社，1998 年版。
③ 陈衍德：《菲律宾华人知识化新移民的特点》，《华侨华人历史研究》1997 年第 1 期，第 32—38 页。
④ 代帆：《菲律宾中国新移民研究——马尼拉中国城田野调查》，《太平洋学报》2009 年第 10 期，第 14—23 页。
⑤ 代帆：《近三十年中国人移民菲律宾原因探析》，《华侨华人历史研究》2010 年第 1 期，第 32—42 页。
⑥ 魏安国著，吴文焕译：《菲律宾生活中的华人（1859—1898）》，马尼拉：菲律宾青年华裔联合会，1989 年版。

会演变的情景，堪称该时期菲华社会史研究的经典著作。以此为基础，陈君的《19世纪后期菲律宾华侨社会变化探究》① 有针对性地论述了1850年后，菲律宾殖民当局对华人的政策以及菲华数量、分布、职业结构、华侨商业网络向全菲扩展等方面，阐述了19世纪后期菲华社会的变化及其特点，对研究殖民时期西班牙当局作为庇护者，对菲律宾华人的影响及华人的应对有重要借鉴意义。另一重要文献为罗伯逊（Robertson）和布莱尔（Blair）共同创作的《菲律宾群岛》②，利用了西班牙文材料，对研究西统时期的菲律宾历史具有重要价值。菲律宾史学家吴景宏编写的《西班牙时代之菲律宾华侨史料》③ 借鉴前书的部分资料，是分析西殖时期菲律宾华侨华人生存和发展的主要史料来源。此外，安德鲁·罗杰·威尔逊（Andrew Roger Wilson）的《西统时期菲律宾华人简史》④ 首提把西统时期的菲律宾华人社会划分为三个时期，深刻概况了这三个时期菲华在经济、社会和政治，特别是西班牙对华人的殖民政策和华人社会的相应变化的主要特征。

菲律宾华侨华人经济的发展，为其适应并参与菲律宾传统恩庇关系网络提供恩庇资源，西殖时期的菲律宾华人不断积累财富，建立了头家制度（Cabecilla），产生了遍布全菲的商业贸易网，其中介商业的性质，使华人参与到与殖民当局、土著菲人显要的互动中去。魏安国（Edgar Wickberg）的《早期华人对菲律宾经济的影响（1850—1898）》⑤ （*Early Chinese Economic Influence in the Philippines*，1850—1898）是最早提出头家制度，并详细阐述了该制度的具体模式。布鲁斯·伦纳德·芬纳（Bruce Leonard Fenner）的《西班牙殖民时代的宿务（1521—1896）：经济社会史》⑥ （*Cebu under the Spanish Flag*，1521—1896：*A Economic-Social History*）凭借大量档案资料，通过个案研究，具体分析了宿务头家制度的运行情况。在此书的基础上，吴文焕的《宿务华人经济社会史——附从糖业看菲律宾华人》⑦ 研究了宿务的菲律宾华人和华人混血儿的经济活动，是我们研究西殖时期菲律宾地方华人史的参考。另外，作为参与西殖时期菲律宾恩庇关系的政治机器，姜兴山的《试析菲律宾"甲必丹制"对华侨社会的影响》⑧ 研究了菲律宾的"甲必丹制"，评析了西殖当局采用"以华养菲"、"以华制华"的对华政策，形成了殖民当局与菲律宾侨领、菲律宾华侨之间的政治恩庇网络。

在西殖时期，"密斯蒂佐"（Mestizo）作为菲律宾华人发展的产物，是菲律宾恩庇网

① 陈君：《19世纪后期菲律宾华侨社会变化探究》，厦门大学硕士学位论文，2009年6月。

② E. H. Blair and J. H. Robertson, *The Philippine Islands*，1493—1898, Cleveland：The Arthur H. Clark Co.，1903, Vol. 12.

③ 吴景宏：《西班牙时代之菲律宾华侨史料》，新加坡：南洋大学南洋研究室，1959年版。

④ 安德鲁·罗杰·威尔逊著，吴文焕译：《西统时期菲律宾华人简史》，马尼拉：菲律宾华裔青年联合会，2000年版。

⑤ Edgar Wickberg, *Early Chinese Economic Influence in the Philippines*，1850—1898, Pacific Affairs, Vol. 35, No. 3 （Aut. 1962），pp. 275–285.

⑥ Bruce Leonard Fenner, *Cebu under the Spanish Flag*，1521—1896：*An Economic-Social History*, Cebu City：San Carlos Publications, University of San Carlos, 1985.

⑦ 吴文焕：《宿务华人经济社会史——附从糖业看菲律宾华人》，马尼拉：菲律宾华裔青年联合出版社，2004年版。

⑧ 姜兴山：《试析菲律宾"甲必丹制"对华侨社会的影响》，《东南亚研究》2014年第3期，第75—80页。

络的主要参与者，为菲律宾社会中产阶级的重要组成部分，在国家的经济、社会和政治生活中承担更大的责任。学术界对这一群体的研究成果主要有：作为最早研究"密斯蒂佐"的学者——魏安国（Edgar Wickberg）的《菲律宾历史中的华菲混血儿》① （*The Chinese Mestizo in Philippine History*）以论文的形式，通过大量数据研究，论述了华菲混血儿对 18 至 19 世纪菲律宾社会经济、政治、文化等方面的影响。陈守国的《中菲混血人与菲律宾民族国家的形成》② 认为中菲混血儿做为一个独立的社会等级，是在西班牙殖民时期逐渐形成的，强调了中菲混血儿在菲律宾民族国家形成中发挥重要作用。吴兴奇（Richard T. Chu）的著作《1860 年代至 1930 年代马尼拉的华人与华菲混血儿：家庭、认同与文化》③ （*Chinese and Chinese Mestizos of Manila*：*Family*，*Identity*，*and Chulture*，*1860s-1930s*）从人类学的视角，借助三个原始档案材料，通过个案研究和田野调查，对马尼拉地区，尤其是岷伦洛地区华人和华菲混血儿的商业活动、婚姻家庭、宗教信仰等方面做了详尽分析；作者还借助中外报刊资料，探讨了美统时期的华菲混血儿的发展情况，论述了殖民时期的华菲混血儿从被迫同化到逐渐融合于菲律宾社会的过程。施雪琴的《中菲混血儿认同观的形成：历史与文化的思考》④ 运用文化变迁和文化认同的理论分析，探讨了中菲混血儿"菲律宾国家认同"形成的历史和文化因素。

作为西殖时期恩庇关系网络的参与者的"密斯蒂佐"精英，积极融入菲律宾上层建筑之中，对菲律宾恩庇政治的发展产生不可忽视的作用。至 19 世纪后期以来，"密斯蒂佐"作为独立于土著和华人的社会阶层，逐渐趋同于土著，更广泛地参与菲律宾恩庇政治。庄国土的《华菲混血族群的形成与消融——以菲律宾前总统奥斯敏纳身世探究为例》⑤ 从探究菲律宾总统奥斯敏纳的华人身世的个案着手，分析了"密斯蒂佐"积极融入菲律宾主流社会，逐渐发展为土著精英，扩大为菲律宾著名的政治家族，并通过血缘和地缘与华人形成了一种恩庇关系，为我们研究"密斯蒂佐"参与恩庇政治提供了重要的个案研究。除了土生华人外，其他华人精英也积极融入菲律宾社会，适应并参与恩庇政治。吴兴奇（Richard T. Chu）所著的《19 世纪的岷仑洛华商》⑥ （*Chinese Merchants of Binondo in the Nineteenth Century*）集中论述了西殖时期岷仑洛的著名华商施光铭（Ignacio Sy Jao Boncan）和陈谦善（Carlos Palanca Tan Quien-sien）的情况。作者充分利用了菲律宾国家档案馆的各种档案材料，较为详尽描述了这两个华商家族的经商与日常生活的情景，包括认同和宗教信仰的转变、各种政治上的效忠等方面，并论述了有钱有实力的他们与菲律宾非华人居

① Edgar Wickberg，*The Chinese Mestizo in Philippine History*，The Journal Southeast Asian History，Vol. 5，No. 1（Mar. 1964）pp. 62 – 100.

② 陈守国：《中菲混血人与菲律宾民族国家的形成》，载特利莎·卡里诺主编：《华人在菲律宾》，菲律宾：迪拉萨利大学，1985 年版。

③ Richard T. Chu，*Chinese and Chinese Mestizos of Manila*：*Family*，*Identity*，*and Culture*，*1860s-1930s*，Koninklijke Brill NV，Leiden，The Netherlands，2010.

④ 施雪琴：《中菲混血儿认同观的形成：历史与文化的思考》，《南洋问题研究》2000 年第 1 期，第 41—47 页。

⑤ 庄国土：《华菲混血族群的形成与消融——以菲律宾前总统奥斯敏纳身世探究为例》，《世界民族》2013 年第 6 期，第 55—62 页。

⑥ Richard T. Chu，*Chinese Merchants of Binondo in the Nineteenth Century*，Manila：UST Publishing House，2010.

民有着各种各样的联系，涵盖了与非华菲人存在商业上的联系、聘请非华菲人为公司律师、邀请非华菲人成为他们家族的教父、与当地的华菲混血儿或土著通婚等方面，勾勒了这一特定历史时期的岷仑洛华人，及其华人混血儿后代的民族特性，并认为当今菲律宾华商大班的很多跨国行为，可看作是这两大华商做法的沿袭。此著作为我们研究菲华隔离状态下，恩庇主义的产生和发展有着重要的参考价值。此外，华人和"密斯蒂佐"关系的发展也制约着菲华参与菲律宾恩庇政治的程度，洪玉华、吴文焕编写的论文集《华人：东南亚变化中的认同和关系国际会议论文集》①（The Ethnic Chinese）中，部分论文篇章分析华菲混血儿的兴起于菲律宾殖民当局对华人的政策发展有关，以及华菲混血儿对华人从排斥到认可的过程，认为华菲混血儿与华人关系的改善影响着华人对菲律宾主流社会的认同。

美统时期，呈现菲华与恩庇关系影响下的菲律宾社会开展互动的研究有以下学术成果。K. K. M. 詹森（Khin Khin Myint Jensen）的《美统时期的菲律宾华人（1898—1946）》② 和王国柱（Wong Kwok-chu）的《菲律宾经济中的华人（1898—1941）》③（The Chinese in the Philippine Economy，1989—1941），两书均论及了美统时期菲律宾华人社会，并揭示出其中所蕴含的矛盾与问题。前者通过大量文献和档案资料，详细论述了美国统治者对菲律宾华人的排华政策的制定过程，以及华人通过华人精英不断争取缓和与菲律宾社会的关系，争取最大利益的进程，同时也笼统分析了此阶段菲华的社会生活；后者更多侧重于研究菲律宾经济活动中的华人，均视为研究这一时期菲华参与恩庇关系的重要著作。

此外，黄滋生的《美国统治时期菲律宾华侨的经济地位》④ 分析了在美国统治时期，菲律宾华侨经济发展的有利因素和不利因素，以及通过侨社中的血缘、地缘纽带的相互提携，菲华在经济力量方面仍有相当的发展。龚宁的《1571 年至 1942 年菲律宾华侨移民与华侨经济网络的构建》⑤ 从经济学的角度，结合历史学、人口学和社会学等多学科分析，认为华侨经济网络的互动，使得华侨在当时的经济势力非常强大，甚至可以消化和抵消殖民当局的一系列对华侨经济的限制政策，为研究美统时期华人经济方面参与菲律宾庇护网络提供借鉴。这一时期华人从政治参与方面，适应菲律宾恩庇关系的发展主要成果为"中央研究院"近代史研究所出版的《菲律宾华侨华人访问记录》⑥ 一书，利用对美统时期、日据时代菲华的访谈，反映出华人商人精英、政府官员、教育名家作为恩庇政治的参与者，积极地利用个人与菲律宾政府的友好关系，为自身和华人谋利益。此外许国栋的《菲律宾的著名侨领李清泉》⑦ 阐述了李清泉积极参与菲律宾经济、政治的发展，是研究这一

① Teresita Ang See and Go Bon Juan, The Ethnic Chinese: Proceedings of the International Conference on: Changing Identities and Relations in Southeast Asia, Manila: Kaisa Para Sa Kaunlaran, INC., 1994.
② K. K. M. Jensen 著，吴文焕译：《美统时期的菲律宾华人（1898—1946）》，马尼拉：菲律宾华裔青年联合会、《世界日报》，1991 年版。
③ Wong Kwok-chu, The Chinese in the Philippine Economy, 1989—1941, Manila: Ateneo de Manila University Press, 1999.
④ 黄滋生：《美国统治时期菲律宾华侨的经济地位》，《东南亚研究资料》1985 年第 1 期，第 21—35 页。
⑤ 龚宁：《1571 年至 1942 年菲律宾华侨移民与华侨经济网络的构建》，南开大学博士学位论文，2014 年 9 月。
⑥ 张存武、朱浤源、潘露莉访问，林淑慧纪录：《菲律宾华侨华人访问纪录》，台北："中央研究院"近代史研究所，1996 年。
⑦ 许国栋：《菲律宾的著名侨领李清泉》，《华侨华人历史研究》1988 年第 3 期，第 34—39 页。

时期华人参与菲律宾恩庇政治有说服力的个案。

（二）威权体制时期

美国统治时期乃至独立以后，具有民主性质的议会和选举制度的引入，为菲律宾非正式的恩庇关系披上了外衣，传统恩庇制向现代选举恩庇、政党恩庇关系发展，面对这一转变，菲华自发调整并积极参与。黄明德的《菲律宾华侨经济》① 在不同章节从不同的侧面，如华侨投资、经营方式与形态、组织与活动等，对 20 世纪 50 年代中期菲华经济关系中存在的矛盾和问题，作了客观的评价与探讨。独立后，菲律宾出现菲化运动，推动了华人在政治上对菲律宾的认同。黄滋生的《试论菲化运动对华人社会的客观正面影响》② 客观公正地评价了菲化运动对华人经济、政治和社会的影响。郭梁的《试论战后菲律宾政府的华侨政策》③ 也论述了菲化政策对华人政治生活的作用，有资本的华人开始借助恩庇关系走上归化道路。魏安国的《马尼拉华人社会的若干社会组织》④ 指出华人的不同阶层在游离出华人社会与融入到菲人社会方面，存在着很大的差异，并构建了华人社会与菲人社会的关系之模型。特雷莎·卡里诺的《菲律宾华人与政治融合初探》⑤ 借助前人有关菲律宾华人政治融合进程的文献资料，分析了菲律宾独立后，影响和阻碍菲华融合的有关因素，得出了经济动机成为菲华政治态度和政治倾向形成的主要因素的结论，并认为华人精英分子和工人阶级的政治融合水平很高，而中等阶级的华人对政治文化融合的抗拒最为强烈。

虽然菲律宾不存在代表自身族群利益的华人政党，但发达的社团组织足以弥补该空白，而作为菲律宾华侨社会最高领导机构的菲华商联总会（FFCCCI），长期充当着菲华适应菲律宾恩庇政治的媒介，是菲华社会的"代言人"。特雷莎·卡里诺的《菲律宾的华人大企业：政治领导与演变》⑥（*Chinese Big Business in the Philippines*：*Political Leadership and Change*）引用大量中英文报刊和年鉴资料，论证了菲华商总会与菲律宾政府之间形成的恩庇关系，商总积极参与选举恩庇政治，充当经纪人，发挥"双重角色"，联系华人和菲律宾政府，提供资金和选票帮助支持其利益的总统或官员当选，又作为国家政府推行公共政策的代理人，积极推动菲华融入菲律宾主流社会。此外，朱东芹的《冲突与融合：菲华商联总会与战后菲华社会的发展》⑦ 和张存武、王国璋的《菲华商联总会之兴衰与演变

① 黄明德：《菲律宾华侨经济》，台北：海外出版社，1957 年版。

② 黄滋生：《试论菲化运动对华人社会的客观正面影响》，《华侨华人历史研究》1993 年第 4 期，第 64—69 页。

③ 郭梁：《试论战后菲律宾政府的华侨政策》，《华侨历史》1986 年第 3 期，第 17—26 页。

④ Edgar Wickberg，*Notes on Contemporary Organization in Manila Chinese Society*，*China across the Sea& The Chinese as Filipinos*，Philippine Association for Chinese Studies，Quezon City，1992.

⑤ ［新加坡］特雷莎·卡里诺著，黄滋生译：《菲律宾华人与政治融合初探》，《华侨历史》1986 年第 3 期，第 39—46 页。

⑥ Theresa Chong Carino，*Chinese Big Business in the Philippines*：*Political Leadership and Change*，Singapore：Time Academic Press，1998.

⑦ 朱东芹：《冲突与融合：菲华商联总会与战后菲华社会的发展》，厦门大学出版社，2005 年版。

（1954—1998）》①的文章，视角各异，对商总在谋求华人社会自我发展、融入主流社会与向外拓展等方面发挥的积极作用进行高度肯定。

马科斯执政时期，菲律宾恩庇主义呈现以私利为主、掠夺型的高度个人化关系的恩庇模式，而现代恩庇关系的发展与政党政治相结合，产生了家族政治，马科斯执政时期实施个人独裁，其家族政治的发展对菲华社会融入恩庇关系网络产生了一定的影响。龙昇的《菲律宾精英家族政治的历史演进分析》②以及刘慧的《菲律宾民主化进程中的家族政治研究》③，从政党政治、经济发展、文化观念、社会结构这四个方面分析了家族政治在菲律宾政治发展进程中的影响，二者对马科斯家族都做了重点论述。此外，菲华社会集中寻求马科斯的恩庇，马科斯家族也积极吸纳华人精英巩固自身权力。加里·霍斯的《马科斯、其密友和菲律宾经济发展的失败》从马科斯的血缘身份、其同华人的关系及其对华政策的角度，分析马科斯个人独裁时期，华人精英积极参与其主导的恩庇网络，甚至出现了腐败、政治分肥等问题，是研究马科斯执政时期，高度个人化恩庇主义作用于华侨华人的有利论证。

（三）民主转型时期

结束马科斯军事独裁时期，菲律宾进入民主转型时期，这一阶段，侨民到公民身份的转变，华侨经济转化为华人经济，菲律宾华侨华人参与恩庇网络的程度更加深入。华人企业集团形成，作为华人精英群体，积极与菲律宾上层社会接触，获取更大的经济和政治利益，而菲律宾政治经济社会的发展处处烙印着华人企业集团的影响。菲籍学者黄淑琇的《菲律宾的公共政策、政治文化和华族商业》④，从历史和现实的角度，进一步研究了菲律宾华族的经济增长、公共政策以及政治文化之间的关系，认为20世纪80年代以后菲律宾人经济迅速增长，菲律宾华商已经是菲律宾精英集团的一部分，有能力游说政府的立法、规章和政策的制定，积极融入恩庇关系网络之中。乔莫（Jomo K. S.）等主编的《族群商业：东南亚的华人资本主义》⑤（*Ethinc Business：Chinese Capitalism in Southeast Asia*）一书中，探讨了菲律宾的六大华人企业家族财团的发展，论述了控制菲律宾主要经济部门的六大财团如何运用商业和政治手腕，同非华族菲人的商业财团争夺国家权利和资源，认为这些华族大班在经济与政治上的优势地位仍将继续强化。

此外，艾伦（Ellen H. Palanca）的《1890年以来的菲律宾华商家族》⑥（*Chinese*

① 张存武、王国璋：《菲华商联总会之兴衰与演变（1954—1998）》，亚太研究计划：东北亚论文丛书，台北："中研院"近代史研究所，2002年版。

② 龙昇：《菲律宾精英家族政治的历史演进分析》，《南洋问题研究》2013年第4期，第42—50页。

③ 刘慧：《菲律宾民主化进程中的家族政治研究》，南京师范大学硕士学位论文，2014年5月。

④ Leo Suryadinate, *Southeast Asia's Chinese Business in an Era of Globalization：Coping with the Rise of China*, Singapore：Institute of Southeast Asian Studies, 2006.

⑤ Jomo K. S. and Orian C. Folk, *Ethinc Business Chinese：Capitalism in Southeast Asia*, Routledge Curzon, 2003.

⑥ Ellen H. Palance, *Chinese Business Families in the Philippines since the 1890s*, in Rajeswary Ampalavanaar Brow ed., Chinese Business Enterprise in Asia, London, 1995.

Business Families in the Philippines since the 1890*s*）和徐美红的《菲律宾四大华人家族企业集团的发展模式研究》①，通过个案分析，论述了华人家族作为精英阶层与当地政界和商界的联系密不可分，菲律宾华人家族企业集团实行的寡头垄断对菲律宾经济带来重要影响。

后马科斯时期，菲华踊跃参与选举恩庇政治。许梅的《菲律宾华人参政的历史演变与发展》② 和庄国土的《菲律宾华人政治地位的变化》③ 利用具体数据，论述了 20 世纪 80 年代至 21 世纪重要大选时期华人的政治参与状况，菲华为候选人提供经费，以达到影响当选者的目的，存在政治献金现象。随着土生华人、华裔青年人数的不断增加，菲律宾华裔青年联合会作为新时期菲华青年的代表，积极融入恩庇关系网络，戴一峰的《菲律宾华裔青年联合会探微——菲律宾新型华人社团个案研究》④ 就此问题展开了论述。

菲律宾华人政治归化于当地社会是不可逆转的趋势，菲华融合同菲华踊跃参与恩庇关系网络下菲律宾社会的发展是相辅相成的关系，华人以积极的姿态介入菲律宾政治经济社会生活，进而推动菲华融合，融合反过来又催生华人对菲律宾国家的政治认同感、责任感和归宿感，固而研究菲华融合是动态分析恩庇主义影响下，华人被动卷入到主动融入的转变历程的重要前提。

一言以蔽之，当今海内外学术界对菲律宾恩庇主义影响下华侨华人的研究多为片段式研究，多围绕某一时段相关内容分析，笔者认为探讨菲律宾恩庇主义与华侨华人的关系，更应以菲律宾历史发展脉络为线索，纵向精确探究不同类型恩庇网络作用下，各时期菲华社会由被迫卷入到主动融入的进程中的参与方式、参与程度和参与特点等内容，以及各时期不同表征相互间的承接联系，这些问题值得进一步深入探讨。

① 徐美红：《菲律宾四大华人家族企业集团的发展模式研究》，厦门大学硕士学位论文，2010 年 5 月。
② 许梅：《菲律宾华人参政的历史演变与发展》，《八桂侨刊》2001 年第 4 期，第 38—40 页。
③ 庄国土：《菲律宾华人政治地位的变化》，《当代亚太》2004 年第 2 期，第 12—17 页。
④ 戴一峰：《菲律宾华裔青年联合会探微——菲律宾新型华人社团个案研究》，《华侨华人历史研究》1991 年第 2 期，第 35—40 页。

《越南游历记》中所见的越南北圻华人华侨探析

滕兰花　　何哲①

（广西民族大学民族学与社会学学院　南宁　530006）

【摘　要】出使越南的清朝使臣的出使笔记或文集是研究越南华人华侨的绝好材料。1905 年奉命出使越南的严璩游历越南各处两个多月，其见闻汇成《越南游历记》，其中记录了河内、安拜等北圻地区华人华侨的数量以及经商情况，从其记载当中可见北圻华商力量相当强。但是北圻华人华侨也面临着一些不公正的政治歧视和经济剥削。

【关键字】严璩；越南；北圻；华人华侨

研究越南华人华侨史的史料众多，但有一类是应该密切关注的，那就是出使越南或出使欧美途经越南的清朝使臣的出使日记或文集，他们用手中的笔记录来了当时越南社会的发展状况，其中有不少是研究华人华侨史的重要材料。如光绪三十一年（1905 年）驻法使馆参赞严璩奉命偕同恩庆前往越南各处游历考察了两个多月，写有《越南游历记》，已有一些学者对此予以关注②，为本文的写作提供了重要借鉴，可惜分析不够全面。本文即以此书为研究对象，探析其中所见的越南北圻华人华侨生活状况。

一、严璩其人其书

严璩（1874—1942），字伯玉，侯官县（今福州市区）人，严复长子，1896—1900 年留学英国，回国后任江苏试用通判。1901 年 6 月醇亲王载沣出使德国，严璩作为三等翻译官随行。1904 年任驻法使馆的参赞。1905 年 5 月严璩以驻法使馆参赞的身份与使馆候选主事恩庆一起出使越南，与法国办理交涉有关商务及人头税等事务。宣统元年（1909 年），任福建财政监理。民国成立后，历任北洋政府长芦盐运使、财政部参事、公债司司长。民国十一年（1922 年），三度出任财政部次长，以及全国盐务署署长兼盐务稽查总所

① 作者简介：滕兰花，广西民族大学民族学与社会学学院教授，博士，主要研究西南边疆史地。何哲，广西民族大学民族学与社会学学院 2013 级中国史专业硕士生。

② 平兆龙、王元林：《南邻未必识：〈晚清海外笔记选〉中所载的西贡》，《东南亚研究》2014 年第 3 期。

总办等职。

　　《越南游历记》是严氏在 1905 年前往越南各处游历所写的专书。笔者目前所见此书有两个版本，一是福建师范大学历史系华侨史资料选辑组《晚清海外笔记选》（海洋出版社，1983）上有此书的部分内容摘录。另一是清光绪三十一的铅印本，因笔者条件有限，无法亲阅此书，但是中国数字方志库上有此书的全文内容，本文的研究即据此而开展。此书分为七个部分，依次是呈文、法属中印度纪略、日记、河内埠广帮身税名数、河内华商名单、法属南圻六省酒商名单、堤岸机器米磨公司九家名单。

　　呈文的署名是恩庆，介绍了出使的目的以及收获。法属中印度纪略主要是介绍法国在东南亚的殖民地即越南、老挝、柬埔寨的行政设置、海关、经济生活等情况。书中对越南境内的铁路走向、修造情况、里程记载得很详细。在介绍越南时，介绍了越南成为法国保护国的由来，越南全国和东京（即河内）的通商情况、关税、人口、学校、宗教、进出口货物情况均记载得非常详实，实为研究越南史的重要材料。

　　日记是此书所占篇幅最多的内容。从四月初七从法国到香港，其路线：香港—海口—北海—海防—河内—安拜—保胜—河内—同登—谅山—中国龙州—越南海防—会安—西贡—堤岸—香港。使团在越南境内各地考察，一直到六月初从陆路回到广西，一路上的见闻，均用日记的形式记载下来。每日行程，所到地点，所见之人，所闻之事，无所不及。而且从亲历者的角度来看，其史料价值极高，如北圻地区"出产米为大宗，多运至香港，1901 年计出口十五万八百十八吨。余则有糖蔗、丝、木棉、加非、烟叶、草木药料，每年所产生丝约五十万启罗，出口者约五分之二，余归土人自织。"①

　　严璩对北圻地区的华人华侨情况记录也最详细，在书中还专记了越南华商情况，分为"河内埠广帮身税名数"、"河内华商名单"、"法属南圻六省酒商名单"、"堤岸机器米磨公司九家名单"四个部分。虽然是以罗列的方式写出，但是也透露了华人华侨在越南经商的情况，可以与其他史料一起互相佐证。

二、书中所记之北圻华人华侨情况

　　从明代以来，华人华侨在越南分布广泛。严璩使团从越南北部海防至河内，再沿红河而上至保胜，又至同登、谅山，再至越南中部、南部西贡，一路所见，均见到了华人华侨。其中严氏在北圻地区游历最广，他格外注意华人在越南人口数量，"查越南一国自归法属后，商务日有起色，最发达者莫如西贡、堤岸、海防、河内四埠，统计华人不下十余万人。"②。这里的四埠华人不下十余万人，应该只是一个概数，其数量是相当可观的，仅东京有华人 33 000。严氏记载了河内居民数量共是 67 500 人，欧人 3 000，华人 2 500。严

──────────

①　（清）严璩、恩庆撰：《越南游历记》，光绪三十一年铅印本，第 4 页，引自中国数字方志数据库，http：//x. wenjinguan. com/BookDetails. aspx? pID = af8c9a7b-cede-4763 - 9eeb-a64510563767&pTitle（后同引此书，仅列书名及页码。）

②　（清）严璩、恩庆撰：《越南游历记》，第 1 页。

璩到达河内时，有十余名云南籍的学生在车站迎候。随后广东帮长吴达邦、中西文学堂监督江礼基来拜见。在河内，福建帮长洪宗泉、副帮长郑量前来拜见。

海防为东京商埠，为九舍河入海处，近东京海湾，华人华侨亦不少。1885—1890年出使美、日、秘鲁的清末外交官张荫桓在其出使期间所写的《三洲日记》里记载，海防"先是华人与越南立埠通商约十三年，近则法人鹊巢而鸠居矣。……华人铺屋约五百家，工商约五千人，公推一人为帮长。该块别无西商，亦无领事，其附近之河内、南定，约华人二千余；内块如广安、北宁、莽街皆有华人，未悉其数。……华人帮长权利略如副领事，尚能办事"。①1896年的海防"洋场马路纵横井井，虽不及上海之平坦，而马车、东洋车往来络绎，风掣雷行。洋行尚形寥落，有售货各店，尽广东人，约三千之谱，市景尚称热闹。该处本安南商务要口，旧日生意甚盛，故设商政衙门一座。自归法国管辖，此衙改为防兵驻守之所。法人别立海关抽收税项。"②。到了1905年，海防市有18 000居民，其中有欧洲人1 000，华人5 000。在海防货商会馆，严璩等人与帮长洪经邦及华人一二百人见面，获悉仅闽籍华人旅居海防者就有800多人。

在安拜（即安沛），"土人约万人，华人旅居为商者约七十人"，其中"粤五十、闽二十"，"不分闽粤，归一帮长办事。其生意以转运及什货为大宗"。③从安拜溯红河而上至保胜（即今天越南的老街），与中国的河口隔河相对，是一个重要的中越边贸城镇。"居保胜之华商约百四五十人，纳头等牌税者计六家，曰瑞昌、曰天顺、曰永利昌、曰云集、曰云和祥、曰天成利，均以转运洋货入云南为业。""在谷柳寄居之华人约百一二十人，均以售洋酒什货为业，中以协同昌一家为最大。"④两项相加，保胜华人数量也有300人之多。

在越南的华人华侨有自己的社团组织，即同乡帮会，各有会馆，各有帮长。严氏在海防就了解到"华人寓此者大约皆闽广两省民籍，二省各有帮长"⑤。在日记当中，与严璩见面的、有名有姓的华人就有近三十人，而且多为闽粤籍。在越南，严璩共接见了9位华人帮长，即海防闽帮帮长洪经邦、广帮帮长关远德，河内广东帮帮长吴达邦，河内福建帮帮长洪宗泉、副帮长郑量，安拜华商帮长郑英豪、帮长顺昌转运局黄启唐，堤岸总帮长郑昭明，堤岸福建帮长林民英。

北圻的华人华侨有自己的同乡会馆。河内历史上著名的唐人街位于今天的行帆街和懒翁街，行帆街主要是粤籍华人居住，懒翁街原名福建街，主要是闽籍华人居住。1803年，广东商人在河内行帆街兴建了一所粤东会馆作为联系乡谊之场所。嘉隆二年（1803）的《鼎建粤东会馆碑记》介绍了会馆的由来："升龙，南邦之都会也，亦东省之宝藏也。我客有历世以居，有新到以处，舟车之辏集，货殖之居奇，近古以来于今为盛。问其酬神恩、敦乡谊，未有咫尺之阶。每于岁时祭祀、公私燕会，尝集漱隘之家，无以尊隆视也。

————————————

① （清）张荫桓：《三洲日记》，《晚清海外笔记选》，海洋出版社，1983年版，第27页。

② （清）阙名：《游越南记》，《晚清海外笔记选》，海洋出版社，1983年版，第47页。

③ （清）严璩、恩庆撰：《越南游历记》，第19页。

④ （清）严璩、恩庆撰：《越南游历记》，第21页。

⑤ （清）严璩、恩庆撰：《越南游历记》，第8页。

馆之设，向欲举行而未果。"因此在广东帮庯老何昌辉、张成利、李胜合、何天盛、陆世昌、周仲广、陈登辉等人的倡议和主持下，终获乡人慷慨解囊购地建馆。建成后，"其门广，其阶既涂既塈，丹艧有光，厥观焕然矣。乃并列圣神位而新之，采装金碧乔乔皇皇，迎神之日若近若远，络泽欣瞻，咸以为旷古之所未有"。① 同时所立的《鼎建会馆签题录》是由顺德县鲍州梁廷记书写，共 7 行，共 193 人次参与捐资鼎建。在这 193 人次当中，有相当比例是商号。其中，顺德商人或商号共 72 人次；南海 67 人次，新会 14 人次，鹤山 4 人次，三水 4 人次，禅山 3 人次，增城 2 人次，番禺 2 人次，东莞 1 人次，高要 1 人次，阳山 1 人次，无籍贯者 22 人次。② 由可见北圻广东籍华人华侨力量之强。

此外，福建籍华人力量也不弱。据嘉隆十六年（1817 年）河内《福建会馆兴创录》记载："我闽地滨于海，惯以艚舱载货贾贩诸海国上。荷圣慈诃护，巨浸安澜往无不利世世沐恩久矣，靡不俎豆而祈赛焉。商舶南来，相竢升隆城，居住岁时飨祀，轮次排设，瞻拜荐献之仪，殊觉歉如，屡欲别建祠庙，旋复耽搁。岁乙亥灯节，因会中商议，各捐赀应给以创新庙。众口欣然同辞，爰于旧东华门处买土一区，分画基宇。时有人安良木船驾海而来，即以善价购之，并驰书回闽造神像、采石器规式以运，乃又置其事以仲夏起功，迨仲冬告竣，屹做一大宫宇。粤丙子春，神像船飞帆适至，蠲吉奉迎入庙安位。会店人落成，举同欢抃，且以庙外拜亭为本庯会谈之处，亦属妥便，名会馆云。"③ 此碑后列了 32 人（店）次的捐资者，均为福建籍商人（商号），其籍贯主要有晋江、安溪、同安、诏安、龙溪、南安、海澄等地。可见，华人华侨在河内聚集已经有较长历史，并有固定的议事场所和家乡神祠。

三、书中所记之北圻华人华侨的经济生活

北圻华人华侨多依托中越贸易从事商贩业，严璩所遇之人也多为商人，所见的有明确姓名的华商有闽帮帮长洪经邦，开有福裕什货店；广源昌船行总买办钟家祥，佛山人、开元昌铜铁灯色店张家永，广东省新会人、元丰盛米行李春华，粤人、永萃泰号（药材、茶叶）程孔之，广新源号梁盘三，元丰号总理李树屏，广源昌船行总账房钟锦泉，粤籍河内洋火厂董事谭亚枝、梁成泰、李梅石、董家勤。这些华商均有自己的商号。

书中的"河内华商名单"一目分行业列出了华商姓名、商号以及招牌税的等级，虽然看似简单的罗列，但从中可以了解河内华商经济实力。其中主要从事的行业详见下表1。

① 越南汉喃研究院主编：《越南汉喃铭文拓片总集》第一册，越南文化通讯出版社，2005 年版，第 198 页。
② 越南汉喃研究院主编：《越南汉喃铭文拓片总集》第一册，越南文化通讯出版社，2005 年版，第 197 页。
③ 越南汉喃研究院主编：《越南汉喃铭文拓片总集》第一册，越南文化通讯出版社，2005 年版，第 280 页。

表1 河内华商名单简表

行业	籍贯	河内商号及华商名称	招牌税等级
	广东	生和泰陈田，裕顺全区学泉，亚诗火柴公司谭亚枝，亿生吴琪彬，公泰隆保记，永德利许亦明	双一等
	广东	昆昌河万祥、东发陈鸿翔、东泰吴培宗、广昌何英广、公兴荣温方渔、荣昌杨叔箴、佳裕泰林松	一等
绸缎布疋什货	广东	和兴陈昌、厚德温厚兴、义兴祥陈涵记、同兴顺陈其	一等
日本货物	广东	谦记栈梁谦、永祥梁泰、生记梁叶	一等
铁器建造	广东	远昌源梁阁、永昌隆潘氏、广兴陈松贵、生隆泰陈生隆	一等
什货	广东	厚和祥关厚、南安隆黄羽记、顺福隆梁心秋、丽源吴达邦、杏隆堂陈礼、隆记张隆、易和昌亚邦、吉兴祥亚玉、广和昌吴世坊、利南昌张湛记	一等
		志兴和冯智、祥茂卢为芝、利丰许乐卿、福生张福、大昌符肇九、天合李炳记、钟寿记钟寿、怡安陈可敬、华昌梁伯皋	二等
代办米谷	广东	生源昌刘颂之、长安陈占吾	一等
	福建	长安陈占梧	双一等
烟庄	广东	合昌隆陈佑云南帮、南泰成何国清	一等
玻璃货	广东	荣德李荣德、怡记何鉴湖	一等
		祥兴刘其祥	二等
酒楼什货	广东	东兴园钟闰	一等
		燕芳楼岑恩	二等
新衣布疋	广东	昌祯祥陆祯祥、荣记吕巨昌、荣李文耀、宝生祥陈耀记	一等
		生和昌黎曾	二等
药材	广东	安和堂郭成记、祥春堂朱三记	一等
		普生堂黄万、广生堂关杰卿、德生堂关意记、怡和黄铺，西贡帮、永合成郭藻元	二等
首饰	广东	利安周起	一等
洋货	广东	同安泰关权	一等
印字	广东	大丰黄汝泉	一等
饼饵	广东	元利张永	二等
洋衣	广东	新昌泰甄明、源泰甄璧	二等

（续表）

行业	籍贯	河内商号及华商名称	招牌税等级
洋酒	广东	胜兴号谭垲廷	一等
		成记鲍毓堂、罗致记罗子乔、成和刘财存、顺泰黄顺演	二等
	福建	新成锦郑启昌	双一等
		合兴陈友藤、瑞成洪允渊、裕泉洪宗泉、建隆洪志教、盛永洪允全、合成梁祖挺、芳裕郑裕、成春郭洙若、福荣郑昌隆、源隆郑敬惜、福永昌洪思齐、长裕王梁、成德蔡淑、永芳张九老、瑞隆洪允湖、成和郑昌状、合春郭旭、永兴洪志尧、兴兴洪志前	头等
		长茂王仟、长美王温、成安蔡淑、福长虹郑昌隆、联茂郑蓝田、长兴王梁	三等

表 1 中共列华商店号及店主姓名一共 104 家，其中闽帮共有 29 家，广帮共有 75 家。就其主要经营的行业来说是非常广的，估计其经营规模较大，所以所交的牌税也很高。河内是越南的国都，华商数量多情理之中。但华人华侨并是仅仅集中在河内这样的大城市里，还深入到北圻的中部地区，如红河中游的安拜，也有不少华商。严氏在书中特列出了 38 家，如下表 2 所示。

表 2　安沛华商名单简表

行业	籍贯	安沛商号及华商名称（38 家）
洋酒生理	福建	荣春蔡荣春、建益洪志道、福隆洪泽诚
	广东	福兴郑英豪、致中和彭能彬、董耀董曜、瑞合发蔡增添
洋烟生理	广东	陈六陈门
苏杭杂货生理		聚泉兴钟连润、华英祥李杰
生熟药材		天和堂潘佳、寿堂梁学才
包办酒席		叙乐居董礼、瑞意居彭焕廷
杂货酒米生理		义泰李长石、任俊英、黎济泉、刘培、梁略文、李仕昌、关根、关银、黎柱
客寓生理		吴荣昌吴兰廷
税务		周华、周缵华
烧腊生理		江树、江树记
领车仔税		致和郭善球
皮鞋生理		永合陆德贤
孖地打仔地办房		关逸升
安兴公司办房		李佐臣
代理云贵帮货物	广东	周本堂、池大标、关闰林、郭启廉、黎福廷、梁芳廷
	广西	蒋伯荣

从上表1—2中我们可以了解到在越华商经营的行业是很广泛的，有相当贸易是依托中越货物互易而开展。据书中的"法属越南海关税则摘录"介绍，中国笔、墨、丝货、漆器、菜刀、小刀、干糖果、象牙器、绣货、琴弦绳、粗布、潮州扇等货物直接在名称前注明"中国"。

另外，值得注意的是，越南盛产稻米，东京（北圻）红河三角洲和南圻湄公河三角洲地区是主产区。据严氏书中所记，北圻河内出产米为大宗，多运至香港，1901年计出口150 818吨。南圻也是以米为大宗，仅堤岸、西贡就有机器米磨公司九家，每日所出之米自450吨至900吨不等。有研究表明，法属越南一百万华侨华人谋生领域相当广泛，主要成就来自商业，其中最成功的就在于碾米业和谷米贸易。① 李塔娜《寻找法属越南南方的华人米商》一文对严氏游记当中所出现的越南南方米商作了详细分析，指出他们只是由在香港和新加坡的华商派出的经理②。不过，就越南米市而言，北圻地区的米市也并不逊色于南圻。严璩在海防就了解到两位华人米商，一是顺泰米栈东家谭质均，号植三，新会人，光绪元年即已来此，其总行设在香港，每年运米出口不下百五十万包，大概运往日本者多。一是元丰盛米行经理人李春华，号树屏，亦新会人，在海防已18年，有分号在香港。

四、在越华人的政治经济待遇

在北圻的华人华侨数量虽多，但是其所享受的政治经济待遇并不太好。以中越边境的东兴为例，它与越南管辖的芒街以北仑河为界，边贸应该平等，但是实情却非如此。"法国入我中国疆场肆所欲为，无不可者。我华人至茫街者，一切按法律办理。如误带洋火一匣，罚十元至数十元不等。此等情形恐粤东大吏未尽周悉。再旅越华人或犯罪被控，或折本亏空，或因事牵连，此事所常有，而法官吏每于未定识之前，肆用虐刑，或火烙，或倒悬，冀取贿赂，此西法所无。"③ 为此，严氏深感不公，担心粤东大吏不了解情况，疾呼"我国官吏亦急宜设法咨问"。

严氏在海防还接待了一位粤籍寡妇吴罗氏的冤诉，说其15岁的儿子吴李生在海防生源号佣工，1904年正月三十一号晚7点钟，被闯入店铺的一名法国水师兵酒后持刀刺死，后虽然凶手被抓，但没有惩罚措施，而且河内中印度总督（原书即是如此写。笔者认为应该是法属印度支那联邦总督。后文为了统一行文，仍按原书中的进行书写，特此说明。）也只给了洋元20元，根本不够丧葬费，就更说不上主持公道，申张正义了。

实际上，吴罗氏的遭遇并非个案，而是说明了虽然华人在越南数量较多，但是在法国当局眼中总体上仍是属于弱势群体。这样的情况也可以在一些法国官员的言谈中找到证

① 梁茂华：《越南华侨华人碾米业和谷米贸易兴衰探析》，《东南亚纵横》2009年第5期。
② 李塔娜：《寻找法属越南南方的华人米商》，《海交史研究》2011年第1期。
③ （清）严璩、恩庆撰：《越南游历记》，第11页。

明。严氏在与副税务司施巴交交接 1904 年海关华货来货表时，施巴交就对旅趋同华人得不到清政府保护而倍受欺凌表示同情，他列举了"华人有时见律师为之作书，每一封索价一二百元不等。又越属其海湾华船捕鱼者约八十余艘，受苦情形亦时时闻之。总而言之，存种族之见，侮凌华人者多，彼虽主持公道为华人执言，无如众口咻咻，无从得直。且职处税司于地方上事亦爱莫能助，急宜设立领事以保护之云云。"① 他表示这种属于种族歧视，自己虽想为华人主持公道，但因职责所限，也是爱莫能助，他认为只有设立领事才能实现对侨民的保护。严氏对此也极为赞同。他注意到"旅越华人本无上等教育，法国种族之见至深，时存藐视之意，身税及各项捐照无论，外即遇讼案，未免存偏袒之心，而我侨民不知自爱，甘居人下，受欧人侮辱者亦复不少，即有一二稍知自好之士，欲与彼族争执公理，无如越南各埠并无我国政府代表人为之主持"②，所以他与同僚恩庆深有感慨当务之急是设领事，为此他们建议在海防、西贡二埠各设领事一员，驻海防者兼辖东京所属各埠，驻西贡者兼辖南圻所属各埠，以维护旅趋同华侨的切身利益。

除在政治上受歧视外，经济上在越华人也倍受盘剥，要交各种各样的税，且税额极重。严氏出访越南时距离曾纪泽出使已隔 27 年，他记录了华商所交的各种税赋，而且还敏锐地注意到"华人回国纳出口税洋六元。过埠一个月税纸洋一元。过埠住宾纸洋一元。过埠三个月纸洋四元"③，华商越多之地，出口税额就越高。如西贡、堤岸两埠的华商最多之区，所以华人所交的一切税均比河口和海防重，华商在西堤二埠回国时要交纳洋 16 元的出口税，是河口、海防二埠的 3 倍。

其实早于严氏出使越南的一些使臣早就注意到了华人所交的沉重税赋。1878 年被派充驻英法大使的曾纪泽在其《使西日记》记载："法人以六项之税总华民：曰进口税；曰出口税；曰招牌税；曰地基税；曰房屋税；曰身口税；其政烦苛非所以持久也。"④ 1884 年，蔡钧在其《出洋琐记》当中详细记载了华人该交的税款："凡自十五岁以上新至才，需纳身税银二元，一年以后纳银五元，近日又复加增。贸易者领牌，分七等，按岁缴之于官：一等牌费二百元；二等一百二十元；三等八十元；四等四十元；五等二十元；六等十二元五角；七等七元。领牌贸易之人身税另纳，亦分数等：上等六十三元；二等四十元；三等二十五元；四等十二元；余照寻常身税。赋至负贩，贫至佣工，仅敷糊口，岁暮亦需完纳，无则监禁。刻酷虐暴，至于如此，此欧洲各国之所无而法人悍然行之而罔顾。鸣呼！岂第苛政猛于虎哉。"⑤ 张荫桓《三洲日记》记载："据查西贡、堤岸、海防、河内各埠，法人征税，增减无常，专征华人，尤不公道。拟请西贡设华官以保护商民，至于海防则津约具在，将来应可相机派设云。"⑥

① （清）严璩、恩庆撰：《越南游历记》，第 12 页。
② （清）严璩、恩庆撰：《越南游历记》，第 1 页。
③ （清）严璩、恩庆撰：《越南游历记》，第 32 页。
④ （清）曾纪泽：《使西日记》，《晚清海外笔记选》，海洋出版社，1983 年版，第 11 页。
⑤ （清）蔡钧：《出洋琐记》，《晚清海外笔记选》，海洋出版社，1983 年版，第 13 页。
⑥ （清）张荫桓：《三洲日记》，《晚清海外笔记选》，海洋出版社，1983 年版，第 27 页。

严璩还记录了河内埠广帮华人所交的身税人数及税额。"头等税，八十二人，每人每年纳洋九十二元四角。二等税，九十人，每人每年纳洋三十一元五角。三等税，一千四百七十人，每人每年纳洋七元三角五分。老疾妇孺，六百人，每人每年纳洋五角三分。另每人加照相费一元，纳头等税者可免。"① 华商各商号须交纳的招牌税也有详细记录。"超等招牌税，每年纳洋五百五十元。计五家。一等一税，每年纳洋三百五十元。计十七家。一等税，每年纳洋百五十元，计三十五家。二等税，每年纳洋百五十元。计二十八家。三等税，每年纳洋六十元。计五十四家。四等税，每年纳洋四十五元。计二十六家。五等税，每年纳洋二十二元。计十一家。招牌税外另抽房租，每百元加洋三元。"② 这样重的身税以及招牌税自从越南沦为法国殖民地后即推行，"所有亚细亚人除日本人及英属印度人外，均须照例纳捐"③，明显就是经济歧视。所以严氏所见的华商多议及身税问题，如海防广帮长关远德就认为，"孙星使有意令法政府蠲免身税以及各项护照，事若得成，华商必深感戴义。三等身税初立时不过三元刻，已加至十一元二角，彼之敢于为此，亦知我辈无人保护耳"。④

严氏一行的一个重要任务就是与法国当局商议减免华人税赋的问题。4月25日使团到达海防华商会馆，在场的一二百人对此事群情激动："俱谓法人苛待华人，自甲申而后，添设各项税目，逐年递加，至于今日，倘不设法诘问，责成蠲免，后来必无底止。今得出使大臣孙公为我辈设法，足见朝廷虽未设领事，未尝一日忘我侨居海外之民，实深欣幸云云。"⑤ 华商们也极为体谅清政府的难处，提出"身税之设，彼法实歧视我华，如不能悉数蠲除，能将妇孺一项豁免亦佳。"⑥

不过，这样简单的要求却因清朝国力衰弱的现实被拒。使团于5月13日下午拜见法国驻越南总督鲍渥，明确提出"侨寓华人身税过苛，此外尚有各项捐照欧人所不纳者，此番驻法孙大臣奉命派等前来申请悉数蠲除，以符乙酉所订照最优待之国款待之条。"⑦ 殊不知法国当局对此是绝不松口。总督鲍渥竟诡辩称身税征收的原因是："华人勤俭耐劳，不耻恶衣恶食，所有积蓄即以寄家，而欧人饮食居处素优，用费自巨，由是观之，即有各项捐税，适足相抵，至于今日已成进款大宗，欲觅他项相抵，实非易事。"如此无理的借口被严氏严斥："华人不耻恶衣恶食，无非自行刻苦，何损于欧人。如以其少有积蓄而加重捐搀之，公理无乃未合法。与日本之交谊不逊于中法乎？然自甲午以来，日本人侨寓越南者无身税矣。"鲍渥无力诡辩驳，只好称，日本在越人数有限，并非是亲日本而薄中国，请俟清查后再议。虽然这样的承诺仍只限于口头答应，但是对于在越的华商而言，这表达了清政府对海外侨民的保护意识。

---

① （清）严璩、恩庆撰：《越南游历记》，第31页。
② （清）严璩、恩庆撰：《越南游历记》，第31页。
③ （清）严璩、恩庆撰：《越南游历记》，第8页。
④ （清）严璩、恩庆撰：《越南游历记》，第9页。
⑤ （清）严璩、恩庆撰：《越南游历记》，第10页。
⑥ （清）严璩、恩庆撰：《越南游历记》，第13页。
⑦ （清）严璩、恩庆撰：《越南游历记》，第15页。

　　严氏此行还有另一个任务，就是组织旅越华人在当地设商会、立学堂。不过，他们并没有获得很好的进展。在海防，虽然在与华商讨论设立商会、学堂两事时，在场者均表示从未有清朝官员过问此事，但是"学堂商会之设一时未能决议，图之异日可也"。① 严氏对众人的反应似乎早有心理准备，他作了深入分析，"海防商会之不得立，其故厥有三端。一众商意见不合也。海防一埠粤人四千，泉漳八百，即其中大商家而论，已有四五党，各存意见，其小更无庸论。二华商旅居异国，从无上等商会教育，虽有三五稍达时务之流，而不识商会为何物，不知商会为何用者，居其大半，与谈此等有裨大局，有资公益之事，彼直漠然，反谓多事糜费。三不肖华人素以上间地方官威力协使同胞以为私利，商会一设则华人有所依赖，而彼辈失其个人之私权，故从中阻挠，不遗余力，事本不易成，又以此辈恐吓阻挠，更无所望。"②同样，在河内与华商议设商会时，也直接被当地华商在经费缺乏为由拒绝。在西贡、堤岸二处富足华人商对此也反应冷谈，多次推诿。

　　综上所述，严璩的《越南游历记》为后人呈现了 20 世纪初期越南北圻地区华人华侨生活状况，书中的许多内容涉及政治、经济、文化等多方面，多角度地展示了北圻华人华侨的情况，是极难得的华侨史料，而且也是海上丝绸之路的重要研究材料。因篇幅有限，本文仅是对此书的文献内容进行疏理分析，仅为抛砖引玉，有待于学术界的进一步研究。

---

① （清）严璩、恩庆撰：《越南游历记》，第 13 页。

② （清）严璩、恩庆撰：《越南游历记》，第 14 页。

浅析 20 世纪以来泰国华泰族群关系①

潘艳贤

（广西民族大学东盟学院　南宁　530006）

【摘　要】 泰国作为中国实施"一带一路"战略的重要节点国家，其国内融洽的华泰族群关系，及其一贯与中国保持的友好关系，可以在东盟国家中树立良好的典范，为中国新丝绸之路构想在国外落户生根增信释疑，加强相关国家和地区对新丝绸之路建设倡议的认同与支持。本文从语言使用、族际通婚、族际交往等方面分析 20 世纪以来泰国华泰族群关系。

【关键字】 泰国华人；族群关系；21 世纪海上丝绸之路

随着全球化、现代化的发展，不同族群的接触更为频繁，构成了当今世界复杂、多元的族群关系格局。不同族群之间的关系问题不仅会对局部地区、对国家造成影响，甚至还会影响到国际关系。目前全球海外华人总数多达约 5 000 万，他们与所在国民族的关系好坏影响相当重大、深远，尤其随着我国共建"丝绸之路经济带"和"21 世纪海上丝绸之路"战略构想的提出，华人族群与所在国其他族群的关系问题可谓牵一发而动全身，对整个建设规划的影响举足轻重。"一带一路"沿线国家，尤其是分布于海上丝绸之路沿线国家的华侨华人约占世界华侨华人总数的 80%，他们与祖籍国血脉相连，是海上丝绸之路的开拓者、助推者和建设者。在这些国家中，泰国华人被认为是与当地主体族群融合程度最高、族群关系最和谐的。本文根据实地调研情况，从语言使用、族际通婚、族际交往等方面探析 20 世纪以来泰国华泰族群关系。

一、从语言使用看华泰族群关系

语言是族群边界的重要标识之一。在族际交往的过程中，语言符号既是交往的重要

---

① 作者简介：潘艳贤，广西民族大学东盟学院助理研究员，研究方向为华侨华人、东南亚研究。
本文系广西科学实验中心"中国—东盟研究中心"2014 年开放课题"海外新移民的中华文化传承与变迁研究——以泰国为例"（KT201412）阶段性成果。

媒介，也是族群认同的基础。语言往往成为移民族群区别于移入地其他族群的一个重要边界。

作为符号的语言在族际、族内交往中的使用是不同的 。一般来说，族际交往使用"通用语言"，族内交往则使用本族语言或方言 。在泰国，由于"生意上的来往，在共同的学校接受教育，共同的宗教信仰，使泰华与泰人在日常生活上有很多接触的机会。因此，大多数的泰华都能口操泰语，笔书泰文。尤其是第二代、第三代的泰华后裔，其泰语、泰文的程度，并不比泰人逊色。"① 语言的使用情况反映了泰国华人与当地主体族群的融合程度。

根据《华侨华人蓝皮书：华侨华人研究报告 2013 年》的统计，至 2011 年泰国华侨华人人口约 718 万人，占泰国人口比例的 10% 左右。其中，潮洲籍人口位列榜首，占 65% 的比例。可见泰国华人移民绝大多数来自中国广东的潮汕地区，操潮州方言。由于他们多从事工商业活动，并且在泰国经济生活中占有重要的位置，潮州话成为泰国非常重要的商业语言。在泰国，20 世纪 90 年代以前，汉语普通话基本上没有什么地位。因为泰国华文学校被关闭得比较早，只有极少数的华人，主要是 60 岁以上的老一辈华人，在小时候曾经接受过华文教育，掌握汉语普通话和华文。目前，泰国有多家中文报纸，编辑人员基本上都是这些老人，中文人才青黄不接的现象比东南亚地区其他任何一个国家都严重。

潮汕移民家庭一般都要求其子女学习潮州方言，并且坚持在家里讲潮州话。这个传统和习惯在第一代、第二代华人中一般能够得到坚持，但是到了第三代之后就难以为继了。因为第三代以后的华人子女一般都是在泰文学校受教育，他们的朋友多是泰人，长大以后交的朋友及同事也多是泰人，加上家中第一代、第二代老人逐渐减少，他们慢慢地就很少有机会在家中讲潮州话了。

对于同族人来说，本民族语言具有强化认同的功能，但这种情况也是相对的，它会随着认同范围不同而表现出不同的认同层次。笔者在泰国做调查期间，接触过不少华人大学生，他们一般都是第三代或第四代华人后裔，基本上都不会讲原乡话，有少部分会讲一些简单的日常用语。美国学者科赫林·理查德·詹姆斯在 20 世纪 60 年代对 60 对泰国华人夫妇进行了问卷调查，他们均为移居泰国的第一代华人，有 30 对夫妇是潮州人，另外 30 对夫妇是中国其他方言群的人。他们中有 57 个人认为泰语是重要的，56 个人认为潮州话也很重要，没有人认为英语对他们的职业是必要的，7 个人认为中国其他方言也是必要的。詹姆斯发现，当各个方言群的华人走到一起，他们在不懂对方的语言时，便使用泰语进行交谈。如果是潮州人小店主和小商人，他们的顾客也主要是潮州人，那么平时一般都是使用潮州话。简言之，第一代华人移民来到泰国之后，他们一般都不得不根据泰国特殊的语言环境进行自我调整与适应。而泰国语言环境的特殊性表现为：潮州话是不可缺少的商业语言，泰语是当地主体民族的强势语言，两种语言都是不可缺少的。语言适应性与一

---

① ［新加坡］崔贵强：《泰国华人的同化问题》，载 ［新加坡］崔贵强、古鸿廷主编：《东南亚华人同化问题之研究新加坡教育出版社，1978 年版，第 92 页。

个人的经济活动有非常密切的关系，詹姆斯在调查中发现，华人家庭妇女一般都未像她们的丈夫那样迫切地学习泰语和其他语言。① 笔者在曼谷唐人街采访了一家杂货店的店主。他们一家四口人是 2002 年通过在泰国的亲戚的帮助从潮州来到泰国曼谷唐人街做生意的。目前他们都还没有取得泰国国籍，定期要返回中国办理签证事宜。笔者问他们初到泰国时并不会泰语，如何在这里扎根做生意。他们回答，在唐人街做生意，潮州话畅通无阻，泰语可以慢慢学。

与第一代华人有较大的差别，第二代华人的语言适应情况有自己的特点。首先，泰语成为他们在学校学习的主要语言，潮州话和中国其他方言只是在家里使用得比较多。如果是在第二次世界大战前出生的华人，他们中的一部分人可能还上过华文学校，接受过几年时间的华文教育。至于第二次世界大战后出生的泰国第三代华人，他们生长在与前两代完全不同的语言环境中，华文学校被全部关闭，华文传播媒介也受到严格的限制，与中国的联系也完全隔断，他们与泰人的子女同在一个学校学习，一起成长，泰语成为他们的母语，华语普通话是不会说的，最多只是从老一辈那里学到一点潮州话或其他中国方言。如果是接受过高等教育尤其是曾在西方国家留学的华人，大多都是只懂泰语和欧美语言，至于中国方言，早就不会说了。

至于其他中国方言群的华人移民，在曼谷地区，由于生意上的需要，也有许多人会说潮州话。在一些客家人聚居的地区，如合艾市，还有不少人会说客家话，尽管他们已经是华人移民的第三代或第四代了，但仍然能够说一口非常流利的客家话，而且是标准的梅县口音。②

通过对华语在泰国的使用状况和华人文化背景的分析，我们发现泰国华人对华语有着不同方向的两种趋势的矛盾心理。首先，华人认为华语是保持和传承民族文化、维系族人情感的重要纽带，对华语有着浓厚的天然情感。由于华人在泰国是少数族群，在强势文化、语言的包围中，华语保持华人独特性的作用很明显。华人集会的场所中，往往是泰、汉双语并用。在平时交谈中，只要确定谈话对方会华语方言或普通话，交谈者必定从泰语转用华语。华语的这种情感纽带的功能之所以得以保持的原因，一是华人人口众多，在曼谷分布尤其密集；二是移民的连续性加强了这一功能。其次，华人在泰国的经济地位比较高，在农业、金融业、制造业、建筑与房地产业等都有举足轻重的地位。在政坛上也比较活跃，如前总理班韩（汉姓马）、川·立派（汉姓吕）、他信·西瓦那、英拉·西瓦那等都是华人。所以，泰国华人常以自己的身份而自豪，完全不避讳自己会说华语，而且以之为荣。

但是，部分华人对华语还存在不重视甚至放弃的一面。这是因为：第一，在泰国现实生活中，华语的实用价值已大大降低。第二次世界大战后，华人的经济活动圈子已从华人

① 参见 Coughlin Richard. James, *The Chinese in Bangkok——A Study of Cultural Persistence*, Published by University Microfilms, Inc., AnnArbor, Michign, USA, 1969, pp. 9 – 11。

② 曹云华：《泰国华人社会初探》，《世界民族》2003 年第 1 期，第 73 页。

社会转向多元化、国际化大环境，而且经营方式也从家庭经营转变为向社会开放，并且雇用大量泰族或其他民族的员工，商业用语也主要靠泰语或英语。这使得泰语和英语的重要性远在华语之上。而且送往华语学校就读的学生数量锐减，大多数人送往泰文学校，经济情况好的还把子女送往用英文授课的国际学校。第二，与泰人通婚使华人子女使用语言的随意性大大增强，华人家长也减弱了对子女学习华语的要求。第三，从语言本身来看，泰语具有开放性，不断借入大量的外来词语以适应社会发展的需要。而且泰语还有很完善的文字系统，华语在泰国则较为封闭，因而学好泰语、泰文对华人子女在泰国社会生存和发展有很现实的意义。根据子女升学、考大学、找工作等现实情况，华人家长并不强迫子女学习华语。实际上，华语已成为除泰、英文学业以外可有可无的兴趣学习内容。

这两种相互矛盾的心理实际上是语言情感价值与语言实用价值的矛盾，是由华人在第二次世界大战后的经济、文化的历史发展与现实需要造成的。这种情况在最近几年有很大改变，华语在泰国的使用和发展又有了新的转机。近年来，中国大陆、香港、台湾成为泰国增长最快的贸易对象。随着中国国力的稳步提高，泰国与中国的经济贸易、技术合作项目不断增加，使得华语成了重要的商业交流工具。特别是在 1998 年从泰国蔓延开的亚洲经济危机中，中国政府坚持人民币不贬值，对稳定亚洲经济做出了巨大贡献，更证明了中国的经济实力和在亚洲的重要地位。总之，经济发展的需要给泰国华语的使用和学习注入了新的活力，而且有进一步强化的发展趋势。

泰国是一个以泰族为主体民族的佛教国家，不同种族、多种宗教构成了泰国的多元文化特征。华语在泰国是一种服从于主体民族语言和文化而又自成体系的语言。整体说来，泰国华人对所使用的各种语言的观念是开放、友善、平等而又非常务实的。华人的华语观是由华人在泰国的历史发展和社会地位决定的。血液中的亲情、汉文化博大渊源的根基使华语能够保持长久的吸引力，而现实生活的实际要求又使华语的生存和发展有很大压力。这种状况造成了泰国华人对华语的矛盾心理。而在近些年中，随着中国国力的增强，华语在国际上地位的提高，泰国华人（甚至非华人）重新认识到华语的重要性。泰国政府也明确意识到华语的商用价值，放宽了对华语学习的管制。这些因素为华语在泰国的学习和使用注入了新的活力，留下了充分的发展空间。

语言是一个民族的重要特征，语言观念是人们对语言的使用价值的看法，其中包括对语言的地位、功能以及发展前途等的看法。透过语言观念，我们可以看出一个民族深层的、稳固的民族心理内质。而民族语言的使用在很大程度上反映着使用者的民族认同。事实上泰语和华语并不是两条平行线，而是互相影响，渗透的。比如泰语称谓语中的汉语方言借词。泰语里的汉语借词主要来自中国南方各地。例如潮州方言的：［cha ŋ214］"仓"、［taw342 hu：342］"豆腐"、［taw342 jiao342］"豆浆"、［co k35］"粥"、［khun342 chaj342］"芹菜"、［khim241］"琴"、［kiaw342］"饺"，粤语的［jam214cha 214］"饮茶"、［kun33 chian33］"灌肠"，海南话的［to 342］"嫂"、［niao33］小孩儿，客家话的

［jen33ta 33 fo 33］"酿豆腐"等等。① 如今泰语中的汉语词汇借词以潮州话居多。而泰国的潮州话也与中国本土的潮州话有一些区别，其中一个区别就是潮州话中有借用泰语词或其他外来发音。可见华泰两种语言也是互相影响渗透的。

语言不仅是人与人之间的交流工具及各族群传承文化的载体，也是族群寻求认同、确立合法身份、地位的重要手段，在一定程度上也会对民族国家的形成和维持起着重要作用。只有尊重各族群语言的平等权利，尊重各族群自愿选择的意愿，同时加强各族群之间的交流和理解，才能巩固多族群多语言社会的稳定与和睦。

二、从族际通婚看华泰族群关系

族际通婚可以深刻反映族群关系深层次的状况，这是因为族群之间的基本差异深植于人们的群体认同之中，"而每一个人只有对另一个人在感情和心理上都认为'可以接受'和感到十分亲近的时候，才有可能考虑到与他（她）缔结婚姻的问题"。"除了个别案例外，只有当两个民族群体的大多数成员在政治、经济、文化、语言、宗教和风俗习惯等各个方面达到一致或者高度和谐，两族之间存在着广泛的社会交往，他们之间才有可能出现较大数量的通婚现象。"② 所以族际通婚可以作为测量不同族群相互关系和深层次融合程度的一个非常重要的方面。华人与当地民族的通婚情况可反映出华人融入当地主流社会的程度，华人对族际通婚的看法也能在一定程度上反映出华人对身份认同、文化认同的意识观念。MiltonM·Gordon 认为，族际通婚，尤其是大规模的族际通婚，是同化的一个重要阶段，一旦实族际通婚，离民族同化也就只有一步之遥了。③

泰国华人与当地人通婚的历史可以一直追溯至古代。在泰国，20 世纪初期以前的华人男子，一般都是与当地人通婚。早期土生华人社会的形成，实际上就是华人与当地人通婚的结果。据有关方面统计，在 1905 年，华人人口占了全国人口（830 万人）的 10% 左右。华人人口之所以占如此高的比重，实际上与族际通婚有关系。"许多移民定居下来，与当地泰族通婚。号称'洛真'（lukjin）的混血子孙，几乎都自认为华人"。④ 史金纳也认为，"华人移民在暹罗居住 5 年之后，便会有一半的人与当地妇女结婚"。⑤

进入 20 世纪之后，泰国华人与当地民族通婚现象有减少的趋势，这主要由于以下几个方面的原因所致：一是土生华人已经发展壮大成为一个独特的社会。在土生华人社会，男女性别比例逐步接近，从而有可能实现内部通婚。二是从中国南移的华人妇女逐步增加，使华人会男女性别比例悬殊的现象得到逐步改变，导致华人在本族群内通婚成为可

---

① ［泰］魏清：《泰语称谓语中的汉语方言借词》，《汕头大学学报（人文社会科学版）》，2005 年第 3 期，第 85 页。
② 马戎、周星：《中华民族凝聚力形成与发展》，北京：北京大学出版社，1999 年版。
③ Jirawat Wongswadiwat：*The Psychological Assimilationof Chinese University Studentsin Thailand*，Published by University Microfilms，A Xerox Company，Ann Arbor，Michigan，USA，1976. pp. 88，170 – 171.
④ 潘翎主编：崔贵强编译：《海外华人百科全书》，三联书店（香港）有限公司，1998 年版，第 222 页。
⑤ G·WilliamSkinner，*Chinese Society in Thailand*：*A Analytical History*，published by Cornell University press，Ithac NewYork 1957. P. 127.

能。MichaelR·J·Va-iotis 这样写道，"1918—1931 年间，华人移民蜂涌而来，深深改变了华社的性质。这不但使华社人口激增，也使中国出生华人的比例大为增加。更重要的是，移民的携眷同来，女性移民的入境，使异族通婚走向式微"。[①] 三是从 20 世纪初期起，华人民族主义不断发展，在民族主义情绪的作用下，华人如果与当地妇女通婚可能被视为对本民族（中华民族）不忠的一种表现。

战后，泰国华人与当地民族通婚的现象又逐渐多了起来。造成这种社会现象的原因是非常复杂的，其中最主要的原因，是文化适应的结果。战后，尤其是在 20 世纪 50 年代之后，华人社会与母国完全隔绝，为了在东道国生存与发展，他们必须从各个方面适应东道国的环境，包括在政治上确立新的认同，在文化上认同当地文化，在生活方式上也基本上当地化，经过几代人的适应，华人后裔已经完全融入当地社会，在这种情况下，族际通婚是很自然的事情。反过来，族际通婚又进一步地促进华人与当地民族的融合或同化。

泰国华人与当地民族通婚的比率之所以比较高，主要是由如下两个原因决定的：一是社会流动性大。许多研究族际通婚的学者认为，社会流动性较大的社会，各种族之间的接触增加，种族隔阂和歧视会逐步缩小，因此，族际通婚的情况也会比较多。与其他国家相比，泰国中文学校关闭得最早，也最为彻底，由于华文学校被全部关闭，华人子弟从小与当地泰族学生一起上学，接受教育，参加各种活动。因此，各民族青年在一起互相接触的机会增多，有许多异族男女由产生爱情发展到结婚。据笔者的观察，在泰国，族际之间的交往和通婚所受到的阻力比较小，甚至是受到鼓励的。在泰国上层社会，华人富商子女与当地达官贵人通婚是非常普遍的事情。泰国前总理克立·巴莫的曾祖母便是华人，是拉玛二世的王妃。连国王拉玛七世本人也坦承，皇室有华人血统，"暹罗与中国之民族，固兄弟之亲也。即以现在而论，暹人之血统已与华人混而为一，以至不可分化。暹国之高级长官，无论已往或现在，多属华裔。……就朕而言，亦含有华人血统在内"。[②] 泰华富商子女与泰国达官贵人的通婚，在某种程度上可以说是政治与商业联姻。泰华富商需要通过婚姻的形式寻找政治靠山，而当地高官则需要财富，两者的联合，实际上是各取所需。类似这种现象在菲律宾也是很普遍的。二是文化的差异性。一般而言，两个民族的文化的差别悬殊很大，换一句话来说，就是两种文化具有较高的异质性，那么，两个民族之间必然会有较大的社会距离，相互通婚的可能性也就比较小。两个民族的文化差别悬殊不大，甚至比较接近，也就是说，两种文化的异质性较低，那么，两个民族之间的社会距离就比较小，相互通婚的可能性则比较大。这种一般规律在东南亚各国也是同样存在的。在泰国，华人与当地族群信仰同样的宗教——佛教，生活方式也基本上类似，文化上也比较接近，加上佛教对异教徒持较为容忍的态度，于是，华人与当地民族通婚的现象便比较普遍。[③]

① Cristina Blanc Szanton， "Thailand Sino—Thaiin small Town Thailand：Changing PatternsofInterethnic Relation"， From Edited byL·A·Peter Gosling & Linda Y·C·Lim， "The Chi-neseinSoutheast" Volume 2， Identity， Culture and Politics， Published by Maruzen Asia Pte. Ltd. Singapore 1983. pp. 107－109.

② 转引自陈健敏著：《泰国的华侨华人》，载于泰国《泰中学刊》，1999 年，第 48 页。

③ 曹云华：《从族际通婚看泰国华人与当地民族的关系》，《东南亚研究》2001 年第 2 期，第 7 页。

　　泰国华人与当地民族通婚，是泰国华人融入泰国当地主流社会的结果，拿社会学的理论来解释就是指社会化。何谓社会化？它是指"在特定的社会与文化环境中，个体形成适应于该社会与文化的人格，掌握该社会所公认的行为方式"。[①]社会化的基本理论告诉我们，泰国华人与当地人通婚这一普遍现象，是泰国华人儿童与青少年的社会化过程与特点所决定的。战后，泰国政府关闭了全部中文学校，华人子女与泰人一起上泰文学校，一起接受泰文学校教育，从小学到中学到大学，基本上都是华泰同校。华人子女，尤其是唐人街以外的与泰族混杂居住的华人家庭，其子女从小就与泰人一起，相处甚为融洽，甚至是亲密无间。加上大多数时期泰国政府对已经加入泰国国籍的华人实行与泰人一视同仁的政策，华人在从政、从军及就业中也与泰国当地人没有什么差别，两个族群之间基本上不存在什么偏见和歧视，从而为异族男女交往和结合扫除了各种障碍，铺平了道路。美国学者 Jirawat Wongswadiwat 在他撰写的一本叫《泰国华人大学生的心理同化》的著作中也阐述道，在 20 世纪 60—70 年代，泰国华人与当地人通婚的现象增加了。其中主要原因，是因为年青一代能够自主地选择自己的伴侣，他们有机会在学校和在社会上与异性交往。"当华人与泰国当地青年的行为方式和价值观变得越来越一致时，族际通婚自然就增加了"。"我们发现，同辈集团对华人学生是否选择泰国当地姑娘作为伴侣有着决定性的影响。如果这位华人学生的同辈集团中泰人朋友多过华人朋友，那么，他对与泰人通婚持更加积极的态度。我们对几家大学的一些系的调查结果均证明了这一点。……调查还发现，如果这位华人学生的同辈集团中所有的朋友都是泰人（或者是华人与泰人朋友相等），到了大学四年级的时候，这位学生更加愿意与一个泰国当地人结婚而不是华人"。[②]

　　笔者对 21 世纪初的华裔青年的族际婚姻观进行了调查。在笔者针对华裔大学生的调查问卷中，对于："您是否愿意和其他当地民族的青年通婚？a. 只要有合适的，就愿意。b. 不愿意。c. 无所谓。"这一问题，受访的 100 名学生中 88% 的学生明确表示主要根据个人情况，而非民族身份，对与泰人通婚并不排斥；11% 表示无所谓，只有 1 个受访者表示不愿意。对非华裔学生相对应地设置了这个问题："您是否愿意和华裔青年通婚？a. 只要有合适的，就愿意。b. 愿意，但是觉得华裔泰人不太喜欢和非华裔泰人通婚。c. 不愿意。d. 无所谓。"其中 97% 的学生都表示愿意和华裔结婚。

　　调查发现，早期华泰混血儿一般都喜欢与自己的同类通婚，这类通婚的比率随着代间的增加而减少。第一代的华泰混血儿中 90% 娶同类女性为妻，第二代降至 65%，第三代和第四代降至 47%。也就是说，到了第三代、第四代之后，华泰混血儿的华人特性越来越少，他们已经逐渐融入当地主流社会，与泰人通婚的已经基本上没有什么障碍了，于是族际通婚的现象便日益增加起来。在一般的情况下，泰国男子很少娶华泰混血女子为妻，这

① 时蓉华编著：《社会心理学》，上海人民出版社版，1987 年版，第 42 页。

② Jirawat Wong swadiwat, *The Psychological Assimila-Tion of Chinese University Students in Thailand*, Published by University Microfilms, A Xerox Company, Ann Arbor, Michigan, U. S. A. 1976. p. 88. ; pp. 70 – 171. Jirawat Wongswadiwat, *The Psychological Assimila-tionof Chinese University Students in Thailand*, Published by University Microfilms, A Xerox Company, Ann Arbor, Michigan, U. S. A. 1976. p. 88. ; pp. 170 – 171.

可能与社会经济地位有关。因为，华泰混血女子的社会经济地位较高，而处于较低地位的泰国男子当然很难娶到她们。但是，如果出身名门望族的泰国男子，要娶华女或混血女子为妻还是不难的。[①]

在泰国，华泰通婚是族际沟通良好的结果，越来越普遍的族际通婚反过来又进一步地促进了族际沟通，两者互为因果，互相促进，也促进了两族的融合。华泰通婚家庭及其子女的情况有力地证明了这一点。从历史到今天，泰国社会中政治经济文化精英人物中有许多都出自华泰混血儿。近几十年来，泰国历届内阁中都有大量的华人、华裔官员，各府、市、县政府中，也有许多华人、华裔官员担任要职。例如"1987 年的政府内阁成员 44人，有中国血统的占 1/2 以上，包括总理察猜·春哈旺上将和几位副总理、部长与部长助理在内。高级军政官员中 80% 有中国血统"[②]。而最近几届政府中，华人、华裔官员的数量更多，他信、沙马、阿披实、英拉等前总理都是华裔，还有不少华裔警察、法官、检察官、律师等。在经济地位上，华人不仅是早期泰国资产阶级和工人阶级的主体，自 20 世纪 40 年代以来，更在泰国金融业和实业中占据主导地位，在泰国经济中占有很大比重。比如在泰国的 16 家商业银行中，就有 8 家是由华人家族集团经营的。泰国华人还产生了不少的文化精英，如著名泰华报人、作家、翻译家洪林、林光辉、黎道纲、陈博文、蓝焰、邓澄南、林牧等人，他们创作、翻译了大批优秀的中文和泰文作品，为传承中华文化、搭建中泰文化友谊桥梁做出了重要的贡献。

三、从族际交往看华泰族群关系

族际交往是指不同族群成员之间的接触、往来和交流，是构建良性族群关系的关键。源于不同文化背景的族群交往通常表现为族际之间的矛盾、冲突与调适，族群关系便在这种互动过程中趋于紧张或和谐。族群和谐必须建立在族际成员接触交往交流之上。促进族际交往交流，应是当前多族群国家实现族群和谐的关键选择。

华人与当地民族关系融洽与否构成族群矛盾的一个主要方面，影响当地人民对于华族的态度和行为。一般而言，老一辈华人移民的人际交往以本族群为主，而第二代、第三代以后华人的人际交往则基本上不受民族的限制，他们有比较多的泰人朋友。

根据笔者的调查，泰国华人与泰人之间的社会距离相对比较小。华人与泰人交朋友非常普遍，而且他们之间成为亲密朋友的比例也非常高。许多华人/泰人表示，他们是否与泰人/华人发展成朋友关系主要取决于个人，而不是他的种族或是民族属性。笔者在调查问卷中对华裔和非华裔青年分别设置了如下几个问题：（1）泰族人如何看待华人？（2）您认为华人与泰国其他民族的关系如何？（3）您认为华裔泰人能否真正融合到泰国当地民族中去，成为当地民族的一部分？其中 97% 的受访者认为泰国华人勤劳、刻苦、爱好和平，他们和泰人一起为发展泰国做出了重要的贡献；华泰之间关系融洽，华人已经真正融

---

① 曹云华：《从族际通婚看泰国华人与当地民族的关系》，《东南亚研究》2001 年第 2 期，第 4—13 页。

② 转引自陈健敏著：《泰国的华侨与华人》，载于泰国《泰中学刊》，1999 年，第 51 页。

合到泰国民族中去，成为泰国民族的一部分。这和印尼大不相同，印尼当地人大多把华人看成是剥削当地民族发财的"东方犹太人"。而在泰国，泰人中虽然有人有这种想法，但只是极少数，对总体趋势没有影响。很明显，在泰国，华、泰两族之间的差别正在缩小。纵使这种差别目前仍然存在，但并不妨碍两族之间的接触与交往。在泰国的城市地区，尤其是在一些大城市，华人多为聚居。因此，跨民族之间的人际交往相对较少，社会距离也会相对大一些；而在农村地区，华人一般都是与当地人一起混合居住，他们和睦相处，亲密无间。

在族际交往中，风俗习惯在人们的社会交往活动过程中产生和不断传承，并影响着人们的交往活动。风俗习惯的存在是客观的，它对人们的交往活动有着正负两方面的影响。一方面，风俗习惯能够促进某一地区某一族群的共同价值观和群体认同感的形成，增加群体的向心力和凝聚力，进而增强族群的"本群"意识，另一方面，风俗习惯又会加深某一族群与其他族群之间的隔膜、疏离或对立，增加人们在跨区域跨民族社会交往方面的难度和成本。在泰国，华族、泰族的风俗习惯并行不悖，甚至相互影响、渗透。华人的传统风俗习惯得到了很好的保持，并且为泰国社会普遍接受，而泰族的风俗习惯、文化和价值观也深深地影响了华人。以节庆习俗为例，至今泰国华人仍保持庆祝中国的春节、清明节、端午节、中秋节等传统节日的习惯，并且很多泰人也参与其中，甚至将其作为泰国的节日庆祝。每年农历春节期间，在华人聚居区，如曼谷耀华力路（唐人街）、北榄坡府、合艾市等地的华人便会举办热闹的舞龙舞狮游行等各种传统形式的文化活动，节日气氛甚至比国内更为浓烈。而且庆祝活动大多由政府主导举办，华泰民众自发参与，皇室也给予重视，常常莅临活动现场参与庆祝。北榄坡府府尹佳威·吉迪萨达蓬曾在 2010 年春节庆祝活动开幕式上表示，举办系列的庆祝活动是"为了让北榄坡府的华人华侨传承中华民族的传统风俗和文化"，诗琳通公主也多次莅临北榄坡府参与春节庆典。足以可见上至泰国皇室、政府、下至民众对华人仍持守的中国传统节日的尊重和接纳。又如中秋节，在泰国的各大商场、超市、糕点店都有大量月饼出售，不只是华人，很多泰人也会购买共同乐享中秋美食，到处洋溢着节日的气氛。有的节日在中国已经式微甚至失传，反而在泰国得以保存甚至发扬广大。比如九皇斋节，据传原是为了纪念明末清初的反清复明起义运动中的一名运动领袖第九皇子而举办的祭祀活动仪式。后这一习俗经由福建地区被逃避清初战乱的中国人带到了泰国。时至今日，九皇斋节在泰国相沿成俗，流传下来。现九皇斋已成为全泰国的重大传统节日，许多地方隆重举行。九皇斋节不再是专属华人的节日，越来越多泰人也相信吃斋对身体是有益处的（泰国信仰的小乘佛教不吃斋）。在九皇斋节这段时间，泰人也跟随华人的信仰，一起吃斋拜佛。在中华传统节日等习俗被泰国社会广泛接纳的同时，华人也被泰族的风俗、文化、价值观念深深影响着。泰人的传统节日宋干节、万佛节、守夏节、水灯节等都已被泰国华人接纳和传承，泰人的习俗、礼仪和禁忌也为泰华共同遵守。

事实表明，族际接触交往越频繁，将带来族群之间更多的信任与共识，就越能打破族群偏见，减少族群之间的不信任，有助于消除族群之间的隔阂乃至冲突。如今的泰国华人无论在政治上、经济上、还是日常生活中，都已深深地融入当地主流社会。政治上，华人、华裔可以不受族裔身份的限制自由参政，甚至华裔身份还可以成为拉拢选票的有利招牌。泰国可谓政局多变的国家，然而历次政变都不会发生排华事件；经济上，华人在泰国的经济活动中扮演着主要角色，华人的经济早已成为泰国民族经济的有机组成部分；日常生活中，华泰共同学习、工作和生活，不分彼此。在泰国出生、长大的一代华人已将泰国视为祖国（中国是祖籍国），在国家认同之下才指向华人族群认同。总体而言，随着华人与泰人的接触、交往、交流日益频繁，族际交往不断加深，族际互动良好，华泰族群关系和谐。

随着"一带一路"战略构想的推进，打造中国和平崛起所需的有利国际环境及良好国际形象，十分需要借助海外华侨华人的力量，使其成为我国公共外交及国际形象的重要宣传者、参与者、建构者和维护者，进而为"一带一路"建设营造和平稳定的外部环境。泰国作为中国实施"一带一路"战略的重要节点国家，其国内融洽的华泰族群关系，及其一贯与中国保持的友好关系，可以在东盟国家中树立良好的典范，为中国新丝绸之路构想在国外落户生根增信释疑，加强相关国家和地区对新丝绸之路建设倡议的认同与支持。

印尼华人社团的在地化初探

郑一省

（广西民族大学民族学与社会学学院　南宁　530006）

【摘　要】第二次世界大战以后，随着印尼的华侨社会转变为华人社会，印尼华人社会发生了不同以往的变化，其突出的现象之一就是华人社团的在地化。所谓印尼华人社团的在地化，即印尼华人社团名称、宗旨与功能的印尼化。与传统的华人社团不同的是，在地化的印尼华人社团不是以中国原乡的地名，而是以印尼某地的地名或校名作为其社团的名称。除了名称印尼化外，这类印尼华人社团的宗旨、功能等都与传统的社团有所区别。在地化的华人社团有许多类型。既有以印尼具体地区或县市名称命名的社团，也有以印尼的某些学校或地域的象征特征命名的社团。在地化的印尼华人社团虽然在印尼的许多地区都出现，但更多的是在印尼的雅加达，以及外岛地区。在地化印尼社团的建立，主要是发生在后苏哈托时期。这类社团的出现不仅反映了华人社会的某些特征，而更主要的是印尼华人融入主流社会与文化认同变迁的结果。

【关键字】印尼；华人社团；在地化

与东南亚其他国家的华人社会一样，印尼华人社团经历了曲折的发展过程，从第二次世界大战前的500多个，发展到20世纪50年代中期的2 100多个。[①] 在苏哈托时期执政时期，印尼华人社团作为华人社会的三大支柱之一受到打压，除以少数基金会为主的华人团体保留外，还残存一些姓氏（宗族）和慈善等社团。1998年苏哈托下台后，印尼进入民主改革的转型阶段，而接任的哈比比政府解除了党禁，政治环境比以前宽松。从1999年10月瓦希德获当选总统，一直到梅加瓦蒂、苏西诺上台执政以来，各届政府实行多元文化和多元民族方针，为华人社团的复苏和发展提供了良好的条件和空间，各地华人社团如雨后春笋般地大量涌现。据不完全统计，目前全印尼的华人社团有700多个。[②] 其中，以印尼某些地域或某些学校命名的华人社团不断产生，成为当代印尼华人社团的一个特殊

---

① 黄昆章：《印尼华侨华人史（1950—2004年）》，广东高教出版社，2005年版，第49页。
② 印尼华裔总会：《印尼华人概况》，2010年印（内部资料）。

现象。

一、印尼华人在地化社团的类型与特点

有关印尼华人的在地化社团何时出现，由于目前调查尚未深入，所以不能获得准确的信息。不过，从一些在地化华人社团的历史资料来看，大多是在 20 世纪 90 年代产生。例如，以坤甸地方特色命名的"赤道基金会"，[①] 便诞生于 1998 年。赤道基金会的一位创立人在选举第五届监事领导人时这样回忆道：

> "赤道"这个由西加里曼丹旅居雅加达的人士，以高度的热心组成的团体，从开始第一个活动算起，经历了 15 个年头。首次的活动是筹备举行西加乡亲演唱会。当时是 1995 年，还是新秩序执政时期，仍禁止华人集会结社，有时在家招待客人，超过十人以上时，也担心会被警察追究，何况要召集上千人的集体活动呢。

> 也是时机恰巧，正当西加一群乡亲跃跃若试筹备演唱会，欲行又止之际，恰逢我国印度尼西亚建国 50 周年金禧之年，新秩序政府宣布开放给个阶层人士筹组庆祝活动。这群热心人士雀跃而起，毅然组织庆祝单位。参加工作的义工竟达一百多人。当时，位于加者玛达大厦内的沁园大酒店（即今 Millenium 大酒楼），特别提供会议室作为监事会所开会。从此，"赤道之音"为名的演唱会于 1995 年实现了心愿。接下去 1996—1997 年，在苏第约诺少将监护下，连续再次在沁园酒家演出成功，都获得乡亲们热烈的支持和参与。1997 年第二次演出后，乡亲们即开始筹备组织合法社团，获得 91 位西加各地知名人士参加，捐资创立了"赤道基金会"。1998 年我国民主改革后立案于公正人事事务所，于 1999 年 9 月 19 日举行会所典礼。从此西加旅耶人士，有了"乡亲之家"，写下了赤道基金会历史篇章，为西加旅耶乡亲们构建了回馈家乡疏导福利的渠道。[②]

从这位监事人的回忆录来看，印尼华人在地化的社团成立也经历了曲折的过程。在 20 世纪 90 年代，印尼与中国的关系逐渐恢复，特别是自苏哈托下台后印尼的民主化进程加快，当地华人的生存空间渐入正轨，多种因素促使了包括印尼华人在地化社团的产生与发展。

（一）印尼华人在地化社团的类型

与传统的社团相比，印尼华人的在地化社团既有与传统的社团有类似的地方，也有不同之处。所谓印尼华人社团的在地化，是指其社团名称、宗旨与功能的印尼化。与传统的华人社团不同的是，在地化的印尼华人社团不是以中国原乡的地名而命名，而是以印尼某地的地名或校名作为其社团的名称。除了名称印尼化外，这类印尼华人社团的宗旨、功能

---

① 赤道基金会的名称是按照坤甸的地理特征命名的。坤甸由于处于赤道线上，被称为赤道之地。
② 2010 年 7 月 20 日笔者在雅加达于赤道基金会创办人陈某的访谈录。

等都与传统的社团有所区别。印尼华人在地化社团的类型主要有以下几种：

1. 同乡会

同乡会是以地缘为主要联系纽带而形成的社团。这种同乡会，与以往华侨所成立的同乡会有很大的区别，它不是以早期华侨原乡为名称，而是以当今华人所出生或居住的印尼某地域或地方的名称而命名。例如，孟加映同乡会、三发旅耶乡亲互助会、锡江旅椰乡亲联谊会、雅加达先达同乡联谊会、苏北丁宜旅椰同乡会等等（见表1）。

表 1 印尼华人在地化同乡会

名称	原居地	成立的地点	成立的时间
孟加映同乡会	加里曼丹	坤甸	2001 年
三发旅耶乡亲互助会（同乡会）	加里曼丹	雅加达	2003 年
锡江旅椰乡亲联谊会	苏拉威西岛	雅加达	2004 年
雅加达先达同乡联谊会	苏门答腊	雅加达	1998 年
苏北丁宜旅椰同乡会	苏门答腊	雅加达	1999 年
东爪哇仙黎总会	爪哇	雅加达	2001 年
山口洋福律旅椰乡亲会	加里曼丹	雅加达	2000 年
三马林达旅椰同乡会	加里曼丹	雅加达	1999 年
西利勿拉湾旅棉同乡会	苏门答腊	棉兰	1998 年
司马委明灯德朗同乡会	苏门答腊	雅加达	2015 年
马达山同乡联谊会	苏门答腊	棉兰	1999 年
望加丽旅椰同乡会	苏门答腊	雅加达	1995 年
邦加同乡联谊会	苏门答腊	雅加达	2000 年
西加邦戛地区乡亲会	加里曼丹	雅加达	2008 年
亚齐旅椰同乡会	苏门答腊	雅加达	2001 年
西加邦加宁（Menjalin）乡亲互助会（乡亲会）	加里曼丹	雅加达	1997 年
亚齐瓜拉新邦旅雅同乡联谊会（联谊会）	苏门答腊	雅加达	1995 年
奇沙兰同乡会	苏门答腊	雅加达	1997 年
坤甸新埠头旅椰同乡会	加里曼丹	雅加达	2008 年
丹绒勿拉哇同乡会	苏门答腊	雅加达	2010 年
雅城先达同乡公会	苏门答腊	雅加达	2001 年

2. 校友会

校友会是以学缘为联系而成立的社团，这类在地化社团比较多，应该占在地化华人社团的主要部分。它是当今华人为了纪念以前在印尼各地读书时的华文学校，联合在这所学校读书的校友而建立起来的社团。比如，巴中校友会、旅雅玛中校友联谊会、振强一家校

友会、八华校友会、侨众校友会、新华校友会、中华中学校友会、中公校友会等等。（见表2）

表2　印尼华人在地化校友会

名称	学校原居地	成立的地点	成立的时间
八华校友会	爪哇	雅加达	1998 年
巴中校友会	爪哇	雅加达	1999 年
旅雅玛中校友联谊会	爪哇	雅加达	2000 年
旅椰坤甸振强校友会	苏门答腊	雅加达	2001 年
侨众校友会	爪哇	泗水	1999 年
中华中学校友会	爪哇	雅加达	2000 年
中公校友会	爪哇	雅加达	2001 年
三民校友会	爪哇	雅加达	2002 年
梦华校友会	爪哇	泗水	2000 年
楠榜旅雅校友会	苏门答腊	雅加达	2003 年
醒民校友会	爪哇	雅加达	2000 年
旅雅山口洋南中校友会	加里曼丹	雅加达	2004 年
新文校友会	爪哇	雅加达	2003 年
老平校友会	爪哇	雅加达	1999 年
三马林达旅雅华校友会	加里曼丹	雅加达	2005 年
旅雅邦加烈华校友会	苏门答腊	雅加达	2004 年
万隆旅雅侨中校友会	爪哇	雅加达	2001 年
勿里洞旅雅建新校友会	苏门答腊	雅加达	2002 年
西加邦戛旅雅中华中小学校友会	苏门答腊	雅加达	2002 年
老华校友会	爪哇	亚加上	1999 年
北加浪岸华校校友联谊会	爪哇	雅加达	2000 年
群进校友会	爪哇	雅加达	2001 年
群益校友会	爪哇	雅加达	2000 年
钧陶校友会	爪哇	雅加达	2003 年
棉兰苏东中学旅椰与海外五联学友会	苏门答腊	雅加达	2004 年
苏北先达先华校友会	苏门答腊	棉兰	2009 年

3. 基金会

除了以印尼某地方或学校命名的同乡会和校友会外，还有一些以印尼某地域特征命名的基金会。赤道基金会、万隆渤良安福利基金会、万隆圣光道观基金会就是这种类型。赤道基金会其实是迁移至雅加达的加里曼丹坤甸华人组织的。之所以要取名赤道基金会，是因为坤甸刚好是赤道线经过的地方。在现今的坤甸，还专门建立了一个赤道线纪念馆，向大众开放。除了这类基金会外，还有一些是以某地域的宗教或养老院场所命名的。比如万隆渤良安福利基金会、万隆圣光道观基金会、三宝垄万福宫基金会和勿拉湾老武汉德慈善（老人院）基金会等等（见表3）。

表3　印尼华人在地化基金会

名称	原住地	成立的地点	成立的时间
赤道基金会	加里曼丹	雅加达	1997 年
万隆渤良安福利基金会	爪哇	万隆	1983 年
万隆圣光道观基金会	爪哇	万隆	1987 年
三宝垄万福宫基金会	爪哇	三宝垄	1990 年
勿拉湾老武汉德慈善 （老人院）基金会	苏门答腊	勿拉湾	2000 年
雅加达苏曼佛教基金会	爪哇	雅加达西区 Cideng Barat 街 8 号	1989 年
三宝垄大觉寺基金会	爪哇	三宝垄	1987 年
雅加达老子街卡里姆·黄 （Karim Oei）基金会	爪哇	雅加达	1986 年
马吉朗隆福庙基金会	爪哇	日惹	1988 年
民礼镇元寺基金会	苏门答腊	民礼市	2001 年
三宝垄泽海庙基金会	爪哇	三宝垄	1986 年
万由玛斯文德庙基金会	爪哇	万由玛斯县	1985 年
CAHAYA SAKTI 基金会	爪哇	雅加达	1998 年

（二）印尼华人在地化社团的特点

传统的印尼华人社团，其名称是以华侨的原乡而命名的，如印尼福建社团联谊总会共有15个成员，其分别是南安同乡联谊会、晋江同乡会、永春同乡联谊会、印尼许氏宗亲总会、永定会馆、福清公会、金门互助基金会、印尼安溪福利基金会、东方音乐基金会、龙岩同乡会、吉祥山基金会（福州同乡会）、兴安会馆、同安互助基金会、印尼林氏宗亲联谊会，印尼惠安同乡联谊。这个福建社团联谊总会既包括了一些宗亲会，但主要是以原籍福建各县市命名的同乡会。

与传统的印尼华侨华人社团不同的是，在地化印尼华人社团主要是以当地的某区域的名称而建立的。从在地化印尼华人社团来看，其大致分为三种类型，即同乡会、校友会和基金会。这几种类型的在地化华人社团，既与传统华人社团有一些共性，也有其各自的特点。

同乡会，是较能反映华人社团在地化特征的组织。这里社团，大多数属于移民社团。

换句话说，这种社团的建立似乎是"复制"了华人先辈建立社团的模式，即一些从不同地域移植到一个城市的老乡们建立的。不过，这种同乡会并非以中国某地域的地名，而是以当今印尼华人在其出生或居住的地名而命名的。这类同乡会一个较为显著的特点，即大多是在雅加达建立的，是外岛华人移民该地的产物，大多被冠以"旅椰"（雅）。① 地域细分化也是这类在地化华人社团的另一个特点，许多社团不仅是代表某一个大区域的组织，而且有许多是很小地域单位的组织，比如坤甸新埠头旅椰同乡会，它其实是坤甸某一个地区新旧商业区（居民区）的别称。在雅加达，有许多是从亚齐地区各市县迁移过来的亚齐华人，他们来后成立了一个总的社团，即亚齐旅椰同乡会，其下属的分社团有美拉务旅椰同乡会、大亚齐旅耶同乡会、美仑马当旅耶同乡会、打吉岸旅耶同乡会、司马威旅耶同乡会、鹿树昆旅耶同乡会、怡里旅耶同乡会、冷沙旅耶同乡会和瓜拉新邦旅耶同乡会。

校友会，是构成印尼华人在地化社团的主要部分。这类社团的特点，一是在印尼各地都有分布，但主要是在雅加达建立，其很大一部分是属于外岛移民社团②，许多这类社团也被冠以"旅椰"（雅）；二是这类社团大多数是纪念苏哈托执政时期被查封或取缔的华文学校而建立起来的。比如，雅加达八华校友会成立于 2001 年。八华学校是印尼最早、也最有影响的一所华文学校，由印尼中华会馆创立于 1901 年，最早叫中华学校。1905 年，印尼华人李登辉创办的英文学校并入中华学校，成为印尼最早的一所中英双语学校，因为学校位于八帝贯街，所以 1905 年易名为八华学校，后一直沿用。八华校友会成立后，直接推动了后来八华学校在 2008 年的成功复办。

基金会，也是印尼华人在地化社团的组织。这种社团的建立可以分为两类，一类是以某地域的特征而建立起来的组织，如赤道基金会。还有一类是当地华人庙宇所建立的基金会。这类基金会，在在地化华人社团中占有较大的比例。这些庙宇都是在印尼本地兴建起来的，它在华人社会中发挥着文化中心的作用。除了以某地域特征和以当地庙宇建立的基金会外，还有一些以校友会为基础建立的基金会，比如 CAHAYA SAKTI 基金会。它是在雅加达中华中学的基础上建立的。这所学校创办于 1939 年 6 月 12 日，后在 1965 年被迫关闭。1980 年，原该校的几位学生与老师，商议共同出资创办了 CAHAYA SAKTI 基金会，成立了常务理事会，并推动着中华中学的重新复办。然而，由于内外一些原因，中华中学复办计划在短时期内无法实现。

二、印尼华人在地化社团的功能与跨国网络

在人类的社会生活中，为了实现和维护自身利益，人们有组织地参与各种社会活动而形成各式各样的社会团体。社会社团是人类社会的交流与互动现象，是人类社会体系或结构的重要组成部分。在现代社会，随着人类社会利益的分化、复杂化、多样化，以及应对自然或人类社会本身的各种挑战，人类之间的交流与互动加快，社团得到较大发展，其功

---

① 当地华人一般称雅加达为"椰加达"、"雅京"。

② 在印尼，一般将爪哇岛以外的地区都称为外岛，即非爪哇文化影响的地区。

能日益凸现，社团的跨国网络得以形成与扩张。

（一）印尼华人在地化社团的功能

功能主义人类学认为，功能是一种需要，特别是对于人类社会的文化，它作为人类所需要的催生物，其主要的功能就是满足人类的基本需要与衍生的需求。[①] 与传统华侨华人社团一样，在地化外华人社团的功能也十分广泛，除了为同乡同窗人士提供福利和教育上的帮助之外，还十分关注主流社会的自然灾害及民众的疾苦。

1. 向同乡同窗提供福利和教育上等方面的帮助

为同乡提供福利和教育上的帮助，是在地化与传统华人社团的一个共同点，作为在地化的华人同乡社团，最重要的是关心其同乡的福利。例如，锡江旅椰乡亲联谊会成立以来，一直联络乡亲、加强团结、互助互爱，捐赠孤老院和给华人贫困学生提供助学金等。2015 年 3 月 28 日上午，锡江旅椰乡亲联谊会银会近百名会员回到故乡，前往锡江 Pangamasean 爱心孤儿院及老人院慰问孤老，给老人和孩子们送去了善款、纱笼、浴巾、文具、玩具、食物等必需品。[②]

在教育方面，在地化华人社团投入了大量的精力关怀下一代的成长。赤道基金会建立后，一直对本社团的同乡子女的教育十分重视。从 2004 年起，赤道基金会启动了扶贫教育工程。除了颁发助学金，也支持修建华文补习所，带动各乡里兴建华文教学校舍。赤道基金会还根据实际，提出了"国文精深化，华文普及化"的理念，从原定只资助九年基础教育，到同时推行资助高校奖学金的方案，资助学生的人数逐年增加。2004 年至 2011 年赤道基金会扶贫教育受惠生总数达 4 223 人，其中 2004 年为 119 人，2005 年为 176 人，2006 年为 498 人，2007 年 544 人，2008 年 762 人，2009 年为 60 人，2010 年为 763 人。[③]2008 年，基金会再度推出高校助学金纲领，至今年在读大学学士生有 39 人，毕业生有 60 人。此外，基金会历年都有派赴中国进修汉语，包括友族的师资学生。[④]

除了在教育上投入外，一些在地化的华人社团出资修建了体育馆等设施，并发起组织各种运动队，关心华人子弟的健康问题。比如，冷沙旅棉同乡联谊会建立了沙哈里（Sahari）篮球队，经常组织各种赛事。2013 年 7 月 13 至 25 日，冷沙旅棉同乡联谊会在民礼路 12 公里 Purwodadi 村 Sahari 体育篮球场举办了第二届陈金扬青少年组及乐龄组篮球赛，球赛共分两组即青少年组（18 岁以下）共十队即：（1）沙哈里（2）苏多摩队（3）EkaPrasetya（4）WahidinXYZ 队（5）卫理队（6）美达队（7）MMCMegaMas 队（8）PopNas 队（9）CSP 队（10）鹅城队。乐龄组（45 岁以上）共四队即：（1）沙哈里队（2）CemaraAsri 队（3）鹅城队（4）Morning 队，这次比赛吸引了包括民礼及棉兰约600 名球迷前往观赛。苏北体委 KONI 主席 H. GUSIRAWAN 在致词中对于冷沙旅棉乡亲

---

① 王铭铭：《西方人类学名著提要》，江西人民出版社，2004 年版，第 445 页。
② 《心怀家乡，情系孤老》，《国际日报》，2015 年 3 月 31 日。
③ 《赤道基金会扶贫教育工程 2010 年报告书》，2010 年 12 月。
④ 《赤道基金会高校助学金纲领硕果累累》，《国际日报》，2011 年 12 月 17 日，A11 版。

团结与合作而建立起一座巍峨壮观之篮球体育馆，造福了当地村民而使村民有了正当活动之场所表示高度赞扬及衷心感激！希望通过本届篮球赛而提高球艺水平，在明年举办更大规模之球赛，取得良好成绩再进军全国运动大会。①

2. 参与当地社会的济贫救灾活动

在地化华人社团由于诞生在当地，能较为主动走出华人社会的小圈子，积极地参与面向当地国大社会的济贫救灾活动，从而有效地增进了民族情感，民族之间的和谐。

2002 年西加里曼丹各地发生严重水灾，西加旅耶各社团、乡亲会、同学会，在赤道基金会和山口洋同乡会统筹下即联合进行赈灾工作。在西加各地社团负责人协助下，及时把救灾物品送至各灾区赈救灾民。救灾结束后，于 2003 年 3 月初旬，在赤道基金会所成立了西加旅耶乡亲赈灾委员会，当时推选官德添、黄石和、陈绍秋三人共同负责执行工作，各方人士捐来的赈款，交给赤道基金会保管，若有天灾将及时援助。2004 年 2 月 2 日，赈灾委员会召开年会，报告财政收支，及讨论西加三发地区发生水灾问题。当时得到孟加映乡亲理事会报告及三发县县长电传通知该地灾情严重，受灾地区有 6 个乡镇，30 个乡村灾民计有 5 944 户，赈灾委员会即日决定，透过三发旅椰互助会经手委托三发互助会负责人进行实地了解，然后由三位理事人共同决定从去年救灾款中拨出 2 500 万盾，交三发市互助会购买 10 吨大米给三发县政府发放给灾民。②

自 2010 年起，锡纳朋火山反复喷发，迫使当地受灾居民到收容所避难。马达山同乡联谊会自火山爆发一开始，组织了一个"锡纳朋关爱行动小组"与当地的一些华人社团联袂前往卡罗县 9 个灾民收容所分发赈灾物资，包括大米、食用油、咸鱼、蒜头、辣椒酱、酱油以及现金。2014 年 12 月，锡纳朋火山再度爆发，马达山同乡联谊主席黄耀汉呼吁雅加达和苏北各界人士继续为锡纳朋火山灾民提供援助，直到火山喷发停息为止。他阐明，分发给锡纳朋火山灾民的援助物资来自关心灾民困境的雅加达社会人士和旅居雅加达的苏北各界人士，其中包括企业家、社团和宗教界名流。据统计，马达山同乡联谊会、警方和卡罗社群协会被信托统筹收集和分发援助物资，总值 3.75 亿盾的援助物资包括 2 亿盾的生活必需品和洗浴用品 ，以及 1.75 亿盾的现金。③

为了解决灾民的子女上学问题，马达山同乡联谊会和警方联手在卡罗县一些受灾村庄建立了学习之家。自 2015 年 1 月开始推广以来，广受当地民众赞赏，还未建立学习之家的地区也表现出强烈的期待。身为马达山同乡联谊会，也是卡罗社群协会（HMKI）成员的黄耀汉认为，继续为学龄儿童提供教育是我们大家共同的责任，特别是受灾地区的儿童，无论灾情多么严重，他们还是应该接受教育。④

① 《沙哈里篮球队举办第二届 GUSIRAWAN 杯十队篮球赛》，《国际日报》，2012 年 8 月 7 日，A11 版。
② 《三发大水 30 村受淹，西加旅椰乡亲赈灾委员会买 10 吨大米援助》，《国际日报》，2004 年 2 月 5 日。
③ 《马达山同乡会再度向锡纳朋灾民伸出援手》，《国际日报》，2014 年 12 月 5 日，A2 版。
④ 《警方全力支持在锡纳朋灾区推广学习之家》，《国际日报》，2015 年 6 月 19 日，A2 版。

（二）印尼华人在地化社团的跨国网络

在当今世界，社团的国际性整合与环球化的趋势方兴未艾，成为主导当代海外华人社会发展的一个重要潮流。与传统的华人社团一样，在地化的印尼华人也将社团的国际化视为一种维系地域文化认同，扩展自己的商业与社会网络的新机会。

许多在地化的印尼华人社团，利用互联网的技术，建立了海内外的联系。或经常召开国际性的联谊会议，加强乡谊和同窗之谊，扩大关系网络。2009 年 10 月 3 日，印尼苏北先达先华校友会在雅加达成立之际，邀请了来自香港、先达、雅加达、泗水、棉兰、楠榜、巴谭、巨港等地 700 余名校友，呼吁全体先华校友发扬母校精神，和谐团结，与全体先达人肩并肩，为家乡先达教育事业作出贡献。

2012 年，印尼苏北先达同乡联谊会和苏北先达先华校友会与其他先达人社团共同组织发起了"2012 年先达人相聚北京"活动，该次盛会在北京国际饭店顺利召开，600 多位来自世界各地的先达乡亲欢聚一堂，聚首谈心，加深理解，增强友情。[①] 2015 年 3 月 22 日印尼苏北先达同乡联谊会举行了《2015 年世界先达人相聚雅加达》筹委会在雅加达太阳城国际大酒楼隆重举行庆典活动，这次庆典主题为"先达一家亲"。出席者有前总统顾问、外交部中东事务司希拉希（退休）将军，先达市长代表威斯里等嘉宾及来自美国、加拿大、澳洲、中国大陆和港台地区及印尼各地区先达乡亲 1 200 多人。[②]

这种共有的地域、历史、文化与相同的背景，成为维系当代印尼华人的一个共同纽带。而印尼在地化社团在全国，乃至建构一种跨国网络，开展世界性联谊活动，"通过强调某个特定的方言或地缘群体的特殊性以及有关的文化活动，则为世界各地的同乡同宗们提供了一个重温并强化这种群体意识的机会"。[③]

三、结论

印尼华人社团的在地化，实际上是印尼华人多重认同或叠合性认同的充分体现。自第二次世界大战后，特别是印尼苏哈托上台实施了对印尼华人的强制同化政策，再则随着印尼华人融入主流意识增强，已实现了从华侨社会向华人社会的转变，印尼华人在地化程度加深，地域认同与文化认同发生了较大的变化。

地域是一个广阔的概念，它不仅包括人们生活的自然居所，还包涵发生在该地方的社会历史与文化等。地域认同不单是对居住地的认同，更多的是以文化为载体附着在空间的一种意义认知，是一种归属感。地域认同是"一种心理地理学概念，是一种移民对地域的感知，这种感知不是空间本身的作用力的结果，是移民对地理空间的亲近力；这种亲近力是由于移民在一定空间中具有个体经历、亲人、生存机会、社会网络等归属感元素或者变

---

① 《2012 年先达人相聚北京活动在京举行》，http：//www.bjql.org.cn/tabid/100/InfoID/773/frtid/73/Default.aspx.
② 《世界先达人相聚雅加达"先达一家亲"》，《国际日报》，2015 年 3 月 23 日，A7 版。
③ 刘宏：《海外华人社团的国际化：动力·作用·前景》，《华侨华人历史研究》1998 年第 1 期。

量而对地理空间产生的一种感知"。① 由于印尼华人融入主流社会的进程加快，特别是对于生于此而长于此的印尼华人，对中国祖籍地的记忆或只是祖辈们的告诫，或只停留在他们的口头上，实质上对他们来说只是一个遥远或模糊的印象，因此那种以中国祖籍地为基础的旧式同乡会或宗亲会等组织在他们看来，其重要性便日趋下降了。而他们目前出生和成长的地方的一草一木，才是他们向往的心仪之地。同时，因移居历史、文化传统和族群构成的差异，以及散居地域明显差异性，印尼华人往往被贴上了爪哇华人、棉兰华人、坤甸华人、邦加华人等地域标签。这种受到在地属性分化的影响，华人为保护各自族群利益的"在地化"组织便诞生了。

---

① 周聿峨，余彬：《东南亚华人地域认同的历史和未来》，《暨南学报（哲学社会科学版）》，2009 年第 2 期。

第四篇 海外华人文化

缅甸华人庙宇：
连接缅甸与东南亚和中国的寺庙信任网络

［新加坡］ 杜温①

（新加坡国立研究院　新加坡　20003）

【摘　要】 缅甸华人建构了连接缅甸、东南亚与中国的寺庙信任网络。这种网络有三种网络，即拓展性宗族网络、仪式传承网络、寺庙信任网络等等。这些信任网络是通过可携带性仪式，例如地方神的庙宇香灰、高僧面前主持的集体宗教仪式的方法代代相传。另一方面，缅甸华人通过回祖国参与重修祖祠寺庙对家乡文化的贡献建立信任网络，如仰光吴氏宗亲曾经联合募捐回祖国家乡重修寺庙。

本文将呈现实地考察见解，分析和探讨缅甸华人在不同的历史和政治背景下如何应用这些仪式手段建立信任网络。这些网络并非简单地以传统形式展示，而是不断地与现代化力量碰撞与融汇，丰富了多元化的内涵，是具有持续性的。

寺庙网络，是当今缅甸华人社会中最为重要的文化因素之一。通过信仰和相关宗教仪式宗族之间建立寺庙网络，连接成缅甸、东南亚与中国的民间文化走廊。从中国福建沿海特别是泉州地区扩展到东南亚的历史和当代发展过程中有多种网络，本文考察了其中三种网络，分别是（1）拓展性宗族网络；（2）仪式传承网络；（3）寺庙信任网络等等。

东南亚的华人网络研究始于测绘贸易路线，评估中国商人在这些商品圈中所扮演的角色。② 但是，值得注意的是仪式流程属于在贸易网络中建立信任关系的中心。比如，当出现商业纠纷时，中国商人经常被要求在神明面前发誓，他们在交易过程中所言非虚。这可能包括在庙内的神像面前砸碗或斩鸡。③ 在东南亚港口城市的华族寺庙网络，就扮演着这

---

① 作者简介：杜温（Ms Daw Win），独立研究员，专门研究缅甸华人。曾在缅甸国家历史研究所当历史研究员，整理中国古籍内有关古缅甸骠国的文史资料。2007 年荣获新加坡国立图书馆李光前基金会的学术研究员职位，专门研究英殖民地时代仰光、槟城、新加坡的华人精英人物，并有机会参与新加坡南洋大学华裔馆编写的《东南亚华裔人物辞典，英文版：2011》项目。

② Tagliacozzo, E. and Wen-Chin Chang, eds., 2011. Chinese circulations: Capital, Commodities, and Networks in Southeast Asia.

③ Katz, Paul, 2008. Divine Justice: Religion and the Development of Chinese Legal Culture.

些重要角色，尤其是供奉观音、妈祖的古庙。王庚武（1990）曾指出，东南亚的福建商人网络是在中国政府的保护之外运行，所以这些商业网络必须发展出属于本身信任建构机制。① 在英属缅甸缺乏国家制裁的背景下，从中国和海峡殖民地远程过海来仰光做生意的驳船贸易者共同捐建寺庙，供奉具有地方特色的主神神坛，并定期在神坛前举行仪式来强化值得信任的贸易伙伴关系，创造更多商机。

华人迁移是不断生成社会网络的重要原因。英国殖民者的政策吸引了从海峡殖民地和中国南方沿海一带的人口迁移。19 世纪中期到过缅甸的英国人撰写的资料内有许多关缅甸华侨移民的记载。如 1881 年由广州经广西至云南，再经滇缅陆路入缅至曼德勒的阿奇博尔德在其著作中也提到：这些来自新加坡、马来西亚槟城、广东、福建省的中国人，只能通过海路来到缅甸，因为仰光与中国有固定的海上船班，他们杂居于缅甸人中。仰光的华侨主要是闽粤人，其主要职业为米商、菜农，广东人兼有鸦片及酒的专营权。② 这一时期在仰光居住的华侨族群建造房屋，逐渐形成了中国街或唐人街。他们随身带来了香火和传统祭拜祖先的习俗。

英国殖民地军官贡臬上尉 Captain R. Bennett 曾经记述了于 1825 年 2 月 17 日午夜他当值日官巡逻时发现仰光华人在一座外观似仓库的建筑物内燃点蜡烛，欢乐地群集供养祭拜三个神坛，青铜象及其他神圣物件的情景。他们手中持有一张军总司令金比尔将军（General Sir Archibald Campbell）所发的准许他们举办除夕迎新岁的命令。③

戈登（Gondon Charles Alexander）在《旅访缅甸》（*Our Trip to Burmah*）中介绍仰光主要街道时，就提到了中国街和华人祭祖的习惯：在仰光中国街的房屋是按照统一的规划建造而成的，高度是一样的，而房屋留有一大部分是做生意用的，内部社有神龛，摆有祖宗牌位等，与广东地区一样的摆设。④

更能反映这一时期仰光华侨社会发展状况的，则是此时在仰光陆续建立的具有神缘、地缘、血缘、业缘等性质的华侨社团。例如：1824 年广东商人发起建立的广东观音古庙；福建人在 1861 年动工兴建的仰光庆福宫和 1875 年兴建的仰光高解区福山寺。除了这些以神缘来建造的庙宇外，在仰光的华侨还相继组建了以血缘、地缘、业缘等为纽带的宗亲会和社团，如：邱曾氏龙山堂，旅缅福建同乡会，安溪会馆，缅华华商商会等。

我们需要更加了解这些信任网络中，东南亚华族神缘寺庙网络、血缘宗亲组织网络的作用和彼此间的互动关系。这些神缘寺庙网络是通过可携带性仪式，例如地方神的庙宇香灰、高僧面前主持的集体宗教仪式的方法代代相传，并发展出一套灵活的交流方式，持续在政治边缘和界限内外流动。另一方面，在当代发展过程中，缅甸华人还通过回祖国参与重修祖祠寺庙对家乡文化的贡献建立信任网络，如仰光吴氏宗亲曾经联合募捐回祖国家乡重修寺庙。

---

① Wang Gungwu, 1990. Merchants without Empires: The Hokkien Sojouning Communities.

② Colquhoun, Achibald Ross. Across Chryse, 1883. Being the narrative of a journey of exploration through the south China border lands from Canton to Mandalay, vol. 2.

③ 陈孺性、应平：《过去三个世纪期间在缅甸的广东人》，《广东观音古庙 179 周年纪念特刊》。

④ Gordon Charles Alexander, 1877. Our trip to Burmah: with notes on that country.

一、拓展性宗族网络

本文所探讨的缅甸华人拓展性宗族网络有两种。一种是以神缘建立贸易伙伴互相联络，并拓展缅华社会宗族网络。另一种以血缘姓氏认祖归宗的心态，思祖寻根。根祖文化促进缅甸华裔拓展海外宗族网络。

（一）神明威力，凝聚宗亲

缅甸华人，在远离祖国非常恶劣的客观环境中，族群上、语言上、文化上、习俗上的强烈认同，产生了亲和力，这样有利于乡亲们的生存和发展。在观音庙以神缘组织起来的宗族会馆、同乡会，形成了很强的凝聚力。

庆福宫"集福建善会，叙公所也。"[1] 是缅甸与海峡殖民地和中国南方沿海往来的船户以神缘建立贸易伙伴互相联络的聚集场所。其演变发展成为缅甸宗亲团体的巨大网络。早期在缅甸以邱台根[2]为首的福建精英招募仰光及四方（中国和海峡殖民地）船户，如：叻舟（新加坡）、屿舟（马来西亚槟榔屿）、吧舟（印尼雅加达）、厦舟（中国厦门）等赞助捐资建起，1861 年奠基，1864 年落成。

庆福宫，位于仰光市海滨街坐北向南临仰光江背大金塔。正龛供奉观世音菩萨，龛前奉祀天上圣母妈祖，龛下奉祀老虎爷，左右龛奉祀协天大帝和保生大帝，还供奉福德正神和文昌公，释迦穆尼佛等。

庆福宫建庙初期是邱台根私家掌管庙宇财务。邱台根，祖籍福建泉州新江，仰光名门，是庆福宫第一任总理人之一。1895 年邱台根去世，其长子邱瑞轩亲自把庆福宫与福山寺相关文件，如：两座庙的地契、租地图、毛于光冢地契、淡汶冢地契、建醮字和其他文件携带到庆福宫当场点交给新总理人，盖上邱瑞轩个人私章，并向观音神明请示"凭神掷杯筊轮择，礼依三笞，定其后先"，改为六宗姓团体轮值，每姓轮值一年。

1894 年庆福宫重建时，从泉州采购建筑材料，依照泉州霞阳（杨姓）社的庵庙（大使爷宫）的图案建成。从《重建仰光庆福宫碑记》："吾闽旅居兹土者，率以此为庆喜、报赛、讲信义、修亲睦之所。"可了解到早期庆福宫是调解各宗姓之间的纠纷，使大家团结一致，共谋福利的单位。由闽侨耆老集会议事而至于组成"福建公司"接受信托以管理公众之公庙、冢地和产业。

缅甸华侨华人的宗亲会历史非常悠久，它们的创建时间比福建同乡会还要早。根据

---

① 庆福宫墙上的《同治年庆福宫捐缘石碑序》。

② 英文名 Khoo Kin（see also B. R. Pearn. History of Rangoon，1939）。根据本人访问其健在的后裔时所提供的家族英文资料，他与苏品堂 Saw Pinthong（仰光苏氏庐山堂发起人，也是庆福宫和福山寺建寺当时理事之一）结为亲家（邱瑞轩之岳父）。他们曾经都是第一任英属缅甸仰光市政委员会华民事务顾问。该书上都提到两位的芳名，他们主要经营仰光—海峡殖民地之间的米行贸易。邱台根也把妹妹许配给杨天受（从槟城移植过来的"仰光杨氏植德堂"发起人）的公子杨荣联并结为亲家。邱台根不仅巩固了其在仰光福建帮的领导地位，也扩大了仰光与海峡殖民地贸易圈的网络。

《庆福宫捐缘石碑序》的记载，当时闽侨耆老六宗姓公司，分别是植德堂（杨氏）、九龙堂（林氏）、颖川堂（陈氏）、陇西堂（李氏）、庐山堂（苏氏）、龙山堂（邱曾氏）发起筹建庆福宫。1894 年以后由六宗姓代表组织福建公司信托部，专门处理公务，而财务及对外事务由福建公司掌管。1935 年福建公司信托部改为庆福宫信托部，由六宗姓增加到十二宗姓轮值管理财务事宜；1938 年该信托部成员增加到二十个宗姓轮流处理宫务和管理财务。

宗亲会是同宗、同族，以血缘为纽带而组成的团体，其血缘是从姓氏加以区别的。缅甸福建人的宗亲会很多，大大超过同乡会和其他组织。1947 年，历史的演变，福建公司除宗姓团体外，还邀请闽籍各县同乡团体，组织名称改成旅缅福建同乡会。该同乡会的同乡社团和宗亲社团共有 47 个单位。其中九龙堂、颖川堂、陇西堂、庐山堂、太原堂、江夏堂、清河堂、敦亲堂、荣阳堂等 35 个宗亲社团，占福建同乡会团体会员中的 74.4％强。

庆福宫是直属于旅缅福建同乡会，但在财务上是独立的，由庆福宫信托部管理财务、公冢和一切有关宫务及对外事宜。现在庆福宫信托部有二十四宗姓代表组成，包括杜氏京兆堂和刘氏公会，由主任、两位副主任、四位宫务组、四位寺务组、四位墓地组、四位佛学组、三位医疗组、二位稽核组管理有关庆福宫内外事宜。杜氏京兆堂理事长杜子明先生是现任庆福宫信托部主任。

庆福宫会庆祝佛节、佛事盛会、神佛安龛以及华人节庆；每两个月为贫困老人发放福利金；用众信徒奉献给观音菩萨的香火钱来赞助有益社会的各项公益事业，如：向缅甸灾区捐献救济金；让缅华社会宗亲们不分方言群族凝聚在观音佛祖前，尊祖敬宗、敦亲睦族、团结互助，为族人某福利。

（二）寻根谒祖，宗亲联谊

以血缘结合的宗亲观，其优点是敦亲睦族，互相扶持，有强固的内聚力和认同感。

在海外"祭祖热"潮流的推动下，中国政府出头支持修复宗祠，让海外华人回祖国寻根祭祖，同时借此创造吸引外资招商的机会。缅甸太原堂王氏宗族会是庆福宫信托部二十四宗姓代表之一，其后裔回山西太原寻根念祖拓展了王氏宗族海外网络，连接缅甸、东南亚与山西太原王氏祖籍地。

从 20 世纪 80 年代开始，海外华侨华人掀起了一阵阵"寻根谒祖"热。缅甸太原王氏家族也不例外。1985 年 6 月，太原市政府给山西省侨办转来一封缅甸"太原王氏家族会"寄给太原市长的信件。信中说："我们缅甸太原王氏家族会创立至今已有 70 多年，会员达数千人，原籍包括闽、粤、滇等省份。现在，虽然已成为当地公民，但仍是王氏的后裔，都是炎黄子孙，我们没有忘记祖先。我们会所供奉着王氏始祖——王氏子乔公的塑像。每年农历 9 月 12 日是始祖的诞辰日。我们都要举行王亲联欢会，一连三天，热烈庆祝。太原是我们王亲家族的发祥地。我们希望今后有条件时，能赴太原寻根谒祖。现在，我们请您惠赐协助，转达有关部门，提供王氏开族立姓及传播情况的历史资料，如有始祖王子乔塑像的图片，更加欢迎！"① 1986 年 5 月，中国国务院侨务办公室也批转给山西省侨务办公室一封泰国"王氏宗亲总会"通过泰国中国旅行社转达的询问王氏祖祠在太原何地的信函，以便组织宗亲会团到太原祖祠祭祖。

山西省侨务办公室十分重视海外王氏宗亲的愿望和请求。华人爱乡之情十分宝贵，对他们的要求应予满足。山西省为内陆省份，可以多开一些对外交往的渠道，以"根祖文化"为切入点和契机，推动引进外资、人才和先进管理经验的工作，促进山西省经济发展。

海外太原王氏后裔寻根念祖之诚意促使中国山西省于 1992 年成立海外太原王氏联谊后援会，主持修复了太原市晋祠博物馆明代重臣王琼读书的晋溪书院，并在晋溪书院内修建了太原王氏祖祠——子乔祠。1993 年 6 月子乔祠落成，隆重举行揭幕典礼。同时在世界王氏祖地太原举行"第一届世界王氏恳亲联谊大会"，宗旨是寻根祭祖，敦宗睦族，交流资讯和发展经贸往来。缅甸太原堂王氏家族代表，积极参加为修建晋溪书院和子乔祠捐款并赠送子乔公祠落成之"祖泽千秋"贺匾。②

由上述可知，神缘威力之大。缅甸血缘宗亲社团、地缘同乡会等各种组织，以佛教之共同信仰，凝聚在庆福宫观音菩萨前，用神明威力团结一致度过了不同时代各种艰难的挑战，从过去主要是联络亲情、团结互助，成为缅甸社会结构的重要组成部分。中国改革开放政策，不仅给缅甸血缘姓氏宗亲带来寻根念祖机会，还提供了联系海外乡亲，联络乡谊，寻求商机等方面的平台，这些宗亲社团随着时代变迁其职能也随之有了新的变化和拓展。

二、仪式传承网络

（一）仪式传承

祭祖是中国人根深蒂固的传统信仰，是中国人灵性、家族体系、社会规范和文化身份的基础，它能够世代承传。中国人的观念认为祭祖是一种敬天怀祖的道德精神，是敬拜上帝和纪念祖先的行为，也能培养中华民族儒家道德教育的好形式。

缅甸华人移居海外携带祖籍地方神的庙宇香灰、高僧面前主持的集体宗教仪式的方法代代相传。早在 1825 年，英国殖民官贲桌上尉曾记载了仰光华人（粤籍）群集供养祭拜的情况："……看到一场滑稽的、宗教性的、欢乐的、处理良好的喧嚣正在处于高潮状态。厅堂的两侧，均中间隔开，可供众人自由走动。左边及右边的角落都有桌子，上面摆放着各种水果及蜜饯和最纯香的热茶。厅堂内末端顶上有三个神坛，燃点着蜡烛。在神坛上还端放着青铜象及其他神圣物件。"③

在缅甸的福建族群也不例外，早在庆福宫建庙之前就曾有举办类似传统仪式的例子：

---

① 林卫国：《"太原王氏"考证和联谊往事漫忆》，山西省归国华侨联合会，2014-3-27（access on 2015-9-26）。
② 《缅甸太原王氏家族会（1910—2010 年）百年华诞特刊》，第 150—151 页。
③ 陈孺性、应平：《过去三个世纪期间在缅甸的广东人》，《广东观音古庙 179 周年纪念特刊》。

祭拜祖先、祭天以及诸神。①

　　根据 2011 年出版的庆福宫一百五十华诞特刊，庆福宫至今每年传承举办清明扫墓和中元节祭祀活动。仰光福建庆福宫信托部章程，第三章（职权）第十三条"主持举办庆祝佛节、佛事盛会、神佛安龛以及华人年节等事宜。每年农历七月十五日中元节、炉主由本宫信托部二十四宗姓团体轮流担任之。"第二十五条"本宫信托部宗姓代表，对每年农历除夕及春节、观音佛祖及清水祖师圣诞等节日，各宗姓代表应按照本宫分配工作时间，准时到场服务，尚因事未能参加服务，必须另派适当代表代替，不得缺席。"例如，庆福宫春节开天门插头香，观音诞，二十四个宗姓轮流庆祝中元节祭祖仪式。

　　2011—2034 年庆福宫信托部各宗姓团体每年中元节轮值年炉主表如下：

2011 年—敦亲堂	2019 年—高阳堂	2027 年—九龙堂
2012 年—敦煌堂	2020 年—龙山堂	2028 年—南阳堂
2013 年—沈尤吴兴堂	2021 年—四美堂	2029 年—庐山堂
2014 年—杜氏京兆堂	2022 年—清河堂	2030 年—安定堂
2015 年—陇西堂	2023 年—植德堂	2031 年—荣阳堂
2016 年—延陵联合会	2024 年—汾阳堂	2032 年—宝树堂
2017 年—汝南堂	2025 年—济阳堂	2033 年—江夏堂
2018 年—刘氏公会	2026 年—颖川堂	2034 年—太原堂

（二）仪式传承和改革创新

　　缅甸华人在传承传统仪式之时保留传统仪式，如神主牌，跪拜，也根据不同历史和政治背景进行信仰和谐共处，仪式改革创新。1961 年庆福宫百周年庆典；2011 年庆福宫 150 周年庆典；2015 年仰光高解福山寺 140 周年庆典仪式就是最典型的例子。

　　1. 1961 年庆福宫百周年庆典，是在吴努总理执政（1948 年至 1962 年 3 月）末期举办的。

　　吴努执政时期，1950 年中缅建交，中缅关系的发展较为顺利，高层往来不断，周恩来总理分别在 1954 年、1955 年和 1960 年访问缅甸。1957 年吴努应邀访问昆明。吴努执政时期，对于复兴上座部佛教②采取了一系列措施，其中重大措施是宣布上座部佛教为国教。从 1954 年 5 月至 1956 年 5 月，在吴努总理主持下，举办第六佛教结集。

　　百年庆典庆福宫信托部建玉皇大帝神坛，还建平安大醮三天，由缅、华僧伽诵经拜忏超度。1961 年 12 月 12 日（农历辛丑年十一月十五日）是庆典正日。在 11 位法师诵经开坛之后，庆福宫信托部诸耆老顶礼膜拜，一时敲钟撞鼓，梵音高唱，铙钹齐鸣，仪式庄严，善信敬仰，捐献祖国飞天线香者共达数万条。

　　12 月 14 日，庆典第三天上午 8 点至下午 6 点，庆福宫东厢及议事厅设备茶会招待各界代表。出席茶会者有仰光市及缅属各地华侨华人（不限于闽籍）同乡团体，各宗姓团体以及各种宗教团体代表两千人左右，由庆福宫信托部诸耆老亲自招待。

---

① 1895 年邱台根过世，其长子邱瑞轩把庆福宫相关文件点交六宗姓时，就有一份建醮祭拜的文件。

② 俗称小乘佛教。

百周年庆典之时，大众烟草公司和惠烟草公司分别在海滨街百尺路口和南勃陀路口捐建中缅双语之庆福宫百周年庆典牌楼。海滨街自南勃陀路至唐人区灯火辉煌，五光十色，宛如缅甸电灯节之热闹，日夜善信如云。

庆典期间，每晚在庆福宫前缅华社团演出中缅戏剧、音乐、电影、好戏连台答谢观世音佛祖。如：长乐会馆龙灯舞表演三晚，缅华汉剧团演出汉剧，仰光外勤公会演奏，芦山堂、太原堂及淡汶弟子分别演出高甲戏"天豹图"上中下集，建德社青年儿童剧团演出"黄鹤楼"及"金顶山"，建德益青南乐社演奏，缅华南乐界之南乐演奏，缅华洪门青年联合会演奏，缅华音乐研究社演奏，缅华巨轮社西乐队演奏等；庆福宫信托部特敬演缅甸大型歌剧一台助庆。

通过百周年庆典文化平台，缅甸华侨华人不仅展示了传承中华民间信仰传统仪式和各种文化表演，还体现了佛缘之凝聚力：华族（不同方言族群）与当地多元宗教善信聚集一堂敬拜答谢观音佛祖之文化包容与和谐的热闹场面。[①]

2. 50 年过后，2011 年 11 月又迎来了庆福宫 150 周年华诞庆典。

50 年的历史沧桑：奈温执政时期（1962—1988），中缅关系跌入谷底。1964 年政府实行收归国有政策和 1967 年"6·26"排华事件导致缅甸华侨华人保持十分低调，几乎没有展示中华文化；军人政权（1988—2010）期间，虽然高层领导互访不断，增进中缅友好关系。学华语和展示中华文化活动的空间仍然受限制。1989 年以来，庆福宫、福山寺、龙山堂等百多年的华人古庙被列入国家重点保护文化遗产古刹。但是所有华社包括宗亲团体、同乡会等必须在缅甸宗教部以宗教机构名义重新注册。

2011 年 11 月 11 日是庆福宫建宫 150 周年纪念日。庆福宫信托部从 11 日至 13 日举办连日三天的建宫 150 周年华诞。

11 月 9 日庆福宫信托部开始布置场面，庆福宫前张登结彩，建天公神坛，以布施贫困老人拉开庆典帷幕。宫内正殿前，工作人员架筑五层神坛，神坛顶上奉宫玉皇大帝（天公）神位，神坛桌围由施主奉献，华丽夺目，两旁锦织旗幡，五彩缤纷，桌上供品应有尽有，时馐果珍，瑞气盈堂。庆福宫信托部家长林清吉捐献搭建宏伟壮观的钢架大彩棚；太原堂，庆福宫信托部二十四宗姓之一，捐献 150 盏黄圆灯笼，灯盏环绕彩棚排开，几百面小佛旗高高悬挂，充满宗教色彩，彩棚前一幅"庆福宫一百五十周年庆典"中缅字大红横幅，配以彩带，迎风飘扬，两边一幅楹联，上联"眼前伊江波浪滔滔洗尽多少凡尘"，下联"身后金塔铃声悠悠唤醒无数迷津"。殿前殿后六盏大红灯笼高挂，也倍增节日的气氛。当天彩棚下人头攒动，逢庆福宫每两月颁发贫困无依闽侨老人补助金的日子，八时正庆福宫信托部宫务组长黄泉祥给一百五十位老年人颁发补助金，许多善信施主也携带礼品和红包来布施。

11 月 10 日第二天是华侨华人团体道贺，礼节周到。

11 月 11 日是庆典正日。华僧在天公坛前诵经祈福，铙钹齐鸣，梵音高诵，信托部代

---

① 《庆福宫百周年庆典特刊》，1961 年。

表们在坛前添香跪拜，场面肃穆庄严。闻经祈祷后由大法师引领至广场为场上三座大铜香炉开光。

11 月 12 日尊重缅甸国家法规，举办缅式佛教庆典仪式。庆福宫信托部家长们都缅式盛装打扮。延请缅甸国家僧侣大法师协会主席高僧暨轮值大法师 17 位及绵旺比丘尼受经学堂住持师太暨比丘尼 18 位驾临本宫开坛诵上座部释迦穆尼佛经。

中国领导人为了中缅两国友谊，用心良苦，特地安排中国佛牙舍利子第四次至缅甸。

11 月 13 日，庆典重头戏：在全缅各界华人与中国驻缅甸大使馆领导们欢聚大团结的场面。在福山寺举行纪念晚会文艺演出，贵宾有中国驻缅甸大使馆领导们，缅华各界代表，缅甸华人寺庙代表及庆福宫善信施主们，席开百席。舞台正面以当今非常时髦流行的 LED 灯打出"阳光庆福宫一百五十周年庆典"大红字，舞台两边挂有一副对联。[1]

3. 2011 年民选政府上台，缅甸实行对外开放政策。

2013 年，缅甸政府成立缅甸—中国友好协会[2]。吴盛温昂[3]，总统顾问与缅甸前驻中国大使及仰光大金塔管理委员会成员，任缅中友协会会长。缅甸华社也参加缅中友协会。2015 年又是中缅建交 65 周年。缅甸处在中孟印缅之走廊，缅甸华社积极表示支持祖国的一带一路战略。这表现在 2015 年 1 月 23—25 日举办的仰光高解福山寺 140 周年建寺庆典。

仰光高解福山寺属于庆福宫信托部管理。今年 2015 年，福山寺迎来建寺 140 周年建寺庆典，1 月 23 日至 25 日福山寺隆重举办盛大庆典活动。福山寺特迎请五尊分灵祖师公神像驾临助威。上淡汶、下淡汶、甘白、南奥格拉巴的舞龙舞狮亦前来助兴；缅华妇女协会、缅华佛教居士们到场帮忙。庆福华文学苑师生们带来了精彩表演。

庆典之前，福山寺装修翻新：太原堂积极捐献 150 个华丽灯笼；吴继垣，现任吴氏延陵联合会会长及缅华华商商会会长，特从中国进口四大天王和八仙过海石雕分别捐献给庆福宫和福山寺。

1 月 23 日延请勃古观音寺、仰光十方观音寺和仰光小南海三祝精舍等华人寺院高僧 30 位、比丘尼 20 位；24 日，缅甸国家僧侣大法师及轮值主席高僧 30 位暨杜耶纳沙意师太、杜剎牙瓦迪师太等 20 位比丘尼；25 日，台湾生命电视台海涛法师及协会居士团等中缅各界高僧大德，共同诵经祈福，同沾法喜，共沐佛恩。

1 月 25 日晚，作为收官活动，在福山寺举行盛大宴会。缅中友好协会会长吴盛温昂暨全体理事、中国驻缅甸大使馆官员、仰光和全缅各界侨团代表、宗姓团体代表、各同乡会代表应邀出席了当晚宴会。当晚活动开始，嘉宾与庆福宫家长们共同切生日祝福蛋糕，并由庆福宫家长杨升良诵读清水祖师传记颂扬礼赞。缅中友好协会会长吴盛温昂致词中表

---

① 《庆福宫一百五十华诞特刊》，2011 年。

② 缅甸—中国友好协会（Myanmar-China Friendship Association）经缅甸总统批准于 2013 年 4 月成立。缅甸—中国友好协会是中缅友协的对应机构。中国—缅甸友好协会（China-Myanmar Friendship Association，简称"中缅友协"）成立于 1952 年，中国建国初期开展对外交往的重要民间组织，也是 1954 年发起成立中国人民对外文化协会的 10 个全国性社会团体之一，在中缅关系发展史上发挥过重要作用。由于历史原因从 20 世纪 60 年代末起中断了活动。为增进两国人民间的相互了解和友谊，2010 年中国人民对外友好协会籍中缅建交六十周年之际恢复成立了中缅友协。

③ U Sein Win Aung.

示，对于山水相连，自古以来两国的佛教文化交流就如两国人民的胞波情谊般渊源流长。中国驻缅甸大使馆领事部张鹏秘书在致词中称赞福山寺自成立以来致力于旅缅侨胞为促进中缅两国友谊和民间交流与合作作出积极贡献，并期待福山寺在庆福宫全体家长的共同努力下，发扬缅华社会的优良传统。[①]

由上述可知，历经半个世纪缅甸政府对华人经济、社团及华文教育的操控限制，缅甸华人在不同的历史和政治背景下，从古至今生活在缅甸的华人不张显其华人的身份，保持低调，无论是语言、服饰、信仰等文化面向均与缅甸当地人没有差异。大量运用"佛教寺庙"名称、佛像、佛经等宗教符号对外展演，以降低华族群与当地居民的区辨，维系华人认同的实质功能。每当举办佛教仪式庆典都会注意当地礼节，尊重当地文化习俗身穿缅式华丽庄严的服饰，延请缅甸国家上座部佛教高僧念小乘佛经，更重视把握庆典机会邀请缅甸官方领导及中国大使馆领导人，华社各团体和各宗教团体，展示文化包容与和谐的局面。

三、寺庙信任网络

本文列举连接中国福建与缅甸的宗祠寺庙网络的两个例子：

第一个例子是福建省海澄县新垵社（新江）正顺宫、马来西亚槟城龙山堂邱公司和缅甸仰光龙山堂宗祠寺庙网络。新垵、槟城邱公司与仰光龙山堂族人皆源自一个祖先。新垵的正顺宫主要奉祀王顺爷和大使爷。早期槟城邱氏族人大约在 1835 年建龙山堂邱公司供奉从家乡正顺宫带来的大使爷香火，1850 年该庙重建、不断修复成金碧辉煌的建筑群，成了槟城乔治市一座古香古色的历史古迹。

19 世纪英国殖民地时期，邱氏宗族不仅是槟城而且也是仰光早期华侨社会重要的福建帮势力，根据庆福宫第一任总理人邱台根之第四代后裔所提供的口述资料，其令兄发起建成槟城龙山堂邱公司，邱台根与邱氏精英在缅甸仰光兴建庆福宫（1861）、福山寺（1875）和龙山堂（1878）等。仰光龙山堂正龛供奉从槟城带来的王孙爷和大使爷分香，左右龛祀福德正神和四社神等。

缅甸仰光龙山堂也是邱曾氏宗族会馆，邱台根和曾妈庇的后代有些移民到新加坡、台湾、美国、加拿大等国家和地区；居住在仰光还健在的后裔，大都缅甸化并信仰上座部佛教，而且留学英、美国，不懂华语和华人传统风俗习惯；他们大都是国家公务员，因政府条规限制华人不准当公务员，所以他们没有接触邱曾氏龙山堂。该堂经费长期面临困难，直到 1990 年该庙获得围墙店阁租金收入，经费得以解困。该堂与槟城邱公司曾一度断了联系，后来 2011 年缅甸国家开放，槟城龙山堂邱公司理事长带领访问团前来仰光龙山堂拜访邱曾氏族亲，从此恢复两宗祠之间的友好往来。

连接泉州与缅甸宗祠寺庙网络的另一个例子，是泉州洛江区马甲镇下辖的洋坑村康济

---

① 缅甸华文报《金凤凰》，2015 – 1 – 24 和 2015 – 2 – 6。

庙，供奉兴福尊王为吴氏族人的镇境佛祖，统称为王公。玉泉康济庙是泉州的一座建筑风格独特、宏伟壮观的千年古庙，供奉着兴福尊王一门七贤佛，亦称王宫庙。它位于泉州市洛江区马甲镇霞井侨村境内风景秀丽的梅桐岭，其前身为回山寺，始建于唐永徽年间（650—655）。霞井村是泉州旅居缅甸华侨较多的侨村之一，旅缅华侨信奉上座部佛教，对家乡佛祖神像仍然十分信仰和崇拜，于是就在侨居地兴建华人庙宇王公宫，供奉家乡佛祖神像，以神缘为基础加强同侨联谊。

20 世纪 20 年代，旅居缅甸的霞井吴氏侨亲把王公佛像分炉引入缅甸，初暂时安座于仰光郊外的怕弄小镇何长庚楼宇，随后，霞井侨乡吴祥出资，在岱枝埠①唐人街兴建了具有一定规模的华人庙宇——岱枝王公宫。该庙由原为吴氏侨亲独家管理扩大为全埠华侨共同管理的共众庙宇，设有同侨参与的庙宇管理委员会。并议定每五年即逢五逢十举行一次较大规模特邀缅属各地华人庙宇社团莅临观光，别具中华民间传统的"王公游境"盛会②，以联谊同侨，弘扬中华文化。泉州玉泉康济庙与缅甸仰光直辖的岱枝、沃刚、怕弄王公庙保持联系。

值得一提的是几代马甲镇霞井地区的旅缅乡亲为连接两地寺庙网络做出了不少贡献。

吴家枫（1866—1942），祖籍泉州洛江区马甲镇霞井的一个偏僻的石皮垅自然村，回家乡营建一座宫殿式大厝和两侧护厝。仰光吴氏宗亲团体延陵堂的发起人，并担任首届理事长。从 1912—1937 年的 25 年间延陵堂先后接待和安置来自家乡宗亲 410 多人。③

吴善仰（1908—1984），祖籍泉州洛江区马甲镇霞井村。13 岁来缅，之后返回家乡与杜恩治完婚。庆福宫信托部代表。从家乡带回康济庙香火，在缅甸沃刚市兴建康济庙，后又在岱枝兴建康济庙。带领吴氏族人捐资回家乡修康济庙。④

吴继垣，祖籍泉州洛江区马甲镇霞井村，1947 年出生于仰光唐人区五十尺路一家华侨家庭，仰光南洋中学高中毕业。现任仰光吴氏延陵堂（延陵联合会）理事长，缅甸晋江公会理事长，缅甸华商商会理事长等职务。20 世纪 80 年代，祖籍地要复建康济庙和修建霞井吴氏大宗祠，他踊跃捐资。⑤

从以上两个案例来看，缅华寺庙的耆老和理事会后代的教育、信仰、在传承中华文化，建立寺庙网络方面起了关键作用。第一个例子是仰光龙山堂耆老的后裔接受西式英文教育而且缅化，信仰转变，再迁移到他国等原因导致两地龙山堂之间长期联系中断，经费短缺。2011 年缅甸民选政府执政，国家对外开放之际，待开发的缅甸商机又一度吸引槟城邱公司主动联系恢复两宗祠之间的网络关系。

第二个例子是理事们接受过华文教育（上过前仰光南洋中学等），认同中华文化和儒

---

① Taikkyi，northernmost township of Yangon Region，直属仰光市管辖的小镇。

② 关于 2015 年 3 月 4 日以缅甸小乘佛教释迦牟尼佛陀巡境仪式，庆祝岱枝康济庙兴福尊王第七度"王公游境"，华社团体、多元宗教（缅、中、印宗教）和谐热闹场面的照片，请参见 http：//www.facebook.com/sintodanstreet/

③ 郑炳山主编：《在缅甸的泉州相亲》，第 146—148 页。

④ 同上，第 154—156 页。

⑤ 同上，第 171—172 页。

家思想，如在缅甸开放之际，中国与缅甸海事物流通顺，吴继垣特从中国进口四大天王和八仙过海石雕分别捐献庆贺庆福宫和福山寺百多年建寺庆典；还为祖籍地修复康济庙和修建霞井吴氏大宗祠，仰光吴氏延陵堂带头踊跃捐资。缅甸岱枝康济庙与泉州马甲康济庙能长长久久保持联系、互相扶持，是几代吴氏旅缅乡亲出钱出力作出贡献的结果。

　　缅甸华人，从他们的祖先算起，大都已是中国人和缅甸人混血族，但他们仍然持久不变保留着中国人的风俗习惯。他们虽然同当地居民杂居，但没有被同化。其中祭祀祖先的风俗习惯是最牢固的。

　　中元节祭祖以避免灾难，保障平安，已远远超越了"孝"的本质，而成为拜偶像的行为。这不是单纯宗教行为，而是包含伦理、道德、以及族群、家庭共融关系的社会功能文化活动。利用神明的动机，实际上是敦亲睦族的表现，也是让已有的族群网络更加牢固。

　　宗族网络、仪式传承网络、寺庙信任网络等信任网络是通过可携带性仪式，例如地方神的庙宇香灰、高僧面前主持的集体宗教仪式的方法代代相传。另一方面，缅甸华人通过寻根谒祖和对家乡根祖文化的贡献建立拓展信任网络。

　　缅华社会生活的方方面面，无不体现中华民族的特点，中华文化的精神。缅甸华侨华人乡族观念强烈：认同乡，认同宗，崇拜祖先，不忘故乡家族，信奉各种神灵，信仰各种神话传说中的善神；讲究伦理观念：尊崇君主，家长统治，严格等级区别，讲究衣着和仪式形式；历史意识强烈：谈古认今，以古为鉴，崇拜古人。

　　本文呈现了实地参加庆典考察的见解，缅甸华人在不同的历史和政治背景下应用佛教庆典仪式手段与官方和宗族团体、各宗教团体（缅甸上座部组织和台湾大乘佛教组织）之间，建立了信任网络。这些网络并非简单地以传统形式展示，而是不断地与现代化力量碰撞与融汇，文化融合、两种宗教信仰融合，丰富了多元化的内涵，是具有持续性的。

　　总而言之，缅甸华人以神缘把血缘、地缘团体紧密连接在一起。佛神没有国界，也不需要护照和签证，华人以分香炉或佛神像的形式把它们随身带着，并且安置在他们的移居地；缅甸华人是缅甸的"半个公民"①，华人庙宇和宗亲团体成了以宗教信仰为主的社会交流、建立网络的平台；缅甸在"21世纪海上丝绸之路"和作为丝绸之路经济带一部分的"孟中印缅经济走廊"建设中，有着先天的优势，作用独特而重要，从古至今在神缘基础上建立起来的旅缅宗亲团体和寺庙网络，充分发挥纽带和桥梁作用，积极参与并推进家乡与东南亚区域和缅甸的经贸、文化、金融等各领域的交流。

---

① 缅甸华人持有不同的身份证："缅甸公民"身份证（粉红色），"客籍公民"（蓝色）或"归化公民"（绿色）身份证；白色外侨登记证等，国家待遇不一样。详细信息请参阅（范宏伟：《浅析缅甸华人的公民资格问题》）。

缅甸华裔新生代的认同及对华认知

代帆　李倩

（暨南大学国际关系学院/华侨华人研究院　广州　510632）

【摘　要】 本研究基于在缅甸的问卷调查和实地调研，力图从语言、认同、对华认知等角度探讨缅甸华裔新生代的认同与对华认知。研究发现，在语言上，很多缅甸年轻华人仍保留较好的华语能力；在认同上，缅甸华裔新生代对中华文化的认同度高于缅甸文化，但是随着代际的更替，这一比例在逐渐下降。在对华态度上，缅甸华人对中国的评价较为积极，对中国政治制度显现出信心，对中国的软实力较为认可。此外，数据显示，年轻一代的缅甸华人，受中国的影响似乎有加深的趋势，年轻一代的华人，在对华态度上和情感上并没有呈现我们预期的退化的趋势。

【关键字】 缅甸；华裔新生代；认同

一、研究设计

本次调研共发放问卷 800 多份，回收有效调查问卷 623 份。问卷力图从语言能力、族群文化、对中国的认知、与中国的互动等角度来探讨缅甸华裔新生代的认同及对华认知。为了更细致的考察受访者对不同问题的看法，问卷还涉及了诸如年龄、学历、宗教信仰、职业、中国祖籍地等一系列变量。不过在实际分析中，不是所有的变量都导致了有意义的、差异性的结果，因此在本文中，只是选择了部分变量，运用 SPSS 软件进行交叉分析。

问卷来自缅甸北部的木姐和南坎，缅甸中部的曼德勒，南部的仰光以及广州暨南大学的华人学生。调研时间为 2014 年 4—9 月。

在所有有效受访者中，其中 12—17 岁年龄组占 53.5%，18—34 岁年龄组占 35%，35—45 岁和 45 岁以上分别占 8.9%、2.6%。就职业构成而言，学生构成受访者主体，占 78.7%，私营业主、公司职员和专业人士分别占 11.2%、1.8%、3.7%。就教育水平而言，小学或以下占 11.6%，中学阶段占 66.5%，大学或以上占 21.9%。就代际而言，第一代华人只占 7.8%，其他都是第二代以上，其中二代华人占 22.3%，三代华人占 43%，四代或以上华人占 26.9%。在所有受访者中，混血华人占 31.4%。

由于第一代华人所占比例太少（7.8%），因此放弃分析，35—45 岁以及 45 岁以上占比过少（8.9%/2.6%），这一部分数据同样也放弃；在地域变量上缅甸北部和中部年龄结构相似，大多数人都在 12—17 岁之间，而中国和缅甸南部大多数人年龄在 18—34 岁之间，因此比较时会选取中国和缅甸南部、北部和中部这样比较相似的组合来进行。此外，受教育程度的影响也将可能对地域变量有所影响，因此在最终数据选取上会采取选用教育程度比较相似的北部和中部来进行比较。

二、缅甸华人认同的历史演变

由于地理位置临近，中国人移居缅甸的历史悠久，从文献资料来看，从汉唐时期就开始有商人开始在缅甸经商，但直至元代才有华侨开始定居缅甸。到了明代，在蛮莫、普坎以及阿瓦等上缅甸的部分地区开始形成华侨人口较为集中的华侨社会，并且规模可观。

19 世纪中期，下缅地区一些能够聚合缅甸华侨的纽带，如地缘组织、血缘组织和业缘组织纷纷成立则标志着华侨社会在下缅甸形成。下缅地区的华侨社会通过海上方式形成，即不以陆路为交通抵达，这就改变了以前是上缅部分的云南籍华侨为主导的局面，形成了下缅甸闽粤籍华侨与上缅甸云南籍华侨分庭抗礼的态势。

明清时期华侨在缅甸社会中保留着汉族的风俗习惯，以明人自居，或者视诸葛孔明为信仰，或以桂王后裔存在等等。[1] 不过基本而言，在第二次世界大战前，无论是明代形成的上缅华人社会还是清代形成的下缅华人社区，都对中国有着极其深厚的情感，他们建立庙宇、会馆、祠堂对祖先进行拜祭；基于地缘、业缘、血缘宗族等建立华人社团，保持团体内的沟通；保持中国传统的风俗习惯，在情感认同上基本倾向于中国。这一点其实与东南亚很多国家的华人都非常相似。

中国风俗习惯的保留，以及心理上一致的信仰，在很大程度上都可以表明当时的华侨社会中对于中国的认同是极大的。

第二次世界大战是缅甸华人认同变化的一个大的转折点。1942 年至 1945 年间，日军占领缅甸，缅甸华侨社会因此遭受到很大打击。在此期间，华文报纸被彻底摧毁，没有一家报刊能够幸免。但即使如此也并不妨碍华侨对中国的认同感，反而是在战争的压迫下使得中华民族的爱国血性得以激发，华人虽然受到打压，但仍然支持中国战争。在第二次世界大战后的 1945 年至 1966 年，21 年间先后有 12 家华文报纸问世，足可见华侨对中国的认同之感并未消退。真正使华人政治认同在第二次世界大战后开始发生变化的还是后来一系列中国和缅甸的政策原因，即迫于政治原因，华人开始认同当地，并先后加入当地国籍。

具体说来，第二次世界大战后缅甸华人与中国关系大致经历了以下三个时期：

---

[1] 冯立军：《20 世纪初以前华侨移民缅甸述略——兼论缅甸华侨社会的形成》，《南洋问题研究》，2008 年第 4 期。

一是吴努时期（1948—1962）。1948 年缅甸独立时，华侨约 30 万人，[1] 然而在 1961 年缅甸移民部的数据显示加入缅籍的华侨只有 6 279 人，18 岁以上未加入缅籍的华侨有 91 156 人[2]。数字之所以相差如此之大主要是因为在缅甸独立之初推行的民族政策。当时中缅关系良好，在 1956 年周恩来总理访缅之际，表示承认和支持中缅混血与侨生为缅籍，因此吴努时期中缅混血、二代以上的侨生根据缅方入籍规定大部分都已自动归为缅甸公民。然而在这一时期，真正申请入缅归化的侨民却并不多，厦门大学范宏伟教授对其原因描述为："20 世纪 50 年代，缅华中面临国籍问题的主要是第一代移民和二代以下侨生，他们在缅居留时间短，缅化程度低，对中华文化的保持和认同较为强烈，家乡观念、民族观念较为浓厚，叶落归根思想较强。特别是那些受过华文教育和在缅华中从事文教事业者，明显具有民族优越感。这正如一位侨领所说，华侨生活上如果有需要的，比如做生意、上学需要缅籍的，他就会入缅籍。所以，我们当时听到缅甸方面说，'你们加入缅籍是三心二意的，你们是为了你们的利益才加入缅籍的，其实你们还是中国人'。"[3]

第二个时期是奈温军政府时期（1962—1988）。在这一时期，发生了 20 世纪 60 年代缅甸的排华事件，其导火索是华侨学生上学时佩戴了毛泽东像章，而进一步原因则是当时处于文革时期，中国对外宣传过度，四人帮甚至宣称已经进入毛泽东时代，并强调宣传毛泽东思想是外交的中心工作，致使一些驻外使馆滥发毛主席语录和毛主席像章，从而引起缅甸当局的恐慌，导致排华。我们可以从这一事件看到华人地位以及华人认同在缅甸的转变，其起因可以说是当局对华人过度崇敬中国而感到恐慌，而到最后由于排华事件的发生，使得华人的政治地位急剧衰落，华人受到民族歧视，沦为二等或三等公民，政治权利受到较大限制。不仅政治地位，相应的华人经济也受到极大的冲击，由于华人经济陷于破产境地，一半以上华人社团都放弃登记，自动解散。华人在政治上的不平等，使其被迫放弃一些原有族群的生活习惯及联系，缅甸华人对中国政治认同程度下降。虽然后来中缅关系改善，却难以消除排华事件在这一代缅甸华人心中的阴影。

第三个阶段是 1988 年至今。新军人政权上台后颁布了一系列措施，改变了之前奈温时期的"缅甸式社会主义"政策，开始实行以市场为导向的开放的经济改革，为缅甸对外经济关系的恢复和发展奠定了基础。中缅之间的贸易尤其是边境贸易开始扩大，"中缅两国在 20 世纪 90 年代签订了一系列贸易投资协定，极大地促进了两国之间的经济合作。1993 年 7 月，中缅签署了 6 个经济技术合作协定，中方向缅方提供 5 000 万元人民币无息贷款。1996 年 1 月，中方向缅甸提供 1.5 亿人民币贴息贷款。2 月，双方还成立了"中缅经济促进委员会"。1997 年 5 月，两国签署《促进缅中经济合作协议》。[4] 2000 年以后，

---

① 庄国土：《第二次世界大战以后东南亚华族社会地位的变化》，《东南学术》，2003 年。

② 范宏伟、刘晓民：《国籍·民族主义·"社会主义"战后缅甸华侨国籍个案研究》，《东南亚研究》，2005 年第 6 期。

③ 范宏伟、刘晓民：《国籍·民族主义·"社会主义"战后缅甸华侨国籍个案研究》，《东南亚研究》，2005 年第 6 期。

④ 陶程：《缅甸对外经济关系研究（1988—2009）》，云南大学 2010 年硕士论文。

江泽民、胡锦涛还曾先后访缅，进一步促进了两国经贸方面的合作。

随着经济交往的增强，以及中国经济实力的日益提升，缅华之间的交往又变得密切。这一时期，"由于中缅特殊的友好关系，缅甸政府对华人开办华校及到中国留学采取默许的态度。1990 年开始，由于中缅边贸和人员往来的活跃，缅北地区的华文教育发展得很快，一批规模大、办学层次高的华校及辅导班纷纷成立。"[①] 在面临华文教育国内供给不足的情况下，边境地区很多缅籍学生入华，到云南接受教育。华校数量的增加以及来华留学生人数的增长，使得缅甸华裔与中国的交往更加密切。尤其是缅北地区，很多华人学校与中国的交往更为密切。这些华文学校使用的教材，除了思想课教材外，其他课都使用与中国大陆同步的教材。[②] 以上是我们理解当今缅甸华人认同及对华认知的背景。

三、现状：缅甸华裔新生代的认同

（一）语言状况

1. 家庭主要沟通语言

在家庭主要沟通语言上，如表 1 所示，44.2% 的家庭选择中国方言，38.5% 的家庭是华语普通话，只有 20.1% 的受访者选择了缅甸语，9.9% 的人选择缅甸少数民族方言，可见华语还是缅甸华人的主要沟通语言，这从某种程度上可以看出华人在缅甸还保留着华语沟通的习惯。第二，在中国方言的使用上，和中部相比，北部偏高，同时明显年长的和纯血华人受访者使用的比例更高。第三，在代际差异上，随着代际的更替，华人使用缅甸语的比例有上升趋势，而使用华语普通话的比例则波动下降。

表 1　家庭主要沟通语言

	缅甸语	中国方言	缅甸少数民族语言	英语	华语普通话	其他
综合	20.1%	44.2%	9.9%	2.7%	38.5%	3.6%
北部	7.6%	31.4%	19.1%	0.8%	46.2%	4.7%
中部	29.5%	41.8%	4.2%	3.8%	44.3%	2.5%
混血	31.2%	34.2%	11.4%	6.4%	36.1%	5.0%
纯血	16.5%	48.0%	8.7%	1.9%	39.6%	3.1%
二代	20.7%	46.0%	7.9%	0.7%	35.0%	3.6%
三代	19.6%	40.4%	9.3%	4.4%	42.2%	3.7%
四代或以上	24.4%	48.2%	8.5%	4.3%	34.1%	3.7%
12—17 岁	16.1%	39.0%	9.3%	1.9%	44.3%	3.4%
18—34 岁	25.4%	51.6%	11.2%	3.6%	27.7%	5.8%

---

① 奎晓亮、张汉仙：《对缅华文教育迎来新的机遇》，《学园》，2014 年第 15 期。
② 根据笔者在缅北木姐和南坎等地华文学校的实地调研。

2．华文能力及对华文的态度

表 2　学习华文的重要性

	非常重要	比较重要	不好说	不太重要	完全不重要
综合	48.3%	38.1%	11.7%	1.3%	0.6%
12—17 岁	47.4%	37.1%	13.2%	1.9%	0.3%
18—34 岁	46.4%	45.0%	7.7%	0.9%	0%
北部	14.9%	28.6%	55.8%	0.6%	0%
中部	32.1%	41.1%	23.2%	3.6%	0%
二代	51.1%	38.0%	8.8%	2.2%	0%
三代	45.2%	46.7%	7.3%	0.8%	0%
四代或以上	47.5%	31.9%	18.8%	0.6%	1.3%
混血	40.8%	43.5%	12.6%	2.1%	1.0%
纯血	51.1%	35.8%	11.5%	0.8%	0%

通过对表 2 的观察，我们可以清晰地看出绝大多数缅甸华裔都认可学习华文的重要性，认为学习华文"非常重要"和"比较重要"的比例分别是 48.3%、38.1%，总和为 86.4%。其次，年长的华人比年轻华人更重视华文。其三，混血华人与纯血华人相比，很明显纯血华人比混血华人更重视华文。其四，二、三代华人相较于四代或以上华人来说更重视华文的学习。其五，从地域上来看，认为非常重要和比较重要的占比北部较中部多一些。

在进一步探讨华文学习的动力时，如表 3 所示"出于前途考虑"是最为主要的考量，占比为 61%。同时"更好地了解华人的文化和传统"占比高达 52.4%，这说明虽然缅甸华人学习华文有其现实的考量——考虑到最近几年中缅经济关系以及中国对缅基础设施投资的飞速发展，这种现实考量就有其合理之处，但仍有超过一半的华人将华文学习与文化和传统的传承联系起来。

表 3　学习华文的动力

	父母的压力	受朋友影响	更好地了解华人的文化和传统	出于前途考虑	交更多的朋友	其他原因
综合	16.3%	4.7%	52.4%	61.0%	24.7%	5.6%
12—17 岁	12.4%	4.3%	49.4%	56.2%	24.4%	6.5%
18—34 岁	20%	4.0%	55.6%	67.6%	23.1%	4.9%
二代	19.3%	5.0%	52.1%	63.6%	27.9%	5.0%
三代	19.0%	3.7%	50.0%	64.4%	22.2%	3.7%
四代或以上	16.9%	5.4%	53.0%	57.2%	19.9%	7.2%

（二）语言能力

表4　华语普通话水平及实际应用能力

	非常好	好	一般	比较差	完全不会
普通话水平	19.7%	32.4%	44.9%	2.9%	0%
听	18.2%	41.0%	37.9%	2.4%	0.5%
说	15.9%	35.3%	44.7%	3.9%	0.3%
读	13.3%	33.3%	48.9%	4.5%	0%
写	12.8%	25.7%	51.9%	9.2%	0.3%

表4显示了缅甸华裔新生代的华语普通话及华语的实际应用能力。通过表格我们可以看出，缅甸华人的普通话水平整体尚可，"非常好"和"好"的分别为19.7%和32.4%，综合占比超过一半，"比较差"的只占2.9%，几乎没有完全不会华语的。在实际应用方面，听、说、读的能力相对要突出，写的难度相对来说大一点。

表5显示，在语言能力上，中部选"非常好"和"好"的比例远大于北部，而北部则选"一般"的较多。一方面这可能跟中部地区受访者年龄大一点的人相对多一点有关，另一方面也可能跟北部地区少数民族众多语言比较混杂有关。另外，还有一个有趣的现象即越是年轻的华人，或者学历水平越低的华人，对自己华语普通话水平评定越高；纯血华人的华语略好于混血华人；在代际之间，二代华人选择"好"以上程度的比例略高一点，除此之外，不同代际的华人的普通话水平并没有展示特别明显的差别。

表5　华语普通话水平

	非常好	好	一般	比较差	完全不会
北部	14.9%	28.6%	55.8%	0.6%	0%
中部	32.1%	41.1%	23.2%	3.6%	0%
混血	21.7%	42.8%	32.2%	3.3%	0%
纯血	18.4%	29.5%	50.0%	2.0%	0%
二代	22.1%	36.3%	38.1%	3.5%	0%
三代	12.4%	33.8%	50.7%	3.0%	0%
四代或以上	22.1%	30.7%	43.6%	3.6%	0%
12~17岁	29.9%	29.5%	38.7%	1.9%	0%
18~34岁	4.0%	29.5%	63.0%	3.5%	0%

（三）华裔新生代的认同

1. 中国文化与传统价值观

表6 对中华文化符号的熟悉度

	书法	功夫	孔子	龙	春节	旗袍	汉字	饺子	京剧	红色	长城	北京	故宫	其他
综合	35%	21.3%	31.8%	28.8%	56.2%	15.1%	59.5%	40.9%	6.9%	22.8%	24.7%	19.8%	9.6%	5.4%
12—17 岁	29.4%	20.6%	25.3%	28.8%	50.8%	10.3%	53.4%	34.7%	3.1%	15.0%	22.5%	18.8%	7.5%	5.3%
18—34 岁	43.7%	18.4%	40.4%	27.4%	59.6%	17.0%	68.2%	44.4%	8.1%	27.8%	23.3%	16.1%	7.6%	5.4%
混血	27.9%	25.4%	30.3%	26.9%	51.2%	11.4%	54.2%	38.3%	7.0%	18.4%	21.4%	17.4%	8.5%	4.5%
纯血	38.4%	19.4%	33.1%	30.3%	59.5%	17.0%	61.7%	41.4%	6.9%	25.8%	26.0%	20.6%	9.9%	5.2%
二代	41.4%	26.4%	38.6%	32.1%	63.6%	18.6%	58.6%	42.9%	8.6%	25.0%	29.3%	25.0%	15.0%	3.6%
三代	31.7%	19.3%	32.0%	30.1%	56.7%	13.8%	60.6%	38.3%	6.7%	22.3%	22.3%	16.4%	6.7%	4.5%
四代或以上	37.0%	19.4%	29.1%	26.1%	52.7%	15.2%	60.0%	40.6%	6.1%	23.0%	21.8%	18.8%	10.3%	4.8%
北部	22.6%	15.3%	21.2%	20.3%	43.0%	9.3%	45.3%	19.1%	2.6%	8.5%	16.5%	14.4%	3.8%	8.5%
中部	36.0%	28.4%	31.8%	34.3%	59.7%	17.8%	65.7%	55.5%	11.0%	28.8%	33.5%	29.2%	19.1%	5.5%

　　如表6所示，汉字、春节、饺子、书法、孔子和龙是缅甸华裔新生代最熟悉的中华文化符号，比例分别是59.5%、56.2%、40.9%、35%、31.8%和28.8%，相比之下长城、红色、功夫、北京等排名较后，尤其是京剧，选择熟悉的比例只有6.9%。第二，年纪大的受访者，对中华文化符号的熟悉度，普遍高于年纪小的受访者。第三，纯血华人从整体而言比混血华人更熟悉中华文化符号。第四，就代际差异而言，整体趋势是随着代际的更替，华裔新生代对中华文化符号的熟悉呈现波动下降趋势，但不是特别明显，一方面这可能与华人逐渐本土化和融合社会的趋势相关，另一方面也应该同中缅两国最近这些年日益密切的交往有关。最后，从地域来看，中部反而对华文符号的熟悉度高，这也与前面的分析情况相一致，即年龄越大对中华文化符号越熟悉，在中部数据中年龄在35岁以上的占到比例30%，这是其他地区所没有的。

表7 家庭主要庆祝节日

	新年	春节	圣诞节	中秋节	泼水节	点灯节	其他
综合	48.0%	58.1%	11.1%	48.3%	29.2%	26.1%	5.8%
12—17 岁	48.1%	51.9%	10.5%	43.5%	30.2%	24.4%	4.3%
18—34 岁	46.0%	63.8%	10.7%	49.6%	20.1%	23.4%	5.8%

（续表）

	新年	春节	圣诞节	中秋节	泼水节	点灯节	其他
混血	45.0%	47.0%	13.4%	36.6%	38.6%	35.5%	8.4%
纯血	47.8%	64.6%	9.6%	52.9%	24.6%	21.3%	4.9%
二代	47.9%	59.3%	14.3%	50.7%	33.6%	27.5%	3.6%
三代	41.5%	64.4%	7.8%	44.8%	27.0%	25.2%	5.6%
四代或以上	55.1%	54.5%	13.2%	53.3%	27.5%	24.6%	7.2%
北部	33.9%	45.3%	7.6%	31.4%	19.1%	22.5%	4.2%
中部	60.4%	61.3%	14.6%	56.7%	47.5%	35.8%	7.9%

至于家庭主要庆祝的节日，如表 7 所示，整体而言，春节是缅甸华裔新生代最主要的节日，其次是中秋节。华人重视这些传统节日的程度远超过本地节日泼水节和点灯节，因此可见春节和中秋节在缅甸既作为一种传统，又体现了中华传统节日对于缅甸华人的重要性。其次，就年龄差异而言，越是年长的受访者庆祝中华传统节日的比例就相对要高一点。就代际而言，传承代越多的华人庆祝中华传统节日的比例反而没有预期中的下降，还相对来说增长，这可能体现华人在缅甸所保留的传统中国人的习性比较完整。而观察庆祝泼水节和点灯节的比例，波动并且相对来说增长，这一趋势与海外华人逐渐融合本土社会的趋势大概是一致的。第三，就混血变量而言，混血华人和纯血华人的差异较为明显，相对而言混血华人庆祝春节和中秋节的比例要低于纯血华人，而庆祝本土节日泼水节的比例则高于纯血华人，而这可能正体现了跨族群通婚对文化传承的影响。在地域变量，春节毫无疑义还是排在华裔重视的节日的第一位，北部和中部比起来，明显中部更加重视中华传统节日，这可能与中部受访者年龄有着较大关系，同样印证年龄较大的受访者对中华传统文化更加重视。

表 8　感受中华文化的场合

	在家	在学校	参加婚丧嫁娶	在中国	接触中国人	华人传统节日	其他
综合	20.7%	51.2%	14.6%	32.9%	27.6%	39.7%	2.7%
12—17 岁	18.5%	53.7%	6.8%	26.9%	24.8%	31.2%	2.8%
18—34 岁	19.7%	46.8%	20.6%	36.3%	26.5%	47.3%	1.8%
混血	18.0%	48.0%	9.0%	37.0%	25.1%	30.0%	1.0%
纯血	21.3%	50.7%	17.1%	32.6%	28.6%	44.1%	2.6%
二代	26.4%	47.9%	17.9%	30.0%	25.0%	45.3%	1.4%
三代	15.6%	48.1%	13.4%	36.4%	28.4%	38.3%	2.6%
四代或以上	22.3%	53.6%	13.3%	31.9%	29.5%	38.6%	2.4%

（续表）

	在家	在学校	参加婚丧嫁娶	在中国	接触中国人	华人传统节日	其他
北部	11.1%	49.1%	6.4%	20.5%	24.9%	20.1%	3.4%
中部	27.6%	54.0%	18.0%	39.7%	30.5%	47.7%	2.9%

从上表可以看出，对于缅甸华人来说，最能够感受中华文化的场合是学校，当然这可能与受访者大部分是学生有关，其次是在华人的传统节日和在中国的时候。第二，就年龄差异而言，越是年长的受访者，他们在华人传统节日和家庭就越能感受到中华文化，而年轻的是受访者可能因为在学校学习的缘故，所以相对于其他选项来说在学校能更多感受到中华文化。从地域上来看，同样是中部感受中华文化的比例高，同样验证了年龄大的受访者更了解中华文化，这可能与他们的成长和工作经历有关。

2. 族群认同

表9　身份认同

	缅甸人	缅甸华人	华人	视情况而定	其他
综合	5.4%	62.0%	23.6%	5.9%	3.0%
12—17 岁	4.8%	60.8%	23.9%	8.0%	2.5%
18—34 岁	5.0%	67.4%	19.9%	4.1%	3.6%
混血	7.1%	66.2%	14.6%	8.1%	4.0%
纯血	4.1%	60.5%	27.7%	5.3%	2.4%
北部	8.0%	50.4%	28.1%	5.4%	8.0%
中部	4.6%	65.1%	23.1%	6.7%	0.4%
二代	2.9%	70.1%	16.1%	8.0%	2.9%
三代	3.0%	67.0%	21.2%	6.1%	2.7%
四代或以上	6.2%	54.3%	30.2%	5.6%	3.7%

在族群身份的自我认定上，认同自身为缅甸人的比例仅为5.4%，认同是缅甸华人的比例为62%，认为自己是华人的占23.6%。可见缅甸华裔新生代对华人身份的认同程度还是较高，另外在政治身份上也一定程度体现了对缅甸的认同。其次，不同年龄的受访者的差异不明显；第三，在代际的更替上，即第二代、第三代认可自身为缅甸人的比例更低，而认可自身为缅甸华人的比例则更高，但是四代或以上却更加认可自己为华人。此外，纯血华人相对而言更认可自身华人的身份。

在主要朋友来源上也反映出上述趋势。如下表所示，首先，缅甸华裔新生代在交友方面已与本土社会打成一片；其次，越是年轻的华人与本土社会融入的程度越高，因为他们更倾向于与缅甸人交友；第三，在地域差异上，数据显示北部相对于中部来说与本土社会融合更紧密一些，这一点与我们的预期相左，值得深究。

表 10　主要朋友来源

	非华族	华族	各一半	其他
综合	2.4%	35.4%	55.5%	6.6%
12—17 岁	37.5%	2.3%	53.4%	6.8%
18—34 岁	32.7%	1.4%	60.0%	5.9%
混血	26.2%	2.6%	64.6%	6.7%
纯血	39.0%	2.2%	52.3%	6.5%
北部	40.9%	3.2%	49.1%	6.8%
中部	31.6%	2.5%	57.8%	8.0%
二代	4.4%	35.0%	56.2%	4.4%
三代	1.5%	32.6%	60.6%	5.3%
四代或以上	1.9%	36.0%	52.2%	9.9%

跨族群通婚是民族融合的一个重要方面，在本调研的全部受访者中，拥有华族以外血统的比例为 31.4%，可见缅甸华人混血的比例比较高。从下表我们可以发现，不同的年龄段，在跨族群通婚方面并没有大的差别。倒是在代际差异上，基本而言，在缅甸繁衍的代际越多，混血的比例就越低，这一趋势与我们在其他东南亚国家发现的刚好相反，我们尚不清楚为什么会呈现这一发展趋势，不知道是否与他们接触中华文化有关，还需进一步探讨。

表 11　不同年龄和代际华人的混血比例

12—17 岁	18—34 岁	35—45 岁
30.2%	31.2%	27.8%
二代	三代	四代或以上
37.3%	32.7%	27.2%

在被问到与缅甸人结婚的态度时，受访者中表示"赞成"和"无所谓"的比例分别为 14.2%、39.4%，直接表示"反对"的比例高达 29.4%，可见缅甸华裔新生代对跨族群婚姻的态度不是特别开放。其次，在受访者和父母的态度差异上，很明显父母一代对跨族群婚姻的支持度相对要低，反对度相对要高。

至于受访者本人对跨族群婚姻的态度，如表 12 所示，年纪越轻的小的受访者，对跨族群婚姻的支持度越高；其次，混血华人比纯血华人更赞成跨族群婚姻；其三，在代际差异上，此处与前面社交朋友来源一样，随着代际的更替，对跨族群婚姻的支持度反而下降，这也与我们与其的观察不一致。在地域差异上，北部地区的受访者对跨族群婚姻的支持度更高。

表 12　与缅甸人结婚的态度

	赞成	反对	无所谓	不清楚
综合	14.2%	29.4%	39.4%	17.0%
12—17 岁	16.3%	24.7%	40.9%	18.1%
18—34 岁	14.7%	28.9%	40.9%	15.6%
混血	23.7%	20.7%	34.3%	21.2%
纯血	9.9%	35.4%	39.7%	15.0%
北部	14.1%	21.4%	48.3%	16.2%
中部	11.9%	38.1%	27.1%	22.9%
二代	18.0%	33.8%	37.4%	10.8%
三代	13.3%	28.9%	43.7%	14.1%
四代或以上	15.2%	28.0%	33.5%	23.2%

在对族群关系的认知上，当问到"和缅甸原住民交友没有障碍时"，赞成的为 41.1%，反对的比例有 14.3%，当问到"缅甸原住民对华人没有偏见"时，赞成的为 18.6%，反对的比例为 26.3%。显然，一方面，华人和缅甸其他族群的相处已经较为融洽，另一方面，族群之间或多或少的偏见或多少仍然存在。

在年龄差异上，年长的受访者比年轻的受访者对族群关系的判断更加积极（不清楚的比例更少）。我们认为，因为年长华人的交际面更广，社会化程度更高，因此对社会有着更深入的理解，于是对族群关系的判断也更加符合现实。年轻华人和年长华人在族群关系上所展示的差异，更多只是一种年龄的差异。其次，混血华人对族群关系的认知比纯血华人更积极，而在代际差异上则表现不明显。再次，在地域差异上，我们可以发现，中部地区的华人对族群关系有着比北部华人更积极的看法。

表 13　对族群关系的认知

	缅甸原住民对华人没有偏见			和缅甸原住民交友没有障碍		
	赞成	反对	不清楚	赞成	反对	不清楚
综合	18.6	26.3	55.1	41.1	14.7	44.2
12—17 岁	17.6%	24.1%	58.3%	37.3%	16.3%	46.4%
18—34 岁	24.1%	29.5%	46.4%	43.6%	14.5%	41.8%

（续表）

	缅甸原住民对华人没有偏见			和缅甸原住民交友没有障碍		
	赞成	反对	不清楚	赞成	反对	不清楚
混血	23.7%	23.2%	53.1%	40.8%	16.8%	42.3%
纯血	17.2%	28.7%	54.1%	40.6%	13.8%	45.6%
二代	18.7%	27.3%	54.0%	39.4%	15.3%	45.3%
三代	17.5%	25.4%	57.1%	41.4%	13.9%	44.7%
四代或以上	19.5%	28.0%	52.4%	39.9%	17.8%	42.3%
北部	16.0%	20.8%	63.2%	30.9%	17.4%	51.7%
中部	17.9%	24.3%	57.9%	45.3%	14.1%	40.6%

四、缅甸华裔新生代的对华态度与认知

（一）华裔新生代与中国的互动

表14　与中国的互动

	到中国大陆旅游	到中国台湾旅游	对中国大陆募捐	参加大陆组织的青少年夏令营	华社组织的中华文化活动	到大陆留学/游学	到中国台湾留学/游学	没有/其他
综合	42.4%	7.3%	3.3%	12.9%	5.3%	7.8%	1.3%	33.7%
12—17 岁	38.9%	8.1%	2.5%	4.4%	3.4%	2.5%	0.9%	40.9%
18—34 岁	40.6%	3.2%	3.2%	29.7%	7.8%	13.7%	0.9%	24.7%
混血	42.0%	10.5%	5.5%	15.5%	5.5%	13.5%	2.5%	24.0%
纯血	43.6%	5.5%	2.8%	13.3%	5.5%	6.6%	0.9%	35.9%
二代	42.0%	9.4%	5.1%	15.9%	7.4%	6.5%	1.4%	27.5%
三代	46.8%	6.0%	2.2%	18.0%	3.7%	10.5%	0.7%	28.1%
四代或以上	40.4%	7.2%	3.0%	4.8%	5.4%	4.8%	1.8%	41.2%
北部	48.5%	3.4%	0.9%	4.3%	3.4%	3.8%	0.9%	31.9%
中部	45.8%	14.0%	5.9%	5.9%	3.8%	8.5%	1.3%	38.3%

　　如表 14 所示，到中国大陆旅游、参加大陆组织的青少年夏令营以及留学/游学是缅甸华裔新生代与中国互动的最重要的方式，尤其是旅游，占比到 42.4%。在受访者中，参加大陆组织的青少年夏令营活动的比例为 12.9%，这一比例虽然不高，但是考虑到中国大陆大规模举办海外华裔青少年夏令营活动的历史并不长，因此年轻受访者实际参加大陆夏令营活动的比例是远高于这个比例，数据显示 18—34 岁年龄段的受访者参加大陆组织夏令营活动的比例高达 29.7%。

　　其次，混血华人和纯血华人在对华互动上并没有过于明显的区别；第三，在代际差异

上，第二代、第三代到大陆、台湾旅游的比例都略高于四代或以上的华人，参加大陆组织的夏令营以及游学/留学也呈现类似的趋势。第四，从地域变量上看，在整体指标上，靠近中国的缅北地域与中国并不比中部更高。当然，导致这一差异的原因角度，也可能和年龄和经济地位有关。

（二）华裔对华态度与情感

表15　对不同国家足球队的态度

	热情	一般	不热情	无所谓
缅甸队	44.9%	36.1%	11.9%	7.1%
日本队	12.9%	28%	31.2%	28%
中国队	54.6%	30.8%	4.8%	9.7%
美国队	32.4%	34.2%	9.4%	23.9%
泰国队	18.3%	39.3%	14.7%	27.8%

表16　对中国足球队的态度

	热情	一般	不热情	无所谓
综合	54.6%	30.8%	4.8%	9.7%
12—17 岁	56.7%	29.4%	3.5%	10.4%
18—34 岁	53.3%	35.5%	5.9%	5.3%
混血	43.6%	37.6%	6.8%	12.0%
纯血	59.0%	29.2%	3.9%	7.9%
北部	63.5%	28.1%	3.1%	5.2%
中部	51.8%	30.2%	5.4%	12.6%
二代	55.2%	29.2%	5.2%	10.4%
三代	52.5%	31.8%	7.3%	8.4%
四代或以上	52.6%	33.1%	3.0%	11.3%

　　表15展示了缅甸华裔新生代对不同国家球队的态度。前面的数据显示缅甸华人还保留较完整的中华意识，所以在足球比赛的情景下，华人对中国队的支持率高于其他国家也较为正常；其次，与其他国家的调研结果相异，缅甸华人对中国队的支持高于他们对缅甸队的支持，这一结论令我们非常惊讶，因为这一结论很可能说明缅甸华裔新生代对中国的认同度要高于缅甸。究其原因，除了传统意义上族群和文化对缅甸华裔新生代的影响之外，也许来自中国的影响是一个重大的原因。

　　在导入不同的变量后，如表16所示，我们发现：第一，越是年轻的华人对中国的支持度越高；第二，纯血华人较之于混血华人来说支持程度更高；第三，从地域变量来看，北部对中国的支持程度高于中部；第四，从代际变化来看，差异不是非常明显，尽管第二代华人对中国的支持度稍微高于第三代、四代或以上华人，如果这一结论符合现实，也许可以说明随着代际的更替，缅甸华裔新生代对华情感存在退化的趋势。

（三）留学目的地意向

表 17　留学目的地

	泰国	中国	日本	美国	其他国家	不清楚
综合	3.3%	27.4%	3.5%	37.7%	18.5%	9.6%
12—17 岁	3.5%	25.5%	3.1%	37.1%	18.9%	11.9%
18—34 岁	3.2%	28.0%	5.5%	39.0%	17.0%	7.3%
混血	3.0%	23.9%	7.1%	39.6%	19.8%	6.6%
纯血	3.1%	29.1%	2.6%	37.0%	17.8%	10.4%

在留学目的地的选择上，中国和亚洲其他国家都非首选地，反而是美国成为首选地，日本则远远落后与美国和中国，与泰国相差无几。究其原因，可能既有文化方面的因素，也有奖学金的易得性等原因。美国因其强大，吸引了全世界的教育精英前往留学，这一点即便是中国在缅甸有历史、文化和族群方面的优势，也仍然是无法比拟的。

其次，尽管美国是缅甸华裔新生代留学的首选地，但若导入不同的变量，还会存在一些席位的差距，比如，第一，纯血华人相较于混血华人在选择中国作为留学目的地上有着更高的意愿，第二，年长些的华人选择中国的比例高于年轻的华人。

（四）心目中的中国形象

表 18　心目中的中国形象

	历史悠久	贪腐	文化发达	道德败坏	发展迅速	社会不稳定	大国	专制	友好	脏	崛起	傲慢
综合	59.6%	12.5%	45.0%	12.2%	54.4%	6.2%	29.2%	6.6%	23.5%	7.1%	6.4%	7.7%
12—17 岁	54.8%	14.4%	40.7%	13.8%	48.5%	7.5%	27.9%	7.9%	24.3%	8.5%	4.3%	10.5%
18—34 岁	65.0%	8.2%	50.9%	8.6%	60.9%	2.7%	31.4%	4.5%	18.6%	4.5%	8.2%	5.9%
混血	51.5%	6.2%	39.7%	9.8%	43.8%	6.2%	27.3%	4.1%	21.6%	4.1%	9.3%	3.6%
纯血	62.9%	14.3%	46.7%	12.8%	58.2%	6.4%	29.2%	7.6%	23.3%	8.4%	5.2%	8.6%
北部	42.0%	18.2%	33.3%	12.6%	47.2%	4.3%	21.2%	7.8%	6.5%	7.4%	3.5%	11.7%
中部	64.2%	8.7%	45.0%	11.9%	52.8%	9.6%	34.9%	5.0%	40.8%	7.3%	7.8%	3.7%
二代	62.1%	10.6%	44.7%	9.1%	59.1%	6.1%	32.6%	4.5%	23.5%	6.1%	3.5%	2.3%
三代	61.2%	8.5%	44.2%	10.8%	52.3%	6.9%	29.6%	5.0%	19.2%	5.8%	5.4%	6.6%
四代或以上	58.1%	20.0%	44.4%	20.0%	48.8%	4.4%	27.5%	11.9%	26.9%	11.3%	4.4%	13.1%

在对中国形象的综合评价上，缅甸华裔新生代给出的分数 80.38 分，与其他国家相比这一评价不算低。涉及到具体的国家形象时，如表 18 所示，缅甸华人对中国的评价整体是非常正面的，在我们给出的诸多选项中，绝大多数负面选项的比例都非常低，正面评价的比例都非常高。排在前三位的分别是历史悠久（59.2%）、发展迅速（54.4%）、文化发达（45%）。

其次，对历史悠久、文化发达、发展迅速等正面的描述，年长华人比年轻华人认可的比例明显高出很多，对于一些负面的描述，不同的年龄组并没有展现大的差异。第三，在混血变量上，对于历史悠久、文化发达、发展迅速、大国等正面的描述，纯血华人认可的比例也同样明显高于混血华人，但在其他一些负面的描述上这个比例也高出许多，可见纯血华人对中国的情感更加强烈。第四，在地域差异上，中部地区的华人对中国的正面认知明显高于北部。第五，在代际差异上，不同代际的正面评价整体而言并没有表现较大的差异，只是在如贪腐、道德败坏、专制等负面描述上，三、四代或以上华人较之一二代比例更高。

在对中国新闻的兴趣上，表示"非常有兴趣"和"比较有兴趣"的比例分别为19.7%、43.7%，"不怎么有兴趣"和"根本没有兴趣"的比例分别为 27.6%、2.4%。在不同年龄的受访者上，我们可以看出年龄大的受访者"非常有兴趣"的程度也较高。其次，纯血华人对中国新闻的兴趣整体更加强烈。第三，在不同地域的受访者上，中部华裔对中国新闻的关注度略高，北部兴趣略低。

表 19　对中国新闻的兴趣

	非常有兴趣	比较有兴趣	不知道	不怎么有兴趣	根本没兴趣
综合	19.7%	43.7%	6.7%	27.6%	2.4%
12—17 岁	18.8%	41.9%	8.1%	28.4%	2.8%
18—34 岁	14.9%	50.7%	5.9%	27.6%	0.9%
混血	14.7%	47.7%	5.6%	28.4%	3.6%
纯血	21.9%	41.3%	7.8%	27.1%	1.9%
北部	16.7%	39.9%	6.0%	35.6%	1.7%
中部	26.0%	40.0%	7.7%	23.0%	3.4%

表 20　中国政治制度及发展道路是否能很好地服务其国民

	能	不能	不好说
综合	38.2%	8.1%	53.7%
12—17 岁	30.8%	10.6%	58.6%
18—34 岁	47.9%	6.8%	45.2%
混血	46%	6.1%	48%
纯血	36.8%	9.3%	53.9%

（续表）

	能	不能	不好说
北部	24.0%	13.7%	62.2%
中部	41.3%	5.5%	53.2%
二代	36.0%	10.8%	53.2%
三代	41.5%	5.3%	53.2%
四代或以上	38.8%	8.5%	52.7%

当被问到"中国当前的政治制度及发展道路能否很好地为其国民服务"时，38.2%的受访者持肯定态度，持否定态度的比例为8.1%，大多人的立场未知。就变量差异来看，第一，随着年龄的增长，对于中国政治制度及发展道路的肯定态度上升，而否定态度下降。可见年长者对于中国的政治制度及发展道路更加有信心，并且45岁以上的受访者中，有64.7%的人认为对这一问题持肯定态度，并且无反对者，明显高于其他三个年龄段的受访者。第二，相比纯血华人，混血华人对中国政治制度和发展道路的看法更加积极。第三，从地域上看，国内的缅甸华裔是比较肯定当前的政治制度及发展道路的，缅甸地区华裔则是呈由北向南增长的趋势，中部华人对中国的政治制度和发展道路更加有信心。第四，不同代际的受访者，都没有在这一问题上显现明显的区别。

表21　软实力比较（1—10分）

	对缅甸的重要性	文化吸引力	产品质量	科技水平
日本	5.13	6.11	7.69	7.60
英国	4.60	5.14	6.48	6.82
中国	7.64	7.74	6.45	7.71
美国	6.44	7.20	7.86	8.42
印度	4.06	3.81	4.87	5.16

在与美国、日本、英国和印度等国进行比较，探讨中国在缅甸的软实力时，我们发现，在缅甸华裔新生代看来，中国仍然是对缅甸最重要的国家，在文化吸引力上，中国也是排在第一位，可见缅甸华人对于中国的文化认同程度是较高的。但是在产品质量上，中国则不及美日英等国只排在印度之上，然而在科技水平上，中国却高出日本排在美国之后。可见，缅甸华人对于中国重要性的认同度还是比较高。

表22　中国的软实力（1—10分）

	对缅甸的重要性	文化吸引力	产品质量	科技水平
混血	7.52	7.65	6.59	7.45

（续表）

	对缅甸的重要性	文化吸引力	产品质量	科技水平
纯血	7.73	7.78	6.40	7.82
北部	7.47	7.10	6.75	7.50
中部	7.61	8.13	6.49	7.82
二代	7.44	7.63	6.52	7.52
三代	7.85	7.63	6.32	7.66
四代或以上	7.73	7.91	6.62	7.92

表22 导入各类变量进一步探讨缅甸华裔新生代眼中的中国软实力。第一，纯血华人相对于混血华人来说对中国的评价更高；第二，从地域变量我们可以看出，除产品质量这一客观指标外，中部华人对中国的评价更高，尤其是对文化吸引力的评价，这与之前所分析的华人传统节日的保留以及感受中华文化的结果类似，即一方面与南部当地华人保留传统文化习俗较完整有一定的联系，另外一方面也与中部受访者年龄有关系。第三，从代际差异上看，整体而言，随着代际的演替，华人对中国的评价逐渐提升，这也是与其他国家不同的地方。

（五）变量分析：地域与代际差异

以上分析展示的结果，有些与我们预期的一致，并且大多与课题组在其他国家开展的研究结果一致，不过在缅甸的结果中，我们发现地域变量与代际变量展示了一些与我们预期不一样的结果，比如第三代、四代华人比第二代华人对中国的情感更深，认知更加积极，年轻的受访者比相对年长的受访者，对中国认知也更加积极。此外，我们原以为缅北边境地区的华人对中国的态度会更加积极，结论也迥然相异。

因此我们还需要对地域和代际样本的构成进行进一步的分析，期望从其结构出发探寻造成差异的原因。

1. 地域变量

第一，北部受访者年龄段在12—17岁和18—34岁的比例分别为74%、25.6%，而中部受访者上述年龄结构比例分别为61.2%、8.9%，并且35—45岁受访者的比例为23.7%，也就是说北部受访者的年龄结构普遍低于中部受访者。这是北部和中部受访者的第一个差异。

第二，就受教育水平而言，在小学或以下、中学、大学或以上三个教育段中，北部的比例分别为3.1%、83.5%、13.4%，中部的比例分别为23.2%、61.2%、15.6%，两者之间的主要差异表现在中部受访者受教育水平低的人多。

第三，在职业上，北部地区中，87.9%的人是学生，而在中部受访者中，60.4%是学生，24.3%是私营业主。

第四，在族群通婚上，北部地区27.4%的人是混血，而中部的比例是35.1%。

总体而言，相比中部受访者，北部受访者更多是学生、年龄偏小、混血比例相对较小些，受教育水平偏高。因此，我们需要明确以上差异是否导致了北部和中部之间的差异，还是说，因为北部和中部不同的社会文化背景导致了他们之间的差异。

2. 代际变量

首先，我们发现在宗教信仰上，代际之间并没有非常大的差异，不过，第四代信仰佛教的比例（75.3%）低于第二代（83.7%）和第三代（85.9%）。

其次，在职业上，学生都是三个代际的主体，从第二代到第四代，学生的比例分别为79.7%、82.2%、74.1%，第三代和第四代相差8.1%。另外，在专业人士上，比例分别为6.5%、3.8%、2.5%。所以最大的差异就是第三代和第四代在学生构成上的差异。

第三，在教育水平上。在小学、中学和大学三个教育层面上，第二代、三代、四代的比例分别是6.2%、68.2%、25.6%；9.3%、61.1%、29.6%；18.2%、67.9%、13.8%。可见，最大的差异在于第四代受访者中，小学水平的比例相对较高，而大学水平的比例相对较少。

第四，族群通婚上，从第二代到第四代受访者，混血比例分别为38.4%、34.0%、26.9%，即第四代或以上受访者的混血比例最低。

综上，我们可以得知受访者代际上的结构差异，即第四代或以上的受访者，他们信仰佛教的比例相对最低、学生占比最低、学历相对偏低、混血比例相对偏低。

五、结论

（一）语言能力

第一，在家庭主要沟通语言上我们可以看出在缅甸华语（包括普通话和中国方言）还是家庭主要的沟通语言，在语言能力调查上看缅甸华人的普通话水平还是比较高的；在代际之间，二代华人选择"好"以上程度的比例略高一点，在代际上华人的普通话水平并没有展示特别明显的差别，但是随着代际的更替，华人使用缅甸语的比例呈上升趋势，而使用华语普通话的比例则呈现下降的趋势。

其次，在华文的重要性以及学习动力上，我们可以看出绝大多数缅甸华裔都认可学习华文的重要性，认为学习华文是比较重要和非常重要的占比到86.4%。在学习动力上面，尽管"出于前途考虑"是最为主要的考量占比为61%，但是为了"更好的了解华人的文化和传统"占比也高达52.4%。这说明，虽然缅甸华人学习华文有其现实的考量，但仍有超过一半的华人将华文学习与文化和传统的传承联系起来。

（二）关于文化维系与认同

首先，缅甸华裔新生代非常重视华人传统节日，华人重视春节的程度甚至超过了本地节日泼水节（点灯节），因此可见春节、中秋在缅甸既作为一种传统，又作为中华文化符号之于缅甸华人的重要性。

第二，年纪越大的受访者，对传统的中华文化符号就越熟悉，庆祝传统节日的比例就越高，比年轻的华人更认可中华文化的影响（地域变量在年龄的影响下也表现出年龄较大地区的受访者更加认同华人传统节日）。纯血华人对中华传统文化的维系度比混血华人更高。

第三，随着代际的更替，在缅甸传承的代际越多，他们在文化和认同上就越趋于本土化。对中华文化符号的熟悉度，以及对中华文化影响的认可呈现出下降趋势。

（三）族群身份与族群关系

第一，在族群身份的自我认定上，我们可以看出缅甸华裔新生代的自我族群认同程度还是比较高的；其次，第二代、第三代认可自身为缅甸人的比例较低，而认可自身为缅甸华人的比例相对较高，并且四代或以上更加认可自己为华人。此外，混血华人相较于纯血华人来说认为自己是缅甸人或缅甸华人的比例更加高。同时根据调查我们可以看出，在缅甸族群之间的偏见或多或少依然存在。

第二，跨族群通婚在缅甸还是比较普遍的，但越是年龄大的华人，混血的比例就越低，并且年龄大的华人反对跨族通婚的比例也更高。此外，在缅甸繁衍的代际越多，混血的比例也越高。

（四）与中国的互动及对华态度与情感

第一，到中国大陆旅游、参加大陆组织的青少年夏令营以及留学/游学是缅甸华裔新生代与中国互动的最重要的方式，尤其是旅游；纯血华人到中国大陆旅游的比例更高；其次，在代际差异上，第二代、第三代到大陆、台湾旅游的比例，都略高于第三、四代或以上的华人。可见，在当地传承代际较少的华人，与中国的互动更加密切。

第二，越是年长的华人，对中国的支持度越高，纯血华人较之于混血华人来说对中国的支持程度更高。此外，随着代际的更替，缅甸华裔新生代对华情感也可能将会存在退化的趋势，第二代华人对中国的支持度明显高于第三代、四代或以上华人。

第三，缅甸华人对中国的评价比较高，整体是非常正面的。虽然对于一些正面的描述，不同年龄的缅甸华人的态度并没有非常明显的差别，但是年长者比年轻人更加认可历史悠久、文化发达等正面描述。在混血变量上对以上的描述也是纯血华人高于混血华人但同时在一些负面的描述上这个比例也高出很多，可见纯血华人对中国的情感更加强烈。在代际差异上，不同代际的正面评价整体而言并没有表现较大的差异，只是在如贪腐，道德败坏、专制等负面描述上，三四代华人较之一二代比例更高。

（五）对中国事务的认知

第一，对中国新闻的兴趣上，年龄越大对中国新闻感兴趣的程度也相对来说较大，从地域上来看中部华裔对中国新闻感兴趣程度更高一点。

第二，对于中国政治制度态度上，年长者对于中国的政治制度及发展道路更加有信心，并且 45 岁以上的受访者中，有 64.7% 的人对这一问题持肯定态度，并且无反对者，明显高于其他三个年龄段的受访者。而混血/纯血华人受访者，还是不同代际的受访者，都没有在这一问题上显现明显的区别。而从地域上看，中部地区相较于北部更加支持中国，这一点可能跟受访者年龄结构有关。

第三，对缅甸华裔新生代而言，中国仍然是对缅甸最重要的国家。在文化吸引力上中国排名第一并且高于美国，可见缅甸华人对于中国的文化认同程度是很高的。但是，中国在产品质量和科技水平上更是远远落后于美日英，仅排在印度之上，可见中国软实力的建设仍存在诸多软肋，这些问题可能都影响了华人对中国形象的判断。此外，纯血华人更认可中国对缅甸的重要性，对中国科技水平的评价更高。并且中部评价也较高，造成这一现象的原因很可能在于中部年长的受访者更多，与中国的互动更加频繁，对中国的认识也更加全面。

综上所述，在语言上，很多缅甸年轻华人仍保留较好的华语能力；在认同上，缅甸华裔新生代对中华文化的认同度高于缅甸文化，但是随着代际的更替，这一比例在逐渐下降。在对华态度上，缅甸华人对中国的评价较为积极，对中国政治制度显现出信心，对中国的软实力较为认可。此外，数据显示，年轻一代的缅甸华人，受中国的影响似乎有加深的趋势，年轻一代的华人，在对华态度上和情感上并没有呈现我们预期的退化的趋势，当然，纯血华人比混血华人更加认同中国，而后者本土化的程度也更加深入。

马来西亚华人婚宴菜肴名称初探

［马来西亚］ 洪丽芬　黄曼凌[①]

（马来西亚博特拉大学现代语言暨传播学院　雪兰莪　47300）

【摘　要】中国人讲究"吃"，海外华人也一样。本文以马来西亚华人的菜肴为研究对象，侧重探讨婚宴菜肴名称的命名方式和文化。文章概括了马来西亚 782 道婚宴菜肴的名称内容分析，归纳出 17 种菜肴名称内容和三种命名法，并从菜肴名称的命名法探讨当地华人的心理文化。分析显示，马来西亚中菜的名称以写实类、写意类及虚实类命名，而婚宴菜肴名称以写实类居多，强调菜肴内容和丰盛喜庆寓意。

【关键字】马来西亚；海外华人；菜肴；命名法；文化

一、前言

"吃"在华人的生活里占据了相当重要的位置，不论婚丧节庆、公私联谊都离不开吃。[②] 随着生活条件的提升，人们不只讲究的食物质量和营养，还对饮食环境和相关条件有一定的要求。现今大小餐馆林立，饮食业竞争日益激烈。因此，饮食业者为了求存，往往各出奇招，招徕生意。他们除了为餐馆张挂吸引人的招牌[③]，在菜色方面不断创新，更在菜肴名称上动脑筋，以吸引顾客。在市面上，除了菜肴内容百变不穷，名称更是雅俗不一，甚至同样菜肴都可能有不同的名称，这全是饮食业者的文化杰作。

人们在点菜时，第一个接触的便是菜肴的名称。菜肴名称体现的是中华民族悠久的饮食文化，不仅传递了菜肴的基本信息，还反映了人们的智慧和烹饪技艺[④]。菜肴的名称是饮食消费者认识、理解、记忆其餐馆和菜肴的一个主要标志，也是建立餐馆和菜肴信誉的

---

① 作者简介：黄曼凌，马来西亚华人，马来西亚博特拉大学高级讲师；黄曼凌，马来西亚博特拉大学中文专业毕业，国际学校汉语讲师。
② 武玉洁：《谈谈"吃"对汉语词汇的文化渗透》，《科教文汇》（上旬刊），2009 年第 8 期，第 237—238 页。
③ 林凯祺、洪丽芬：《马来西亚饮食业的命名研究——以中文招牌为例》，《南洋问题研究》，2014 年第 157 期，第 78—104 页。
④ 于振涛、怀丽华：《中国菜点命名方法与规范化研究》，《南宁职业技术学院学报》，2011 年第 16 卷第 4 期，第 1—3 页。

一种媒体。① 菜肴命名过程，是物理世界、语言世界和社会心理世界中各因素互相影响及互相制约的创造过程。② 菜名中所折射的饮食文化，是社会文化的一个重要组成部分。借助于语言文字符号，菜肴的名称不但能概括反映菜肴和餐馆主要特征，③ 也往往能反映某个地域的文化特征。④

马来西亚是多元种族的国家，而占四分之一人口的华族，依然保留华人文化特色。本文从社会语言学的角度，以中餐菜肴的名称为对象，探讨马来西亚华人饮食文化。文中所讨论的样本，采集自马来西亚雪兰莪和吉隆坡（简称"雪隆"）繁华地带 24 家高档次中餐馆。从 24 间中餐馆所收集的 31 份婚宴餐单中，一共整理出 782 道菜肴名称。文中将婚宴菜肴分别依写实、写意、或虚实命名法归类，并分析名称的结构内容，从中了解马来西亚华人语言文化现象，并探讨菜肴名称中所蕴含的心理文化。

二、婚宴菜肴的命名法

婚姻是人生的一大重要阶段。人们注重婚宴的每一个细节，在准备婚宴时，华人要求菜单里菜肴的名称带来好兆头。马来西亚中餐馆为此特别设计菜肴配套，冠上美好的名称。陈金标认为菜肴名称在一定的程度上反映菜肴的某些特征，人们能根据菜名初步了解一道菜。⑤ 他将菜肴名称的用词单位分类如下：

表 1　菜肴名称词汇分类表

属性	类别	具体分类
实指	菜肴原料词汇	主料，配料，调料
	菜肴属性词汇	色泽、香气、味型、造型、盛器（炊具）、质感
	菜肴制作词汇	加工方法，烹调方法
	菜肴纪念词汇	人名，地名
虚指	菜肴美称词汇	典故、成语、诗词、谐音等

资料来源：陈金标：《中国菜肴命名研究》，《扬州大学烹饪学报》，2001 年第 18 卷第 3 期，第 13—17 页。

根据陈金标的分类，本文将调查所得的 782 道婚宴菜肴名称进行分类，归纳出 17 种内容，并列明数据（见表 2）。从表中可见，婚宴菜肴名称最常使用的内容依次为原料、烹调方法、数字、色泽和寓意。

① 周忠民：《饭店和菜肴命名心理浅析》，《中国烹饪研究》，2000 年第 1 期，第 34—37 页。
② 谢琼：《中国菜肴名称的社会文化研究》，《法制与社会》，2007 年第 7 期，第 747—748 页。
③ 周忠民：《饭店和菜肴命名心理浅析》，《中国烹饪研究》，2000 年第 1 期，第 34—37 页。
④ 钟安妮：《论中国菜名中的文化内涵》，《探求》，2006 年第 1 期，第 79—80 页。
⑤ 陈金标：《中国菜肴命名研究》，《扬州大学烹饪学报》，2001 年第 18 卷第 3 期，第 13—17 页。

表 2　婚宴菜肴名称内容分类

	命名法	数量	百分比
1	以原料构成直接命名	603	77.11%
2	以色泽命名	130	16.62%
3	以口味①命名	57	7.29%
4	以造型②命名	39	4.99%
5	以盛器③命名	31	3.96%
6	以加工方法④命名	25	3.20%
7	以人名命名	27	3.45%
8	以地名命名	88	11.25%
9	以烹调方法命名	263	33.63%
10	以典故命名	27	3.45%
11	以成语命名	37	4.73%
12	以美好寓意命名	109	13.94%
13	以寓意吉祥物命名	46	5.88%
14	以矿产⑤命名	39	5.00%
15	以数字命名	182	23.27%
16	以客人的消费时尚命名	8	1.02%
17	以参观名字命名	35	4.48%

纵观所搜集的资料，一般婚宴菜肴名称并非由单一内容组成，而是以一种以上的内容结合而成。这 17 种内容的任何项目，是以特定的结合形式，如不同的项目种类或不同的项目数量，构成菜肴名称。本文以陈金标和刘凤玲的分类为参考，将菜肴命名类型分为写实命名法、写意命名法和虚实命名法。分析发现，写实命名的婚宴菜肴最多，占 49.36%（或 782 个名称的 386 个），虚实命名菜肴数量居次，占 38.75%（303 个），而写意命名则最少，才占 11.89%（93 个）。

（一）写实命名法

雪隆区是马来西亚政经文教中心点。雪隆区的中餐馆采用的写实命名法相当多样化。写实命名法即指以原料、口味、盛器、加工法、造型、人名、地名、烹饪手法等具体内

---

① 口味即指食物的酸、甜、苦、辣、咸。

② 食物的造型是指食物本身的形态。

③ 盛器即盛装食物的器皿。

④ 加工方法是指将菜肴原有的形态经过刀工，将原料切成丝、块、片、粒状等。

⑤ 矿产是指在食物的名字里附上金或银等矿物的名称。

容，构成名称。这些与烹饪相关的内容包罗万象，不但可以更换搭配，还可以不断创新，创造出新的菜肴。以写实法为菜肴命名，能突显菜肴内容依据和材料特色。

写实内容中，以菜肴的烹饪手法尤为丰富，有煎、炒、烩、炖、扣、蒸、烤、拌、焖、扒等多种手法。以"大红烧乳猪"为例，菜肴名称就纳入"烧"的烹饪方法。此外，中菜对于"味"非常讲究，在先秦时代就非常讲究"五味调和"①。马来西亚中餐以"味"命名的例子如"甜蜜双美点"。华人除了追求菜肴的"味"也非常讲究菜肴的"香"，甚至在菜肴的名称里也加以"香"字，如"香滑饱仔拌千层马来糕"。

菜肴的造型包括自然形态、艺术加工或两者结合。除了以菜肴自身的形态命名外，也可以经过加工如切、斩等不同的刀工法，将原料切成丝、条、丁、卷、片、块等不同的形状。以加工法为主要元素的例子有"鲍鱼片"、"鲍丝"等。此外，中国自古就有"美食不如美器"之说②。美味佳肴若配上盛器，如"盅"、"盘"和"煲"，就如"龙虾大拼盘"，菜肴的形象更显突出。

研究发现，马来西亚中餐馆对婚宴菜肴的命名方法往往结合着几种的写实命名法，如：

（A）一种命名法

1. 以原料直接命名。如：参须（原料）雪耳（原料）桂圆（原料）海椰（原料）

（B）结合两种命名法

2. 以原料和烹饪方法命名。如：鲍贝（原料）北菇（原料）扒（烹饪方法）豆根（原料）

3. 以原料和地名命名。如：澳洲（地名）鲍鱼（原料）莆鱼鳔（原料）花菇时蔬（原料）

4. 以原料和口味命名。如：莲蓉（原料）脆（口味）窝饼（原料）、麻辣（口味）脆皮（口味）鸡（原料）

5. 以原料和盛器命名。如：盐水（原料）菜园鸡（原料）煲（盛器）

6. 以原料和加工方法命名。如：蟹肉（原料）鸡丝（加工）翅（原料）

7. 以原料和造型命名。如：迷你（造型）荷叶（原料）糯米饭（原料）

8. 以原料和人名命名。如：香妃（人名）盐水（原料）菜园鸡（原料）

9. 以原料和餐馆名字命名。如：珍宝（餐馆名）蜜瓜（原料）西米露（原料）

（C）结合三种命名法

10. 以原料、烹饪方法和盛器命名。如：豆浆（原料）白果（原料）炖（烹饪法）雪蛤（原料）盅（盛器）

11. 以原料、烹饪方法和加工法命名。如：手扒（加工法）鸡（原料）拌（烹饪法）醉（加工法）鸡（原料）卷（加工法）

---

① 刘凤玲：《菜肴命名艺术与饮食文化》，《广州大学学报（社会科学版）》，2005 年第 4 卷第 2 期，第 423—431 页。
② 刘凤玲：《菜肴命名艺术与饮食文化》，《广州大学学报（社会科学版）》，2005 年第 4 卷第 2 期，第 423—431 页。

12. 以原料、地名和造型命名。如：港式（地名）全体（造型）猪（原料）

13. 以原料、地名和烹饪方法命名。如：清蒸（烹饪法）澳洲（地名）七星斑（原料）

14. 以原料、口味和烹饪方法命名。如：甜酸（口味）炸（烹饪法）海上鲜（原料）

（D）结合四种命名法

15. 以原料、人名、烹饪方法和地名命名。如：福州（地名）皇帝（人名）炒（烹饪法）香饭（原料）

16. 以原料、加工、烹饪方法和造型命名。如：沙皮斩件（加工）猪（原料）全体（造型）拌（烹饪）海蜇（原料）

17. 以原料、烹饪方法、盛器、色泽命名。如：鲍鱼（原料）拌（烹饪法）碧玉（色泽）鲍（原料）鼎（盛器）

（E）结合五种命名法

18. 以原料、烹饪方法、造型、盛器和色泽命名。如：鲍鱼（原料）仔（造型）拌（烹饪法）碧玉（色泽）宝鼎（盛器名）

根据以上的写实命名分类，马来西亚婚宴菜肴的名称一共有 18 种写实命名法，当中结合着一至五种的写实内容。由此可见，马来西亚中餐菜肴的名称是如此多元，体现了华人对菜肴语言文化的高度要求。

（二）写意命名法

写意法即采用借代、比喻、夸张、象征等的联想方法为菜肴命名。写意命名法通常使用成语、典故、诗词歌赋、寓意吉祥的动植物等词汇为菜肴命名，如采用成语命名："百年好合"、"花好月圆"、"四季兴隆"等；采用典故命名："杨枝甘露"、"八宝烩上素"、"福州驰名佛跳墙"等；采用寓意吉祥词汇命名："幸福双美点"、"生财滚滚传世代"、"玉兰龙袍显贵子"等；采用寓意吉祥物命名："百子龙凤配"、"金菇喜凤凰"、"竹报平安喜临门"等。

在调查数据中，一共发现 27 道以典故命名的婚宴菜肴名称，其中最常见的典故是"八宝"及"佛跳墙"。在马来西亚婚宴菜单里有"古法原盅佛跳墙"、"福州驰名佛跳墙"等这类名称，都是根据"佛跳墙"的盛器及源流地方而命名。

调查也发现，所有以成语为名的婚宴菜肴都含有美好寓意，有"龙"、"凤"、"鸳鸯"、"竹"字眼，说明了华人对吉祥、美好的要求。这一类的命名法大多用于花式菜肴，菜名即充满吉祥喜庆，也能使人产生艺术的联想。

（三）虚实命名法

虚实类命名法则是根据菜肴色彩、形状或原料的特征进行美化。菜肴名字中既有写实法也有写意法的成分。这类菜肴的名称是由实指和虚指方法相结合构成。消费者看菜名，既可以知道菜肴所使用的材料，同时也可以从中发现菜名还具有几分雅趣。① 譬如，为了表达菜肴的色泽，绿色的食物改以翡翠命名、红色为主的菜肴则以珊瑚命名等，借此达到美化效果。不过，由于不易联想，取名难度较高，婚宴菜肴比较少采用这类命名法。以此类方法命名的婚宴菜肴例子如下：

（A）一种命名法

1. 以原料直接命名。如：白灵菇（原料）北菇（原料）豆根蔬（原料）

（B）结合两种命名法

2. 以原料和烹饪法命名。如：竹甫（原料）津菜（原料）炖（烹饪法）勾翅（原料）

3. 以典故和原料命名。如：八宝（典故）糯米饭（原料）

4. 以典故和盛器命名。如：古法原盅（盛器）佛跳墙（典故）

5. 以典故和地名命名。如：福州（地名）驰名佛跳墙（典故）

6. 以典故和造型命名。如：迷你（造型）佛跳墙（典故）

7. 以成语加原料命名。如：百年好合（成语）汤圆（原料）

8. 以成语加盛器命名。如：百年好合（成语）四式盘（盛器）

9. 以美好寓意和原料命名。如：富贵（寓意美好）大肥鸡（原料）

10. 以美好寓意和盛器命名。如：甜蜜四季（美好寓意）盆（盛器）

11. 以美好寓意和餐馆名命名。如：名人五福（美好寓意）喜临门（餐馆名）

12. 以吉祥寓意和原料命名。如：金菇（原料）喜凤凰（吉祥寓意）

13. 以色泽和原料命名。如：碧绿（色泽）北菇（原料）海参（原料）豆根（原料）

14. 以数字和原料命名。如：鲍汁（原料）双（数字）菇（原料）豆根蔬（原料）

（C）结合三种命名法

15. 以典故、烹饪法和原料命名。如：八宝（典故）烩（烹饪法）上素（原料）

16. 以成语、原料和地名命名。如：佳偶天成（成语）港式（地名）猪（原料）

17. 以成语、烹饪法和原料命名。如：横财就手（成语）香薰（烹饪法）鸭（原料）

18. 以美好寓意、原料和地名命名。如：鸿运（美好寓意）港式（地名）沙皮南乳猪（原料）

19. 以美好寓意、原料和烹饪法命名。如：鸿运（美好寓意）烧（烹饪法）全猪（原料）

20. 以美好寓意、餐馆名和盛器命名。如：珍宝（餐馆名）鸿运（美好寓意）五式盘（盛器）

21. 以寓意吉祥物、原料和烹饪法命名。如：鸳鸯（寓意吉祥物）焗（烹饪法）鲜明虾（原料）

22. 以寓意吉祥物、原料和加工命名。如：鲍鱼（原料）片（加工法）鸳鸯（寓意

---

① 陈金标：《中国菜肴命名研究》，《扬州大学烹饪学报》，2001 年第 18 卷第 3 期，第 13—17 页。

吉祥物）豆腐蔬（原料）

23．以色泽、原料和烹饪法命名。如：鲍参翅肚（原料）红（色泽）烧（烹饪法）翅（原料）

24．以矿物、原料和数字命名。如：蟹肉（原料）双鲜（数字）金钱（矿物）翅（原料）

25．以色泽、原料和地名命名。如：黄金（色泽加矿物）港（地名）伊面（原料）

26．以色泽、寓意吉祥物和原料命名。如：黄金（矿物加色泽）鸳鸯（寓意吉祥物）饭（原料）

27．以地名、美好寓意和原料命名。如：古法潮州（地名）红运（寓意美好）鱼（原料）

28．以原料、烹饪法和地名命名。如：清蒸（烹饪法）澳洲（地名）七星斑（原料）

29．以数字、原料和烹饪法命名。如：百味（数字）焗（烹饪法）明虾（原料）

30．以数字、原料和地名命名。如：大马（地名）第一（数字）鲍鱼（原料）

31．以数字、原料和加工命名。如：原条（加工法）五柳（数字）深海石斑鱼（原料）

32．以数字、原料和餐馆名命名。如：皇龙（餐馆名）三宝（数字）翅（原料）

（D）结合四种命名法

33．以典故、原料、地名和烹饪法命名。如：福州（地名）金牌八宝（典故）炒（烹饪法）香饭（原料）

34．以典故、人名、原料和口味命名。如：帝皇（人名）五味（口味）琵琶（典故）鸭（原料）

35．以美好寓意、原料、色泽和烹饪法命名。如：清蒸（烹饪法）游水发财（美好寓意）红（色泽）狮鱼（原料）

36．以色泽、原料、加工和烹饪法命名。如：鲍片（加工法）冬菇（原料）金砖（色泽）扒（烹饪法）时蔬（原料）

37．以色泽、原料、口味和烹饪法命名。如：脆皮（口味）银（色泽）鱼（原料）炒（烹饪法）饭（原料）

38．以地名、原料、盛器和烹饪法命名。如：原盅（盛器名）干贝（原料）金华火腿（地名加原料）花菇（原料）炖（烹饪法）土鸡（原料）

39．以色泽、原料、数字和烹饪法命名。如：红烧（色泽加烹饪法）四宝（数字）烩（烹饪法）生翅（原料）

40．以色泽、矿物、原料和地名命名。如：黄金（色泽加矿物）港（地名）伊面（原料）

41．以色泽、地名、原料和烹饪法命名。如：家乡（地名）蒸（烹调法）红（色泽）枣（原料）

42．以典故、原料、地名和烹饪法命名：福州（地名）八宝（典故）炒（烹饪法）香饭（原料）

43. 以数字、原料、加工和烹饪法命名：红烧（色泽加烹饪法）八珍（数字）鸡丝翅（加工法加原料）

44. 以色泽、原料、造型和烹饪法命名：大红（色泽）全（造型）烧（烹饪法）猪（原料）

（E）结合五种命名法

45. 以色泽、原料、数字、地名和烹饪法命名：红烧（色泽加烹饪法）四宝（数字）扒（烹饪法）澳洲（地名）鲍（原料）

46. 以色泽、原料、矿物、数字和烹饪法命名：红（色泽）烧（烹饪法）四宝（数字）金钱（矿物）翅（原料）

分析发现，在数种虚实内容结合的菜肴名称中，采用三种虚实内容的命名方式最多样化，一共有 18 种凑合方式，将三种不同的虚实内容结合。采用两种虚实内容的命名方式则次之，一共 13 种方式，而采用四种内容的也不少，一共也发现了 12 种。因此，虚实类命名方式的结合方式是比较灵活的，内容种类也比较丰富和广泛。

三、菜肴命名的文化心态

马来西亚华人在当地落地生根已有百余年之久，虽然经历了数代，华人至今仍秉承着中华精神与文化，而这些精神与文化折射在饮食方面。婚宴菜肴的名称反映出华人祈求物质丰沃、高贵优雅、平安吉祥及避忌求全的文化心理。婚宴菜肴以写实命名法和虚实命名法占大多数，表现了华人务实又祈福的一面。

（一）富足寓意

纵观写实、写意和虚实命名法的各种构成方式，婚宴菜肴的命名方法以虚实法的 46 种结合法居多。从大多数菜肴是以写实和虚实法命名来看，大部分菜肴的名称都含有写实类的成分。这说明马来西亚婚宴菜肴名称相对注重传递菜肴内容和讯息，尤其是原料和烹调方法，传达了菜肴的具体内容，达到名称的实际作用，也反映了华人的踏实心理。

不但如此，菜肴名称也借数字、色泽和寓意，赋予更深的涵义，把命名文化推向更高层次。菜肴中的原料，往往都是价格比较高昂的海鲜如干贝翅、龙虾和鲍鱼。名称中所出现的色泽，如黄金、碧玉、碧绿、金丝等等，旨在衬托菜肴的华贵形象。菜肴也借吉祥物和数字，如鸳鸯、八宝、五福寓意富贵美好。一些菜肴更采用美好的词语，如甜蜜四季、幸福四宝、锦绣鸿运，竹报平安喜临门等，展现浓厚的文化气息。

人们渴望大富大贵，财富官运兼具。一共 19 道婚宴菜肴都采用富贵含义的字眼，"福"与"贵"常出现在婚宴菜肴名称里，如"大地黄金"、"富贵大肥鸡"，象征着人们对富贵生活的向往。

（二）祈求婚姻和谐

和睦安康、丰衣富禄，恩爱幸福、这些都是华人对生活婚姻的祈望，特别是在新婚喜筵，所有的东西都讲求"吉祥话语"，希望通过语言表达人们吉利的祝福。

依据调查所得的菜肴名称，其中 14 道婚宴菜肴都以"龙"、"凤"命名。"龙"和"凤"从古至今都是华人崇拜的吉祥物，这是因为中国原始文化中有很多丰富的"龙"、"凤"和"火"的图腾崇拜影响了中国人的审美意识。"凤"则是鸟图腾里的融合与神化，"凤"是百鸟之王，象征着高贵美丽、幸福安宁。当"龙"、"凤"相互搭配就象征着华人精神物化的心态。[①] 这类原始图腾反映了古时人们渴求着一种具有强大的生命力量，如果从精神的角度看，当人们无法解决自己的缺憾时就祈求着一种吉祥物来满足自己，潜意识里也将龙凤认为是具有"求吉"、"趋福"之意[②]。象征着坚强刚毅、富贵威严的龙也代表男性，而象征着高贵美丽的凤则代表女性。龙凤结合也寓意婚姻。基于这类的心理，一些婚宴菜肴的名称即以"龙"、"凤"这两种吉祥物命名，如"凤展鱼唇翅"、"龙凤双鱼炒香饭"、"龙凤四冷热"等。

华人以"和"为贵，和气生财，在婚姻关系里更是讲究和谐相处、和睦等心态，祈求白头偕老、婚姻幸福美满。因此，婚宴菜肴的名称就反映了华人追求夫妻和睦的文化心态。例如，这份调查所得的典型婚宴菜单里，有 44 道菜肴是以"百年好合"、"百年好合和谐守"、"百年好合结同心"等为主，除了用"百年"表达对婚姻的永久美满，"甜甜蜜蜜庆团圆"、"幸福四喜盘"、"幸福鸳鸯双美点"等也象征着人们对婚姻的美好意愿，祈求婚姻幸福甜蜜。

（三）避忌求全的文化心态

马来西亚华人当中，不少仍保留迷信思想。就如当地马来人所奉行的一些文化禁忌一样，华人在生活中会有一些非科学性的不成文规则。譬如，华人相信不吉利的语言或事物是不好的征兆，会形成诅咒，带来灾害。人们避忌一切不吉利事物、行动或话语，特别是在意义特殊的庆典中。以这心理类推，婚宴菜肴的命名需要更加谨慎，自然不言而喻。调查所见，所有的婚宴菜肴名称，一律趋向正面的意义。婚宴菜肴都不会出现不吉利的谐音字、双关语、典故等等字眼或内容。

四、结语

马来西亚菜肴的命名方式看似复杂但是有规律可循。大部分菜肴的名字都超出了中国传统菜名以四字格为标准的命名方式，名称字数在于 2 字至 13 字之间，相当铺张。菜肴的名字越长，消费者固然能掌握菜肴的更多内容，但却不易记住菜肴的名字。一些菜肴以

---

① 陆华芳：《中华菜名文化谈》，《太原师范学院学报（社会科学版）》，2007 年第 6 卷，第 5 期，第 44—45 页。

② 马知遥：《论吉祥文化的精神镜像和艺术表现》，《艺苑》，2007 年第 1 期，第 66—69 页。

餐馆招牌名字为菜名，说明此道菜肴是餐馆的特色菜，唯独在该中餐馆方可以享用。

马来西亚华人长期与马来族群及印度族群一起生活，其中一项接触面即饮食。一些菜肴如"金蓉酥伴千层马来糕"、"雷沙汤丸伴千层马来糕"、"香滑饱仔伴千层马来糕"说明了马来西亚华人饮食文化受到当地族群的影响，展露马来西亚华人菜肴与中国传统菜色不一样的面貌。虽然如此，大多数的华人婚宴菜肴仍然以中餐菜色为主，在菜肴名称的构成方面，仍保留着传统方式，也顾及了族群的文化和心理。

用影像记录当代吉兰丹土生华人文化特征
——以莱雅岛岛民为例

［马来西亚］陈燕颖

（马来西亚吉兰丹大学语言暨人文科学中心　吉兰丹）

马来西亚土生华裔自 16 世纪已存在，是马来西亚其中最老的族群之一。大马土生华裔包括峇峇娘惹、多半属中泰混血的吉兰丹土生华裔等。约 250 年前，从中国福建或泰国北大年登陆吉兰丹的先辈清一色是男性，由谢清高口述的《海录》一书记载，当时的吉兰丹马来统治者禁止当地马来女性和华人通婚，所以华人多娶泰国（暹罗）女性为妻。他们生下的后代，皮肤比较黑。老一辈的吉兰丹土生华人因未受中文教育而不谙华语，多以吉兰丹马来语、丹土生华人福建话掺杂泰语来沟通。吉兰丹土生华人（Peranakan Chinese Kelantan）聚居于吉兰丹河一带，由于离马来村庄很近，而多和马来人接触交流，造成他们都能说一口流利马来话，爱穿沙龙巴迪等马来服装，吃马来食物，接受马来教育等等。除非他们用闽南话交谈，否则外人难以从他们的长相、肤色和生活习惯上分辨出他们和当地马来人的差别。他们是否真的有如所说的完全融入马来文化，被马来人同化呢？

本研究想探究吉兰丹土生华裔的由来、独特的文化特征以及一点点的同化课题。研究主要对焦于丹州第二大县——丹娜美拉县莱雅岛上的几个丹土生华人家庭。笔者采用摄影民族志田野调查法、访谈法及观察法来完成研究探讨工作。

一、吉兰丹的早期华人

吉兰丹位于马来西亚半岛的东海岸，首府为哥打巴鲁（Kota Bharu），与北部的泰国北大年 Patani 相连，东北为南中国海；吉兰丹国号为 Kelantan Darul Naim，"DarulNaim" 意为幸福之邦。

元代汪大渊（江西南昌人，华商，十四世纪常航海）所撰的《岛夷志略》曾记载关于大马吉兰丹州之事条："地势博大，夏热而倍收，气候平热，风俗尚礼……民煮海为盐，织木棉为业，有酋长……外有小港，索迁极深，水咸鱼美，出花锡……"

"根据明代《东西洋考》的大泥条末记有："十六世纪时，吉兰丹已是一个小国，前来经商及定居下来的华人也不少……"（黄尧，1967）吉兰丹的早期移民以福建漳州人为主，所以当地盛行漳州音福建话；而吉兰丹的唐人坡是一个很重要的华人聚集地，以福建人居多，其次为客家人，也有海南人和潮州人。唐人坡有一座古老的华人庙宇——镇兴宫。

二、吉兰丹土生华裔的由来及定义

吉兰丹土生华裔协会成立于1989年2月15日，注册会所在地于丹州的巴西马县。如何定义为吉兰丹土生华裔？抑或需符合什么资格，才能合格注册成为吉兰丹土生华裔协会会员呢？（1）至少两代都在丹州出生；（2）相互使用"甘榜（村庄）式中文"和吉兰丹式马来文来沟通；（3）保留或传承着"甘榜式华人"的文化。[1]

吉兰丹土生华裔都分布聚居于吉兰丹河一带，其中较为著名的吉兰丹土生华裔的部落为巴西马县 Pasir Mas 的巴西巴力村 Pasir Parit 和赤土村 Chetok、丹娜美拉县的耶拉督村和浮罗莱雅村、马樟县的马达雅耶村、哥打巴鲁首府的华人村、万捷县的巴莱村、道北县道北市镇、话望生县的杜顺布赖村庄等等。这40多个华人聚落村镇都是由华人先贤们所开辟。吉兰丹土生华裔的第一代祖先从中国南来就与泰国妇女结婚，后代就成为特殊的"福建暹"人。另外，从丹州华侨历史来探究的话，存有部分华人从泰国移居到吉兰丹来的说法。"十七八世纪时，吉兰丹州马樟县马达雅耶村的华裔多来自泰国的北大年；他们离开北大年的原因是因为当时北大年正处于政治动乱的时刻。"（哈那非（Hanapi），1978）。

三、研究方法

此次采访的主要对象是聚居于丹娜美拉县浮罗莱雅村（莱雅岛）的居民，但也额外访问了一些丹州其他县的土生华裔，作补充资料。为了进行此研究，笔者于2015年9月间，多次到访了丹娜美拉县的浮罗莱雅村和耶拉督村，与当地几位老居民进行访谈和摄影记录工作。由于有的老居民的闽南方言较难听懂，笔者有幸的获得当地受华文教育土生年轻华裔协助带路及翻译工作，探访访谈工作才得以顺利进行。除此之外，2015年9月24日晚，笔者也受邀出席由吉兰丹土生华裔协会主办的"和谐"中秋之夜。"和谐"中秋之夜在巴西马县巴西巴力村的帝君庙里进行。当晚，笔者也访谈了几位吉兰丹土生华裔协会的理事。此外，笔者也在网上和书上搜寻了一些相关资料，用作参考。

四、研究结果

从摄影民族志田野调查、访谈、观察及资料搜查来总结，丹州土生华裔都存有以下六点文化特征：

---

[1] 巴西马巴西巴力：《吉兰丹土生华裔协会会员手册》，吉兰丹土生华裔协会，2014年版。

（一）名字

从上一代的吉兰丹土生华裔的名字来看，就能分辨出他们是不是丹州土生华人。男人的名字前面是中国人的姓氏，如：刘，颜；紧随着姓氏之后的就是像"阿旺（Awang）""阿荣（Aweng）"之类这样的马来拼音名字。因为 Awang 或 Aweng 是马来人称呼华人男人、男生的意思。女人的名字则有个 Mek 字，因为那时马来人称呼女人华人的叫法。

例：颜阿旺（GanAwang），刘阿旺（Law Awang）

（二）外貌、服装

由于中泰混血以及生活在农村的关系，他们皮肤较一般大马华裔黝黑、肌肉较结实，通常拥有一头自然卷的头发，一般会被外人误以为是当地马来人。男的土生华裔在家喜欢赤着上身，裹着马来沙龙，而外出时则会穿上短袖衬衫；女性土生华裔在家时也都穿着松身的连身沙龙裙子或睡衣；有的土生华裔老太太也爱只裹着沙龙在家；他们在家都不穿鞋子。以前，有的土生华裔女性外出时，还会效仿马来女人头包长式轻纱掩头遮胸呢。

（田野调研当天，笔者和友人以及当地翻译员到两位黄老先生去探访时，他俩也是穿着沙龙，赤着上身，赤着脚在家中厨房工作，见到笔者要进行访谈并拍照记录时才去厅后换上上衣。）

（三）生活用语

吉兰丹土生华裔见面时，通常都会使用吉兰丹式马来文和"甘榜（村庄）式中文"相互沟通。由于吉兰丹土生华裔是"福建暹"，因此他们讲的是福建话混泰语及吉兰丹式马来话（不过尚保留约 70% 的福建话），形成俗称"三合一"语言（3 in 1）。他们的后裔讲起福建话混有浓厚的泰国腔调，而说起华语却掺杂浓浓的道地马来方言，因此说的话还蛮特别的。马来西亚民族关系著名学者张国雄曾就吉兰丹土生华裔说话方式做研究，以下展示其中一些研究所得句型的例子（Teo，2005）。涂黑的是吉兰丹式马来语，倾斜的是泰语，而普通的字形为福建语：

daripado　　　　　　　tengsua
（daripada ＝来自　　　唐山）

pa　　lang　　tu　　　namonyo　　Ngan
爸　　"人"　　的　　名字（他的）是　　颜
（我的爸爸的名字叫颜）

另外，他们都把形容词放在名词之后。这是完全和普通话（中文）相反的；但却和马来语句型完全相同。因为马来语句型也是把形容词放在名词之后的（Teo，2005）。

正宗福建话：lam　　　saa　　（蓝衫）

丹土生华裔福建话：saa　　lam　　（衫蓝）

丹马来语：baju　　biru
　　　　　（衣衫）（蓝色）

（四）饮食习惯

吉兰丹土生华裔的饮食习惯与吉兰丹马来人相似，如用右手抓饭进食、一家人喜欢把菜肴摆放在家中地上，并排坐着用餐、每餐都一定会吃 Budu 鱼露、NasiUlam 青叶饭（由木薯叶、香蕉心、长豆等类的生菜，再配上酸辣鱼和以鱼露为佐料）。

"我一天不吃鱼露就好像少了什么……我不能一天不吃鱼露的……"（黄明胜先生）

"我爱吃青叶配鱼露。我想我前世应该也是吉兰丹土生华人……对于土生华人来说，这不只是习惯，还是生活和文化……"（叶景华先生，《南洋商报》东海岸采访主任）

另外一点与马来人相似的地方是有部分丹州土生华裔及祖先是不吃猪肉的。他们当中有饲养猪只或只以猪肉来当祭品，但却是戒食猪肉的。马来人基于伊斯兰教义是被禁止食用猪肉及一切有关猪肉的食品，而可兰经中有说猪肉是不洁的动物。

"我的太公、祖父、父亲和我、大姐和哥哥都是不吃猪肉的。我们多数不吃的原因可能是受马来人同化的因素。可是以前我的祖母有养猪来卖，就像中国的穆斯林，也是养来卖的……我们当中新一代的，就像我小弟小妹却有吃猪肉，可能是受中文教育和多和城市华人来往的关系吧……"（颜阿旺，退休资深马来文教师）

"很多不吃猪肉的，受周围环境影响。但是祭拜时一定需要猪肉。不吃的，会给亲戚或参与祭拜仪式的邻居。"（刘阿旺，退休教师）

（五）住所设计

丹娜美拉县浮罗莱雅村（莱雅岛）的几位丹土生华裔老居民仍住在传统式马来高脚木屋。马来高脚木屋都由八支至十支脚支撑着。黄明胜老先生今年高龄95，他说他从9岁开始就住在这间屋子，所以这间屋子的"屋龄"也有86年了。屋外摆放着以前留下来的磨米木器，屋子下边有一口井。屋子的外墙由质料好的马来竹子在55年前编织建成。正门口左右两旁都贴着一对红彤彤的七言对联。从正门进入屋内，就能见到家中大厅正中央放置着一座大神台。神台两旁是两个小房间。神台后面左右也各有两间较大的主人房。而主人房的后方即冲凉房和厕所。从右边的主人房有个上锁的小门可以通往最旁边的厨房去。家里的锁仍用着古时候的木制锁。

莱雅岛黄明胜的"马来高脚木屋式"房子

（六）宗教信仰

吉兰丹土生华人家中大厅正中央放置着一座大神台。神台上没有一般道教供奉一座座神像；但墙壁上都贴上了一个用毛笔字书写的略大的"神"字代表着他们一家祭拜的神明。神台上放了两台小烛台和两台香炉，以备祭拜时用。大厅墙壁两旁都悬挂着家中祖先（父母）及家人的相片，有的老祖先画像还是油画呢。笔者认为这意味着吉兰丹土生华裔是蛮重孝道、纪念双亲恩情和珍惜亲情的族群。过年过节时，吉兰丹土生华人的祭品非常讲究，年三十晚团圆饭前，他们会在神台、祖先台上摆满一桌的祭品，仿佛让祖先先"享用团年饭"，自己一家人才能安心吃团圆饭过年。过年的祭品有鸡、猪、鱼、发糕、凤梨、年糕、汽水等等。此外，他们很注重祭祖仪式，在祖先面前甚至要跪拜，样子十分虔诚，令人感动。笔者认为虽然上几辈的土生华人因没有机会接触华文教育而丧失了理解方块字的能力，但是比多数的华人更坚持传统的信仰、伦理和礼仪。

六、同化课题

依此来看，能不能说土生华人已被马来人同化呢？

高登（Milton M. Gordon）在《美国生活中的同化》（*Assimilation in American life*）一书中，把少数族群同化入主流社会的过程，分为七个阶段；笔者认为吉兰丹土生华人被马来人同化之处只符合当中三个阶段，那即是：文化或行为的同化，认同的同化以及态度上接受的同化；所以并不能说吉兰丹土生华人完全地被马来人同化，因为除了大部分的文化特征和当地马来人相似之外，丹州土生华人的宗教信仰和价值观并没有受到同化影响而改变。他们仍然笃信佛教或民间道教。

从摄影民族志田野调查、访谈、观察所得及资料搜查来总结，马来西亚丹州土生华裔都存有以下六点文化特征：即名字、外貌和服装、生活用语、饮食习惯、住所设计和宗教信仰。关于马来西亚丹州土生华裔是否完全受马来人同化而除了宗教信仰不同之外，其中五项特征都与马来西亚的马来人极之相似；这可说是多元社会当中促成的一种涵化至逐渐同化的过程。然而，这并不能说吉兰丹土生华人完全地被马来人同化，因为除了大部分的文化特征和马来人相似之外，这些土生华人的宗教信仰和价值观并没有受到同化影响而改变，他们仍然笃信佛教或民间道教。在这样一个大环境中，他们仍然能够小心翼翼地保存并维护着先人留传下来的传统宗教信仰，以及认真地进行细腻的祭祖仪式，那确实难得啊。

【参考文献】

［1］Hanapi Dollah. 1986. *Asimilasi Budaya：Kajian Kes Komuniti Cina di Kelantan.* （Cultural Assimilation：Case Study of Chinese Community in Kelantan）. Kuala Lumpur：Dewan Bahasa dan Pustaka.

［2］黄尧:《星马华人志》，香港明鉴出版社，1967 年版。

［3］Mohd Shahrul Imran Lim Abdullah，Bustami R. 2011. *Evolution and Identity of the Kelantan Peranakan Chinese：Issues and Challenges.* Kota Bharu：University Science Malaysia.

［4］Teo Kok Seong. 2005. "*Persepsi MasyarakatMelayu Kelantan dalam Bahasa danBudayaCina Peranakan Kelantan*"（Kelantanese Malay Perception in Language and Culture of Peranakan Chinese Kelantan）. Kuala Lumpur：University of Education Sultan Idris.

［5］Teo Kok Seong. 2003. The Peranakan Chinese of Kelantan：A Study of the Language，Identity and Communication of an Assimilated Group in Malaysia. London：Asean Academic Press.

柬埔寨华裔新生代的认同及对华认知

刘菲　代帆

（暨南大学国际关系学院/华侨华人研究院　广州　510632）

【摘　要】本研究基于在柬埔寨金边和暹粒两地华文学校和一些机构的田野调查，力图通过文化、族群关系、华语水平以及与中国互动和认知等维度，探讨柬埔寨华裔新生代的认同及对华认知现状。研究发现，在文化维度中，华人传统节日诸如春节和中秋节仍是柬埔寨华裔新生代的主要庆祝节日，他们重视华人文化和语言传统，普遍认可华文学习的高度重要性。在身份认同和族群关系中，柬埔寨华人是"柬埔寨华人"，华族与柬埔寨高棉族的族群关系较为融洽。语言维度中，柬埔寨华裔新生代的华语水平和应用能力不高。在认知和互动维度中，柬埔寨华裔新生代对中国有着较为浓烈的兴趣，认为中国是柬埔寨最重要的国家。相比东南亚的其他国家的华人，比如菲律宾、印度尼西亚、泰国和马来西亚等国，柬埔寨华人对中国的态度和认知更为积极和正面。

【关键字】柬埔寨；华裔新生代；认同感；对华认知

华人移居柬埔寨最早可以追溯到宋代时期，随着历史的发展，华人规模不断扩大并形成如今的规模。截止 2012 年，柬埔寨华侨华人总数约为 70 万[①]，约 20 个柬埔寨人中就有 1 个华人华侨。自 1967 年排华浪潮开始，柬埔寨华侨华人受到政府的压迫和限制，20 世纪七八十年代，柬埔寨当局更禁止华文文化和语言的传播和使用，这在一定程度上切断了柬埔寨人同祖籍国中国的联系。不过，自 1993 年柬埔寨王国政府成立以来，柬埔寨政府对华侨华人实施比较宽松的政策，在经济上和文化上对华人和柬埔寨人实行一视同仁的政策。随着中柬两国关系的密切和柬埔寨政策的放宽，柬埔寨华文教育发展迅速，并在一定程度上推动了柬埔寨华裔新生代对中国的了解和认知。本研究拟探讨在当前两国关系日益紧密的背景下柬埔寨华裔新生代对中国的认同和认知。

---

① 世界人口网，http：//www.renkou.org.cn/countries/jianpuzhai/

一、研究设计

本研究基于在柬埔寨的问卷调查和访谈。研究共发放问卷 600 多份，回收有效问卷 460 份。问卷共设计 33 个问题，该问卷采用的语言是华语普通话，内容主要涵盖文化、族群关系、语言能力、对华认知和互动等方面。同时，为更加细致考察柬埔寨华人的认同，问卷设置了多个变量，在本研究中，主要采用代际、混血、教育和年龄四个变量分析。

不过，在代际变量中，由于第一华人受访者所占比例仅有 2%，本研究仅使用第二至四代柬埔寨华人的样本；在教育变量中，仅有 2.6% 的小学生，所以仅使用中学生和大学生的样本；在年龄变量中，35 岁以上的受访者仅占 1.2%，因此这一部分群体也忽略不计。另一方面，变量与变量之间会相互的影响，为了避免做出武断的结论，将参考相关历史资料和文献对变量分析进行一定取舍。

从年龄来看，本研究的受访者以 12—34 岁的华裔新生代为主，所占比例为 98.9%，其中，12—17 岁的华裔青少年为 78.1%，18—34 岁的比例为 20.8%。从职业上看，受访者以学生为主，所占比例为 95.6%，其中，中学生比例为 72.9%，大学及其以上学历人群占 24.5%。从代际上看，第二代华人占 15.5%，第三代为 33.9%，四代及其以上的比例为 48.7%。另外，混血华人的比例为 62.4%。

二、实证分析：柬埔寨华裔新生代对华认同和认知

（一）柬埔寨华裔新生代的传统和文化认同

1. 柬埔寨华裔新生代认可的中国符号

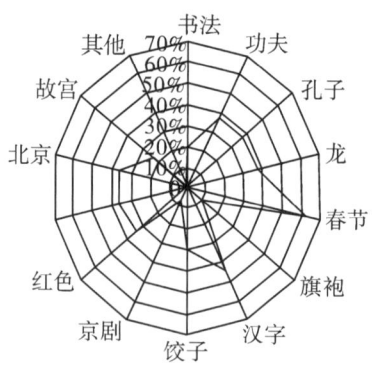

图 1　柬埔寨华裔新生代对中国符号的熟悉程度

表 1　柬埔寨华裔新生代对中国符号的熟悉程度（代际、年龄变量）

	书法	功夫	孔子	龙	春节	旗袍	汉字	饺子	京剧	红色	长城	北京	故宫	其他
合计	19%	37.1%	37.2%	37.4%	62.9%	8.7%	43.8%	27.1%	6.5%	34%	35.70%	35.2%	22.4%	4.1%
二代	15.9%	30.4%	35.3%	29.0%	56.5%	5.8%	39.1%	30.4%	10.6%	25.8%	39.4%	39.4%	22.7%	1.5%
三代	20.9%	37.8%	39.2%	33.1%	62.2%	8.8%	44.6%	25.0%	9.0%	30.4%	37.8%	35.6%	20.0%	3.7%
四代或以上	18.3%	39.9%	38.0%	42.3%	63.8%	9.9%	45.1%	27.2%	3.0%	39.6%	34.0%	34.5%	24.4%	5.1%
12—17 岁	19.2%	38.60%	38.7%	38.0%	66.2%	8.1%	44.6%	31.4%	6.4%	35.6%	38.7%	35.9%	23.8%	2.5%
18—34 岁	18.4%	35.60%	37.9%	34.5%	58.6%	11.5%	44.8%	16.1%	5.3%	32.0%	29.3%	36.0%	20.0%	8.0%

图1 显示，柬埔寨华裔新生代最熟悉的中国符号前五名分别是春节、汉字、龙、孔子、功夫，所占比例分别是 62.9%、43.8%、37.4%、37.2% 和 37.1%。但是相对来说，对于京剧和旗袍的熟悉程度比较低，尤其是京剧，仅有 6.5% 的华裔新生代表示熟悉，这一点与本课题组在其他国家的发现类似；就代际变量来看，对于春节、汉字、龙、功夫等与带有民族情感中国符号的熟悉度呈增长趋势，而其他符号均呈下降趋势，这在一定程度上与华人逐渐本土化和融入当地社会有关；从年龄比例上看，年龄越小的华裔新生代对于中国符号的熟悉度越高。

这与柬埔寨华文教育的教学理念和教学设置有密切的关系。华文教育在断层 20 年后重新复课，复课之后的柬埔寨华文学校将语言教育与族群感情培养高度结合。柬埔寨华文学校主要由柬华理事总会统筹，多是中小学基础教育，没有大学教育。因而在年龄较小的华裔新生代在对带有族群感情的春节、龙、汉字等符号更为熟悉。

2. 柬埔寨华裔新生代对中华文化的感知

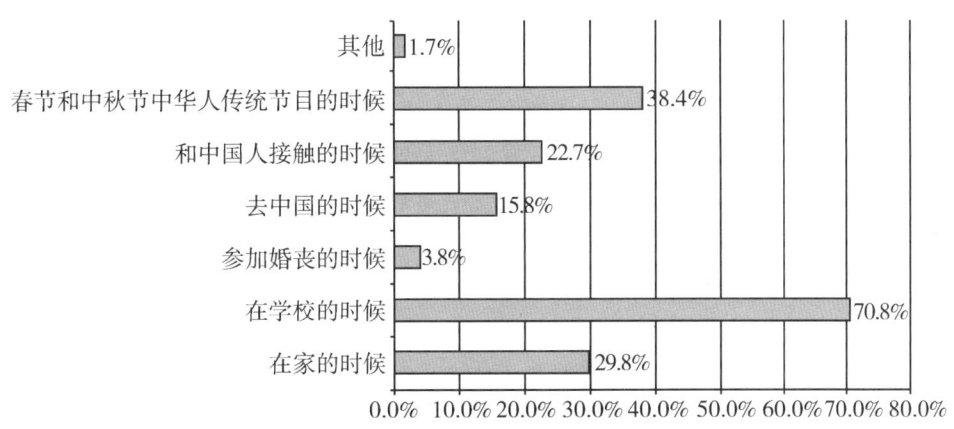

图 2　柬埔寨华人感受中华文化的场合

高达 70.8% 的柬埔寨华裔新生代认为在学校的时候是最能感受自己和中华文化关系的场合。20 世纪 70 年代，波尔布特和红色高棉时期全面禁止华文教育和华文报纸，华文教育遭受到毁灭性打击。此一时期的柬埔寨华人与中国的联系被切断，同时也切断了柬埔寨华人对中国认知的直接来源，他们对中国和中国文化的认识逐渐淡薄。不过，"自 1991 年关于柬埔寨问题的巴黎和平协定签订以来，柬埔寨政府放宽了外文教育的限制，特别是对华文教育的限制。"[1] 随后，柬埔寨华人理事会成立，华文学校的复课出现高潮，柬埔寨华文教育进入了繁荣期。此后的 20 多年里，华文教育发展迅速，规模不断扩大，教育体系逐渐完善，柬埔寨华裔新生代大都通过华文学校学习和认知中国文化，因而华文学校成为影响他们对中国认同的最重要场所。可见，华文学校是柬埔寨华裔新生代对中国认知的重要途径。

---

① 邢和平、彭晖：《柬埔寨华文教育的过去和现在》，《东南亚纵横》，2007 年第 2 期。

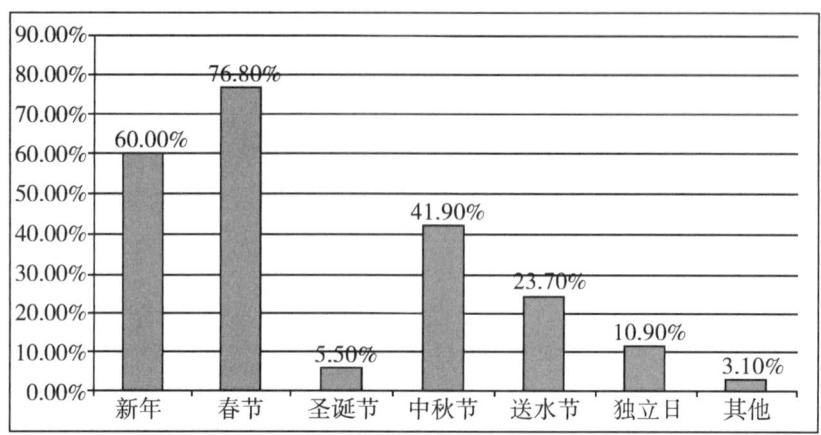

图3 柬埔寨华裔新生代家庭主要庆祝的节日

根据调查（图2）显示，传统节日是柬埔寨华裔新生代感受中国文化的重要途径，认为传统节日是感受中国文化的重要场合的比例为38.4％。图3对此进一步说明。柬埔寨华人家庭庆祝最多的节日是春节，占比例为76.8％，远高于柬埔寨最重要的传统节日送水节（23.7％）和法定节假日独立日（10.9％）。华人春节并不是柬埔寨的法定节假日，却是华人最热闹的节日。"在春节期间，常可看到华人各个社团的舞狮舞龙表演，而商铺、酒店乃至一些政府机关门前也大都挂起大红灯笼，有着浓郁的节日气氛。""华文学校会放假20天，柬文学校至少放假3天，工厂则放假3至5天"，① 春节是柬埔寨华人最重要的节日，这也可以看成是中国传统文化在柬埔寨华裔新生代中的继承。

表2 柬埔寨华人感受中华文化的场合

	在家的时候	在学校的时候	参加婚丧嫁娶的时候	去中国的时候	和中国人接触的时候	春节和中秋节等华人传统节日的时候	其他
二代	29.7%	76.6%	6.3%	18.8%	20.3%	31.3%	1.6%
三代	37.5%	66.2%	5.9%	16.2%	25.7%	43.4%	1.5%
四代或以上	24.9%	71.1%	2.0%	12.9%	20.9%	38.8%	2.0%
混血华人	29.2%	68.3%	3.3%	15.0%	25.4%	40.0%	2.1%
纯血华人	34.8%	71.6%	5.0%	18.4%	18.4%	37.6%	0.7%
中学	31.9%	69.5%	3.5%	16.5%	20.7%	39.6%	2.5%
大学或以上	29.9%	74.2%	3.1%	14.4%	26.8%	37.1%	0.0%
12—17 岁	33.4%	70.0%	4.1%	13.6%	22.7%	40.4%	1.3%
18—34 岁	22.4%	75.0%	0%	19.7%	23.7%	34.2%	3.9%

随着代际的发展，除传统节日和与中国人接触外，柬埔寨华裔新生代在其他场合感知

① 鲁特：《柬埔寨跟着华人过年》，人民网，http://www.people.com.cn/GB/paper68/14036/1252448.html

中华文化的比例明显下降。和中国人接触感知中华文化的比例增多的原因可能是随着中国经济的高速发展，中柬经贸往来频繁，中国与柬埔寨民间往来日益增多，柬埔寨华裔新生代接触中国人的机会越来越多，对中华文化的感知也越来越丰富。

3．中华传统价值观对柬埔寨华裔新生代的影响

表3 中华传统价值观对柬埔寨华裔新生代的影响（1—10 分）

	对事业的影响	对生活上的影响
合计	6.42	6.51
混血华人	6.5	6.55
纯血华人	6.14	6.28
12—17 岁	6.34	6.42
18—34 岁	6.57	6.71
中学	6.25	6.31
大学或以上	6.62	6.79
二代	6.21	6.23
三代	6.55	7.12
四代或以上	6.4	6.29

对于中华传统价值观对事业和生活的影响，柬埔寨华裔新生代分别给出了 6.42 分和 6.51 分（满分 10 分），显然中华传统文化价值观对柬埔寨华裔新生代是有一定影响，且影响并不大。通过对不同变量的细致分析，可以得出以下结论：第一，混血华人更认可中华文化价值观对事业和家庭的影响；第二，年长华人比年轻的华人更认可中华文化价值观的影响；第三，学历高的柬埔寨华人比学历低的华人更认可中华文化价值观的影响；第四，第三代华人对中华传统价值观的认可度高于第二代和第四代华人，尤其是对生活上的影响更大。

4．家庭主要沟通语言

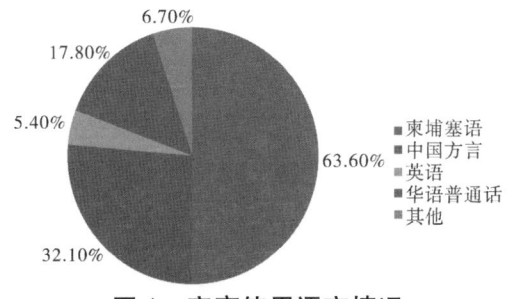

图4 家庭使用语言情况

柬埔寨华裔使用最多的语言是柬埔寨语（63.6%），这是柬埔寨华裔新生代与当地的融合的典型性表现，柬埔寨华裔新生代从小就与柬埔寨人一起生活，最常接触到的是柬埔寨语，因此，这是他们使用最熟练的语言。同时，从代际变量的角度看，柬埔寨语的使用随着代际的发展比例不断增加，重要性呈递增式发展。

柬埔寨华裔新生代使用中国方言的比例次之于柬埔寨语，所占比例为32.7%。在历史发展的过程中，华人社会通过华人社团和宗亲会紧密的连结起来，"柬埔寨华人社会分为潮州籍、广肇籍、客家籍、海南籍、福建籍5个方言集团"。[1] 方言是柬埔寨华人社团连结的重要纽带，因此方言在柬埔寨华人社会中起着十分重要的作用。此外，在混血变量中可以明显看出，纯血华人使用中国方言的比例远高于混血华人；从年龄变量可以看出，比较年轻的中学生对于中国方言的使用远高于年龄较大的大学生。

表4　家庭使用语言情况

	柬埔寨语	中国方言	英语	华语普通话	其他
二代	64.1%	28.1%	3.1%	10.9%	7.8%
三代	58.6%	41.4%	9.4%	17.2%	7.0%
四代或以上	65.5%	28.4%	4.1%	21.1%	6.7%
混血华人	66.8%	30.3%	6.5%	19.5%	6.1%
纯血华人	57.2%	35.5%	2.9%	16.7%	6.5%
中学	63.6%	35.3%	5.6%	16.7%	8.9%
大学或以上	68.4%	27.6%	5.1%	21.4%	2.0%
12—17 岁	61.8%	37.5%	5.6%	15.8%	7.2%
18—34 岁	72.4%	17.1%	5.3%	27.6%	3.9%

（二）柬埔寨华裔新生代的族群认同

1. 群族身份

表5　柬埔寨华裔新生代的身份认同

	柬埔寨人	柬埔寨华人	华人	视情况而定	其他
合计	8.3%	81.6%	7.3%	2.6%	0.3%
二代	10.5%	80.7%	7.0%	1.8%	0%
三代	5.7%	87.7%	4.9%	0.8%	0.8%

---

[1] 野泽知弘：《柬埔寨的华人社会—关于金边华人华侨聚居区的调查报告》，南洋资料译丛，2012 年第 2 期。

（续表）

	柬埔寨人	柬埔寨华人	华人	视情况而定	其他
四代或以上	7.9%	79.1%	8.9%	4.2%	0%
混血华人	6.8%	83.7%	7.7%	1.8%	0%
纯血华人	10.7%	77.9%	6.9%	3.8%	0.8%
中学	8.0%	82.1%	7.6%	2.3%	0.0%
大学或以上	10.5%	82.1%	5.3%	1.1%	1.1%
12—17 岁	6.1%	84.5%	7.4%	1.7%	0.3%
18—34 岁	18.1%	73.6%	5.6%	2.8%	0%

在身份认同上，81.6%的受访者认为自己是"柬埔寨华人"，仅有8.3%的柬埔寨华裔新生代认同"柬埔寨人"身份，7.3%认为自己的身份是"华人"。可见柬埔寨华裔新生代融入柬埔寨社会，在政治上认同于柬埔寨，同时在文化认同上又坚守"华人"的标签。

1953年，独立之后的柬埔寨政府实施允许华侨入籍的政策，1956年颁布外侨入籍政策比较宽松，部分华人加入柬埔寨国籍。同时，"柬埔寨颁布法令，限制外侨职业，许多华人为了生存加入柬埔寨国籍"，[①] 1984年柬埔寨对华人进行国籍身份登记，有90%的华人填写了柬埔寨国籍[②]，在政治上归化入柬埔寨。

不同年龄的受访者的差异主要表现在对柬埔寨人和柬埔寨华人的身份界定上，越是年轻的华人，认可自身为柬埔寨人的比例就越低，同时认可自身为柬埔寨华人的比例就越高。教育变量对于柬埔寨华裔新生代身份的认同影响不大。

2. 对跨族群婚姻的认知

本研究在柬埔寨全国两个最大华文学校随机抽选的460位受访者中，混血华人的比例为62.4%，纯血华人的比例仅为37.6%，可见柬埔寨华人混血比例非常高，远高于我们在东南亚其他国家调查所得的数据，跨族群婚姻在柬埔寨十分普遍。

跨族群通婚的形成有其深刻的历史和社会原因。在法国殖民柬埔寨期间，开辟橡胶和胡椒种植园的劳动力不足，柬埔寨放宽移民政策，欢迎华人劳动力移居柬埔寨。[③] 此一时期，男性华人大量移居柬埔寨，但是此时华人女性移居海外的能力比较有限，华人男女比例失衡，使得男性华人多娶柬埔寨女性为妻。经过长期同化，华人在语言、文化、生活方式、风俗习惯等各个方面与当地人区别不大，柬埔寨华人加入柬埔寨国籍，认同自己的"柬埔寨身份特性"，因而跨族群婚姻现象十分普遍。在当代，柬埔寨华人在当地多从事商业，吃苦耐劳，能够在较短时间取得自身生活的稳定。因此，柬埔寨人尊重华人群体，乐于跟华人通婚。通过表6分析可知，随着代际的发展，第二代到第四代混血华人的比例小幅度增长，柬埔寨华人跨族群婚姻的比例也随之增长。

① 彭晖：《柬埔寨华人现状》，东南亚纵横学术增刊，2000年。
② 傅曦、张俞：《柬埔寨华侨华人的过去与现状》，《八桂侨刊》，2000年第3期。
③ 王士录：《柬埔寨华侨华人的历史和现状》，《华侨华人历史研究》，2002年第4期。

表6　柬埔寨华裔新生代混血比例（代际变量）

二代	三代	四代或以上
66.2%	56.3%	67.9%

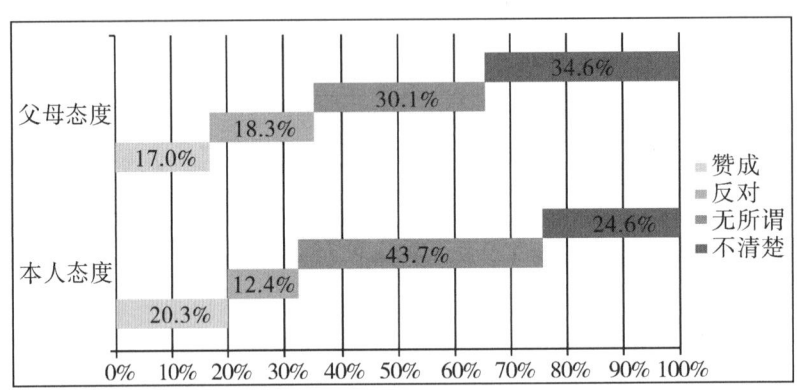

图5　柬埔寨华裔新生代及其父母对待跨族婚姻的态度

由图5可以看出，柬埔寨华裔新生代赞同跨族通婚的比例为20.3%，反对的比例为12.4%，43.7%的新生代则对跨族婚姻表示无所谓的态度，表明华裔新生代对配偶的选择并没有太多的族群要求，说明了柬埔寨华裔新生代对跨族婚姻的态度比较开放。但是受访者父母对待跨族婚姻的态度则是反对比例略高于支持比例，受访者父母赞成跨族通婚的比例为17%，反对比例为18.3%，这一趋势与其他国家一致。

通过表7教育、年龄变量分析可知，相较于年龄比较小的中学生华裔新生代及其父母，年龄较大的高学历柬埔寨华裔新生代及其父母对跨族通婚持有更加开放的态度。

表7　柬埔寨华裔新生代及其父母对待跨族婚姻的态度

		赞成	反对	无所谓	不清楚
受访者	中学	19.0%	12.8%	41.8%	26.4%
	大学或以上	22.9%	11.5%	43.8%	21.9%
	12—17岁	16.7%	11.1%	46.4%	25.8%
	18—34岁	32.4%	14.9%	32.4%	20.3%
受访者父母	中学	15.9%	20.0%	29.3%	34.8%
	大学或以上	18.8%	15.6%	27.1%	38.5%
	12—17岁	13.5%	18.8%	31.3%	36.5%
	18—34岁	28.8%	17.8%	20.5%	32.9%

3. 柬埔寨华裔新生代对族群关系认知

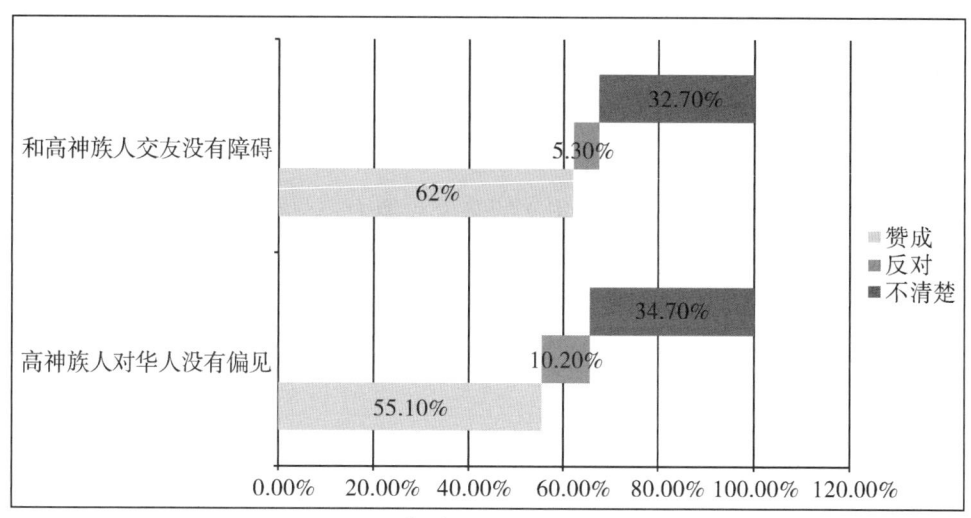

图6 与本土族群交往情况

图6显示，柬埔寨华人在族群关系的认知较为积极，认为与高棉人的交友无障碍以及高棉人对华人没有偏见的柬埔寨华裔新生代均超过一半，比例分别为62%和55.1%，持反对意见的人占少数，仅有5.3%的华裔新生代认为与高棉族交往有障碍，10.2%的华裔新生代认为高棉族对华人有偏见。这一结果表明华人和柬埔寨其他族群的相处已经比较融洽，仅次于泰国，高于马来西亚、菲律宾、印度尼西亚、缅甸等国。

华裔新生代对族群关系的认知有着深刻的政策原因。1993年，柬埔寨大选之后成立民族政府，对华人华侨推行较为宽松的政策，随后推出的《柬埔寨王国宪法》规定："柬埔寨公民在法律面前一律平等，不分其种族、肤色、性别、信仰、政治倾向、家庭出生、社会地位、财产状况和职业，均享有同等权利。"① 民族平等政策有利于华人与当地的融合，华人因此对族群关系的认知也更为积极。

表8 柬埔寨华裔新生代与本土族群交往情况

	高棉族人对华人没有偏见			和高棉族人交友没有障碍		
	赞成	反对	不清楚	赞成	反对	不清楚
混血华人	57.9%	9.6%	32.5%	62.8%	6.6%	30.5%
纯血华人	49.6%	11.7%	38.7%	60.7%	3.0%	36.3%
二代	45.3%	17.2%	37.5%	58.7%	6.3%	34.9%
三代	51.6%	9.5%	38.9%	65.0%	4.9%	30.1%
四代或以上	60.6%	7.8%	31.6%	60.9%	5.7%	33.3%

① 廖小健：《柬埔寨华侨华人政策的发展变化》，《东南亚研究》，1996年第6期。

从表8混血和代际变量的视角分析，可以发现混血华人对于两族关系的认知比纯血华人更为积极，在没有偏见这一问题中，赞成的比例高出纯血华人8.3%，在没有障碍这一问题中，赞成的比例高出纯血华人2.1%，这可能说明混血华人比纯血华人更好的融入本地社会；在代际变量中，随着代际的发展，赞成高棉人对华人无偏见和交往无障碍的比例大幅提升长。

（三）柬埔寨华裔新生代的对待华文的态度和能力

1. 对华文重要性的认知

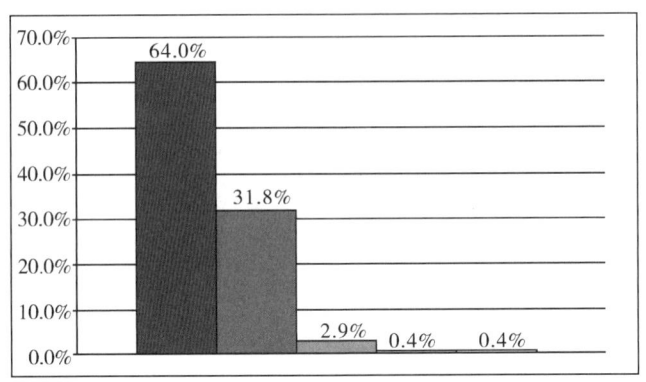

图7　柬埔寨华裔新生代对华文重要性的认知

自1991年柬埔寨当局放宽华文教育政策后，华文教育发展迅速，随着中国经济实力和国际影响力的提升，中柬之间政治、经贸来往频繁。2010年，中柬两国建立"全面战略合作伙伴关系"，当前中国是柬埔寨重要的投资来源国及贸易合作伙伴，密切的政经关系使得华文在两国间的重要性日渐凸显。图7显示，超过六成的华裔新生代认为华文非常重要，对华文重要性持否定态度的比例仅为0.8%，基本可忽略不计，可知在华裔新生代看来，学习华文对其自身来说非常重要。变量数据显示，代际、混血、年龄和教育变量对华文重要性并没有过多影响。

2. 柬埔寨华裔新生代学习华文的动力

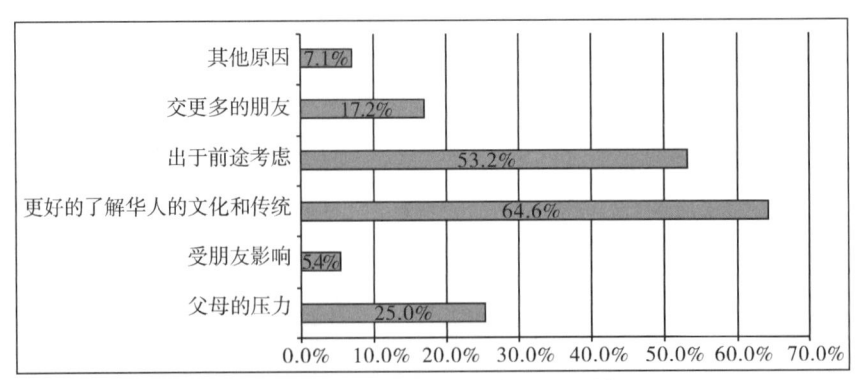

图8　柬埔寨华裔新生代学习华文的原因

图 8 可见，64.6% 的柬埔寨华裔新生代学习华文是想要"更好的了解华人文化和传统"，这又一次体现了新生代对中国传统文化的认同。但是，想要通过学习华文了解中华文化的新生代比例随着代际的发展呈递减的趋势，这可能是新生代与所在地柬埔寨融合而本土化造成的。其次，对华裔新生代来说，学习华文也有非常现实的原因，53.2% 的新生代学习华文是出于前途的考虑。从代际变量中可知，年龄较小的新生代华裔学习华文的目的越现实，比 18—34 岁的新生代高出 18%，这也从侧面反映了华文对华裔新生代的重要性在增强；再次，新生代学习华文也面临着父母的压力，这一比例为 25.6%。

3. 柬埔寨华裔新生代的华语普通话水平和应用能力

表 9　柬埔寨华裔新生代的华语普通话水平和应用能力

	非常好	好	一般	比较差	完全不会
合计	3.7%	31.9%	57.6%	6.8%	0%
听	4.3%	41.6%	49.6%	4.5%	0%
说	1.5%	25.6%	63.4%	9.5%	0%
读	4.3%	27.7%	53.9%	13.9%	0.3%
写	6.3%	25.4%	50.8%	17.1%	0.5%

从表 9 可以很明显的看出，柬埔寨华裔新生代的华语普通话水平不高。华语水平"非常好"的比例仅为 3.7%，"好"的比例为 31.9%，在华语应用上，华裔新生代"听"、"说"能力强于读写能力。

这与柬埔寨华校教育方式有关，以柬埔寨最大华校端华学校为例，端华坚持华语教学，课堂教学由学生读书，教师讲解，学生背诵三部分构成，学生学习方式以读写为主。柬埔寨华文学校实施半日制教学模式，课时较短。[①] 华语教学使得学生在课堂上必须使用华语普通话，因而听说能力较强，教学模式虽然可以训练学生的读写能力，但是过于简单，效果不大。半日制教学模式，较短的课时不利于学生华语水平的提升，同时，柬埔寨华文教育存在着教师华语教学水平参差不齐等问题，这些都制约着华裔新生代华语水平和应用能力。不过，我们在柬埔寨的问卷调研是以中文进行的，这是马来西亚之外惟一以中文进行调研的国家，因为在调研之前的一次访问中，端华学校的老师告诉我们该校学生的中文阅读没有障碍。

从代际变量可知，柬埔寨华裔新生代的华文水平随着代际的发展呈递增趋势，第四代及以上新生代的总体水平及听说读写的应用能力均高于第二代；年龄较大学历较高的华裔大学生的华语水平高于年龄较小的华裔中学生；混血华人的华语水平及应用能力略高于纯血华人。

---

① 李玥：《金边市潮州会馆端华分校华文教学情况调研报告》，云南大学，2014 年。

（四）柬埔寨华人对华态度与认知

1. 与中国的互动

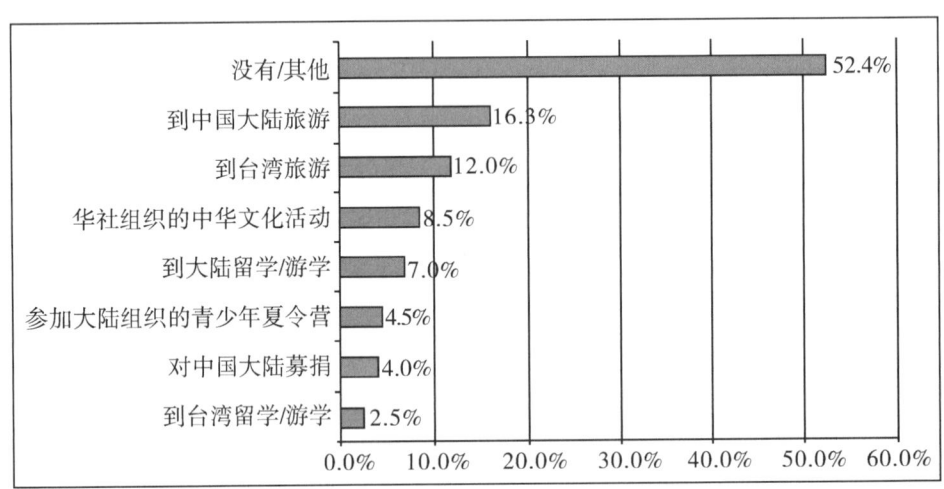

图9　柬埔寨华裔新生代与中国的互动

图9显示，高达一半以上的华裔新生代与祖籍国中国没有互动或有其他互动方式。仅有16.3%的柬埔寨华裔新生代来过大陆旅游，8.5%的新生代参加大陆组织的中华文化活动，到大陆留学的比例为7.0%。这表明，柬埔寨华裔新生代与中国互动非常有限。不过，考虑到受访者的年龄普遍较小以及柬埔寨的经济发展现状，这些比例也是合理的。

在代际差异上，到中国大陆、台湾旅游、华社组织的中华文化活动，到大陆留学/游学的比例中，第二代华人都远远高于第四代或者以上的华人。这表明，在当地代际传承较少的华人，与中国的互动更加密切。

表10　柬埔寨华裔新生代与中国的互动

	到中国大陆旅游	到中国台湾旅游	对中国大陆募捐	参加大陆组织的青少年夏令营	华社组织的中华文化活动	到大陆留学/游学	到中国台湾留学/游学	没有/其他
二代	23.4%	15.6%	1.6%	3.1%	9.4%	6.3%	1.6%	45.3%
三代	18.0%	16.4%	2.3%	5.5%	12.5%	9.4%	3.9%	43.8%
四代或以上	13.8%	7.9%	5.3%	4.8%	6.3%	4.8%	1.6%	59.3%

2．对华情感和态度

（1）对中国球队的态度

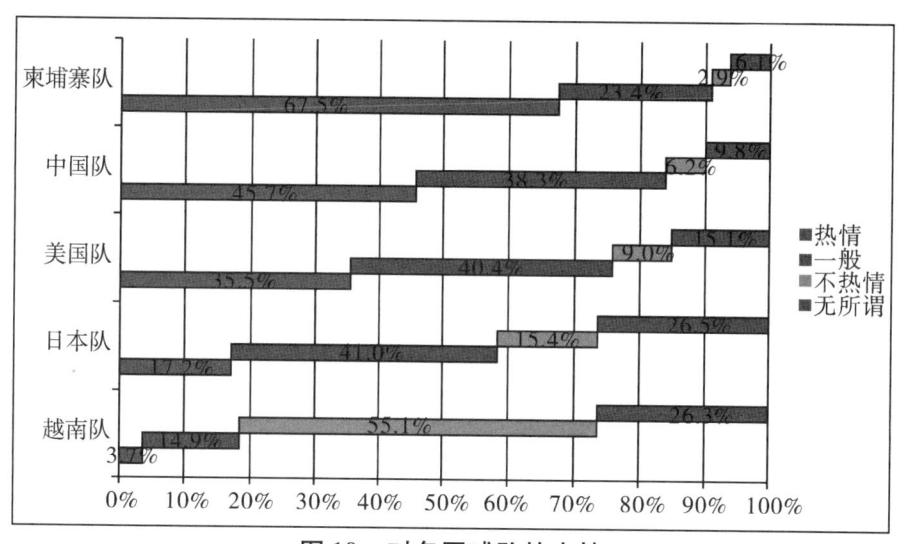

图 10　对各国球队的支持

　　柬埔寨华人对球队的支持的取向在一定程度上可以反映其对华感情。从图 10 可见，柬埔寨华裔新生代对柬埔寨队最为热情，所占的比例为 67.5%。前面关于身份认同的数据已经表明，柬埔寨华人在国家认同上忠于所在国柬埔寨，且较好融入柬埔寨社会，因而对柬埔寨球队最为支持十分正常。

　　柬埔寨华裔新生代对中国球队支持率排在第二位，高于美国、日本、越南球队，所占比例为 45.7%。这自然与柬埔寨华人的族群情感有关，受家庭和学校的影响，柬埔寨华裔新生代在文化上坚守华人的"标签"。

表 11　对中国队的支持

	热情	一般	不热情	无所谓
混血华人	43.6%	39.5%	6.7%	10.3%
纯血华人	45.6%	40.4%	5.3%	8.8%
12—17 岁	46.2%	38.0%	7.1%	8.6%
18—34 岁	40.4%	42.1%	0.0%	17.5%

　　表 11 从混血和年龄变量的角度进一步探讨柬埔寨华人对中国球队的支持率，我们可以发现：第一，虽然混血与纯血华人呈现细微的差异，但仍在误差范围内，因此可以忽略不计；第二，在年龄变量中，年龄比较小的华裔新生代对中国队的热情率稍稍高于年龄较大的华裔新生代，这可能与年龄较小的华裔新生代受家庭和学校的影响较大，前面的数据

已经表明家庭和学校是华裔新生代感受中国文化的重要场合。

（2）对中国新闻的态度

表12 柬埔寨华裔新生代对中国新闻感兴趣程度

	非常有兴趣	比较有兴趣	不知道	不怎么有兴趣	根本没兴趣
二代	11.30%	62.90%	14.50%	9.70%	1.60%
三代	12.50%	59.40%	15.60%	7.80%	4.70%
四代或以上	15.60%	57.30%	19.30%	6.80%	1.00%
混血华人	15.90%	58.80%	15.50%	7.50%	2.20%
纯血华人	11.80%	57.40%	19.90%	7.40%	3.70%
中学	13.40%	59.10%	15.20%	10.00%	2.20%
大学或以上	15.30%	57.10%	20.40%	4.10%	3.10%
12—17 岁	11.50%	60.50%	16.40%	8.90%	2.60%
18—34 岁	18.90%	52.70%	21.60%	5.40%	1.40%

整体上，柬埔寨华裔新生代对于中国新闻的关注度较高，对中国新闻非常有兴趣和比较有兴趣的比例合计为72.6%。此外，表12 显示，第一，代际变量的视角看，随着代际的发展，对中国新闻非常感兴趣的比例就越高；第二，通过混血变量可以看出，无论是非常感兴趣还是比较感兴趣，混血华人对中国新闻的感兴趣程度超过纯血华人；第三，年龄较大的、学历较高的柬埔寨华裔对中国新闻"非常感兴趣"的比例越高。

（3）柬埔寨华裔新生代心中的中国形象

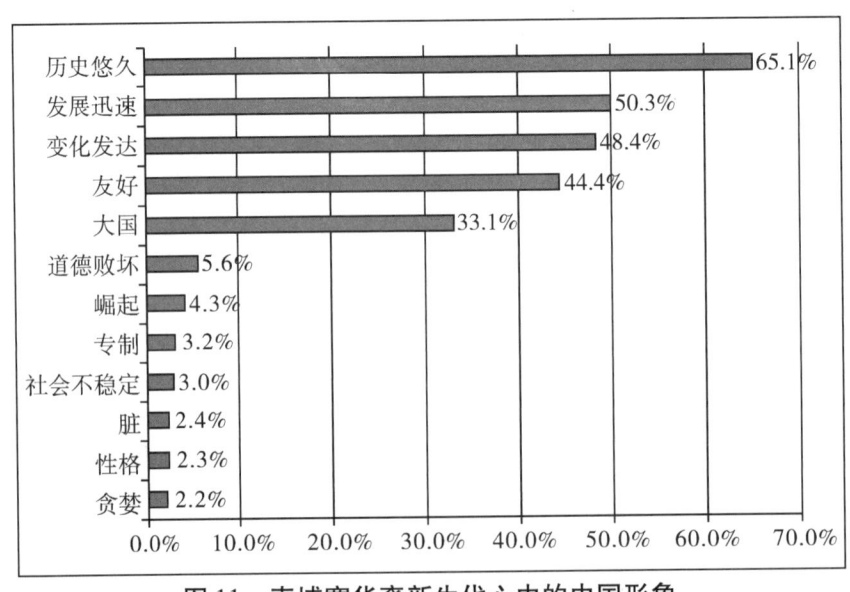

图11 柬埔寨华裔新生代心中的中国形象

　　柬埔寨华裔新生代给中国整体形象打分为84.01分（满分100分），表明柬埔寨华裔新生代对中国整体形象的认知是较好的。不过，随着代际的演替，柬埔寨华裔新生代对中国整体形象的打分逐渐下降，这表明随着柬埔寨华裔新生代与本土的代际融合进程，对中国的情感连接逐渐减弱。另外，年龄较小的柬埔寨华人中学生对于中国国家形象的评分较高，显示这一群体对中国的好感和认同感较高。

　　涉及到具体的国家形象时，如图11显示，在柬埔寨华人心中认为中国的国家形象是积极正面的，对中国的总体印象是历史悠久、发展迅速、文化发达、友好和大国。其中超过50%的华人认为中国历史悠久和发展迅速，所占比例分别为65.1%和50.3%，这在一定程度上体现了柬埔寨华裔新生代对中国文化和经济发展模式的认同。对于中国的负面形象描述的比例均不超过所占比例非常小。另外，17岁以下的华人对中国形象的认知比18—34岁阶段的华人更加积极。

　　3. 对中国事务的认知

　　（1）柬埔寨华裔新生代对中国经济发展、政治制度的认知

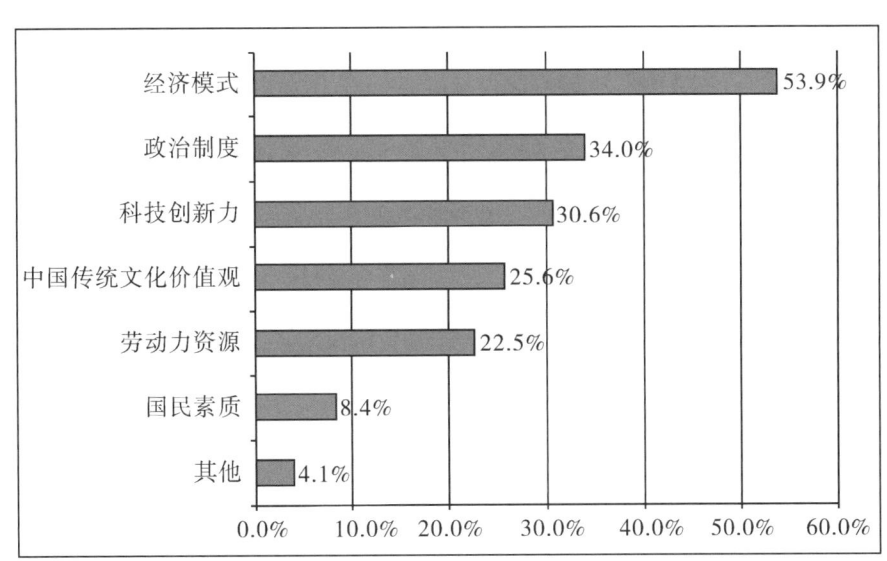

图12　对近三十年来中国经济快速增长的主要推动因素的认知

　　当问及对中国近30年来经济快速增长的主要推动因素是什么时，柬埔寨华人普遍认同的是："经济模式"、"政治制度""科技创新力"，认可度分别是53.9%、34%、30.6%。这说明，以改革开放和市场经济为中国特色的发展道路得到了柬埔寨华人的较高认同。同时，柬埔寨华人也认为中国文化和劳动力资源也推动着中国经济的快速增长。但是，认为"国民素质"是推动中国经济快速发展的华裔新生代的比例仅有8.4%，说明在柬埔寨华裔新生代心中对中国国民素质评价偏低，这一结论与其他国家相似。

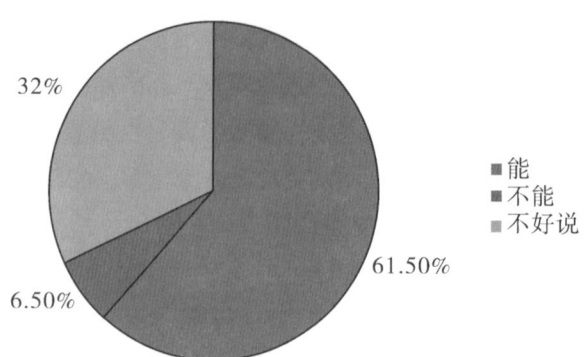

图13　柬埔寨华裔新生代对中国政治制度及发展道路能否服务其国民的认知

当谈及"中国政治制度及发展道路能否服务其国民"时，超过六成的柬埔寨华裔新生代给出肯定的答案，这表明了柬埔寨华裔新生代对中国政治制度的认可，但是仍有32%的柬埔寨华人对此持否认态度。此外，学历较高的柬埔寨华人对中国政治制度的认同更加积极，71.6%的大学及其以上学历的柬埔寨华人认为中国的政治制度能够服务于国民。

（2）柬埔寨华裔新生代对中国在国际舞台影响力的认知

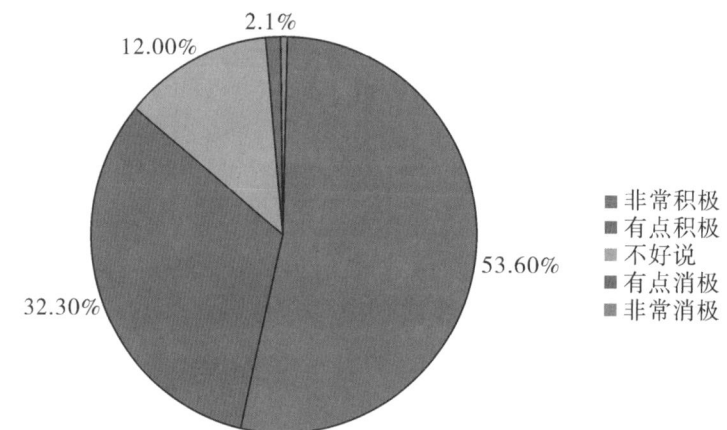

图14　柬埔寨华裔新生代对中国在国际舞台影响力的认知比例

图14显示，认为中国在国际社会的影响力"非常积极"和"比较积极"的比例合计为86.9%，"有点消极"和"非常消极"的比例仅有1.5%，表明在柬埔寨华人心中，中国在国际社会中的影响力是非常积极正面的，同时，这也说明柬埔寨华人对中国在国际社会中的地位和作用非常认可。

表13　柬埔寨华裔新生代对中国在国际舞台影响力的认知比例

	非常积极	有点积极	不好说	有点消极	非常消极
二代	46.7%	40.0%	13.3%	0.0%	0.0%
三代	53.2%	34.9%	11.1%	0.0%	0.8%

（续表）

	非常积极	有点积极	不好说	有点消极	非常消极
四代或以上	57.%	27.4%	12.9%	2.2%	0.0%
混血华人	57.5%	30.3%	10.4%	1.8%	0%
纯血华人	46.7%	35.6%	17.0%	0%	0.7%
中学	52.4%	33.0%	12.7%	1.5%	0.4%
大学或以上	56.8%	30.5%	12.6%	0.0%	0.0%
12—17 岁	53.5%	32.9%	11.6%	1.3%	0.7%
18—34 岁	53.5%	28.2%	18.3%	0%	0%

上表可见，随着代际的发展，柬埔寨华裔新生代认为中国在国际舞台上的影响力"非常积极"的认知的比例呈递增趋势。其次，从混血变量视角上看，混血华人对中国在国际舞台上的认知比纯血华人更加正面积极，在"非常积极"和"比较积极"合计比例比纯血华人高出 5.5%，混血华人中认为中国在国际舞台中"非常积极"的比例高出纯血华人10%。第三，不同教育背景和年龄基本不影响柬埔寨华裔新生代对中国国际影响力的认知。

（3）柬埔寨华裔新生代对中国软实力的认知

表 14　对各国软实力评分

	对柬埔寨的重要性	文化的吸引力	产品质量	科技水平	平均值
日本	6.7	5.46	7.35	7.42	6.73
欧洲	5.66	6.05	6.49	6.87	6.27
中国	8.05	8.04	7.12	7.7	7.73
美国	6.84	7.91	7.82	8.48	7.76
越南	2.06	1.25	2.58	2.11	2.00

从柬埔寨华人对于各个国家软实力打分的情况看，其中美国被认为是软实力最高的国家，平均值为 7.76。中国仅次于美国，平均值为 7.73，中国与美国在柬埔寨华人心中软实力相差不大。进一步分析可以看出，在柬埔寨华裔新生代心中，中国是对柬埔寨最重要和最具文化吸引力的国家，这两项的分值均高于美国，但是，科技水平中国与美国相差0.78，说明在华裔新生代心中，中国的科技水平与美国相差较大。说明柬埔寨华人对于中国的认知不仅基于感情认知，也是理性和客观的。总体上看，柬埔寨华裔新生代对中国软实力持认可的态度。

这也解释了柬埔寨华裔新生代在选择留学目的地是会首先选择美国和中国的原因，数据显示，46.2% 的柬埔寨华裔新生代选择前往美国留学，32.1% 的新生代选择前往中国留学。

表 15 柬埔寨华裔新生代对中国软实力评分

	对柬埔寨的重要性	文化的吸引力	产品质量	科技水平
混血华人	8.24	8.2	7.23	7.79
纯血华人	7.73	7.89	7.11	7.55
12—17 岁	8.09	8.18	7.15	7.8
18—34 岁	8.01	7.55	6.94	7.3

导入变量可以发现，第一，混血华人对中国软实力的评价更高；第二，年龄较小的华人对中国软实力的评价高于年龄较大的华裔新生代，说明年龄较小的华人更认可中国的软实力。

三、结论

总体而言，年龄差异、代际差异、教育差异和混血与否等变量都会影响柬埔寨华裔新生代的认同，但年龄差异和代际差异的影响更大，混血与否和教育变量只在具体问题上才产生影响。

对于柬埔寨华人的文化认同，随着代际的更替，除与中国人接触和传统节日外，华裔新生代在各个场合感受中华文化的比例呈递减趋势，华裔新生代呈现出本土化特征。同时，中华文化和价值观对柬埔寨华裔新生代的生活、事业的影响力都是不容小觑。华裔新生代对春节、汉字、龙等中国符号更为熟悉，其中，华文教育对柬埔寨华裔新生代的认知和认同起到了较大的作用。春节、中秋节等重大节日在华裔家庭中的重要性，超过了柬埔寨最重要的传统节日送水节。在生活中，柬埔寨华裔新生代被同化的痕迹也十分明显，家庭使用的最主要的语言是柬埔寨语。可见华裔新生代被当地同化，越来越认同于当地社会的同时，他们仍然保留着极强的华人的特性和文化特征。

而在族群关系和族群身份认同上，在族群身份的自我认定上，超过八成的华裔新生代认同自己的身份是"柬埔寨华人"。可见他们加入柬埔寨国籍后，在政治上认同所在国柬埔寨的同时，并没有放弃自己的"华人"标签。越是年纪较小的新生代对自己的"华人特征"越认可。相较于上一代华人，华裔新生代对跨族通婚持比较开放的态度。在族群关系的认知上，柬埔寨华裔新生代普遍认为与高棉族的族群关系十分融洽，混血华人对两族关系的认知更加积极，这可能与他们本身就是混血华人有关。

语言方面，几乎所有的华裔新生代认可学习华文的重要性，这个比例高达96.3%。但是，柬埔寨华裔新生代华语普通话水平一般，能无障碍使用华语、华文的人较少。值得注意的是，有64.6%的受访者表示是为了"更好的了解华人的文化和传统"，说明柬埔寨华裔新生代认为它是认知中华文化的重要途径，同时华裔学习华文也有着比较现实的目的。随着代际的发展，华裔新生代的华文水平呈递增式发展。

对华认知方面，柬埔寨华裔新生代存在一个较为明显的特征，即年龄较小的华裔新生代对华的认知程度更积极正面，对华认同感更高。这是与印度尼西亚、泰国等其他东南亚国家不同的。柬埔寨华裔新生代对中国新闻关注度较高，对中国球队的支持率仅次于柬埔寨队，他们认可中国的国际舞台上的影响力、软实力以及政治、经济制度。总而言之，柬埔寨华裔新生代对中国的认可度较高，中国国家形象在柬埔寨华裔新生代心中是积极正面的。

纵观整个数据，经过长期同化，柬埔寨华裔新生代对在政治上认同柬埔寨，并随着代际的发展倾向于同化和本土化。与此同时，华人在族群身份上仍倾向于"华人"的身份，在文化上保留着极强的华人特性和文化特征，华文教育对华裔新生代的影响较大。整体而言，柬埔寨华裔新生代对中国的认知柬埔寨华裔新生代对华文化认同感较高，尤其是年龄较小的华裔新生代。

印尼华人的丧葬仪式探析——以美达村为例

邱少华

（广西侨乡文化研究中心 南宁 530006）

【摘 要】 印尼华人社会里的丧葬仪式与中国一样，也具有严格的程序，一般都需要经过停丧、入殓、超渡、送葬等阶段，值得注意的是，整个丧葬仪式体现的文化传承功能主要表现在认知意识、孝道意识、团结意识和各种细节处所表现出来的亲疏关系。作为对中华文化的传承，需要引起重视。

【关键字】 印尼华人；美达村；丧葬仪式；文化传承

美达村位于印度尼西亚苏门答腊岛棉兰市郊区，是印尼语 metal 的汉语音译，翻译成中文是金属的意思。美达村方圆 15 公顷，与 Cemara Hijal（青松村）和 Cemararesidence 相邻，离棉兰市也只有 20 分钟左右的路程。整个村子里居住的绝大部分都是华人，印尼人只有一两户，华人有 400 多户口，约 2 000 多人。[①] 整个村子划分为美达大道（美达一路）、美达二路、美达三路、美达四路、美达五路、美达六路、美达七路和美达中路，共八条主道，离村子 500 米处是一条高速公路，交通比较便利。因为美达村原来是沼泽地，所以这个地方不适于种植作物，食用的蔬菜大部分是从外面购进的。也因此地质原因，村里人的主要生计方式是经商，村子里也零零散散地分布着各种工厂。美达村的华人们都对中国有着深厚的感情，他们的日常生活中还带有很多中华文化的印记，特别是丧葬仪式，在很多方面都体现了文化的保留与传承。

一、美达村华人丧葬仪式举要

人的一生只有两件大事，一为生，一为死，我们中华民族历来是一个重视死亡的国家，"入土为安"是自古以来中国老人比较倾向选择的长眠方式。但是随着社会的进步，现在大多数人慢慢都倾向于实行火葬，与祖籍国一样，美达村的印尼华人在亲人去世的时

---

① 2015 年 7 月 29 日笔者在美达村篮球场与校长郑 XM 的访谈录。

候大多会选择火葬。《大唐西域记》有载"送终殡葬，其仪有三；一曰火葬，积薪焚烧……"① 后随佛教传入中国。当提及印尼美达村的丧葬，就不得不提到福利部。

福利部设有一个办公室、一个休息区和一个放置桌椅的房间（暂且称为杂房，但这个房间逢人去世时便改成灵堂），旁边是篮球场，遇到丧事的时候，篮球场就变成了招待前来交纳帛金的客人和主家亲人休息的专区。听说村里99%的人都会加入福利部，成为其会员，因为现在大家都希望有一个公共的场所来送别死者，招待来客，加入福利部之后不仅可以共享里面的所有资源，还免去了要自己找丧葬的相关工作人员的麻烦，还能得到福利部里各成员的帮助。因为但凡有人去世，福利部的会员都得给帛金，虽没硬性规定，但是大家一般都会自觉地为主家捐献帛金，也算是对死者的最后关爱。福利部主要有5个工作人员，他们具体负责的事务不一样，但都服务于丧事，为的是保证丧事的顺利进行。

由于死者的年龄、性别，家庭状况和死亡时间不一样，丧葬仪式也会有所不同，这个不同之处大多体现在具体的细节上面，或者是丧葬仪式的某些呈现方式不一，但其基本的内容还是一致的。本文所描述的丧葬仪式是当时当地相对比较大众化的呈现。

（一）停丧之仪

停丧之仪主要包括浴尸、更衣和停尸两大部分，这个过程都需要死者的直系亲属参与其中，福利部的工作人员也起了很大的作用。以下为例：

1. 浴尸、更衣

当发现老人已经停止呼吸，亲属第一时间要告知福利部的丘某。接到有人去世的消息，即使是在大半夜，丘某也会给福利部的守夜人员打电话，让他们清理福利部的杂房，在福利部外边的道路上摆上表示不宜通行的架子和小红旗。

第二天，丘老便领着昨天已经联系好的殡仪车，亲自到医院或者去用救护车把遗体领回来，放到福利部的杂房，然后便带着部分家属去买棺木，看墓地；如果死者是在家里去世的，便直接带家属去买棺木，看墓地。棺材大多数是在 sunggal 区的福利部那里买的，这是习俗，接洽好之后，殡仪馆的车便把棺材拉回来。待棺材搬回福利部之后，丘老便组织大家为死者沐浴、更衣。所谓沐浴，其实就是用个脸盆打些水，将新手帕浸湿，拧干后给死者擦身，主要是擦脸和手。浴尸之后便是给死者更衣。在尸体进棺之前，必须要穿好寿衣。如果死者是男性，穿丧衣的工作便大部分由其家属或者丘老负责，如果死者是女性，穿丧衣的工作大多由其家人或者医院的护士帮忙。丧衣的穿着也是有要求的，一般情况下都是家人事先买好的，或者是死者生前喜好穿的衣服，但不变的是，丧衣要求是黑色的一套衣物和白色的袜子。这个过程需要尽快完成，不然尸体变硬便很难替其更衣，所以之前的联系工作势必要马不停蹄地进行的。

2. 停尸

更衣结束，便把尸体放于两三张长椅子上，用白布遮住，要求把尸体全部盖住，要达

---

① 玄奘著，章撰点校：《大唐西域记》，上海人民出版社，1977 年版，第 40 页。

到除了大概的轮廓，其他什么都看不出来。此时死者家属们已经穿好相应的丧服在等候佛教社师傅的到来。家属的丧服与国内的丧服很不一样，他们还是穿着 T 恤和裤子，但是具体 T 恤的颜色是不一样的，我们可以通过他们不同的颜色断定他与死者的关系。如：穿白衣的是亡者的儿子、媳妇、女儿与女婿；穿浅蓝色的是死者的外孙，即女儿的孩子，穿深蓝色的是死者的内孙，即儿子的孩子；内曾孙穿黄色的上衣，外曾孙穿浅红色的上衣；死者的姐妹随便穿什么颜色的上衣都可以。这个颜色是规定了的，衣服大多是亲属自己去买的。在停尸的同时，福利部其他的工作人员已经开始挨家挨户的、按照会员卡上的名字和地址把卡送到该会员手上，并且说明是某某在什么时候去世了。报丧结束，他们便回到福利部帮忙。

来自棉兰市的一位风水师傅也已经到达福利部，他的任务是写讣告。讣告也叫讣闻，在讣告的正上方偏左的地方用红笔写着一个大大的"闻"字，其右上侧用红笔写着"友戚亲乡"，在"友戚亲乡"的下方用黑笔写着"讣此哀谊"。讣告上的内容从右往左依次为用黑笔写着：广东梅县 叶宅讣告 先慈叶母萧氏＊＊孺人恸于农历岁次乙未年七月十六日申时寿终遗体暂厝于棉兰美达殡仪馆入殓治丧，距生于岁次丙子年三月廿九日吉时，享寿积闰八十岁宜，不孝男女尊随侍在侧，亲视含殓泪，消于农历八月二十日星期三中午十一点本行堂奠，随即扶棺笈引至地藏殿元原。再往左便是夫君、孝男孝女的女婿们的姓名，再往左是孙女、外孙女的姓名，最左边写着：服内亲属家多恕未尽录，同泣告。讣告包含了孝女孝男对母亲的真切怀念，也包括了村里乡邻对死者的深切悼念。其中，讣告中出现的出殡日期是风水先生根据死者去世的时辰，通过看通书（黄历）来确定的。

讣告写完，昭示着死者已去的灯笼（中国称为长明灯）也已写好死者的姓名和享岁等内容，挂在了福利部门口。挂灯笼的位置也是有讲究的，一般按照男左女右的顺序放置，如果亡者是男性，便把灯笼挂在左边，如果亡者是女性，便把灯笼挂在右边，如果是一对灯笼则说明亡者的对象也不在了，即双亲都已去世。门口放置的蜡烛是拜天神与土地神的，祈求天神与土地神保佑这个超渡过程顺顺利利，保佑亡者的亲人们平平安安。

（二）入殓之仪

美达村每逢有人去世，请佛教堂的师傅前来念经超渡是大多数人的选择。如果自己的亲戚或者认识的朋友里面有佛堂的师傅，这个时候请他们过来帮忙，但绝大部分都是由福利部工作人员联系的师傅来主持。三位师傅主要是来自佛教社的，接到有人去世的消息，当天他们便赶来福利部，摆放好从佛堂里带来的念经用的工具，和主家闲聊，等到棺材运回来的时候，穿好海青，拿起各自负责的乐器，便开始盖馆仪式。随着各种乐器声响起，送棺木过来的年轻人会帮忙把尸体抬进棺材，然后便准备盖棺。

盖馆时师傅主要是讲好话，都是祝福的话语，每钉一个钉时念的经都具有不一样的内容，钉第一个钉时念的经是希望家和万事兴，第二个钉是希望家里日子一天比一天好过，第三个钉是希望家里富贵万万年，第四个钉是添福钉，意思是希望家里可以添福又添丁。随着最后一个钉的敲打声结束，乐器声骤停，经已念完，四个钉也都已入木。

（三）超渡之仪

1. 灵堂的布置

死者去世后的第一天晚上，整个房间已经被挽联布置成了灵堂的样子，棺材放在了靠墙的一边，棺材下面的脸盆是给盖棺之前的死者洗脸洗身用的，洗好之后放在棺材的下边。一个花圈摆在棺材的前方，中间放着死者的照片，花圈的前方是一张桌子，靠近花圈的地方摆放着死者的神位（用纸写的，粘在竹子面上，还插在一堆纸钱上），神位的右边放置着插香的香蕉头，香炉旁是一个花瓶，此时插满了各种菊花；左边是一个水果盘。往前是两支大红蜡烛，再往前摆着一碗饭，这饭是给亡者吃的。面向大门的墙边，师傅们在该面墙上挂了一张画有各种佛的画像，靠近中间的地方摆上了一张桌子，桌子上最靠近墙边的地方摆着三杯茶和三杯水，茶水的右边是装有好几种鲜花的花瓶，左边则是放了有苹果、桔子和菠萝三样水果的水果盘。在茶水的正前方是插了香的香蕉头，插了三炷大香和依稀几根稍微小一点的香，香炉的两边还放着两根大红烛，右边的红烛旁边是用盘子装好的小瓶水，左边的红烛旁边是叠好的纸钱，再前面放着的便是师傅们超渡时使用的工具了，有拍子（印尼语为 Phek Ce）、铃、木鱼、大钟、引磬、铛子还有师傅行超渡之仪时穿的衣服——海青。这个地方是师傅们念经超渡时候的主要场所。

2. 超渡仪式

印尼的华人大多是信仰佛教的，所以从亲人去世那一刻起至到最后的火葬时刻，都会出现佛教师傅的身影。当然，佛教师傅出现的最终目的就是让死者可以消除他生前在世间留下的业障，最终可以去到西方极乐世界，而这个目的的实现就得从超渡这个环节着手。所以，从死者去世之日起，每天晚上师傅们都会到福利部给亡者念经超渡，师傅念经的天数根据死者的出殡时间不同会有不一样的体现，但是一般而言，从死亡到出殡的时间大多为 3 天左右，这样超渡的时间不至于太赶。从去世之日起至出殡，师傅每个晚上都会到福利部给死者念经超渡。每个晚上的念经时间都分为 3 个时段，每次念经耗时半个小时，中途休息 20 分钟，所以念经的时间约为从晚上 7 点到晚上 10 点，偶尔会到晚上 10 点半。

此死者是在三天之后出殡，所以师傅们连续三个晚上都要过来念经，每天晚上所念的经有不同的内容。傍晚 6 点多，师傅们穿上海青，拿起各自负责的乐器，在大师傅的带领下开始给死者念经超渡。第一天晚上念的第一段经是开经，开经是请诸佛要供养死者；第二段念的是阿弥陀经，此经书算是死者通往西方极乐世界的一个通道，念完此经，死者才有可能进入西方极乐世界；第三段次念的是忏悔文，忏悔文是观世音菩萨说出来的，让众人不要做恶事，要存好心，做好事[1]。第二天晚上 6 点半，三位师傅准时到达福利部，为第二天的超渡做准备，这一天念的经是金刚宝忏经，念经是晚上 7 点准时开始，第一段念的经是金刚宝忏经上册，第二段念的经是金刚宝忏经中册，第三段念的经是金刚宝忏经下册。金刚宝忏经是给亡灵忏悔的，如果死者有杀过鸡、鸭，对父母没有尽到孝道，女性死

---

① 2015 年 8 月 30 日笔者在美达村篮球场与佛教社陈 JJ 的访谈录。

者曾经堕过胎等，做过这些恶事都要忏悔。第三天晚上念经的时间与第一天、第二天是一样的，所念的经文中，第一段念的是阿弥陀经（与第一天一样），第二段念的是忏悔文（与第一天一样），第三段念的是咒。咒包括大悲咒、心经、往生咒、七覆灭追真言、覆灭追真言、地藏灭定业真言、观音灭定业真言。其中，大悲咒是指消除生前做过的不好的东西，起杀敬的作用。杀敬的意思是如果做过恶事，要用杀敬来消除；往生咒是消除亡者的业障；七覆灭追真言中覆为业，灭即消除，就是用来消除自己的七恶，所谓七恶是堕胎、杀外人、杀死自己的兄弟姐妹、误导别人走上歧路、卖毒品或者其他对人有害的东西、烧过庙宇、害人家庄稼没收成；覆灭追真言消除的是之前的浪费行为，吃的东西乱丢、放高利贷；地藏灭定业真言消除的是亡者之前可能出现过的流产、堕胎行为进行忏悔，地藏就是地藏菩萨，地藏菩萨号称为：地狱不空，地上菩萨不成佛，意思为地狱不空，地藏菩萨就不能成佛，所以为了可以成佛，地藏菩萨要把地狱里的人都救上天堂，所以他要帮助因为罪到了地狱的灵魂；观音灭定业真言就是说不可以偷拿人家的东西，不可以杀人、犯强奸的错，如果犯过这样的错，现在就要忏悔。[1]

（四）告别之仪

1. 告别仪式前的准备工作

星期三到了，该出殡了。一大早福利部的工作人员与亲属们就在福利部开始尸体告别仪式的准备工作了，她们正在整理仪式所需要的东西。斋菜和米饭有其固定的数量与种类，斋饭共6碗，斋菜主要有5种，分别是木耳、白蘑菇、香菇、秀珍菇、豆子和一碟豆制品，此外，还有6个杯子、一个装着茶水的矿泉水瓶、一捆叠好的胶勺子和一捆绑好的一次性筷子。除了筷子，其他的器具都是红色的，红色的碗、红色的杯子、红色的勺子。除了准备饭菜，工作人员还要整理亡者亲人们送来的糕点和水果，糕点有两种，一种是一个大发糕，一种是大包和发糕和小糕点形成的组合体。就糕点而言也根据儿子女儿的区别有着不同的呈现，如发糕组合体中，孝子买来的发糕会被摆成四层，底下两层是大包，第三层是粉红色小发糕，第四层是几个橘色的小糕点，数量上并没有严格的要求。而孝女们买来的发糕组合体则被工作人员弄成了三层，第一层为白色大包，第二层为粉红色小发糕，第三层为几个橘色小糕点。水果一般都会有苹果、桔子、菠萝、梨或者葡萄，一般都会被用胶布粘成三层或者四层。如果是女婿和亡者自己的兄弟姐妹、侄子、外孙等亲人送来的果子糕点、水果，一般都会在上面插上一张小红纸，写上他们的名字，表示这份糕果是他们买来的。整个福利部里面充满了各种吆喝声，好不热闹，与福利部里的热闹相对应的是外面篮球场偶尔响起的奏乐声。这个乐队是孝子孝女们为了更充分地表达对亡者的思念请来的，此时他们正在篮球场上演奏着一首哀怨的音乐，演奏的音乐不是规定的，如果是母亲去世的话，大多会演奏《母亲，你在何方》，《世上只有妈妈好》等曲目。如果是父亲去世的话，就唱与父亲相关的歌。

---

① 2015年8月30日笔者在美达村篮球场与佛教社陈JJ的访谈录。

此时入殓师丘老会用别针把不同颜色的小布块别到亡者亲人们右臂的衣服上。其中，孝子衣服上别着的是一块米白色的麻布，孝女的是白红参杂的麻布，即白色麻布的中间再加上一小块红布；内孙的是一个红与深蓝参杂的布，其中红色镶在深蓝色的上面；外孙的是一个红与浅蓝参杂的布，其中红布覆于浅蓝布之上；女婿则比较特别，是以斜披一个红白相间的绶带作为身份象征。

2. 告别仪式

一切准备就绪之后，亡者的亲人们按照孝儿孝女、女婿、孙子、孙媳妇、曾孙、外曾孙的顺序跪在毯子上，跟着师傅的节奏对亡者的遗体作最后的告别。仪式开始，工作人员给这些亲人们都发了一炷香，他们跟着师傅的肢体动作，该跪则跪，该拜则拜，完成之后，工作人员把他们手上的香收回来，他们双手合十再跟着师傅的肢体动作行跪拜礼。大约过了十分钟，师傅拿着杨枝绕着祭台和棺材洒了一圈，然后送别的亲人们按照孝子孝女、儿媳妇、女婿、孙子孙女、孙媳妇、曾孙、外孙子外孙女、外曾孙等的顺序依次跟着师傅的脚步，拿着工作人员准备好的花，撒向棺材，此时，师傅口中一直念着的"南无阿尼陀佛"的声音和亲人们的哭喊哀叫声混为一体，使灵堂到处充斥着悲伤的气氛。绕了三圈之后，在工作人员与司仪的指挥下，亲人们按照之前的顺序依次在毯子上跪好，双手合十向遗体拜别。此时的女婿走到了队伍的最后面站着。随着最后的念经声落下，师傅们离开了灵堂，由司仪主持接下来的仪式。司仪拿着麦克风，让大家安静下来之后，先是用印尼语说了一通开场之后，又用普通话开场：

> 公元 2015 年，农历岁次乙未年七月二十日良辰吉日，叶母萧氏老太夫人招云送别仪式开始。

仪式正式开始，第一步是奏乐，跪拜。悲恸的音乐声奏完，孝儿孝女和媳妇、孙子女，外孙子女跪在毯子上，司仪主持道：

> 我们最亲的母亲，你以大爱的精神将我们抚养长大成人，您对我们的恩情比山高，比海深，是我们做儿女永远不会忘记的，我们求神拜佛，希望母亲＊＊贻享天年，让我儿辈报答您的养育之恩，＊＊现您已与世长辞，离开了我们，妈妈，敬爱的妈妈，您安息吧，我们一定按照您生前的教诲，不辜负您生前对我们的期望，妈妈，世上只有妈妈好。①

随着奏乐响起，司仪领着亲人们唱起了《世上只有妈妈好》，这首简单的歌词不仅包括了对母亲离去的伤悲，更是涵盖了对母亲养育之恩的感谢。这期间，音乐声与与悲恸声交织成一曲哀怨的曲调，使闻者潸然泪下。奏乐结束，工作人员给儿子们每人一炷香，在司仪的指挥下叩首，拜，循环了三次之后，工作人员把香收回去。然后是敬茶，由长子给母亲三敬酒，然后三敬饭、三敬菜，然后众兄弟给母亲三敬发糕、三敬水果，然后是三敬纸钱。祭饭这个环节，不仅表达了孝子对亡者的一种孝行，同时也代表亡者向亡者的长者

---

① 资料来源于 2015 年 9 月 3 日司仪施 GX 主持仪式时的讲话。

祭拜从而替亡者行孝道，完成了孝道的在冥界的传承。①同样地，这一系列的程序很好地表达了孝子对死者在天国一方能过得更好的希冀。

第二个环节，送别。司仪主持道："孝子孝女们和孙子孙女们、外孙们对母亲、祖母、外祖母行最后的告别礼。"在司仪的指挥下，孝子孝女们向死者四叩首，之后亡者的儿子们走到棺材的左侧跪着，其他的亲人们到棺材的右侧跪着，并且小儿子要跪在门口边上，答谢前来送别的亲友们。工作人员拿来了本来放在西瓜旁边的红布，折好放在毯子上，两个女婿在红布前跪下，敬香、叩拜、上香，以茶代酒，倒酒、敬酒，再倒酒、再敬酒，三倒酒，三敬酒，然后是敬水果、敬发糕、敬纸钱，四叩拜，起身，搀扶跪在门口的小儿子，女婿的告别仪式结束；接下来是侄子侄女或外甥的告别时间。音乐奏毕，敬香，拜，上香，四叩首，扶起小儿子；接下来是姻亲父母的送别时间，司仪主持道"亲家婆，当我们听到你去世的消息，心里感到很难过，但是想到你能活到这么高寿而离开，又为你的善终感到安慰。放心吧，亲家婆，您的世代子孙都会永远怀念着你，也希望您在天之灵能得到安息。"②音乐奏毕，他们站着敬香、上香、二鞠躬，然后便扶起了跪着的小儿子（因为父母都已经去世，长子为父，不适合与前来送丧的客人接触）。最后行送别礼的是美达村的村民们，包括福利部的工作人员，他们向亡者敬香，二鞠躬。到此，告别仪式完全结束。然后便是把棺材抬到殡仪车上，直系亲属们也跟着到殡仪车上坐。待一切准备好之后，殡仪车即将离开，福利部的工作人员拿起之前用来拜祭的大西瓜，待到殡仪车离开之后，在殡仪车的后面把西瓜砸成稀巴烂。据说这是为了把不好的东西、不好的事情丢掉。殡仪车响着如救护车的声音扬长而去，送葬的亲友们乘坐其他的汽车跟随着棺车。丧礼不仅能够向外人展示血脉的繁荣，更体现了生者对死者的祝愿，一种血浓于水的感情。③

（五）送葬之仪

亲友们跟随送葬队伍到达地藏殿之后，按照师傅的要求对棺材作最后的参拜之后便把棺材及其灯笼等一系列物品推进炼炉，死者便真正地离他们远去了。

二、美达村华人丧葬仪式中的文化内涵

马林诺夫斯基认为，每一种文化都有其相应的社会功能，作为与人们息息相关的丧葬仪式，更是任何一个民族必然存在的文化现象，因此，有必要对其进行研究。美达村的华人大多数是祖辈从广东和福建过去的，他们也慢慢地融入了印尼社会，但是时间不断推移，相应的中华民族传统文化还是得到了保留和传承。在丧葬文化上，文化传承功能主要体现在在以下几个方面。

---

① 吴天霞：《传统孝道的传承和演变——以陕北绥德农村丧葬礼俗为例》，陕西师范大学硕士学位论文。
② 资料来源于 2015 年 9 月 3 日司仪施 GX 主持仪式时的讲话。
③ 赵瑜璋：《丧葬仪式中生者与死者的互动研究——以广西龙水镇官家田村的丧葬仪式为例》，西南大学硕士学位论文。

（一）认知意识

根据调查，美达村的华人中，1990 年之后出生的青少年大多都知道自己的祖籍省是哪里，但是绝大部分都不知道具体的家乡是哪儿，通过丧葬仪式的举行，对美达村华人提高对祖籍的认知、对祖籍国意识的强化起到了推动作用。

1. 看通书（黄历），选墓地、定日子。这在中国来说，是再普通不过的事，中国人大多相信风水。印尼华人也一样，特别是在丧葬中，选择土葬的人家，在亲人去世之后，便会找来风水先生到地藏殿测得一块风水宝地，待仪式结束，便把其安置在那里，他们乐意相信风水先生的话，仿佛给逝去的家人找个风水宝地之后，就可以保佑家里顺顺利利，消灾弥祸。出殡的日子也是严格按照通书上的解说来进行的，必须挑一个吉时出门。这难道不是中华风水概念对其行为的影响所致？

2. 讣告。讣告是中国传统丧葬中必备的悼念死者的告文，印尼华人写的讣闻不仅如国内一般包含了死者的生辰和死忌，埋葬之处和亲属姓名，还把其祖籍给交代清楚，这对于华人来说，是其对中国民族认同的重要体现。随着华人融入主流社会的程度不断加深，越来越多的年轻人对自己的祖籍知之不多，但是，通过这样的活动，这样的形式，除了年纪尚小的孩童，大部分亲属都会自觉不自觉地接收自己的祖籍是在哪儿这个信息，这样的信息不仅丰富了自己的认识，更加强了其民族意识。

3. 仪式过程。整个丧葬仪式过程好像是自然而然地进行的，不需要预先教导，只需要跟着相关人员的脚步就行，一场仪式下来，对年轻一代就是一个潜移默化的熏陶，其间有太多的中华文化的因子，有太多蕴含着中华文化的情境，通过这些情境的参与，参与人员对丧葬仪式的认知进一步加深，同时，这样的认知也是对民族文化的传承的重要体现。通过丧葬仪式活动，积累的是知识，传承的是文化。

（二）孝道意识

孝道，一直是中华文化重视并且一直提倡的理念，是孩子对父母应尽的责任。传统意义上的孝道，是善事父母，如果父母已故，丧事的处理就不能马虎。与国内一样，在亲人弥留之际，亲属们便会聚其左右，伴他度过人生的最后旅程，特别是儿子女儿们，必定会侍奉左右，尽其最后一份孝心。所谓"父母在的时候要以礼尽子女的孝道；父母亡后要以礼葬之，以礼祭之"。[①]在母亲去世之后，孝儿孝女们会买来挽联和花圈，因为挽联和花圈的装饰，使灵堂看起来平添了许多哀思。也向村里人展示了他们对母亲的孝敬之心，希望她走的时候可以更加体面，更加热闹。

在念经超渡的时候，孝儿孝女们要在师傅的指引下，不停地对母亲行跪拜之礼，虽然被分成了三个时间段来进行，但是只要听到师傅预示仪式开始的铃声，他们便会马上集合，跪在毯子上，专心地听着师傅念的经文。特别是在告别仪式的时候，当司仪向孝儿孝

---

① 吴天霞：《传统孝道的传承和演变——以陕北绥德农村丧葬礼俗为例》，陕西师范大学硕士学位论文。

女们宣读讣告的内容，讲明母亲之前如何辛苦地将他们抚养成人时，他们都会痛哭流涕；最后要将母亲推进火葬炉的时候，他们情绪激动，欲跑步前进，伸手将母亲拉出那个黑暗的地方，撕心裂肺地叫喊着"不要"的时候，更是把对母亲的思念之情表达到了极致，假如没有孝心，这般真情流露是很难呈现的。但是在超渡仪式之时，基本看不到哭丧的情况，这并不是说他们不伤心，不难过，而是因为他们觉得老人家寿终正寝了，现在正在西方极乐世界，享受着另一种美好生活，这种心态又何尝不是一种孝顺的体现？

与国内不一样，印尼华人并不会把葬礼搞得特别隆重，因为他们认为尽孝应趁早，在亲人尚在人间的时候，就应该对他们好点，让他们的生活可以开心、美满，死后搞得多风光也是徒然，因为他已经感受不到了。不过该办的仪式还是会办，可以做到的还是会尽量做到最好。

（三）团结意识

丧事的举行，不仅深化了主家亲戚之间的感情，拉近了主家与村民们之间的距离，也加强了村民之间的交流。亲人去世的时候，亲戚们都会尽量赶过来，为平时不怎么有空联系的亲人创造了更多交流机会。另外，丧葬仪式举行的时候，美达村的会员们都会参与其中，即使是平时关系一般的，也会到福利部尽尽心意。在仪式开展的每一个晚上，福利部都会有会员过来交纳帛金。帛金的交纳也许不多，但积少成多，也给主家减轻了部分负担，更重要的是让主家觉得自己不是孤立无援，整个村子的人都会帮助他们，给主家带来了心理安慰，也拉近了主家与村民们的距离。一般情况下，大部分村民都会在晚上的时候来交纳帛金，然后便坐下来与朋友们叙旧，喝水、吃花生、聊天，特别热闹，尤其是妇女们，平时她们因为要照顾家庭，不能像男性一样在吃早餐的时候到咖啡店去与别人谈天论地，但在丧葬仪式举行时，她们有机会一起品头论足，相互问寒问暖，也结交了新的人群。这样的机会，对增进村民之间的了解，化解平时可能存在的误解，加强村民之间的团结是非常有益的。

丧葬仪式的举行，不仅成为亲人宣泄情感的方式，也增强了家族间的凝聚力，强化了同一村民的认同感。而且丧葬仪式巩固族群关系纽带的作用远远超越了个人情感宣泄的需要。

（四）仪式过程中反应的亲疏远近关系

就葬服而言，印尼华人圈与国内还是有相似的地方的，清末民初人劳乃宣（1843—1921）在《致徐樵楼论丧服书》中说："三代而下自秦汉以迄于今，衣服之制代有改革，而以白布衣冠为丧服，则数千年无所变更。"载于《大清通典》的丧服着装，皆与古制无异，是丧服固百世之所因。[①]中国古代有五服之说，但美达村华人的丧服主要是对上衣有要

---

① 贾继亮：《从民间丧葬礼俗看传统文化在民间的传承和演变——以鲁南匡谈村丧葬礼仪为例》，山东大学硕士学位论文。

求而已，与国内部分地区还有的披麻戴孝的习惯有不一样的地方，但是不同颜色的 T 恤表示跟死者具有亲疏远近不同的关系，如孝子孝女、儿媳妇的丧服就是一件白色的 T 恤，死者的朋友的穿着就不做要求。此外，出殡前的送别仪式上，工作人员会给死者亲属们带上代表不同身份的小布块，这些布块的颜色也明显地反映了佩戴该布块的亲属与死者的关系。丧服和布块虽然都已较简化，也不像中国古代有代表男女身份地位的具体的丧服分工，但是就丧服而言，与国内古代的五服制度一样，都可以体现死者与亲属之间关系的亲疏远近。

整个丧葬仪式中，死者亲属们都是按照先儿女，后孙儿女的顺序叩拜死者，在最后的仪式中，儿女们对死者行四叩拜之礼、女婿对死者行四叩拜之礼、侄子侄女给死者行四叩拜之礼、亲家姻亲给死者行二叩拜之礼，乡亲朋友们给死者行二叩拜之礼，这种种叩拜之礼也明显地表明送别的人与死者的亲疏关系：侄子和侄女由于是死者的晚辈，应该用更尊重的礼节叩拜，女婿作为外来的，也是死者的晚辈，也应该用比较尊敬的礼节对待；儿子女儿们就更应该用尊敬的礼仪对待养育多年的母亲；而亲家和乡亲父老可以说是死者的同辈或朋友，就应该用一般的礼节进行即可。

在中国古代，丧服和叩拜之礼不仅代表了亲属与死者的亲属关系，更也代表了男性亲属与女性亲属的差别，更体现了亲属中一套严格的等级制度，也许某些方面的作用已经褪去，一切从简了，但是某些传统的文化还是得到了保留与继承，这是很难能可贵的。

三、结语

文化现象无处不在，我们不应该忽视我们周围的一些文化现象，或者用片面的眼光去对待它，只有注重局部和整体、历史和现实、现实和未来的结合，才能使文化得到更好的发展。对于华人文化来说，还必须要结合中国和华人文化的缘起等方面来着手，才能得到较为全面的研究。印尼华人社会的丧葬与国内一样，也是需要经历停丧之仪、入殓之仪、超渡之仪、告别之仪、送葬之仪等的过程，整个仪式过程有一套严密的程序，他们也会通过看通书（黄历）来选日子、选墓地、定出殡的时间，也会通过撰写讣闻来表达对死者的哀思，也会通过挽联的形式表达对死者的怀念之情……作为从中国迁过去的一支，从印尼华人的丧葬仪式中，依然可以看到大量中华文化的影子。丧葬仪式通过讣告、通书等形式的呈现，潜移默化地强化了死者亲属们都拥有着中华民族的血液的意识，增强了其对中华文化的认知意识；丧葬仪式通过一系列的准备工作和叩拜仪式突出了死者儿女的孝道观念，也教育了后代要尽早行孝，不能等到树欲静而风不止的时候才来反思自己该如何善待亲人；通过丧葬仪式的举行，还增进了主家亲属间、亲属与乡民、乡民之间的交流，增进了相互间的感情。此外，丧葬仪式还以不同的丧服颜色、不同数目的叩拜方式向人们展示了亲属与死者不同的亲疏关系……如此种种，无不体现了华人对中华文化的保留与传承，也使得文化传承成为丧葬仪式中较为重要的功能之一。

但是，"对于丧葬的程序、为何需要挂灯笼、丧服的颜色为什么不一样等具体的丧葬细节，年轻一代已经很多都不大清楚了"。[①] 这是事实，如果不对他们进行这方面的教导，只怕不远的将来，他们将难以将丧葬文化更好地传承下去，因为文化之所以能成为文化，关键是它具有被传递性。[②]

总而言之，中华民族的传统文化在印尼华人社会里是比较明显的，特别是在丧葬仪式中，但是，要重视文化的传承，把相应的文化内涵传授给年轻一代，这样才能实现文化的绵延不断。

---

① 2015 年 9 月 2 日笔者在美达村福利部与丘 RX 的访谈录。
② 陈甜：《从江县占里丧葬仪式及其教育功能研究》，西南大学硕士学位论文。

试析印尼美达村华人的社会网络

李晨媛

（广西侨乡文化研究中心 南宁 530006）

【摘 要】居住在美达村里的华人，是一群因印尼"九三〇事件"被迫从亚齐省驱赶到棉兰的政治难民。美达村华人能从恶劣的环境中发展起来，很大程度上得益于亲缘、地缘、族缘等社会网络的形成和发展。上述网络起到了提供资金、技术、信息等资本、加强合作、增强互信等作用，三种关系网络交互作用的加强也将进一步推动着美达村华人的发展。

【关键字】印尼华人；美达村；生计方式；社会网络

一、美达村的由来与发展现状

美达村（Metal）位于印度尼亚苏北省首府棉兰市（Medan）的东北部，是棉兰市区到北部郊区的边界。随着城市的扩大，美达村已经由过去的村落发展成如今的街道，当地华人仍沿用"村"这一说法（本文仍沿用"美达村"一名）。美达村占地15公顷，呈东南—西北走向，由横向3条街、纵向6条街组成①。其中美达村人将其标为一至六路。横向中间的街道（称为中路）为开放的生活市场。现村中共有 400 余户居民，人口 2 000 余人②。

生活在美达村的华人是一群被迫驱赶的政治难民及其后代。美达村的华人最早居住在印度尼西亚的亚齐省（Aceh），1965 年"九三〇"事件爆发后，苏哈托领导的印尼右翼陆军，在打击印尼共基础上采取了包括驱逐、迫害印尼华侨在内的多种排华措施。在亚齐地区，依旧选择保持中国国籍的华侨被驱赶出亚齐，逃至棉兰。到达棉兰后，一部分人由中国政府派接侨船接回中国，另一部分由当地府将这批难侨集中安置到山亭庙、棉华中学、老人院等几个难民所。据印尼官方统计，接回中国的难侨有 4 276 人，留下的人数为 6

---

① 资料来源：美达村福利部提供。
② 资料来源：美达村福利部提供。

645 人①。后因棉华中学 1965 年 10 月 1 日 "升旗事件" 后，在棉华中学生活的 2 000 多为华侨全部被赶到郊外的烟寮里。②

烟寮是棉兰当地熏烟叶和晾烟叶的场所，是用树木和竹溪还有亚答叶搭建而成的草棚。墙壁和屋顶都有空隙，并不能真正的挡风和遮雨。每个烟寮都很大，大约有 50 米宽、100 米长、30 米高，概有 600 多人住在一个寮棚里。③ 就是在这样恶劣的环境下，难侨一住就是四年。

四年后政府要将烟寮收回，要求自行驱散住在这里的难侨，百般无奈下，难侨们自寻出路。后在一个陈姓华侨的帮助下，将属于他的现在美达村的 15 公顷的土地借用给这些难侨使用。

20 世纪 70 年代初的美达村所在的这片土地是郊区的一块沼泽地，地方偏远荒芜人烟。一位美达村的华人向我们形容了当时美达村艰苦的环境：

> 当时的美达村都是一片沼泽地，根本就没有什么路，特别是下雨的时候，不是人骑脚踏车，是脚踏车骑人，因为太泥泞了，我们都扛着脚踏车走……④

由于难民的身份使美达华人没有任何经济来源，集中期间主要生活来源是靠棉兰爱国华侨的捐助，所以美达村华人在最初的几年里一直处在社会的底层。

与棉兰华人的福建籍不同，美达华人几乎全部都是客家人。在美达村内一般都说客家话，生活习惯也保持着客家的传统。初来棉兰许多人都不会讲福建话，由于文化水平有限，很多人印尼语说的也不是很好。这就使得美达华人在一般交流上也遇到障碍。"我们在棉兰卖东西的时候因为不懂得福建话经常被嘲笑"⑤，我们在采访中一个美达村村民这样对我们说。

可是，经过 40 年的奋斗和发展，如今的美达村发生了巨大的改变。除了居民生活水平的提高外，美达村的商业和手工制造业呈现了一片繁荣的景象。

美达村的商户主要集中在美达大路（Jalan Metal Raya）和美达中路（Jalan Metal Tengah）两旁，特别是在美达中路，仅有 5 米宽的小路上，形成了一个约 100 米长的市场，当地人称为巴刹。市场两边的固定摊位约有 175 家，主要经营除蔬菜、水果、糕点等食品外还有服装、鞋帽、日用杂货等生活用品。⑥ 经营的商贩除本村华人外，大部分是来自附近村庄的马达人和爪哇人。美达村固定商店共有 58 家，种类多样，其中有小吃店 14 家、杂货店 14 家、咖啡店 7 家、除此之外还有蛋糕店、超市、服装店、手机维修店点、干洗店等。⑦ 除了商业的繁荣以外，家庭式的手工工厂也发展迅速，美达村的许多住户将房屋租赁或专卖给本村或外村人来从事手工工厂的生产。据我们了解到，仅在美达村村内

---

① 印尼棉兰美达村的内部资料：《印尼亚齐省华人被迫迁的经历和现状》，2007 年整理，第 4 页。
② 资料来源：美达村福利部提供。
③ 印尼苏北华人华侨历史会社编纂：《印尼苏北华侨华人沧桑岁月》，第 641 页。
④ 访谈对象：刘 DL 美达村村民；时间：2015 年 8 月 11 号上午；地点：卓别林咖啡店。
⑤ 访谈对象：刘 DL 美达村村民；时间：2015 年 8 月 11 号上午；地点：卓别林咖啡店。
⑥ 资料来源：美达村福利部提供。
⑦ 资料来源：田野调查。

的工厂就有 49 家。这 49 家工厂中有家具制造厂、铝产品生产厂、果冻制造厂、糕饼制造厂、皮包皮箱制造厂、印染厂等。[①]

二、美达村的社会关系网络

我们在调查中发现，美达村在发展初期并不存在任何的优势，但它却能从一个落后的郊区发展成今天的规模，很大程度上得益于亲缘、地缘、族缘等社会网络的形成和发展。社会网络为美达村华人起到了提供资金、技术、信息等资本、加强合作、增强互信等作用，血缘和地缘关系的不断加强使美达村内部形成了具有合作性质的生计方式。

（一）内部亲缘网络的形成

美达村的社会关系就像费孝通先生所说的 "社会关系是逐渐从一个个人推出去的，是私人联系的增加，社会范围是一个根根私人联系所构成的网络"。[②] 美达村并不是自然形成的村落，它是来自老人院、棉中、山亭、八燕烟燎等几个不同集中营的难民组成的有规划的社区。其中难民也来自亚齐的不同的城市，主要有：班达亚齐（Banda Aceh）、实格里（Sigli）、司马委（Lhokseumawe）、伊迪（Perah）等地。由于经历背景相同和共同斗争的需要使美达村的华人打破了原有归属地概念的限制，加上美达村的 "难民" 身份和交往的局限性，使美达村内部通婚很多。许多来自班达亚齐的人取了伊迪的太太，以前是老人院区的难民和来自棉中的难民结了婚，这样的例子屡见不鲜。这就使得在地缘的基础上，进一步加强的亲缘的优势。地缘和亲缘的建立，使美达村内部形成了一个紧密的关系网络。

（二） "篮子军" 和 "打工仔" 加强了美达村与外界的社会网络

由于生计的需要，美达村人开始加强与外部之间的联系。由于最初美达村华人无日常盈余及资本积累可言，所以只能加入低门槛的流动货郎行列，而且必须想方设法最大限度地减少经营资本的投入，所以大批 "篮子军" 应运而生。所谓 "篮子军"，是美达华人对自己最初谋生手段的戏称。最初美达华人，不分男女老幼，将家庭手工制作的糕饼、面干等物品放到两个大竹篮子里，骑脚踏车拿到棉兰市区去卖。有些胆子大的美达人，也会结伴到棉兰市郊、勿拉湾、先达等更远的地方去兜售货物。

> 我做推销员的时候，提着两个大篮子到过 22 公里的民礼、75 公里的丁宜、120 多公里的先达、马达山，甚至到过 200 多公里的实武牙。[③]

美达华人将村内的消息带出去，同时也将外部的信息带进来。美达华人的这种商业行为，将自然成为城乡之间、区域之间、村落之间的信息传递者及社会关系网络的缔结者。

---

① 资料来源：田野调查。
② 费孝通：《乡村中国》，北京大学出版社，1998 年版，第 23 页。
③ 访谈对象：老 CM 美达村村民；时间：2015 年 8 月 15 号上午；地点：班达亚齐。

美达村华人与外界接触的另一个方式就是外出务工,大部分的美达华人由于缺乏创业资金,也不得不到社会中"找吃"。有的美达人工作在棉兰市区,可以每天往返于美达村和棉兰市区之间;有的到更远的外地。不管形式如何,这种方式也极大程度的加强了美达村与外界的联系,由于打工或着当学徒产生的师徒关系、同门关系、雇主关系等业缘关系也在一定程度上加强了。

> 我是 1968 年朋友介绍到一个棉兰的零件厂当记录员的,就是类似会计这一工作,每天 16 公里来回,骑车上下班,共做了 14 年……1985 年以后开始自己在家里干,以前认识的许多老客户都开车到我这里买零件。[1]

三、"同乡同业"各生产要素的在地集合

美达村华人生计的发展经过了两个关键性的时期,这两个时期都体现了一个显著的特征就是"同乡同业"。所谓"同乡同业"主要是指在城市工商业经济中,来自同一地区的人群经营相同的行业,利用同乡或同族关系建立商业网络,实现对市场和资源的垄断与控制。[2] 而美达华人的生计就明显体现了这一特征。

20 世纪 70 年代中期,80% 的美达华人开始从事皮包、皮箱、皮带等皮制品加工。当地华人习惯上把这一行业统称为"车皮"。"当时几乎每家每户都有人做这个工作"[3]。一个如今仍从事皮包生产的美达村人说。通过访问我们发现,美达人的"车皮"生涯前后经历了三个阶段,最初是打工阶段,也就是单纯的手工制作,工作内容主要是简单的裁剪皮料,缝制。由于工作内容简单,经常是全家人共同从事这个工作。掌握了"车皮"这个技术以后,美达村华人开始了以家庭手工业为主的生产阶段,生意主要来自棉兰华人老板的订单,工人也由最初也有本村华人,不过慢慢的被当地人所取代。到 20 世纪 80 年代末期,美达华人的皮革事业开始出现分化,一部分华人继续从事生产,但已经有了自己的品牌。一部分华人由生产转向了批发和零售。大量美达村华人制作的皮包在棉兰大市场中出售,有的甚至可以进入到商场的柜台。

> 最初干皮包这一行业的是我姐姐,当时她拿皮料回来全家人都帮忙扯,扯了没多久她就说为什么不家里人一起干。当时父亲手里有些积蓄就拿出来买皮料,那时大概就 1978 年左右,姐姐有一台缝纫机,一家 4 口人就这么干了起来。后来姐姐 1991 年的时候去棉兰租店面做皮包批发,到现在做得很大。我是 1988 年开始申请自己的品牌,现在有 50 多个工人,40 多台机器……[4]

随着皮革行业的不断发展,与之相适应的相关行业也应运而生。

> 美达村有专门买货车搞运输的,特别是广政,我们的原料由他拉来,成品也

---

① 访谈对象:柯 HM 美达村村民;时间:2015 年 8 月 21 号上午;地点:柯 HM 家。
② 郑莉:《东南亚华人的同乡同业传统——以马来西亚芙蓉坡兴化人为例》,《开放时代》,2014 年,第 1 期。
③ 访谈对象:刘 DL 美达村村民;时间:2015 年 8 月 11 号上午;地点:卓别林咖啡店。
④ 访谈对象:汪 JQ 美达村村民;时间:2015 年 8 月 13 号上午;地点:汪 JQ 工厂。

由他运出去。①

我们采访搞运输的这位美达华人，他的话也证实了当时美达村皮革业的兴盛：

> 我 1978 年开始运皮包、皮箱、皮带到大市场，只做美达村里的生意，当时一个车可以装皮箱 100 多套，我一天要来回运送两套，你说当时美达村干这一行的有多火。②

与此同时，随着皮包业的兴盛、皮包印染也越来越多，一个开染厂的老板跟我们介绍说：

> 70 年代到 80 年代美达村几乎家家户户都有做皮包的，他们想要什么花样、要印什么字母就拿给我，当时生意很好……③

到了 20 世纪 80 年代，皮包行业的热度稍稍减弱，美达村凭借着地理位置的优势发展起以"汽车运输业"为中心的各种相关产业的集合，并逐渐成为美达村人们生计方式的主导。

"美达村汽车行业的发展，开始于 1980 年开大路和高速公路。"④

当时有通过皮包行业和其他手段积累到一定资金的美达华人开始买汽车、钩机、压路机等重型机械。最初是给棉兰的华人老板做工，积累了一定的经验以后，开始自己承包工程。由于工程量大，自己的资金设备有限，就推荐同村有经济实力的华人购车一起做生意。汽车行业的兴起产生了集群效应，更多手里有一定资金的美达华人开始纷纷学习和效仿，汽车行业就不断的发展起来。

汽车行业的兴起带动了汽车修理、汽车改装生意的兴盛。美达村老人院区的华人祖辈是福建人，一直流传着做木工的手艺。正是凭借这一优势，开始为汽车制造集装箱，大批的汽车改装厂、修理厂应运而生。

> 美达村开修理厂的人越来越多，在村子附近的至少有 20 多家。⑤

汽车修理行业的兴起自然带动了本村从事汽车零件生意的发展，美达村最大的汽车零件销售商说：

> 美达村附近的修理厂就有 20 多家，我们不批发不做推销员，来我这里买零件的大多数是本村人和老客户。⑥

由于停靠车辆需要土地，许多挣了钱的美达村人开始在美达村周边购置大量的土地，停放车辆。住房用地被商业用地所取代。由于地理位置的优势，使得美达村的土地价格一高再高，最初用低廉价格购买大片土地的美达村华人，也无形中积累了更多的资本。

工厂、修理厂的兴建需要大量的工人，给当地的印尼人提供了就业机会，流动人口的

---

① 访谈对象：汪 JQ 美达村村民；时间：2015 年 8 月 13 号上午；地点：汪 JQ 工厂。
② 访谈对象：黄 GZ 美达村村民；时间：2015 年 8 月 17 号上午；地点：黄 GZ 家。
③ 访谈对象：钟 XX 美达村村民；时间：2015 年 8 月 19 号上午；地点：阿香咖啡店。
④ 访谈对象：刘 DL 美达村村民；时间：2015 年 8 月 11 号上午；地点：卓别林咖啡店。
⑤ 访谈对象：刘 DL 美达村村民；时间：2015 年 8 月 11 号上午；地点：卓别林咖啡店。
⑥ 访谈对象：柯 HM 美达村村民；时间：2015 年 8 月 21 号上午；地点：柯 HM 家。

增多也带动了美达村内部商业的发展。在美达村内，商业形式多样，有市场、餐馆、杂货店、糕饼店、超市；也有咖啡店、服装店、干洗店、理发店；甚至有像网吧、KTV 等简单的娱乐场所。

就是各种配套设施的在地集合，使美达村从最初的边缘化的荒芜之地形成了如今的繁荣景象。

四、社会网络对美达村生计发展的作用分析

美达村华人能获得如此大的发展，离不开自身特殊的社会网络优势。

（一）亲缘网络提供资金、技术和劳动力资源

1. 亲缘获取创业资金

一定的创业资金是美达村华人创业的首要障碍，而亲缘网络是其获取资本的一个重要的途径。美达村华人创业的启动资金多数来源于自己有一定经济实力的亲友。这些亲友主要来自亚齐的和棉兰的非难民，他们有一定的资金基础并愿意提供帮助。我们调研中发现，美达村的华人无论在亚齐还是在棉兰都有一定的亲缘基础。正是由于这种丰富的亲缘网络，可是使亚齐华人即以难民身份移民到棉兰也可以尽快适应当地的生活并有利于恢复生产和发展。

2. 亲缘提供创业的技术

我们在调查中发现，美达村最先富裕起的人是一群拥有传统工业技艺或手艺的人，如打金、木工、糕饼制作等。由于亲缘网络的信任度极高，加上支持家人学习一项技能外出创业改善家庭生活也是中国传统社会的一种道义要求，所以许多美达华人的手艺多数来自于自己的父母、兄弟姐妹、叔、姑等亲人。这种传统的手艺在亲缘内部传承，不仅解决了美达华人的生计问题，还能使传统的工艺技术得到很好的保留。

3. 亲缘提供劳动力资源

在美达村中保留了许多传统的家庭作坊式生产，多以 2—3 个核心家庭组成。核心家庭家多数有父子、兄弟、叔侄等亲缘关系。由于没有资本雇佣工人，所以美达村的华人最初的劳动力也都来源于自己的亲属。以亲缘为纽带的劳动关系可以有效解决了劳动力紧缺的问题，也提升了劳动的效率。

> 最初开皮包长家里 5 口人一起干，当时一天就可以生产 3 摞，一摞有 12 个。每摞可以赚 2 万多印尼盾，当时印尼钱很大，每天的收入算是相当不错了。①

4. 以亲缘为纽带的合作式商业网络的形成

美达村华人在创业的初期，亲缘提供了必要的经济资本，随着时间的发展，以亲缘为纽带的合作式商业网络逐渐形成。

---

① 访谈对象：汪 JQ 美达村村民；时间：2015 年 8 月 13 号上午；地点：汪 JQ 工厂。

我父亲最早是做金行生的，把手艺传给了我四弟，排华事件平息后，我四弟决定回去亚齐给人家打金，后来我二哥说为什么不一家人一起干，我们三个兄弟就决定一起做金行生意。[1]

在叶式家族的金店生意中，老二负责在亚齐选店面开店铺，老四负责打金，而叶叔叔自己选择在棉兰当买手也就是负责采购和销售。随着生意的不断扩大，以亲缘为纽带的商业网络不断扩大，如今叶氏的金店生意，已经形成了联通亚齐、棉兰、雅加达、泗水的商业网络。

二哥是掌舵人，我依旧负责棉兰，堂叔的孩子在雅加达有金店，三姐的孩子也在实格里有金店，生意做得很好。[2]

由此看来，亲缘网络可以说是美达华人创业的起点和核心，是地缘网络依托和产生的基础及支撑。亲缘网络提供了创业最基本的经济资本，有利于信息网络的传递，构成美达村华人社会网络的核心。

（二）地缘网络产生规模效应的优势

对美达村人创业的成功的事例来看，地缘网络和亲缘网络有很强的内在关联，它甚至是以亲缘网络为核心向外发散而成的，同时包含了地方认同和民族认同。地缘网络中嵌入的行业信息、技术等社会资源远比亲缘网络更为丰富，以美达村范围的地缘网络在行业信息交流和技术传递中所起的作用尤为显著。

1. 创业信息的获得主要依赖于地缘网络。

由于美达村的范围比较小，居民的生活情况比较熟悉，信息流通的速度非常快，哪里有好的生意、采购的货源、如何销售等信息可以很快的共享。

我最早是做皮包生意的，后来是被宴生，我的一朋友代入这一行的，大概是2005 年的时候，他车不够我就买了一个十轮的大车租给他做工程。[3]

由此看出，地缘网络中丰富的行业信息为美达村的创业者减少了信息成本。同时更多的村民通过效仿和学习，进入同一行业就业或创业，促成皮包行业和汽车行业在美达村形成一定的规模。

2. 地缘网络中信息的流动可以产生行业的"带头人"。

所谓行业的"带头人"也就是说如果一个人提供的信息量多、价值大，圈子内的共同认可以使其具有一定的权利，成为带动美达村华人生计的领袖型人物。

当时修高速公路时需要沙子，广振是最早干的，他觉得很赚钱就让大家一起做，我当时也没什么钱，就买了一辆二手车改装以后就开始跟着他干，后来像我这样买车的人越来越多。[4]

---

① 访谈对象：叶 ZK 美达村村民；时间：2015 年 8 月 18 号上午；地点：叶 ZK 家。
② 访谈对象：叶 ZK 美达村村民；时间：2015 年 8 月 18 号上午；地点：叶 ZK 家。
③ 访谈对象：谢 FY 美达村村民；时间：2015 年 8 月 18 号上午；地点：卓别林咖啡店。
④ 访谈对象：刘 DL 美达村村民；时间：2015 年 8 月 11 号上午；地点：卓别林咖啡店。

这种带头人可以加强个体与个体之间的联系，形成新的网络，由于带头人具有威望，可以一定程度上化解矛盾，在行业内部形成商业合作规则。

3. 地缘网络促进各生产要素的在地化集合

创业成功的示范效应，成为美达村人就业的首选。美达村内部依托地缘的优势形成了"合作"式和互补式的产业。美达村从 20 世纪 80 年代开始，大部分的购进重型的机械，六轮、十轮等大型的货车。买车人数的增多给以木工出身的美达村人带来了新的生机。有木工出身的美达村人开始改做大型货车的集装箱，后逐渐发展成汽车的修理厂和改装厂，汽车修理行业的发展催生出汽车零件销售业的兴盛。随着买车人数越来越多，手里有一定资金的美达村人开始购买美达村附近的土地停放车辆，那些没有资金却有一定技术的修理工人租借车主土地开展汽车维修，工人人数增多又带动美达村商业的发展。

由此可见，地缘网络在美达村生计的发展中产生至关重要的作用，他实现了各种信息的交流，也在一定程度上促进了规模效应的产生。

（三）族缘网络增强互信与互动

"诚信"是华人社会中共同信奉的准则。这种以共同文化为背景形成的族缘网络，也是美达村能在他乡迅速发展起来的一个很大的原因。华人之间的生意被称作"一个电话的生意"。良好的诚信基础使美达华人在创业初期没有资金的情况下也可以做得起生意。一个在美达村开杂货店的华人谈到他最初创业时的艰辛时说：

> 当时想开杂货店，就在自家里，货是从棉兰华人老板那里赊过来先卖，卖出
> 去就再把本钱还给他，不然当时我们是难民，哪里有钱开商店哩？[1]

如今美达村华人做生意仍保持着诚信这一准则。进货采用的是先拿货后付货款，有的是一个月以后，有的是两个月以后。华人已经成了诚信的代名词。我们采访一个生意失败美达人，他对我们说：

> 我从 80 年代就开始做木材生意，从亚齐往棉兰拉木材，后来有钱开始做轴
> 承，起初很赚钱，后来到 2013 年做生意赔了，就把厂子全部抵押了……在这里
> 如果不还人家钱，没有了信誉就很难再做生意了。[2]

文化的相同性也使美达华人更喜欢在华人的圈子中交流互动。特别是各种社团，华人们"以相同的出生地或共同方言以及姓氏等为联系纽带，进行联络感情，增进友谊，自发的建立起同乡会和宗亲会馆"[3] 通过参加社团活动里的聚餐、聊天等形式，新的社会关系网络可以建构，旧的社会关系网络也会得到巩固。这种同族之间的交流也是了解彼此，促进相互信任的方式。

---

① 访谈对象：谢 WF 美达村村民；时间：2015 年 8 月 25 号晚上；地点：谢 WF 家。
② 访谈对象：田 FG 美达村村民；时间：2015 年 7 月 28 号上午；地点：阿平咖啡店。
③ 童家洲：《试论"五缘"文化以及其与海外华侨华人社会》，"厦门世界华人国际学术研讨会"会议论文，1996年，第 5 页。

　　从上述的描述和分析中不难看出，对于美达村而言，虽然既无生产资金也无社会资本上的优势，但他们能够运用社会网络优势实现从难民到雇佣型创业者的转变，最终实现生活水平的提高。他们通过亲缘获得技术、资本、劳动力；通过新的地缘获得创业信息、产生集群优势；通过族缘加强合作和互信。美达村被看做是华人奋斗史中的一个缩影，而建立在社会网络基础上的社会资本则成为美达村华人甚至是所有印尼华人最宝贵的财富。

第五篇 华文教育

谈印度尼西亚华文教育历来状况

[印度尼西亚] 周位銮

（印度尼西亚三宝垄汉语教学促进会　三宝垄　999006）

印度尼西亚华文教育历来至今的状况较为复杂。经历了百多年雨打风吹、动荡不定的进展过程。以下可将印尼华文教育的状况划分为三个阶段，即华裔祖先漂流南洋印尼群岛开拓举办华文学校到 1966 年的进展过程；自 1966 年印尼华教因受政治影响遭到政府 32 年的禁锢，至 1998 年政府实行改革开放的状况；1998 年改革开放后政府准许华教在印尼全国各地国民私立学校使用至今日的进展状况。

一、第一阶段：百年漂洋兴义学，万家子弟勤垦读

这一段是指印度尼西亚华人早期华文教育至 1966 年期间的进展过程。印度尼西亚华文教育有着漫长的历程。早期印尼华人祖先千里迢迢成群漂洋过海，谋营求生，散布于东南亚各国。那时华人祖先分散于印度尼西亚各个大小岛屿，人数较为众多，他们在他乡刻苦耐劳、辛勤营业、成家立业，终于站稳立足团结生活在印尼各民族之中。

出于华人祖先家长们对养子育女的教育迫切需要，他们希望能供孩子们有着良好环境的教学园地，让他们知书达理，不忘祖先祖籍国的文化，叶落归根。鉴于此印度尼西亚各地大中小城市及县城都轰轰烈烈开办了供华人子弟的中华学校，大家齐心协力贡献力量为印尼华文事业奋力前进，召集有深厚知识的华语优秀学者充当老师教育他们。

早期的印尼华文教育基本上与那时中国的华文教学大致相同，教学时间及环境良好。他们所采用的科目教程如：语文课、公民、尺牍、常识、历史、地理课及数学、物理、化学、生物课等都跟中国的教材相同，全都通用汉字或华语授课。所以，在漫长的华文教育过程中，培养出来的华人学生水平相当可观，出类拔萃。

这段时期可以说是印尼华文教育的黄金时期，各大城市、县城都纷纷办起中华学校，各地社会贤达、有知识的华人发起互助精神办学堂。加上各地也都成立以华人社会贤达为首的华人社团共同拥护华文教育。中华学校毕业生也自愿当上老师传授华语知识，前补后续，师资源源不断，可喜可贺。

当时培养出来的人才水平可以说是跟中国的汉语水平不相上下，故此印尼华人出现了不少水平深厚、文艺杰出的汉语文学家及各领域的科学家。据考察当时的印度尼西亚华文教育是属于世界各国华人汉语事业的首领。

这里我列举印尼各岛屿大城市的华教机构如下：

爪哇岛印尼首都——雅加达市：巴华中小学（巴中学校）；

西爪哇省万隆市：万隆中华中小学校；

中爪哇省三宝垄市：垄华中小学（垄华学校）、新友中小学（新中学校）、华英中小学（华英学校）等；

东爪哇省泗水市：中华中学（中中学校）、华侨中小学（侨中学校）、新华中学（新华学校）、侨光中小学（侨光学校）等；

苏门达腊岛棉兰市：棉兰中华中小学校；

加里曼丹岛坤甸市：坤甸中华中小学校。

以及各岛屿大大小小县城上千所中华学校，学生不计其数。

第一阶段的华文教育培育了许多学识深厚的华人子弟。当1950年代印尼发生回国浪潮事件，华人前辈把他们的子弟大批送回祖国求学或参加祖国的建设。至今我们在中国还可以听到许多关于印尼侨乡子弟养儿育女的记载。

二、第二阶段：平地起雷一声响，华教从此遭禁锢

这一段是指1966年印尼政府新持序时期至1998年印尼政府改革开放初期的华教状况。

这里要先说1965年印尼国内发生了空前巨大的政治变乱，"旧持序政府"垮台，换上"新持序政权"。当时"新持序政府"执政以后，各地华人遭受各种灾难，政府对华人实行种族歧视，执行各项对华人不利的措施，如：严禁采用华语作为日常说话语言、严禁使用中华文化、严禁收藏华文书籍、封锁关闭各地从省级至县级的中华学校、庙宇及严禁华人社团的一切活动。违反者一律抓捕，以"莫须有"的罪名关进牢狱。

当时处在对华人"白色恐怖"的情况下，各地华人在县、乡村不得营业而导致大批华人从乡村搬迁到城市居住。各地华人犹如惊弓之鸟都不敢使用华语来作交际工具。各地华人子弟都上印尼国民学校，他们在社会上都使用印尼语来沟通，如此情况持续到现在。

自1966年至1998年，印尼中华文化禁锢了32年，导致今日年龄于50多岁以下的华人子弟都无法得到华文教育，更不用说他们的儿女了，一点也沾不上学习汉语的机会，连听别人说汉语也不曾听过。因此至今有许许多多的华人处于身为华人而不能讲华语的状况。

鉴于此，"改革开放"之前，印尼华文教育处在最低潮的时期。记得当2003年我应邀参加广州世界华文教育研讨会的时候，当时研讨会上群聚着从世界各地30多个国家的代表，我在会上深受感叹，看到各国代表都显示出优秀的华语水平，令我不胜惊讶。而在过

去显赫一世的印尼华语水平却竟然处在最低落的程度。比起各国代表的汉语水平相差甚远，那时我们的邻国马来西亚的汉语水平却遥遥在上，可说是名列前茅。

经过漫长禁锢32年后的华文教育，在改革开放政府的批准下得以复苏，中国文化遗产，如：舞龙、舞狮等都可在许多节目里公开表演。而华人子弟获得学习华文教育及中华文化的良好机会，因此各地华人纷纷重整旗鼓，社会上大多数年纪大而具有相当华语水平的华人担起恢复印尼华文教育的重任，他们纷纷以自己的教学方法开办华文教育工作。有的社团协助开办义务学习班、私人补习班等等，在教材不一、师资缺乏的情况下为华教而努力奋斗。

三、第三阶段：雨过天晴迎开放；任重道远复华教

这一段是指1998年印尼改革开放前期至今的华教状况。改革开放后的华文教育状况逐渐好转，各地华人都担起重整华教的责任，根据这种情况，我在这里可大略讲解如下：

· 印尼文教局批准开办华语补习班，各地区都有很多华人向政府申请开办各种学习华语的活动。

· 国民学校都有了华语必修课、选修课，而且设有华语课的国民私立学校数量逐渐增多。

· 国立学校设有汉语必修课或选修课，以中国汉办派来的自愿者老师授课。

· 一些大城市开办了中文大学，研究、学习中华文化、语言，教学时间及教学情况都很良好。

· 一些大城市也开办了国民三语学校，加强学生们对汉语的学习。

· 一些大城市开办以汉语、英语为重要语言的国际学校。

· 印尼政府通过文教局，每年实行"印尼国家中文考试"，更加坚定政府对华语的认可。

· 中国政府通过中国侨办与印尼政府合作，派遣中国汉语老师志愿者到印尼，解决了师资缺乏问题。

· 派遣中国老师给当地的印尼老师培训；或资助经费让印尼华语老师去中国进修培训。

· 每年举办"汉语水平考试"，加强华人子弟的汉语水平。

· 中国政府通过侨办邀请印尼学生去中国参加夏令营、冬令营等活动，并邀请印尼汉语老师来华参加汉语培训班。

· 中国台湾政府也通过印尼台湾侨务办事处，每年两次派遣台湾华语老师给各地的印尼华语老师进行免费培训。

· 中国台湾政府每年举办观摩团让印尼学生有机会去台湾学习及旅游。

以上种种措施及活动都有利于印尼华文教育的进展。但可惜的是不能普及于各阶层的想学习华语的子弟，也就是说不能让经济情况较低的华人子弟、印尼友族子弟、各地老

师、学校都能享有学习华语的机会。这种情况需要特别重视，也就是说普及汉语不仅能恢复印尼华文教育的光荣历史，而且重要的是能让汉语在印尼社会上得到推广，让更多的华人、友族子弟都享有更好的华语知识，有利于加强华人与友族的团结，排除华人与友族之间的误解，共同创造团结、友善的社会景象。

不过，这个阶段的印尼华文教育状况，也面临多种问题：

（1）师资问题

印尼人口大约有2.3亿，其中华人为5 000多万，是占世界华人总数的50%，向这么多的华人子弟加上印尼友族子弟传授华文教育，当然需要相当大数量的华文教育者，而目前的情况是青黄不接，老师供不应求。致使大批的学习华语的学生充当华语老师，可想而知，这批教学经验不足且水平还不够高的年轻老师如何能掌握课堂教学呢？

为此我们特别担心他们这些年轻老师的处境。当务之急我们急需得到中国侨办的大力支持，在各方面解决这种局面。

（2）教材问题

现今老师们使用的印尼华文教材非常不统一，各学校、各教师都采用各自不同的华文教材教学，让学生感到很难理解。

为此我们也希望能得到中国侨办关于教材上的赞助，使年轻老师们能认识更多的、不同的中国对外汉语教材。

（3）学习经费问题

大多数华文老师都依靠教学酬劳过生活，他们在工资低的情况下努力工作，精神可嘉，丝毫没有埋怨的表现。但微薄的工资致使他们没有能力去购买参考书来增加知识，他们更不可能抽出经费前往中国参加培训或参加其他活动。尤其是想去中国学习的老师，作为中下层阶级子弟，是难以实现的。

以我自己担任华教顾问所属的一些学校为例，作一个统计报告。如下：

（1）三宝垄 Cor Jesu（校名）天主教小学：

学生数据：300名小一至小六学生。

当任老师：一名华语老师。

教学课时：每周1课时。

教学教材：《好学生华文》（印尼文化事业出版社，2000年发行）

存在问题：师资缺乏、急需教师手册。

（2）三宝垄 Marsudirini（校名）天主教小学：

学生数据：500名小学一至小学六学生。

当任老师：一名华语老师。

教学课时：每周1课时。

教学教材：《小学生华文》（印尼文化事业出版社，2000年发行）

存在问题：师资缺乏，教师手册及老师酬劳不高。

（3）三宝垄 Kebon Dalem（校名）天主教初中学校：

学生数据：250 名初一至初三学生。

当任老师：一名中文老师。

教学课时：每周 1 课时。

教学教材：周老师自编《初级汉语会话》（2005 年发行）

存在问题：师资缺乏，教师手册及老师酬劳低。

（4）三宝垄 Kebon Dalem（校名）天主教高中学校：

学生数据：180 名高一至高三学生。

当任老师：一名华语老师。

教学课时：每周 2 课时。

教学教材：周位銮老师自编《汉语会话教程》（2005 年发行）

存在问题：师资缺乏，教师手册及老师酬劳低。

（5）三宝垄 Krista Mitra（校名）基督教高中学校：

学生数据：300 名高一至高三学生。

当任老师：一名华语老师

教学课时：每周 1 课时。

教学教材：周老师自编《汉语会话教程》（2005 年发行）

存在问题：师资缺乏，教师手册及老师酬劳低。

（6）三宝垄 Don Bosko（校名）天主教高中学校：

学生数据：600 名高一至高三学生。

当任老师：2 名中文老师。

教学课时：高一每周 2 课时；高二、三每周 1 课时。

教学教材：周老师自编《汉语会话教程》（2005 年发行）

存在问题：师资缺乏，教师手册及老师酬劳低。

（7）印尼三宝垄新加坡国际学校：

学生数据：200 多名小学至初中四学生。

当任老师：5 名中文老师。

教学课时：每周 8 课时。

教学教材：新加坡出版《小学华文》及《中学华文》

存在问题：教学实践良好，但学生不够用功。

（8）印尼三宝垄天主教秘书学院：

学生数据：200 名第一学期至第六学期学生。

当任老师：一名中文老师。

教学课时：第三学期每周 1 课时；第四、五学期每周 2 课时

教学教材：周老师自编《汉语会话教程》（2005 年发行）

存在问题：师资缺乏，教师手册及老师酬劳低。

根据以上对学校的统计报告，除了国际学校，我们可以看到一般的国民学校都存在相同的处境，也就是师资、课时、教材及老师酬劳的种种问题。

为了尽快解决印尼华文教育的需求，我们迫切希望中国侨办能考虑赞助以下项目：

（1）华文教材：包括小学教材、中学教材、成人会话教材、商业、旅游教材等。教材内容最好含有中英文解释，采用"现代汉语"的教学方法。并配备教师手册。

（2）教学教具：包括 CD 教学、各种教具、游戏、卡片等现代化教具。

（3）师资方面：希望侨办能协助派遣中国"自愿者老师"来印尼为各个学校提高华教水平，并帮助提高学生们对华语的兴趣。此项需求最为迫切。其次派遣有"教学经验的大学华语教授或硕士"来印尼为印尼华文教师进行免费短期培训，以求提高他们的教学水平、增加他们的教学经验。可以赞助年轻华语老师们赴华接受短期培训以增长见识。

（4）学生交流：协助印尼华语学生赴华参加各种侨办举行的教育活动。如：每年举办的夏令营、冬令营及各项有关教育的交流活动。

（5）协助建设一所"印尼华文教学促进协会"的学习中心，以教导印尼学生、印尼华文教师学习华语及各项与中国文化有关的活动，同时也作为年轻的华语老师们学习、进修的活动场所。

我们非常欢迎每年有更多华人子弟去中国学习汉语或其他各项技能。但是这并不能代表大部分的华人子弟都有能力去中国就读，我们也要考虑到还有成千上万的学生未能享受到这个机会。

出于此，我们认为恢复印尼华教的长期计划重点并不是在于大量的学生去中国学习期满回国（这里我们称他们是"产品"），而是怎样能在印尼国内建立"工厂"（这里指"学校或华文学院"），然后通过中国老师们的帮助来做"教学工具"。如此的"工厂与工具"将会达到社会期望的效果，我们不用派遣子弟去中国，而能在印尼以较低的教学费用得到相当效果的华文教育。这样一来将会有大批的学习者参加，印尼的华文教育将会蒸蒸日上，恢复昔日的光荣历史。

无论如何，目前我们为中国广西侨办对印尼华文教育的关心及大力的支持致以衷心的感谢，愿我们在合作共赢的气氛下继续为华教事业而努力。

马来西亚的华文教育：
华人的社会结构转型和族群认同边界

张继焦

（中国社会科学院民族学与人类学研究所 北京 100732）

【摘 要】本文借助"社会结构转型"理论（李培林）、"族群认同"原生论（西尔斯、吉尔兹、伊萨克斯、克尔斯、安德森）、"族群认同"工具论（德斯皮里斯、哈兰德、科恩、巴斯）、公共物品理论（布坎南、斯蒂格里茨）、公共服务供给理论（奥斯特罗姆）、组织与权力理论（韦伯）、"道义经济"和"地位补偿"理论（斯科特）、"优势－劣势"分析理论（雷伯森）等9种理论组合形成的分析框架，认为：在马来西亚，华文教育不是政府出资提供的公共服务，而是华人自力更生的事业，因为在经济社会结构转型中族群关系结构发生了变化，华人需要依靠自身的资源配置与谋求族群的自身发展，表现出了华人族群认同与国家认同的不和谐、华文教育与国家教育体系的对抗。

【关键字】马来西亚；华人教育

一、问题的提出

1. 一群从中国来的华人如何在马来西亚安家立业？
2. 华人为何要建立自己的华文教育体系？
3. 华文教育跟华人的社会结构与族群认同有什么关系？

二、从社会结构转型的角度，看华文教育

（一）从新山的"港主制度"，看华人移民的社会重构

在新山，华人移民经过100多年本地化的社会重构，华人社会形成了鲜明的特点，被总结为"一庙一山一校"。

1830年代，英国殖民者在新加坡的经济活动及对附近海盗的征剿，使人口减少、土地

荒芜、商业衰退、财源匮乏，严重地损害了柔佛王族的利益。1833 年（清道光十三年），柔佛—廖内王朝实际统治者天猛公达因依布拉欣创立"港主制度（Kang-Chu System）"，召引大量华人种植者移入，掀起柔佛开垦拓荒高潮，广泛种植起甘蜜（Gambir）与胡椒。至 1880 年代，柔佛出现甘蜜种植的高峰期，都从新加坡出口，产量位居世界第一位。1844 年 10 月发出最早一份港契。

当一个华裔种植者选择一条河流边上的荒地时，他便向统治者申请一份叫港契（Surat Sungai）的准证，在这种准证里，统治者给他一大片土地的保有权，它的范围是在一条河的支流和另一条支流之间，支流流入主流的地方便是一个"港"，开港者称为"港主"（Tuan Sungai）。

1845 年 6 月《新加坡自由西报》首次报道了柔佛开辟种植园的消息，该报说，当时柔佛有 4 条河地带开始发展种植业，种植园有 62 个，包括士姑来河的 20 个，巫来由河的 12 个，登加河（Sungai Danga）15 个，地不佬河 3 个，种植人总数约有 500 人之众。有证据显示柔佛的港主都是具有秘密会社背景的华人，他们有的独资开发，有的合股经营，大家都以自己的店号或姓氏为港名。作为政府的代理人，港主必须负责处理"港脚"，即殖民区的行政和保安工作。

他们所得到的报酬是五项专利权，即（1）经营公共赌博，（2）经营当铺，（3）贩卖酒类，（4）贩卖猪肉，（5）贩卖鸦片。此外，他们还可以抽取所有输出的甘蜜和胡椒以及输入米粮的佣金。港主每年只需奉纳一些金钱给苏丹，每一个港脚都有许多居民，他们大都是港主的雇员，港主通常拥有一两艘船只，以便向新加坡输出土产和输入日用品。

温士德博士（Dr. Winsted）在著作《柔佛史》中曾经提到在 1970 年代，华人已经在柔佛开发了 19 个港，10 年后，新开发的港又多了一倍之上，可见，柔佛的开发主要是依靠华人的劳力。

（二）从华人社会重构，看华文教育

李培林（中国社会科学院副院长）早在 22 年之前，于 1992 年首次提出了"社会结构转型"理论，或称"另一只看不见的手"理论。李培林认为，在中国快速的经济发展和社会转型时期，影响中国资源配置和经济社会发展的力量，除了一只有形之手——国家干预和一只无形之手——市场调节之外，还存在着第三只手，那就是另一只看不见的手——社会结构转型。中国正处于一个社会结构的全面转型期，即从农业社会、乡村社会、封闭半封闭社会向工业社会、城镇社会和开放社会转型。社会结构具有相当大的空间和变动弹性。人们的风俗习惯、行为方式、道德伦理、价值观念，以及社会上的利益格局和运行机制等在发生结构性变动时，会形成一种巨大的、潜在的力量。这"另一只看不见的手"不仅推动着社会发展，而且会从深层次上影响着资源配置的实际方式、产业结构的调整方向和经济体制改革的方向。这一理论对中国社会科学界有很大的影响。

李培林关于"社会结构转型理论"的基本命题主要体现在被称为"社会结构转型三论"的三篇论文里：李培林：《"另一只看不见的手"——社会结构转型》（《中国社会科

学》1992 年第 5 期）；《再论"另一只看不见的手"》（《社会学研究》1994 年第 1 期）；《中国社会结构转型对资源配置方式的影响》（《中国社会科学》1995 第 1 期）。

马来西亚在最近几十年间，从一个原料出产国转换为一个新兴的多元工业经济体，成为了一个中等富裕的国家。事实上，马来西亚作为亚洲"五小龙"的经济腾飞，政治因素起了主导性的作用。这种以马来人为中心的威权政治引起了学者深入的分析。

但是，对马来西亚经济社会结构转型与华文教育的关系，却很少有人探讨。马来西亚正处于一个经济社会结构的转型期，即从农业社会、乡村社会、封闭半封闭社会向工业社会、城市社会和开放社会转型，族群关系也从马来人与华人不相上下，转变为一强一弱的关系。[1]

三、从族群认同理论的角度，看华文教育

族群关系的变化是马来西亚社会结构转型的重要部分，也是影响马来西亚发展的"另一只看不见的手"，其中包括影响华文教育的发展。

（一）"族群认同"的原生论

"族群认同"（ethnic identity）的原生论或称"根基论"，代表人物西尔斯（Edward Shils）、吉尔兹（Clifford Geertz）、伊萨克斯（Harold P. Isaacs）与克尔斯（Charles Keyes）等，认为族群认同主要来源于初始性的情感联系。这种族群情感纽带是"原生的"，甚至是"自然的"。对于个人而言，初始性或根基性的情感来自亲属传承而得的"既定资赋"（givens）。

基于语言、宗教、种族、族属和领土的"原生纽带"是族群成员互相联系的因素，强调这些共同特征是整个人类历史上最基本的社会组织原则，而且这样的原生纽带存在于一切人类团体之中，并超越时空而存在。对族群成员来说，原生性的纽带和情感是根深蒂固的和非理性的、下意识的。

（二）族群认同的本质论

族群认同建立在血缘和文化基础上。他们强调文化原初情感的重要性。所谓原初的联系或情感指的是起源于被假定的传统。族群力量的获得来自族群共同的基本文化特质。

本尼迪克特·安德森（Benedict Anderson）认为，族群"是想象的共同体"。享有共同信念的人群因各自的神话、历史、文化属性、种族意识形态而互相区别。班顿（Banton）将族群界定为"具有共同血统与文化所构成的人群种类"。

总的来说，族群是一种优先的、既定的而且是强有力的社会约束。这种源于血统的强烈认同感和团结一致的态度，即原生的认同，可能会产生一些障碍，妨碍甚至破坏国家建

---

① 祝家华著：《解构政治神化：大马两线政治的评析（1985—1992）》，马来西亚华社资料研究中心，1994 年版。Khoo Boo Teik, 2003, Beyond Mahathir: Malaysian Politicas and its Discontents, UK & US: Zed Books Ltd.

设的进程。

（三）"族群认同"的工具论

工具论也叫场景论，代表人物是德斯皮里斯（Leo A. Despres）、哈兰德（Gunnar Haaland）及科恩（Abner Cohen）等。他们基本上把族群视为一种政治、社会或经济现象，以政治与经济资源的竞争与分配，来解释族群的形成、维持与变迁。

工具论认为，族群认同是族群以个体或群体的标准特定场景的策略性反应，是在政治、经济和其他社会权益的竞争中使用的一种工具。

工具论强调族群认同的场景性、族群性的不稳定性和族群成员的理性选择，强调在个人认同上，人们有能力根据场景的变迁对族群归属做出理性选择，认为认同是不确定、不稳定的，是暂时的、有弹性的，群体成员认为改换认同符合自己利益时，个体就会从这个群体加入另一个群体，政治经济利益的追求常常引导人们的这种行为。

（四）"族群认同"建构论（"族群边界"理论）

挪威人类学家巴斯（Fredrick Barth）在他 1969 年编辑出版的《族群与边界》（*Ethnic Groups and Boundaries*）一书中指出，作为文化孕育单位的族群，其边界在于自身文化特质的延续和维持。尽管人们有可能已经跨越了族群边界，但其原有的文化边界仍然存在。

因为正是处于边缘的群体才会产生强烈的认同危机意识，在生存资源的争夺中强化某种文化特征以彰显特定情景中所要表现的族群身份。也就是说，研究族群的边界比研究其本质更有意义，因为边界的变动所透露的信息往往是情景性的，可以从中分析得知什么人在什么样的场景中需要变动族群身份，这是以往研究中被忽略的一个重要方面。

（五）族群认同与国家认同的不和谐

S. 雷伯森（Stanley Lieberson）的"优势—劣势"分析理论认为，当外来民族处于劣势地位而本地居民占优势（Indigenous Super‑ordination）时，没有哪一个移居的少数民族在数量和实力上能单独强大到可以向本地居民和本地势力提出挑战。居于从属地位的移居民族和已占统治地位的本地民族之间总是存在着如何共同建立一个双方都满意的政府、经济和社会制度形式的问题。

华人，作为非主体族群或少数族群的边缘化表现为它们传统的封闭性与自主性小型社会，被融入到更大的社会中而成为其边缘成分。由于中心与边缘在经济地位上是相对不平等的，客观上容易滋生不满情绪而导致认同失谐。这种相对不平等与相对剥夺理论有关。相对剥夺理论强调并非是客观的不平等造成了族群心理失衡，而是一种挫折或相对剥夺的感觉。

华人的相对剥夺感觉被界定为：人们认为其应该拥有的生活物质及条件之权利，与他们实际上所能得到或维持的生活物质及条件有着他们心理感觉上的相对差异。

尽管华人可能在地位、物质和社会在绝对意义上都在进步，但他们还是很在意相对于其他群体而言，他们的进步如何。认同失谐是地区相对剥夺感的结果。部分成员或群体感受到挫败的结果，感受到他们遭到相对剥夺，在财富、地位、服务与权力竞争方面受到阻碍。

（六）族群认同与华文教育的关系？

马来西亚在 1957 年独立之后，作为参与独立建国的族群，华文教育又成为是华人在马来西亚进行民族重构的一个重要组成部分。

1969 年"5.13"和 1970 年推出"新经济政策"之后，马来人与华人在资源分配和权力分配方面出现了矛盾。

这种经济社会结构转型，也许对马来人的一些团体是有利的，对华人可能就是不利的。这些不同影响往往激起某些族群团体有遭受相对剥夺的感觉，这种感觉又因为现代传媒技术及人际间的良好沟通而扩大。

一旦族群被当作资源分配和权力分配的群体，任何一个族群，无论大小，都会以族群的名义，为自身争取资源分配和权力分配。

当华人作为一个权力和资源分配的族群单位之后，华文教育的族群认同功能变得越来越大。

四、华文教育：与马来西亚建设现代国家教育体系的对抗

（一）华文教育与国家教育体系的对抗

1969 年"5.13"事件是马来西亚政治史的分水岭。

教育是马来西亚发展成为现代国家的主要事项。

"快速发展的大众教育目的是为民族建设，其中心课题是改变个体与团体的认同，以使得一个国家认同得以成为优先并取代不同族群间的初始团体认同。"（Chai Hon-chan，1978：69）

马来西亚华文教育必然是表达华人社会对抗国家政策和教育体系的坚强阵地，其中包括政治的族群化与国家政策的土著化之间的紧张关系。华人教育运动的形成与发展过程也在强化制造出一套共同的华人认同意识。

（二）华裔商人为何成为华文教育对抗国家教育体系的领导者？

华人教育是华人地方的公共事业，因为华文学校与地方上的权贵和一般大众关系密切（郑良树，1987：765）。比如，"宽柔学村"是新山华人社会的"象征性族群边界"。

研究表明：华裔商人（企业家）对华文教育的兴趣是相当晚近的事，华裔商人（企业家）在经济上的表现也在教育上重演。

在华文教育成为族群政治之时，富商及其领导的华人社团必然挺身而出，承担其相应

的经济、教育、文化、政治等责任。

华商在经济上的成功，当财富积累到一定的程度，透过捐助教育，取得社会声誉，介入华人公共事务，这些应该是华商最初的动力；当财富积累到一定的程度，华商必须为自己的财富找到值得投资的项目，此时不单是经济上的考虑，更多的是政治和文化上的考虑。当华文教育成为"政治议题"时，这些商人自然而然地成为了华人社会的教育"代言人"和文化"守护人"（林开忠，1999：163）。

（三）华商为何借由华人社团进入教育领域？

韦伯被称为"组织理论之父"，他认为，任何组织都必须以某种形式的权力作为基础，没有某种形式的权力，任何组织都不能达到自己的目标。人类社会存在三种为社会所接受的权力：

传统权力（Traditional Authority）：传统惯例或世袭得来；

超凡权力（Charisma Authority）：来源于别人的崇拜与追随；

法定权力（Legal Authority）：理性——法律规定的权力。

作为社会组织，马来西亚的各种华人社团，如各种籍贯的会馆（潮州会馆、福建会馆、客家会馆），各地及全国性的中华公会和商会，各种行业的商会，各姓氏的宗亲会等，无论是地缘性的、血缘性的、业缘性的，还是综合性的，体现的多是传统权力。

但是，华文教育方面的社团（如各地及全国性的董教总、董校总）或者参与华文教育的上述华团，由于举着民族教育之大义，除了具有传统权力之外，还具有超凡权力或法定权力。

富裕起来的华商通常会借由华人社团进入教育领域，不但可以保持他们在华社中的传统权力，而且可以增加其超凡权力或法定权力。

案例：宽柔中学董事会中的商人

宽柔中学董事会成员都是成功的商人，而且，大多数是新山华社重要的领导人。

例如，拿督郭鹤尧在1980年代和1990年代长期担任宽中董事长，他同时还是宽柔小学五校的董事长，也先后担任新山中华公会和新山中华总商会的会长或主要负责人。

更早期的宽中董事长黄庆云，他在1960年代担任董事长时期，也在宽柔小学、中华总商会、新山中华公会担任要职。

1997年的董事长林俊民曾是新山中华公会的会长、新山中华工商总会董事、潮州八邑会馆主席、华总中委、南方学院常务董事等。

2002—2003年，宽中董事会成员总计31位，有4人曾担任新山中华公会会长或柔佛州中华总会会长，有8人曾担任各主要会馆或行业公会的会长或主席。[1]

---

[1]　资料来源：《新山中华公会75周年纪念史料专辑：1922—1997》，第180页。

　　黄贤强、黄循耀：《宽柔中学董事会的成立和经营管理》，郑良树主编：《宽柔论集》，南方学院出版社，2006年版，第49页。

（四）斯科特的"道义经济"理论

从 19 世纪以来，华人社会领导者多以商人为主。

马来西亚研究专家、耶鲁大学政治学和人类学教授斯詹姆·C. 斯科特（James·C·Scott）的"道义经济"理论认为，华人社区是具有高度集体认同感的共同体，村庄可以通过再分配体制来达到群体生存的目的，而且可以在危机来临时通过互惠和庇护关系提供非正式的社会保障。

在马来西亚华人社会内部，要求富人应以有利于共同体中贫困者的方式支配个人资源。通过对待个人财富的慷慨态度，富人既可以博得好名声，又可以吸引一批听话的感恩戴德的追随者。扮演保护者的富人的道德地位取决于其行为同整个社区共同体的道德期待相符合的程度。[①]

基于传统道义关系发展出来的捐赠或馈赠普遍存在于华人移民中，尤其对于那些华南地区从同一祖籍地移出、拥有亲缘与地缘联系的移民群体。

华人富商在许多方面扮演着与传统时期士绅同样的角色：要承担起村庄内部的救济贫困、提供乡村公共福利等社会责任与义务。

道义传统之所以得以维系，除了有赖于温情脉脉的"桑梓之情"，也来源于某种利己动机的支撑：通过"馈赠"这种既非纯生产性也非纯消费性的方式参与从而补偿其边缘化的社会地位，实现"社会地位补偿"（social status compensation）；另一方面，华人社会的教育、文化等公共事业，也会由于富商持续的文化馈赠而呈现繁荣发展的景象。

由于华人社会中存在着"地位补偿"机制，富有的商人会通过捐款这种"馈赠"的方式，获得各种华人社团，如地缘性的会馆、业缘性的商会和血缘性的宗亲会，以及综合性的社团——中华公会等的"地位补偿"。

与此同时，其承担的责任不但从自己企业内部扩大到企业之外的华人社团之中，而且责任类型和范围也从自己的企业经济扩大到华人社团的教育文化，甚至华人社团的族群政治行为，不但是"地位补偿"，而且是责任的扩大化（经济、教育、文化、政治等）。

在马来西亚，富商与华人社会的道义关系，无论是被补偿者还是补偿供给者都自然而然地形成了一种对"馈赠—补偿"体系的"路径依赖"。持续对馈赠者保持感激与相信他们会履行自身义务会进一步加强彼此之间的社会纽带（彼德·布劳，[1964]2008：116）。

马来西亚的富商已不再只是一介商人。他们在华人社团中的任职，使他们出现角色的多元化和责任的扩大化。在华社中，他们不但具有传统权力，而且拥有超凡权力。

当华文教育成为"政治议题"时，这些商人自然而然地成为了华人社会的教育"代言人"和文化"守护人"。

---

① ［美］詹姆斯 C. 斯科特著，程立显，等译：《农民的道义经济学：东南亚的反叛与生存》，译林出版社，2013年版。

五、总结与思考

本文借助"社会结构转型"理论（李培林）、"族群认同"原生论（西尔斯、吉尔兹、伊萨克斯、克尔斯、安德森）、"族群认同"工具论（德斯皮里斯、哈兰德、科恩、巴斯）、公共物品理论（布坎南、斯蒂格里茨）、公共服务供给理论（奥斯特罗姆）、组织与权力理论（韦伯）、"道义经济"和"地位补偿"理论（斯科特）、"优势－劣势"分析理论（雷伯森）等9种理论组合形成的分析框架，认为：在马来西亚，华文教育不是政府出资提供的公共服务，而是华人自力更生的事业，因为在经济社会结构转型中族群关系结构发生了变化，华人需要依靠自身的资源配置与谋求族群的自身发展，表现出了华人族群认同与国家认同的不和谐、华文教育与国家教育体系的对抗。

在马来西亚，影响华文教育发展的重要因素之一是，华人社会结构中富商与华人社会的道义关系，已形成了一种对"馈赠—补偿"体系的"路径依赖"。马来西亚的富商已不再只是一介商人。他们在华人社团中的任职，使他们出现角色的多元化和责任的扩大化（经济、教育、文化、政治等）。

在马来西亚，当华文教育成为"政治议题"时，这些商人自然而然地成为了华人社会的教育"代言人"或文化"守护人"。

思考：从事实描述到理论提升

西方学术界之所以傲视我们非西方学术，是因为我们只有事实陈述而没有自己的理论，我们的研究只是为他们的理论提升提供原始材料。

对马来西亚华人的研究，包括对华文教育的研究，多是以事实描述为主的夹叙夹议论文，理论陈述较少。

华人在马来西亚进行社会重构、族群重构中，华文教育是一个重要的组成部分，必有自己的运行规律，值得我们提升到一定的理论。

本文试图为现有的马来西亚华文教育事实描述，寻找一些理论基础。我们不能只停留在悲情的事实描写阶段，应该理解其中的基础理论（社会科学原理），并进行基于本土的理论思考和提出本土的新理论。

华文教育区域整合：
"东南亚华文教育研讨会"研究

周聿峨　曹雯洁[①]

（暨南大学国际关系学院/华人华侨研究院　广州　510632）

【摘　要】 近二十年以来，由东盟十国联合举办的"东南亚华文教学研讨会"见证了新时期东南亚华文教育的发展变化。作为一个联合性组织，它使华文教育不再是一个政治敏感性话题。在重视自己民族母语教育的同时，更多的华人将华文作为一种工具语言，华文的实用价值、经济价值功能日益凸显。华文教育功能性质的转变，带来了其教学方法、教学目标、教学内容和教学对象的改变。同时，作为一个区域性功能组织或机构，它不仅有效地推动了东南亚各国华文教育的发展，而且也带动了东盟十国之间双边或多边的经济文化交流，同时也使中国—东盟区域一体化水平得到了进一步提升。

【关键字】 区域整合；"东南亚华文教学研讨会"；华文教育；中国—东盟关系

　　第二次世界大战结束初期，东南亚各国逐渐摆脱殖民统治，国家独立统一后，各国纷纷采取了"同化华人"的政策，对华文教育采取了不同程度的限制、打压甚至取缔政策。加上受冷战的影响，东南亚各国的华文教育被纳入意识形态对立所形成的尖锐矛盾中。大多数东南亚国家站到了以美国为首的资本主义阵营一边，成为反共战线的一员。因此，华文教学在东南亚地区被视为是共产主义的传播和中国政府对东南亚各国的侵蚀。在这种国际国内大背景下，华文教育一度成为十分敏感的政治话题。随着，中国—东盟关系的正常化和东南亚各国政府对华文教育态度的转变，华文教育开始出现复兴，"东南亚华文教学研讨会"的成立不仅促进了东南亚各国华文教育的发展，更是实现了该地区华文教育的区域整合。

---

① 作者简介：周聿峨，暨南大学国际关系学院/华侨华人研究院教授，博士生导师；曹雯洁，暨南大学国际关系学院/华侨华人研究院 2014 级硕士研究生。

一、华文教育区域整合的背景

冷战时期，中国与东南亚各国的关系一直受美苏两极对抗格局和国际形势的影响和制约。为遏制共产主义势力的进一步扩张，美国采取了一系列的对华遏制政策，在其影响下东南亚各国与中国的关系长期处于对抗状态。生活在东南亚地区的广大华侨华人也因此受到了极大的迫害，各国的华文教育遭到了冲击和限制。独立后的新加坡规定英语为官方用语，将英语教育放在首要地位，华文教育则被边缘化；20 世纪 50 年代末以后，马来西亚政府奉行"马来人优先主义"，大力推行马来化教育，华文教育随之萎缩；泰国政府开始严格控制华校的数量，加强对华文学校的管制；菲律宾政府在 20 世纪 50 年代中期更是规定华校不仅要受教育部门管理，还要接受国家安全部门的督查，到 70 年代更是对华校实行全面菲化；而印尼、缅甸、越南等国独立后，对华文教育也采取了一系列的限制措施，致使这一时期的华文教育几近绝迹。

进入 20 世纪 80 年代后，东南亚地区的华文教育开始出现复苏，这主要归功于东南亚各国政府对华文教育态度的转变。80 年代后，新加坡实行教育改革，政府领导人亲自倡导在全社会推广华语运动；1987 年 5 月，泰国政府国务会议废除一般民校禁止华文教育的政策与法令，华文成为合法的商业语言；1989 年阿基诺夫人执政后，菲律宾的华文教育状况也有了转机，政府开始对华文教育采取宽松政策；马来西亚、印尼、柬埔寨等国也相应的采取了宽松和支持态度。

冷战结束后，两极格局瓦解，国际环境发生了巨大变化，中国与东南亚国家的关系也发生了改变。在政治上，中国和东南亚国家的外交关系逐渐得到改善：1990 年 8 月 8 日起中国与印度尼西亚恢复外交关系；新加坡随即于 1990 年 10 月 3 日和中国建交；文莱也在 1991 年 9 月 30 日与中国正式建立外交关系；中越关系也于 1991 年 11 月实现了正常化。于此同时，中国与东盟国家高层互访频繁，1991 年 7 月，中国外长钱其琛还应邀参加了第 24 届东盟外长会议开幕式，双方开始建立伙伴关系。在经济上，自中国实行改革开放以来中国的经济发展迅速，而东南亚各国也致力于发展本国经济，东南亚各国看重中国广大的经济市场，而中国对东南亚地区的丰富资源也正有所需，因此，中国与东南亚各国之间的经贸往来与合作愈来愈密切，经济关系的加强，促成了中国与东南亚各国的关系稳步发展。

在政治和经济因素的推动下，华文的经济价值和实用价值日益凸显，华文教育的政治敏感性逐步为其经济价值和文化价值所代替。东南亚各国也逐渐认识到发展华文教育的重要性，开始积极推进华文教育改革，提高华文教育质量。东南亚各国在经济、文化、教育、宗教等方面有着很多相似之处，尤其是在教育方面，东南亚各国的人文教育都是以传达亚洲伦理价值观、家庭组织核心为社会发展的原动力，且每个国家都有华文教育，从事华文教育工作者也不在少数。通过重视彼此间的交流合作，取长补短，共同解决华文教学中遇到的各种问题，以实现华文教育在当地国民教育体系中稳步发展。因此，于 1995 年 9 月在新加坡召开了第一届"东南亚华文教学研讨会"。新加坡、马来西亚、菲律宾、泰国、印尼和文莱六国代表出席了本次会议，会议决定在新加坡设立永久秘书处①，以便加强联系、交换书籍、组团互访，并决定每两年轮流在各国举行研讨会。

自 1995 年于新加坡举办第一届"东南亚华文教学研讨会"起，已分别在马来西亚、菲律宾、泰国、印尼、文莱等地举办，迄今为止已成功举办十一届。作为一个区域性的联合组织或机构，它的存在密切了东盟各国的内部联系，实现了东南亚华文教育的区域整合，同时也见证了近 20 年来东南亚华文教育的发展变化。

二、从历届研讨会看东南亚华文教育的发展变化

（一）第一届东南亚东南亚华文教学研讨会

第一届东南亚华文教学研讨会在新加坡报业中心大礼堂召开，与会代表均来自新加坡、马来西亚、菲律宾、印尼、泰国和文莱等东南亚国家，并未邀请域外国家或地区参加。本届研讨会共收录了十一篇会议论文，主要包括东南亚各国华文教育的历史回顾、现状概况和发展趋势以及当前华文教学存在的一些问题。

东南亚各国的华文教育虽然在冷战结束后有了新的发展，但仍受到很多因素的制约，集中表现为师资匮乏和教材适用性低。东南亚各国都存在师资不足的问题，并且本土教师专业技能低而外聘教师流动性大，这在很大程度上限制了华校学生的华文水平的提升。文莱学者黄丽珠在其论文中提到"在专业度不足方面尤以小学部华文教师的情况为严重。以汶中为例，中学部华文教师皆为留台生；小学部则以'O'LEVEL 文凭者居多，而且多数不曾受训，需以在职训练补强，惟难有受训机会及涉及财务问题，实不易解决。"②而许多外聘教师由于对当地语言不是很精通，很难与学生进行沟通交流，且教学期一满就会离开，造成教师流动性大，教学方法不能贯彻，这对学生产生了不良影响。

缺乏统一规范、适应性强的教材是影响东南亚华文教学的另一主要原因。教材是语言教学的基础。教材编写水平的高低，直接影响教与学的效果。目前东南亚的华裔儿童已多为第三第四代，对于他们中的大多数而言（少数国家除外）华语已经成为他们的第二语言，尽管第二语言教学理论已经逐渐被接受，但是针对第二语言教学的教学方法改革却没有完善起来，教材的编写原则还停留在第一语言教学的方法，不适合第二语言教学的方法。作为第二语言教学的华语教学，必须以"为本国与华语国家进行文化交流，经济贸易造就华语人才"为目标。③ 同时，针对教学对象主要为少年儿童的特点，教材的编写就应符合儿童语言学习的心理特点，满足科学性、实用性和趣味性，同时注重学生的华语交际能力。

---

① 第一届至第二届秘书处驻地在新加坡，从第三届起将秘书处设于马来西亚董教总教育中心。
② 黄丽珠：《文莱华文教学的困境》，《第一届东南亚华文教学研讨会论文集》，新加坡中学华文教师会，第 172 页。
③ 沈文：《菲律宾华校华语教材编写的探讨》，《第一届东南亚华文教学研讨会论文集》，新加坡中学华文教师会，第 151 页。

（二）第二届东南亚华文教学研讨会

第二届东南亚华文教学研讨会于 1997 年 12 月 3 日至 7 日在马来西亚董教总中心举办，本届研讨会在参与的国家/地区、参与人数及提交论文方面较第一届都有了显著的增加。除东南亚国家主办国马来西亚、新加坡、文莱、印尼、菲律宾、越南、老挝的代表外，中国大陆、香港和台湾的专家学者也出席了这项研讨会，这表明东南亚地区内外已有更多人关心该地区华文教育与教学的发展，这也从侧面反映出在第一届东南亚华文教学研讨会的影响下东南亚地区的华文教育正取得实质性进展。同时，中国大陆和台湾作为华文发源发展的重地，更能为东南亚各国的教育工作者提供经验和意见，从而促进该地区华文教育的更好发展。

本次研讨会一共有 150 余人出席，所提交的论文与报告一共是 40 篇，研讨会上共发表了 32 篇。研讨会讨论范围广泛，概括各地区的华文课程研究、师资培训讨论、教学测试与评估、语文教学问题等。各位专家学者就华文教学的许多具体问题展开探讨，重点突出了在华语教学过程中要重视文化因素。

对于各类侨校、华校、中文学校来说，不论中文是不是媒介语，在华语教学过程中一定要导入文化因素，适时补充有关中国文化的内容，使语言教学与中华文化相结合，已实现华族文化传承的目的。华语是华族文化传承的媒介，华文教育是华族文化的载体。中国学者周聿峨在其论文中写道"华人华族文化源于中华文化，在长期发展中又演变为中华文化的分支。每个民族都有继承弘扬本民族文化的强烈愿望，而传播文化的最有效途径则是以本民族语言为媒介语的教育。文化传播虽可以通过多种途径进行，但教育传播作用是无法替代的。"[1] 1997 年 8 月 24 日时任新加坡总理吴培栋在国情群众大会演讲中也指出："我们必须培养一批对中华历史文化和艺术有渊博知识的核心分子。他们的华文水平必须比那些只能讲流利华语，能为公共建筑或展出品标上简要说明的人高出许多来。"[2] 在研讨会过程中，很多专家学者也针对华文教学与中华文化之间的定位和关系进行了分析和探讨。正如菲华商联总会陈永栽会长在"第三届东南亚华文教学研讨会"开幕式上讲话中明确指出的一样，"各国的华文教育必须立足居留国实际……明确表明为居留国培养具有中华文化的内向型和外向型的双语人才服务。"[3]

（三）第三届东南亚华文教学研讨会

第三届东南亚华文教学研讨会于 1999 年 12 月 16 日至 18 日在菲律宾罗尼拉市举行。来自 13 个国家和地区的 331 名代表出席了这次会议，东南亚 10 国代表首次齐聚一堂，为东南亚的华文教育事业出谋献策，中国大陆、台湾和韩国等地的专家、学者及华语文教学

[1]　周聿峨：《东南亚华文教育的新定位切勿"矫枉过正"》，《第二届东南亚华文教学研讨会论文集》，1997 年，第 227 页。

[2]　杜珠成：《新加坡华文教学发展的新趋向》，《第二届东南亚华文教学研讨会论文集》，1997 年，第 163 页。

[3]　《在第三届东南亚华文教学研讨会开幕式上的讲话》，《第三届东南亚华文教学研讨会论文集》。

界也出席了本届研讨会。

本届研讨会论文集共收录论文 48 篇，内容主要涉及两大范畴，即东南亚地区华文教育的历史变迁和当前东南亚各国华语教学中存在的各种有待研究解决的理论与实践问题。从本次出席会议的国家或地区及论文数量和质量来看，华文教育越来越得到人们的重视，其发展也更具规模更体系化。处在世界之交，华文教育更是面临着前所未有的机遇期。第三届东南亚华文教学研讨会的主题就是"走向 21 世纪的东南亚华文教育与华文教学"。

世纪之交是东南亚各国展开社会变革，重整社会秩序的时代。本地区的主流社会和民间力量重视文化融合、渴望发展经济、寻求区域合作，这就给华语文教学在东南亚各国特别是相对落后的地域的发展创下良机。主要体现在以下几点：首先，随着中国（祖籍国）经济的日益发展和国际地位的提升，华文的实用价值也愈来愈凸显。其次，自 20 世纪 90 年代以来，东南亚成为世界经济增长最快的地区之一，为适应经济的迅速发展，要求造就一大批懂华文的高级专门人才。再次，华社的发展，华人经济特别是一大批华人企业集团、跨国公司的崛起，以及经济的全球化、知识经济时代的到来，都急需提高华人子女的培养层次，要求造就一大批具有中、西和当地文化素养的高级专门人才。因此，华校在培养华文人才过程中就扮演着重要角色，为应对华文教育发展之需，就必须发展华文、华人高等院校，从而形成从幼儿园、小学、中学到大学的教育体系，以解决华人子女的就地深造和华文教育师资问题。

同时，也要围绕"第二语言教学"进一步推进华文教学改革。首先，教材与教学方法的选择要面向当地化，华文教育的编写应该与当地有关地理历史、人文的知识有机结合起来；教学对象和学习目标也应该面向当地化，创造一个当地民族能够接受的学习环境，为当地社会培养能够人才，造福社会，从而实现华人与华文在海外"落地生根"的目的。其次，明确定位。侨民学校教育的华语文教学属于华文教学，第一语言教学；华人学校教育的华文教学是语言教学，第二语言教学。[1] 随着大多数侨民加入所在国国籍，他们就成为拥有合法公民身份的华人，因此所接受的华文教学即为"第二语言教学"，教学方法及课程安排必须适应第二语言教学的需要。

（四） 第四届东南亚华文教学研讨会

第四届东南亚华文教学研讨会于 2001 年 12 月 7 日至 11 日在泰国曼谷举行，来自新加坡、马来西亚、菲律宾、印度尼西亚、老挝、柬埔寨、文莱等东盟国家及中国大陆、台湾和韩国、澳大利亚域外国家的华文教育工作者出席了会议。本届研讨会共收到论文 150 多篇，入选会议论文集 115 篇。研讨会规模、论文数量和质量都是前三届不可比拟的，与会人数也明显增加，这说明华文教育越来越得到重视和关注。

2001 年是中国国际舞台上扬眉吐气的一年，2001 年 7 月 13 日北京申奥成功，获得 2008 年夏季奥运会的主办权；经过不懈的努力中国于 2001 年 12 月 11 日加入 WTO，正式

---

[1] 沈文：《菲律宾华校华语作为第二语言教学的思考》，《第三届东南亚华文教学研讨会论文集》，1999 年，第172 页。

成为世贸组织成员。中国的国际地位日益提升和国际影响力的进一步扩大，使得中文逐渐成为世界上重要的交流工具。与此同时，中国与东盟的关系也日益密切。随着中国与东盟区域一体化进程加速发展，2001 年 11 月，中国与东盟宣布决定在 2010 年建成中国—东盟自由贸易区。在国际层面，中国与世界全面联系与交往将会出现更加紧密的新局面，从区域合作方面来说，中国与东南亚各国的交流与合作将达到空前的水平。因此，如何在信息时代中使华文教学方法更加适应现实需要以及如何推动东南亚地区包括华文教育在内的多元文教事业成为本届研讨会的主要议题。

华文教育事业是中国与东盟国家合作的重点领域之一，中国对东南亚各国华文教育的关注程度和支持力度也逐渐加大。从本次论文集的数量来看，总计 118 篇，中国所占份额达到 58 篇。中国作为华文的起源发展重地，为东南亚各国华文教育的进一步发展带去了宝贵的经验和指导意见。同时，本次研讨也得到了官方的重视。泰国教育部副部长针隆·库坤托、中国驻泰国大使晏廷爱出席并致辞，这充分表明各国政府对华文教育事业的支持力度在逐步增大。华文教育在东南亚地区的兴衰消长，历来与当地政府的的政策有密切关系。泰国学者丁身展在第五届东南亚华文教学研讨会中提到"由泰皇陛下赞助创办的汪盖岗翁卫星远程教育电视台于 2001 年开始播放《实用汉语教程》，覆盖全泰国及邻近国家泰国收视的学校约 30 000 所，收视人数达 10 万人之多。该套教材是由中国教育部派来的北语大杜厚文教授担任主编，由泰国多位教育家合作编译，泰国中华总商会赞助经费，共编了六册八本，已全部完成出版。"[1] 由此可见，各国政府对华文教育的政策趋于开明并有若干行动支持，必定会推动华文教育的向前发展。

（五）第五届东南亚华文教学研讨会

第五届东南亚华文教学研讨会于 2003 年 12 月在马来西亚吉隆坡举行，本届大会主题是"东南亚华文教育与华文教学的发展与挑战"。虽然第五届东南亚华文教学研讨会仅有东盟十国专家、学者和华文老师出席，但是东南亚各国的华教人士所提交的论文比以往更有新的突破和创意。除了作宏观的探讨外，也更加注重微观层面的分析。东南亚各国代表所呈交的 23 篇论文，在数量与质量方面都很可观。论文内容可以归纳为两大范畴：一是东南亚地区华语文教育的历史变革、发展近况与未来愿景；二是当前东南亚各国花语文教育与教学中所取得的成果和所面对的各种问题与挑战。

从 20 世纪 70 年代末期，中国实行改革开放政策，在国力强盛的同时开始对周边国家推行"与邻为善，与邻为友"的策略。世界各国，特别是东南亚国家对中国的政策有了明显的转变，从警戒、防范逐渐改为信任、友善。自中国—东盟"10 + 1"关系建立以来，中国与东南亚诸国的关系日渐密切，随着双边关系的改善，中国和东盟之间的合作领域由最初的经济领域逐渐扩展到教育文化等多个领域。中国与东盟各国的国家间关系的改善为东南亚地区华文教育的发展营造了宽松的社会环境，提供了更多的资金和技术上的支持。

---

[1] 丁身展：《泰国华教遍地开花，满园春色！》，《第五届东南亚华文教学研讨会特辑》，2003 年，第 11 页。

以柬埔寨为例，中国的多位高级领导人赴柬埔寨进行了具有历史意义的国事访问，双方签署了包括经贸、旅游、人员培训等方面的合作协议，大大加强了中柬双方的"特殊友好关系"，可以预见，中柬之间的经贸与文化交流将掀起一个新的高潮，柬埔寨华文教育也将由此获得新的发展动力。①

为改善师资匮乏、教师专业素质低的问题，中国也进一步加强与东南亚各国的支持与合作，中国国家汉办、侨办以及其他机构正在加大力度支援周边国家的汉语教学，针对师资问题积极采取相应措施。如中国国家汉办于 2003 年 10 月 14 日至 24 日选派两位专家来菲律宾开办为期 10 天的高校汉语教师培训班，培训 14 所高校及 17 为汉语教师，并于 10 月 24 日结业式后，举行"菲律宾高线汉语教学研讨会"。② 这就是所谓的"请进来"措施，即将祖籍国专家教授请进当地进行师资培训活动。同时，东南亚各国也采取了"送出去"战略，即将当地教师送至祖籍国进行培训。该方案也得到了中国国侨办及韩版的大力支持。缅甸学者李祖清在其论文中写道：每年都有缅甸地区华校的数名年青教师被送到中国暨南大学、华侨大学进行（本科生）深造，再过几年，他们学成归来，对母校将是一股难以形容的力量。③ "送回去"的老师其优势在于他们可以从亲眼目睹祖籍国的新面貌而产生自发性的动力以及积极性，这对华文教育事业的发展而言是一股强大的力量。

（六）第六届东南亚华文教学研讨会

由文莱中华中学承办的"第六届东南亚华文教学研讨会"于 2005 年 11 月 6 日至 8 日在文莱国际会议中心举行，文莱教育部副部长彭基兰拿督莫哈末应邀出席主持开幕仪式。除了老挝及越南未能委派代表出席外，其他东南亚国家皆有代表出席本届盛会，中国大陆、香港及台湾方面亦有多为学者专家参与本届研讨会。研讨会经过筛选及整合通过的论文共有 30 篇。所讨论的课题共分为六个范畴：（1）东南亚各国华文教育现况及展望；（2）多媒体在华文教学中的应用及价值；（3）华文教育理念、师资培训、教学法及教材新知；（4）华文作为第二语言的教学理念及时间；（5）华文文学、社团与华教发展的关系；（6）文化传承的再思。

东南亚各国学者在本届研讨会探讨过程中都提及了一个重要现象，即非华裔子女学习华文的人数逐渐扩大。随着形势的变化和华文教育的发展，华文教育的对象发生了明显的变化，进入华校学习华文的学生，不仅是华裔学生，非华裔学生也不断增加。虽然东南亚华文教育对象的主题仍然是华人的下一代，但是越来越多的非华裔子女也纷纷加入华校接受华文教育。为适应更多非华裔学生学习华文的需要，2005 年马来西亚政府宣布，从 2006 年起，国民学校的"母语班"将改为"华文班"，以鼓励和满足非华裔（主要为马来

① 杜瑞通：《不管路途多艰难曲折，我们振兴华教志不移——谈如何扣紧国情脱开思路探索发展思考浅见》，《第五届东南亚华文教学研讨会特辑》，2003 年，第 12 页。

② 颜长城：《菲律宾的汉语教学》，《第五届东南亚华文教学研讨会特辑》，2003 年，第 20 页。

③ 李祖清：《新世纪缅甸华文教育概况》，《第五届东南亚华文教学研讨会特辑》2003 年，第 30 页。

人）学习华文华语。[①] 我们需要注意的是，华文作为外文教学，对象为外族学生时，需视学生需要、实际情况及条件对华文教学作出作出调整及改革。适当的教材、教学法也因应产生；除了教导学生听说能力外，亦需培养书写能力及灌输中华文化概念，让学习华语文更系统化及全面化。

（七）第七届东南亚华文教学研讨会

第七届东南亚华文教学研讨会大会于 2007 年 12 月 4 日至 6 日在印尼泗水开幕，本届大会主题为"东南亚华文教育的发展趋向和对策"，东盟成员国、中国政府官员、各院校专家、资深教育工作者及印尼各省市华教机构领导及华社代表逾 400 人参加了会议。代表们在会议中主要就东南亚华文教育的现状与展望，东南亚华文教育的师资和教材解决办法，加强东南亚国家华文教育机构的双边或多边互访交流，东南亚华文教育发展趋势和重点任务，把华文教育的语言教学与传承中华文化密切结合，推动东南亚华文教育在全球"汉语热"中发挥应有作用等 6 个主题展开讨论。

中国经济的快速发展，在全世界掀起学习汉语的浪潮，中国适时加强汉语国际推广的力度，发展孔子学院。自 2004 年 11 月，韩国首尔孔子学院首家挂牌成立以来，中外合作创办的孔子学院在海外蓬勃发展。中国在海外大力建设与发展孔子学院的行为，给海外华人华文教育的发展，中华文化的传承带来的新机遇，尤其是在华校师资力量方面可以得到明显改善。中国学者陈觉万、吴端阳在其论文中指出"国家汉办于 2004 年着手实施国际汉语教师中国志愿者计划´，在国内掀起国际汉语教师培训热……同时广开师门，立脚于所在国就地培养培训。"[②] 虽然孔子学院的发展，与海外华文教育在对象与内容上存在着一定的共通性，给海外华文教育带来了新的发展机遇。但两者毕竟是不同的概念，必然存在着差异与矛盾，孔子学院的推广给海外华文教育带了的挑战，应当受到海外华教工作者的重视。

此外，华教工作者也应该注意华文教育的本土化与国际化相结合。"华文教育本土化"的方针是所有海外华人的生存方式，同时也是海外华文教育的方向，无论是师资问题还是教学的对象都应该面向当地，弘扬中华文化是开展海外华文教育的根本，为当地开发人力资源，造福当地社会才是海外华文教育的真正出路；同时，海外华文教育不能闭门造车，应该放眼世界，与时俱进，配合现时代的需要，应该与先进信息技术相结合，努力争取提高水平素质。中国学者陈荣岚在其论文中指出"全球化背景下的东南亚华人和华文教育，首先要面对的是华人文化整合的挑战。在全球'趋同化'的潮流下，如何保持华人自己的民族性和价值观变成了东南亚各国华人和华文教育关注的焦点。在全球化浪潮的推动下，

① 莫泰熙：《从马来西亚华文独立中学的教育改革看东南亚各国的华语学习热潮》，《第六届东南亚华文教学研讨会特辑》，2005 年，第 8 页。

② 陈觉万、吴端阳：《孔子学院发展历程、动因及特点评析》，《第七届东南亚华文教学研讨会论文集》，2007 年，第 11 页。

东南亚华文教育的整合也就是全球化思维与本土化模式相结合的过程。"[1]

(八)第八届东南亚华文教学研讨会

第八届东南亚华文教学研讨会于 2009 年 12 月 17 至 21 日在菲律宾举行，会议主题为"审视东南亚各国华文教学的发展方向"，中国驻菲律宾大使刘建超、菲律宾教育部副部长拉布拉多女士及主办方陈延奎基金会创始人陈永栽博士等出席了开幕式并发表了讲话。本届研讨会得到了东南亚诸国及中国政府和各界人士的广泛关注。

本次研讨会的主题是：审视东南亚各国华文教学的发展方向，中心议题分八个方面：(1) 东南亚各国华文教学发展概况；(2) 中华文化与华族文化；(3) 华语教学本体研究；(4) 教材本土化；(5) 教师队伍建设；(6) 现代化教学手段在华文教学中的应用；(7) 远程教育在华文教学中的作用与推广；(8) 华文教学的测试和评估。

随着华文教育作为一种"民族母语教育"形式确立下来，在一定程度上它就成为所在国国民教育体系的重要组成部分。因此，如何处理好华文教育和国民教育的关系，以合理整合华文教育与居住国的国民教育资源就成为一个值得探讨的问题。中国学者龙湘芳再起论文中提到"华文教育纳入政府的国民教育体系可以有两种方式。一是在现有的国民教育学校选择条件相对适宜，有一定华文基础的学校，正式开设华文教育课程，将华文教育作为国民教育的一部分；二是适当集中有一定实力的周末学校，发展成为全日制学校，以国民教育内容为主线，以华文教育为辅线，两种文化的教育并列进行。"[2] 同时，华文教育的教材与教学方式也应该与国民教育相适应。要根据当地国民教育的内容自行编写包含中华内容的教材；改进华文教学方式，处理好华文教育与国民教育的课业任务，不给学生造成过重负担。海外华文教育与当地国情相融合，适应国民教育发展之需，利于华文教育在居在国持续健康发展。

(九)第九届东南亚华文教学研讨会

第九届东南亚华文教学研讨会于 2012 年 6 月 29 日—7 月 1 日在马来西亚举行，200 多名马来西亚、新加坡、印尼、文莱等东南亚国家和中国大陆、台湾的华文教育工作者及研究者出席，交流心得并探讨东南亚华文教育前景。本次研讨会上，与会者共递交 32 多篇论文，分享各自国家华文教育的发展经验。

华文教育是海外华人的民族母语文化教育，这项教育中所有科目的教学媒介语都是华文。而华文教学则是指华语作为一门语文学科的教学。尽管，语言教育本身蕴含着文化因素，在语言的学习过程中可以感染到语言背后的文化。就目前的东南亚大多数国家的具体情况而言，对华语文的学习已不是严格意义上的"华文教育"，已经与过去由传统华侨教

---

① 陈荣岚：《全球化与本土化视野下的东南亚华文教育》，《第七届东南亚华文教学研讨会论文集》，2007 年，第 44 页。

② 龙湘芳：《海外华文教育与国民教育相结合之我见》，《第八届东南亚华文教学研讨会论文集》，2009 年，第178 页。

育转变而来的华文教育的性质相去甚远，在一定意义上只能称之为"华文教学"。因此，在东南亚地区，只有马来西亚的"华文教育"才是严格意义上的传统华文教育。马来西亚学者徐威雄在其论文中曾经指出："表面上一片形势大好的汉语热，实际上很多并非所谓的"华文教育"，而是一种语言教学"。那些被各国政府纳入国民学校的汉语正课，本质上也仅作为"外语教学"，其对象是开放给包括非华裔在内的各族学生，其教学宗旨也与民族文化没有关联，所以也绝不是"华文教育"。[①] "在经济全球化的华文热之中，"华文教育"自身在渐向"语言教学"靠拢，因此，必须注重对"华文教育"和"华文教学"的区分，才有利于突破华文教育的发展困境。

三、"东南亚华文教学研讨会"评析

目前，人类已经进入信息时代，人与人之间得到密切的沟通，各方面得到迅速的发展，华文教育也不例外。为了让华文教育国际化，最重要的还是需要经常交流与沟通。那么，东南亚华文教学研讨会的召开可以说是时代所需的必然产物。

作为一个区域性的联合组织，"东南亚华文教学研讨会"密切了东盟十国华文教育事业的合作交流，也扩大了中国—东盟针对教育领域的合作层面。第一，通过定期举办东南亚华文教学研讨会，一方面东盟各国可以交流华文教学管理办法和经验，取长补短；另一方面，通过联系、比较，从而产生压力和竞争，不断提高华文学校的办学水平。第二，在东南亚华文教学研讨会平台的推动下可以实现教育资源的合作共享，通过举办东南亚华文教学研讨会，各国代表相互切磋，互相借鉴教学和管理经验，取他人之长补己之短，从而带动整个东南亚地区华文教育的共同繁荣发展。第三，与会各国的代表不仅仅局限于东盟内部国家，中国、韩国、澳大利亚、台湾及香港地区也均有代表参加，这说明东南亚华文教学研讨会的影响力在不断扩大，华文教育越来越引起人们的关注和重视。在针对华文教育发展的问题上，各东盟国家除了重视区域内部之间的互动、国内学校及社区的合作，更积极扩展与国际学术机构间的交流。以教育为合作契机，东盟国家将进一步密切与其他国家（尤其是中国）的双边关系。最后，各国专家学者及华教工作人员通过在研讨会过程中的交流，也可以通过借鉴不同国家华文教育的开展模式来完善本国华文教育的运行模式，从而使华文教育更好地与本国国情相结合，使华文教育与本国的国民教育相融合，以培养出更适合国家发展需要的既会讲华文又熟知中华文化的专业人才。

通过梳理九届东南亚华文教学研讨会论文集的相关内容，我们可以明确近20年来东南亚华文教育的发展变化。首先，随着中国国际地位的提升及中国—东盟关系的日益密切，越来越多的华裔和非华裔群体开始注重华文的学习，从而为华文教育的发展创造了新的机遇期。而在这一过程中，与传统的华文教育相比较，新时期华文教育的实用价值和经济价值日益凸显，在一定程度上代替了原先的文化传承功能。历届与会学者和华教人士也

---

① 徐威雄：《寻找华教生命力——轮东南亚华文教育发展之形势》，《第七届东南亚华文教学研讨会论文集》，2007年，第8页。

逐渐意识到华文教育这一功能性的转变，针对华文教育的走向有了新的定位，更加认识到华语的工具性和外语性的特征，同时也更加注重华文教育的实用价值和经济价值。

其次，随着时代的推移，越来越多的海外华侨华人后裔加入所在国国籍，成为其合法公民，华侨华人社会在观念上实现了以"落叶归根"到"落叶生根"的历史性转变。华侨华人转籍后，华族就变成了所在国的一个少数民族，因此，华文教育问题也逐渐变成了海外华人的"民族母语教育"问题。不论东南亚哪个国家的华族，其定位首先是所在国公民，其次再是所在国的民族群体。各个国家也逐渐以法律的形式保护华族等外来裔族群体的各项权利，包括其平等地接受教育的权利，这就为华文教育的发展带来了新的机遇。就民族母语教育而言，其任务是保留和传承中华民族的民族文化特色，但也应当注意与其他民族的融合，培养出适应当地国需要又具有中华气质的人才。

再次，当前，华文教育作为民族母语教育的形式已逐渐得到居住国的承认和保护，华文教育逐渐成为所在国国民教育体系中的组成部分，因此其教学内容和教学目标发生了转变。如今的华文教育，更多的是一种第二语言的教学活动，其教学内容不仅涉及中华文化，也加入了对所在国历史、地理以及科学知识的介绍，华文教育本土化特征更加明显。因此，华文教育的教学目标也转变为面向当地，为当地培养具有中华文化气质和素质的专业人才。同时，针对华裔和非华裔的学生，确定不同的教学目标，即对华裔华文教育的培养目标是培养具有中华文化气质，并有谋生技能的所在国建设人才；对非华裔的华文教育是以培养学生掌握汉语言的运用技能为主要目标，是为当地培养具有双语能力的人才。只有这样，才能促使海外华人更好地融入当地的主流社会，得到居住国政府和人民的认可，实现华文教育的持续向前发展。

最后，当今华文教育虽以第二语言教学的形式复燃，却也伏下它未来发展的局限性。因为华文教育有个重要的特质，在于它不仅限于时效的语言教学，更包括了长远的民族文化的传承，这是它与"对外汉语"教学的最大差别。在"第五届东南亚华文教学研讨会"上，各国代表虽然对"华文教育"的一些涵义有所争论，但对于这是事关民族语言文化传承的教育这一点上，与会大众的意见却很一致。《总结报告》中指出：尽管东南亚各国华教工作者对什么是"华文教育"、"母语教育"、"第二语文教学"、"传承中华文化"等，因国情和民情存在差异，因此有不同的理解，也涵盖了不同的内容，但对如何办好华校、做好华文教学工作，却有一个共同的期待，那就是"教书育人，传承文化，把根留住"。

【参考文献】

[1]《东南亚华文教学的发展：东南亚华文教学研讨会论文集》，新加坡中学华文教师会，1996.

[2]《第二届东南亚华文教学研讨会论文集》，董教总教育中心，1999.

[3]《第三届东南亚华文教学研讨会论文集》，菲律宾华教中心，1999.

[4]《第四届东南亚华文教学研讨会论文集》，泰国华文民校协会，2001.

[5]《第五届东南亚华文教学研讨会特辑》，董教总教育中心，2003.

［6］《第六届东南亚华文教学研讨会特辑》，董教总教育中心，2005.

［7］《第七届东南亚华文教学研讨会论文集》，印度尼西亚泗水市，2007.

［8］《第八届东南亚华文教学研讨会论文集》，菲律宾华教中心，2009.

［9］《第九届东南亚华文教学研讨会论文集》，董教总教育中心，2012.

［10］《东南亚地区华文教育文集》，暨南大学出版社，1996.

［11］周聿峨：《东南亚华文教育》，暨南大学出版社，1996.

［12］蔡昌卓：《东盟华文教育》，广西师范大学出版社，2010.

［13］贾益民：《华文教育概论》，暨南大学出版社，2012.

［14］郑良树：《马来西亚华文教育发展简史》，外语教学与研究社，2007.

［15］黄昆章：《印度尼西亚华文教育发展史》，外语教学与研究出版社，2007.

［16］《东南亚华文教育论文集》，台湾国立屏东师范学院，1995.

［17］《教总33年》，吉隆坡：马来西亚华校教师联合会总会，1987.

［18］《董总50年》，马来西亚：马来西亚华校董事联合会总会，2004.

［19］梁英明：《战后东南亚华人社会变化研究》，昆仑出版社，2001.

［20］李一平、庄国土：《冷战以来的东南亚国际关系》，厦门大学出版社，2005.

［21］庄国土：《华侨华人与中国的关系》，广东高等教育出版社，2001.

［22］吴凤斌：《东南亚华侨通史》，福建人民出版社，1994.

［23］吴前进：《国家关系中的华侨华人和华族》，新华出版社，2003.

［24］周南京著：《风雨同舟：东南亚与华人问题》，中国华侨出版社，1995.

印尼苏北华文报章的中华情结

［印度尼西亚］吴祖桥

（印尼苏北省华文促进会交流部　999006）

【摘　要】本文主要叙述印尼华文被禁锢30多年后，在长期受到印尼语言、文字，以及国家认同意识所覆盖的社会氛围和学校教育下，已经成长为社会栋梁的华族青壮年对祖先遗留下来的中华文化所持的态度，而这被承传的文化和华族意识又如何被反映在现有的华文报这份公共的展示平台上。文中简述了棉兰各家华文报的创建历史和创建人的背景，也通过报刊编辑人员编选的内容和本地写作人的文章引伸出报社团队对先辈们的祖国——中国、对祖先承传下来的文化——中华文化所持的观感与立场。

众所周知，印尼是华文长期遭受压制的国家，30多年漫长的禁制使华文形成了华教断层，直到1998年印尼民主政治取得胜利后，华文在诸多原因的制约下终于获得开放。华文教育也趁着这难得的机遇获得蓬勃的发展，由简单的华文家教，华文补习班，逐渐进入了正规学校，甚至进入了印尼土著占多数的国立学校。在这华文可以自由交流的当下，印尼华文教育的成效也是很多人想了解的。我们都知道，华文教育的三大支柱就是华校、华社和华文报刊。但印尼法律明文规定，印尼是不可存在正规制华文学校的，华文教育只能作为一门外语科目存在于正规教育系统内。所以现在的印尼华文教育还不能达到拥有华文学校的国家所取得的水平，拥有一定汉语普通话、华文书写和阅读能力的人士还不普遍。但经过了十多年的努力，通过华文补习班和家教以及各种培训加上选送优秀青年到中国各大学学习，也培育出了拥有高水平华文知识的精英群。为了了解目前印尼华文教育所处的状况，通过学校以及华社各种华文活动的调查研究也能窥探出一些数据，笔者也曾作过这类研究。而通过对华文报章版面刊载的信息进行长期观察与分析，实际上更能了解到华文长期被禁止，华教完全断层后成长起来的青壮年①是如何看待华文教育，这些掌握了

---

① 1966年3月全印尼华文学校被关闭，当年适龄入学的6岁儿童，今年已经56岁。从1966至1998年完全没受过正规华文教育的华人，最年轻的也在35岁左右。这还不包括1958年受到印尼籍华人子弟不准学习华文法令影响的大批华人。按照1958年被迫改成国民学校的原华校所占的比例估算，64岁至55岁没受过华文教育的华人，几乎占了65%。仅留下的华文教育之点点薪火是依靠当年地下式的华文家教取得的。

当下社会经济命脉和文化教育的顶梁柱又是如何推动中华文化的承传；通过华文报年轻写作人的文章，也更能够了解华文教育开放后年轻的一代在受到了时数不多的华文教育后，在缺乏汉语言的环境下已经取得的汉字应用能力、已获得的中华文化认识是处在什么水平。

笔者是印尼苏北省棉兰市的公民，对研究当地的华文报有一定的地理优势，以下就是笔者长期追踪考察本地拥有的四家主要华文报所获得的一些浅显成果，还望诸位高人雅士、青年才俊多加指正。

一、四家华文报简介

（一）《印广日报》

《印广日报》创办于 1999 年 11 月，由略懂华文的中年小商人关健康与几位好友集资创办，编辑部由台湾省内新闻系毕业归来的吴奕光先生领导，每天出版 4 大张共 16 个版面，具体布置如下：每天有 7 版新闻，包括国内外新闻，"神州大地"，"宝岛风云"，"东南亚"，"华社"；3 至 4 版的消遣性内容，如"连载小说"，"综合"等；一版的"财经"以及广告版。

本报是印尼华文获得新开放后的第一家民营华文报，早期投稿者众，是苏北省热爱华文文学文友们的主要交流平台，后因简体字和繁体字的争论，某些观点立场的问题以及后来增设的三家华文报的出版，目前很少见到本地作者的稿件。

2004 年因长期亏损其他合伙人退出，《印广日报》继续由关先生独资经营，但因他资本有限，即使最终卖掉自家房子倒贴进去也无资再投，而无法再继续经营。在报社几乎要关闭的时候，在吴主编的号召和推动下集聚了众多投稿文友的股份，凑足营运资金再继续经营。但在 2014 年末，报社又再因缺乏营运资金，频临倒闭，只好接受《好报》老板邱怡平先生的投资改名《正报》，继续出版。

（二）《苏北快报》

《苏北快报》是由苏北省十多位华族中小企业家为推动华文普及化而集资创办的《华商报》演变而来，创办于 2001 年。早期因亏损无法继续，在股份重组后加入了《雅加达国际日报》东主的股份改称《棉兰早报》与《国际日报》，《香港文汇报》，《人民日报》（海外版）联合发行。早期的文艺版投稿者众，但后来因人事纷争加上《讯报》和《好报》的出版，读者大量流失，股东再次重组由《国际日报》东主占了控制权改名为《苏北快报》，编辑部由雅加达直接调控。

本报主要由 8 个版面组成。因是《国际日报》集团的子报刊，而在苏北省发行，故是以本地新闻为主。最近因发行量蹿减，只剩两个版面，即一版的华社新闻和另外一版的苏北新闻，为凑足份量与同是《国际日报》集团的《坤甸日报》一版，《泗水晨报》两版，

《中爪哇快报》两版，《万隆快报》两版夹在一起组成 8 个版面。再加上香港的《国信日报》8 版，香港《文汇报》东南亚版 5 或 6 版，《人民日报》（海外版）8 版，以及《国际日报》的 16 或 20 版联合发行。整体上缺乏吸引人的版面，目前读者已经很少，销量不大。

（三）《讯报》

《讯报》由经营香精原料和橡胶事业赚了一笔的雅士顿五星级酒店老板林荣盛独资经营，早期与马来西亚的《光华日报》合作，主编都是由马来西亚的《华文报》推荐过来的编辑担任，但马来西亚的华文文化环境与苏北省华族状况不相同，往往在内容编排上与本地编辑发生矛盾，编辑常常被撤换，在换了几次后最近三年才换了由武汉大学新闻系毕业，从中国大陆聘请的，当时不足 30 岁的杨冬先生担任主编。本报每天设有 24 版，主要由以下几个版面组成：12 版的新闻，包括了两版的《光华日报》精编版、两版的香港《文汇报》印尼专版，其他的就是娱乐、体育、养生、军事天地之类的文章，本报设有"文友庭院"版，每周三次都是一整版，吸收了不少本地创作的文章。但比较有水平的版面是由印尼文翻译过来的或者印尼国内学有专长的作者撰写的政论版，以及由中国香港、新加坡、马来西亚、中国大陆的作家撰写的"醒目方块"专栏版。

本报的卖点是经济新闻以及报道迅速的各类新闻——即深夜发生的事件，第二天就会见报；比较能吸引读者的是每周一次转载自上海《新民晚报》的"市井故事"。

（四）《青讯报》

《青讯报》是一份附属于《讯报》，是《讯报》老板考虑到华族青少年华文学习意愿，特意为青少年安排的华文报，主要针对校内的青少年学生。每天都有大概 7 个版面，具体布置如下：（1）小故事大道理；（2）学习中文；（3）科普之窗；（4）习作园地；（5）开心坊；（6）漫画特区；（7）青春校园。本报的主编一向以来都由从大陆聘请过来的年轻大学生担任，在版面设置，首版故事的编写，科普知识的选择，中文学习的编撰等方面都做得很突出。

这份报刊的"习作园地"吸收了大量学生的习作，是笔者长期研究苏北省青少年华文水平，华文写作能力，华族青少年对中华文化认识与继承状况的主要来源之处。

（五）《好报》

《好报》由印尼十大印尼文报之一的《分析者日报》东主丘怡平独资经营，总编由早期的稿件撰写人、印尼国内大学新闻系毕业的苏东牧中学教师钟俊瑜（笔名钟逸）先生担任，目前编辑部内有几位是中国大陆援教老师在任满后被聘请过去的。因报社资金雄厚，办报经验丰富，在版面编排上比较精致，加上带有竞争性经营，报纸价格相当低廉。而编辑部是由文学偏好者组成，故此报的文学倾向非常明显，是本文主要的研究对象。本报每天 28 版的具体分配如下：六版的新闻，两版的体育，消遣性的有两版的娱乐；两版的连载小说；三至四版的综合；一至两版的书画，知识类的即有养生，历史故事，茶余饭后，科技，学到老、很具文学韵味的是故事林，副刊，文艺，文学，大观园，新闻故事等版面。本报较特出的，是每周一版专门讨论中国传统武术招式技法的"武术"版。

二、报章的新闻选取

只要翻开苏北省的华文报，每天都能看到连篇的关于中国的报道。按常理报章都有规模庞大的消息来源，有许多读者需要阅读的新闻必须刊登，尤其在印尼更需要的是与当地相关的信息，但遇到中国发生重大新闻时，往往编辑人员会把其他新闻按下暂不发表，把大量的篇幅用在与中国有关的报道上。例如，有关 2015 年 9 月 3 日抗战胜利日在中国各地的活动，每家报纸都拨出两三版的页面给予了充分的报道或介绍，把许多相关人士撰写的回忆录，感想或者历史资料都排得满满，甚至组织本地文友撰写与抗日有关的文章。而且不是一天两天。就以抗战胜利日有关的新闻从八月初开始就陆陆续续地出现在版面上，到了 8 月尾 9 月初就进入了高潮，直到 9 月 23 日本文成稿之日还能见到这类新闻。这与印尼文报截然相反，印尼文报纸对中国重要活动的新闻只偶尔在版面上发出一段文字，最给面子的也只是半版，只要我们随意翻阅一下苏北省印尼文或英文报章就很容易见到。

当然，华文报面对的更多是印尼华人读者，对印尼华人的各种活动也会给予充分的报道，例如，不谙华文的华族群体，通过对华语歌比赛引发的兴趣而重新学习华文；对中华传统武术的学习、对古筝弹奏表演的场面报道，尤其对于本地书法爱好者的墨迹、中国国画爱好者的创作每天都会拨出一两版的版位予以刊登，以资鼓励。让本地的书法水平大有精进甚至能在中国参赛中获得金奖银奖，也让人见到中国文化瑰宝之一的书画不曾因为华教断层而消失，还有很多传人。虽然其中很多书法爱好者的华文水平不高，但在老一辈的精心指导下，这些不曾受过正规华文教育的壮年人和刚接触华文不久的青少年，都能掌握好书画的精髓。当然这些成绩与当代书法界的高超技艺还有些距离，但在基本功的掌握上已经炉火纯青，得心应手，尤其是楷体，写得曲直有度，苍劲飘洒。

三、报章版面是如何展示当今中国人民的生活和思维的？

在选择报刊内容时，编者会通过新闻故事版把中国各地人民的生活状态和思想观念，用类似报道文学的方式或者散文展现给读者。如《男子放弃国企工作，荒野铸剑，每把卖二十万》①；让读者了解到当下的中国人那种不怕风险，敢于拼搏，宁可放弃安稳的生活，为了实现生命本质的超越，为了理想目标而努力的创业精神，让人不难理解中国的经济如此迅速腾飞的原因；在《中国最南端人大代表，开会往返要坐七天船》② 文章中反映了一位 80 高龄的退休教授林载亮，为了发展中国最南端的美济礁，毅然放弃优异安稳的退休

---

① 《正报（聚焦版）》，2015 年 4 月 14 日。
② 《好报（故事林版）》，2015 年 2 月 9 日。

生活，来到离三亚 1 000 多公里的岛礁泻湖开辟海洋养殖场。那里平时虽风平浪静，但时有台风大浪，存在着很大的风险。他却义无反顾，为了捍卫和发展中国的南疆，维护南海的中国权益，不惜带领自己的家族亲人来到生活条件还待开发的荒野岛礁，力图把那里建设成世界闻名的深海养殖场，也真的做到了。这也让读者理解到当今的中国人正面的人生观与价值取向。

四、对中华文化核心价值"仁"、"义"的传扬

《讯报》新闻故事中的《阿福哥，你是我们的佛》报道了地震中被救助的人如何怀念牺牲英雄的故事：香港义工阿福（黄福荣）在 2010 年 4 月 14 日玉树县 7.1 级的大地震中为了抢救生命而不幸牺牲，五年来，玉树县慈行喜愿会孤儿院的孩子们一直怀念着他。阿福不惜牺牲人生只有一次的宝贵生命去挽救与自己毫无相干的人的义举感染了孩子们，使他们在日常生活中也学习着发扬爱心和帮助同伴。在他那奉献爱心的影响下，香港建立了黄福荣传爱基金会，沿袭着阿福的足迹也正在继续关心和帮助当年他曾经帮助过的孤儿们，让读者理解何谓"仁"。

另一报道《老兵的泪》[1]描述了曾经为保家卫国，奋勇抗日的老兵，在退役后却长期不受到尊重，一直在被误解、被忽视、甚至被遗忘的悲惨生活中苦苦生存，在民间发起的"广西老兵关怀计划"的志愿者的关怀下得以安享晚生的事迹。"曾经的战士，为了当年的乡亲，家人，孩子与母亲而战，我们曾依靠过他的过去，也要让他们拥有可以依靠的今天"。这就是中华民族"义"的表现。

五、从华社新闻中还可以读到什么？

本地四家华文报章因营运资金限制，没有远程通讯员或报道员。但是却开放性地接受来自各团体，由他们自己的会员撰写的有关其社团活动情况的通讯稿。所以有关华社活动信息的来源渠道很广，地域的涵盖范围很大，内容丰富，几乎每天都有。只要仔细追踪就能获得许多有用的资料。笔者翻阅了 2015 年 4 月 21、22、23、24 日以及随手查阅了 3 月 23 日，2 月 17 日的《正报》华社版，《讯报》的社会动态版和《好报》的报道版以及综合版就读出了以下很多有关苏北省华族生活情况的资讯：

1. 苏北省的多数华人一般都会参与团体活动。这些团体包括宗亲、乡亲团体，校友会、班级会，慈善团体，文艺团队，晨运团队，龙狮武术社，寺庙、教堂的教友会，显示了这里的很多华人有集体活动的喜好。而这些团体构建了华人间沟通和交流的平台，对凝聚华族有很好的正面意义。在阅读《大马雪隆惠州会馆一行十人参访鹅城慈善基金会》，《槟城公务员工会乒乓队迎战潮州队，鹅城队，友谊队》等报道，能了解到本地团体与国外同一性质的团体常有联系，对同一血脉的华族异国公民持有浓厚的亲情，对推动国与国

---

[1]《讯报》，2015 年 4 月 14 日，第 21 版。

之间的友谊起到正面的作用。

2. 华族团体非常积极举办中华传统的节庆活动，这让华族人群对中华文化的认识提供一个有益的平台。在各种华社活动的报道中能看到迎春晚会，春节聚会，元宵晚会，春、秋祭祀，端午包粽子比赛，中秋赏月活动等等。每一家宗亲团体的节庆活动中参与者往往在300多位到1000多位，说明了这里具有浓厚中华文化色彩的宗亲情结的华人不在少数。《印华百家姓协会和各姓氏宗亲会乙末拜祖大典》就能读出华族团体不仅众多，相互之间还会再另外构成一个更庞大的联合会。如印华百家姓协会，印尼华裔总会，华人慈善与教育社团联合会等等。很多华人既是宗亲会的会员，又是乡亲会的会员，也是某慈善团体的会员或理事，往往他同时是百家姓协会或者印华总会的会员，并无楚河汉界那样划得清清楚楚。所以团体之间很少发生纠纷。就算年轻的一辈想搞成一是一，二是二那种专一于某一个团体的模式，也会被德高望重的老一辈所拒绝。毕竟整体华族的团结一致才是上上选。

3. 受到苏哈托时代华人因参政而曾被恐怖对待的影响，参政受压制的阴影还存在。一般华社在订立章程时都会注明"本社团不参与任何政治活动"。但对于勇于参政的华族青壮年却会在各种活动中间接给予支持与推动。例如《棉兰狮子会迎新春献爱心》；《棉兰扶轮社为棉市三区千户华族贫困家庭分发救助礼品》报道中的图片，就能见到那些参政的青壮年被分配到颁发礼品的行列，拥有机会接触更多的民众，推动他们的活动空间；华族的各种传统节庆活动，并不单单只限于华族族群间，一般都会邀约当地的土著群众或官员参加，以显示普天同乐、不分彼此的意愿，同时也在构筑华族与其他土著民族间的相互了解和团结。

重视本华族子弟的学习，几乎每个宗亲会或乡亲会都设立了助学金获奖学金，资助贫困的族亲子弟，奖励积极学习的华族青少年学生。《苏北客属联谊会奉献爱心分发米粮予贫困乡亲》一文中，华族为了显示作为印尼民族一员的公民责任和义务，无论是本族同胞或其他兄弟民族在遭受灾难，或因贫困无法欢度佳节，或者无能力让子弟上学等困难时，会及时伸出援手，慷慨解囊，履行公民义务，维持社会和谐。

4. 《FKPS统筹人黄耀汉主持4村学习所宣示落成仪式》报道了苏北省马达山市的华族黄耀汉通过他领导的"关心西纳朋群体论坛"的努力，为遭受西纳朋火山爆发肆虐的灾民们建立了4所生活技能学习所。除了免费提供学习材料外，还考虑到学生的道德品格的培养，把中华文化瑰宝之一的《弟子规》赠送给每一位学生，并指定华族志愿者义务担任此课的教师。在学生于父母前朗读弟子规时，学生的父母感到特别高兴进而受到欢迎。从这则报道就能见到苏北华族在维护族群和谐所做的努力，也见到苏北华族时时刻刻都有把华族优秀的文化传播给当地兄弟族的意愿。

5. 《先达归侨中国泳坛名宿符大进与海内外乡亲聚餐交流》，《奇沙兰①中华乡亲联谊会新春团拜暨成立第八周年庆典》，通过这两条华社新闻能了解到这里的华人乡亲组织并

---

① 奇沙兰是印尼苏北省一个城市的名字。

不和他们的祖辈一样，以中国祖籍地的省份或县区为主，更多的是以他在印尼的某一个出生和成长之地作为故乡。如"冷沙旅棉乡亲会"，"苏北旅雅加达乡亲会"。这些显示出他们对原居地的依恋心态，是出于人类天性，对曾养育过自己的土地，总带有很深的眷恋。这就能看到，现代的苏北省华族，他们和祖辈们的故乡观念已经发生改变。

6.《印尼比利玛大学成立慈青队》能读到现在的学校对学生的品德是如何进行培育的；《Piaget 学校庆祝春节》就能够见到华族占多数的学校对华族传统佳节的重视，并通过他们主办的学生舞龙耍狮，中国歌舞，旗袍着装，唐诗朗诵等的表演看到了校方对中华传统文化教育的重视。

当然其中还能读到其他的活动，如宗教团体的活动，慈善团体的活动，商业社团的活动等等。如2015年4月的一则报道《印尼驻中国大使与棉兰推展吸引中国投资及旅游者到印尼》，不难见到华族对中印友好的推动能力受到官方认可的情形。

目前在苏北省更多的是不谙华文的青壮年[①]，尤其是那些在政治团体活动的壮年人，他们日常接触的都是其他族群，使用印尼语的机会多过闽南语。但为了维护本族群的恒存，也为了保护他在议会或政府机构中的地位，他们会在华社各种节庆或祭祖活动中积极参与，以凝聚华人对他的支持，同时发表其个人的理想，即推广华族参政的理念，发出本族群的呼声，争取华族应有的权益。这些都可以在华社新闻报道中读到。

七、《好报》的华文文学推广

这是一家对文学极感兴趣的报章，源于他们的主编和资深编辑都是华文文学的爱好者。为了推动苏北的华文文学，他们不惜拨出大量的版面从国外约稿或转载文笔优美的文学作品、文学赏析、写作技巧之类的文章让本地文学爱好者欣赏、学习并从中获益。华文文学内容一般布置在大观园版、文学版、副刊、故事林版、文艺版或者学园版内。

（一）《好报》的中国古代文学情结

因主编和资深编辑以及几个资历丰硕的投稿者都是中国古诗词的爱好者，所以与中国古诗相关的内容就特多，而且质量佳。我们可以从以下一些内容的介绍见到：2015年1月8日大观园版内，由柴瑞林撰写的整版文章《漫谈边塞诗》。文中不仅阐述了边塞诗的由来，并细致地引导读者欣赏高适的代表作《燕歌行》，使读者明白这首诗是在歌颂战士们在辛勤戍边，英勇杀敌的爱国精神。再从"战士军前半生死，美人帐下犹歌舞"的对比来揭露出战士和统治者在生活中苦乐悬殊的不平等现象。诗中主要刻画了战士们在残酷的战争中的内心世界，发人深思。也着意暗示和渲染悲剧场面，揭露了好大喜功的将军们，不为国只为名并图利的罪恶行径，全诗隐伏着对统治者的辛辣讽刺。文中也分析了王之涣的《凉州词》为什么成了唐代名作，认为此诗虽然着力描写戍边者不得还乡的怨情，写得悲

---

① 根据各种调查统计，不能阅读、书写华文的华人占了华族总人口中的90%，其中虽然有部分会讲点汉语普通话，但听力不行，正常语速的普通话听不懂。

壮凄苍，但却没有使人颓丧的情调，反而不失边塞雄姿；悲中不说悲，却饱含雄浑壮烈之意。

不仅于此，文中还用了大量的诗句来引证王昌龄的《出塞二首》为什么是唐朝人七绝的压卷之作且被后世文人所推崇。文内做了以下的解释：原来这首诗里，有一句最美、最耐人寻味的诗句："秦时明月汉时关"。而题名《乐府旧题》正说明这七绝正来自于乐府诗的提炼，而乐府诗是要谱成音乐、广泛传唱的。为了需要，诗中往往有一些常见习用的词语，王昌龄这首就是沿用了惯例。"明月"和"关"正是有关边塞的乐府诗常见的词语。如"关山月，伤离别也"；"关山三五月，客子忆秦川"；"关山明月夜，秋色照孤城"；"关山万里不可越，谁能坐对芳菲月"正说明了这点。而这句奇妙之处就是在"关"和"明月"之前加了个"秦"和"汉"两个时间性的限定词。这种从千年之前，万里之外下笔，自然形成一种雄浑苍茫的意境，使读者把眼下的边关从秦代筑关备胡，汉代在关内外与胡人争斗一系列悠久的战争历史联系起来，那么"万里长征人未还"就不再是单指当代的人了，而是自秦汉以来世世代代的人们共同的悲剧。希望边境有"不教胡马度阴山"的"龙城飞将"也不只是秦汉那一代的人，而是世世代代人们共同的愿望。平凡的悲剧、平凡的希望都随着首句"秦"和"汉"这两个时间限定词的出现显示出不平凡的意义。所以作者认为："从古到今，凡是有口皆碑、家喻户晓的好诗，首先都是语言平白如话，字眼极为平常，只是字字句句都能安坐在恰恰的那个位置上。"这就是诗人高出一般的艺术表现。

文中也列出了很多本地读者不曾接触过的唐代一些著名的边塞诗，如唐太宗的《饮马长城窟行》，魏征的《出关》，骆宾王的《夕次莆类津》，岑参的《白雪歌送武判官归京》等。使读者对中华文化瑰宝之一的古诗词有更深刻的认识。

(二)《好报》的散文选荐

散文，也是《好报》从国外报刊杂志上仔细挖掘甄选出来，或者向国外名家约稿后加于刊载。多数情况下都选得不错，有些是意义很好，有些是文笔不错，现用以下几篇加以分析：

爱心是社会和谐的基础，关爱行动也不见得会让任何人牺牲太多，往往只是举手之劳，如《让人流泪的手机号码》；关爱不需要任何理由的《爱西藏的男人》——是因为长期相处共患难共欢乐结成的友谊，构成了这些男人热爱西藏的理由，一旦回到了繁华的城市中，想起了在那边天寒地冻的山区默默工作的伙伴们，总是无法释怀，总想尽快回到那里，把这里的欢乐带回给他们。这样富有爱心的散文还有很多，如带有"老吾老，及人之老"理念的《巷子里卖包子的妈妈》；其他的还有描写贫困夫妻相互关心的《女孩萝萝》；描写贫困青年为增进人生价值奋力向上的《穷学生的爱情》；讲述成长故事的《记忆中的美味》……

不仅于此，就是当前受到网络议论备受争议的车延高、余秀华等，和所谓羊羔体、甄嬛体之类的诗，也会拨出适当的版面给予介绍和讨论，让读者知道最新的文坛情况。

《好报》虽然在提高本地华文文学欣赏水平和写作素质上不遗余力地做了许多努力，但它对本地投稿者却不大开放，来来去去能见到的本地投稿人只是耳熟能详的那几位，不知是选稿要求严或者写作圈内交际不广之故。而《讯报》就比较开放，只要写得还有点意义的文章，虽然文笔平庸，它都会刊登出来，带有鼓励写作的意愿。在它的文友庭院版就能读到很多本地写作爱好者的文章。

八、《讯报》的印华文学关注

文友庭院，是本地四家报章中本省投稿人数最多的文艺园地版，它的投稿者来自苏北省各市镇，涵盖的区域很广，其中包括老作家，青年作者；有水平高的创作者也有才试笔的新手；有写作历史悠久的也有创作资历很短的，水平参差不齐，最能看到目前苏北印华写作圈的整体真实情况。

虽然版内的本地投稿者很多都是耄耋老人，有些创作读来会让人有暮气沉沉的感觉。但他们在书写有关华文教育的诗作时却写得很有意思，如"用美丽的方块字压舱/用五千年的文化作罗盘/在汹涌浩瀚的云雾中/方寸不乱"；"将生命，智慧和奉献的心/搓成一股牵绳/且自作纤夫/一脚深/一脚浅/涉水践石/在水浊如茶/浪沸如煮的/滚滚洪流里/拖过急流险滩/导入正常航道。"

因为是文学创作版，当然体裁的种类就很齐全，无论是古诗词、现代诗歌、散文、小小说等等都会出现在版面上。题材也林林种种，既有生活浪花，也有警世劝言，旅游见闻，养儿育女，保健知识，家庭生活，个人回忆，缅怀母校，情牵故乡……几乎应有尽有。无论作者写的是什么，都不曾忘记捍卫民族文化的使命，文字中常常蕴含着浓厚的中华色彩。

苏北的写作人都是土生土长的印尼华人，对这片抚育过他的土地有一份浓浓的感情，每当离家久了就会产生对故乡的思念，比如赖东喜的《梦寐萦怀的故乡——冷沙》；寒松子的《情系故乡峇都峇拉》；彬彬的《小城故事忘不了》、《小城故事人人爱听》；而在涂月英《先达是我故乡》一文写道"……欣赏每一过程。美景就在先达家乡，虽然有太多的不尽理想。人们常说先达是 kota mati（死城）。但是，先达毕竟是我自小生活的家乡，所以我觉得先达好可爱。"这篇虽然文笔平常，但意思明确①。他们一般就是用类似这样的朴实语言把故乡的山山水水、一草一木的感情写出来，衷情地诉说着内心真实的感受；在他们的心中，故乡的每一寸土地都上演过难忘的故事，每株草木都回响着亲切的声音。会把忘不了的父母对他的爱护，挥之不去的童年记忆和友谊，一生难忘的母校和老师，亲切的睦邻关系都会在文字中娓娓道来，显示着不离不弃的赤字情怀。字里行间也会提到已

---

① 很多本地作者写作能力是有水平的，只是没看到最近的版面有撰写故乡的内容，为了言简意赅需要所以只好引用这篇了。

回中国并为新中国的建设做过贡献的乡亲①，并因为他们而感到骄傲。

在各种题材中也能见到印尼华人对先祖的怀念，如戈婴的《祖先的扁担》；田心的《落地生根》；关于中国的就有孙国静的《贺亚投行 初奏凯歌》、《诗样的旅游》；双飞燕警示贪官的《为什么》；田心的恭逢其盛印尼崇的《贺美丽广东》。

这些没受过正统文学训练的印尼华人写作者，仅仅凭着少年时代华文小学或初中程度的文化，凭借长期写作撷取的经验和一股热爱中华文化的赤诚，为了民族文化的坚守，在根本就没有任何报酬的情况下努力耕耘，值得欣慰。

九、《青讯报》简析

《青讯报》是一家比较特殊，专供印尼少年和儿童学子投稿的报刊，除了在学校假期暂时停刊外，在每天 8 个版面中，有两个版面专门收纳学生的稿件，每一天都有长短各异的五至六篇由中小学生撰写的小文章和三至四篇的造句。版面布置也以在校学生读得懂的内容加于编写。

在大量的小文章中，不难发现这些在学校中华文只是他们的选修课或附修课的学生，对汉字应用得非常贴切，不仅表达清楚，而且段落明晰；形容词、歇后语、成语都运用得恰如其分，有些还懂得应用修辞、倒转叙述的表现手法。虽然没受过合格的文学训练，但也出现了不少很有才华的小作者。

在陈晶晶的《缅怀双亲》这一文中，为了展示自己晦黯的心情，借用了雷雨的景色："细雨蒙蒙的夜空，整座天空阴沉沉的。忽而电光闪闪，雷声隆隆。看着街边做买卖的小贩都愁眉苦脸，唉声叹气，我也被感染了。雨还是淅沥淅沥的下着不停，街道冷冷清清，偶尔传来叫卖声，汽车声，心情觉得好郁闷……"然后才是叙述怀念双亲的文字，开始懂得用景衬托出心境的技巧；吴施燕的《希望的重要》为了展示希望的分量，在开头运用了排比和比喻手法："希望是一颗幼嫩的种子，在细心的培育下，便能成苗壮的大树；希望是一只风筝，风乍起，随着风儿愈飞愈高；希望是一只雄壮威武的老鹰，趁上升的热气流，展翅高飞，翱翔在蔚蓝的天空……"然后通过哥伦布少年时代拥抱着希望最终发现美洲为例，论证了希望的内涵和对一个人的价值。

这些孩子对中华文化的认识，基本上还是很简单的，例如春节是："过新年……贴对联，挂灯笼，舞狮子，放花炮……会吃鱼和桔子，表示年年有余，大吉大利"；"羊是一种属相。中国每十二年用十二种动物代表每一个年份……"；而祭祀即是"……年年祭祖，是爷爷奶奶传下来的习俗，非拜不可。"但这些在校内受到印尼文教育，常读英语故事书的华族小孩，对欧美的寓言或故事更为熟悉。如马莉娜的《1＋1＋1＋1＝0》这篇，为了说明不得法的团结会造成团结意义失效时，引用的就是俄罗斯克雷洛夫写的寓言；梁美香的《我最喜欢的一件事》也一样："每一次看到书里有趣的地方，就像爱丽丝一头扎进无

---

① 包括周恩来的印尼语翻译员张丽水，中国原副外长黄书海，中国著名游泳健将符大进，陕西省政协原副主席苏明等等。

底洞，……在这新奇魔幻的世界里，可遇见从未谋面的历史人物，可以变成亚里罗森享受刺激推理的斗志……"笔者长期留意，很难发现他们的创作中会引用中国的故事，寓言，他们还没接触过的典故之类的故事就更不用说了。这说明了学校内的教育是以欧美文化为主，也说明了我们苏北省的华文教育实际上还没完全到位。但这些小朋友对华文的学习态度还是值得敬佩的。

这些孩子通过自己的努力，能把他们的脑海中的思考和想法用才学了不太久的华文，很细致也很清晰地写出来，如郭丝丝的《和骄傲说再见》："……其实自己的心被缠绕在厚茧之中，亮丽的阳光被阻挡在心门之外。……不管天空多浩大，海水多深远，陆地多宽广，都应保持平静谦和的心，接纳各方的意见，才能使细沙堆砌成耸立的山峻"。还有她写的诗《幸运草》中的一段："…… 幸运随风飘扬/不管天涯海角/端看你何时拾起/幸运只迎笑容/泪水是没有权利的"，这些文笔，在中国是不算什么，但对于每周只学习两三个小时华文而且多数时间是在使用印尼语文或者英语的中小学生，应该予于理解和关注。

在长期的稿件追踪后，发现很多学生只是投稿一次或两次，但在长达六年多的日子中，可以看到能有效使用华文的学生，除了常常投稿的几位，几乎接近万名。虽然这些小作者的文章多数是出自于华文老师布置的作业，若从另一视角分析，也能容易地探析到华文教育在苏北省目前所取得的成绩，也能感觉到苏北省印华文学的明天还会是阳光灿烂的。

综观以上所述，我们不难看到作为中华民族后裔的本地华文报章的经营者，虽然他们多数都是在华教断层后只受到印尼文教育成长起来的壮年人，但在他们经营理念下无论是编辑人员的聘请或报道倾向的要求与布置，都充分反映了他们对祖先遗留下来的民族意识和民族文化有着强烈的情结。因此，他们不仅关怀本华族后裔的学习，希望他们将来有所作为，也通过不同的版面传载的信息，不断在弘扬着中华文化，加深华族对中国的认识。对广大的华族灌输着浓情重彩、博大精深的中华文化，使更多的华族不仅工作能力强，而且能以本身具有的深厚中华文化素养，把生活过的更有意义；中华文化素质提升，就能以一种优秀民族成分生活在众多的兄弟族群之中。展示自己民族文化的优异点，就是在保卫本华族的权益。因为以优秀的文化孕育出来的杰出能力参与到各兄弟民族的共同奋斗中，使得自己生活着的祖国——印尼繁荣富强，才可以赢得各兄弟族的认同。

从报上刊载的信息，我们也能看到，华文虽然在印尼长期地受到蹂躏和摧残，但只要稍微洒下一点雨丝获得一缕阳光，她就会重新萌芽、茁壮成长；作为仅遗的一群还懂得华文的文学爱好者和刚学习华文的青少年，他们以至诚态度托情于文，写出作者对人生的思考。用心力和感情写出生活中体验过的喜悦、忧虑、期望和感悟。文章内所显现的，无论是文化眼光、审美意识、价值观和人生观都带有鲜明的华族印记，显示着以仁义为本的中华伦理道德素养。虽然在大量的异族文化环绕下，他们从不忘却自己的民族性，继续应用自己的华文素养，展示着自己别具一格的纯朴风采。不仅写出了华族的民族性，对养育他们成长的印尼大地也衷情地抒发出深深的眷恋。

从报章承载的信息，我们不难发现在文化观念、价值取向、民族富强理念上，本地华族是与中国本土一向拥有的文化观基本上是同步的。作为中华民族后裔的印尼华族对同一血脉的中国人民是有着很深的亲近感，对富强的中国常感到骄傲。这不能忽视的亲情感完全有益于中国和印尼的友好关系，蕴含强烈中华文化的华族也是印尼兄弟族群认识中国的"良好路径"，对增强印中的经济文化交流是一股有力的推动泉源；具有强烈中华文化色彩的华族后裔，对中华民族传统的世界大同，推动世界各国共同繁荣的理念在实现的过程中也是一股不可忽视的力量。

固守与传承
——论新世纪以来菲律宾华文教育的契机与困境

杨静林①

（广西民族大学中国—东盟研究中心　南宁　530006）

【摘　要】菲律宾华文教育经历了产生—兴起—衰微—发展的历史过程，侨校菲化是菲律宾华文教育发展的转折点，同时也面临了前所未有的困境，华社呼吁振兴华文教育及华文教育的改革。新世纪以来菲律宾国内掀起了一股学习华文的热潮，华文教育发展出现新的契机，但由于菲律宾华文教育自身机制存在诸多问题，菲律宾华文学校传承中华文化，复兴华文教育任重道远。

【关键字】新世纪；菲律宾华文教育；契机与困境

菲律宾华文教育的持续与发展离不开菲律宾主流社会的开放与包容。菲律宾华文教育在菲化政策推行后开始沉寂，但随着中国在东南亚地区经济影响力的增强，华语的实用价值提升，菲律宾国内出现了一股学习华语的热潮，菲律宾华文教育出现了新的发展契机。虽然华人社会积极扶持菲律宾华文教育的复兴，但当前菲律宾华文教育仍面临诸多困境，急需探索菲律宾华文教育改革与发展的出路。

一、菲律宾华文教育的发展历史

从 1899 年华人创办第一所华文学校到现在，菲律宾华文教育已有百余年，建立了从幼稚园、小学、中学直至大学的完整的华语教育体系。1972 年 6 月菲律宾教育部统计华校共有 151 所，学生 68 905 人，教师 4 000 人。② 菲律宾华校是由华人社团、宗教组织和个

---

① 作者简介：杨静林，博士，广西民族大学中国—东盟研究中心副研究员。
　本文系广西自治区"八桂学者平台建设工程专项课题"项目"广西的海洋经济及亚太战略"；全国侨联项目课题："菲律宾华文教育中心的发展研究"（项目编号：13CZQK107）；中国—东盟研究中心课题《冷战时期中国与菲律宾外交关系》（项目编号：KT20120152）研究成果。
② McCarthy, The Philippine-Chinese Profile: Essays go Studies-the Chinese School, Pagkalais, Pag-unlad, Inc, 1974, pp117 – 118.

人创办的私立学校，是培养菲律宾国内所需汉语专才的重要场所。1973 年马科斯总统推行侨校菲化政策，华文教育纳入了菲律宾公民教育的体系，华语课由必修课退居为选修课，英语或他加禄语授课为第一语言，中文授课改变为第二语言教学。华语授课时数锐减，中学学制从六年压缩为四年，华语成绩不再是学生升学、就业的要求，华裔青年在日常交际和写作中运用华文的能力水平下降。菲律宾学者对大岷区华校中学生和大专院校华裔学生进行社会调查，结果发现能流利地说普通话的华裔青年仅占 24%，流利地讲闽南话的虽高些，但仍不到一半，只占 47%。至于阅读华文报方面就更差了，只看华文报者仅 15%，英文、华文报兼读者也只占 31%。在家中讲华语者只占 10%，而以华语为主要语言，混以英菲语言者也只占 37%。① 20 世纪 80 年代，学习华语群体的减少及华校传承文化功能的削弱使得华人的文化危机感加深，菲律宾华文教育的延续面临内外部巨大的压力与危机。华社有识之士疾呼抢救华文教育，振兴华文教育的口号，使海外华人社会此一角落，仍保有炎黄子孙的脉络和中华文化的气息。②

鉴于华校办学分散，教学工作不统一，各校教学质量参差不齐，缺乏统一的教学制度，华社提出在各华校之上建立统一协调华校的社会组织。1991 年 5 月 24 日，菲律宾华文教育中心（简称华教中心）成立。它为华文教育的教学法改革做了大量基础性工作，对菲律宾华文教育革新带了较大的影响③。1992 年，华教中心成立华语教师组织——菲律宾华语教师协会，在菲律宾全国开展有关华语教师业务、福利、联谊等工作和活动，形成了菲律宾华文教育研究中心（简称华教中心）、菲律宾华文学校联合会（简称校联）、菲华商联总会（简称商总）推动菲律宾华文教育改革与发展的三股强大的社会力量。④ 2003 年至 2013 年的十年间，菲律宾大马尼拉地区、吕宋地区、米萨鄢地区和棉兰老地区共有 136 所华校和 75 000 余名学生。⑤ 随着中国与东南亚国家经济联系的加强，中菲两国人员来往的密切，华语的社会应用价值提升，菲律宾国内出现了一股学习汉语的热潮，学习华语的群体增多。

二、新世纪菲律宾华文教育发展的新契机

由于华文教育得到菲律宾华人社会的鼎力支持，财力上的慷慨给予，从中国大陆及台湾地区补充华校的师资力量，加强对华语教师的培训，菲律宾的华文教育体系内部也不断加强自身建设，培养年轻教师人才和革新华文教学方法和制度建设等，菲律宾华文教育在

---

① 陈金灿：《本校华文教学之改革》，《第三届东南亚华人教育研讨会论文集》，菲律宾华文教育研究中心，2002 年，第 18 页。

② 《菲华文坛（创刊号）》，1984 年，第 2 页。摘自于潘露莉：《菲律宾华人的属性认同与菲律宾华人教育》，《菲律宾华校华语教学研讨会资料汇编》，菲律宾华文教育研究中心，1993 年，第 41 页。

③ Teresita Ang See, Chinese in Philippines: Problem and Perspectives, Kaisa Para Sa Kaunlan, Kaisa Heritage Center, Manila, 2013, p134.

④ 沈红芳：《菲律宾华校的嬗变及其诱因探析》，《华侨华人历史研究》，2004 年第 2 期，第 41 页。

⑤ 黄端铭：《菲律宾华侨华人的留根工程——菲律宾华文教育》，丘进主编：《华侨华人研究报告》，社会科学文献出版社，2014 年版，第 224 页。

新世纪出现了新的发展契机。

首先，随着中国经济日渐增强，华语在菲律宾的实用价值提升，菲律宾企业青睐于精通华语的人才。华语为东南亚地区贸易与投资的交际用语，商业领域对汉语专才的需求日益增加，精通华语成为在激烈的职场竞争中获得就业机会、提升待遇和晋升岗位的技能。商家争相聘用华语人才，汉语成绩优秀的毕业生供不应求。菲律宾主流社会也渐渐关注汉语教学，对华文教育持包容的姿态。前总统阿罗约多次在公开场合阐述华文教育对发展本国经济的促进作用，号召华人及其他族群人士学习华文，还允许国内大专院校开设华语课和业余华语班。这些宽松政策是促进华文教育的重要动力，也为华人推动华文教育留下了充分的余地。① 菲律宾高校设置了中文专业，把"华语"列为大学外语选修课之一，甚至为大学入学考试的外国语考试科目之一。不少菲律宾政要、富商把子女送入华校，或送往北京、上海、广州、台北、厦门等地学习汉语。这种现象已由富商家庭逐步扩大到中产阶级。② 在马尼拉地区之外，学习汉语的菲律宾人超过了华人。事实上不少家长（包括非华人的家长）送孩子进华校，希望孩子能接受中华文化熏陶，掌握华语。侨社振兴华文教育、传承中华文化的呼声尤为强烈，把华文教育称为"留根工程"或"希望工程"，投入了很多时间、精力、财力，还有人力，以保持中华文化传统的世代相传。③

其次，菲律宾华人社团、宗亲会、地方商会及华商极力支持华文教育的发展。菲律宾各宗亲会联合总会（宗联）、晋江同乡总会（晋总）等为华校筹措巨资，举办华语比赛，设立奖助学金制度，引导菲华青年对学习华文的重视，出重资从大陆、台湾、香港等地聘请华文教师，甚至还为华校学生、教师赴两岸学习或实习提供经费。在菲律宾华人社会已经形成了"以商养学，以学促商"支持华文教育的社会风气。商总于2004年面向全菲华校学生设立"挽救华校学生流失补助金"活动，每年拨出500万元菲币，以每生每年10 000菲币的标准补助500个学生。从2005年至2011年，共有100所华文学校的4 636名华人子弟受益，迄今为止商总一共发放了46 360 000比索的补助金，约合人民币7 100多万元。④ 菲律宾许氏宗亲总奖励本族服务侨校幼小中学教职人员，包括许姓媳妇，均在受奖励之列，依据服务侨教年限的不同，另加奖励金。⑤ 不少富商慷慨捐资，设立各种教育基金，支持华校办学，改善教学条件。首都银行设立优秀华语教师基金会，奖励华语教育工作者。从2001年至2011年，菲华大班陈永栽出资，先后组织11批共7 217名华裔青少年到厦门大学、华侨大学和集美大学学习华文和中华文化。⑥ 宗联捐资出版《华文教育言论集》，收集多为专家、学者和教育工作者对改进华文教育的意见，讨论华语教学的新出

① 周聿娥：《新马菲泰华文教育的重新定位》，《华侨华人历史研究》，1994年第3期，第11页。
② 黄炳辉：《在菲律宾传播中华文化》，《人民政协报》，2011年5月9日，第C01版。
③ Edgar Wickberg, Chinese Organization in Philippines Cities in Since World War Ⅱ: The Case of Manila, Asia Culture, 1993 June, P17.
④ 赖林冬：《试论菲华商联总会发展华文教育的功能属性》，《赤峰学院学报（哲社版）》，2012年1月，第237页。
⑤ 菲龙网：《许氏总会继续办理华文教职员奖励金》，http://www.flw.ph/thread-40241-1-1.html.
⑥ 《菲律宾华教中心大事记（1991—2004）》，《菲律宾华文教育综合年鉴》，马尼拉：菲律宾华教中心，2008年，第138页。

路。计顺市菲华商会支持商总推行的"培训本国华文教师方案",计顺市菲华中学名誉董事长侯斌鸿,商会名誉理事长许能公、蔡美伦,理事长许焕燃及秘书长洪健雄共捐献菲币200 万元培养年轻的教师。①

再次,中国大陆、台湾等向菲律宾华校派出大批的志愿者教师,补充华文教师的不足。华校借助中国大陆和台湾的师资力量复兴菲律宾华文教育,或委派华校教师到中国大陆或台湾接受教学技能的各项培训。从 1991 年华教中心向中国国侨办、教育部门、学校申请外派教师,迄今共向中国大陆聘请外派教师 627 人。2001 年 7 月 20 日,华教中心与菲律宾移民局签订谅解备忘录,开辟绿色通道,为国外教师办理工作签证提供了方便。②自 1985 年以来,商总长年坚持出资邀请台北国语日报语言中心和台湾师范大学教师为菲律宾华文教师举办暑期华文讲习班,参加培训的教师,每期多达 200 人。③ 中国汉办实施"国际汉语教师中国志愿者计划",2003 年 6 月中国大陆派出第一批 17 名志愿者赴菲律宾,拉开了新中国教育历史上首次向国外派遣汉语教学志愿者的序幕。从 2003 年至 2011 年,累计向菲律宾派出了 1 766 名汉语教师志愿者,2014 年达到 2 000 余名,菲律宾成为中国向海外派遣华语教师最多的国家之一。中国侨办、侨联及许多高校加强与华教中心、华校的联系,开展教师培训,派出教育专家,招生,举办各种华文教育活动或竞赛的合作。菲律宾华教中心加强本土华文师资队伍建设,推出"造血计划",该计划实施已有 22 年。输送学生到中国内地高校攻读汉语教育本科专业,为菲律宾华校培养高层次的华语教师。

此外,菲律宾华校重视本土华校教师的培养,及教师专业技能和教学水平的提升。菲律宾华校中正学院为培养华文教师,专门设立中文教育系。④ 中国有关部门和高校为菲律宾华校提供留学生奖学金,菲律宾侨领或华社团体负责奖学金之外的其他费用,华教中心负责从各个侨校中选派有一定汉语基础、有志于华语教学的学生赴中国就读,学成毕业后必须返菲至少服务华校五年。迄今已输送到中国的有来自大马尼拉、吕宋、米沙鄢、棉兰老 30 余所华校的 125 名学生。其中,学成归来服务华校的已有 48 人,按协议从教,教龄最长者为 8 年,有的已经成为华校教师骨干。2012 年华教中心又启动了"华语教学师资队伍专业化方案",在国务院侨办的大力支持下,第一年就提供 100 个免报名费和学费的名额,由中国暨南大学华文学院开办菲律宾华语教师华文教育专业函授本科学历教育,全部课程考试成绩合格的学员可获得暨大函授本科毕业证书,符合学位管理规定的学员可获得教育学士学位。华教中心还大力推动华语研究和华语教学的学术研究,出版期刊、书籍,举办华语教学研讨会,探究华文教育的新出路,总结华语教学实践活动的经验与不

---

① 菲龙网:《计顺市菲华商会捐二百万元支持商总培训华文师资计划》,http://www. flw. ph/thread-39448 – 1 – 2. html
② 菲律宾华教中心网:《菲律宾华教中心大事记(2001 年)》,http://www. pcerc. org/Others/Event/Events. htm
③ 吴枚:《菲律宾华校华语教学透视》,《华文世界》,1994 年第 72 期,第 90 页。
④ 李宏谋:《提高教师待遇,挽救华文教育》,《菲律宾华校华语教学研讨会资料汇编》,菲律宾华文教育研究中心,1993 年,第 90 页。

足，推广华文教学的成功经验。

最后，编写适合菲律宾华文教育的本土教材，革新教学方法。华教中心重点放在制定教学大纲、编撰教材、改进课题教学方法和考试方法、培训师资，建全华语教学和管理体系等工作，制定了华语教学大纲——《菲律宾华校幼儿园教育大纲》和《菲律宾中小学（十年制）华语教学大纲》。《菲律宾华校幼儿园教育大纲》包括了华文教学的指导原则、目标、教育活动设置与编排、主题综合教育活动设计等几个方面。全面总结菲律宾华语教学经验的基础上吸取第二语言教学理论的研究成果编写、出版适合菲律宾华校从幼儿园到中学完整的华语教材及配套教材。菲律宾华教中心还与侨中学院合作，制作《菲律宾华语课本》配套的《菲律宾华语教学语料库》，方便华语教师备课和上课，这是近年来菲律宾华语教学一项具有重大意义的成果，对华语多媒体辅助教学大有裨益。[1] 华教中心进行华文教学法改革，以侨中学院为试验基地，遵循"听说领先，读写跟上"原则，按听、说、读、写的顺序安排教学，在教学中加入了大量的语言练习。教师借助字卡、句卡、图片、表演等各种直观形象的方式，让学生反复操练句型结构，先重复模仿，再记忆创造。此外，要求教师运用华语作为第二语言教学法，利用直观手段，或依赖上下文语境，或模拟语言材料情景等多种方法，帮助学生理解掌握教学内容。

三、菲律宾华文教育的困境与问题

菲律宾华人生活在菲律宾社会的大环境中，在日常生活与社会交际都以英语或他加禄语为主，缺乏讲华语的环境。而华校学习任务重，学生缺乏学华语的兴趣是当前菲律宾华文教学面临的最大难题。虽有《世界日报》、《商报》等华文报纸开辟华文文学专栏，鼓励菲华青年从事华文创作，但取得收效甚微，仍无法从根本上彻底扭转菲律宾华文教育的困境。除了外部环境不利于菲律宾华文教育的发展外，菲律宾华文教育体系内部自身存在的弊端也限制了其发展。

（一）菲律宾华校出现办学经费不足，财务短缺现象严重及教学资源分散的不利境况

华校未能得到菲律宾政府的任何财政补充，办学经费都是自筹，华校日常经费开支主要来源：一是各个华人商会、宗亲会、同乡会、华商及华人社团的捐助，设立奖学奖教基金。二是学生的学费收入，一旦华校学生不足，华校就会陷入财务吃紧的境地。三是各华校董事的捐款。很多华校的维持取决于各位董事的财力状况。如果校董经济出现危机，华校经费随之出现困难。当前，菲律宾华校大多面临经济拮据、难以为继的窘境，办学经费的不足制约了华校的长远发展。

另一方面，又出现了中小学华校林立，教学资源分散的状况。在马尼拉和吕宋两个地区的华校占全境华校的68.38%，华校学生则集中在大马尼拉地区，2012 年至 2013 年度

---

① 黄端铭：《菲律宾华侨华人的留根工程——菲律宾华文教育》，丘进主编：《华侨华人研究报告》，社会科学文献出版社，2014 年版，第 233 页。

占全国华校学生人数的 50.9%。① 据资料统计显示，从 2004 年至 2005 学年度，菲国全境 131 所华校中只有 4 所学校有 4 000 位以上的学生（占 3.05%），两所学校有 3 000—4 000 位学生（占 1.53%），3 所学校有 2 000—3 000 位学生（占 2.29%），17 所学校有 1 000—2 000 位学生（占 12.98%）。也就是说，学生数达 1 000 人以上的华校全菲只有 26 所，占 19.85%，即约 1/5 弱。500 人以上、未满 1 000 人的学校有 18 所，占 13.74%。最多的就是 500 人以下的学校，有 87 所，比例高达 66.41%。② 在马尼拉地区之外，华校分散现象尤为严重。华校逐年越办越小，小到同一年级从两班变成一班，由一班再变成跨年级并班。这种不正常的并班不利于教学的开展和学生的学习，造成华校有限资金的浪费和教学资源的分散。

（二）华语教师福利待遇低且社会地位不高导致华语教师流失严重的问题

菲律宾华语师资主要来源有：一是本地华校毕业的初高中生；二是自中国大陆、台湾或香港等地来菲的新移民；三是台湾的"替代役教师"或中国大陆派出的"志愿者教师"；四是华校至国外招募的师资。四者中以第一类所占比例最高，虽然菲律宾华语教师实现了本土化，但菲律宾华社崇尚商业，华人大多乐于经商，教师工作不受重视，无法吸引华人精英进入华语教师行列。此外，华校执教的本土教师出现断层，老龄化现象严重。现在的华校教师多数在 50 至 60 岁之间，个别学校还有七八十岁的老教师。他们多为 20 世纪 60 至 70 年代菲律宾华文发展到鼎盛时期培养出来的教师，而年轻教师处在青黄不接的状况。

华校教师待遇微薄，收入存在较大的地域差距。大马尼拉区华文教师起薪约菲币一万，部分山顶州府的老师收入只有五六千元，在某些偏远山区华校校长的月薪不过两万元。③ 马尼拉爱国中学校长陈金灿直言不讳地道出了菲律宾华语教师遭受"一气、二差、三低"的境遇，即"受学生家长气；福利差，环境差；社会地位低、工资低、成就感低。"④ 由于教师福利差，戳伤了在岗教师的积极性，但凡有出路的华校老师都纷纷改行经商，另谋生路，教师流失问题突出，华语教师队伍的稳定构成华校一直难以克服的弊端。此外，华语教师待遇低使华人青年不愿加入华文教师行列，形成教师流失与师资不足的恶性循环。2011 年全菲律宾有华文学校 157 所，共有 87 657 名学生。将志愿者人数计入统计，全菲华文学校约有华文教师约 2 839 人，全菲华文学校的学生与华文老师的平均比例为 31：1。在全菲 14 个地区中，有一半地区的师生比例大于全菲平均师生比例。尤其以第十一区南棉兰老师资缺乏最为突出，师生比达到 75：1。其次为第六区西米沙鄢、第

---

① 黄端铭：《菲律宾华侨华人的留根工程——菲律宾华文教育》，丘进主编：《华侨华人研究报告》，社会科学文献出版社，2014 年版，第 224 页。
② 《华校学生减少问题初探》，《菲律宾华文教育综合年鉴（1995—2004）》，马尼拉：菲律宾华教中心，2009 年，第 64 页。
③ 廖宜瑶：《菲律宾华文学校之现况与展望》，《中原华语文学报》，2011 年第 9 期，第 102—103 页。
④ 高崇云：《海外华文教育的回顾与展望》，《中原华语文学报》，2010 年第 6 期，第 198 页。

八区东米沙鄢和第五区比科尔等三个地区的师资缺乏严重，师生比例都在 50 之上。①

虽然有"志愿者教师"或台湾派出的教师补充，但也有不容忽视的问题，造成华校教师待遇的不公平。中国志愿者教师除了有政府提供的待遇外，还可以华校领取每月将近 200 美元之生活津贴。志愿者或替代役教师薪水加津贴，一个月约有 800 美金，折合菲币将近 40 000 元，是本地华语教育工资收入的 4 倍。待遇不公引发华校本土教师的强烈不满，"如果你每日仅读华报，志愿二字是给予人们莫名其妙的误导，最近得悉某些偏远山顶华校，担任校长高职月薪不过二万，而未来主人翁的华教老师竟然仅有低微得叫人心酸的五六千元。而一个由国内派出的年轻人，却因为头戴'志愿'二字一下子成了枝头上的凤凰，每月所获取的优濯美金八百大元，成了华社茶余饭后令人摇头不解的话题。"②

（三）华校教师流动性大，缺乏扎实的专业知识和教学经验的优秀教师

由于华语课程及授课时数被迫缩减，导致本地华校毕业生在华语上的训练严重不足，菲化后的华校毕业的教师的华语能力远不及前代教师。华语老师大多是以英语为官方语言的大学毕业，汉语对这些老师而言本身就是第二语言，他们是通过国家汉办、侨办及华人社团组织的培训课中成长起来的汉语教师，1/5 之多的老师教龄不超过 5 年，教育专业毕业老师的仅仅占 10.6%，近 90% 的在职教师非师范类专业，课堂教学质量难以得到保证。③

虽然有华人新移民进入华语教学行列，但大多以此为过渡或兼职，而选派的志愿者在教学上有诸多问题：首先，华校学生习惯用菲律宾语沟通，志愿者教师的英语水平非常有限，在课堂上师生语言沟通成为障碍。学生很难领会老师传递的信息，部分外援年轻教师的教学与课堂管理效果不佳。第二，选派的志愿者大多是尚未毕业的大学生，虽有热情，但缺乏教学的实践经验。第三，服务时间短，流动性大。志愿者教师一般是一年一签，一年的服务期间，扣掉放假后还不足十个月。大陆派来的志愿者和台湾的替代役老师流动性强，学生每年不停地适应不同的华语教师，影响了华文教学的整体质量。

（四）现有的教学理念和教学方法不适合华语为第二语言的课堂教学

菲律宾华校实行双学制，学生入学要同时接受菲语、英语、国语（普通话）、闽南话的教学，学习负担重、压力大，学习华语的积极性不高。此外，受华侨教育时代华语教学模式的影响，教师的教学法落后，华语课堂仍沿用传授知识的旧模式，教学理念陈旧，不懂现代最新的教学技术和手段等等。两岸对海外华文教育持不同主张，给菲律宾华文教育带来负面影响。有的华校大力提倡简体字、汉语拼音、第二语言教学法，有的华校则坚持用繁体字、注音符号、母语教学法。中立的华校采用"学简识繁"或"学繁识简"的教

---

① 赖林冬：《菲律宾华文学校的发展和现状探析》，《八桂侨刊》，2013 年第 1 期，第 64—65 页。

② 《八百元美金够超过》，菲律宾《世界日报》，2008 年 3 月 17 日，第 11 版。

③ 中国新闻网：《菲律宾华教中心参访广西，期待共办华文学校》，http://www.chinanews.com/hwjy/2012/10-31/4291244.shtml

学体制。在全菲一百多所华校出现"一体三制"的现象。台湾"替代役教师"或中国"志愿者教师"虽补充了华校师资，但在教学理念和教学方法上存在角力，这给菲律宾华语教学带来一定的困扰和教学方式上的混乱。[1] 两岸对华校在正体与简体的抉择、拼音与注音的使用上过度关注，却忽略了华文教育的一个核心问题：对菲华中小学生来说，根本问题出在不识汉字、不会读写汉字，而不是字体之争。

（五）华校的管理制度存在弊端

受海峡两岸政治分裂的影响，菲律宾华校各自办学、管理松散，不同派系华校在政治立场上相互抵触，有的华校则采用台湾侨务委员会提供的教材和派出的教师，沿用台湾岛内的教学方法，而有的华校采用内地提供的教材，接受中国大陆方面来的华语教师，双方互不来往。在华文教学课堂上学生纪律松散，华文课的班级学风管理差，学生学习华语不积极。[2] 华校为了辅导学生完成课后作业，减低课业负担，推行了督课制度，其弊端不容忽视，可以说，华文教育的不振跟督课制度有很大的关系。所谓督课，名义上是课后辅导，实则是老师替学生读书兼处理回家作业。因督课收入通常高过本薪，有些教师本末倒置，视督课为先、教学为后，甚至把学校当作拓展与家长间人际关系、培养未来督课生人脉的场所，督课制度很难达帮助学生提升华语水平的功效。此外，华校制定的成绩考核制度存在漏洞，学校对学生语言水平的检验和升学仅以考试成绩为准，学生的华语能力通过考试来检验，出现了家长只看能否顺利升级，督课老师只关心成绩高低的局面。学生为应付考试被迫练习华语，却多数都不会讲流利的华语、不能读报、更写不出文章，土生的菲华青年一代的华语水平呈整体下降态势。

另外，在菲律宾现有的环境下，学生学习华语大多依靠课堂上的几十分钟，课下也绝少有运用华语的机会，这也是制约华文教学的重要因素之一。华语教学需要将学校教育、家庭教育、社会教育相互配合，学生能在课堂以外具备学习华语的良好环境，多听、多读、多说，感受到学习华语的文化精髓。

四、菲律宾华文教育发展的出路与举措

首先，建立完善的菲律宾华文教育体制，规范华校的日常管理与教学活动，改革考试制度，使华校管理与教学规范化、制度化；提升华文教师及华文教育的地位，改善教师的福利和待遇，实行教师评级、工资晋升和奖励措施，设立教师福利基金、教师奖励金，为华语教师提供退休金、医药补助金、教师年资奖励金，并给在职教师子女以优待，培养

---

[1] 替代役跟欧洲国家的"社会役"性质相似，为台湾兵役制的重要改革。在一年两个月的服役期间，替代役教师先接受一个月军事训练及三周教育专业训练，随后依个人志愿及分数高低，由中华民国侨务委员会派遣、分发至各所华校。赴菲代役的教师皆为大学或硕士毕业生，各有专长，如华语教师需有中文系或华语系的背景，2009年新增之计算机或数学教师皆为本科系毕业生。杨宗翰：《菲律宾华文学校的四大病灶》，《中原华语文学报》，2010年第4期，第63页。

[2] 张荣显：《菲律宾华语教学实习分享》，《台湾华语文教学》，2012年第6期，第93页。

"尊师重教"的社会风气，缩小马尼拉地区与偏远地区华校教师待遇的差距，增强华语教师的积极性。

其次，兴办华文教育师范专业，吸引有学历、有专业素质的优秀华裔青年加入华文教育行列，减少有经验教师的流失，培养优秀的华文专业教师，建立教师资格认证制度，积极探索多形式、多渠道、多层次的校企合作、联合培养方式提升华语教师的教学水平。严格选拔境外老师的引进或志愿者教师的选派，特别是在语言上严把质量关，不能滥竽充数，尽可能缩小境外与本土教师的待遇差距。

再次，明确华语教学的目标，营造良好的华语学习环境，激发菲华青年学习华语的积极性和热情。华语教学不仅是传授语言知识，而且系统地强化语言技能训练。发挥华语教师的主观能动性，将合理的课程教学与课外社会活动有机结合；通过组织趣味性的操练，提升学生听、说、读、写等最基本的语言能力，使学生在课堂上所学华语知识转化为语言写作、交际技能，又能在实践中领悟华语的价值，突破汉语口语表达的瓶颈，实现华语的"学以致用"，又能发挥华语的文化传承功效。

最后，整合华社的教育资源，减少浪费，革除菲校的多年积弊，同时对外争取菲律宾政府、中国大陆，乃至港澳台地区对菲律宾华文教育的支持，使华文教育有更多的资源和机会。如争取菲律宾政府允许华语成为升学考试的科目，及本地华语教师、外籍华语教师的资格认定等等。

语言是一个民族最基本的特性，也是民族文化的重要组成部分，菲律宾华校是维系华人社会传统文化传承的纽带。振兴华文教育显现了菲律宾华人具有传承中华文化的一种强烈的责任感和使命感，以文化为标志的族群身份的认同及对民族文化的固守。因而，华语教学倍受菲律宾华人社会的重视，华人社会希望通过华文教育培养与熏陶年轻一代保留中华文化的素养。而当代菲律宾华文教育的式微与转机是菲律宾语言生态环境的变迁及族群文化的融合与碰撞的折射。中国政府将向外输出华文教师、扶植海外华文教育的发展作为国家软实力建设的重要组成部分，但是菲律宾华文教育的生存与发展离不开菲律宾国内主流社会对外来族群文化的兼容，华社教育界、社团及侨领慷慨捐款，大力支持华文教育，华教中心、商总等机构或社团培养师资、革新教学法、编写教材等建设，还有华文教育工作者的辛勤付出。虽然目前菲律宾华语教育改革的成效初见端倪，但菲律宾华文教育面临外部主流文化的强势包围，及自身内部存在许多问题，菲律宾华文教育的复兴之路仍很漫长。

字理识字在马来西亚国民型华文小学的教学状况

［马来西亚］周芳萍　李朝祥

（马来亚大学教育学院／砂拉越师范学院　吉隆坡　58200）

【摘　要】识字是学生掌握阅读与写作的基础，因此识字教学就成了低学段语文教学的首要任务，但是传统的识字教学策略往往不能保证教学成效。过往的研究证明了字理识字教学法是一种行之有效的识字教学策略。研究者尝试将中国大陆的字理识字教学策略根据马来西亚的课程加以调适，在我国的国民型华文小学设计了一个识字教学模式，并融合活泼的教学法，在一间国民型华小的一班三年级学生进行试验型研究。研究结果发现此方法令学生在学习和掌握中文的时候，不但不会感到厌倦，反而会爱上汉字，并引以为乐。

【关键字】汉字；识字教学；字理识字；国民型华小

识字是孩童掌握读写技能的基础。在小学阶段，孩童需掌握3 000个以上的汉字，才能够应付阅读与写作的需要。根据统计（张田若，1998），孩童掌握3 000个汉字，就能够辨识一般读物99.5%的字词。识字是语文学习的基础。但根据研究者参阅的文献，无论是在中国或马来西亚，小学的识字教学普遍存在着各种不足之处。周静静（2008）指出现在认识汉字的主要途径是靠反复地机械记忆，这无形中增加了学生的课业负担。上述识字教学的现象也存在于马来西亚。

一、常规识字教学法

常规识字教学法是指现今教师普遍采用的教学法。现今马来西亚师范学院以杨九俊，姚烺强（2001）编写的《小学语文教学概论》为培训华小师资的主要教材。根据这本书，识字教学的一般教学步骤为：

1）出示生字：生字可在阅读课文之前或随文进行教学。

2）教学生字：以各种方法解说生字的音、形、义。

3）巩固生字：布置练习以巩固新学的字。

4）运用生字：鼓励学生在阅读或写作中运用所学的新字。

路克修等人（2002）也认为，识字教学一般上始于掌握字音，再理解字义，最后才掌握字形结构。这样的教学程序是广大华文教师从长期的实践中归纳出来的一种教学模式，自有一定成效。但是，就教学实际而言，多数教师往往僵化地依据"音—义—形"的固定程序进行教学，却忽略了三者之间的有机联系。生字教学也与字词运用的训练脱节，使学生虽能识记汉字，却不善于运用。无论是在中国或是马来西亚，都存在着这些识字教学的通病。

丁时辉（2008）指出，中国的语文教师在识字教学方面往往忽略字形的解析与识字兴趣的培养。周静静（2008）也发现多数学生仍然以死记硬背的方式学习汉字。根据贾国均（1995），多数教师只交识字，却很少教识字的方法。巩固识字的方法也以反复操练为主。贾国均指出，这样的教学法不但增加学生的学习负担，也扼杀了他们的识字兴趣。

马来西亚的识字教学也面临同样的问题，例如教学法单一，多由教师进行单向讲解生字，学生没有机会学习识字的方法。教师们往往运用过多的时间琐碎分析生字字形，却没引导学生主动积极地观察、分析与比较所学的汉字。我国的识字教学尤其重视通过讲述法与大量的练习来帮助学生掌握生字。黄先炳（2012）指出，教师通常扮演专家的角色，把知识灌输给学生，学生则需要机械式地记忆所学。他也发现常规教学的过程充斥着对学生的否定，教师往往过于强调学生汉字读音、书写与用法不规范的问题。

简而言之，常规识字教学法具有单元化特征，以教师为中心，多采用讲述法、机械识记和大量练习。这种单一而僵化的教学法带来的结果就是教学成效欠佳，而学生也失去识字的兴趣。

二、改善识字教学效率的必要性

在马来西亚小学综合课程（KSSR）之下的华文教学，每个单元用两个课时完成教学，也就是说学生需在一个小时内学习约12个生字，每个汉字的学习时间约三至五分钟。学校的老师一般上采用的常规教学法，多注重反复认读与书写。

显然，常规识字教学法无法根据汉字自身特点把识字过程化繁为简、化难为易。事实上，构成汉字的部件含有丰富的字义与字音的信息，有表音的声旁和表义的形旁。这些部件自身往往就是一个独体字，又能作为构字的偏旁，而且都具有极高的能产性，同样的偏旁往往能构成一组或是读音相似，或是意义相关的合体字。倘若学生能够掌握一定数量的合体字，自然能够举一反三，通过类推轻易掌握由那些独体字构成的合体字。但令人遗憾的是，多数老师对这项汉字学习的类推规律缺乏认识，更遑论灵活而充分地运用了。

由此可见，国内的识字教学法亟待检讨与改进，并采用一种低负高效的教学法取而代之。根据佟乐泉和张一清（1999）研究，识字教学法的改进，必须符合下列三项原则：

1. 揭示规律，力求科学

2. 易于掌握，讲求实效

3. 综合考虑，有利整体

根据文献探讨，在中国众多识字教学法当中，字理识字既符合上述三项原则，更是经过实证而行之有效的识字教学法。戴汝潜（1999）指出，字理识字具有开放性与兼容性特征，既可以吸收其他识字方法的优点，又能充实其他任何一种方法。这种教学法没有特定的课程设计与专用的教材，因此可根据不同的课程与教材加以调适与实践。

（一）汉字的分类

汉字是记录汉语的文字（李行健，2005）。一般人与多数研究者都认为汉字是一种以形表意的表意文字。不过时至今日，汉字学者们开始注意到，多数汉字其实也包含表音的成分——音符（裘锡奎，2002）。因此，一些学者认为汉字应该归类为"意音文字"，即义符与音符的结合体（苏培成，2001，裘锡奎，2002）。现今多数学者根据汉字记录语言单位的功能，把汉字归类为语素文字，即每一个汉字记录一个音义结合体——语素。

（二）汉字的结构

汉字是由笔画、偏旁和记号构成的（杨洪清，2005）。独体字是由笔画组成，不能再拆分；合体字则有偏旁和记号组成，可拆分。偏旁是构成合体字的部件，多数由独体字转化而来，可分为表意的义符或形旁与表音的音符或声旁。记号则是没有表音或表意作用的构字部件。

汉字不是纯粹的抽象符号，每个汉字都含有表音与表意的元素。中国的文字学传统，一般上都沿用汉朝许慎的六书理论，把汉字分为六类，即象形、指事、会意、形声，假借和转注。不过，六书之中只有象形、指事、会意和形声是造字法，假借和转注则只是用字法，不能构成新字（杨洪清，2005）。象形字与指事字都属于独体字，而会意字和形声字则是由本为独体字的偏旁组合而成的合体字。

（三）汉字数量

汉字的总数没有一致的说法，不同辞书收录的汉字数量也都不一样。下表为六部通用辞书所收录的汉字数量：

表1 汉字数量

辞书名称	字数（个）
说文解字	10 516
康熙字典	47 035
中华大字典	48 000
汉语大字典	54 678
辞海	11 834
现代汉语词典	8 373

资料来源：苏培成，2001

在四种造字法当中，象形字出现得最早，形体最为简单，而数量也最少。许慎的《说文解字》只收录了 364 个象形字。指事字数量也不多，《说文》只收录了 125 个。象形字和指事字都是独体字，除了独立成字，也常被用来充当会意字和形声字的构字部件。会意字的数量较多，《说文》中收录有 1 167 个，形声字则占汉字的大多数，一般认为 90% 以上的现代汉字为形声字（李梵，2002）。

三、识字教学法

识字是学习中文的基础，是学习阅读和写作的起点，而且也对口语交际与思维的发展带来重要的影响。因此，识字教学格外受到语文教学工作者的重视。20 世纪以来，语文教学的实践发展出了多种识字教学策略。现今影响力较大的三个识字教学法是集中识字、分散识字和拼音识字。

（一）集中识字

集中识字是中国辽宁省黑山北关学校，北京景山学校和中国中央教育科学研究所集体努力的成果。自 1958 年提出至今，数十年的教学实验证明了这种识字教学法是科学而高效的（路克修，于年河，左松涛，2002）。

集中识字法以在构字能力方面能产性较高的单字作为基本字，在教学时，以一个基本字带出一组的合体字，让学生集中学习。例如下表：

表 2　基本字带字示例

基本字	合体字组
青	请、情、清、晴
方	放、房、防、芳、仿、访、纺
高	搞、稿、犒、蒿

基本字一般上在一组的汉字当中充当声旁，也有一些教师则是以构成合体字形旁的独体字为基本字。在进行识字教学时，教师将先让学生掌握基本字的形、音、义，然后在这个基础上根据以熟带生、触类旁通的原则引导学生掌握相同声旁或形旁的其他生字。这样的教学过程，大大地减轻了学生的学习负担，提高了识字教学的效率。经过一个阶段的学习，当学生已经掌握了一定数量的生字，学生将会阅读以有关字汇编写而成的教材。这样就能确保识字与阅读技能的发展取得平衡。在中国，集中识字教学法已经证实有效，多数实施这种教学法的学校，在二年级结束时，学生都能够掌握超过 2 000 个汉字。

（二）分散识字

分散识字也被称为随文识字，由南京师范大学附属小学的特级教师斯霞老师所创，并在 1958 年开始进行教学实验。这种教学法注重以文本语境作为识字与理解词句的依据。斯霞主张"字不离词，词不离句，句不离文"，即把生字词放在特定的语言环境即具体的一篇篇课文中来感知、理解和掌握。分散识字把识字和阅读结合在一起，识字在语境中进行，既利于在分散中理解与巩固，又利于增进对课文的理解，并且加速从阅读到写作的能力迁移过程。

在实施分散识字的开始阶段，要先教会学生汉语拼音的基础知识，使他们能够借助注音读准字音，同时让他们配合教材学习常用的基本字。当学生掌握一定数量的常用字之后，教师将会让他们阅读一批短文，以便巩固对词句的掌握。教了几篇课文后，教师也会组织各种归类练习，如找同偏旁部首的字，找形近字，找反义词近义词，找不同类别的名词，帮助学生建构自己的汉字知识结构。教师也会训练学生使用工具书，让他们形成独立自主的识字阅读能力与习惯。

根据南京大学附属小学的教学实验，学生在一二年级需学习 180 篇课文，并且识字约 2 000 个。斯霞老师的分散识字实验班，在二年级期末学生就能独立阅读短篇和中篇小说，还能写作数百字的短文，而且绝少错别字（路克修，于年河，左松涛，2002）。由此可见，通过大量的阅读，学生整体语文能力的发展取得了令人激赏的成果。

（三）注音识字

注音识字是由中国文字改革委员会和黑龙江教育学院在 1982 年时共同推介的一种识字教学改革方案。这项改革方案倡议"注音识字，提前读写"（张田若，陈良璜，李卫民 1998）。这种教学法凸显出汉语拼音作为一种识字工具的重要作用。在儿童入学后首先用七周左右的时间，教学汉语拼音的基本内容，然后通过阅读拼音课文和注音课文，使学生学会直呼音节和书写音节，到第一学期末，能熟练地直呼音节。教师将引导学生通过注音的辅助阅读课文，并将生字与心理词汇联系起来以理解生字的意义。这能确保学生在掌握足够的生字之前，就能进行大量阅读。在阅读的过程中，学生将会反复接触常用的汉字，久而久之，自然就会形成牢固的形音义联系（张田若，陈良璜，李卫民，1998）。

在汉语拼音的辅助下，孩童们也能够尽早体会到阅读的乐趣，从小就养成阅读的兴趣和习惯。通过大量阅读，学生不但能够积累字汇与词汇，阅读技能也获得加强，思维和写作技能也得到同步的发展。

采用注音识字，教师的教导与学生的自学之间取得平衡。根据 1983 年中国教育部在黑龙江的一项测查，一年级学生通过阅读注音读物独立认识的字，上学期平均 240 个，下学期则平均 460 个（张田若，陈良璜，李卫民，1998）。研究者普遍认为"注音识字，提前读写"是小学语文教学的一项整体改革试验。

四、字理识字

字理识字是在 1994 年由中国特级教师贾国军老师提出的一种识字教学法（路克修，2002）。在中国湖南省岳阳县的几所学校所进行的研究证明，字理识字有助于减轻学生的学习负担和提高识字教学的效率。随后杨洪清教授进一步统整和优化这种识字教学法，使之成为一种系统而高效的识字教学法（杨洪清，2005）。

根据贾国均（1996）研究，字理识字是一种强调对汉字构形理据的掌握的识字教学法。字理识字建议按照主次先后的顺序系统性地进行识字教学，先教高频独体字（象形字和指事字），才教其他常用的合体字（会意字和形声字）。这样的教学顺序，能够确保学生可以根据对独体字的认识，去掌握由这些独体字构成的合体字。这样以熟带生，以少总多，就能保证带来最高的教学效率与最低的学习负担。

根据贾国均（1996）的做法，字理识字教学程序分作五个步骤：

1. 定向：在儿童熟识的一定语言环境中（课文、图片、实物、旧知、日常生活等）提出所要教的生字。

2. 教学字音：结合汉语拼音教导字音。

3. 解析字理：教师运用语言、图画、实物、体态语言等手段引导学生观察、联想、比较、解析象形、指事、会意字的构形理据，讲清形声字的形旁、声旁的表义、表音作用。

4. 分析字形：教学汉字的笔画、笔顺、间架结构，合体字按部件分解。

5. 指导书写：指导学生进行抄写、默写或听写。

趣味性是字理识字的一大特征。教师将会实施各种有趣的教学活动或游戏以简化教学程序与激发学习兴趣。根据王玮（2008），字理识字常用的教学活动有：

1. 图文并茂，形象法：先出示字的原始图形，分析图形与字义的联系；再讲解由图到字的演变过程，分析图形与字形的联系；然后综合分析图形、字形与字义的联系。

2. 编制字谜，联想法：汉字的形体结构为我们编制字谜提供了丰富的素材。字谜是用暗示字义或描摹汉字形体特征的方法为谜面，以文字为谜底的一种谜语。

3. 动作示范，示意法：通过做示范动作，让学生从中领会动词的意义，掌握动词的构形特点。

4. 形近比较，辨异法：在识字教学中，将形近字进行比较，让学生从中区别形近字的异同，重点是辨"异"，即区分形近字的不同点。辨异可从字音、字义、笔画、构件、结构、构字和造字方法等方面进行。

5. 部首表义，求同法：在合体字，尤其在形声字的教学中，引导学生对同部首字的字义进行分析、归类，让学生认识到每个部首都存在着表义的类属性，加深学生对汉字据形知义特点的认识，培养学生的逻辑思维能力和对汉字举一反三、触类旁通和望文生义的理解能力。

6. 构件分解，形缀法：按照"从整体到部分再到整体"的教学规律来教合体字：先让学生初步感知合体字的形、义、音；再将合体字分解成若干个构件，引导学生了解每个构件的读音和意思；然后再将几个构件连缀起来，引导学生理解每个构件与合体字在音或义上的联系，让学生从整体上掌握合体字。

7. 意义合成，义缀法：意义合成是会意字的一种会意方法。这种会意字的特点是字义为各个构件义之和。因此，这种会意字的教学，教师应该先将字分解成几个构件，让学生了解各个构件意义，再将这些意义连缀起来，理解该字的意义，最后因义识形，让学生从构件和字的意义关系这个方面掌握该字的形体。

8. 反义联系，辩证法：世界上一切事物都充满着矛盾，矛盾具有同一性和斗争性。非常有趣的是，有些汉字的形体、意义和造字方法正充分体现了矛盾的这种同一性。教学时，我们可运用联系的观点，引导学生用学习熟字的方法顺势迁移到生字的学习上，让学生掌握在形体和意义上构成反义关系的汉字，并从中学会运用辩证的观点来看待事物和处理问题。

字理识字的教学活动不限于上述所举的例子，凡是有助于学生学习与记忆汉字音、形、义的活动皆可采用。教学活动应该尽量多元化，以便学生能在兴趣盎然、积极专注的心理状态下进行识字学习。虽然如此，一些学生饶有兴趣的教学活动却不妨反复施行，甚至列为教学常规，例如对汉字字形进行分析与联系推理，形似字的比较异同，以及猜字谜等。

在教导一个汉字之时，字理识字着重解析有关汉字的字源与构形理据。教导独体字时，教师将让学生比较字形与图画或古文字，使学生能够见形知义。合体字的教学则先分解构字偏旁部件，让学生了解偏旁部件构成合体字的理据。通过这样的教学方式，学生将能够有效地掌握汉字字形，包括笔画、部首、偏旁和间架结构。

自从贾国均在 1991 年提出字理识字，中港台两岸三地都进行了许多相关的研究。多数研究都发现字理识字是识字教学的一项行之有效的教学法。台湾的研究证明了相对于其他识字法而言，字理识字具有显著的优点，尤其是字形知识与部首的教学，对学生识字大有帮助（蒋明珊，2006）。

认知科学的研究成果解释了这种教学法的成效。认知心理学家们指出，有意义的信息更易于记忆，因为有意义的信息能够使负责学习和记忆的大脑前额叶皮质活跃起来（Sarah-Jayne Blakemore 和 Ura Frith，2005）。字理识字使学生不再把笔画部件纯粹视为抽象符号，反而发现一个汉字的笔画或部件往往具有表义或表音作用。这样有意义地学习汉字，对于理解和记忆汉字的形音义统一联系效果自然较佳。

莎拉和乌拉也指出，具有联系性的事物比较容易记忆。他们的观点坚定了我们对字理识字的信心。这种识字法突出构字的笔形或偏旁以表音或表义的作用，同时通过拆分偏旁，再引导学生根据字理将之重组联系，符合认知心理的规律，因此有助于学生学习和记忆汉字。

根据杨洪清教授在江苏进行的研究，一年级学生能够掌握 1 000 个汉字，二年级则积累至 2 500 字。这项研究成果显示，通过字理识字教学，有关研究的对象两个学年的识字量已经相等于我国华小学生 6 个学年的识字量。

杨洪清也发现，字理识字提高了学生的识字动机。这种识字法要求学生对汉字字形的构成，既要知其然，也要知其所以然。掌握了构字理据，学生只需要看到字形就能联系其音、义，想到音、义，就能够记起字形。字理识字教学也能够调动学生的积极性，使他们主动观察、分析、比较异同，联想与联系或赋予意义。各类教学活动，如猜谜、讲故事、表演、演示、唱歌与其他语文游戏，也有助于提高识字动机，加深他们对汉字的理解，巩固他们对汉字音、形、义的记忆，进而减少错别字，提高观察力与创造性思维能力（杨洪清，2005）。

字理识字之所以能够实现高效教学，语文游戏扮演着重要的角色。杨洪清（2005）认为，游戏在语文教学中有多方面的好处，如提高教学效率，训练思维能力与提高学习动机。蒋明珊（2006）也认为，游戏能够帮助学生牢记所学。台湾的张琳娟（2009）的一项研究也证明了字理教学法能够提高学生的识字兴趣与学习成效。

唐湘蓉（2002）在广西柳州铁路实验学校进行了一项为期一年的字理识字的实验研究。她发现采用了字理识字教学法，学生的学习兴趣与独立识字能力都有明显提高。此外，实验班学生思考、联想与推理的能力也明显地得到了发展。

无论如何，唐湘蓉也提出了几个需要字理识字的实践者和研究者们进一步探讨的问题。她发现字理识字教学有把识字教学复杂化的倾向，可能加重学生的学习负担。此外，汉字经过简化后，并不是字字都有"理"，有些汉字虽然没有简化，但"义"改变比较大。对于这一类简化字，字理解析往往难以做到简明合理。她也发现，实行字理识字后，有一些学生养成了"生字认半边"的习惯，对生字往往"望文生义"，不能准确地掌握其音、义。

周静静（2008）也在虾峙中心小学进行了一项实验研究。她以一班为实验组，同年级另选两班为控制组。这项研究的自变量为字理识字教学法，因变量则为学生的识字量与学习态度。实验过程为期8个月，即从2007年11月起，至2008年7月为止。在研究期间，实验班采用字理识字进行教学以验证其成效，同时研究者也通过观察与问卷调查去了解学生的学习态度。根据周静静的研究结题报告，字理识字提高了学生的学习动机，而后测也显示实验班学生在书写汉字方面出错率低于控制组。

上述文献皆显示字理识字在优化识字教学与提高学习兴趣方面，是卓有成效的。

（一）字理识字在马来西亚的可行性

多数在中国证明有高效的识字教学策略都无法直接迁移到马来西亚的课堂上来，这是因为那些教学法有专属的课程和教材，不能适应马来西亚的国情。不过，字理识字却具有极高的开放性（戴汝潜，1999），可与任何课程或教材相适应。字理识字的教学活动也可根据教师本身的创意或现实的考量灵活地进行设计。不过汉字字理的解析如何做到深入浅出、恰到好处，对多数教师而言，不啻是一项艰难的挑战。因此，戴汝潜建议编撰字理识字的工具书，以供教师参考。现今市场上已出现了许多参考资料，例如《快速识字字典》（杨洪清，1996）、《现代说文解字》（杨洪清，1997）、《新华大字典》（程孟辉，2005）和《汉字形义演释字典》（王朝中，2006）等。这些工具书的出现，反映出字理识字在中国已经越来越有影响力。

字理识字具有灵活开放的特性，市场上又出现了众多参考文献和工具书，因此这种识字教学法在马来西亚华文课堂上实施成为可能。但是，在马来西亚，我们并不能一成不变地把中国老师实践的字理识字迁移过来，反而需要配合马来西亚的课程与教材，做出适当的调整。在进一步推广之前，我们也有必要进行各种科学性的研究，以探讨这种教学法在马来西亚的成效。

根据佟乐泉、张一清（1999），一种好的识字教学法必须具备三项条件——（1）揭示规律，力求科学；（2）易于掌握，讲求实效；（3）综合考虑，有利整体。显然，字理识字完全具备了上述三项条件，因此，值得参考与推广。但是，由于马来西亚的小学的课程与教材跟中国不同，因此不可对中国字理识字教学法一成不变地照单全收。为此，研究者参考贾国均与杨洪清倡议的教学策略，根据我国的课程与教材设计了一套适合我国课堂的字理识字教学模式。

（二）字理识字教学模式

这项研究的实验处理采用的教学模式，以贾国均（1996）的字理识字教学程序为主要参考，并根据马来西亚国民型华文小学的课程与实际课堂情况做了适当的调整。以下为这项模式的示意图：

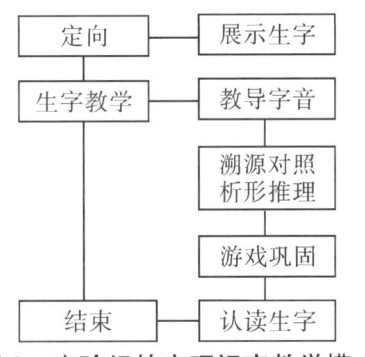

图1　实验组的字理识字教学模式

相对于常规教学，这个模式特别重视对汉字字形进行分析和联系推理。学生在教师引导之下，根据汉字的字形特点或构字的偏旁部件进行联想与推理，从而掌握其读音和意义。"字谜"成了一种帮助学生掌握汉字形、音、义联系的重要手段。在巩固识字与考查识字成果方面，教师主要采用"猜谜写字"和"听写"两种方式。

为了帮助学生巩固所学，教学也采用渐进设计与反复巩固。每一堂新课将以认读或猜谜的方式让学生复习前课所学的字。新课的生字平均为12个，以分阶段循序渐进的方式进行教学。生字教学的环节分作三段，每一段教学3至4个生字，并及时巩固。完成了全部生字的教学之后，学生要做一份"猜谜写字"的练习，以巩固对字形的掌握。课堂结束的环节，教师会再一次让学生认读新学的字，以考查学生识字的情况。

这个识字教学模式致力于调动学生学习的积极性，让学生在教学的过程中积极主动地观察字形，并对字形的构成进行分析和联系推理，从而深刻地掌握与记忆生字。

1. 字理识字实验教学模式之一

表3 第四十课《海滨的早晨》

汉字	字理	
贝	古字形	甲骨文　小篆　楷体
	字理说明	象形字，字形好像一个贝壳。 由于古人以贝为钱币，因此凡是以贝为偏旁的字，意义多与"金钱"或"贵重"有关，如"货"（买卖的事物）、"财"（贵重的事物）、"贵"（有价值/价格高）、"贫"（缺少钱财）等。
	字形口诀	半口一人。
	字谜	半口一人。
壳	古字形	略
	字理说明	形声字，原字理难以解释，宜采用创意解析："几个秃头战士。"（他们的头像不像贝壳啊？）
	字形口诀	略
	字谜	几个秃头战士。
奔	古字形	金文
	字理说明	会意字。上边的"大"如一人奔跑的样子，下边的三个"止"为他留下的脚印，后来下边的偏旁简化为"卉"（很多草或草的总称）。亦可联想为"迈开大步，在草地（卉）上奔跑"。
	字形口诀	大字头，卉字底。
	字谜	大步跑在草地上。

（续表）

汉字	字理	
岸	古字形	略
	字理说明	形声字，"屵"为形旁，指山崖或水边高地；"干"是声旁，表示"岸"的韵母是 an。 亦可解释为"水边不被水淹没（干）的高地（屵）。"
	字形口诀	屵字框，干字心。
	字谜	山下有个饼干厂
雾	古字形	略
	字理说明	形声字，由雨字头与务字底组成。 "雨"：表示字义与雨或水气有关，如"雪""霜"。 "务"：声韵调相同。
	字形口诀	雨字头，务字底。
	字谜	雨中做任务。
滨	古字形	略
	字理说明	形声字： 氵：字义与水有关。 宾：字音是 bin。 也可采用创意解析： "宾"指宾客，多站在主人的身边，因此有"旁边"之义，与"氵"合指"水边的陆地"。
	字形口诀	三点水，宾字边。
	字谜	水边迎宾。 茶水敬贵宾。
滩	古字形	略
	字理说明	形声字 由三点水和难字组成。 "氵"：表示字义与水有关。 "难"：与"滩"韵母相同，声母不同。
	字形口诀	三点水，难字边。
	字谜	眼看都是水，一口也难喝。
潮	古字形	略
	字理说明	形声字，由三点水和朝字边组成。 "氵"：表示字义与水有关。 "朝"：与本字声韵调相同。
	字形口诀	三点水，朝字边。
	字谜	在水边住了一个月又二十日。

（续表）

汉字	字理	
漂	古字形	略
	字理说明	形声字，"氵"为形，"票"为声。 "氵"：表示字义与水有关。 "票"：声韵相同，调不同。 创意联想：若要漂洋过海（氵），就要买张船票。
	字形口诀	三点水，票字边。
	字谜	水上浮着一张邮票。
	多音字教学	"漂"又读 piào，如漂亮。 区别与联系：朵朵白云漂浮在空中，多么漂亮啊！
浸	古字形	略
	字理说明	形声字，"氵"为形，"侵"字旁。 "氵"：表示字义与水有关。 "㑃"：韵母相同，声母声调不同。
	字形口诀	三点水，侵字边。
	字谜	水军入侵。

2. 字理识字在国民型华小的教学情况

研究者用以上的字理教学模式进行了试验型的研究。这项研究的研究对象为城市地区一所国民型华小的一班三年级学生，实验组 30 人，为期 12 个星期；由主修华文的教师教导。研究进程表如下：

表 4　研究进程表

周次	活动
第一周	识字能力前测，简介字理识字
第二至第十一周	进行十次的实验处理（字理识字教学）
第十二周	识字能力后测

在实验班的识字教学当中，教材的生字先被提取出来进行集中识字教学。每一个生字都按照构性原理引导学生观察分析与联系推理，以求形成音、形、义三方面的统一联系。在这同时，汉语拼音也扮演了辅助学习的角色，帮助学生掌握生字的规范读音。为了讲清字义，教师也会运用形义联系法和直观演示法。在一堂课后面的环节，教师会以猜谜语的游戏来巩固学生对本课所学的生字的掌握。复习巩固不止发生在一堂课的末尾环节，每一堂课的导入环节，教师也会有意地让学生复习前课所学，以防止回生。可见，字理识字不排斥任何一种识字教学法，只要有助于学生学习，都可以加以吸纳以为我用。

在实验组进行的 10 堂字理识字课证明了源自于中国的字理识字教学法可以根据本地

的课程与教材进行调适，并能在教学上取得令人鼓舞的成果。针对实验组进行的独立样本证明了字理识字能帮助学生更轻松地识字，而且记得更牢。由此可见，只要教师用心进行教学，常规识字教学法也能够有效地帮助学生积累字汇。

正如杨洪清（2005）、张田若（2009）、唐湘蓉和蒋明珊（2006）的看法，字理识字重视教学互动与游戏性，因此能够激发学生的学习兴趣与动机，进而对学生识字带来了正面影响。此外，这种识字教学法也注重采用多元化的教学活动引导学生识字，尤为重视通过进行语文游戏寓教于乐，这不但使教学气氛变得轻松活跃，也有助于学生牢记所学。

中文是全世界唯一的象形文字，历史悠久，兼具文字美和意境美。正确的识字教学能推广其优点，并把汉字的意境美发挥极致。这项研究显示字理识字教学模式在华小所获得的正面结果，证明这种教学策略较之于常规教学，更加有效和有趣，因此研究者建议把它推广到在所有华小的小学综合课标，使学生爱上汉字，并以它为荣。

【中文参考文献】

[1] 戴汝潜：《汉字教与学》，山东：山东教育出版社，1999.

[2] 丁时辉：《小学第一学段识字教学的问题及对策》，2008.
　　2009 年 6 月 17 日下载自 http://www.xxkt.cn/yuwen/2008/35937.html.

[3] 贾国均：《字理识字是解决汉字初学繁难问题的有效途径》，《汉字文化》，1995.

[4] 贾国均：《字理识字教学法》，北京：中国轻工业出版社，1998.

[5] 蒋明珊：《学习不落单——语文教师里的课程调整》，台北：心理出版社，2006.

[6] 李梵：《文字的故事》，台中：好读出版有限公司，2002.

[7] 路克修，于年河，左松涛：《现代小学识字写字教学》，北京：语文出版社，2002.

[8] 裘锡奎：《文字学概要》，北京：商务印书馆，2002.

[9] 苏培成：《20 世纪的现代汉字研究》，太原：书海出版社，2001.

[10] 唐湘蓉：《字理识字教学研究》，2002.
　　 2015 年 3 月 5 日下载 http://ccejpkc.ecnu.edu.cn/dedu/fwyl/books/gugan/17zl.doc.

[11] 佟乐泉，张一清：《小学识字教学研究》，广东：广东教育出版社，1999.

[12] 王玮：《字理识字教学法》，2008.
　　 2015 年 6 月 12 日下载 http://www.jszyw.cn/Article/bzluw/ynluw/200608/48451.html

[13] 杨洪清，朱新兰：《汉语速成（海外版）》，南京：江苏教育出版社，2005.

[14] 杨洪清，朱新兰：《快速识字字典》，江苏：江苏古籍出版社，1996.

[15] 杨洪清，朱新兰：《现代说文解字字典》，北京：群众出版社，1997.

[16] 杨九俊，姚烺强：《小学语文教学概论》，南京：南京大学出版社，2001.

[17] 张琳媜：《部件识字教学法与字理识字教学法的比较》，2009.
　　 2009 年 6 月 12 日下载自 http://www.cl.fcu.edu.tw/sw/no11/papers/A－p1－p15.pdf

［18］张田若，陈良璜，李卫民：《中国当代汉字认读与书写》，成都：四川教育出版社，1998.

［19］周静静：《字理识字在低段语文识字教学中的运用（结题报告）》，2008.
2009 年 6 月 24 日下载自 http://www.ptxzxx.com/View.asp?jykyID=1.

【英文参考文献】

［1］Sarah-Jayne Blakemore（2005）. The Learning Brain. Oxford：Blackwell Publishing Ltd.

欧债危机对欧洲华裔青少年华文教育的影响及其对策

包含丽　严晓鹏①

（温州大学华文教育研究所　温州　325035）

【摘　要】本文分析了欧债危机对欧洲华裔青少年华文教育的主要影响及分析其造成影响的主要原因，从政府、华文学校和华人家庭的视角，为欧洲华裔青少年华文教育的问题提出相应的对策建议。

【关键字】欧债危机；华文教育；华裔

近几年来，欧债危机扩散呈现出由点到面，由最初的少数和影响不大的国家扩散成影响巨大的众多国家的局面，这使危机呈现了愈演愈烈、愈演愈重的态势。② 为了缓解欧债危机紧张的局势，各国政府均采取了紧缩财政、减少开支、降低福利水平的政策措施，严重约束了普通人群的消费购买力，对中国的对欧进出口贸易带来不利的影响，欧洲华人经营的主要行业也受到了严重的打击。据相关媒体报道：危机前希腊共有华人零售店2 000多家，目前已有1/3左右的华商店面已经关闭，两万华人中有30%的人另觅出路。③ 在欧洲其他国家，华商同样面临着严峻的市场考验。在西班牙，华商遭到大规模、持久的检查，尤其是"帝王行动"发生之后，华人华侨在西班牙的生意一路下滑，恐慌情绪在华侨华人当中弥漫，这次事件给华商造成了很大的影响。

欧债危机对华商经济、华人社会产生冲击的同时，对欧洲华裔青少年华文教育也产生了较大的影响。一方面，何去何从成了欧洲华人华侨面临的一个艰难抉择，他们的抉择也直接影响着子女的学习生涯规划，选择让子女回国接受教育还是继续留在欧洲？如果选择回国，那些"侨二代"，乃至第三代、第四代，能适应国内的教育环境吗？如果留在欧洲，

---

① 作者简介：包含丽，温州大学华文教育研究所副所长，硕士，主要从事华文教育研究；严晓鹏，温州大学华文教育研究所所长，博士，主要从事华文教育研究。

本文系浙江省教育厅 2012 年度课题：海外浙江籍华裔青少年华文教育研究（Y201224831）阶段性成果。
② 李本松：《当前欧债危机的危害和中国应对之策》，《湖北社会科学》2012 年第 5 期，第 86 页。
③ 欧债危机阴霾持续 欧洲华商如何渡过难关？http：//world．workercn．cn/c/2012/08/06/120806073812458906854．html．

事业、家庭和教育如何妥善安置？另一方面，由于中国经济发展势头依然强劲，中文的实用价值迅速提升，为华文教育的发展提供了前所未有的机遇。本文就欧债危机对欧洲华裔青少年华文教育的影响及其原因进行分析，在此基础上，提出几点对策建议。

一、欧债危机对欧洲华裔青少年华文教育的影响

（一）欧债危机对欧洲华裔青少年华文教育学习态度的影响

欧债危机爆发前，一些欧洲华人华侨家庭并不十分重视孩子的中文学习，多数家庭基本上没有考虑自己或子女将回国发展的问题，家长的态度在一定程度上也影响了孩子的学习态度。欧债危机之后，由于对欧洲经济的信心不足及对中国经济的乐观预期，许多欧洲华裔青少年学习中文的目的已不再是为了学习中文而学习，为了在将来谋求到更好的学习和发展机会，他们开始认识到学习中文的重要性，经历了一个从被动到主动的态度转变过程。

（二）欧债危机激发了华文教育的学习需求，特别是国内义务教育的需求

随着形势的不断发展变化，欧洲华裔青少年的学习动机呈现多元化，学好中文的同时，还要掌握相关的职业技能。人们对华文教育的需求也越来越多元化，主要体现在："海外华人实施的华语文教育；中国政府进行的对外汉语教学；各国大学里开设的中文课程及为培养商业人才而举办的各种中文学习班等。"① 欧债危机不但激发了欧洲华裔青少年对中文学习的需求，而且激发了欧洲华文教育接轨国内义务教育的需求。部分准备回国发展的华人华侨渴望海外的华文教育能够与国内义务教育接轨，这样他们回国创业时，子女回国不会面临"教育休克"。他们希望海外华文学校能使用与国内中、小学同步的中文教材，开足一样的课时，以求达到与国内中小学语文教学同等的效果。据初步调查，近年来欧洲一些采用中国义务教育教材的中文学校的生源都有较大的增幅。

二、欧债危机对欧洲华裔青少年华文教育造成影响的原因分析

欧债危机爆发后，经济层面上，随着中国经济实力不断增强和中国国际地位的提高，中文经济价值和实用价值得到提升，欧洲掀起了"汉语热"的浪潮；外交层面上，中国实行以邻为伴、与人为善的睦邻友好的外交政策，与中国的交往日益密切，带来了对华文教育的需求；文化也是一个不可忽视的因素，海外华人传承与弘扬中华民族的优秀文化，寻根问祖和夏令营活动受到华裔青少年的热烈欢迎，增强了民族凝聚力与自豪感。

（一）现实需要扩大了欧洲华裔青少年对华文教育的需求

欧债危机对华人华侨们强烈的心理冲击，使欧洲迎来了新一轮的"中文热"。据不完

---

① 周聿娥：《全球化对海外华文教育的影响》，《暨南学报》2001年第3期，第16页。

全调查，欧债危机发生后，大多欧洲华文学校每年的学生数都有较大幅度的增长率。欧洲华裔青少年在学习中文的过程中，更多地了解中华文化，吸收中西方文化的各自优点，增进对中国的感情。此外，欧债危机为欧洲华文教育的快速发展带来了契机。欧债危机爆发后，当地经济不景气，而中国国内的经济发展形势较乐观。这种状况使欧洲华裔青少年中文学习需求变得更加地旺盛，主要体现在：欧债危机对劳动力的需求减少，部分辍学帮父母打工的华裔青少年重新回到华文学校，华文教育也随之升温；一些学生家长考虑今后自己或者子女可能回国发展，更加重视孩子中文学习状况，这一定程度上刺激了欧洲华裔青少年中文学习的热情。一方面为了自身发展的需要，另一方面为以后的经贸往来打下良好的基础，华裔青少年去中文学校的人数大幅度增加，熟练掌握汉语，感受中华文化魅力，有助于提高自己的就业水平，抓住未来更多的发展机遇。

（二）全球"中文热"激发了欧洲华裔青少年对华文学习的愿望

罗马大学教授马西尼指出：西方民众渴望更多了解中国，指出了伴随中国国际形象、国际地位的提升，华文教育在欧洲越来越受关注。[①] 在德国，汉语已成为"关键"外语，会中文的大学毕业生无不在履历表上强调这项长处，并确实能在找工作时得到加分。在英国，中文市场的增长率高达38%，位于东索塞克斯郡的顶尖学府布莱顿公学甚至在2006年就把中文列为必修课。[②] 同时，孔子学院的兴起，也带动了大量欧洲本土学生学习汉语的热情。随着中国经济的快速发展，中文的价值特别是实用价值日益提高，越来越多的非华裔也到华文学校或其他机构认真学习中文，这使越来越多的华人华侨有了危机意识，选择让其子女学习汉语，以便将来找到好工作。

（三）欧洲各国对华文教育多元文化政策的转变改善了学习氛围

近年来，欧洲各国针对少数族群创新多元文化政策，旨在促进社会融合。事实证明，华文教育的发展"有利于促进一些国家的经济发展，有利于促进国际文化交流，有利于增进各国友谊，有利于繁荣当地多元文化。"[③] 因而，多数所在国政府把华文教育视为中欧友好交往的纽带，承认华文教育的合法性，放宽对华文教育的限制，多种形式支持和赞助华文教育，以方便这些孩子更好地接触和体验中国的传统文化。例如，荷兰教育部专门拨款100万欧元的考费使汉语正式进入到荷兰的教育系统；拉脱维亚教育和科学部长科克则鼓励更多的拉脱维亚人学习中文。当然，华人在认同祖（籍）国和中国文化的同时，参与所在国的政治生活，推动所在地教育事业的发展，促进了民主政治的发展，为他们更好地融入当地社会打下良好的基础。国际移民二元认同是促进华人积极参政的一个重要起点，

---

① 《罗马大学教授马西尼：西方民众渴望更多了解中国》。

② 中国侨网：《欧洲大陆汉语热，求职履历特别强调"我会中文"》，http：//www. chinaqw. com/news/2006/0714/68/36564. shtml.

③ 黄昆章：《论海外华人华文教育的生存和发展》，《华侨华人历史研究》1992年第4期，第41页。

而且会使华人移民及下一代对祖（籍）国和居住国的认同和热爱相得益彰。①

（四）欧债危机促进了欧洲华裔青少年的中华文化认同

文化认同（cultural identity）意指个体对于所属文化以及文化群体内化并产生归属感，从而获得、保持与创新自身文化的社会心理过程。② 是华人就要学会说汉语，笔者对欧洲温籍华裔做过一次调查，83.1%受访者表示认同这一观点。语言即文化，因此，从某种意义上来说，语言认同问题本质上就是文化认同问题。有调查结果显示，高达90%欧洲华裔青少年的被试基本认同"自己是一个地道的中国人"，表现出强烈的中国人意识（Chineseness）。③ 这说明虽然欧洲华裔青少年侨居海外，但是对自己的祖（籍）国有一种天然的亲近感，并表现出强烈的中国文化认同感。欧债危机加剧后，所在国政府为保护本土产业，对华商展开大规模检查，甚至制造排华暴乱，极大损害了他们对居住国的感情，也从另一方面促成了欧洲华裔青少年的"华人身份认同"。

三、促进欧洲华裔青少年华文教育发展的对策建议

欧债危机为欧洲华文教育的发展带来了机遇和挑战，因此，有必要针对欧债危机的大环境，政府、华文学校和华人家庭应当对欧洲华文教育采取新的举措，以更好地发展华文教育。

（一）加大政府对欧洲华文教育的投入

华文教育符合中国的国家利益，国家有关部门应尽力帮助华文教育的发展，重视华文教育的理论和学科建设，开办中文教学的国际研讨会与交流会，加大资金投入，开设科研课题及专项研究基金，积极策划华文课程教材编撰、华文教育方法创新研究等方面的项目。

国务院侨办及各省市侨办组建华文教育师资库，及时支援海外华文学校，在全国中小学筛选优秀华文教师，开设华文教师培训班，培养教学骨干教师去海外从事华文教育。定期组织"支教示范团"赴欧洲各国华文学校进行示范教学，使各华文学校及时掌握国内最新的华文教育技术。定期开设海外华文教育校长、海外华文教师培训班，整体提升海外华文教育师资及管理水平，传授华文学校管理模式、规章制度建设、师资培养、教学理论与实践等课程。加大高水平教师的外派力度，帮助广大华文学校开出与中国义务教育相对接的课程或者开出高年级的课程（如高中课程），以提升欧洲华文教育的水平。

华文学校的快速发展离不开所在国政府的支持和帮助。随着中国国家整体"软实力"

---

① 吴克刚，吴璇：《英国华人参政的第一步：从参加2010年英国国会选举分析英国华人和英国政治》，中山大学出版社。
② 陈世联：《文化认同、文化和谐与社会和谐》，《西南民族大学学报》2006年第175期，第119页。
③ 王洁曼，严晓鹏：《温州华裔青少年的文化认同调查》，《八桂侨刊》2011年第1期，第25页。

提升以及外交政策的调整，中国与欧洲各国的关系得到了改善。为了密切经贸往来关系，许多国家主张宽容、多元的文化政策，鼓励各少数民族保留自己特有的文化传统，同时对语言教学、文化活动给予有力的支持。英、法、德及意大利等国家的大学大多设有中文系或汉学院。汉语进入欧洲的中小学课堂，法国教育部设有专门的汉语教育督学，负责法国的中小学汉语教学。①

（二）创建特色鲜明的全日制华文学校，实现华文教育集团化运行机制

创建特色鲜明的以传授中华语言以及文化为主体，结合所在国语言以及传统文化教育的全日制华文教育学校。让肩负时代使命感的欧洲华裔青少年在异国接受纯正的中华教育，同时能兼容多国文化，掌握多国语言，使他们魂有所依、梦有所归。全日制华文学校要健全学校管理规章，储备一支既有中国优秀的文化底蕴又能兼容所在国素质教育的优质师资队伍，健全中外教育质量评价标准实施全程化教育体系。

加强华文学校的体制建设，整合所在国当地中小学资源，结合各地华文学校的特色及优势，组建华文学校集团，实现华文学校的集团化运作机制。华文教育集团积极与中国政府侨务部门、所在国教育行政部门以及所在国中国领事馆沟通、协调，取得各国、各级政府支持，实现华文教育集团化打包管理，实现师资统一培训、调配，统一规划教材，统一教学质量监控体系。

（三）开设家长学校，引导家长对华文教育的支持与鼓励

家长对孩子的成长教育和中华文化的传承有着不可替代的作用，因而，在时间和精力允许的情况下，为了配合华文学校的教育教学，有必要创建家长学校。一方面向家长介绍中国国内日新月异的变化，帮助家长树立新的理念，对中国的国情有全面了解，增强民族自豪感；另一方面，由于部分家长的文化程度偏低，家长对孩子的教育仍不够重视，这就需要通过给家长进行教育培训，不断提高家长自身的教育素质和家教水平，与孩子一起成长和进步，使家长对华文教育有一个正确的认识。此外，家长学校还要帮助家长做好子女的未来发展规划。家长学校通过专业的指导，为家长创造交流沟通的条件，结合子女的实际情况，共同促进孩子和学校的发展。

（四）培养欧洲华裔青少年学习中文的兴趣和文化认同

爱因斯坦说："兴趣是最好的老师。"学习兴趣对学习的好坏有着至关重要的影响。因而，在欧洲华文教育中，通过开展一系列趣味性较强的活动，采用多种手段培养青少年学习中文的兴趣，调动学习的积极性，把"要我学"变成"我要学"，使他们学有成效，感受中华文化的博大精深。比如，让华裔青少年广泛阅读中国经典的历史故事、民间故事、童话故事等；大量阅读课外中文书，扩大词汇量，拓宽知识面；大胆、主动交流，敢于用

---

① 叶静：《海外华文教育的历史与现状》，《佳木斯教育学院学报》2012 年第 11 期，第 16 页。

中文表达自己的看法。华裔青少年积极主动参加交流活动，促使他们做出有益的思考，明确自己参加活动的意义。例如，举办华裔中小学生"寻根之旅"夏令营活动，增进海外华裔对祖（籍）国的了解，增进其与祖（籍）国的感情。

1988 年后缅甸华文学校教学现状分析

陈丙先　　冯帅

（广西民族大学　　南宁　530006）

【摘　要】1988 年 9 月，以苏貌（Saw Mg）为首的新军人政府执政后，开始调整对内对外政策。新军人政府放弃奈温时期的"缅甸式社会主义"政策，转而进行市场经济改革，搞活经济，对外开放。政治上，由于民主政治、人权等问题，缅甸新军人政府受到国际社会的制裁，而此时的北方邻居——中国，正在变得日益强大，中国向缅甸抛来了橄榄枝，两国关系逐渐密切。中缅友好关系的建立，一定程度上改善了缅甸华人的社会地位，而华人经济的成长和崛起又为华文教育奠定了较为坚实的经济基础。尽管该时期缅甸政府依旧对华文教育限制较多，但社会和经济的发展还是为华文教育创造了比较宽松的环境。本文对缅甸华文教学中的师资、教材、教学等情况进行了较为详细的论述，并对华文教育中的问题和困境进行了思考与总结。

【关键字】缅甸；华文教育；华人华侨

1988 年后，缅甸开始实行改革开放政策，尽管新军人政府在教育上采取了一系列改革措施，但由于缅甸政府并不认同华文教育，华校在缅甸没有取得合法的地位，除了果敢和两所外国语大学汉语系采用全日制教学外，其他地区的华校都是在课余时间上课，这导致了华文教育越是向南方伸展，越是衰弱的现状。在现实生活中，尤其在南部缅甸，年龄在 40 岁以下的华人，大多已不会汉语，即便是在学习汉语的华人华侨群体中，少部分人出于兴趣，大多数人是由于实际运用的需要而学习汉语。所以华校的教学方法主要以引导兴趣，面向实际为主。

传统意义上的华校，除汉语外，还开设数学、物理、化学、地理、历史等课程。汉语和数学为主修课，其他都是辅修课，汉语教学内容多为历史故事、人物介绍、古诗词等。大多数华校沿用古代私塾模式教学，这也成为缅甸华校一大特色。下面我们将从师资、教材、授课、问题、对策等几个方面分析缅甸华文教学的现状。

一、师资情况

目前缅甸华校的教师主要可分为两类：一类是缅甸本土培养的教师，他们的学历普遍不是很高，以各华校的高中毕业生为主；一类是中国大陆派过去的教师，这一方面中国大陆给予缅甸华校较大的帮助，通过侨联、侨办、汉办等机构的统一领导，中国大学与缅甸的高校、华校以合作的方式派遣、委培教师，由于人数较少，只有条件较好的华校才配备大陆教师。还有一部分教师是在中国培训过的，但这一类教师人数只占极小的比例，并且只在缅甸高校及办学条件较好的华校中执教。

缅甸华校教师以华裔女性为主，母语多为汉语方言，北部以云南话为主，南部以闽粤话居多。据邹丽冰的调查：缅甸华文学校教师的平均年龄在 20—30 岁之间的有 36%；30—40 岁的有 23%；40—50 岁的有 8%；50—60 岁的有 10%；60 岁以上的占 3%[①]。从中可以了解到，目前缅甸华校汉语教师以年轻人为主，所占比例最高，他们多为旅缅华人的第二代或是第三代。

从学历层次上来看，由于本土教师多为各华校高中毕业，且占据多数，所以以学历层次普遍不高，他们没有接受过正规的教学法训练，教学水平差强人意。年轻的华文教师多为缅甸大学毕业，但大部分并不是汉语专业。年龄较大的教师大多汉语口语较好，水平较高，中华文化的底蕴也较深厚，但他们在对现代科技的掌握和运用上却不如年轻教师熟悉。目前的华校教师的汉语水平只能通过 HKS 测试来判断，大部分教师都能考到 9 级（高级）水平，所以缅甸华校的教师汉语水平还是比较高的，但 HKS 测试并不是强制性的，全缅华校教师也并没有全部参加。

缅甸的大学教师属于政府公职人员，社会地位较高，受人尊敬，工作稳定，但薪酬并不是很高。缅甸华校大多属于民办性质，教师由学校董事会聘请。由于华校教师数量不够，学校在聘任教师后，基本每年都会续聘。华校教师的主要工作是备课、上课、批改作业，每周上 6 天课，平均课时 13—20 节。华校小学教师月薪在 10 万缅币（800 元人民币）左右，初中教师月薪在 15 万缅币（1 200 元人民币）左右，高中教师月薪在 20 万缅币（1 600元人民币）左右[②]。总体而言，这样的薪资标准在缅甸各阶层中还算可以，但不同的地区、不同的学校在薪资待遇上会有差别。

教师社会地位较高，这也吸引了大批有志于教育的年轻人从事教师职业。人们在选择教师作为职业时会受到各方面因素的影响，关于择业问题，下面以腊戌市华文中小学为例，管窥华文教师的择业观。

① 邹丽冰：《缅甸汉语传播研究》，中央民族大学博士学位论文，2012 年，第 55 页。
② 邹丽冰：《缅甸汉语传播研究》，中央民族大学博士学位论文，2012 年，第 57 页。

腊戌市华文中小学教师队伍择业观一览表

表 1　选择当华文教师的原因

选择当华文教师的原因	个人兴趣	找不到理想的工作	为出国留学	父母希望自己当教师	教师工资高	工作压力不大	教师社会地位高	其他
人数	117	21	18	16	0	4	10	2
百分比	62.23%	11.17%	9.75%	8.51%	0	2.13%	5.32%	1.06%

表 2　不继续从事教师的原因

不继续从事教师的原因	工资低	社会地位低	父母不希望自己当教师	找到更理想的工作	出国留学	工作压力大
人数	21	2	10	81	68	6
百分比	11.17%	1.06%	5.32%	43.09%	36.17%	3.19%

资料来源：徐晓佳：《缅北腊戌市华文中小学汉语教师队伍现状调查》，中央民族大学硕士学位论文，2011 年，第 17 页。

从以上的调查结果来看，华文教师在择业的时候会受到诸如社会、家庭、兴趣等因素的影响，兴趣占据非常大的比例。表 1 中有 145 人愿意从事教师职业，占到教师总数的 77.13%，这说明从事华文教师有一定的吸引力。在选择离开教师岗位时，希望从事更理想的工作排在首位，这说明在从事一段时间教师职业后，一部分人发现理想和现实存在偏差，从而去追求更有兴趣的工作；而出国留学，成为极具吸引力的选项。工资低是全缅教师的普遍现象，但反过来，教师的社会地位高也使一部分人愿意留在教师岗位上。总体来看，腊戌市中小学教师队伍的流动性并不是很大，教师队伍相对稳定。

有部分华校教师并不是以教师为唯一职业，他们在从事教师职业的同时还从事其他的职业。华校的领导大部分为兼职，年龄偏大的人多是出于对中华文化的热爱和对祖国深深的眷恋之情投身于华文教育事业。

二、教材情况

目前，缅甸华校所使用的教材大致可分为两类：一类是中国大陆出版的教材，比如北京语言大学出版社出版的《初级汉语课本》、《中级汉语听和说》，北京大学出版社出版的《汉语初级教程》、《汉语中级教程》，暨南大学出版社出版的《汉语》等；还有一类是中国台湾地区出版的教材，比如中国台湾"国立编译馆"出版的《国语》、《数学》、《化学》、《地理》等。其中有 90% 的华校采用中国台湾地区在 1989 年和 1996 年出版的教材。

缅甸主要华校选用教材调查表

学校	所属地区	教学方式	所用教材（繁/简）
孔教	缅北 曼德勒	母语	中国台湾 繁体
福庆	缅北 曼德勒	第二语言	中国大陆 简体
明德	缅北 曼德勒	母语	中国台湾 繁体
东华	缅北 东枝	第二语言	中国大陆 简体
兴华	缅北 东枝	母语	中国台湾 繁体
果文	缅北 东枝	母语	中国台湾 繁体
果文	缅北 腊戌	母语	中国台湾 繁体
果邦	缅北 腊戌	母语	中国台湾 繁体
圣光	缅北 腊戌	母语	中国台湾 繁体
双龙	缅北 腊戌	母语	中国台湾 繁体
黑猛龙	缅北 腊戌	母语	中国台湾 繁体
明德	缅北 腊戌	母语	中国台湾 繁体
爱华	缅北 皎边	母语	中国台湾 繁体
千佛寺	缅北 抹谷	母语	中国台湾 繁体
明德	缅北 抹谷	母语	中国台湾 繁体
明德	缅北 东枝	母语	中国台湾 繁体
年多	并伍伦	母语	中国台湾 繁体
缅北	缅北 皎脉	母语	中国台湾 繁体
崇华	缅北 皎脉	母语	中国台湾 繁体
大同	缅北 皎脉	母语	中国台湾 繁体
财神殿	缅北 昔卜	母语	中国台湾 繁体
观音寺	缅北 昔卜	母语	中国台湾 繁体
树人	缅北 猛速	母语	中国台湾 繁体
佛经	缅北 猛更	母语	中国台湾 繁体
明德	缅北 邦海	母语	中国台湾 繁体
明德	缅北 木姐	母语	中国台湾 繁体
明德	缅北 南兰	母语	中国台湾 繁体
明德	缅北 南坎	母语	中国台湾 繁体
明德	缅北 南蚌	母语	中国台湾 繁体
明德	木姐底码德	母语	中国台湾 繁体
明德	木姐南翁	母语	中国台湾 繁体
明德	南兰暨立	母语	中国台湾 繁体

（续表）

学校	所属地区	教学方式	所用教材（繁/简）
猛稳	缅北 丙弄	母语	中国台湾 繁体
大华佛经	缅北 大其力	母语	中国台湾 繁体
景华佛经	缅北 景栋	母语	中国台湾 繁体
崇智	缅北 果领	第二语言	中国大陆 简体
福建总会	缅南 仰光	第二语言	中国大陆 简体
东方	缅南 仰光	第二语言	中国大陆 简体
外国语大学	缅南 仰光	第二语言	中国大陆 简体
外国语大学	缅北 曼德勒	第二语言	中国大陆 简体

资料来源：鲜丽霞：《缅甸汉语教学简论》，《国际汉语教学动态与研究》，2008年第1期，第85—86页。范宏伟：《缅甸华文教育的现状与前景》，《东南亚研究》，2006年第6期，第72页。

从上表可以看出，使用中国大陆教材的学校采用第二语言的教学方式，教材使用简体字；采用中国台湾地区教材的华校使用母语教学的方式，教材使用繁体字。缅甸华校所使用的教材多为中国台湾地区出版，地理位置上全部在上缅甸地区，形成这种状况的原因既有地理、历史等客观原因，也有学生学习动机、态度等主观的原因。

（一）客观原因

缅北毗邻中国云南，从古代开始，滇商就在滇缅古道上做生意，中缅之间的贸易从没有停止过，缅北地区形成了云南人的聚居区。由于远离政治中心，那里形成相对独立的汉语语言环境。

新中国成立前，国共两党即已开始在该地争夺。1949年后，大批国民党军队进入缅北地区，使这种争夺更加白热化。国民党在该地区扩大势力范围，在语言和经济上逐渐占据优势，在中国大陆的影响力还没有到达的时期，进入中国台湾高校深造对当地华侨华人而言具有极大的吸引力。这是缅北地区华校一直使用中国台湾地区出版的教材的主要原因之一。

随着中国国家实力的增强，国际影响力的逐渐扩大，缅甸许多华校开始转变。比如缅甸北部的木姐华侨学校，2000年以前，其与中国台湾地区的联系比较紧密，学校一直使用中国台湾的教材，他们也享有美斯乐兴华学校同样的待遇，即可以保送至台湾地区大学深造，如果有台湾认同的侨领推荐，甚至可以移居台湾。2000年以后，木姐的华文学校开始采用大陆教材，并得到了大陆在师资上的支持，特别是中学部的教师。现在"木姐华侨学校"初中部的教师，基本上都是大陆这边公派过去的在职教师，或者是非公派的退休教师[①]。尽管这种转变在潜移默化中发生，出于意识形态式的争夺也已渐行渐远，但历史的

---

① 陈丙先：《木姐华人社会的形成与发展》，云南大学硕士学位论文，2007年，第37—38页。

影响依旧存在。目前，中国台湾地区每年在缅甸录取 300 人到台湾读大学，其中的 250 人为公费，周末还可以外出打工。还有进行职业教育的海外青年职工培训班（海青班），对采用台湾教材的学校给予师资上的支持，所有这些优惠条件，对于经济上并不富裕的缅甸华人来说，具有更大的吸引力，各个华校出于学生前途、学校发展方面的考虑，仍旧选择中国台湾地区的教材。

（二）主观原因

身居海外的华人，他们对中国文化的归宿感，强烈而迫切，甚至达到某种偏执的程度，尤其对中国古代旧式文化的向往，他们出于精神上的需求，海外华人对祖籍国传统文化的热爱，往往排斥新的东西，比如新中国成立后推广的简体字、新词汇等。在海外华人社会常常可以看到中国大陆已经不常见到的事物，如风俗礼节、民族庆典等，这些在海外都有完整的保存。

在保持中华传统文化方面，中国台湾地区做得比较好。他们保留繁体字、直排竖写、文言文式的书面语言，甚至一些中国大陆早以不用的语言文字仍可以见诸于岛内。中国台湾地区出版的教材，符合海外华人的情感需要，这是缅甸华校创办者采用中国台湾地区教材的又一个重要原因。

三、教学方法

目前缅甸华校教学模式分为母语教学和第二语言教学两种形式。母语一般为汉语普通话、云南话、福建话等，学校多在缅北地区。第二语言学校是以缅语为主要授课语言，将汉语作为外语来教授，学校多在缅甸中部和南部，教学对象包括缅化的华裔和当地民族。在华校的具体教学方法方面，以教师灌输式教育为主，此外还有模仿记忆、文化引导与交际、翻译解释等。

（一）母语教学方法

"填鸭式"教学："填鸭式"教学起源于前苏联，在中国等东方国家应用广泛。缅甸的学生较为内向，尽管缅北地区日常生活以汉语为主，但他们的汉语水平很一般，缅甸中、南部地区则更差。受缅甸宗教文化影响，"尊师重道"的思想根深蒂固，学生对老师非常尊敬，一切听从老师的指挥，因此在课堂教学中，学生表现安静沉默，提问题的学生较少，不善于表达自己的想法。教师与学生很少有课堂互动，而本土教师又很少有到过中国大陆或中国台湾地区，对中华文化也是知之甚少，大多是从书籍、影视作品中了解。因此灌输式的教育在缅甸华校中应用较为广泛。

模仿记忆教学：由于缅甸华校的配套设施较为落后，多媒体等现代教学设备在大多数华校中并没有普及，教师上课仍为口授的方式，学生模仿教师的发音、腔调，跟着老师抄写文字、背诵课文。受方言环境的影响，有些教师在教学中发音不准，语法不规范，这也导致所教的学生在发音、语法等方面的错误。而且呆板的背诵是应试教育的理念，只注重考试成绩，教师无法有效启发学生，禁锢了学生的创新能力。

文化引导与交际教学：由于条件所限，华校的教材数量不够，大多数教材有时要翻印几次，对于文字、图画，学生无法获得直观的感受，教师尽其所能的将自己读过的书、看过的影视作品、对华人社区的认识讲解给学生，从学生的兴趣点出发，以理解为目标，完成教学任务。虽然缅北地区的汉语环境较好，但学生个体之间存在差别，因此，在大多数母语教学的华校内规定学生必须使用汉语交流，这就使学生获得较好的语言环境，尤其口语的效果更好。

（二）第二语言教学方法

以教师为中心的灌输教学：第二语言教学与母语教学存在相同的问题，即缅甸学生课堂主动性差，不活跃，教师驾驭课堂，灌输教育。教师领读、学生跟读，授课形式单调乏味，即便是教师课上提问，回答者寥寥无几，依旧是"填鸭式"教育方式。

翻译解释法：作为第二语言教学的缅甸中部和南部，教授对象多为非华裔，他们的汉语基础较差，有些人甚至为零。为了使这些学生掌握汉语课程内容，教师们上课必须翻译课文来授课。尽管两所外国语大学采取分技能开设课程，但依然需要翻译解释来授课。

体验式教学：采用这种教学方式的教师，大多有到过中国的经历，他们将自己在中国的经历结合教学分享给学生。鼓励学生参加中国侨办、汉办等组织的夏令营、汉语桥等活动，中国节日期间到华人社区参加华人庆祝活动等。这些体验式教学方式使学生们在感受中华文化的同时增加了学习汉语的兴趣。

趣味游戏教学法：这一类的教师大多参加过中国侨办或汉办组织的培训，是针对缅甸学生内向而开发的教学方法。这种教学法安排在每周一次的集体活动中，学生并非只有一个年级，而是相差不多的年级在一起，让学生以所学的内容进行汉语联系。它不需要上台表演，大家像朋友之间那样玩耍，即使在旁边看也可以通过游戏学到知识。这种教学方法大多是讲故事、词语接龙、看表情猜成语等。还有一些学校是通过看中文电影、中文报刊、中文杂志等方式教学，并且在看的同时学生要回答老师提出的问题，这种方法既增加了学生的学习兴趣，也体验到了汉语的魅力。

四、缅甸华文教育的困境和问题

（一）华文教育法律地位未定

目前缅甸华文教育面临的最大难题是华文教育尚未取得合法的地位，除了两所外国语大学汉语系由政府创设外，其他各地的华文学校多为民办。缅甸政府对华文教育既不承认，也不否定，华人所创办的各类华校大多是通过个人关系所为，在正规的法律层面上，缺乏法律和政策的保障，这点使华文教育存在极大的不确定性，它的兴衰成败完全由当局个人来决定。另一方面，创办华校的这些侨领，他们大多经历过 20 世纪 60 年代的动荡，惨痛的历史历历在目，这导致他们不敢大力发展华文教育。这些因素直接导致了目前缅华教育事业的尴尬处境，从根本上制约了华文教育事业的发展。

（二）师资力量参差不齐

缅甸华文教师学历普遍不高，不同地区、不同层次的华校的师资力量发展更加不均衡。两所外国语大学和孔子课堂的教师学历普遍较高，其他的各类华校、补习班的教师普遍缺乏高等教育学历，主要以高中毕业为主，没有接受过正规的教学法培训，这些学校的教师仅凭借经验授课，因此教学效果差强人意。

缅华教育存在教师断层现象，华校普遍缺乏教师，尤其在下缅甸，师资匮乏已经成为一个大问题。近年来，各种形式的补习班迅速发展，缺乏教师的问题逐渐凸显出来。同时，教师队伍年龄老化，后续人才乏力对华文教育也造成较大困扰。究其原因，主要是因为下缅甸缺乏良好的语言环境，华人同化程度高，而上缅甸已经形成较为完善的教学体系，教师来源比较稳定，大都是从华校毕业生中产生，所以上缅甸华校在师资方面具有"造血"功能[1]，这一点正是下缅甸所缺乏的。

华文教师队伍不稳定，数量少，年龄老化也与教师收入有关，一些华校教师的薪水较为微薄，拥有较高文化基础的人不愿意从事教师职业，在岗的教师也有从事兼职的，教师无法将全部身心投入到教学中来，这是造成教师队伍数量匮乏、不稳定的主要因素。"请进来"、"走出去"是一个较好的方法，但同样存在一些问题，比如"请进来"的教师，是否符合当地教育需求；"走出去"的教师，在培训回来后，是否会回到教师岗位上，这些问题都需要认真思考。

汉语教师普遍缺乏科研素养，科研成果非常少，这与缅甸大学科研经费有限和教师身兼行政职务有很大的关系。此外，缅甸的多数华校对汉语教师没有统一、科学的评估标准，这就无法有效评估教师的知识水平、授课质量、教学效果，同时也缺乏教学观摩和监督机制，因此有些教师放松对自己的要求，满足于现状，导致教学效果不是很好。

（三）教学方法陈旧

缅甸的汉语教学方法单一，以灌输式教学为主，课堂以教师为中心，学生缺乏主体性、主动性，课上互动较少。这种只输出不输入的教学方式单调乏味，课堂不活跃，久而久之，学生对学习汉语的兴趣逐渐下降，师生关系疏远，教学效果差强人意。

虽然有的教师参加过中国大陆和中国台湾地区教育机构的培训，但一些培训教材和教学法并不符合缅甸当地实际情况，加之一些培训课程时间短暂，教师不能很好地吸收，华校教学难以实现转变。

可以说，这些年缅甸华文教育迟滞不前，与缅华教育理念和方法陈旧有非常大的关

---

[1] 范宏伟：《缅甸华文教育的现状与前景》，《东南亚研究》2006 年第 6 期，第 75 页。

系，华校教师只是将传统的缅华教学模式灌输给学生，而很少去做有益的创新尝试。虽然大多数教师具有敬业精神，但语言知识薄弱，没有接受正规的教学法训练成为他们的硬伤。此外，教学设备、教材、待遇等客观因素也起到一定阻碍作用。

（四）生源、就业问题

华文教育在缅甸仍旧处于受限制的状态，在没有法律保障的情况下，华校只能通过侨领与当局的私人关系创办，由于华文教育没有被纳入缅甸国民教育体系，大多数非全日制华校、补习班的上课时间只能在公立学校上学之前、放学之后，以及假期上课，偶尔与缅文学校课时冲突还要让步，这种情况造成一部分华校生源的流失。随着公立学校和大学的开学、放假，华校生源非常不稳定。一些华校开学时，课堂坐得满满的，几个月后，时常会出现剩下一半学生的情况。年级越高学生会越少，特别是到了高中阶段，上课的学生往往只有几个人。造成这种状况的原因是由于学生为了参加缅甸的高考，不少处于高中阶段的学生下课后还要参加缅甸老师开办的高考补习班，对于华人家庭而言，中断华文学习而选择缅甸高考，是一个符合现实利益需求的考虑。真正能够坚持学习的学生多半是混血华裔与非华裔学生，他们比华人对中文更感兴趣，甚至比华裔更积极。[①]

尽管中国的国际影响力与日俱增，中文在国际上的地位也在不断上升，但是在缅甸第一外语是英语，这既有历史原因，也是现实的选择。学习中文对孩子的前途不如学习英语好。一些家庭条件较好的华人家长，会将子女送往欧美留学，而家境较差的家庭根本不会选择留学，他们认为学好缅语，可以考上缅甸的大学，成为医生、工程师等，这对于整个家庭而言是较为保险的选择。中间阶层即使选择读中文出国留学，目的地也是在新加坡、中国台湾、中国香港等地，这也是为什么缅北的大部分学校采用中国台湾地区出版的教材的原因。到中国台湾地区留学还有许多优惠的政策，毕业后甚至可以留在台湾，这对于缅甸的华裔而言具有极大的吸引力。而到中国大陆留学的学生，他们大多希望拿到全额或半额奖学金，还有一个最重要的问题，毕业后是否可以留在中国，这成为他们留学中国的最大考量。

除了留学，学习中文可以从事翻译、导游一类职业，但这种职业在缅甸缺乏稳定性。在诸如仰光、曼德勒这种较为发达的大城市，他们认为有华文教育背景在找工作方面会有竞争力，可以谋得一份好工作，但实际情况可能并非想象中那么乐观。此外，学习华文的另一条出路就是从事教师职业，前面已经提到，华文教育不在缅甸国民教育体系之中，各华校的福利待遇参差不齐。以前的华校教师多是出于对华文教育的热爱而义务从教，但现在情况发生了改变，尽管教师在缅甸社会地位很高，但华文教师的薪水并不是很高，所以出于经济考虑，越来越多的人不愿意从事教书这一清贫的职业。

---

① 黄桂林：《缅甸伊洛瓦底三角洲地区华文教育的调查与思考》，广西民族大学硕士学位论文，2011 年，第 15 页。

（五）教材内容老化、教学设备落后

相对于当今中国的现代化教学条件，缅甸华文学校的教学条件略显简陋些。多数的华校没有过多的现代化教学设备，教师上课一块黑板、一支粉笔，有些地区的教材还是翻印的，装帧、印刷质量比较粗糙，学生缺乏练习册。教师没有教师手册，也没有课程大纲，教师以个人的理解编写教程和练习题。

缅北地区的华校大部分在使用中国大陆和中国台湾地区的教材，不少教师接触过两种教材，简体字与繁体字共存，现在国际上通用的是汉语拼音字母，而台湾地区教材还在使用注音字母。此外，大陆与台湾地区的教材在面向缅甸本土方面力度不够，没有针对性，特别是历史、地理等科目，与缅甸国情严重脱节，不少课本里还会出现"先总统蒋公小的时候"、"我们的国花是梅花"等词句。这种落后的状态严重阻碍了缅华教育的发展。

五、关于缅华教育的若干思考

（一）注重顶层设计，团结侨团力量

注重顶层设计就是要从全局的角度，对缅华教育事业的各个方面、各个层次、各个要素进行统筹规划，协调整合教育资源，准确定位、高效快捷地实现华文教育事业的大发展、大变革。

随着中国国家实力的崛起，国际地位的提升，全球正在形成学习汉语的热潮。许多国家从政府层面推动汉语在该国的传播发展，将汉语教育列为国家教育的发展战略规划，或进入国民教育体系，政府给予政策上的支持和帮扶。这一点在东盟国家中的泰国已经实现，正是因为泰国从政府层面解禁汉语教学的政策，使得汉语教育在泰国可以自上而下的快速发展起来。

作为政策上较为"封闭"的缅甸，当前的华文教育还没有得到国家的合法地位，华文教育得不到政府层面的支持，这是导致缅甸华文教育发展迟缓的主要原因之一。随着缅甸民选政府的上台，执政党为了赢得民众的支持，在各方面加大改革力度，缅甸华文教育事业或可迎来发展的契机。要实现这种发展契机，需要中缅两国从政府的高度出发，对汉语教育的结构、功能、层次、标准进行有效的统合与规划，自上而下的发挥领导作用。还需要中缅两国加强相关部门的合作，积极开展有益的尝试，比如加强缅甸政府与中国国务院侨办、汉办，中国侨联，国内各大学等机构的合作，共同完成研究课题、互派访问学者、设立多种奖学金、增加进修培训及攻读学位的机会等，或者可以借鉴泰国等国家的经验，从上层推动华文教育事业的发展。

同时不可忽视的是缅甸华侨华人团体的力量。发展缅甸华文教育事业需要团结侨团、依靠侨团。没有雄厚的经济实力支持，缅甸的华文教育事业不可能办好，这是客观现实。目前的缅甸华校仍以民办私营为主，经济来源于侨领侨团的支助。旅缅华侨华人中不乏热

心教育事业的有识之士，他们在缅华教育事业中发挥着重要的作用。现在各个侨团之间的交流有限，华文教育单位各自为战，看上去缅华教育"平静如水"，实则对华文教育事业并没有什么益处。我们希望各个侨团之间加强交流，增进团结，互帮互助，形成合力，共同创造良好的华文教育环境。

（二）解决教学难题，实现可持续发展

1. 提高教师素养，加强师资培训

缅甸华校的教师总体学历层次不高，大多为各华校高中毕业生，因为没有接受过正规的教学法培训，所以教学效果并不是很理想。教师是学校的主体之一，教师质量的优劣直接决定着教学质量的优劣，所以提高教师素养是一件至关重要的事情。对于如何提高教师素养有以下办法：（1）"走出去"、"请进来"依然是较为实际的方法。对于有志于从事华文教育事业的教师，华校应鼓励、支持、援助他们到中国进修深造；同时，与中国各相关机构合作，接纳派遣过来的教师，积极吸纳先进的教学方法。（2）加强缅甸各华校之间的交流合作，经常性的组织校际间的教学观摩会，定期举办座谈、研讨会，交流经验心得。（3）制定教师评估准则标准，加强教学监督机制，定期进行考核鉴定。

2. 改革陈旧教法，积极更新理念

目前的汉语教学方法过于陈旧，跟不上时代的步伐。对于灌输式的教学方法，应有所革新，这种死记硬背的教学方式，扼杀了学生学习汉语的兴趣，无法培养语言交际能力。华校和教师应多从实际需求出发，学习借鉴发达教育体系的教学方法，更新教育理念，发展出一套既可以适合缅甸本土学生的特点，又可以提高教学质量的教法。

汉语教学大纲是华校制定每门学科的教学纲要，包括教学目的、教学要求、教学内容以及讲授和实习、实验、作业的时数分配等。教学大纲是编写教材和教师进行教学的主要依据，也是检查和评定学生学业成绩和衡量教师教学质量的重要标准。但目前缅甸华校还没有一套系统、标准的教学大纲，每所华校都是自己制定教学大纲，而制定教学大纲需要非常专业的知识，不少华校教学大纲的制定者并不能胜任这项工作，这就导致华校所制定出的教学大纲脱离实际，无法起到科学规范的指导作用。对于教师而言，无法清晰透彻的领悟大纲要求，对各阶段的学生学习汉语将达到什么样的程度也较模糊，这既影响了教师的教学积极性，也不利于学生学习汉语，破坏了华文教育的连续性和系统性。

华文教育要更新教育理念，积极融入当地主流社会。华文学校要面向当地，融入当地，争取最大限度的支持和理解。汉语不应该仅仅是华人的汉语，而是要将"华人学华语"的华文教育转变为"人人学汉语"的汉语教学。① 对此，华人要有包容的心态，积极鼓励、肯定不同的人来学习汉语，推进汉语教育的国际化。

3. 改进教学条件，推进教材本土化

先进的教学设备是现代教学中不可或缺的辅助工具，它可以提高教学效率，增强学生

---

① 李祖清：《缅甸华人汉语教学现状》，缅华网，http：//www.mhwmm.com/Ch/NewsView. asp？ID=238

学习的兴趣，促进教师与学生双向交流互动。不过目前缅甸华校教学设备比较简陋，这些落后的教学条件严重阻碍了缅甸华文教育的发展。

目前缅甸华校采用的教材多为母语教学教材和汉语环境下使用的教材，许多内容并不符合当地华文教学的要求。学习华文人士主要要求是能说、能听懂即可，对于书写既是困难的，也没有太大的兴趣。现如今的教材缺乏针对性，与实际脱节，这是亟需解决的问题。

早在1953年9月，中侨委主任廖承志就曾指出："华侨教育工作必须根据华侨的特殊情况来进行，不要搬用国内的一套，华教在还没有取得合法存在的情况下，我们的老师应该做到因地制宜，不要求与国内一致，各地也不必强求统一。"① 因此，我们在编写教材的时候应该符合实用性，强调内容的本土化。

另外，在缅甸的基础教育中，缅文公立学校并不开设汉语教学课程，这就要求汉语学校编写出具有针对汉语教学时限和教学情况的教材。面向全日制教学的学校所编写的教材应偏重课堂练习，使学生在课上掌握知识点。面向成年人的教材，应考虑到实际需求和接受能力，教材应精选。对于双语教学，目前普遍是英文解释，这样极容易造成转译时知识点遗漏、理解偏差的现象发生，中缅文对照的教材可以解决这个问题，这就需要中缅双方合作，编写出具有时代特点、针对性强的中缅文对照版本教材。

4. 注重出路，面向未来

出路问题是目前缅甸华文教育较为重要的问题，它是关系到华文教育在当地长期生存发展的重要因素之一。因此，汉语教学不应仅限于语言或者文化的传播，必须重视学生们在学习汉语后"致用"的问题。这对于所有汉语教育工作者，乃至华人社会都是一个挑战。我们可以利用中缅关系发展和缅甸政府着力进行改革的契机，为当地社会培养人力资源，这或可成为华文教育的一条出路。

多年来，中国大陆和中国台湾地区的华文教育工作者，对缅甸华文教育的发展倾力甚多。中国大陆在侨联、国务院侨办、汉办等机构的领导下，相继开办了孔子课堂，派遣优秀教师、志愿者赴缅援教，组织缅甸教师来华培训进修，捐助教学设备等。中国台湾地区的大专院校也常组织讲师团到瓦城、东枝、腊戍等地举办师资研习班，为数以百计的优秀华裔学生和青年教师提供到台湾求学深造的机会，台湾有关方面还向华校提供资金，改善华校的办学条件。尽管海峡两岸政治制度不同，但在帮助华侨华人在海外生存、发展，推动和促进中华文化在世界传播，两岸有较多的共识和较强的互补性。② 在坚持一个中国的原则前提下，两岸的专家、学者应摒弃意识形态的纷争，团结合作，求同存异，共为海外华侨华人共谋福祉。

总而言之，缅甸华文教育要面向当地、融入当地，积极参与当地的社会活动，拓展与当地社会人士的关系，尤其是精英阶层，在大力发展华文教育事业的同时，弘扬博大精深的中华文化。

---

① 王东白：《缅甸华文教育纵横谈》，缅华文化网，http：//www. mhwmm. com/ch/NewsView. asp? ID=234
② 王东白：《缅甸华文教育纵横谈》，缅华文化网，http：//www. mhwmm. com/ch/NewsView. asp? ID=234

苏尔梦与印尼土生华人文学研究

林澜

（钦州学院北部湾人文中心　钦州　535000）

【摘　要】法国汉学家苏尔梦是研究印尼土生华人文学的佼佼者，由国内外学者对她的评价、对其成果的研究引用以及研究者们的级别之高、范围之广，可知其研究的影响之深，渗透之广。

【关键字】苏尔梦；印尼土生华人文学；研究

一、序论

著名的汉学家和印尼华人文学、文化研究专家克劳婷·苏尔梦（Claudine Salmon）自20世纪60年代中叶至80年代中叶所发表的100多篇（部）的论著中大多数是研究印尼文化与文学的，其研究不仅为了解释印尼华人文学与印尼华人文化自身，还为了探求中华文化在印尼与原住民文化、西方文化等交流轨迹与融合进程，弄清中华文化如何在这个千岛之国里传播、演变并异化为一种多元性的移民文化——印尼华人文化，进而从文化学的角度重新审察印尼华人的过去、掌握印尼华人的现状、预测印尼华人的未来。[①] 她丰硕的研究成果以《印尼华人马来语文学：注释书目暂编》（*Literature in Malay by the Chinese of Indonesia：A Provisional Annotated Bibliography*）、《中国传统小说在亚洲》（*Literary Migrations-Traditional Chinese Fiction in Asia*（*17th-20th Centuries*））最有名，还有为数众多的学术论文《论〈海公小红袍全传〉马来语初译本》（*A propos de la première traduction malaise du Haigong xiaohongpao quanzhuan*）、《三国文化在东南亚岛国》（*The Three Kingdoms in Insular Southeast Asia-Religion and Literature*）等，其中不乏印尼女性文学研究论文，如《印度尼西亚华侨女作家和她们对妇女解放的观点》（*Chinese Women Writers in Indonesia and their Views of Female Emancipation*）。

---

① 杨启光：《开阔的视野，诱人的领域——葛劳婷·苏尔梦的印尼华人之文化学研究评述》，《东南亚研究》1995年第6期，第52—54页。

二、国内外的评价

1981 年，苏尔梦花费了 15 个春秋撰写的《印尼华人马来语文学：注释书目暂编》通过大量的书目和作家及作品介绍，恢复了印尼土生华人马来语文学的本来面目，为世人研究这个被歧视的文学提供了极其珍贵的历史文献资料，为抢救濒临灭绝的文学遗产作出了卓越的贡献。荷兰研究印尼现代文学史权威阿第奥在为苏尔梦这部巨著写书评时，给了很高的评价，认为她开辟了一个全新的研究领域，也意识到了自己及其他同行对土生华人文学轻视的不当。① 英属哥伦比亚大学研究印尼和马来文学的 Tineke Hellwig 博士在其专著《女人和马来的声音：印尼往昔殖民时呢喃暗流》（*Women and Malay Voices：Undercurrent Murmurings in Indonesia's Colonial Past*）中提及，是苏尔梦这个法国学者以其《印尼华人马来语文学：注释书目暂编》激起了学界对马来混合语作品的兴趣，从此印尼人对自身重要性的认识提高了。② 她一丝不苟地将马来/印尼文学的研究记录在档，为各种出版物构建一个基础做出了贡献，而这将不仅使得马来文本作为文学作品得到更好的理解和欣赏，而且也使它们所源自的印度社会得到更好的理解和欣赏。

在国内，杨启光 1993 年撰文认为，近 10 余年海内外诸多学者按照苏尔梦确立的印尼华人文学的文化学研究范型，对印尼土生华人文学进行了多侧面多层次的探析，这项宏伟的研究课题才刚起步。③ 因此，国内外对中国文学在印尼传播的相关研究可以说是由苏尔梦领头，大家的认识基本是一致的。杨启光还在《东南亚研究》1995 年 06 期撰文《开阔的视野，诱人的领域——葛劳婷·苏尔梦的印尼华人之文化学研究评述》专门就这部著作对她的学术思想和贡献进行评述。广州外国语学院东语系教授许友年在他的《简论印尼土生华人马来语文学》也介绍了该巨著。凌彰的《传播中华文化，表达华人心声——海外华人文学述评》中"海外华人的马来——印尼文文学"部分认为：最早重视印尼华人马来语文学的学者是苏尔梦女士。④

苏尔梦的《中国传统小说在亚洲》编写于 1981 至 1986 年，1987 年出版，1985 年 12 月颜保即发表论文《喜读〈中国传统小说在亚洲〉》，并将该书译为中文在 1989 年由国际文化出版公司出版。该书通过 17 名学者分别对中国文学在印尼、马来亚、柬埔寨、泰国、越南、蒙古、朝鲜、日本以及中国满族聚居地区传播与移植的宏观考察与微观分析，初步勾勒了中国文学"移居"海内外的线索与面貌，同时也展示全面完成这一宏伟项目的诸多困难和新的问题。⑤ 季羡林为本书作序，对她和她的著作都推崇备至。接着是戈宝权写的《我所认识的苏尔梦博士》，继续详细介绍苏尔梦及其研究成果，包括《1930－1950 年

---

① 许友年：《简论印尼土生华人马来语文学》，《华侨华人历史研究》1991 年第 4 期，第 12—15 页。

② Tineke Hellwig. *Women and Malay Voices：Undercurrent Murmurings in Indonesia's Colonial Past*. Peter Lang Publishing Inc.，2012.

③ 杨启光：《近年来印尼土生华人文学研究介绍》，《八桂侨史》1993 年第 3 期，第 59—61 页。

④ 凌彰：《传播中华文化，表达华人心声——海外华人文学述评》，《外国文学动态》2006 年第 4 期，第 14—16 页。

⑤ 颜保：《喜读〈中国传统小说在亚洲〉》，《国外文学》1985 年第 12 期，第 124—130 页。

望加锡印尼华侨的文学与艺术生活》（*La vie littéraire et artistique des Chinois de Makassar, 1930 – 1950*）和《印度尼西亚华侨女作家和她们对妇女解放的观点》（*Chinese Women Writers in Indonesia and their Views of Female Emancipation*）。① 荷兰莱顿大学名誉教授、任教于哈佛大学的威尔特·艾德玛（W. L. Idema）为她这本书写了书评。斯洛伐克共和国著名的汉学家马利安·高利克（Marian Galik）在他的文章《作为跨文学共同体的汉语新文学》里说，《中国传统小说在亚洲》里收录的三篇文章价值非凡。② 总之，她的这两本著作从出版至今都是国内外学者进行相关研究必不可少的参考资料。

三、国内外对其成果的引用

美国汉学家阿里夫·德里克的《以欧亚视角重新审视现代性（下）》中提到参看《中国传统小说在亚洲》可了解中国文学在东亚的影响。③ 澳大利亚塔斯马尼亚大学的 Pamela Allen 的论文《印尼华人"离散"的当代文学》（*Contemporary Literature from the Chinese 'Diaspora' in Indonesia*）提到，由于苏尔梦和廖建裕两位学者一丝不苟的工作，土生华人和新客华人很多早期的作品都被存档并得到批评性分析。④ 《印尼华人马来语文学：注释书目暂编》列了 2 500 多篇戏剧、诗歌和译著，包括 800 多名作家的作品。马来西亚拉曼大学的 S. K. Yoong 和马来西亚大学的 A. N. Zainab 在他们的文章《海峡华人对马来文学遗产的贡献：以译为峇峇马来语的中国文学作品为例》（*The Straits Chinese Contribution to Malaysian Literary Heritage：Focus on Chinese Stories Translated into Baba Malay*）里说，苏尔梦等列出的题目中有七个是所有图书馆都找不到的，很可能是因为苏尔梦的编目主要依据英国图书馆的目录，她专门发掘尚未编入的题目。⑤ 马来西亚沙巴大学（University Malaysia Sabah）艺术学院的 Sim Chee Cheang 博士在其论文《作为印尼"后殖民"文学文本的战前印尼土生华人作品》（*Indonesian Pre-War Chinese Peranakan Writings as Indonisian 'Post-colonial' Literary Texts*）里，多次引用了苏尔梦的资料。其中有苏尔梦对印尼最早的土生华人女作家追求妇女解放的作品的简单介绍。⑥ 印尼谢基祥著、周南京译注的《吧城中华会馆诗颂》就是源于苏尔梦的论文《吧城"中华会馆"诗颂（1905）》（*Le Sjair de L'association Chinoise de Batavia（1905）*），作者在中译前言和注释中，相当多地采用了苏尔梦博士的资料信息和观点。⑦ 台湾国立政治大学的黄慧敏的硕士论文《新马峇峇文学的研

① 克劳婷·苏尔梦编著：《中国传统小说在亚洲》，北京：国际文化出版公司，1989 年版。

② 《作为跨文学共同体的汉语新文学》，http：//www. docin. com/p-428297114. html 2015/9/29

③ 德里克、胡大平：《以欧亚视角重新审视现代性（下）》，《江苏社会科学》2011 年第 6 期，第 77—83 页。

④ Allen，PM，（2003）Contemporary Literature from the Chinese Diaspora in Indonesia，Asian Ethnicity，4，（3）pp. 383 – 401.

⑤ S. K.，Yoong and Zainab，A. N. The Straits Chinese contributions to Malaysian literary heritage：focus on Chinese stories translated into Baba Malay. Journal of Educational Media & Library Sciences，2000，vol. 42，n. 2，pp. 179 – 198.

⑥ Sim Chee Cheang. Indonesian Pre-War Chinese Peranakan Writings as Indonisian "Post-colonial" Literary Texts . Akademika 74（Disember）2008，PP. 21 – 39.

⑦ ［印尼］谢基祥著，周南京译注：《吧城中华会馆诗颂》，《八桂侨刊》2011 年第 9 期，第 19—24 页。

究》第二章"峇峇的马来语翻译文学"参考苏尔梦的地方甚多，在论述拉丁化爪哇语的中国传统小说最早译本《李世民》的参考资料来源之一是苏尔梦的《爪哇移植中国小说简要》，论述目前能找到的第一部罗马化印尼（马来）文中国传统小说译本《华人所撰周文玉之子周观德故事》则参考的是苏尔梦《中国传统小说在亚洲》中的《汉文小说的马来文译本在印度尼西亚》，论述《薛仁贵征西》译者是萧海炎（Siow Hay Yam）也是参考了苏尔梦的研究。① 第三章"峇峇的马来语创作文学"的相关参考资料就包括了苏尔梦《中国传统小说在亚洲》中的《马来亚华人的马来语翻译及创作初探》（Writings in Romanized Malay by the Chinese of Malaya：a Preliminary）。②

孔远志在其《梁祝故事在海外的传播及研究设想》一文里对《梁祝》在印尼的传播的详细介绍主要是参考苏尔梦的资料《爪哇移植中国小说简要》（A Note on Javanese Works Derived from Chinese Fiction）等。③ 王列耀的《欲回而又难回的远乡——印尼土生华人文学的"寻根"地图》认为印尼土生华人文学现在已经消失、同化于印尼文学之中了，但是按照苏尔梦的观点，人们可以从语言学和历史学的角度去阅读这些作品，则其价值依然是不小的。④

孟彦的《国际三国文化研讨会综述》较为详细地介绍了苏尔梦递交的论文《三国文化在东南亚岛国》，涉及到了文化。⑤ 除了小说，如要研究印尼戏剧，苏尔梦的成果也是非常重要的。张桃的《印尼华人马来由语戏剧初探》就数处提及苏尔梦的《印度尼西亚华人的马来由文学》（即《印尼华人马来语文学：注释书目暂编》。——作者注）⑥ 而淮茗在阐述中国戏曲在海外华人社会的演出这一问题时，参考了苏尔梦的《中国传统小说在亚洲》中的资料：爪哇当地的华人后裔不仅用马来文演出中国戏曲，而且还创造了一种叫"哇扬戏"的皮影戏，所演皆为有关中国历史的剧目。⑦

四、结论

综上所述可知，苏尔梦对印尼土生华人文学的研究自始至今都具有非常重要的价值，从国内外的评价和国内外相关研究对其成果的引用，从评价、参考引用其成果的研究者的级别之高、范围之广，可以说印尼土生华人文学的研究与苏尔梦息息相关，苏尔梦为此做出的巨大贡献是毋庸置疑的。

---

① 黄慧敏：《新马峇峇文学的研究》，台湾国立政治大学民族学系论文，2003 年，第 60 页。
② 黄慧敏：《新马峇峇文学的研究》，台湾国立政治大学民族学系论文，2003 年，第 103 页。
③ 孔远志：《梁祝故事在海外的传播及研究设想》，《宁波大学学报（人文科学版）》，2003 年第 6 期，第 37—39 页。
④ 王列耀：《欲回而又难回的远乡——印尼土生华人文学的"寻根"地图》，《郑州大学学报（哲学社会科学版）》，2004 年第 11 期，第 101—104。
⑤ 孟彦：《国际三国文化研讨会综述》，《社会科学研究》1992 年第 1 期，第 112—114 页，38 页。
⑥ 张桃：《印尼华人马来由语戏剧初探》，《山西财经大学学报》2010 年第 11 期，第 339—340 页。
⑦ 淮茗：《中国戏曲在海外华人社会的演出》，《寻根》2010 年第 4 期，第 42—47 页。

第六篇

侨乡社会与文化

多元特质的闽南侨乡文化及其向东南亚的传播

黄英湖

（福建社会科学院　福州　350001）

闽南是个地理区域，它是指福建南部的厦门、泉州和漳州这三个市，土地总面积25 770平方公里，占全省总数的21.2%；人口根据2011年公布的第六次全国普查数据是1 647万，占全省总人口的44.6%。其中泉州的人口数居全省第一，达812万多人。闽南也是福建经济最发达的地区，历年以来，泉、厦、漳三市各自的国民生产总值，一直分别名列全省各设区市的第一、三和四名。闽南地区的这三个市不仅地理相连，而且语言相通，习俗相同，共同形成一种颇具特色的地域文化。

一、闽南民系的多源性及其文化的多元化

（一）闽南民系的多源性

文化是一种上层建筑，它是人类社会发展到一定阶段的产物，因此，人是文化的最主要载体。由于所处自然条件、生活环境等方面的差异，生活在不同地区的各个族群和民系，也都拥有各自不同的文化。闽南人是福建的主要民系之一，也是一个名闻于海内外的重要民系。颇具特色的闽南文化，就是根植于这种文化的载体——长期生息繁衍于这方水土的闽南民系居民。

现在的闽南人是一个由多种来源互相融合，经过长期繁衍后最终形成的民系。闽南的土著居民和福建省内其他地方一样，都是南方百越中的闽越族。汉武帝元封元年（公元前110年），东越王余善起兵反汉失败后，汉武帝以"东越狭多阻，闽越悍，数反覆，诏军吏皆将其民徙处江淮间，东越地遂虚。"① 但是，闽越境内以高山丘陵为主，地形复杂，人民散居各地的山林之中，汉朝官兵是不可能把他们尽数迁走的。所以，那些被"徙处江淮间"的，应该只是闽越国的贵族、官吏和军队，以及一些居住在王城及其附近的人们。

---

① 《史记·东越列传》。

而那些散处于山林之间，人数更多的闽越人，则必然会成为漏迁之民，遗留在福建继续生存繁衍下去。三国时期，闽北的"山越"就多次反叛作乱，孙吴政权屡屡派兵入闽，才把他们镇压下去。唐朝前期，居住在今漳州、潮州一带的"蛮獠"也"啸聚"叛乱，陈政夫妇两次率兵入闽，才平定了叛乱。这些反叛的"山越"和"蛮獠"，都是未被迁走的闽越族后裔。

形成闽南居民的主体部分，应该是从河南等地南迁的北方汉人。福州于山和仙游九鲤湖的九仙遗迹说明，至少从公元前 2 世纪的汉武帝在位时，就有一些北方汉人来到福建，并已到达宋代之前仍属闽南行政区划的仙游县。以后，他们又陆续不断地从河南等地迁移到闽南地区。据惠安锦田《黄氏族谱》记载：始祖隍公为东汉会稽令。东汉末乱甚，于建安弃职避世入闽。《惠安县志》中也记载：黄兴，"吴孙权将也，与妻曹氏弃官入闽，居邑南之凤山。"[①] 这些都是东汉、三国时期北方汉人进入闽南的明确记载。1984 年 1 月 3 日，在南安丰州的庙下村发现一座古墓，墓砖上印有"大康五年"的字。据研究，"大康"应为晋武帝的"太康"（280—289 年）之误，而"太康五年"就是 284 年。在此前后，泉州也先后发现一些晋代和南北朝时期的古墓。由此可见，在两晋至南北朝时期，晋江流域已定居了不少北方南下的汉人。以后的历朝历代，仍有一些北方各地的汉人因为各种原因，源源不断地迁入包括闽南在内的福建境内。

与这种零星、分散的常态性移民不同，还有一些迁入闽南的北方移民，则是属于成批、集中的偶发性移民。如乾隆《福州府志》说："永嘉二年（308 年），中州板荡，衣冠始入闽者八族，林、黄、陈、郑、詹、邱、何、胡是也。"[②] 由此可知，西晋永嘉年间有 8 个北方衣冠士族避乱入闽。据《太平御览》记载："泉州清源郡，秦汉土地，与长乐同。东晋南渡，衣冠士族，多萃其地，以求安堵，因立晋安郡。"[③] 进入唐代，高宗总章二年（669 年），闽广之交的"獠蛮啸聚"，朝廷命玉铃卫左郎将陈政南下平叛，以后又派其兄带兵增援。他们两次带到闽南的军队及其眷属，总人数共有 8 000 人左右，这些人平叛后就定居在闽南地区。到了唐朝末年，从河南光州南下的王潮兄弟，先率军攻打下泉州，然后又占领首府福州，并逐渐把势力扩展到全省。以后，其二弟王审邦父子相继镇守泉州。因此，必然会有一批随其入闽的河南人定居在泉州。

闽南居民的另一主要来源，就是前往泉州经商的阿拉伯、波斯、印度、犹太等外国商人。闽南地处海边，又在地理上邻近东南亚，在与海外交往中具有一种区位上的优势。所以，至少从魏晋南北朝开始，泉州就与外界产生了各种交往关系。南朝的陈武帝天嘉六年（565 年），印度僧人拘那罗陀就从建康（南京）入闽，到泉州搭乘商船前往马来半岛的棱伽修国。[④] 由此可见，那时泉州已有通往东南亚的海上航线。而据史书记载，当时中国与

---

① 嘉庆《惠安县志》卷三下。
② 乾隆《福州府志》卷七十五"外记"。
③ 《太平御览》卷一七〇。
④ 《续高僧传》第二集，卷一。

东南亚之间已是"舟舶继路，商使交属"，有 10 多个国家与中国产生通商贸易关系。① 进入唐代，泉州已成为我国对外贸易的四大港口之一，出现"市井十洲人"的外商云集景象。② 到了宋代，泉州的对外贸易更为兴盛，南宋时超过广州，成为我国对外贸易的第一大港，并且和埃及的亚历山大港一起，被马可波罗称为世界两个最大的港口，使那里出现"涨海声中万国商"的繁荣景象。③ 那些前往泉州贸易的外商中，有许多人就娶当地女子为妻，并在那里定居了下来。现在泉州人数众多的丁、郭等回族姓氏，就是他们繁衍的后裔。

在闽南居民中，还有一些被称为"番婆"的华侨眷属。这些由归国华侨带回来的东南亚各族土著妇女，也使闽南居民中出现一些被称为"番仔"的混血人群。所以，闽南居民的来源是多样性的。北方南迁的汉人和福建土著闽越居民，以及来自海外各地的移民在闽南地区经过长期融合，逐渐形成现在的闽南人，使闽南民系呈现出一种多源性的特征。

（二）闽南文化的多元化

这里所说的闽南文化，是指产生并流行于闽南地区，以闽南人为载体，特色显明的地域文化，它包括独特的语言、风俗习惯、民间信仰、音乐戏剧，等等。闽南民系的多源性，必然会造成闽南文化的多元化。土著居民遗留的闽越文化，与河南等北方移民带来的汉族文化，以及阿拉伯、波斯、印度和马来等外来民族传入的异域文化在闽南交汇融合，最终形成的一种多元化的闽南文化。

1. 闽南方言的多元化

闽南文化的多元性表现在许多方面。以语言为例，闽南话就是由国内外各种不同语言交汇融合后，最终在闽南地区形成的一种方言。所以，在闽南话的词汇和语法中，存在着多种不同的语言成份。

闽南话是一种汉语方言，其主体是由河南等北方移民带入的汉语。所以，闽南话中保留了许多的古汉语根词和单音词。如闽南话称口为"喙"，《说文·口部》："喙，口也。"闽南话说跌倒为"跋"，《说文·足部》："蹎，跋也。"我国早期的书都是由一片片竹简相串成册的，书即是"册"。而闽南话就称书为"册"，说读书为"读册"。在闽南话中，还保留一些北方已不再使用的古汉语词汇。如闽南话中的"教示"这两个字，一般是指长辈对晚辈的教导和训示。而在唐代元稹的《估客行中》，就有"父兄相教示，求利不求名。"闽南话称床为"眠床"，而在唐代李延寿的《南史·鱼弘传》中，就有"有眠床一张，皆是蹙柏。"在语法上，现代汉语语法的构词方式是"修饰词＋中心语"，如"纸币"、"铁门"等等。而在古汉语的语法上，大量使用的却是"中心语＋修饰语"，如北魏张丘建的《算经》中，有"鸡翁一，值钱五；鸡母一，值钱三。"唐朝太上隐者的《答人》中，有

---

① 《宋书》卷九七，"夷蛮传"。
② 《全唐书》，卷二〇八，"送李使君赴泉州诗"。
③ 《舆地纪胜》卷一三〇《风俗形胜》，引《清源集、李文敏诗》。

"山中无历日，寒尽不知年。"在杜甫的《感怀》中，有"问知人客姓，诵得老夫诗。"像鸡翁（公鸡）、历日（日历）、人客（客人）这种古汉语构词方式，在闽南话中比比皆是。

在闽南话中，也保留了少量的闽越族语言。如"墟"在古越语中是集市的意思。而在闽南山区，人们至今仍保留着"呼市为墟"的习惯。同属古代百越后裔的壮、侗民族，也至今仍把集市称为墟。在闽南话中，有些语词和其他方言的差异比较大，有的在汉语词书里也查不到，可在壮、侗语言里，却可以找到音近义同的语词。李如龙先生在《福建方言》书中，列举了"戀"、"喝"、"页手（招手）"等例证后说："这些语词也可能是古百越语留在闽方言中的底层。"[1]

闽南话中还有一些从海外传入的语言，如"甘仔得"是泉州话对西红柿的称呼，这种称呼源于菲律宾他加禄语中的"kamati"，因为泉州的西红柿是从菲律宾引进的。在闽南地区，还有许多这样的外来语借词，如加步棉（木棉）、雪文（肥皂）、洞葛（手杖）、羔悲（咖啡）、拾八（扳手）等等。这些外来词汇，有些是从马来语引进来的，有些是从菲律宾语引进来的。而"拾八"这个词则是来自英语的音译，生活在英殖民地马来西亚的闽南人，就把扳手及其译名一起带回了家乡。

2. 价值取向的多元化

闽南文化的主体是以儒家思想为核心的中原汉文化，所以，在闽南人的头脑中，同样也都存在着尊儒重教的思想观念。人们不仅在各个府、县，甚至在一些乡镇都修建了孔庙，并在其中建立官办的府学、县学，而且也在各地乡村中建立许多民办的社学、义学，以使子弟能够饱读圣贤之书。闽南人也都把读书致仕作为人生追求的一大目标，人们也希望经过十年寒窗的苦读，最终能够一举金榜题名。自唐中期欧阳詹高中进士后，闽南的读书习儒之风更为兴盛，许多闽南人都通过科举而走上仕途，光宗耀祖。

另一方面，晋唐以来众多阿拉伯、波斯、犹太等外国商人来到泉州后，他们的重商理念也逐渐影响了闽南人，使那些原来以农耕见长的北方移民也变得善于经商了，并且也在头脑中逐渐形成重商的理念。因此，在闽南地区，人们并不像我国传统社会那样把商业视为末业，重本抑末，重农抑商。也不会按历来习惯的"士农工商"排序，把商人视为末流，看轻或歧视他们。在闽南社会里，人们不会只尊奉"万般皆下品，唯有读书高"这种传统的价值取向。在闽南人的思想观念里，读书致仕和经商致富是并列和并重的，都是人们求生和发展的一种路径选择，并没有高低或贵贱之分。南宋著名诗人刘克庄诗云："闽人务本亦知书，若不耕樵必业儒。惟有桐城南郭外，朝为原宪暮陶朱。"[2] 诗中用孔子门徒原宪和被尊称为"商圣"的陶朱公范蠡这两个人，分别代表读书和经商两种不同的人生道路。而刺桐城（泉州）的人们却可以"朝为原宪暮陶朱"，毫无心理障碍地很快在其间进行角色转换，说明他们并不把读书致仕作为人生的唯一出路，而是同时把经商也作为其中的另一种选择。这种多元化的价值取向，使闽南社会从古至今，都弥漫着一种浓厚的重

---

① 李如龙：《福建方言》，福建人民出版社，1997年版，第117页。

② 刘克庄：《后村先生大全集》卷十二，"泉州南郭"（诗）。

商氛围，从事商业贸易的人数众多。闽南经济能一直名列全省前茅，和闽南人价值取向的多元化是有密切关系的。

3. 风俗习惯的多元化

闽南人的风俗习惯也主要移植自河南等北方地区，如在节庆上，同样也是过春节、元宵、端午、中秋等汉人所过的节日，端午赛龙舟，吃棕子，挂菖蒲艾叶；中秋赏月，吃月饼。但在泉州，人们在端午节还有一种"嗦啰嗹"的民俗活动，据说是闽越族的遗风，歌唱中的"嗦啰嗹"是他们辟邪去灾的咒语。另外，在每年农历七月，泉州人还要过"普渡"节。从七月初一至卅日，各村轮流做"普渡"，各家各户都要宴请邻村的亲戚朋友，并在门口摆上供品进行祭拜，还要捐资请戏班子来唱戏，据说这样做是为了安抚那些无主的孤魂野鬼，以免他们作祟，祸害村民。所以，七月"普渡"节又被称为"鬼节"，是闽越族"俗鬼"习俗的一种遗风。

除"崇鬼"外，闽南地区还保留了许多闽越族的习俗遗风，如进行自我损伤的文身、凿牙；山区居民和西南少数民族一样，居住吊脚楼（干栏屋）；还有类似于悬棺葬的"生管"葬法，等等。关于这个问题，我在"闽南文化中的古越遗风"一文中，已经作了较为详尽的论述。①

4. 宗教信仰等的多元化

闽南地区的宗教信仰，除了我国固有的儒教、道教和汉化佛教外，从唐代开始，还先后传入回教、摩尼教、婆罗门教、景教、印度教、犹太教等外国宗教。在晋江市的草庵，至今还保存着我国唯一的摩尼教雕像。长期以来，国内外各种宗教在闽南地区和谐相处，使闽南人的宗教信仰也呈现出多元化状态，泉州也因此被誉为宗教博物馆。

此外，闽南文化的多元化还表现在建筑艺术、饮食和民间信仰等许多方面。如在闽南各地的民居和其他楼房中，就有不少是中外建筑艺术的结合体。现已成为国家文物保护单位的厦门大学"嘉庚楼群"，以及泉州和厦门中山路商业街的骑廊建筑，就是其中最主要的代表性作品。限于文章的篇幅，其他的就不再一一列举详述了。

二、闽南文化的海外传播

闽南文化的海外传播，主要是由闽南人的向外移民引起的。由于以前的闽南移民90%以上集中在东南亚地区，所以，闽南文化也主要在那里的闽南和其他籍贯华侨华人中，甚至当地其他民族中传播，成为东南亚多元文化的组成部分。

（一）闽南话在东南亚的传播

闽南话不仅流行于国内的台湾、广东和浙江等省份，而且也被传播到东南亚许多地方，成为当地华侨华人社会交往的通用语言。如在菲律宾，华侨华人中祖籍闽南的比例多

---

① 福建省炎黄文化研究会、泉州市政协编：《闽南文化研究》，海峡文艺出版社，2004年版，第311页。

达 90% 以上，所以，闽南话成为他们之间日常交往的通用语言。新加坡国民中，华侨华人占有高达 70%—80% 的比例，而他们之中祖籍闽南的又达一半左右，因此，闽南话也成为当地社会的通用语言之一。在马来西亚的槟榔屿、马六甲和吉隆坡，印尼的泗水、雅加达、万隆等地，以及汶莱、缅甸这两国的华侨华人社会中，也都通行或有一部分人在使用闽南话。

这些会讲闽南话的华侨华人，不仅有祖籍闽南的，而且也有一些是其他籍贯的。笔者在新加坡搭乘出租车时，司机就是一位祖籍莆田的第二代华裔。在马来西亚的吉隆坡，印尼的雅加达和棉兰，也曾接触了一些会讲闽南话的海南和广东梅县等外省籍华侨华人。在菲律宾的宿务访问时，则认识一位能讲流利闽南话的福建南平武夷山籍新移民，出国前他在老家是讲闽北话的。在福州的工作往来中，也认识两位福州籍的印尼华裔归侨，他们都会讲闽南话。这些人都是在当地华侨华人社会的语言氛围中，逐渐学会讲闽南话的。更使人讶异的是，在东南亚的其他民族中，也有一些人会讲流利的闽南话。2004 年我到槟榔屿访问，在夜市中购买中文版《光明日报》时，就遇到一位会讲闽南话的印度裔报贩。该国的前总理巴达维，据说也会说一些闽南话。不过，在新加坡和马来西亚等国家，闽南话都被称为"福建话"，因为在这些国家的华侨华人社会里，居多数地位的福建籍华侨华人中，又主要是祖籍闽南各地的，人们就误认为这些闽南人所讲的语言是"福建话"。

在长期的社会交往中，一些闽南话词汇还被当地语言所吸收，成为东南亚各族居民的日常用语。印尼和马来西亚都是以讲马来语为主的国家，有人在 8 本印尼语和马来语词典中，就查出至少 456 个闽南方言借词。而在菲律宾的他加禄语中，同样也吸收了不少闽南话词汇，菲律宾大学语言学家马努厄尔在《他加禄语中的汉语成份》书中，就列出 381 个来源于汉语（主要是闽南话）的他加禄语词汇[①]。

（二）闽南民间信仰在东南亚的传播

闽南人移民东南亚后，也把自己所信仰的神灵恭奉到那里。在这些神灵中，既有关公、妈祖、城隍等华侨华人普遍信仰的，也有一些是产生于闽南本土，属于当地所独有的。如北宋泉州同安人吴夲是一位医术精湛、医德高尚的名医，逝世后被敕封为"保生大帝"，受到众多闽南人们的供奉和信仰。以后，这种信仰传播到东南亚各地。1860 年，印尼三宝垄华侨领袖陈宗淮特地从中国定制一尊保生大帝神像，运抵侨居地供奉在大觉寺中。在北苏门答腊，也有两座供奉保生大帝的真君庙。1948 年，晋江深沪籍华侨蔡绍周从家乡南春村宝泉庵恭奉保生大帝香火前往菲律宾马尼拉，也在那里建一座宝泉庵供奉，以后又分炉到另一城市宿务。而在马来西亚槟城的邱氏龙山堂中，不仅供奉他们祖先的牌位，而且也奉祀他们祖籍地的地方保护神，保生大帝就是其中之一。据马来西亚《雪兰莪乌鲁冷岳福建公会二十五周年银禧纪念特刊》统计，在闽籍华侨华人信仰的诸多地方神灵中，保生大帝名列前茅。

---

① 转引自吴凤斌主编：《东南亚华侨通史》，福建人民出版社，1994 年版，第 478 页。

像这样发源于闽南地区，以后传播到东南亚各地的民间信仰神灵，比较著名的还有被敕封为"清水祖师"的宋代永春人陈普足；被敕封为"广泽尊王"的五代安溪人郭忠福；被敕封为"灵安尊王"（"青山王"）的五代惠安守将张悃，以及"开漳圣王陈元光"，晋江六位抗倭英烈合祀的"六姓爷"，被敕封为"护国卫生夫人"的晋江苏夫人，被谥为"义烈"的惠安刘氏姑妈，等等。

（三）南音在东南亚等地的传播

南音是一种流传于闽南地区的古老音乐，被誉为"中原古乐活化石"和"御前清曲"。东南亚最早出现的南音社团，应该是1823年在菲律宾马尼拉成立的长和郎君社。据"东南亚南音社团辑录"文中统计，菲律宾共有30个南音社团。新加坡在19世纪末以后，也先后成立了横云阁、云庐音乐社和湘灵音乐社等南音社团，现在全国共有12个南音社团。马来西亚最早成立的是1887年吡叻太平仁和公所，现在全国有27个南音社团。南音在印尼闽南籍华侨华人中曾比较普及。虽然1960年后印尼政府的排华政策，使南音遇到很大的困境。但从1980年代后期开始，当地闽南籍华侨华人又先后成立了东方音乐社、佳龄南音社等南音社团，现在全国的南音社团共有13个。缅甸的仰光、曼德勒也有韵新别墅俱乐部等4个南音社团。此外，还有1958年成立，成员达200多人的文莱婆罗乃群声音乐社，在日本、泰国、东帝汶、越南、老挝、柬埔寨等国，南音也有程度不同的影响。

为了切磋和交流南音艺术，东南亚各地的南音社团还从1977年9月开始，定期轮流在新加坡、马尼拉、吉隆坡等地举办南乐大会奏，新、马、菲、印尼以及台湾的南音社团都参加了演奏。各地南音社团还以"弘扬中国优秀文化遗产，进行南音艺术交流，增进友谊"为宗旨，成立东南亚南乐联谊会，举办各种国际南音大会唱、南乐歌唱比赛大会等南音艺术交流活动。

（四）在海外传播的其他闽南文化

此外，还有一些具有闽南地域特色的文化，也先后被传播到东南亚等地。

1. 泉州南少林武术

这是闽南最具代表性的武术流派，它不仅活跃于闽南地区，流传到省内外许多地方，而且还远播到中国香港、中国澳门、日本和东南亚，乃至更远的欧美和澳洲等地。广东、浙江、江西、广西、台湾等省以及日本、东南亚等地的许多拳种，都可以溯源到泉州的南少林武术。近年来，国内外不少武术团体和人士纷纷前来泉州访问，共同切磋和研究南少林武术。泉州武术界也和日本、菲律宾等国的武术组织结为友好团体，并与世界四大洲20多个国家和地区的数十个武术组织建立了友好联系。

2. 闽南建筑艺术

闽南民居建筑以宫殿式的"三间厢"、"五间厢"大厝为代表。这种房屋的基本布局以宽大明亮的"顶厅"和"下厅"为中轴；两边各有三间或五间不同用途的厢房；外面是用白色条石加立面红砖镶砌的墙壁，顶上是燕尾式上翘的飞檐，整座大厝从里到外，都表现出稳重、气派、大方、豪华的观感，具有鲜明的闽南地方色彩。闽南移民移居到东南亚后，就把这种颇具特色的建筑艺术移植到当地，使那里也出现一些闽南式的房屋。笔者在槟榔屿、马六甲和新加坡这些地方，就多次看到闽南人所说的"大厝砖子壁"式房屋。泰国南部普吉有一座主祀清水祖师的福元宫，其外观也和闽南的宫庙几乎一样。马来西亚著名旅游胜地云顶高原的清水庙，也是模仿安溪清水祖师祖庙的建筑格局和形式。新加坡著名的天福宫为了使建筑式样和闽南保持一致，甚至连砖、石和木头等建筑材料，都是专门从闽南运载过去的。

3. 闽南饮食文化

闽南的饮食文化和方言一样，也都主要源自于中原地区。但由于闽南物产、气候等情况的不同，中原饮食传入后也发生了变化，形成颇具闽南地方特色的饮食文化。如在泉州地区，就有用菲律宾华侨传入的地瓜淀粉，加上当地所产的海蛎混合做成的蚵仔煎，同样用地瓜淀粉和牛肉混合做成的牛肉羹，以及烧肉棕、面线糊等著名的风味小吃。这些闽南风味的菜肴及其烹饪方法，也随着闽南人的向外移民而被带到东南亚等地，不仅成为华侨华人，而且也成为当地人民所喜爱的食品。因此，当地语言对这些食物的称呼，都是从闽南话音译过去的，如菲律宾语中的 miswa（面线）、tauhu（豆腐）、tauge（豆芽）、tanghen（冬粉），印尼语、马来语中的 bacang（肉棕）、tahu（豆腐）、the（茶），等等。仅从这些词汇上看，也可得知这些食品是从闽南传过去的。

还有，泉州的梨园戏，布袋戏（掌中木偶）、加礼戏（傀儡）等戏剧，以及过普渡，即中元节等具有闽南地方特色的节庆、风俗习惯，也都先后传播到东南亚闽南移民社会，并逐渐发展衍变成当地华侨华人文化的组成部分。

北海市侨港镇侨力资源开发与利用成效的总结与反思

张坚

（广西师范大学历史文化与旅游学院　桂林　541000）

　　广西北海市侨港镇是 20 世纪 70 年代中国政府与联合国难民署在中国境内共同建设的最大印支难民安置点。建设初期，在中国政府与联合国难民署的大力支持下，该安置点经济发展十分迅速，各方面建设欣欣向荣，被联合国官员誉为："世界难民安置工作的橱窗"。

　　进入 21 世纪，侨港镇的发展面临着比较严峻的挑战。受到南海渔业资源日益枯竭，2000 年我国与越南在北部湾海上划界，以及广西对北海市银滩景区及其周边海滩进行保护等因素的影响，全镇的主导产业——渔业发展速度放缓，经济效益日渐下滑。大批洗脚上岸的渔民因为与当地社会直接交往接触的能力低下，转产转业情况不容乐观。借助近年来北海市日渐繁荣的旅游市场，部分归难侨也在餐饮和观光等行业中获得了发展机会，但这一部分居民只占全镇人口的极少数，并且侨港镇仅仅 1.1 平方公里的面积（陆地面积只有0.7 平方公里）也严重制约着旅游业的发展空间。

　　侨港镇拥有极其丰富的侨力资源，据 2000 年的一份侨情普查资料统计，侨港镇有国外亲属的户数是 831 户，其在国外的亲属人数 12 052 人，分布在 20 多个国家和地区（主要在欧美各国），海外亲戚当中，不少人都拥有比较雄厚的经济实力。而在侨港镇的开放开发当中，海外侨力资源开发的成效却乏善可陈，侨港镇成为了比较典型的捧着金饭碗却找不到饭吃的地方。

　　造成侨港镇上述局面的原因很多，笔者在近十次深入该镇调研中发现：侨港镇下放地方管理（划归银海区管理）之后，受行政管理体制隶属关系的制约，侨港镇作为世界难民安置点的特殊性逐渐得不到当地政府的认识与尊重，这一点严重制约着全镇的发展势头。至今侨港镇归难侨仍然耿耿于怀的两件事情充分说明了这一点。

　　第一，侨港镇长期被排除在北海市华侨投资开发区之外。1991 年初，为了保证侨港镇继续发挥其具有国际影响力的难民安置点、中国彰显自身作为世界第二大印支难民接收国地位的窗口、北海市对外开放亮点的优势，时任全国人大代表、北海市人大副主任的李果刚同志带领调研组深入侨港镇，在广泛听取各方面意见的基础上，认为在侨港镇兴办华侨投资开发区是加快发展的出路和希望，并形成专题报告，由李果刚同志出席全国人大会议时作为议案提交大会。后来，全国人大将这个议案转由广西办理，自治区政府于当年7月初在北海召开现场办公会议时对这个问题进行了研究。同年10月31日，区人民政府办公厅以（桂政办函〔1991〕457号）文批复，同意"在北海市侨港镇建立华侨投资开发区，执行华侨企业的优惠政策"，"开发的范围为3平方公里（含侨港镇现有的1.1平方公里）"。该开发区是当时北海市唯一的自治区级开发区。1992年3月市政府成立开发区筹建班子，依傍侨港镇北沿征用2.5平方公里土地，成立集工业、旅游、贸易、金融、商住、高新科技、出口创汇于一体的综合性经济开发区。

应该说，将侨港镇上升为自治区级开发区，将其原本享有的直接受到中国政府和广西区人民政府特殊支持的做法延续下来，不失为侨港继续保持高速发展的良策。然而，由于各种原因，在后来华侨投资开发区的建设发展中，侨港镇渐渐被排除在外，开发区所享受的优惠政策，侨港镇没有办法享受，开发区所圈下的土地，侨港镇也没有办法拥有。不仅如此，侨港镇还被迫从自己极其紧缺的土地当中划出一块给开发区作为边贸码头。

对于当地政府有法不依的行为，侨港镇归难侨干部、群众意见十分强烈，上述事情在也在海外亲友当中产生极其不良的影响，海外亲友因此不敢回来投资。

第二，侨港镇重大招商引资项目因为当地政府多方争利而搁浅。2002年，一位美国华侨打算来投资侨港海滩，在海滩附近建一排度假村，建酒店和娱乐设施等一整套休闲娱乐系统，打算把侨港海滩打造成继北海银滩之后的又一个观光休闲度假胜地，这个工程耗资近5000万，是由美国华侨连同英国几位华侨富商出资兴办，对于镇经济来说这不啻是一剂强心针。听闻该消息的镇民们无不欢欣雀跃，特别是年轻人，感觉就业有望。但是项目在初期洽谈阶段却遭遇了意想不到的尴尬：北海市政府、侨港镇政府、北海银滩管委会三方为此闹得不可开交，北海市政府认为侨港镇海滩属于自己管辖之地，一切谈判和协议都该由自己和侨商来谈，落实到具体，就是自己作为首席代表和外面人谈判，自然好处也归自己，镇只是一颗小棋，顺带沾光。而镇政府却不那么认为，海滩是属于侨港镇的，建镇之初就一直由自己管理，而投资的商人也是自己人，侨胞亲戚，无论如何都该由自己出面承揽整个工程。作为银滩管委会来说，也是万分担心自己的利益受损。一直以来银滩都是北海市独一无二的海边度假胜地，每年旅游的收入相当可观。如果侨港再开辟一个同样性质的旅游区，自己的收入肯定会分流，所以定出了自己的种种条件，限制外商投资侨港。内部的三股势力争持，互不让步，一直争论了半年之久，让前来投资的侨商不知所措，顿失信心，进而打消了投资的念头。最后的结果是到手的鸭子飞走了，这让镇政府懊恼不已，镇民更是气愤难平。错失这个良机，对镇的发展是致命一击。

针对上述现象，笔者认为：在我国长期执行自上而下制度推动的经济发展模式背景下，侨港镇作为应对越南排华浪潮临时设置的难民安置点，其发展在当地缺乏根基，该特点需要中国政府对安置点实行长期的、持续的、特殊的照顾，在体制上保证其不断得到当地政府的高度重视与大力帮助。另外，由于归难侨长期生活于海外，他们与当地社会交往的能力极低，尤其是侨港镇归难侨渔民长期生活于海上，受教育程度低，交往圈子封闭，上岸从事其他行业难度特别大。

上述特点都要求我国政府尊重侨港镇的历史，履行当年我国政府与联合国难民署共同签订的协议，从制度上进一步理顺侨港镇的归属问题，帮助侨港镇走出困境，继续发挥其在世界印支难民接待安置工作中积极影响，使其成为广西北部湾开放开发新的增长点。

近代云南陆疆侨乡跨国婚姻家庭探讨
——以红河县迤萨镇为例

何作庆　　张虹

（红河学院　蒙自　661100）

【摘　要】本文在长期实地调查和大量收集资料的基础上，从中国陆疆侨乡跨国婚姻的视角出发，以近现代云南重点侨乡红河县迤萨镇为例，探讨了近代红河迤萨镇侨乡跨国婚姻家庭形成的主要原因，阐述了跨国婚姻家庭在时空方面有跨境、跨国、国际的三种类型，在民族方面有单一汉族、国内多元民族、国际多元民族等类型及其不同时代下的传统家族（庭）、计划经济与市场多元等不同社会保障。跨国婚姻家庭的成员在人生旅程中呈现出落叶归根、跨国双边家庭互认型、孤独终老型等多种结局。

【关键字】侨乡迤萨；跨国婚姻家庭；家庭类型；社会保障；探讨

　　清末民国时期是一个风起云涌的大时代，在时代的大潮之中的红河侨乡迤萨形成了众多的跨国婚姻之家庭。

　　清末民国时期的迤萨同整个中国一样，不再是封闭自锁，也与外国开始接触。同时云南的马帮也开始活跃起来，这既是人们迫于生活压力，也是因为云南相对于中国其他地区来说比较稳定，有利于马帮生意的开展。在这之中，云南红河迤萨是马帮驿道上重要的一站。红河迤萨是红河人中参与商贸最多的地区，迤萨也因马帮的发展成了云南有名的侨乡。因马帮的活跃，走出去的人越来越多，从而促进了红河迤萨跨国婚姻家庭的形成。

　　每当侨乡的男子要外出赶马时，他们都会对家中的父母娇妻许下诺言：多则一冬一春而归，少则一年半载而回。然而红河迤萨马帮汉子在异国的路上，凶吉未卜，福祸难测，有家难归。幸运的人，如愿以偿，满载而归；倒霉的人，身亡异国，音讯全无。也有一部人因各种原因无法回国，在异国他乡重组家庭，生活美满。赶马人一去数年，苦的是家中的父母、妻子和孩子。在《话说红河》中有写到"父母倚门望儿归，日复一日，年复一年，腰弯背驼，两鬓染霜。更让人唏嘘不已的是有多少赶马人的娇妻，蹉跎了大好光阴，听春莺落雨，问秋雨生愁，凤单鸾只，孤枕难眠，朝思暮想，红颜尽成枯槁。最后怀揣着那无契之约，爱恨交加离开尘世，天长地久终成空，此恨绵绵无绝期。"[1] 通过这一段的描写我们也可以知道在那个时代，侨乡的男子出去经商承担着巨大的压力，有着重重困难；侨乡的妇女也承担着心里和身体外在的各种压力，既担心外出的亲人，又要好好生活照顾家中一切，让亲人无后顾之忧。

一、形成原因

（一）历史原因

在中国传统社会中，中国的女性就被要求"三从四德"及守节。当丈夫去世之后，妻子一般不得改嫁，即女性要守护贞洁。这是从古代就遗留下来的，在红河侨乡也一直有着这样的风俗，从而形成了红河侨乡妇女留在家中，撑起一片天，维护家庭和社会稳定的现象。

在红河侨乡，有着"好马不配双鞍子，好女不嫁二夫人"的封建思想。一位外出的赶马人的去世就标志着侨乡妇女的一生守贞，贞节牌坊上又会篆刻上一位节妇烈女的名字。如迤萨寨街人的姚顺仙，她 14 岁嫁给了她的丈夫，丈夫年长她 3 岁。在当地男子 16 岁后就要当家，挑起重担的。于是她丈夫在 19 岁那年就留下年仅 16 岁的她，随着马帮到国外经商。她只身一人留在家中等待丈夫归来，但是等待多年却只等来丈夫在老挝另娶她人，并已经生子的消息。她受到三从四德这个观念和社会舆论的影响，仍旧选择等待丈夫的归来。后来丈夫托马帮捎来了信，说待孩子出生后，不论是男是女都要交给姚顺仙抚养，说名分上是她的孩子。这一举动让姚顺仙有了一丝欣慰，并期待着这个"孩子"的到来。她开始亲自做衣服、帽子和小鞋这些东西，并寄去老挝那边。但是在不久之后，传来的消息是丈夫不幸病逝，并以"夫妻之情不能忘"要求其为他守节。老挝那位"妻子"来信说："为了他，让我们姐妹俩一起终身守节吧。"[2] 于是姚顺仙为了遵从丈夫的要求，更怯于社会那个时代根深蒂固的封建礼教，她选择了守寡。姚顺仙当时只有 19 岁，直到她 80 多岁仍旧独守一生，而在老挝那位说是要守节的女人却很快又嫁了人。姚顺仙从 16 岁开始，守到了 2004 年，遵守着这一份无契之约。在她的一生之中，我们可以看出一份贞洁观念的强烈桎梏和封建礼教的沉重之感。在姚顺仙老人去世后，迤萨人王存成有感而发，写得词一首以悼祭：《菩萨蛮·守月》——记著名侨乡迤萨一位妇女守候出国丈夫七十余年未归有感："无情最是侨乡月，圆圆却照人离别，一夜泪沾衣，拂晓君影去。驿道西风冽，瘦马驮铃啼，问君何时归，年年空守月。"[3]

（二）商贸原因

因迤萨的马帮，当地的大多数人选择进行跨国贸易。因贸易活动的开展，迤萨男子会

---

① 李涛主编：《话说红河》之《红河》卷，云南出版集团公司，云南人民出版社，第 119 页。

② 李涛主编：《话说红河》之《红河》卷，云南出版集团公司，云南人民出版社，第 124 页。

③ 侨乡之子晴程填词，增辉书，2005 年 2 月 8 日。

到外地，然后就会在外地组建家庭，从而形成跨国婚姻。为了谋求商业或事业上的优势而通婚，尤其体现在中国男性一方。外国妇女在语言及人文地理环境等方面拥有优势，可以给中国男子在中外边境或异国他乡内从事贸易活动时给予极大的便利，双方的通婚实现了商业上的优势互补。如周绍到老挝经商的时候，为了经商发展更为顺利，"就娶了老挝山区瑶家姑娘盘羊妹为妾，开创了与外国女子结婚的先河。"① 何在贤先生和寮国妻子炳谭结婚后也一直在做生意。他到美国后向寮国（今老挝）卖二手车，在他1996年3月26日写给中国妻子的信中有提到"炳谭于一月九日送岳母返回寮国永珍（今万象），因我们在1995年10月买了七八张汽车旧的（日本车），由美国装大轮船送去泰国寮国出卖"②。这就靠炳谭在寮国的关系，从而使得生意顺利开展。

（三）民族原因

红河迤萨靠近中越边境线，这里的民族大多是跨境民族，他们有着自己的民族习俗。"因此，比起国内的其他民族通婚，他们更愿意选择与之同处一个地域，具有相同或相近语言、文化和生活习惯的越南同民族女性结婚。"③ 这样的跨国婚姻具有民族认同感，使得他们的婚姻家庭更具稳定状态。如越南边境的哈尼族和苗族，两个民族都是跨境民族，因此他们选择本民族通婚的较多。

（四）国内政治变迁

在清末民国时期，国内动荡，云南作为中国的大后方，为国家做出了自己的贡献。"马帮与其他现代运输方式一起承担国际援华战略物资和省内省际客货运输的重任，发挥了重要的后勤保障作用。"④ 中华人民共和国建立，因国家政策的变迁，出国在外的人无法及时返回家里，从而在外生活另组家庭。如台属刘琴芬，当听到丈夫在外另娶家室，自己却心甘情愿带着两个儿女空守在家，度过40多年的日子。侨眷何孝琼在25岁时丈夫离开家，并在外另娶她人，自己仍旧选择带着儿女生活，不畏艰苦。王燕川的丈夫滞留老挝因国门关闭无法回家，得知丈夫在老挝另娶她人后，仍旧留在家中，照顾家中的老人和几个孩子。具体资料见表格如下：

表1　因国内政治变迁而变动的跨国婚姻家庭资料表

姓名	丈夫状况	原因	选择
刘琴芬	滞留台湾，另娶她人	国门关闭	留在家中，照顾家人

① 红河学院红河流域社会发展研究中心编：《红河流域社会发展国际论坛首届国际学术研讨会论文集》之邵泽祖《小城春秋——侨乡迤萨史话》，云南大学出版社，第343页。
② 何在贤写给中国妻子的信件，1996年3月26日。
③ 红河州彝学学会编，满丽萍著：《滇越边境地区人口跨境流动问题研究——以红河哈尼族彝族自治州为例》，云南美术出版社，第128页。
④ 杜鹃：《民国时期的云南马帮驿运》，四川大学论文，2004年5月1日。

(续表)

姓名	丈夫状况	原因	选择
何孝琼	滞留国外，另娶她人	国门关闭	留在家中，照顾家人
王燕川	滞留国外，另娶她人	国门关闭	留在家中，照顾家人

资料来源：《话说红河》和《迤萨侨乡留守妇女的过去与现在》整理而得

像这几个侨眷一样的侨眷还有很多，都因此自己一人留在家中，撑起家里的一片天。

（五）国际环境演变

从清末民国时期到新中国建立，国际政治变换多端，如世界第一次大战和世界第二次大战后建立了不同的国际体系，对待中国的政策也在不断变化，使得跨国婚姻家庭也变得复杂。因东南亚政局不稳定，如缅甸国内经常发生冲突、美越战争、中越战争、印尼政局的交替等等。因此，跨国婚姻家庭常常被迫中断联系或搬迁居住地址，使得家庭处于动荡之中。如排华运动的开展，使得一些在东南亚国家如老挝和泰国的华侨家庭搬迁到美国等地，从而形成了更为复杂的跨国婚姻家庭。吴双易女士是因经商到了越南莱州，后在此地生活，但在 1960 年因排华运动，其丈夫不得不返回迤萨。后来国际环境变化，她自己参加了越南开展社会主义共和国农业合作化运动中的侨居国建设，因吃苦耐劳得到了当地政府的好评。后来当吴双易可以回国探亲时，"由于家人和丈夫苦苦挽留，从此留在家中成为越南归侨。"[1] 吴双易在外国的一系列变化可以看出了国际环境演变对于跨国婚姻家庭的影响。

二、跨国婚姻家庭

（一）跨国双边婚姻家庭类型

1. 跨境婚姻家庭

是指与中国云南边境地区与邻国边境地区的两人结婚组成的跨境双边家庭，如云南省与老挝、越南和缅甸等邻国边境线的跨境婚姻家庭。

马国泰先生于 1918 年出生于红河县迤萨安邦村，后因马帮的事务出国就定居在老挝的桑怒。他虽回国探亲，但他的居住地在老挝桑怒。王存厚父亲，即王萍芬和王仪凤的父亲定居在老挝，他们几个也是因父亲定居在老挝就出生在老挝，从小在那长大。邵金科先生是 5 岁丧母、10 岁丧父，从此成为孤儿。他在 21 岁时去老挝做生意，后因国门关闭，他就定居在老挝并娶妻生子。李存义是华侨李华庭的长子，刚开始他从军抗击日军。后因父亲突然去世，家中还有母亲、妻子和四个还未长大的弟弟，李存义不得不选择父亲的事

---

[1] 红河县归国华侨联合会、红河县人民政府外事侨务办公室编：《红河侨乡 60 年》，红新出（2011）准印字第 027 号，第 88 页。

业赶马下坝子。到老挝时碰到老挝民族解放运动，留在了老挝。后来李存义娶了一位老挝女子为妻，开了一个小店为生，生了三个儿子，直到死都留在了老挝。具体资料见表格如下：

表 2　跨境婚姻家庭资料表

姓名	第一任妻子国籍	其他妻子国籍
马国泰	中国	老挝
邵金科	中国	老挝
李存义	中国	老挝

资料来源：《红河侨乡 60 年》整理而得

2．跨国婚姻家庭

这里的跨国婚姻家庭是指与中国云南侨乡与相距较远的东南亚国家的人在一起结婚组成家庭，或者是跨境婚姻家庭移动到相距较远的国家，如泰国、新加坡等国家。

如何在贤先生与寮国妻子结婚后，因国家政策的变化，在 1978 年就转移到泰国居住，这种情况就是从跨境婚姻转为跨国婚姻家庭的之一。

3．国际婚姻家庭

这里的国际婚姻家庭是指云南侨乡与欧美非等国家的人结婚组成家庭，或原本是跨境和跨国婚姻家庭因种种原因迁移到欧洲或北美等国的婚姻家庭。

其中侨居美国的杨家福先生就是国际婚姻家庭的代表之一。杨家福先生已在国内结婚并有孩子，但因各种原因他最终定居美国，并娶了一个妻子。杨家福先生和美国妻子共生了六个儿女，可谓家庭美满。张华父亲也是定居美国，张华父亲也是因经商出去，后由老挝转至美国做黄金生意。他在美国结婚组成一个新的家庭，并另有儿子了。如何在贤先生和老挝的炳谭女子结婚，两人没有生子领养了一个儿子何宝正。后因国家政策变化，他们俩跟随自己的儿子从老挝转到泰国后，又转移到美国生活，这也是国际婚姻家庭的一种表现。具体资料见表格如下：

表 3　国际婚姻家庭资料表

丈夫姓名	丈夫原国籍	第一任妻子国籍	第二任妻子国籍	备注
杨家福	中国	中国	美国	无
张华父亲	中国	中国	美国	无
何在贤	中国	中国	老挝	其与妻子后定居美国

资料来源：《话说红河》和《让父亲的好品德好思想发扬光大》整理而得

（二）民族婚姻家庭的交融

1. 汉族单一婚姻家庭

汉族单一婚姻家庭是指由仅有汉族人结婚组成的家庭，这种情况在红河迤萨也是存在的。

杨家祖是红河迤萨县汉族，他父亲是华侨杨品芳，母亲是王粉春，都是汉族。作为华侨的后代，他因热心于侨务工作，多次捐款，终于在 2009 年被评为"归侨侨眷先进个人"，是一个令人感恩的汉族侨眷。

2. 国内民族婚姻家庭

国内民族婚姻家庭是指在中国国内的除汉族之外的民族两人结婚组成家庭。

姚初基先生是迤萨东门街人，是半路寨彝族仆拉人后人，同莲花塘姚唐氏结婚，生养了四个女儿三个儿子。他子承父业，继承了父亲姚任贤的"风和祥"商号。他把商号的生意从父亲时迤萨一带做大到了昆明、元江、建水等地，后来开设"同义丰"，又把商号发展到老挝桑怒、越南莱州、泰国清迈、缅甸仰光这些地方。他的生意越做越大，经常出国，但是与妻子的婚姻十分牢靠，这一世只娶了这一位妻子。

钱万兴先生是哈尼族，瓦渣 26 代土司钱俊的弟弟，一生娶了 8 个妻子，大多数是本地女子，还有几个外地女子，共有 20 个儿女。他的婚姻比较复杂，因妻子较多，也在一定程度上反映了当时有钱华侨的婚姻状态。

3. 国际多元民族婚姻家庭的交融

国际多元民族婚姻家庭是指两个不同国家且是不同民族的人结婚组成家庭，这种情况在华侨中较多。

如第一代华侨周绍就娶了老挝的一个瑶家姑娘盘羊妹为妾，这就是国际多元民族婚姻家庭的一个例子。杨家福先生到国外经商，因国门关闭后无法及时返回，后来就娶了一位美国妻子，并与其生儿育女。何在贤先生也是滞留在国外后，因种种考虑娶了一位寮国的女子为妻，与其一直在一起生活做生意。这几个例子都表明了，在那个特殊时代，因种种原因，国际多元民族婚姻是十分普遍的。具体资料见表格如下：

表 4 国际多元民族婚姻家庭资料表

	姓名	民族	备注
1	周绍	汉族	中国丈夫
	盘羊妹	瑶族	老挝妻子
2	杨家福	汉族	中国丈夫
	不详	不详	美国妻子
3	何在贤	彝族	中国丈夫
	炳谭	老颂族	寮国妻子

资料来源：《话说红河》和《红河流域社会发展国际论坛首届国际学术研讨会论文集》整理而得

（三）跨国婚姻家庭的社会保障

1. 传统家族（庭）保障

在中国传统社会之中，家族的土地和财产是由家中嫡长子和其他子孙继承的。所以就算丈夫在其他国家另置家庭，家中的土地和财产仍旧是由其继承，其利益得到了保障，使得跨国婚姻家庭得以稳定。

在中国传统社会之中，同一个氏族的人或是居住在同一个地方的人，都会选择团结互助，共度难关。所以当一个跨国婚姻家庭的组成，它自然而然就得到了家族的保护。当丈夫不在，家里遇到困难，同一个家族的人会选择帮忙，这是中国古代家族概念的力量，使得这个跨国婚姻家庭稳定下来。

2. 社会改制后的集体经济保障

社会改制之后的集体经济是指新中国成立后实行的经济政策，这种政策在一定程度上保障了侨乡侨眷的生活。

当时的社会是计划经济时代，人们的生产、资源分配以及各种消费都是由政府决定的。归侨和侨眷生活中要用的米、油、布等东西，都是由政府提供的，侨眷不必为生计而发愁。侨眷只要参加公社的集体劳动即会记工，从而分配到自己所需物品。

在1959年时，红河县委为了保障侨眷的相关权益召开了第二次侨眷代表会议，"会议作出了'为使侨眷安居于侨乡，从事劳动生产，必须坚定不移贯彻执行国务院保护侨汇'的决定，承认侨汇属于侨眷所有，侨眷投资款，应分期分批退赔还给侨眷本人。对于占用侨房，影响侨眷住房的也作了调整。"[①] 这个政策的出台，是因为前几年的"大跃进"运动损害了归侨和侨眷的利益。1958年时，一部分归侨、侨眷的侨汇和侨房被侵占，使得不少侨眷对党的侨务政策的怀疑。当这一系列措施的出台，保障侨眷的权益，让其维持生计，从而维护了跨国婚姻家庭的稳定。

3. 改革开放后的多元保障

在1978年中国开始改革开放，红河县成立了红河县人民政府侨务办公室，华侨华人侨眷社会生活从单一的计划经济向水平经济、市场经济等多元经济转型，为跨国婚姻家庭提供了多重保障。1984年9月召开了红河县第一次归侨侨眷代表大会，选举产生了第一届红河县归侨侨眷联合委员会，侨务工作走上了正轨。[②] 在侨办、侨联的组织下，红河迤萨的侨眷受到了关怀，如在文革期间被占用或没收的侨属私宅和财物都作了退赔。当那些生活上有困难的侨归和侨眷生病时，侨务部门都会去看望和慰问他们，为他们的生活提供一定保证。因为种种原因，跨国婚姻家庭大部分都曾一时失去联络，为此"红河侨办、侨联置办了英文打字机，配置专人为他们打印外文地址，帮助他们写信、寄信、寄物，寻找海

---

① 红河县归国华侨联合会、红河县人民政府外事侨务办公室编：《红河侨乡60年》，红新出（2011）准印字第027号，第5—6页。

② 红河县归国华侨联合会、红河县人民政府外事侨务办公室编：《红河侨乡60年》，红新出（2011）准印字第027号，第6页。

外亲人。1983 年至 1985 年间每年往来信件 500 余件。一些数十年杳无音信的华侨华人重新与国内家人取得联系，十分感动。"[1] 正是因为这些机构的认真负责，才使侨眷得以联系上在外的华侨。

侨办、侨联除了帮助侨眷联系华侨之外，还在经济发展之中给予帮助，让在外华侨无后顾之忧。在十一届三中全会后，县侨办、侨联随着改革开放的政策，支持着归侨和侨眷的企业发展，并作出了一系列举动。如重建侨属合作服务社，成立侨属工程队、侨联车队、红侨采石厂、红侨招待所等企业。侨联除了这些之外，还协助提供贷款，提供办公场地，帮助一部分归侨和侨眷的子女解决生活和工作问题。这些归侨和侨眷的企业发展起来了，同时也带动着红河的经济发展。全国三八红旗手侨眷杨敬华起着带头作用，她是红河迤萨赶马之家的后代，有着前辈吃苦耐劳、积极进取的精神。在改革开放之后，她加入了开办企业的这一股大潮之中。"她创办起'种、养、加工'一条龙流程作业的侨属家庭农场，又称'乐群'农场。"[2] 她创办的农场发展起来，她也因此先后被评为州、县的"劳动模范"、"先进工作者"，全国"三八"红旗手，云南省"先进女强人"同时被授予省级"三八红旗手"。

改革开放之后，侨资企业因市场经济走向了蓬勃发展的道路，不再是计划经济时的状况。侨资企业不但是自己在国内办企业，还走向国外办合资企业，促进了市场经济多元化。当侨资企业发展后，国内的归侨和侨眷的生活也发生了巨大的变化，住房由草房变为现代化的砖瓦房，泥路变为水泥路。侨眷不再为吃饱饭、穿衣服而苦恼，他们的孩子也可以正常地上学读书，不再因家庭成分受到他人的排斥。正是多元经济的发展，华侨华人侨眷的生活发生了翻天覆地的变化，不再为生计发愁，为红河迤萨跨国婚姻提供了多重保障。

三、结局

（一）落叶归根型

这种情况是指因国内国外政治政策影响或是其他原因滞留在外的人，在他多年之后选择回国，即落叶归根型。

因各种原因在外不得回家的华侨是十分想念家乡的，所以在中国政策变动可以回国后，有些华侨就选择了回到家乡居住，或者死后要求家人把其骨灰运回家乡安葬。邵明礼先生一直侨居在外国几十年，直到 1984 年 7 月他才回到故乡和分别了半个世纪的家中妻

① 红河县归国华侨联合会、红河县人民政府外事侨务办公室编：《红河侨乡 60 年》，红新出（2011）准印字第 027 号，第 7 页。
② 红河县归国华侨联合会、红河县人民政府外事侨务办公室编：《红河侨乡 60 年》，红新出（2011）准印字第 027 号，第 90 页。

子和亲戚见面。邵先生说过："活着是故乡的人，死了也要做故乡鬼。"[1] 正是有着这样的信念，于是邵先生选择了留在家中安度晚年。

迤萨到老挝经商的第二代华侨商人李华庭是迤萨赶马人中有名的儒商，他与老乡邵光庭合作创办了"光华昌"商号，在老挝川圹进行木材生意。他们俩发现了老挝川圹的杉木质地坚硬、木味芳香，是中国最缺的优质棺木材料。于是他们经过合法手续后，聘请了专业的人员进行砍伐，然后贩运回国内在进行售卖。商号因国内政局动荡，经历了从创业到百万多银元再到破产的过程。李华庭也是一生跌宕起伏，在破产后为养家再度筹资做生意，但在这个过程中上昆明的时候因感染鼠疫时去世。其长子李存义为其奔丧装殓，因道路不好走，火车只到建水，后面一直用人力抬回到安邦村。这一位经历了大风大浪的一代华侨，最终在去世后得以落叶归根。

邵金科先生是跟随马帮到老挝做小生意，但因中国国门的关闭而滞留在老挝。他在老挝另立家室，从小杂铺户到办农场，从办饲养场到捐资办华侨中小学，最终成为了老挝川圹华侨理事会副理事长、川圹华侨协会主席。后来因其突出贡献还被以老挝华侨国庆观礼团副团长的身份邀请回国，受到了周总理的接见。他因爱国之心在 1964 年把自己在老挝所生的 13 岁儿子送回广西南宁华侨学校读书，自己也在 1981 年选择回国定居，最终在 1982 年因患心肌梗阻而病逝，归于祖国这一片深爱的土地之上。

杨家福先生、何在贤先生和李崇高先生都是因国门关闭无法及时回家从而滞留在外，都在死前交代亲戚事后要把骨灰运回老家。他们的子孙后代都遵从了他们的愿望，他们也得以叶落归根。

（二）跨国双边家庭互认型

跨国指的是男方除了在中国有一家庭之外，在外国也另有家庭，并且两边的家庭都知道双方的存在，而且正常交往，形成友好关系。

迤萨的杨家福和妻子罗竹川育有一男二女，妻子漂亮又贤惠。罗竹川对于丈夫到国外经商，常年不在家这件事毫无怨言，自己担起与养儿育女的责任。就算后来碰上中国的特殊时期与丈夫失去联系，30 多年毫无消息，她也坚持独自一人养育孩子。当时罗竹川只有 25 岁，仍旧年轻漂亮，有很多的机关干部上门说亲，但是她一口回绝，说无论是谁都不嫁，等着丈夫的回来。于是罗竹川孤身一人，勤俭持家，艰难度日，终于把一男二女培养成人，大儿子杨元厚在县水电局工作，大女儿杨元飞成为了人民教师，小女儿也在县城的一家服装厂工作。罗竹川含辛茹苦地把他们养大成人，并且一个个都成家有了后代，可谓不容易，也可谓是一个伟大的妇女。她充分表现了一个侨乡妇女不畏艰辛、吃苦耐劳、忠贞不二的女性形象。当后来侨居美国的杨家福回到家乡看望妻儿，知道这些事情之后，

---

[1]　红河县归国华侨联合会、红河县人民政府外事侨务办公室编：《红河侨乡60年》，红新出（2011）准印字第027号，第10页。

说道："他感谢他的原配妻子，他对不起他的原配妻子。"[1] 其美国妻子知道罗竹川做出这么多的贡献，独自一人把儿女养大成人后，激动地说道："大姐真了不起！中国女人真了不起！"[2] 在这天美国妻子相劝他们两个在一起过夜好好谈谈，考虑到了他们几十年未见有太多的话语要告诉对方，体现了两个家庭彼此知道对方并为对方考虑，两个家庭之间是相互关爱的。

何在贤一家也是如此，何在贤年轻时开始跟着马帮到老挝、越南等地"走烟帮""下坝子"，一趟生意下来少则几个月，多则半年、一年，能在家里和妻子女儿团聚的时间，其实也不多。后然又由于特殊的历史原因，他滞留在国外，回不了家，过着同妻子女儿天各一方的生活。多年以后，他出于生活考虑，又重新在异国成家立业。直到死，夫妻两人见面的机会也不多。但是夫妻仍然很恩爱，相互关心、牵挂。夫妻两人年轻时就在一起，相互体谅、关心，如在其三女儿何作荣的《让父亲的好品德好思想发扬光大》一文中提到的："我母亲在世时讲给我们听，爷爷逝去早，奶奶眼睛不太好，你父亲从小担当家庭重担，自幼吃得苦。"[3] 正是这种体谅，才使得他们的婚姻得以继续。由于何在贤出国进行商贸活动不能回国，家中一切事物的责任都落在了王燕川身上。她既要照顾眼睛不好且又疾病缠身的婆婆，又要扶养 3 个年幼的女儿，生活很艰难。其三女儿提到过"在 1990 年 1 月，我们 40 年终于盼来了父亲回乡见面的日子。在红河侨办的关怀下，我们到昆明机场去迎接父亲及妻子炳谭妈妈及舅舅康鸿。红河侨办还请了全家吃饭，盛情款待。家里已是儿孙满堂，合家近 20 人。家里盖了新房，大家心里都有说不出的热闹及喜悦，感谢党的侨务政策，归侨、侨眷面貌焕然一新。"[4] 从这里我们可以看出，这两家是相互知道，并关系友好，其称何在贤寮国家庭那位妻子为炳谭妈妈。并且在何在贤与妻子交流的信件中也多次提到寮国的妻子，如 1996 年 3 月 26 日和 1994 年 11 月 9 日的信件，还有其他信件都有讲到。

在后来允许回国探亲后，1994 年，何在贤第三次回国探亲，4 月 9 日，同妻子王燕川一起举行七十双寿，庆寿地点设在三女儿作荣的新家里。庆寿当天，大门两侧贴上了"为生计奔异国漂洋过海饱经沧桑，至如今古来稀思国返乡举家欢庆"的大红对联，正堂墙上贴着的是"鹤算频添七旬洁健，鹿车共挽百岁长生"。两百多名亲友前来参加庆贺拜寿。举办寿宴这种活动也体现了寮国的妻子对于这边家庭的关爱。

（三）孤独终老型

这种情况是指家中的丈夫因种种原因无法回国或是已经去世，只留下家中的妻子，妻

---

① 红河县归国华侨联合会、红河县人民政府外事侨务办公室编：《红河侨乡 60 年》，红新出（2011）准印字第 027 号，第 11 页。
② 红河县归国华侨联合会、红河县人民政府外事侨务办公室编：《红河侨乡 60 年》，红新出（2011）准印字第 027 号，第 11 页。
③ 何作荣：《让父亲的好品德好思想发扬光大》，2013 年 5 月 16 日。
④ 何作荣：《让父亲的好品德好思想发扬光大》，2013 年 5 月 16 日。

子也没有再嫁，直到离世也是孤独一人。

如迤萨寨街人的姚顺仙，丈夫外出做生意并另组家庭，最终死在国外。她却选择自己孤独一生，从 19 岁到 80 多岁，直到去世。

如刘秋芬女士，她 16 岁嫁入丈夫家里，18 岁时丈夫因"下坝子"死于他乡。家里的小叔因病去世，只留下年迈的公婆和刚满 9 个月的女儿。在这种情况之下，刘秋芬毅然留在家中，承担起照顾老小的责任。丈夫去世，她为了家中的公婆和女儿，咬牙坚持。她为了生活，把缠着的小脚放开，自己一个人砍柴挑水、洗衣服、做衣服。她在年仅 18 岁那年就开始，把家支撑起来，一直坚持到送走公公婆婆，是一个勤劳善良的孤独一生的侨乡妇女。

杨柳坤老人在 13 岁时嫁入何家，并为丈夫生有二子一女，但丈夫因生意做大就定居外国并另娶她人。丈夫去世之后，杨柳坤并未就此离去。她在家中抚养子女，并伺候婆婆到 90 多岁，为其送终。她可谓是一个有情有义的真女子。

在清末民国时期红河侨乡迤萨镇因马帮的发展，有着许多人出国经商，从而形成了许多的跨国婚姻家庭。这些家庭的形成有着历史、商贸、民族、国内外政治环境演变的原因，他们的形式比较多样，这些婚姻中的人也有着各自的结局。

20世纪90年代以来延吉新侨乡的形成与变迁：侨乡视角的解读

李勇　吴昊

（华侨大学华侨华人研究院　厦门　361000）

延吉市是我国最大朝鲜族聚居区吉林省延边朝鲜族自治州的首府，也是我国朝鲜族人口数量最多的县域。20世纪90年代中韩建交以来，延边人利用地缘、族缘和语缘优势出国打拼，由此出现了持续20余年至今未间断的赴韩移民潮。作为其首府的延吉市，也从贫穷落后的边陲小镇一跃成为了一座富庶、繁荣和韩国味道浓郁的朝鲜族新侨乡。目前在韩延边人约有15万—17万人，占延边朝鲜族成年人口的1/4。

本文界定侨乡是这样一个区域：侨乡是在某一地域内，由于一定时期内持续和较大规模地向国外移民，在族裔移民网络、移民跨国实践和侨汇等因素的持续作用下，导致移民移出地家乡经济社会和文化结构发生整体性变迁的地区。改革开放以来，在闽浙等传统侨乡的非传统侨区，以及在东北、部分内陆省份和沿边出现了一系列的新侨乡，对于此类新侨乡，学术界尚缺乏一个一般性的理论分析范式和框架。上述界定即是旨在从过程分析入手，解读新侨乡的形塑。它不同于以往以给定社会指标（比如华侨华人和归侨侨眷的人口比率等）的做法来判认侨乡，而是侧重于事物形成过程的动态分析。下文将结合笔者先后于2013年和2014年多次前往延吉做实地调研所获得的资料，从过程分析入手，解读延吉新侨乡现象。

一、延吉朝鲜族赴韩移民潮的形成和发展

延吉朝鲜族其实是迟至近代以来才从朝鲜半岛迁入的跨境边陲垦民。自19世纪中叶起，清政府实行招徕朝鲜半岛贫民到延边一带垦荒的政策，朝鲜族民众遂大量迁入，在延边定居下来。1955年，延边朝鲜族自治州成立，设州首府于延吉市，实行民族自治。2006年，延边州总人口约218万，其中，朝鲜族约占37%；延吉朝鲜族人口则占当地总人口的57%，是延边朝鲜族人口比率最高的县级行政辖区之一。

延吉朝鲜族大规模赴韩移民潮始自1992年中韩建交以后。在两国关系正常化的背景

下，延边朝鲜族赴韩逐渐形成热潮。大致形成了如下三个发展阶段：

（一）第一个阶段：以赴韩务工人员为主体的移民前奏和移民初兴时期（1992—1999 年）

延边朝鲜族成规模赴韩是以韩国政府出台研修生政策为契机的。1994 年，为了解决本国企业"工荒"，韩国仿效日本建立了外国人产业研修生制度，允许外国人以研修生的身份进入韩国打工。① 所谓的"研修生"，名义上是指专门学习技术的人，实际上是变相的劳务输入，旨在解决企业工荒和降低企业劳动成本起见。与此同时，延边方面为缓解由于东北老工业基地衰落和农村实行家庭联产承包责任制所导致的劳动力过剩和本地就业矛盾，实际上于韩国出台研修生政策之前即中韩建交第二年 1993 年 4 月 28 日，由州政府制定了《关于加强国际劳务合作管理的暂行规定》，主要配合韩国研修生政策开始了有组织地劳务外派工作。在中韩建交和韩国出现严重工荒及亟需外劳的历史机遇下，朝鲜族语言通、习惯近，族缘、人缘等跨国纽带关系成为他们赴韩打工的独特优势，朝鲜族掀起持续至今不间断的赴韩跨国移民潮，劳务外派遂成为 20 世纪 90 年代朝鲜族重要的出国途径。

在笔者调研的任坪村和河龙村，两村最早的赴韩劳务村民记录都是在 1995 年。当时任坪村村民参加了由小营镇组织的对韩劳务，河龙村村民参加的是社会上招募的研修生赴韩务工。他们通常或借钱、或以房屋抵押由村委会担保办理出国手续。

朴某（男，51 岁）是河龙村最大的土鸡店的经营者，也是全村最早一批去韩国打工的人。他说道：

> 我是家中长子，1984 年，我技校毕业后就进了汽修厂工作，以前我们家以种地为生、并不富裕，九几年的时候，大家都往外走，我也想出去。1995 年，我借钱以研修生的身份去了韩国，是在工厂里干活。第二年，我妻子也办来韩国打工。1999 年，我们打拼了几年决定回国，当时看到来我们村子周围玩的人越来越多，就用手里攒的钱开了这个店。②

金某（男，45 岁），仁坪村村民，介绍了其父 1990 年代赴韩打工的经历：

> 家里是我父亲最早去的韩国。1996 年，我父亲到韩国工厂做研修生，干了两三年，很辛苦。1998 年底，我父亲就和我们同村一位大叔，也是我父亲的好友一起跳槽到别的会社，主要干物流的活。1999 年，我父亲签证到期后，本来还想继续留在韩国，但当时和我父亲在一起的那位我们同村的大叔在韩国出了车祸亡故，我父亲十分伤心，因为那时大家都不是以合法的身份留在那里打工，那位大叔最后也没得到太多的赔偿，于是我父亲决定回来，之后一直不愿再提韩国的事。③

"研修生"是 1990 年代朝鲜族尤其是男性赴韩打工的重要途径。从上述两人的经历可

---

① 孙正民：《韩国外籍劳务引进制度比较研究》，《国际经济合作》2010 年第 2 期，第 65 页。

② 2013 年 5 月笔者采访于河龙村。

③ 2013 年 10 月笔者采访于仁坪村。

以看出，延吉以研修生签证赴韩人员比较大量出现应该是在 1995 年以后。按照韩国研修生政策，韩国政府只允许劳动力紧缺的制造业、水产业、建筑业和农畜业使用外国研修生，这些企业通常都是工作条件差、工资低的中小型企业，因此在韩务工的生活相当辛苦，赚钱不易。其中不少人在签证到期后，又以非法身份滞留在韩国，实质上由研修生身份转化成了非法移民。

除了参加有组织的劳务输出和缔结国际婚姻外，当时还有相当一部分出国者"打擦边球"，先以探亲、商务、旅游等名义进入韩国后再滞留以非法身份打工。据笔者调研中了解，当时有的人为了出国通过中介先在韩国登广告寻找亲人，还有的人出国无门就直接花钱找人办理假借各种名义赴韩。

尹某（女，55 岁）是延吉城区一家烤肉店的经营者，她讲述了自己第一次出国打工的经历，说道：

> 我原来在啤酒厂上班，1997 年厂里效益不好，我就下岗了，当时第一反应就是想出国。后来，我的一个朋友说能够帮忙，我前后花了几万块钱，那年年底以商务考察的身份去了韩国，签证期只有一个月。我到首尔后，韩国那边的朋友帮我介绍到一家餐馆的厨房工作，之后发现这家餐馆还有 2 个人也是我们延边的，我就这样留在韩国打工，那时我一个月能挣七八千，而我原来在啤酒厂一个月工资才几百，我是省吃俭用的，当时丈夫和女儿都留在家这边，我每月都给他们汇钱。2002 年，我从韩国回来。①

当时甚至有很多人因出国心切而被不良中介欺骗，金某（女，29 岁）是河龙村村民，介绍了她的一位表姐赴韩打工的遭遇，讲到：

> 表姐是我姨家的，她 1997 年的时候在国内借了八九万办去韩国，当时说好是办结婚，结果中介收完钱，后来说只能办探亲，她那时出国比较急，就没太追究，一开始中介还说到韩国后会有人接待帮着找工作，最后发现也是谎言，那时候她也才三十岁出头，在韩国举目无亲，后来在一个饭店干杂活，那家的老板知道她没有合法身份后就经常克扣她的钱，甚至辱骂欺负她，后来她从那里逃了出来，东躲西藏，换了很多活儿，2002 年的时候她挣了几年钱后，千辛万苦地终于回来了。②

除了以劳务输出为主体的赴韩延边朝鲜族人员以外，在本时期内通过跨国婚姻的渠道移民韩国的女性为数不少。

据统计，1993—2001 年，延边朝鲜族自治州涉外婚姻共有 18 885 件，其中朝鲜族妇女有 18 000 人，占涉外婚姻总数的比例高达 95.3%。③ 根据当时韩国的移民政策，朝鲜族女性与韩国男性结婚，踏上韩国领土后的两周内，就可获得韩国国籍，并且可以正式邀请

---

① 2013 年 10 月笔者采访于延吉某烤肉店。
② 2013 年 5 月笔者采访于河龙村。
③ 李玉子：《延边朝鲜族女性外流引起的婚姻法律问题》，《云南民族大学学报（哲学社会科学版）》，2010 年第 3 期，第 50 页。

在中国的父母来韩。1997 年之后，韩国又调整政策规定跨国婚姻不分男女必须在韩国连续居留两年以上才能入籍。中韩建交后，朝鲜族女性缔结跨国婚姻的人数逐年激增。据韩国驻华大使馆领事部数据，1993 年以婚姻形式去韩国的朝鲜族妇女为 1 463 名，1994 年为 1 995 名，1995 年激增至 7 693 名，1996 年超过了 1 万名，短短几年间，通过婚姻渠道去韩国的朝鲜族妇女就超过了两万名。[①]

从实现跨国婚姻的途径上来看，有经由韩国亲属介绍的，也有通过中介机构办理的。为了达到赴韩目的，当时很多跨国婚姻是无实质性内容的"虚假婚姻"，由亲属或中介机构"物色一名韩国男性，假扮自己未来的丈夫，双方达成契约"。[②] 这种婚姻实际是一种金钱交易，男方作为未来的丈夫帮助女方出具相关手续，完成婚姻登记，但并不履行真正的婚姻生活和夫妻义务。双方各取所需，女方以此达到进入韩国的目的，男方则从女方手中获取一笔数目可观的费用，当女方顺利到达韩国，双方的契约就此中止。"通过婚姻的交换给朝鲜族女性本人及家族带来了很大的实惠。首先在韩国，朝鲜族女性可以挣得比中国多几倍甚至几十倍的工资；其次，具有不花钱的'后关联效应'"。[③] 跨国婚姻因此在 1990 年代尤其盛行，成为该时期内朝鲜族女性移民韩国最主要的方式。当她们顺利入籍和获得长期居留韩国的资格后，就成为侨乡形成中族裔移民网络中的重要节点，带来更多的亲友，亲友又携带亲友，在形成赴韩移民潮中扮演重要角色。

1992—1999 年延边朝鲜族赴韩以韩国出台研修生政策吸引外劳为主要诱因，其中有些劳务人员到期返回了中国，有些在韩国非法滞留，加之婚姻移民等其他形式，留居韩国者为数不少。正是这第一批赴韩延吉朝鲜族人员为此后两个阶段更大规模的通过亲友间相互牵引的"链式移民"到韩国奠定了基础，是为延吉赴韩移民前奏和初兴时期。他们在外形成聚居成为首代移居韩国的华侨华人，在内则成为孕育新侨乡的契机。

（二）第二个阶段：视海外朝鲜族裔为"海外同胞"因而极力拉拢和吸引海外朝鲜族赴韩打工所导致的移民快速发展期（2000—2006 年）

自 2000 年代以后，在解决国内工荒问题上，韩国政府有意拉拢或吸引海外朝鲜族裔到韩国打工。由于对民族历史的认识问题，韩国官方、媒体或民众通常视生活在韩国之外的朝鲜族裔为"海外同胞"，立法给予海外朝鲜族准国民的待遇。[④]

2002 年 12 月，韩国依据《在外同胞法》，允许有韩国近亲的国外朝鲜族在韩国服务业和建筑业日工市场就业，这一政策在 2004 年被纳入《外国人雇佣许可法》统一管理。[⑤]当时由于签证手续复杂，在韩打工的中国朝鲜族多超期滞留，《在外同胞法》对外籍朝鲜族的优待为持有探亲居留的朝鲜族逾期滞留韩国打工打开了方便之门。《在外同胞法》的

① 郑信哲：《中国朝鲜族流动的重大影响及其对策》，《延边大学学报（社会科学版）》1999 年第 3 期，第 67 页。
② 全信子：《关于朝鲜族女性涉外婚姻基本模式的探讨——以嫁到韩国的朝鲜族女性为个案研究》，《东疆学刊》2007 年第 4 期，第 102 页。
③ 郑信哲：《中国朝鲜族流动的重大影响及其对策》，《延边大学学报（社会科学版）》1999 年第 3 期，第 67 页。
④ 王淑玲：《韩国华侨历史与现状研究》，北京：社会科学文献出版社，2013 年版，第 97 页。
⑤ 孙正民：《韩国外籍劳务引进制度比较研究》，《国际经济合作》2010 年第 2 期，第 67 页。

实施带动了亲友链式移民的迅急发展和族裔移民网络的成长。

市民金某（男，50岁），目前在韩国打工，介绍说：

> 我原来在延吉百货大楼上班，我姑姑1995年嫁到韩国后入籍。2006年，我由姑姑邀请去了韩国打工，我妻子在2004年先于我由已经嫁到韩国的小姨子邀请去了韩国。①

崔某（男，60岁），河龙村村民，曾在韩国打工。他说：

> 现在家里就我和老伴，还有上初中的小孙女。九几年的时候，我两个儿子都去了青岛打工。我姐姐家的外甥女1998年的时候嫁到了韩国。2000年左右，我姐姐和姐夫也去了韩国，他们过去后在那边种地。2002年，我的两个妹妹也去投奔我姐姐，她们在那里站稳脚后一直想让我过去。2003年的时候，我姐姐邀请我去韩国，我在那边找了一个加油站的工作，是我们同村的人帮介绍的，他也在那里干。2007年的时候，我干累了就回来了，我回来后，大儿子这一年也去了韩国，现在全家都在韩国。②

上述金某和崔某的出国经历反映了《在外同胞法》及一些优待政策实行后，移民韩国的渠道拓展了，首先使有韩国亲属关系的朝鲜族可以通过韩方亲属邀请合法地在韩国打工，而且对于之前通过跨国婚姻等形式入籍韩国的朝鲜族而言，则可以邀请更多亲属来韩国。

在宽松的政策环境下，延吉通过亲属关系相互牵引到达韩国的朝鲜族人数日益增多。上述崔某的例子就很典型。例子中所涉全家10人中，7人现居韩国或曾经到韩国务工，只有崔某妻及其次子和尚在上初中的小孙女未有赴韩的经历。分析这个亲属移民链条，处在链条首个节点的是"姐姐家的外甥女"，由她先带动姐姐和姐夫去了韩国，姐姐又带去两个妹妹和"我"以及"我的大儿子"，从而形成崔家赴韩移民网络。而且链条还在运动，网络还在成长之中。

移民网络一般具有四个方面的作用，即：提供信息，降低迁移成本；降低文化适应的难度；帮助新到达的移民找到工作，并提高他们对收入的预期；帮助新来的移民节省各类开支。③ 延吉朝鲜族赴韩移民网络的形成，对于后来的人确实起到了上述作用。

朴某（男，49岁），仁坪村村民，目前已经获得了韩国的永久居住权。他讲述了自己家族的移民历史：

> 1996年，我父亲和叔父报名参加了镇里组织的劳务外派一起去了韩国，后来他们在那边一家酒场工作，场主和我父亲的年龄相仿，而且他们祖籍都是江原道的，所以他们比较投缘。2000年，我父亲回国后也想让我去他的那个酒场，当时我叔父还留在那里，于是我决定去韩国找我叔父，场主得知这个事情后很帮忙，给我发了邀请。2001年上半年，我办了三个月的短期签证去了韩国。2003年，

---

① 2013年10月笔者采访于延吉某图书馆。
② 2013年10月笔者采访于河龙村。
③ 梁玉成：《在广州的非洲裔移民行为的因果机制——累积因果视野下的移民行为研究》，《社会学研究》2013年第1期，第136页。

我叔父取得了永久居住权。第二年，我叔父邀请我婶子也来了韩国，我婶子去了水原那边找她的姐姐，在商场里打扫卫生。2006 年，我叔叔家的表妹去了首尔，现在和韩国人结了婚。现在，我也获得了永久居住权。①

从上述金、崔、朴三家族跨国迁移的实例可以看出，延吉朝鲜族赴韩在前一个时期以跨国务工和婚姻为基础形成的移民链条开始发挥作用，并且随着赴韩时间的延长，朝鲜族对韩国社会的适应和人脉的拓展，亦为后来家族成员利用亲缘关系赴韩建立了越来越畅通的渠道和社会资本。可以说，各种亲缘、乡缘等社会关系成为朝鲜族家族赴韩的纽带和依托，形成了朝鲜族家族式的链动移民。

当然，这些政策和网络的受益者基本上限于在韩国有近亲关系的人，对于没有韩国亲属关系的延吉朝鲜族和汉族来说，若想到韩国务工，仍需想其他办法，困难更大。河龙村村民金某（女，29 岁）介绍说：

> 因为在韩国找不到亲戚，2005 年，家里本打算让我去韩国打工，但办去那边要 5 万元，觉得比较贵，所以最后放弃了，然后家里花了 3 万元给我办去美国塞班的韩国服装工厂打工。②

郑某（女，28 岁），将去韩国打工，她介绍说：

> 我马上就去韩国打工，我家原来住在农村，现在已经搬进市里居住，我老公是汉族的，我们是在美发店打工时认识的，我们家孩子已经 1 岁半了，我爸妈已经去韩国打工十多年了，我早就想出国打工，但是因为照顾孩子一直未能去，我老公现在在美发店打工，因为汉族去韩国比较困难，眼下只能我先去韩国，我们不得不两地分居，他和我开玩笑说要是我变心就不让我看儿子。到韩国后，我可能会找我以前在延吉的朋友，他们有的在饭店打工，也有在美发店打工的，我爸在做装修，我妈在做家政。

随着赴韩移民形势的发展，自 2000 年之后，赴韩的朝鲜族并不仅局限于在"3D"行业内从业的务工者，以家庭团聚、旅游、商务、工作和留学等方式出国的朝鲜族越来越多，而且韩国也开始有意吸引朝鲜族高素质人才移民韩国。③ 根据首尔出入境管理局统计，以教授、研究人员、讲师等身份前来韩国就业的朝鲜族人数从 2003 年的 246 名增加到 2007 年的 397 名，增幅为 61%。另据调查，以 2007 年年末为基准，在韩国国内功读硕士学位的中国朝鲜族有 33 名，博士在读的有 30 名，公司派驻职员为 83 名。④ 朝鲜族赴韩人员构成越来越多元，同时也标志着朝鲜族赴韩由早期务工为主要形式，开始向高层次的知识移民发展。

---

① 2013 年 10 月笔者采访于仁坪村。
② 2013 年 5 月笔者采访于河龙村。
③ 《韩国爱用中国朝鲜族人才》，《世界新闻报》，2008 年 4 月 18 日，http://gb. cri. cn/12764/2008/04/18/2945@2025884. htm
④ 中国网：《朝鲜族精英赴韩创业，活跃在韩国社会各领域》，2008 年 4 月 2 日，http://www. china. com. cn/international/txt/2008 - 04/02/content_ 14065520. htm.

（三）第三个阶段：韩国政府出台访问就业签证带动更大范围和规模的亲属移民（2007 年至今）

2007 年 3 月 4 日，韩国政府针对中国和前苏联的朝鲜族实行了访问就业制。根据规定，韩国法务部发放访问就业 H－2 签证的主要对象为年满 25 周岁以上，且为成为韩国国民、在韩国国内有居住地的 8 寸以内血亲或 4 寸以内姻亲亲属邀请的人。① 较之《在外同胞法》，访问就业制进一步放宽了亲属移民的条件。且凡符合上述条件者，由使馆直接签发签证，没有名额限制。同时，对于在韩国没有亲属关系的朝鲜族，则可通过韩国语能力考试及韩国法务部抽选来韩就业，但每年有签发限额。H－2 签证获得者可以 5 年内多次往返、一次入境可连续 3 年在韩国国内居留及就业。② 2011 年之后，调整后的访问就业政策内容包括：签证时限变更为 3 年内多次往返、一次入境可连续 1 年在韩国国内居留及就业。③ 推行事先申请制度，无韩国亲属的外国同胞无需参加韩国语能力考试，提交申请后抽签抽中即有机会获得签证；提交申请并抽签抽中，即可以短期综合签证（C－3）入境韩国，是为新增的访问就业培训制度。以此种签证进入韩国者，接受 6 周的技术教育后，则可变更为访问就业签证，此类签证到期后必须回国。④ H－2 签证到期后，55 周岁以下人员回国 1 年后可再申请 H－2 签证，但在除首尔外地区从事制造或农、畜、渔等行业且就业 1 年以上人员回国 3 个月后可再申请 H－2 签证。55 周岁至 60 周岁人员回国 1 个月后可申请 3 年多次、每次 90 天时限的 C－3 签证。60 周岁以上人员回国 1 个月后可申请 5 年多次、每次停留不超过 2 年的在外同胞（F－4）签证。⑤ 持 H－2 签证在两年以上的人员可邀请 2 名直系亲属赴韩访问，被邀请人员持 1 年多次、每次 90 天时限的 C－3 签证，若经过 3 个月培训考试合格可改签 H－2 签证。⑥

据笔者调研，"访问就业"实行之初，如果没有韩国亲属的邀请，虽然可以参加韩国语能力考试申请签证，不过延吉朝鲜族平时所讲的朝鲜语方言在实际使用中与韩国语在口音、发音、外来语和表达习惯等方面有比较大的差异，为了通过考试他们甚至需要学习韩语。延吉大大小小的韩国语培训机构很多，他们的招生对象里就包括那些朝鲜语水平不高或对韩国语理解和掌握有困难的想要出国的朝鲜族。另外，延吉市街道上随处散发的出国广告传单上经常可见"消除不良记录"、"抽签保中"等字眼，具体来说，一是以前部分赴韩务工人员有因超期滞留或其他原因被遣返的不良记录，使他们无法申请到访问就业，二是签证到期回国的人需间隔一段时间后才能再申请赴韩，加上其他之前申请未被抽中者

---

① 韩国用"寸数法"来计算亲戚关系的亲疏远近。具体而言，父子间为 1 寸，祖父与孙子间、兄弟姐妹之间是 2 寸，曾祖父与曾孙之间、叔侄之间为 3 寸，堂兄弟之间叫 4 寸，以此类推。

② 管延江：《延边对韩劳务研究》，延吉：延边人民出版社，2010 年，第 88 页。

③ 崔善花：《韩国调整访问就业政策对我国延边地区的影响和对策》，《吉林金融研究》2011 年第 11 期，第 25—26 页。

④ 《朝鲜族赴韩劳务 11 月起不用考韩语了》，《城市晚报》，2011 年 11 月 1 日，http：//cswbszb. chinajilin. com. cn/html/2011－11/01/content_ 765491. htm

⑤ 崔善花：《韩国调整访问就业政策对我国延边地区的影响和对策》，《吉林金融研究》，2011 年第 11 期，第 25 页。

⑥ 北京出入境边防检查总站官网：《韩国访问就业签证新政策》，2011 年 4 月 17 日，http：//www. bjbj. gov. cn/2011－04/17/content_ 4137794. htm

也是潜在的访问就业者，访问就业的市场需求看来还是比较大。

自 2007 年韩国访问就业实行以来，它对朝鲜族的跨国迁移与互动产生比较深远的影响。首先，它很大程度地降低了朝鲜族赴韩打工的难度和出国的经济成本，单是签证费用就下降至不到千元，而且由于增加考试和抽签途径，使没有韩国亲属关系的朝鲜族出国机会大增。另一方面，访问就业政策中关于满两年的访问就业者可以邀请直系亲属赴韩的规定更加推动以家庭为单位的跨国移民。从表 1 可以看出，2013 年，持 H－2 访问就业和 F－4 在外同胞两种签证者占在韩中国朝鲜族人的主流，合计约占总人数的 77%，其中持 H－2 签证者约占总人数的 46%。另外，持永住（F－5）、结婚移民（F－6）、居住（F－2）和访问同居（F－1）等四种签证者分别约占总人数的 11%、4%、2% 和 2%。具体而言，上述这些签证均属于有条件的长期居留签证，H－2 为单次居留不超过 1 年且在 3 年有效期内可多次往返，F－4 为单次居留不超过 2 年且在 5 年有效期内可多次往返，F－5 签证则可自由往来韩国。也就是说，占多数的持 H－2 和 F－4 签证的朝鲜族移民虽然在韩国有较长的居留期，有效期限内却可能需要多次往返韩国，这样导致他们既成为具有长期稳定特性的跨国就业移民，又形成朝鲜族跨界流动的生活方式。

表 1　2013 年在韩中国朝鲜族公民人数统计表

（依据签证类别、选择人数 1 000 以上，按人数由高到底排序）

总计（包括所有签证）	497 989	占比
访问就业（H－2）	228 049	45.8%
在外同胞（F－4）	159 324	32.0%
永住（F－5）	56 134	11.3%
结婚移民（F－6）	21 996	4.4%
居住（F－2）	11 390	2.3%
访问同居（F－1）	11 312	2.3%
非专门就业（E－9）	3 872	0.7%

访问就业制实施以后，延吉朝鲜族赴韩务工人员在亲缘关系下，一点点编织和扩大移民网络。从目前的形势发展看，朝鲜族赴韩几乎成为延吉朝鲜族民众的一种生活方式，跨国人员往来十分频繁和常态化。延吉民航业的繁荣可见一斑。可以反映朝鲜族频繁的跨国迁移与互动。据报道，2001—2012 年 12 年间，延吉机场国际航班客流量翻了近 40 倍。2012 年，延吉机场总客流量达 108 万人次，而国际航班客流量 39 万人次，超越省会长春市，居东北三省前列，除了每天平均 3 架班机飞往韩国首尔之外，机场还开通了到韩国济州岛、清州、釜山和俄罗斯符拉迪沃斯托克的包机航线，并且延吉机场的国际机票几乎从

来不打折，飞首尔的航班乘坐率达到92%。① 如果算上从邻近的牡丹江机场往返韩国的情况，因此实际中跨国往来的规模会更大。从延吉直飞首尔的机票价格单程3 000元人民币左右，航程仅需2个小时，跟直飞北京的时间相当。另据笔者在延吉客运公司的调研，从大连或丹东到仁川的船票甚至低于1 000元人民币。总之，各种便捷的交通方式和低廉的交通成本，加上如今相当便捷的互联网和手机通信，使移民可以与家乡亲戚朋友经常保持跨国联系和互动。

卢某（女，35岁），是延吉一家日资贸易公司的职员，介绍了她的家族成员赴韩的历史与现状：

> 我大学毕业后在延边宾馆工作，零几年的时候效益不好，我和我老公就去了湖南的韩企，后来因为我要生孩子就回来了。现在我老公在韩国现代公司上班，我儿子上小学一年级，我需要在家里照顾他，平时我和儿子通过上网视频与我老公见面聊天，他一年很少回来，我每年会陪儿子到韩国去玩，就能看见我老公。②

朴某（女，35岁），是延吉某韩国商品超市的经营者，她介绍说：

> 我姐姐已经嫁到韩国多年，这个店是我和朋友一起合开的，平时由几个营业员打理，我老公是州法院的法官，我是做服装生意的，由于业务我经常去韩国，另外我姐姐在韩国那边也给了我不少帮助，她是在东大门市场卖服装，所以有时她帮我进货都比较方便，我儿子在中央小学，我父亲原来是会计，我母亲是护士，他们都已经退休，但不愿意闲着，有时也跑去韩国看我姐姐。③

随着延吉朝鲜族人赴韩移民进程，近些年甚至出现了整个家庭外迁，家庭生活重心向韩国转移的趋势。

姜某（男，32岁），河龙村村民，介绍了他们家族赴韩务工的历史和此次回国的原因：

> 我们全家现在都在韩国，我父亲1995年去韩国做劳务，一直都在韩国那边。我高中毕业后就去了大连的韩企，2004年，我母亲受到别的亲戚邀请也去了韩国。2006年，我和妻子结婚，那时她的母亲也在韩国打工，结婚后，我和妻子一直打算去韩国多挣些钱，为以后的日子打好基础。我妻子2007年先去的，当时她办的短期访问，我是第二年抽签抽中（访问就业）的，这样零八年我也去了，我家孩子也是在韩国医院出生的，我父母在韩国很多年啦，平时不怎么回来，我现在签证到期，所以回家看看，顺便把我们家的老房子修一修。④

赵某（女，24岁），是一名就读延边大学工学院的大四学生，家住延吉。她说：

> 从我上中学起，也就是2003年左右，我父母就都去了韩国，我姐姐在天津

---

① 《服务长吉图，延吉机场优化航线布局》，《城市晚报》，2013年10月21日，http://cswbszb. chinajilin. com. cn/html/2013 - 10/21/content_ 920302. htm
② 2013年6月笔者采访于延吉某文化学校。
③ 2014年7月笔者采访于延吉某商店。
④ 2013年10月笔者采访于河龙村。

读大学毕业后留在了天津工作，现在我们家里没有人，我平时也住在学校，我父母他们现在都是访问就业，我想毕业后也去京津那里找工作，那边韩企比较多，我父母可能会一直呆在韩国，毕竟韩国是发达国家，那边挣得还是比国内多。[①]

总的来看，2000 年之后，韩国在移民、就业政策方面对朝鲜族的优待极大地有利于朝鲜族借助或创建跨国的亲缘纽带来组织以家庭或家族为基础的移民网络，促进了朝鲜族赴韩移民进程的发展。数据显示，2000 年在韩国朝鲜族中国人有 32 443 人，占在韩国中国人总数的 55%；2005 年在韩国朝鲜族中国人人数增长到 167 589 人，占在韩国中国人总数的 59%；2010 年在韩国朝鲜族中国人有 409 079 人，占在韩国中国人总数的 67.2%。朝鲜族中国人在韩国人口逐渐增长，占比不断攀升，由 2000 年的 55%，增至 2010 年的 67.2%。[②] 到 2013 年在韩国朝鲜族中国人有 497 989 人。此外，比较 2010 年和 2013 年在韩中国朝鲜族公民人数，短短两年，持访问就业签证人数由 28 万余人降至将近 23 万余人，占比由 68.6% 降至 45.8%，与此同时，持永住签证者人数则呈上升态势，由 2010 年的近 2 万人增至 2013 年的 5 万余人，永久居留权人数攀升从某种程度上说明了在韩国朝鲜族中国人的定居心态和趋势。

二、移民跨国实践及其对延吉经济社会及文化生态的深刻影响

中韩建交以来，延吉朝鲜族赴韩国务工、迁移、留居，甚至入籍迄今已经持续了二三十年，由于对中国延吉家乡的情怀，和客观上由于签证有效期内需要多次往返中韩，以及回国探亲访友、投资创业等原因，延吉地区跨国人员往来十分频繁。跨国实践对于延吉经济社会及文化生态产生深远影响，导致结构性变迁。

（一）侨汇对延吉地方经济和结构的影响

侨汇，一般指在外移民汇回国内的款项，学界对其界定大同小异。吴春熙认为侨汇为海外华侨的汇款，用以赡养家属，用于购买土地、房屋或投资工商业的款项。[③] 林家劲等按用途界定侨汇为，除赡养家费外，还包括捐赠、投资等其他形式的款项或实物。[④] 丘立本认为，侨汇是国际移民将其在国外所得的部分收入寄回原籍用以赡养家庭和其他用途的汇款。[⑤] 上述界定各有侧重，但都忽略了现代科技发展和社会进步使得侨汇汇寄方式和用途正发生多元化改变的现实。在此，本文忽略强调"汇"及对其用途的限定，视侨汇为一种海外收入并最终无论通过何种方式用到了国内用途的款项，界定侨汇为：凡是移民在国外取得的收入不管以何种途径最后用到了国内，用途上也不管何种用途的款项，均可称之

---

① 2013 年 10 月笔者采访于延吉某大学校园。

② 数据来源：韩国法务部出入国·外国人政策本部官网，www. immigration. go. kr/

③ Chunhis Wu：*Dollars Dependents and Dogma*：*Overseas Chinese Remittance to Communist China*，Stanford：the Hoover Institution on War，Revolution and Peace，1967，P. 15

④ 林家劲等：《近代广东侨汇研究》，广州：中山大学出版社，1999 年版，第 3 页。

⑤ 丘立本：《从国际侨汇新动向看我国侨汇政策》，《华侨华人历史研究》2004 年第 2 期，第 9 页。

为侨汇。近二三十年来延吉朝鲜族跨国劳务持续升温，由此实现的侨汇收入颇为可观。据2012 年数据，延吉境外劳务人员约 4 万人，实现劳务外汇收入 1.83 亿美元，平均每人近5 000 美元，这其中还不包括自己携带和通过非官方渠道带回来的钱。[①]同年另一组数据显示，延吉市居民储蓄存款余额 301.3 亿元，人均储蓄余额存款余额 54 288 元，分别比上年度增长 16.78% 和 8.9%。[②] 再看下表 2 所列延吉市金融机构各项存款余额和居民储蓄存款余额年度比较数据，自 1990 年至 2009 年的 20 年间，居民储蓄存款余额和金融机构各项存款余额同比保持快速增长势头的同时，居民储蓄存款余额对金融机构各项存款余额一直保持很高的比率（其中 2000 年数据原文如此）。另外整体上比率又呈现出下降趋势，则有可能表明部分侨汇转化为商业或工业投资资本后延吉市经济取得发展增收，相形之下侨汇占比下降的趋势。居民储蓄侧面反映了延吉市的侨汇收入情况。

表 2　延吉市金融机构存款余额和居民储蓄存款余额年度比较表（单位：亿元）

指标	1990 年	1995 年	2000 年	2005 年	2008 年
金融机构各项存款余额（A）	6.49	31.44	65.77	165.47	268.88
居民储蓄存款余额（B）	5.92	26.93	72.48	139.34	196.57
B/A（%）	91.2%	85.6%	110.2%	84.2%	73.1%

资料来源：许龙主编，延吉市统计局编：《延吉市 2010 年统计年鉴》，延边人民出版社，2010 年 7 月第 1 版，第 25 页。

据笔者观察，侨汇在延吉主要有以下三种用途。

1．教育支出。移民的薪水总是最优先地使用在子女的教育上[③]，这种现象在延吉亦非常突出。朝鲜族重视教育的传统由来已久，当父母辈出国打工赚钱提高了家庭经济实力后，通常重点资助国内子女的教育，因而年轻一代的家庭成员往往受教育水平更高。据笔者接触和了解到的情况看，延吉年青一代中目前升入大学或大学毕业后直接到沿海发达地区工作和就业的情况很是普遍，有些大学毕业后再到韩国或日本接受更高层次的教育的情况也有一些。看来，侨汇对于延吉朝鲜族整体教育文化水平的提升作用明显。

2．日常生活消费。随着生活富裕起来，朝鲜族更加注重个人生活的品质，喜爱追求高档消费，侨汇用于个人消费的部分占相当比重。据统计，延吉市社会消费品零售总额从2001 年的 34.67 亿元，猛增至 2010 年的 130.15 亿元，短短 10 年间增长近 4 倍。[④] 据报道，2012 年延吉人均社会消费品零售额达到了 32 918 元，这一数字甚至高于上海的 31 500

① 中国城市文化网：《舞动科学发展的龙头——延吉 2012 年县域经济发展纪实》，2013 年 2 月 11 日，http：//www.citure.net/info/2013211/2013211110508.shtml

② 数据来源：韩国法务部出入国·外国人政策本部官网，www.immigration.go.kr/

③ ［芬兰］罗澳缔（Outi Luova）、关讳：《中国延边朝鲜族自治州的移民资本流动》，《广西民族大学学报（哲学社会科学版）》2008 年第 2 期，第 22 页。

④ 许龙：《延吉统计年鉴—2011》，延吉：延边人民出版社，2011 年版。

元。① 笔者所参访的河龙村土鸡店经营户金村民（女，29 岁）介绍说，由于他们这里是延吉观光旅游景点，通常顾客都是村外的观光客，她称来这里观光消费的主要是"从韩国回来的人"。②

3. 利用侨汇自己创业。随着居民消费需求的增大，在延吉由侨汇转化为商业资本的现象非常普遍。在笔者重点考察的河龙村，全村 30 余家土鸡店皆由出国村民开办。他们在每年 5—7 月旅游季节开店创收，其他时间再到韩国务工。

李某（男，30 岁），目前在市区经营一家以冷面为招牌的餐厅，谈及自己的创业，他说道：

> 我父母 2000 年之后去的韩国打工，他们已经在韩国生活多年，他们原来都是下岗职工，那时我刚上高中，高中毕业后，我去珲春做过几年翻译，2008 年我也去韩国打工，去年回延吉在父母的支持下开了这家冷面餐厅。③

虽然，类似李某这样将侨汇用于创业的例子在延吉很普遍，不过，整体上看，大华侨资本的形成与转化尚须时日，侨汇收入的资本转化目前还处在初级阶段，主要以个人和小规模经营为主，投资集中在资本需求量较小的商业和服务业领域内，侨汇转化为工业资本的情况还极其少见。目前延吉工业资本还大多来自外资（其中主要是韩资）、港资和由国内发达地区的转移资本比如温州等。

侨汇通过上述不同的方式作用于延吉地方经济和社会发展，直接导致了延吉经济社会结构在近二三十年内的根本性改变：

1. 随着侨汇转化为消费支出并直接促进侨汇转化为商业和服务业资本，延吉地方经济社会结构逐渐从以工业为主导，转变为明显地以商业和服务业为主导（参见下表）。

表 3 延吉历年三大产业生产总值情况统计表（单位：亿元）

	1990 年	1995 年	2000 年	2005 年	2008 年	2009 年	2011 年
延吉生产总值	9.68	26.37	41.29	74.64	149.02	174.91	249.85
第一产业	0.42 (4.3%)	0.79 (2.2%)	1.08 (2.7%)	1.61 (2.2%)	3.34 (2.2%)	3.59 (2.1%)	7.7 (3.0%)
第二产业	5.36 (55.4%)	12.80 (48.5%)	17.75 (43.0%)	30.88 (41.4%)	62.90 (42.2%)	76.05 (43.5%)	116.84 (46.8%)
第三产业	3.90 (40.3%)	12.78 (48.5%)	22.46 (54.4%)	42.15 (56.4%)	82.78 (55.5%)	95.27 (54.5%)	128.46 (51.4%)

资料来源：本表 1990—2009 年数据，许龙主编，延吉市统计局编：《延吉市 2010 年统计年鉴》，延边人

---

① 新华网：《吉林省延吉市人均社会消费品零售额超过上海》，2013 年 7 月 4 日，http://news.xinhuanet.com/fortune/2013-07/04/c_116408587.htm
② 2013 年 5 月笔者采访于河龙村某土鸡店。
③ 2014 年 7 月笔者采访于延吉某冷面餐厅。

民出版社，2010 年 7 月第 1 版，第 25 页；2011 年数据，延吉市统计局：《延吉市 2011 年国民经济和社会发展统计公报》，2012 年。

上表显示，自 1990 年代以来，延吉第一、二产业总占比下降和第三产业占比上升的趋势明显。到 2000 年以后，第三产业总产值已经稳居超过第一、二产业总和，成为延吉的支柱产业。以消费和旅游为主的第三产业在延吉得到蓬勃发展。据 2011 年数据，延吉全年社会消费品零售总额实现 152.98 亿元，其中旅游总收入为 70.25 亿元，占全年社会消费品零售总额的 46%。[1]

延吉市目前开发的主要旅游景点是帽儿山风景区和海兰湖风景区，而中国朝鲜族民俗园也正在建设之中。延吉的商业非常发达，特别是饮食业，店铺遍布街巷，各种美食店琳琅满目，售卖有参鸡汤、狗肉、明太鱼、石锅拌饭、冷面、水豆腐等朝鲜族民族风味饮食。另有著名的丰茂串城，甚至有店铺开到了首尔的延边人聚居区。还有韩式桑拿、练歌房、酒吧等。在西市场一带，是延吉商业中心，售卖各种韩国进口商品，韩国商品专营店在此最是集中。入夜，在布尔哈通河沿岸，开设在那里的康乐宫、酒吧、慢摇吧等娱乐场所，霓虹闪烁，一片热闹气氛。

由此可见，侨汇在通过消费改变延吉经济社会结构中扮演着主要的角色。

2. 由于侨汇的作用，加速了延吉农业人口向非农业人口的转化，推动了延吉城镇化进程，同时由于人口由乡村向城市转移，农村人口结构正发生着悄然改变。

在延吉农村地区，朝鲜族村民靠侨汇富裕起来以后，将侨汇更多用于追求城市生活方式和满足自身的享受性或发展性消费，诸如提升生活质量、优化子女教育、投资创业等。而这些资源多集中于城市。因此，但凡有一定的迁移基础，他们就会决定到延吉购房，然后举家迁往城市，在城市定居生活。[2] 像在河龙村，虽然有几户村民大宅院，韩式风格建筑很是阔气，装饰得也极精致，却没有人居住。仁坪村没有豪宅，大部分富裕村民也都在市区置购房产，搬进楼房过上了城市生活，每逢节假日或回村办事，才从市区赶回，办完事即又返回市内，实质上成为"城市人"。笔者还发现这里的朝鲜族家庭基本看不到青壮年，只有老年人和留守儿童。据仁坪村金村长介绍，该村基本上 30 岁至 60 岁的朝鲜族村民都在韩国打工，本村的土地都是租给外地人从事大棚蔬菜的经营。[3] 即使最终从韩国回到延吉，他们也不再继续从事农业生产，而是很快进入到非农业的商业或服务业等领域。如河龙村一些朝鲜族家庭便利用在韩国打工积累的资金纷纷做起土鸡店或度假村的生意。如今，大部分朝鲜族农民已从传统生产方式中解放出来，农村的土地往往变成家庭经营的副业之一，侨汇成为他们家庭最大的收入来源，无论是已搬迁到城市者，抑或留居村民，都不再单纯依赖农业收入为生。近些年随着城区的扩张，很多农民的土地被有偿征用后，他们更依靠海外打工收入。随着人口的外迁，原来相对稳定的以朝鲜族为主体的村落人口

---

① 延吉市统计局：《延吉市 2011 年国民经济和社会发展统计公报》，2012 年，第 1 页。
② 延边朝鲜族自治州人民政府：《延吉·龙井·图们城市空间发展规划（2006—2020）》，2007 年，第 22 页。
③ 2013 年 1 月笔者采访于仁坪村村委会。

结构，由于大量外来人口定居下来而发生着改变，朝鲜族乡村社区是否面临解体和重组的问题，值得进一步观察。

3. 朝、汉两个民族的家庭收入差距拉大，人口结构也发生着变化。按当地人说法，"汉族要出国不太容易"，相反，朝鲜族去韩国则占尽先机。赴韩务工很大程度上由朝鲜族独受其惠的形势，正在使自治州朝、汉两族原本就有的经济差距更趋拉大，朝鲜族家庭平均收入水平明显高于汉族家庭。[1] 此外，由于近些年外出务工对于朝鲜族家庭和婚姻的影响，也使朝鲜族本来就低的出生率下降更是明显。1952 年延边自治州设州时，朝鲜族人口比重为 62%，到了 2010 年已经下降到只占自治州总人口的 38%，致使"自治州"自身的地位也在接受着考验。由此所发生的变迁以及上述数点结构性变化，也深刻影响着延吉侨乡的文化生态。

（二）"韩流"、侨汇与延吉社会文化生态的变迁

徜徉在延吉最繁华的商业街"解放路"、"参花街"、"海兰路"，两旁店铺鳞次栉比，"东大门牛仔裤"、"考利亚（Korea）"、"全州石锅拌饭"、"汉拿山"、"清潭洞"等韩国特色招牌煞是惹人注目，路上年轻人着装前卫，哈韩味十足。在延吉有名的成宝大厦和韩百商场里摆满了各色各样的韩国服装和商品，直接由韩国东大门进货。在延吉百货大楼里，韩国各大品牌电器、服饰、食品、玩具等，琳琅满目。播放着韩国电视台最新韩剧的健身房里，人们边在跑步健身，边看电视。慢摇吧、KTV、保龄球、棒球等韩式消遣娱乐方式，在年轻人中深入人心。

可以说，朝鲜族移民在延吉和韩国之间各种形式的跨国迁移与互动，不仅包括人员和资本的跨界流动，而且裹携着文化的跨国传播。我国朝鲜族与韩国韩民族属于世界不同地区的朝鲜族裔，二者虽有称呼和国籍之别，但从文化上实则具有"同源异流"的亲近关系，尽管由于双方长期处在不同政治制度和社会制度的影响下，在文化表现形态、思想和思维方式、价值观念等方面存在不小的差异。但在民族语言和传统价值观等基本文化层面共性，却大大降低了双方文化间理解、交流与传播的难度。延吉朝鲜族在务工期间耳濡目染，深受韩国文化影响，甚至由于长期居留韩国逐渐接受韩国的生活方式，尤其是当他们觉得韩国文化更为精致、时尚和层次更高时，自然就会在家乡努力复制和实践，从而创造出既跟韩国保持了某种相似性又不完全一样，跟自身过去的文化相比也有差异的新文化形式，正是在这样的文化再造中，延吉社会文化生态发生着改变。

众所周知，韩国在进入新世纪以来正在崛起成为亚洲文化输出强国，"韩流"现象即是其重要表现之一。一般认为，韩流是指 20 世纪 90 年代中期后以韩国影视剧和韩国流行音乐为核心的韩国大众文化及其所代表的生活方式的大规模向国外输出。[2] 本文借用"韩流"一词，在指代韩国流行文化上面与上述界定并无二致，但在语意上更加宽泛，泛指韩

---

① 延边朝鲜族自治州人民政府：《延吉·龙井·图们城市空间发展规划（2006—2020）》，2007 年，第 22 页。
② 魏志江等：《"冷战"后中韩关系研究》，广州：中山大学出版社，2009 年版，第 181 页。

国文化的流动性及其对韩国以外国家（或地区）的影响力，但不强调输出国的主观文化输出意图。延吉朝鲜族人接受韩国文化不是靠输出影响，而是在与韩国文化的直面交流、接触、学习、借鉴、思考中获得，并在家乡付诸于实践的。但不否认周遭环境对于"韩流"的追崇对朝鲜族文化实践的影响，这起到了强化的作用，和让他们进一步确认实践这种文化的正确性。不过，对于朝鲜族而言，这种文化实践并不是发生在两种异文化之间的，因而与异文化接受"韩流"的过程和结果完全不同，它在"同源异流"的两类文化中自然发生，当然也不排除延吉朝鲜族人在实践过程中把韩国文化当作朝鲜族族群先进文化代表予以认同的感情色彩。实际上，早在"韩流"进入中国之前，延吉朝鲜族就接触到了韩国文化。从早期返乡移民带回国内的韩国商品开始，韩国文化就开始影响延吉朝鲜族的生活，以后"韩流"又主要通过广播、电视、网络和印刷品等大众传媒手段日益深入朝鲜族的日常生活。如今在延吉，直接收看韩国主流电视台播送的各类韩语节目或随时访问各类韩国韩文网站已经成为大部分人日常生活的习惯，年轻一代尤其深受韩国时尚文化的影响。"尚韩"、"哈韩"风正深刻地改变着延吉的社会生活和文化生态。

1. 社会文明程度明显提高。

近二三十年来，延吉城乡绝大多数民众都有赴韩经历，其中又多集中在韩国国内人文素质和文明水平较高的首尔、仁川等大城市和京畿道，光是首尔就集中了在韩朝鲜族人口的46.5%。[①]因此，作为一个现代制度体系比较完备而且社会文明程度相对较高的国家，韩国的确对延吉人的思想和行为规范产生了深刻影响。笔者调研期间，受访者一致认为，韩国社会文明程度较高，对于韩国文化有着比较高的认同度。一位受访者 A 表示，她在韩国饭店用餐和乘坐地铁时都要压低自己说话时的嗓音，要不然就会与周围显得很不和谐，因为她觉得韩国人说话的声音都很小。另一位受访者 B 表示，韩国比国内办事情有效率，服务人员工作很到位，交通也很有秩序，韩国人不会乱过马路。延吉市司机乱鸣喇叭，车不让行人，在韩国却不会这样。随着延吉人生活日益富裕，他们也更注意提高自己的文明素养。据笔者的观察，延吉不仅街道十分清洁，而且行人过马路也会自觉遵守红绿灯，基本看不到有人乱穿马路。上述细节虽属表面观察，但一定程度地说明了在韩生活经历和对韩国文化较高的认同度在有形和无形中重塑了延吉人的行为规范，延吉人社会文明程度大大提升。

2. 日常生活和娱乐文化的韩国化。

韩国是大众消费文化和娱乐产业发达的国家，延吉人在韩主要集中在餐饮、娱乐等服务业就业，当他们返乡准备创业时，常常根据在国外积累的经验引进韩国的经营项目或者以经营韩国特色项目为策略，迎合延吉民众的需要，从而造成延吉以韩国风突出的日常消费和文化娱乐方式。在延吉街道上，招牌上带有"烤肉"、"鳗鱼"、"章鱼"、"披萨"等字眼的韩国风味餐饮场所比较常见，还有棒球馆、桑拿浴等体现韩国文化特色的休闲场所。另外，不少朝鲜族使用的手机都是"韩国货"，而令笔者印象深刻的是延吉市咖啡馆

---

① 数据来源：韩国法务部出入国·外国人政策本部官网，www. immigration. go. kr/

数量之多，不足百米的街道两旁可能就分布着十多家设计精致的韩式咖啡馆。实际上，这不仅反映了当地人较高的生活水准，还体现了他们的一种新的饮食习惯。一位受访者 A 介绍，延吉人喝咖啡是"从韩国学来的"，因为韩国人有饮用咖啡的习惯，久而久之延吉人也接受并养成了这样的习惯，并将之带回延吉。可以说，从饮食到服饰，从家居到娱乐，在这些延吉人日常生活领域所体现的韩国文化烙印比比皆是。在延吉人看来，韩国商品和生活方式代表着高品质的生活，消费觉得有面子，因而追随者大不乏人，延吉城乡由此呈现出浓郁的"韩国味"。

3. 侨汇在发挥其对于延吉社会经济发展促进作用的正效应的同时，在社会风气和文化层面也不可避免地产生了一些负面的影响。

这便是炫耀性消费问题。"炫耀性消费"是美国制度经济学家凡勃伦在《有闲阶级论》中首次提出的，意即人们通过带有浪费特征的消费来表明自己的阶级身份并获得荣誉。从历史上看，炫耀性消费是侨乡社会的通病，甚至是特征之一。[1]在延吉，一方面，出国务工为炫耀性消费创造了必要的经济条件，另一方面由于在国外长期忍受打工的艰苦生活，回到家乡后与亲朋相聚，为了面子，"他们选择的基本都是崇尚个人享受的生活方式。"[2]据笔者观察，延吉炫耀性消费的体现就是一个"高"字，朝鲜族聚会请客，主要去高档的餐饮和娱乐场所消费，用当地人的话形容就是"酒店、唱歌、洗浴一条龙"，连延吉人自己都用"畸形消费"来形容当地人沉迷于高档消费和因此造成的过度支出。虽然如此，由于有获取社会资本的需要，通过炫耀性消费社交活动维系社会关系，展示自己的成就，并获得别人的尊重，被认为是有必要的。同时炫耀性消费习惯还与"讲面子"和讲究"礼尚往来"的处世文化有很大关系，相互请客，甚至互相攀比，如果不这样做就会显得"小气"和"失礼"，"讲面子"的文化使他们"起码在排场上不能输给别人"，由此互相请客的规格不断提高，整个社会形成奢侈消费之风，久而久之，奢侈浪费就成为当地文化的一大顽症痼疾，很难根除。

4. 迁移文化的养成。

迁移文化是人们视迁移为改善生活和生存状态的一种心理和习惯，是侨乡永续活力的社会心理基础，是侨乡文化的重要特征之一。数十年来，"出国打工"的生计策略在延吉逐渐深植人心，成为一种惯常的行为，形成了当地习惯于迁移、崇尚于迁移的地方习俗和文化。在朝鲜族赴韩打工的影响下，这种出国打拼的意识在社会上广泛弥漫开来，影响所及，包括汉族和其他族裔在内的非朝鲜族延吉人，他们一旦有机会也倾向出国打工。一位受访者孙姓汉族市民表示，自己在新加坡打工，他的妻子为朝鲜族，目前在延吉商场从事美甲工作，他的岳母为朝鲜族，在韩国打工。为了到韩国打工，一些汉族人还报名参加韩语学习班。而事实上，延吉人所建立的跨国生计网络远不止韩国一地，除了韩国以外，他

---

① 王付兵：《侨汇与捐赠在晋江社会经济发展中的地位与作用》，厦门大学硕士学位论文，1998 年。

② 贺媛媛：《新时期朝鲜族消费文化变迁研究——以延吉市为例》，吉林大学硕士学位论文，2010 年，第 11 页。

们的足迹远至欧亚非洲国家，比如美国塞班、俄罗斯、朝鲜、利比亚、日本等。[①] 如今，不分民族、大部分延吉人都把出国看成很平常和理所应当的一件事情，"亲带亲，邻帮邻"，出国已经不是一件困难的事情。迁移正在沉淀成为延吉永续侨乡故事的文化动力，推动着延吉人不断地向外播迁的同时，延续着他们与家乡割不断的血脉亲情和联系。在未来可以预见的是，延吉人的跨国迁移之路仍将在相当时期内延续下去，并持续性地对家乡发生作用。

三、结语

除去造成跨国迁移的推拉力因素不论，族裔移民网络、移民跨国实践和数额可观的侨汇无疑是造就侨乡的三个基本要素。其中，族裔移民网络是前提，侨汇是介质，移民跨国实践借助于侨汇媒介的作用得以实现，侨乡视角为我们解读延吉经济社会和文化巨变提供了理论分析工具和合理的研究路径。正是借助于族裔移民网络、侨汇和跨国实践，延吉在短短二三十年间实现了从一个边陲贫苦小镇到富庶新侨乡的蜕变。

---

① 《1989—2008 年延边外派劳务人员统计表》，延边商务局，2009 年 5 月。

生命史视野下的侨乡社会——对清末民国以来梅县南口"花树下"华侨家庭的考察①

夏远鸣

（嘉应学院客家研究院　梅州　514015）

大约20个世纪30年代，梅县的侨乡社会已经形成。梅县的华侨主要集中在今松口、丙村、雁洋、西阳、白宫、南口及梅城周边几个乡镇。其中华侨较为集中的南口镇位于梅县西南方，西南与兴宁市相邻，东部与梅县的程江、扶大镇相连，北面与梅江区的城北镇、梅县的大坪镇接壤。瑶上水（又称南江河）和南口水两条河贯穿南口全境，均汇入梅江。南口现人口约3万余，旅居海外的华侨、侨裔与港澳台同胞较本镇人口还多。

南口华侨最集中的为侨乡村和益昌村。两村相邻，同处于南口盆地。其中侨乡村的潘氏家族赫赫有名。侨乡村原名寺前村，后因华侨众多而易成现在名称。据《南口潘氏族谱》记载，早在18世纪中期就有成员到越南谋生，后来多到印尼，这主要是以潘立斋、潘祥初等人在印尼打下的基础。修建于光绪三十年（1904年）的"南华又庐"，美轮美奂的"东华楼"，修建未完成的"洋楼"等著名建筑，都显示这里华侨的财富与实力。

本文考察的"花树下"，为益昌村下属的一个陈姓自然村。在30年前的集体化时期，花树下有160余人，人均7分田；全村人共住在5个大房子（围龙屋）里。有名有姓的家庭有41户，其中有32户都是华侨或侨眷。

据1953年梅县调查，南口镇益昌村陈姓主要分布在泰国、缅甸，另有部分在印度、毛里求斯。②清末民初，南口益昌陈姓不少族人在印度谋生。这是因为当时益昌陈姓人有一女子嫁往梅县城北镇扎田村，与扎田有了姻亲关系，而扎田有人很早就在印度加尔各答从事皮革业。于是陈氏姑婆介绍其族人随扎田婆家人也前往印度。通过这层关系，不少人

---

① 本文的材料，基本来自陈干华老师的口述。对陈老师的帮助，本人在表示诚恳的感激与谢忱。关于本研究的各种缺点与过错，当由本人负责。

② 周建新：《华侨、水客、侨汇与客家社会的变迁》，载谭伟伦主编：《粤东三州的地方社会之宗族、民间信仰与民俗（下）》，国际客家学会、海外华人资料研究中心、法国远东学院，2002年版。

到了印度，随后又有人到巴基斯坦等南亚国家谋生。[1] 关于印度加尔各答的客家人，美国人类学家欧爱玲（Ellen Oxfeld）有深入的研究。[2]

本次访谈报告人陈干华老师，为嘉应学院退休教师。陈老师生于1945年，为土生土长的花树下人。他在家乡生活了39年，到嘉应大学工作以后，因为学校离南口镇很近，所以每年还仍经常回老家。2004年退休后，陈老师在南口益昌村买地建房，重新回到农村生活。因此，对花树下各家各户的情况比较了解。在我们的邀请下，陈老师先后分6次，讲述了几乎所有花树下各个家庭的情况。时间上基本以民国为主，所陈述事实，有的是其所见，有的为其所闻，他自己家的情况，则是他亲身的经历。

由于今天的大众媒体宣传以及研究者选择性彰显的结果，侨乡社会被塑造成一个家家户户有华侨，人们的生活以外来侨汇为主，每个家族必然以出外洋为首选的生计模式的社会。侨乡社会的形象逐渐被固化。但是通过花树下的个案，我们会发现，情况要复杂得多。

陈达在《南洋华侨与闽粤社会》中将研究区域分成"华侨社区"与"非华侨社区"，在同一社区内，又分成"华侨家族"与"非华侨家庭"，通过"提出比较，由同点或异点，来推究其原因及对于社会的影响。"本文也受此启发，通过对比，以求全面客观的考察花树下这个小聚落民国时期的社会状况。为叙述条理化以及便于对比，陈老师尽量将同一房派或家族放在一组叙述。所以，下文中将以"组"为单位呈现各个家庭的情况。由于考察对象全部姓陈，故文中只称名字。

一、"锡"字辈家庭

"锡"是花树下字辈。四个户主分别为：第一个锡江，第二个锡河，第三个锡昌，第四个锡喜，前二者为亲兄弟。这四人中，三人未去南洋，只有锡喜三赴南洋，详情如下。

1. 锡江。锡江在兄弟里最大，为清末监生。他家族上两代人到海南做生意发了财，回乡盖了大屋。祖上希望子弟读书发展，但考秀才不易，只好花钱捐了一个。因为他上两代是从商，所以他在南口圩开了小小的金铂店"庆顺"号，当老板。20世纪50年代还是做小生意，快80岁时去世。

锡江儿子情况。锡江有三个老婆。原配夫人生四子：沛华、琼华、利华、达华。锡江希望把子弟培养成读书人，所以着力供养子弟读书。他的大儿子沛华，曾在省城两广方言学校读书，以后到广西谋职。听说在国民党某县党部谋得一职，做了一段时间后回乡。原来家里有个原配夫人刘氏，在广西带回一个杨氏。回来后在陈氏家族学校——星聚学校教书。新中国成立后在圩镇上做小生意，开了一个比其父"庆顺号"更小的店过日子。

① 周建新：《华侨、水客、侨汇与客家社会的变迁》，载谭伟伦主编：《粤东三州的地方社会之宗族、民间信仰与民俗（下）》，国际客家学会、海外华人资料研究中心、法国远东学院，2002年版。
② 欧爱玲（Ellen Oxfeld）著，吴元珍译：《血汗和麻将——一个海外华人社区的家庭与企业》，北京：社会科学文献出版社，2013年版。

　　二儿子琼华，就读于广州国民大学。该校是私立的，需要高昂的学费，但锡江千方百计供琼华读书。据说一次要交学费，当时把店里所有的资金收集起来还不够，最后只得歇业。因为受过教育，回来后也是在星聚学校教书，后来当了校长。再后来在兴宁警察局谋得一职。一段时间后又回到学校教书。新中国成立后在梅州中学教书时，以历史上有问题把他清洗了。回家接他父亲的店经营小生意。1956 年公私合营，回到家里，也不会劳动，一直到 1979 年落实政策，回到梅州中学退休。

　　三儿利华，读到初中就抗战，就没有读下去了，参加共产党南口地下组织，大概是1938 年。后来参加新四军，新中国成立时已经是一个团的政委了。但是在一次战斗中牺牲了，所以是一名烈士。

　　小儿达华。也在抗日战争初期参加革命，根据组织的安排参军，好像也是新四军，新中国成立后还挂了个少校军衔，转业到北京协和医院，当政治干部。文革结束正式恢复高考招生后，被卫生部调到广州中山医学院当副书记，主持全面工作。

　　锡江第二个老婆是宋氏。生了一个儿子叫奕华。宋氏是一个老实妇女，不够得宠，儿子在二十出头时病死了。宋氏长期为原配的小儿子达华理家，大约有十几二十年时间在北京最后八十岁左右去世。

　　锡江第三个老婆黄氏。生子纪华。1955 年南口中学毕业，考到武汉大学。毕业后在江西吉安工作了一辈子。

　　2. 陈锡河。为锡江的兄弟，一辈子做生意。在南口圩开一间类似金铂杂货店，号"庆丰"。这个人一直以来做生意，新中国成立后公私合营，年纪大了没有做了，最后在农村终老。他先后有三个老婆。第一个原配夫人，生仁华、义华二子。仁华是新中国成立初考到东北的大学，好像财经方面的，毕业后在长春市统计局工作到退休。义华在新中国成立前读高中时就参加游击队的小鬼队，新中国成立后在梅州市运输公司当干部，直到退休。

　　原配去世后，两个儿子还小，女儿是从小就卖了。锡河又娶潘氏，主要照顾前妻两个儿子。潘氏可能不得宠，锡河又娶了黄氏，生了五个儿子，一个女儿。

　　3. 陈锡昌。与锡江、锡河是同辈人，不是亲兄弟。锡昌是个裁缝，家里贫穷。育有儿女。他的儿子叫清华，新中国成立前差不多 20 岁了。这个时候有国民党胡琏兵团来南口，跟胡琏走了，到了台湾，一直当兵。改革开放后清华回来过两次，专门安葬他的父母。

　　4. 陈锡喜。锡喜是这一房派里唯一去了南洋，且去了三次。锡嘉读了点书，但不多，可以识字写信。锡喜大概是 1979 年去世，82 岁。如此推算，他应该出生在 1897 年。

　　锡喜结了婚以后生一女后就去了南洋。锡喜第一次是到毛里求斯，在那里做裁缝。到了那边不久，就娶当地一个"番婆"，是黑人（应是深色人种——作者注）。锡喜在毛里求斯十年，生了三个小孩，大的叫报华，第二个叫崇华，第三个是女儿。从儿子取名来看，寄托着一种家国情感。

　　锡喜家里的原配为管氏，是买的。因家里没有男丁，她就希望老公能够回来。娶了

"番婆"后，锡喜靠裁缝糊口，所赚不多，没有钱寄回。但他家里比较有家底，有一些田地。管氏就跟水客说，你跟我老公讲，叫他回来，主要就是要回来传宗接代，没有钱我卖地，然后她就卖地筹钱，让水客带给锡嘉当路费。但锡喜那边的"番婆"对他很好，料理家务，很会照顾他，他也舍不得。但是锡喜仍然存有根深蒂固的传宗接代、落叶归根观念。

锡喜听说水客跟他讲家里的事，于是决定回家，并且还要把两个儿子带回家，但又怕番婆舍不得。有天，他就跟番婆说他要带两个儿子出去走走，实际上是去了码头，就这样，锡喜带着两个儿子回来了。两个孩子是混血儿，皮肤比一般人黑得多，大家看见他那么黑，就称他"乌虫"。为了不愧对番婆，抚慰自己的良心，锡喜将女儿留给了番婆。另一个原因是说那个番婆喜欢女孩，毛里求斯当地习惯是女孩供养父母的。

锡喜从毛里求斯回来后，在家呆了好几年，又生了两个儿子。大概又过了几年，他又想找机会到外面看看能不能赚点钱。这一次他去了印度加尔各答，当然还是做裁缝。这个时间大概是 20 世纪 30 年代，但是去到那里时间也不长，就两三年时间，还是不顺利，没赚到钱，他又回来了，这大概是 1943 年。回来以后在家里又生了一个儿子（与报告人陈干华老师同龄）。

抗战时期，因海上通道阻断，很少人再能够往来南洋与家乡。抗战胜利后，又有机会了，因此有了锡喜的第三次出南洋。这一次是去缅甸仰光，时间大概是 1948 年。第三次为什么要去呢，就是他那个在毛里求斯出生的大儿子报华已经十六七岁了，那时正值国民党要抓壮丁，所以他就想到要把这个儿子带到外面去躲壮丁。跟他一起同行的还有同是花树下的两个人，一个叫陈均祥，可能 30 岁左右，当时还是年轻人；还有一个是陈锦文，也是 20 来岁 30 岁左右，这两个人是有共产党的嫌疑，国民党要抓他们，所以要暂时躲避一下。

锡喜一行四人筹了一点钱，坐汽车先到昆明，再由昆明到缅甸交界处。那时候交通很不方便，一路颠簸到了边界，但是要过边境又有麻烦，要偷渡过去，所以不能走大路，只走偏僻的山间小路，或者是田野小路，当时要偷渡的人也不止他们。[①] 当时锡喜等四人钱也花得差不多了，买的东西也不方便。据他说最难忘的是过边境的时候喝田里的水。最终锡喜一行四人经过千辛万苦到达缅甸仰光。由于花树下有一些人在那边谋生，做了生意，甚至成立了侨团。锡喜一行四人如此艰辛的到达缅甸，这些侨团就觉得很了不起，开会欢迎他们，把他们当成英雄一样。这件事情让锡喜颇为得意，回家后时常提起。

与前两次赴南洋一样，锡喜到了缅甸还是做裁缝，他儿子也做点小生意，与他同去的均祥也是做裁缝（笔者另一个南口访谈个案，在缅甸也是做裁缝）。新中国成立初，均祥就回来了，而且还参加了土改，锦文也回来教书。所以这两个人在缅甸呆的时间也不长，就两年多，在那边光景也一般般。锡喜在缅甸做裁缝时间稍长一些，好像到 1954 年左右才回来。这就这样，锡喜三赴南洋的历史结束，以后就一直呆在家乡，直至终老。

---

① 笔者在梅县访谈一缅甸归侨得知，他的上辈人 1948 年赴缅甸时，也是由水客带路，经昆明前往云南边境进入缅甸。

与锡喜同去的大儿子报华，还留在缅甸。但生活也不太好，大概是 20 世纪 60 年代还与家乡有联系，时常会寄一些东西回来。曾经寄过雪茄给他父亲锡喜，还寄有成家的照片。穿的都是缅甸传统服装，坐在小车上（可能是拍照的道具），以后就逐渐没有了联系，听说只活到五六十岁就去世。

前文说到，锡喜在家生有一女，名叫代华。大概到抗日战争的时候就小学毕业，当时已经十五六岁了，因在学校里受到进步老师的影响，就参加了一些抗日的宣传，包括表演抗日的戏剧，唱抗日歌，表现得很不错，那个进步老师对她很欣赏。但是十六七岁的时候，在乡村已经可以谈婚论嫁了。这个时候管氏娘家所在的村有个亲戚在印尼三宝垄那边做生意，比较成功。那边的亲戚有个男孩，也要成家立业，人家就想把她介绍给这位表兄。本来代华很不愿意去，但母命难违，于是就顺从了，去了三宝垄。到了那边，那个店的生意应该很不错，一直到 20 世纪六七十年代，她一直在资金上对家庭给予支持。

但后来代华命运也不怎么好，可能是近亲结婚带来的后果，她的两个孩子都不健全，自己也血崩。20 世纪 60 年代她还专门回来过，那个时候农村里面很辛苦，她带了点那边的东西和钱回来，在乡下就是很了不起了，回来以后她还去了北京，一方面是观光旅游吧，一方面是去大医院检查病情。

再回到锡喜。因为他家过去田地比较多，有什么大困难的时候，就卖田。人家都说锡喜是个"半条子"。到了土改的时候，家里田地已所剩无几。正是这样败家子似的行为，歪打正着，到了土改的时候，没有被评为地主。所以当人家说他是"半条子"的时候，他就说我不卖掉，就成地主了，也就没有这么快活的日子了。除原配管氏外，锡喜大概于 20 世纪 40 年代还娶了个小老婆，但未生育。

锡喜的三个儿子发展得还不错。大的出去读书，20 世纪 60 年代考上研究生，后来在黑龙江教育学院当中文系主任，现已退休了。第二个也是出去读书，后来在广州一个无线电研究所当干部。第三个跟报告人陈老师是同学，考上了华南理工大学，毕业在一个无线电厂工作。后申请去了香港，最先是在中国旅行社当一个部长，然后自己出来干。改革开放以后跟日本人搞贸易，后来老婆孩子也都在香港。赚了钱以后，大概是 1989 年回到梅县，在华侨城起了栋别墅，大部分时间住在这边。锡喜的老婆管氏，后来也去了香港，跟她小儿子在香港住了几年，大概 1992 年梅县的别墅盖好之后，管氏也回到梅县住，住了五六年，到大概 92 岁才去世。

二、"开"字辈家庭之一

第二组个案为"开"字辈家庭。户主为开职、开标、开晋、开新，这一组都是堂兄弟关系。除开职外，其他三人均去过南洋。

1. 开标。年轻的时候带他的老婆潘氏到泰国红统①做裁缝，到那边后潘氏没有生小

---

① 红统府（英文：Ang Thong）是泰国的中部的一个府。为大城府的前哨城市，以后在大城时代迁都至昭拍耶河边的挽革区，并命名为"红统城"，直辖于大城府。源自 http://baike. haosou. com/doc/5721671.html

孩，生意也不怎么样，开标身体也不太好，就在那边抱了一个泰国的小孩做儿子，取名展华。最后开标身体越来越差，就考虑要叶落归根，就带着潘氏和那个小孩坐船回来。但是很不幸的是，开标在船上就去世了。按照船上的习惯，尸体被抛到大海里。最后就只有潘氏带着那个男孩回到家里，过得很苦。过了几年就解放了，接着就土改，潘氏成了村里第一批农村党员。这是华侨里一个遭遇比较艰苦个案。这个从泰国带回的小孩后来参加了抗美援朝，转业回来在农村，可能六七十岁就去世了。潘氏有个养女，读了书，20世纪50年代时考上中专到外地去了。

2. 开晋。开晋在家娶有两个老婆。大的姓林，生有一子；林氏的儿子后来也是去当兵，后来在水泥厂当干部，现在还在。小的姓氏不详，两有二子。后来开晋带着小老婆和两个孩子一起去了泰国红统，也是做裁缝，一直很少联系。大概到1982年，报告人陈干华老师到泰国红统探亲，开晋在家大儿子就委托他去问一下那边两个弟弟的情况，但没有结果。

据泰国红统的南口乡亲讲，因为这两个小孩很小就出去了，渐渐染上了番人的习气，没有了华人的传统价值观，经常喝酒，按客家人的话，就是"醉过头了"，类似酗酒的意思。两个孩子开始也是做裁缝，但裁缝在那个时候是很夕阳的产业，非常不景气；加上喝酒要钱，喝了以后又经常糊里糊涂，所以日子没有起色。随着开晋与他老婆的去世，两个孩子迁到其他地方，也没有人知道。

3. 开新。开新的老婆谢氏，与报告人陈老师的母亲同年，是1916年生人。开新与谢氏结婚后，没生小孩，就去了马来西亚，听说参加了马共。一起去马来西亚的南口乡亲都知道他去了山里打游击，大概到了20世纪60年代，就有人说他已经打被死了。因为是马共，就不可能跟家里联系，更无从讲经济上的帮助。老婆谢氏一直没有改嫁，就拿了一个儿子，儿孙在是本村居住。谢氏本人90岁时去世。

4. 开职。是堂兄弟中唯一没有出南洋的人。因为报告人没有见过，所以对他的过去知之甚少。开职有两个儿子，第一个儿子在20世纪50年代上北京石油学院，现在深圳退休。另一个叫倚华，1958年上了中山大学，现在是南口中学退休老师。开职老婆吴氏，也有个养女，不是童养媳，是娘家侄女，没有读书，在家里劳动，嫁在本地。

三、"开"字辈家庭之二

第三组个案：开广，开易，开勉，连生，四人也是堂兄弟关系。

1. 开广。他的祖父咸丰年间在湖北当过县令，父亲是大少爷。到他们这一代家道破落，只读了点书，基本上什么也做不了。新中国成立前还教过书。他的老婆罗氏，生了三个儿子，三个都去了台湾。一个是当官去的，一个是邮局，一个是跟胡琏走的。开广他本人没有出南洋，但是他有个儿子考华听说年轻的时候去了泰国，也不是很长时间吧，可能那边也不怎么样，就回来了。但是考华读过书，有点文化基础，在那边谋生可能不顺利，就回来在村里小学当老师教书，教书以后可能在抗日战争那个阶段又去参军，他文化基础比较好，在那里是从事一些国民党军队里的文化工作或者宣传工作，他可能在北方或者中原地区当兵，后来跟蒋介石到台湾。在台湾某邮局工作的那个儿子回来过，另外两个没有回。开广的老婆罗氏成了五保户。

2. 开勉。开勉在新中国成立前是小贩，卖凉茶的，有个凉茶担，五分钱一杯凉茶。开勉有两个老婆，一个是原配，没有生育；后来一个罗氏，生了三个儿子一个女儿，在家里耕田。开勉本人没有出过南洋，但他母亲刘氏去了马来西亚，听说他母亲中年的时候有个情夫，不是南口人，把她带到马来西亚。听说她情夫比较有钱，但是她本人到了那边以后，一直没有忘记家里有个儿子，一直到她七八十岁的时候还有侨汇接济她儿子。开勉从二三十岁开始，就一直得到她母亲的侨汇帮助。一直到开勉 60 多岁时，他母亲刘氏还有侨汇寄过来。但开勉母亲的侨汇不多，仅仅能解决温饱。他母亲去世后，侨汇断了，他的家庭生活顿时陷入一种非常困难的状况。这时大约是 20 世纪 60 年代的事。不久开勉也去世，他老婆带着四个小孩，那个时候生活很艰苦，一家人没办法过活。大概是 1963 年，开勉老婆改嫁到福建，把孩子都带过去了，儿子那时候已经十二三岁了，到了福建那边山里，生活还是比较困难，没有读书。开勉是很典型的靠侨汇维持生活的家庭。

3. 开易。毕业于广东宪兵学校，做过国民党校官，也参加过抗战。新中国成立后闲在家里，20 世纪 60 年代去世，70 多岁。没有儿子，生了两个女儿，拿了一个外孙在顶香火。

4. 连生。也毕业于广东宪兵学校毕业，后来在本地乡公所任小职员。新中国成立初病逝。虽是读书出生，但没有光景。老婆罗氏，有一个儿子志尧，不耕田也不做生意，非常落魄，手脚又不干净。最后是自己卖壮丁当兵去了，就没有再回来了。因为手脚不干净，村里人讨厌他。他走后，大家好欢喜。

四、连福家族个案

连福，是本节所讲家族的主人。连福与陈干华老师的曾祖同辈，年轻时去泰国，那时大约 19 世纪后期。由于运气好，在泰国发了大财，一生娶六个老婆。回家后，建了全村最大的屋，有三堂，两横，后面一个围，四十多个房间，好多个厅堂。办酒席时，中厅可摆五六十台。这个屋子是全村最大最新的。民国时期曾经做过村公所，国民党的部队与解放军都曾驻扎过。

陈干华老师家也同住这屋。原来他祖上在那里有个旧房子，连福看中了那个地方，就把陈老师家的房子交换了个位置，还补了点钱。陈老师的曾祖父又卖田弄了点钱，便住在一起了。所以这个大房子陈老师曾祖父家有六间房，但那个屋的厅堂没份。

连福是在泰国曼谷三城门（音）老城区做生意听说不识字。连福有六个老婆，家里有三个，外面三个。其中一个老婆很能干。之所以发财，是因为取得专卖垄断权，经营酒栏、花卉。这个专营权，是他通过巴结一个小头目获得的。但是连福除了留下一幢大房子，就没有钱了，无法购置田地。土改时被定为贫农。

连福儿子为"兴"字辈人。连福虽然有六个老婆，但生育不多，至少有三个没有生育。都是买的。其中有一个谢氏，生有发兴与沐兴。一个侯氏，买一子，名德兴。还有一个儿子叫保兴，也是买的。这样连福总共有四个儿子，家产分作四份。这四个儿子的情况如下：

1. 德兴。到了加尔各答，德兴两个老婆，家里生了一个儿子，小老婆带到加尔各答，还生了二子几女。现在子孙还在加尔各答，可能也有女儿嫁到其他国家。但子女没有回来，到现在还有联系。

2. 沐兴。新中国成立前到外面读了大学。没有到外面读书时，家里有童养媳林氏，没有正式结婚，也没有生活一起。这个童媳林氏与沐兴母亲谢氏在泰国曼谷生活过，情同母女。沐兴后来到了新加坡教书。又娶廖氏，大埔人，在外出生，生有二女，送回来给林氏养。然后沐兴又回到新加坡，又生了三子三女。第二次世界大战时，日本占领新加坡，捕杀华人抗日分子，沐兴进步人士，遭到日本人的迫害，被赶到山里，自己种木薯当粮食。抗战胜利后，英国人又说他是马共。1949年国家派轮船去新加坡接待难侨，沐兴带着六个小孩回来，在南口中学教书，还当过副校长。1957年被打成右派，家里一落千丈，自己身心受到迫害。1956年大儿子参军去了新疆，可能不到两年，好像在连队里因事故牺牲，评为烈士，有优抚。而就在那年他被打成了右派。沐兴定性为中间右派，曾经恢复过一段时间，调到梅县雁洋中学，后又打回农村，这次是属于限制使用，清退到家。1974年左右，64岁就去世了。现子女都在国内。1978年平反后，有个小儿子顶替教职，只能做工人。

3. 发兴。沐兴的亲兄弟。在家结婚生一女，该女后毕业于广州体院，现在体委退休。发兴婚后到加尔各答，又娶一华侨女儿，生四子女。发兴在印度创业，主要是卖皮鞋，有自己的店面、房子，子女都还不错。改革开放后，印度婆的老婆以及四个儿女都曾回国，但他本人没有回来过。1990年代以后，子女有的移居到澳大利亚，有的还在印度做生意。

4. 保兴。其本人情况不详。但买了两个儿子，分别为开应、开烈。大儿子开应，在家里结婚后，又回到泰国，很早就去世了，一直没有回来过，家里育有二女。开烈读过书，较早就入党参加革命。1936年左右，曾经到越南工作，可能与党组织活动有关。新中国成立后回来，任兴梅地区文教科长，后又到省文化厅任职。后又回广东汉剧院当院长，搞文化工作。最后离休，一九八几年过世。

五、陈干华家族的侨情

报告人陈干华老师有两个家，一个是生父家，一个是养父家。这两个家庭都是华侨家庭。为了表述方便，这部分以报告人第一人称的口吻来叙述自己的故事。

1. 开京。开京是报告人陈干华老师的父亲（养父）。

我父亲读过几年书，后来当过店员，约20岁时与村里人一起到加尔各答。因为上一辈村里人在加尔各答发展，经营皮革赚到钱，正在盖一个楼房。他的店需要工人，就回来招村里的侄辈人前往。条件是：在他店里当 3 年伙计，3 年后，就自己干。

我父亲与其他几个人一起到加尔各答，3 年伙计期满后就自己出来干。开京在家乡就学会纸扎手艺，在加尔各答也搞这个。因为那阵子加尔各答的客家人不少，在那小环境里也有人信神明，要用到这些。刚开始时还可以，逐渐便有些侨汇寄回家里。当时我家只有祖母、母亲，刚开始几年对将来情况不知，父亲便想把母亲接过去。但我祖母在家不放心，我父亲不放心，再说那时也还没有条件过去。因为没有生育，我母亲就拿了一个女儿来养，就是我姐姐，大我 4 岁，这样就有点像个家了。这一期间，我父亲还算可以。一年三次，春节、端节、八月半，有钱寄回。我祖母就把上代卖出的田赎回一部分。又过了几年，又考虑要买个儿子。

我出生在村里另一个支派的陈姓家里。我的祖母请人算命，算命先生说，你这个孙子不合适在这个家族，命太大，你这家太小，盆子太小，养不活这条大鲩鱼，要过房。刚好我现在的养父想要一儿子。经村里人说合，一百块钱就卖过，当时我只有 6 个月。我姐姐是不用钱的，我妹妹九岁也是送来的。其实有的是象征性，要有些物质表示。我有一次看过，一百块钱当时可以换十几担米。原来我的生父家比较艰难，拿一百块钱后，刚好过了个年。

因为有了我，后来我父亲不再考虑接我母亲去加尔各答了，在那边娶了一个尼泊尔人的女儿，她才 16 岁就嫁给我父亲。后来生了八个小孩，四子四女，最大的比我小一岁。从我六七岁懂事时始，父亲都有侨汇寄回，还有日用品等，如家用的铝制品，铝盆、铝水煲等。小学时我有一双波鞋，是父亲从印度寄来的，一直在穿，入学时鞋子已经不合适了，脚痛，以后没再穿了，还有一打铅笔。

大概到了我六七岁时，父亲已经有二三个小孩，生活负担非常重。从那时以后一直没有寄钱回来，也没有寄信，寄不了钱信也不管用。1952 年我开始读小学，以后一直没有收到他的信，也没有钱。我们家里辛苦，他也辛苦。在三年经济困难时，村里华侨真正在生活上有接济的也不多，因为外面都有妻室。最多只有十分之二三家庭才有华侨的接济。一直到 1963、1964 年，外面传说大陆饿死人，吃草皮，也有通信说明了家里的困难。那时我父亲突然寄来了一信，还寄了两桶猪油与面粉，但没有侨汇。突然收到这些，我感到非常高兴、宝贵。我父亲那信我还留着。我父亲寄来的包装三合板、地址，我还保留。从信中才知道这么多年他生活的艰辛，才知道他有多少个子女，当时最小的才二岁。信的内容如下：

母亲大人：

十多年来先后来信（约十余封），亦有收到。无奈因自己连年人口激增，兼之命运乖舛，生活日益困难，因此对之寄信，就觉得不感兴趣，同时亦无要事可以奉告，此为最大原因之一。现将儿在外面之情况略奉告一二，以慰大人之念。

兹将合家大小各单列：

长子陈彪华，十七岁，读中二；次子寻华，十四岁；长女惠贞，十二岁，读四年级。三子三华，八岁，读幼稚园；四子沧华，七岁，来年又要进学了。最小还有笑贞，四岁；艳贞，二岁。又，我与媳妇合计，一共十口，由此视之，其每月家用开支最低限度总在四佰盾以上（次女妖贞读一年级）

又者，夏历八月十九日由邮局寄上猪油

后来我回信。那时我读高二，把家里的情况讲明。信是根据我祖母与母亲口气去写的。但是他没有回信，而且以后一直没有寄钱回来。后来据村里在加尔各答的人讲，1964年我父亲就去世了。

我祖母对父亲很有感情，她让我写信给加尔各答的同父异母的兄弟。还让我写信给村里在那边有光景的梓叔，以祖母口气，希望有一两个孩子能回来。后来，也联系不上。我写信给那边的长辈，他们回我一封信说，你那个兄弟自你父亲去世后，赌博成性，没有教养，没有办法。所以让一两个孩子回家的事很难实现。后来我祖母一直挂念外面的孙辈，母亲也是一直在等。没有办法，已经知道去世时，祖母与母亲在家里还举行了招魂仪式。我那时是十八九岁小青年。不懂事，因为没有与父亲见过面，没有这个情感。我祖母、母亲很痛心。点了香，烧草纸，哭得非常伤心。后来村里还有人与外面联系。

改革开放后，基本上无人从加尔各答回来。我也不断写信。有次在广州碰到一个五华人说见过我弟弟。说他在巴基斯坦开了家理发店，常常打麻将。那五华年青人到巴经商认识我弟弟的，居然叫得出我弟弟名字。我就写了封信，里面装上全家福照片，放在梅州在广州的办事处，告诉这里的工作人员，等那个五华人回来后交给他，请他带到巴基斯坦。结果一年半载后我再到广州，听说那个姓魏的五华人再也没有来了，信也自然没有带到。

后来大概是1987年，那时我母亲还健在。刚好发兴的老婆从加尔各答加来，我们称她发叔婆。前面说过，她女儿是在体委工作的。我母亲听说了发叔婆回来了，就去见她。我母亲还不到80岁，她小我母亲十几岁。听说我在大学教书，在这里安居乐业。非常羡慕地对我母亲说，"唉哟，京嫂，你现在比外面好了，有福气哟，外面好辛苦……"。那次我又写信寄照片托她带回印度加尔各答给我的兄弟。她说她会转交的。实际上在加尔各答的内宗们之间都有很好的联系，谁的子女到哪里，做什么工作都了解，信都能通过种种途径拿到。

2005年，我从嘉应大学退休后，在乡下盖了房子，搬入新居，也把我老母亲接回去住。半年之后，我加尔各答的大弟弟突然从美国回来，真是悲欢离合。那一年5月份左右，我在南口家里突然接到一个电话。我问你是谁啊，那头答道"阿哥！我是彪华，我转回来哟，现在村里桥头！"。见到之后大家好欢喜。一同来的还有弟媳与侄儿。侄儿已经完全美国化了，没有华人的样子。那个时候，我说，唉呀，为什么不早联系，他说要给我一个惊喜。他与弟妇讲的客家话，比我们的还标准。加尔各答是个客家小镇，弟妇是梅城里侯姓人。我弟弟我只在相片上看过。我之前从来没见过父亲照片。到美国后，弟弟寄了父亲的相片回来。弟弟的母亲，也就是我那个尼泊尔叔母在早几年在家去世。弟弟回来那年，我母亲88岁，老年痴呆比较严重，在外面都不懂回家。我弟弟回来后，我母亲一点反应都没有，很悲剧的。

后来才知道，实际上我过去的信他都收到了。弟弟怎么去了美国呢？原来他与我弟媳，较早到巴基斯坦开理发店。弟媳有兄弟在美国。申请绿卡是有时间期限的，最后终于等到了。从巴基斯坦到了美国，他们共花了15年。拿到绿卡后第一件事就是回家。他们参加当地华人的旅游团，先到台湾，再回梅县。在富源宾馆安顿下来后，第一件事就是回南口老家，于是有了先前的一幕。

前面说过，我父亲在加尔各答有四子四女，其他弟妹的情况也是通过这个阿标才知道。第二个弟弟较早病死，第三个可能三四岁时不幸遇难，都没有成家。还有一个四弟，在加尔各答，娶了一印度女子，生有二子，听说已经到迪拜去打工了。四弟也当上了爷爷，在家带二个孙子，印度生活不好过，那个印度老婆已经去世了。

我对弟弟有感情，我弟媳更不错。他们回来时是大喜事啊，我叫亲朋好友过来热闹，来了三四十人，我请大家。但是宴席散后，弟媳说我请酒席的钱让她来付。我说不用了，这是小事情。她知道我们过去好辛苦。其实他们过去也好辛苦，但她那边华人都有规矩，要让她们付。于是后来又寄了几百美元来。另外我母亲去世时，弟媳她问要多少，我说六千，她又寄回三千多，说兄弟一人一半。上个月她打电话给我，说他印度弟弟住在乡下租的房子里，生活不好，孙子孙女要读书了，受不到好教育。乡下没有英语，想要在加市区买房，她要出点钱帮助，让小孩有受好教育的条件。她说准备三年后再回次印度看看。弟媳对我也很满意，说我尽到了所有的责任。她回来先是到嘉应大学找我，得知我在乡下住，问到我电话号码后，叫的士到南口，用司机的手机打给我。我妹妹都没有联系了，其中三个嫁了。有个外甥女准备介绍到加拿大与一个加答移民男子结婚，但没有下文。

2. 纵盛。陈纵盛是我的生父。我的生母，在泰国出生，叫温玉桂。父亲名义上安给了我的二伯公做儿子，但又不是很亲密，还是在我祖母家长大。我二伯公在泰国开金店，挣了点钱，当时没儿子，我曾祖父出了个主意，说要就让他挑一个去，他就把我父亲立为儿子。

我母亲是我二伯公在南洋订好的亲。她在外面出生，我的二伯公婆偶然机会碰到我外祖父带着我母亲，当时才十一二岁时，听说是在泰国坐船。我二伯公婆说你的女儿好精神，我唐山有个儿子，给我做儿媳妇吧。我外祖父也是南口人，在泰国做生意，于是说好啊，就这样答应了，口头上订了亲。二伯公婆有钱，外祖父开布店，条件一般，过得去。

到了母亲16岁的时候，二伯公说，过来我家这里，我让她读书。结果我外祖父同意了。当时他们不在同一个城市，但离得不远，可以水路相通。16岁时我母亲就过去了。到了我二伯公的打金店。母亲去的那个地方，相当于我们这里的一个小镇，实际上是木板房，很简陋的。实际上二伯公后来生了个儿子，才七八岁，还有个小姑姑10岁。我母亲到了那里，没有书读，就负责挑水做家务。

过了两年，母亲18岁。我二伯公说要带回唐山结婚了，这大概是1937年，还在抗战前。我二伯婆带着我母亲，还有弟妹，分别为10岁、8岁。从汕头出发，到梅城的水打伯公码头下船。回来前提前先联系好了，哪天到南口，同时举行婚礼，这叫入门。下船后，联系好轿子。那时大概1937年，就已经有去兴宁的公路了，有通汽车，但很少，一天一班，或更少。但是到了就要赶时间回去入门，结果呢还是雇了两台轿子，一台是二伯婆与十岁的儿子，我叫叔叔；另一台是我母亲与满姑，一起抬上南口。轿夫知道是番客，还是回家做新娘的，便故意搞笑新娘，一路上摇轿子。他们到梅县时，有人已经知道，捎信到了南口，大约什么时辰回来。我父亲还在圩镇上，临时被叫回来做新郎。二伯婆与我母亲一行到了我家村口时，时辰没有到，结果等啊等啊，等到时辰，再入门，行礼。这些是我第一次见到我母亲时，她告诉我的。当时我38岁，母亲已经63岁了。

母亲在家呆了10年，到1947年又回泰国了。同去的还有我父亲、伯父、叔公（这时的家人是生我父亲的那个家的）。父亲三兄弟都是1938年入的党。那时南口有地下党组织，吸收一批青年人参加抗日。我叔父后来是省航运厅厅长，梅县解放后第一任公安局长，他是1947年参加游击队，当了团政委，新中国成立后进城接管政权时，成为第一任公安局局长。我父亲与母亲去了泰国，母亲出生在泰国，很容易办签证。外祖母也是我们村里的。

为什么1947年又回泰国呢？因为我父亲是地下党，村里有反共势力，他们知道父亲是地下党成员。因为形势比较严峻，组织上批准，地下党员可以申请出去。这个事件在梅县党史刊物上有记载。一起走的还有另外一些人，都是梅县的。这其实是我父亲第一次出国！

出去后就没有活动了。我外祖母还在泰国，父亲便投靠外祖母。我父亲一开始还可以教书，一两年后，泰国政府反华，不准开办中文学校，父亲失业了。当时已经30多岁，又重新学做裁缝。我哥哥出去时已经5岁了，父亲带他出去的，到外面后接连生了几个，负担越来越重。后来我父亲跟一个惠州客家人老板做工，经营土产生意。父亲给他理簿，还教他的孩子们读中文。我的哥哥妹妹也读了点中文。我父亲回到家里讲客家话，有两个比较小的孩子就讲得不好了。父亲小学毕业后，还进过村里的老学堂，叫"嘉莲学堂"，这里有传统老先生，专教四书五经，如何写字，如何写家信等内容。这些在新式学堂里是不教的。这种学堂实用性强。新式中小学可以上大学，老学堂不是培养读大学的，而是培养账房先生，案头工作的。父亲读书是我伯公交学费的，希望他能写书信，做生意。父亲在那里读了一两年。

伯公伯婆回来后没再去泰国。叔叔在东山中学毕业，上了广州美术专科学校。1945年台湾光复，国民政府接收台湾，需要一批教师，他去了台湾教书。我们这里被称为台属，其实我与他是没有密切联系的。父亲与伯公伯婆合不来，娶了母亲后，一年时间不到就没有在他们家里生活了。可能是政见不同，父亲是共产党，伯公是个传统绅士。父亲去到泰国一直没有与伯公家里人联系，到了我们这一代人就更没有联系了。我台湾的叔父叫杰盛。在台湾，他又被认为是共产党的亲属，因为我姑妈参加革命，所以被称为"匪属"。因此，叔叔每个月都要向台湾情报机关报告。他回来过几次，我去台湾也见到他。

土改时，因为新中国成立前二伯公婆已经回来了，我的满姑、杰叔都在家受教育。满姑参加了革命。土改时二伯公婆在家里，还没评成分时就当作地主对象被斗争。其实他们土地没有多少，就是放高利贷挣了点钱，很有身份，是乡绅，所以成为打击对象。准备评地主成分时，要分他的财产，其实就是家里有几件像样的家具；还被要求限期交出家里的金银，结果搞得威风扫地，想不开，受不了这个打击，二伯公伯婆两个人自杀了。那时候他们已经 70 多岁了。

叔父在读美专就已结婚，1947 年生了个女儿，比我小两岁，当时家里就四个人了，后来叔母也自杀了。这个小女孩那个时候五六岁样子，只好由我满姑把她带去。满姑参加革命，我姑丈是汕头地委宣传部长，大埔人，厦门大学毕业的。这个女儿十五六岁去大埔林场上班，嫁到大埔，现在高陂。她也去台湾认过父亲，叔父也回来过见她。我叔父说一些事情过去就过去了，不要给现在的人带来伤害。叔父瞒着他现在的老婆，瞒了好长一段时间。去年春节叔父在大埔，与女儿女婿开车上来南口，祭拜父母。叔母现在已经知道这件事了。以前回来时，叔父为瞒叔母，说自己的女儿是我满姑的女儿，让她叫自己舅舅。听说他女儿有人的时候叫他阿舅，没人时叫他阿爸！

六、开宣、开昌、天才家庭

1. 开宣。原在家里很穷，靠打短工过日子，在家娶何氏，生有二女，卖了一个，又买一子。后去南洋，具体哪里不知。但是出去不久后，与人有发生矛盾，被人烧死了。何氏在家耕田，在家很穷，土改时成为贫农团骨干。小女儿读书，20 世纪 50 年代就去读中专，当了护士。

2. 天才。天才有三个老婆，原配管氏，第二个何氏，第三个黄氏。黄氏纯粹是名分上的，听说是原来丈夫死了，娶过来后没有享受妻子的待遇，专门为天才家耕田的。原配管氏生有一女，没有儿子，就把天才兄弟开昌的儿子台华过继过来。天才小婆何氏，是搞商业的天才，在南口圩镇经营"星聚公司"。"星聚"为陈姓的堂号，星聚公司可能是族产，当初不知是谁的，后来这个公司属于他的了。

天才在新中国成立前一两年就去世了，土改时家里被评为地主，他老婆何氏当了地主婆，戴了二三十年地主婆的帽子，到改革开放才平反。据帮他管理帐簿的侄子利华说，到新中国成立前三年，已经经营非常困难了，周转不好了。土改的时候，加上土地不多，按道理不应该评为地主。但土改时评地主是每个村规定最少要评几个出来的。所以在我们那个村，相对而言，他是符合条件的。益昌村戴地主帽子才三四个，就是田多点、钱多点的人。何氏就是这样戴上地主婆帽子的。

天才过继来的儿子台华，十七八岁时曾去印尼做工，与当地姑娘谈恋爱，在外面的亲属写信回来告诉他母亲管氏。管氏当心娶了番婆一辈子不回来了，马上叫水客带他回来。回来后，台华分得一份财产另立门户。台华的意识比较超前，那个时候刚刚有公路不久，只有一二辆车，就敢开办运输公司，跑客车。土改时，他家里被评为民族资本家，也不是剥削阶级。他的身份是老板，后来公司合营，没有这个身份了，作为一般的职员。台华本人在新中国成立后就是改造对象，被迫从单位赶回老家，户口又迁回乡下，与管氏一起住，但小孩老婆潭氏在城里。文革时，有一个错案牵连到了他，被贫下中农拉去批斗。这个人过去有身份，受了这个辱，含冤而死，大概是 1968 年。他儿子 1965 年考到华师，后在南口中学退休。

何氏为天才生了五个儿子，两个女儿。何氏最得宠。20 世纪 60 年代被国民党特务利用，回来收集情报抓到坐牢，开满回泰国。

大儿子略华，是泰国华侨。略华在新中国成立前到泰国，住在清迈，大概六七十年代回来过一次。那个时候少有华侨回来，生产队里的人都没有见过他。但是后来听说他是国民党特务，被抓起来了。原来在泰国时，他被国民党收买了。一直到差不多改革开放时才刑满释放，又回到泰国清迈。家乡人知道这件事，泰国乡亲也知道。

二儿子正华。正华在新中国成立前娶妻生一子，就离家走了，不知到了哪里。后来才知道是到了香港。土改时家里评为地主，他也知道了。由于多年没有回家，后来他的老婆改嫁到外省。改革开放后，正华从香港回来，那时已经六七十岁了。因为遭受这么多挫折，人已经没有活力了，身体衰老，精神状态很木讷。他感觉很对不起自己儿子。实际这几十年在香港只做一个小小职员，一直没有帮助家里。后回香港不久他就去世了。

第三个是调华，曾参加革命，是离休干部，在番禺。

第四个申华，读书不认真，没有考到学堂，新中国成立初考中专。第五个向华，读书还可以，梅师毕业，后在华南师院毕业，最后在东中教书。两个女儿也是读书的，大女儿大行嫁，嫁在农村；小女儿读书出来工作了。

3. 开昌。没有去南洋，娶了两个老婆。原配是幸氏，生了利华，就是给天才理事的账房先生，还有个养女，读了点书，出嫁了。

第二个小婆，不知姓什么。小婆生了两个儿子，一个是台华，过继给管氏，他的经历，上文已有交待，此略。第二个叠华，大概是抗战年代考到黄埔军校，大概是 17 期。毕业后在湖北那边，娶了当地老婆。抗战胜利后退出军界，带回外来妻子与儿女，在南口中学当军事教官。胡琏[1]来的时候，因为他的身份与学历，叠华自然就站在胡琏一边。胡琏来之前已经第一次解放。胡琏来后，共产党退出，他就当了自卫队领导，南口就是他的了，当时是军管的。结果胡琏兵在南口才一个多月就走了。胡琏对他说，去台湾，给个连长当，但兵要自己招。结果他就通过各种关系把村里或亲戚子弟，能带的都带走了。前文提到的清华就是他带走的，崇华到了梅县就偷偷溜走了。还有开广的小儿子，叫才华，也同时带过去。到了台湾后，叠华在桃园县一个镇里兵役局当一个类似武装部长，并在那里退休。清华后来享有少校待遇。才华就惨了，一直是单身汉，后来神经有些失常，就失踪了。听说改革开放后，叠华因为眼睛不好，曾经回过香港或深圳，但一直没有回南口。

七、灼华等 5 个家庭

这一组五个家庭，信息比较简单。

---

① 胡琏（1907—1977 年），汉族，陕西华县人。黄埔军校四期毕业，属陈诚的土木系，国民党著名将领。他与胡宗南并称"二胡"。1949 年 7 月，在解放军南下大军追赶下，从江西进入广东兴宁，在石马镇稍事休整，接着进入梅县，9 月进入往潮汕地区。期间为了补充兵源，大量抓捕、诱惑青壮年男子从军。

1. 灼华。在家娶妻，大婆生有一女，后小婆林氏又生一子。生子后灼华到泰国，不知道做什么，但生前一直有侨汇。实际上是打了一份工，把节省下的钱都寄回来，也不多，但一直寄。灼华在外没娶老婆，60多岁病逝，由当地寺庙慈善机构办理后事，遗留有一点小财产，不多，也由慈善机构通过陈氏内宗带回家里。

2. 远华。在家娶妻，生一子，到泰国，没光景。早就去世了。

3. 海胜、运金没有去过南洋。海胜，是他母亲杨氏买的，新中国成立前当了兵，后来又转到解放军，后来在广州工作。他还有个养女，读过点书。运金，母亲是吴氏，有个养女，读了小学。

4. 宣华。也是到了泰国，家里没有老婆，到外面成了家，也没有回来过。他母亲还在家里，他母亲拿了一个女孩，当作自己女儿。后来这个女儿成家，嫁在本村陈氏，有了后代，也算有个交代。

5. 锦文。原来家里已经有小孩了，后与锡喜一起到缅甸，有避难性质，时间不长，1949左右回来，曾在中学小学都教过书。老婆叶氏，是耕田的。

最后，还有一个叫奕兴的人，这是花树下男人当中唯一在家里干活的。他从来没有出过门，也没有耕田，而是在家做苦力。苦力是指一些需要男人做的而又比较低贱的事，如抬棺材、抬轿等。一个社区基本固定有这么几个人做这些事，具有半职业性质，抬完后要给报酬。奕兴本人老实，娶老婆也比较迟，老婆为潘氏。潘氏没有生养，买了个养女，夫妇去世后，养女又回去原家了。

八、结语

通过个人生命史的角度，对花树下大部分华侨家庭或华侨本人的考察，可谓精彩纷呈。面对如此丰富的信息，笔者水平有限，一时很难将之拔到某个理论高度或视角，只是提出几点想法，以供探讨。

1. 侨乡人员的流动性与华侨身份的动态变化。花树下的个案显示，华侨身份是不断的变化的，这种变化源于他们生活空间的不断改变。侨居海外，这是华侨的最基本特征。长期侨居海外的人并不多，许多都往返，或者曾经定居在海外，后来又回国生活，从事其他行业，或者若干年后又出国生活。随着他们生活空间的变化，生计方式也随之改变。所以说，对许多人而言，他们华侨的身份是一个动态过程。这可能是晚清民国时期侨乡社会一个重要特征。

之所以呈现这种动态，从根本上讲，是因为侨乡的人不是移民，而是外出谋生。移民是以定居为目的，而谋生则以养家糊口为目的。文中多个案例都体现了这一点。如果不是新中国成立后政治局势的改变，相信这种状况依然会持续下去。

以往的研究多关注在侨乡社会人口向外流动的情况，并以移民史的角度来理解华侨的种种行为，并在此基础上建构出议题，如推力与拉力、移民社会网络、跨国行为等。但花树下个案显示，发现这种人员交流是相互的，如把子女送回家读书、结婚等等。甚至为了子嗣，不惜卖田筹钱，把丈夫从毛里求斯接回（如锡嘉的个案）。当然也有在外面无法生存而被迫返回的情况。

传统家庭伦理与经济因素，成为这些交流的诱因。家成为一切行为的出发点与目的。个人的生活是局部的，不配合"历史大趋势"而生活，甚至多数人不具有我们认为的"典型性"，可能正好相反。千万个家庭根据自身的处境与逻辑，作出自己的社会实践，才形成了侨乡社会面貌。

2. 侨乡的社会结构。侨乡并不是都是华侨，其人员组成结构与谋生的方式还有多种。这一点陈达在《南洋华侨与闽粤社会》里其实早已经指出。从大的地区层面上讲，一个被称为侨乡的地区，并不是每个地方都有华侨。如被视为侨区的粤东闽南地区，许多县就少有华侨。甚至我们可以说，侨乡的形成，也是地区"小传统"的结果。在我们考察的南口镇，是一个著名侨乡，几乎村村有华侨。但与南口镇相隔的兴宁市径南镇，从空间距离来讲并不远，但是基本没有赴南洋谋生的人。在访谈中，常常听到径南人用箩挑着孩子来南口卖的故事。

即使在小聚落，如本文考察的花树下，也并不是每家每户都有华侨。特别是随着民国时期社会的变化，新的谋生机会增加，许多人选择升学、从军、从政。这一点在本文有丰富的个案。另外，发达的华侨毕竟也是少数。他们带着为家里赚钱的目的外出，但最后自己在外生活潦倒的大有人在。所以从家庭层面来讲，需要谨慎的看待陈达先生的"华侨社区的生命线是南洋的批款"这个论断。

梅县南口侨乡妇女的生存状态：口述史的视角[①]

钟晋兰[②]

（嘉应学院客家研究院　梅州　514015）

一、前言

在已有的侨乡研究成果中，对侨乡妇女进行分析与探讨的研究成果屈指可数。笔者曾以粤东丰顺县留隍侨乡为中心，对该地妇女的生存状态与集体自杀的关系做过调查与分析，发现留隍侨乡传统妇女的生活状况让人十分同情，她们在经济上普遍贫困；在生产与家务劳动方面极度劳累；家庭与经济地位相当低下；在婚姻方面极度不自由，存在着多种形式的畸形婚姻；在家庭生活中家婆权力很大，年轻的媳妇常受到压迫。留隍侨乡传统妇女所处的这种生存状态是导致她们集体自杀的家庭与社会原因。

南口也是粤东梅州的一个知名侨乡，位于梅县西南部，距梅州市区大约 10 公里，总人口 7.5 万多人，是广东省唯一入选的一个"中国最美历史文化小镇"。其中侨乡村因为有众多历史悠久、保存完好的围龙屋，被谥为"中国最典型的围屋古村落"。历史上，南口乡民到印度、缅甸、印尼、马来亚等地谋生的非常多，形成了男子出洋谋生的传统。男子出番赚钱寄回南口，对乡民的生存与发展起着重要作用，也对南口的社会结构、妇女的生存与命运带来很大的影响。本文将从口述史的角度分析南口侨乡妇女的生存状态，期与丰顺留隍侨乡的妇女生存状态作一比较研究。

二、南口侨乡妇女群组图像

2014 年 6 月 2 日（星期日），笔者与夏远鸣老师一起在南口访谈了现年 81 岁的钟汉方先生。钟老是南口仙家村钟屋人，1934 年出生，一直住在南口，对当地的历史非常熟悉。

① 致谢：这篇文章的访谈是夏远鸣老师与我共同完成的，非常感谢夏远鸣老师与陪同访谈的陈干华老师的支持与帮助！同时也要特别感谢被访谈人钟汉方老先生！

② 作者简介：钟晋兰，嘉应学院客家研究院研究员，主要研究客家民俗、民间宗教、客家妇女与畲客族群关系等。

下文的 20 余位妇女的人生经历的简要介绍均根据钟老的口述整理。①

1. 投河而死的罗香妹

罗香妹是倔屋家人。据我阿婆（1957 年，85 岁时过世）讲，村中有三个童养媳，10 多岁的年纪，牵起手来一起去投河死，投河地点在一棵大榕树下，那里有深潭。

以前的童养媳买来配自己的儿子，不需要讨老婆。罗香妹"苦又苦不得"。做童养媳，很小就被抱来，未成婚前低人一等，吃咸菜喝粥汤，做要去做，家娘又打又骂。

罗香妹等投河一事很多人知道，别人也会说。三人都是 10 余岁的老婢。在当地，童养媳小时候又叫"老婢嫲"。地位都跟婢女一样，只是有配老公而已。

陈干华的母亲也是童养媳，婆婆也叫她"老婢嫲"。

2. 劳累病死的丘带起

丘带起是我母亲，饶上丘屋人。与我父亲是童养媳成婚。父亲 32 岁死去，生下三女一男，均由我母亲带大。

母亲靠挑担养家。起初开担到梅州，赚挑脚钱。挑的是米谷、黄豆、花生、盐、陶瓷等，天未亮就煮好饭吃，忙到晚上才能回到家。

后来母亲挑石灰到兴宁径新、官塘，那些地方打田、做屋都要用石灰，田里做肥料用。一般在农忙时耕田，农闲时挑担。因为过去挑担的人都是吃完饭就跑，因此母亲得了十二指肠溃疡，一吃饭就肚子肿大。但生病了也没钱看好的医生，而且也没条件休养。生了病还得像往常一样劳动。一次，在帮别人种地瓜时肠又鼓起来了，她怕别人知道，就用手把肠压下去，由于用力太大，压穿了肠。去看过医生，但一吃药就吐出来，3 天后就死了。那一年是 1945 年，母亲 45 岁，我 12 岁。

3. 钱娇妹

钱娇妹是韶关连州的"山瑶"。我阿公的小老婆，也是我阿婆。钱娇妹 17 岁时，阿公在连州做事，要回家了，因大老婆只生女儿，未生男孩，就把钱娇妹带回了家。到家后老受大婆气，因外地人不会做事情，大婆打她打得要死，把饭菜也锁了起来不给她吃。后来她才慢慢学会了客家话，也学会了干活。

钱娇妹生了三男两女，其中两个女儿送给别人养，没养大。大儿子没养到，二儿子 10 多岁读中学，好赌。十四五岁被钟阿三的阿婆骗去卖猪仔到马来西亚，钱也被钟阿三的阿婆拿起来了。后来曾来过一封信，就没声没息了。

大婆与阿婆一直一起住。大婆只生了两个女的。我从没见过大阿婆。

我阿婆靠耕田养家，但田地的产出远不够吃。母亲与二姐、三姐就一起去挑担补贴家用。主要挑到梅县，挑米豆去，挑油盐、陶瓷回来。挑担者一般都是"两头黑"，即天未亮就走，天黑后才能回到家。我大姐大我 6 岁，给别人养了。二姐大 4 岁，三姐大 2 岁。

小时候，我们一日二餐喝粥汤，一年到头都是这样。还要养鸡、鸭、猪，中午吃地瓜。很久才有一次饭吃，因此有饭吃时好欢喜①。当时的稀饭米少汤多，阿婆曾用一句话很形象地描述那稀饭："一盆一条浪，一嘬一条巷，咸菜头夹下打乒乓"。我从学校回家肚子饿，又没吃的，因胃痛只好躺床上，熬到过饥了又不想吃了。

阿婆靠看星星预计时间，按月分看星星，七歪八斜九倒十落。就烧火煮早饭，煮好就吃，吃完刚好挑担。二听鸡啼，一遍二遍。

4. 死在洞房花烛夜的潮州妹

潮州妹的名字不详，因是潮州来的细妹，故称她为潮州妹。是人贩子从潮州带来卖的。村中有个村民因跛脚在当地讨不到老婆，其阿婆就用 8 000 元买下来，在大年三十圆房，把两人关到同一间房。第二天打开门，潮州妹居然被掐死了。好靓的细妹呀。可惜了！跛脚的后来到广州做工，抗战时因兵工厂爆炸而死。潮州妹死掉了，因是被人贩子卖到此，也没外家帮她伸冤。

5. 精打细算的罗亚德

罗亚德是饶西人，我叫她伯姆。小时配来，老公夭死，她一直未嫁。买了个兴宁人做儿子，靠耕一点田与从大坪挑米来卖赚钱，把儿子养大。70 多岁才去世。

罗亚德非常善于精打细算，"麻子算成米"，口算非常厉害，做生意很精明，附近人都知道。上文提到集体自杀的罗香妹就是她的童养媳。因为罗亚德非常厉害，罗香妹受气不下就投水而死。

6. 烈属梁姆

梁姆的外家是窑上梁姓，家中原有家娘。家娘没老公，就走了。她一个人把儿子拉扯到大，没人帮忙。挑担两头黑，早上煮好粥，早上、中午都是儿子自己拿来吃，从儿子会走路时起就是这样。晚上她再回到家找儿子，儿子常常睡在大门后的角落里。由于她是弱房，没人帮忙。她的孩子就是这样带大的，后来读了书，当了土改干部。

其丈夫叫钟克平，原来是名理发师，很早就参加了共产党。1927 年被国民党捉走，在汕头时被捉至牢死掉。因此梁姆是烈属，在新中国成立后才过世。其媳妇今已 86 岁，在梅州市的华侨城居住。

7. 家境殷实的邹秀香

邹秀香的外家在窑上。是大行嫁嫁到家中的。与丈夫成婚后，家中所有钱都被公公霸住，一分钱都没有。公公有四个儿子，邹秀香的老公最大，不务正业，公公在平远开锅厂。三儿子到马来西亚。三子哑巴早死掉了。四子一起在平远锅厂。老婆病死，留下两个子，一个死去，一个被卖掉。

邹秀香的老公钟元琛从不帮老婆。公公把钱都拿来买田，佃给别人种，田租自己收，一点都不给儿子儿媳。邹秀香完全靠帮别人租田种与挑担养家。由于当地田少人多，稻田

---

① 据陈干华老师口述："（当地）一直到 1980 年还是三餐稀饭，我做父亲后，小孩一年级时才有稀饭配点干饭吃。番薯要几个月才有得吃。一直到分田到户时，粮食才比较充足。菜都是自己种的青菜，极少吃肉，这是普遍的生活境况。有钱人家可能会多捞点干饭，给人吃，稀饭有一部分分给猪吃，只要养猪都会煮稀饭。在稀饭中还要捞起米粒放回米缸，米水在炉子上加热 5 分钟，直接吃。三顿都这样煮。"

"奇货可居"，当时租田种一般都是对半开，收稻谷时地主守住谷，立刻平均分掉。到新中国成立后才减租，俗称"二五减租"，即收成的25%用于交租。

邹秀香农闲时则去挑担赚钱。公公虽然有钱，但很刁钻，一点财物都不给邹秀香。邹秀香的老公一直在锅厂做工，但锅厂的权力在父亲与弟弟手中，父亲偏心弟弟，因此没什么收入可帮家中。全家都靠邹秀香，邹秀香生了三子二女，一年得吃三个月的凉粉渣，即蕃芋渣。

陈干华：象邹秀香的老公这种人俗称"大O牙"，意即长大了还像小孩子一样，不会当家，会生孩子却不会养家。没本事。现在仍有这种人，又懒又没责任心。

8. 归侨蔡凤妹

河泗村人。嫁到钟屋，婚后才到毛里求斯。新中国成立前其夫死去，亲戚担心她另嫁人，断了家中香火，就让她回家。蔡凤妹带着二子一女从毛里求斯回来。其女钟兰英，已80多岁。

蔡凤英比较有钱，家中有田，靠耕田养家，抚育小孩长大。平常没去挑担。

9. 被丈夫逐回国的刘银英

刘银英为南口易昌村斧头山下人，婚后曾与老公住在泰国。被老公逐回家中。其夫是兴宁人，10多岁时常在南口打麦芽糖卖。刘银英的公公的孩子不到出生就流产死了，很希望能有孩子，刘银英之夫就在"讲笑讲笑"（即半开玩笑半是真）间到其家做儿子。后来斧头山下的亲戚带他去泰国做生意，刘银英生下一子一女后，由于夫妻感情不好，把刘银英逐回国。后来刘银英的老公只跟兴宁老家联系，不管刘银英母子三人。刘银英70多岁才去世。

10. 等郎妹管运娣

管运娣是河泗人，老公钟监生是她背着长大的，也不知道两人差几岁，至少有五六岁。她没见过家公，家娘只生了儿子钟监生。在钟监生还很小时，就买了管运娣来带这个儿子。待他长大后就娶了给管运娣。但婚后钟监生嫌她太老，就到梅州刻印章，在外面老婆讨了一个又一个，老是赌钱，输了就卖田，卖完田后就与管运娣分开，各自过日子。管运娣只生了一个儿子，自己带着儿子过，老公也不管她。

钟监生后面又讨了老婆，曾带回家，又离掉了。有一年因赌输了逃跑，躲到了汕头。其小婆没地方住，就回到南口与管运娣一起住。钟监生直到新中国成立后好些年了才把小婆与儿子带到汕头。管运娣生的儿子也一起去了汕头。她自己则留了一个女儿带在身边。

到1950年代，管运娣的儿子从汕头到海南岛当知青，以后就在海南工作建铁路。后来要讨老婆了回到家。管运娣逼他与养女结婚，儿子不同意，她就扬言"若不与她结婚，我就撞死"。儿子没办法只好与这个养女成亲。后来一家都到海南岛生活，夫妻感情很不好，但也生儿育女，凑合过一辈子。

管运娣在新中国成立后，大约70岁时过世。

11. 晚年幸福的刘贵妹

刘贵妹是叶屋人，其夫为叶松生。叶松生一生赌博过日，赌到没钱了就到汕头躲债。

一个龙塘的债主带了一帮人来叶屋挑叶松生的家，牵狗的牵狗，背锅的背锅。刘贵妹坐在门口痛哭。赌到连房子都卖给刘离旺，只留下一杠屋供自家居住。新中国成立后叶松生才从汕头回来，回到家连屋子也没了。

因叶松生无生育能力，刘贵妹就领了一个女孩来养，靠耕田养家。女孩长大后招婿，招了一个管姓青年，改名叶福全。叶福全在南口中学当老师，后来把曾卖掉的房屋（房子已倒，只剩屋基）买回来了，盖了一栋房子。叶福全生有三个儿子，一个在省司法厅，一个在部队，一个在。目前生活很好。

12. 被家人处死的钟妹

钟妹的名字忘了，她是我本村人，是个哑巴。嫁到了管屋，生了两个儿子。因烧火做饭把房子大部分都烧掉了，家里人非常恨她，老公就把她弄死了。怎么弄死的不知道。钟妹的娘家人不管，无人替她申冤。这是新中国成立前的事。钟妹所生儿子一个已死去，一个仍然健在。

其夫新中国成立前又讨了一个，后妻生有儿子与女儿。

13. 一生未嫁的钟进许

钟进许是钟屋人，现年 81 岁，一生未嫁人。她在与钟屋相邻的李屋做童养媳。李家是富农，养了很多童养媳。钟进许比其他童养媳要呆笨些，但其他都很正常，只是在人生中没有结婚的机遇因此一直未婚。因没有成家，现在南口的养老院。

14. 一生挑担的张见妹

她从河泗张家嫁到钟屋。夫家很穷，老公是买来的，靠赌博、刺黄鳝过日子。张见妹生了三子一女，非常辛苦。一生挑担，并种"白写田"，即租田种过日。

15. 想杀夫反被丈夫杀的阿兴母亲

阿兴的父亲天天赌，母亲天天挑担。想着迟早全家都会被赌光，阿兴母亲晚上就拿了把菜刀，想把丈夫杀了。可是被丈夫发现，反被丈夫杀了。因她是小姓，潘家是大姓，夫家把她埋掉了一阵后才告诉她娘家。阿兴的老婆今年 71 岁，前两天才过世。

16. 曾发花癫的罗仙云

娘家在窑上。大行嫁嫁到此地。婚后怀孕时丈夫就去了印度尼西亚。后来生下了女儿，丈夫因为赚不到钱就没接她出去。罗仙云没丈夫帮忙，想丈夫想得发癫，旁人都以为她是有鬼神附身。后来看她会脱衣裤才知她是发花癫。后被一仙姑嫲医好，再未复发。罗仙云后来还买了一个儿子，把一子一女养大成人。1950 年代，曾有一段时间到一七九医院院长家带小孩子。现已过世。

17. 归侨罗亚常

窑西人，印度尼西亚回来的。老公死了，她只好带着小孩子回到中国。她有三男二女，靠耕田为业，养活全家。三个儿子均出去了，一个在印尼，两个在广州工作。

18. 丈夫一去不回的赖样妹

赖样妹尚未生孩子，老公就到马来西亚，并且一直未回来。老公走后不久，赖样妹生了一个儿子。犯上了哮喘病。儿子在国民党招兵时招到了台湾，此后没有音讯。赖样妹外家的侄子与她一起住。在赖样妹死后，侄子回到了窑西。

19. 夫去子死的管富招

管富招的老公前妻生有一儿子，管富招也生了一个儿子。老公后来到马来西亚一直没有消息。管富招没办法，就把前妻的儿子卖到了江西。自己的儿子则犯破伤风死了。

新中国成立前，管富招就到广州帮人做保姆。卖到江西的儿子后来有来信，并回到南口，但管富招的亲房不好，未接洽。此后儿子再没回来。整个家庭就破败了。

20. 唐山婆丘伍华

丘伍华是窑上丘姓的童养媳，娘家在黄屋人。孩子尚未出世，丈夫就去了印尼。在印尼另外讨了一个老婆。丘伍华没有再嫁，靠种点田养家。近 90 岁才去世。其子偶尔会去印尼，一般一年一次。家中有两个孙子。

21. 古伯姆

古伯姆很老了，生有一子，一生靠挑担为生。管运娣就是她媳妇。死前如果很难断气，会拿刀嫲放在床下。南口一阿婆一生挑担，五次挑担到江西，来回半个月。挑盐上去，盐卖完再挑黄豆、米到梅县。这阿婆后来活到一百多岁。据说挑担人的生命力很顽强，死前很难断气。古伯姆快要断气时还在厅里骂人。

三、南口侨乡妇女生活状况分析

根据前文口述的 21 位当地妇女的简要人生历史勾勒，我们可以进一步对其婚姻形式、丈夫的谋生地与职业、妇女的生计方式、命运与结局作一分析，以了解当地侨乡妇女的生存状态。

（一）当地妇女的婚姻形式

21 位妇女的婚姻形式包括大行嫁、童养媳、等郎妹、妾（即一夫多妻）、两头家等。

1. 大行嫁。包括邹秀香、蔡凤妹、罗仙云。大行嫁的家庭即使不是富裕之家也是殷实之家，如邹秀香的夫家在平远开锅厂，家中陆续置有不少田地租给别人种。罗仙云与蔡凤妹的夫家经济被访谈人未提及。但从蔡凤妹婚后与丈夫一起出国，夫死回国有自家田耕种，不需籍挑担赚钱来养家，家境也属比较好的。

2. 童养媳。包括罗香妹、丘带起、罗亚德、钟进许等。其中罗香妹为尚未成婚的童养媳；钟进许则为一生未婚的童养媳。

3. 等郎妹。包括管运娣等。管运娣的丈夫是她背着长大的，婚后其夫嫌她太老，"在外面老婆讨了一个又一个"，老是赌钱，输得把田都卖光后就与管运娣分开过了，再也不管她。可以说管运娣的婚姻生活是与幸福丝毫不沾边的。

4. 妾（即一夫多妻）。钱娇妹是连州的瑶族人，其夫因家中老婆生的都是女儿，就在连州做事时把她带回做小老婆。在家受尽大婆气，因不会做事情被"打得要死"，"不给她吃"。"后来慢慢学会了客家话，也学会了干活"。可见其在家中的地位是相当低下的。

5. 两头家。丘伍华的丈夫在孩子尚未面世就去了印尼，并在印尼另外讨了一个老婆。她没再嫁，直到 90 多岁才死去。

6. 买卖婚。潮州妹长得很漂亮，被人贩子从潮州带来卖给一个跛脚的村民的，大年三十圆房时被掐死了。被掐死的原因不详，推测应该是拒绝同房，不愿嫁给这个跛脚男。

而梁姆、刘银英、刘贵妹、钟妹、阿兴的母亲、罗亚常、赖样妹、管富招、古伯姆、张见妹等的婚姻形式还需进一步访谈与核实。

陈干华老师曾对同在南口的易昌村民的婚姻形式及家庭稳定性作过调查，当时 85 岁以上的男性娶妻，有三分之二为童养媳①，可见童养媳婚占比例很高。"两头家"与"娶番婆"是侨乡的特殊婚姻形式，在南口侨乡也非常普遍，据对 19 名南口陈氏出洋的族人的调查，有 11 人在外娶番婆，占比超过一半。这 11 人中又有 5 人是在家乡娶妻后到海外再娶番婆。有首山歌反映了在家的唐山婆对这种婚姻的无奈与不满："筷子拿来打铜锣，过番老公当过么。么钱就话转唔得，有钱又讲娶番婆"。②

（二）按丈夫在本地或到国外、侨与非侨

21 位妇女中，丈夫不详的包括：罗香妹尚未成婚、罗亚德的丈夫夭折、钟进许虽为童养媳却因呆笨一生未婚；古伯姆的婚姻不详。

访谈的 21 位妇女中，有多名妇女的丈夫是在国内谋生，如丘带起那 32 岁就死去了的丈夫；钱娇妹的丈夫曾在连州做事；梁姆的丈夫先为理发师，后参加共产党被国民党关进牢中死去；邹秀香的丈夫在国内，与兄弟父亲一起经营平远的锅厂；管运娣的丈夫刻印章；刘贵妹的丈夫在本地，职业不详，好赌；钟妹的丈夫在本地；张见妹的丈夫在本地，一生好赌，靠赌博与刺黄鳝度日；阿兴母亲的丈夫在本地。其中多名妇女嫁的丈夫好赌。

丈夫是华侨或是婚后到国外谋生的包括：蔡凤妹嫁毛里求斯华侨；刘银英与丈夫婚后一起到泰国，但被逐回国；罗仙云、罗亚常、赖样妹、丘伍华的丈夫在印尼。罗亚常与丈夫一起在印尼，但后来丈夫死了只得带小孩子回国。管富招的丈夫则在马来西亚。由此可见这些妇女的丈夫都在东南亚一带谋生。

（三）按经济的好坏及其生计方式

21 名妇女所在家庭有的比较殷实，家中买有田地，靠耕田养家；有的只有一小块地，除了耕田还得在农闲时挑担赚钱；有的没有田地只得租别人的地种，并在农闲时挑担；也有去做保姆的。大部分家庭生活困难，这可能是罗香妹选择自杀的原因之一。而丘带起得了肠溃疡却没钱医治以致病死，可见经济之拮据。

1. 挑担：梁姆、阿兴的母亲与古伯姆均靠挑担养家。

① 陈干华：《客家农村婚姻家庭稳定性的比较研究——以梅县南口益昌村的调查为例》，《客家研究辑刊》2003 年第 1 期，第 66 页。
② 周建新：《粤东侨乡的社会结构与文化变迁——以梅县南口墟为例》，《客家研究辑刊》2004 年第 2 期，第 59 页。

2. 耕田与挑担：钱娇妹、罗亚德、丘带起与张见妹均靠耕田与挑担养家。邹秀香虽然嫁入的家庭有钱，但由于公公的偏心、丈夫的窝囊，家中也是完全靠帮她别人租田种与挑担支撑。

3. 靠耕田：蔡凤妹与罗亚常均属归侨，经济条件比较好，靠耕田养家，无需挑担。丘伍华与刘贵妹也是靠耕田养家。

4. 当保姆：管富招靠在广州做保姆为生。

5. 经济状况不详：刘银英从泰国被逐回，经济如何不详。赖样妹的丈夫在印尼死去，经济如何不详。管运娣的丈夫不管她，在外面几度讨小老婆，经济如何亦不详。钟妹与罗仙云亦不详。

在南口侨乡，男的大多出洋，即使在家乡也大多出去做生意、从事手工业或其他，耕田的极少，男的挑担的更少。耕田与挑担大多由妇女来完成。钱娇妹、管运娣、张见妹与刘银英等均挑担到江西。陈干华的母亲也曾挑去江西，12 天来回，休息 3 天。钟汉方所在生产队有 6—7 人挑到过江西。侨乡的妇女由于男人不在家，大多"靠一条扁担两个箩筐，从事乡与乡之间的短途货运，靠出卖劳动力换取几个小钱养家糊口"，有的侨村成为当地出名的"挑担村"，如梅县城东谢田村，全村十有八九户有海外关系，20 世纪 40 年代初，由于日本占据东南亚，侨汇断绝，在家妇女靠挑担，从本村煤矿挑煤到梅城，有的到潮汕等地区挑盐到江西寻邬去换米，有的妇女一直挑到 70 多岁挑不动了为止。[①] 梅州的经济与文化有其地域性，如梅县男的做生意与教书，五华打石、撑船、打铁，兴宁 Gao 糖做小生意。因此有句顺口溜：无兴做不成，无梅讲不成，无长（乐）打不成。

（四）结局

前述 21 名妇女的结局如何？其死亡方式包括自杀、被杀、病死、终老等几种。

1. 自杀：作为童养媳的罗香妹被"家娘又打又骂"，整天吃咸菜喝粥汤，受不了这种苦，与其他两个童养媳一起去投河而死。

2. 病死：丘带起因得了十二指肠溃疡没钱医治，45 岁时又累又病而死。

3. 被杀：潮州妹新婚之夜被掐死。哑巴钟妹因做饭火烧房子被丈夫"弄死"。阿兴的母亲则因丈夫好赌卖田想杀丈夫反被夫杀。

4. 终老：罗亚德、刘银英、管运娣均 70 多岁才去世。钟进许在敬老院已 80 多岁仍健在。丘伍华近 90 岁。梁姆、罗仙云应该是终老。而邹秀香、蔡凤妹、刘贵妹、罗亚常、赖样妹、管富招、古伯姆、张见妹等报告人未提及，尚需进一步核实。可能大部分是终老，因无特别之处未提及。

四、结语

在南口侨乡的访谈表明，当地妇女的生活状况与留隍侨乡妇女非常相近，如她们在经

---

① 李小燕：《客家地区挑担业述略》，《客家研究辑刊》2004 年第 2 期，第 110 页。

济上普遍贫困，大多靠挑担与租田耕种谋生；少数侨眷因有侨汇扶助在家中买有田，靠耕田支撑家庭。大多妇女在生产与家务劳动方面极度劳累，从早忙到晚，有的甚至生了重病仍在田中劳作，最后又病又累而死；家庭与经济地位相当低下，有的忍受不了贫穷低贱生活而自杀，也有的因做错事而被杀；在婚姻方面同样存在着多种形式的畸形婚姻，有女子因反抗买卖婚而被掐死。通过南口侨乡与留隍侨乡妇女口述历史表明：粤东侨乡妇女生活状况可能普遍与上述类似。

海南侨乡之风情

唐若玲

（海南师范大学　海口　571158）

【摘　要】海南是中国传统侨乡，海南侨乡经济社会的发展，无论是建筑、饮食，还是人的行为、思想，都深深打上了"侨"的烙印，形成独特的侨乡风情。

【关键字】海南；下南洋；华侨；侨乡

海南是中国传统侨乡。在 20 世纪的很长时间里，"女人不下南洋"是下南洋之海南人约定俗成的"乡规"。未成家的，下南洋赚到结婚本钱，回家成亲，再决定去留；已成家的，下南洋赚钱，有所积蓄便回家探亲。由于这个特点，使得下南洋之海南人与故乡之间保持着密切的关系。随着下南洋海南人的日益增多，这种密切关系导致海南社会深深打上南洋的痕迹，形成别具一格的侨乡风情。

一、民风乡俗

（一）具有南洋风格的民居建筑

海南传统民居，一般为庭院式布局，由正屋（主屋）、横屋山、围墙、门楼组成。正屋是最高建筑物，正屋一般是四房一厅，石灰砖木结构，双屋瓦顶，水泥地板。

"正屋正厅"是父权宗法制的象征，是供奉祖先灵位、祭拜祖先、接待客人、老人仙逝的地方。按习俗，在正厅里逝世，魂魄才能参祖归宗，所谓"寿终正寝"。许多耄耋之年的华侨回乡安度晚年，为的就是能寿终正寝。

海南人历尽艰辛下南洋谋生，其目的无非为二：一是挣钱养家糊口，二是发财光宗耀祖。因此，相对于没有人下南洋的家庭而言，侨眷们的日子总要好过些。这种好过，表现在日常生活中，其一为侨眷们每当逢年过节，都会收到数目不等的汇款，而这些汇款对于日出而作、日落而息的农耕家庭收入来说，是一笔可观的财富。因此侨眷们的生活水平一般都居普通民众之上。其二为家中如有修房子、置业等大开销，一般也由侨汇资助。所以在侨乡，侨眷家的房屋往往总是村子里头最好的，不但盖房子的建筑材料好（经济条件好的华侨都从泰国或越南运回柚木，从新加坡马来亚运回钢筋水泥等作为建筑材料），而且要比一般房子高大，显得富丽堂皇、鹤立鸡群。有的建筑在继承传统建筑风格的基础上，还吸收了南洋或西洋风格，形成别具一格的侨乡建筑。如文昌市坐落于文城镇清澜办事处冠南乡"王兆松祖居"。该建筑建于1935年，建筑所需材料如地砖、门窗、水泥等都是从马来亚运回的。整个建筑建有三进正屋，周围有围墙，有走廊，占地有2 000平方米，富丽堂皇，是典型的西洋风格与传统风格相结合建筑。该建筑历尽沧桑，至今保持完好。

坐落于东阁镇天伦村的韩家宅院，由旅泰华侨韩钦准始建于1936年，历经两年建成。韩家宅院坐北朝南，规模宏大，占地1 300多平方米，建设面积990平方米。韩家宅建筑基本上沿用海南传统的单纵轴线多进式布局，四周设有高大院墙围护，南面左侧开一硬山顶门楼，进门处设有一影壁墙。院内左侧依纵轴线布列有四进硬山顶一明两暗的正室，四进房屋相隔的是间为三个天井；二、三进正室的天井东侧建有砖混结构西式两层纳凉楼，造型别致小巧，颇具清新自然风格。四进正室的西侧为一座贯通南北的带有长廊的横室，设有八间廊室，硬山顶屋顶，砖木瓦结构。韩家宅院的建筑，主要建筑体现出海南地方建筑的特色和风格，同时也把西洋的建筑元素融会贯通，结合于一体，尤其在建筑装饰艺术和手法上的丰富表现，达到相当高的水平。韩家宅院在建筑风格上体现了传统文化和西洋文化的完美结合，是一座颇具海南地方特色的侨乡民居，现属海南省级重点文物保护单位。

即使是盖传统民居，侨资所建的房子也会比一般的房子来得高大、宽敞。位于会文镇"十八行"村的建筑即如此。清末民初年间，该村有人远渡重洋，去番谋生。到了20世纪二三十年代，出洋谋生的人更多了，家家户户都有人出洋。他们出洋赚钱，回乡建造房子。建房子所需的木料均为从泰国或越南运回的柚木（俗称"黑盐"，此木材质坚硬，经久耐用，是侨乡民众建房子或做家具首选之木料。——笔者）、石脂、干青等好木料。所建的房子都是多进式的传统老宅，其总体布局独具匠心，以村头北面为建筑发端，向村内南面呈扇形延伸扩展，因为总共有十八行，村名就叫"十八行"村。这个村子里的房子都是平房，且结构高度基本一致，村里若有房子老旧需要翻新时，房屋主人也会遵照这个不成文的规定，按原样复建，因此整个村子建筑显得格外整齐划一。

位于文城镇迈号办事处下山陈村，乡侨陈行佩在南洋经营侨批局赚钱后，回乡为村中兄弟建成16进高大亮堂的传统民居，并配有庑廊、门楼和围城，形成一个大建筑群，蔚为壮观。

在琼海市，坐落于琼海市博鳌镇留客村蔡家大宅，建于1934年，是侨居印尼的富商蔡家森兄弟四人共同建造的一个建筑群落。全宅院为砖、瓦、木、水泥钢筋混合结构，是一座庞大而完整的二层三厅四合楼房建筑，外观酷似城堡。院墙和柱子均采用固若金汤但耗砖量巨大的青砖"双墟"砌法。宅院厅堂三进，高达8米的大厅堂为典型罕见的跃层厅堂，需爬两层楼梯上二楼才能烧香祭祖。厅堂地板皆铺设地毯式彩色花纹地砖，堂中多摆设雕工精美用料昂贵的中式太师椅、八仙桌和南洋古灯饰等古典家具。堂两侧有横廊楼阁多间（楼梯间和横廊角落里都留有防御盗匪用的枪眼），四周有厨房、柴房、卫生间、浴室、猪舍等，布列有序、层次分明。楼上楼下共有 50 间房，5 座楼梯，80 多扇门和 104 个大小窗户，院墙、门窗以及廊道栏杆上绘有红黄绿三色彩绘。这座大院的一大特色，是用钢筋水泥浇筑的走廊把整幢屋宇联成一个环形结构，从而使宅院四通八达，上下连通，堂屋、横屋以及前后井庭相互环抱，即使遇上雨天，宅中人也可以足不湿鞋地走遍宅院内的每一个角落。如此紧密衔接的环廊具有挡风、遮光、避雨的多重功能，因此一年四季，大宅内清爽宜人，和煦如春。宅院的大屋、走廊用钢筋水泥浇筑，而廊柱则用青砖垒筑，屋顶全用青瓦铺叠；大屋的前檐既有中国古钱币图案和古宫灯雕塑装饰，又有西方的立体花盘和古罗马人头像雕塑；屋脊末端，既保留海南民居屋宇象征吉祥的"蛟头鸥尾"，又大胆使用西方与伊斯兰教的方、圆、弧线变化图案并糅合花筒其间，使整个屋顶别具一格，美观大方。整个建筑既保留了传统的建筑特点，又吸收了外来的建筑元素，是典型的中西合璧宅院。

这座大宅被誉为"海南侨乡第一宅"，不仅是海南和琼海省市两级文物保护单位，也是全国重点文物保护单位。

坐落在博鳌镇古调村的覃家宅院，也是一处有名的华侨建筑，是在 20 世纪 20 年代，由旅居马来亚的琼侨覃世琼、覃世炎两兄弟所建。覃家宅院总平面呈正方形，从外面看，规模宏大，气宇昂扬；进院里看，布局周正，结构严谨。大院的四间"堂"按"口"形排成正方形，这是琼海民居中的一种崭新布局形式，它的优点在于以两列纵进，能有更大的空间布局，且便于生活，视觉上也美观大方。在堂的右边，排列着九间横屋。"九"为阳数之最，以"四堂九座横屋"张扬覃家富足尊贵。为了防御匪盗，覃家建成封闭式大院，头门两侧各有一个枪眼，屋顶还建楼房，用于非常时期观察院外动静。覃家大院以中国传统砖木建筑为主，正厅中的神龛、太师椅等全用优质木料制成，工艺精良，别具一格。四周走廊的天花板则用钢筋水泥结构而成，呈现东南亚建筑风格。

坐落于中原镇仙寨村的王家宅院也是有名的华侨建筑。王家宅院建于 1927 年，为马来西琼侨王业珍所建。整个建筑占地面积 980 平方米，头门是个小楼阁，构造玲珑精致。头门对着厅堂大门，楼阁下设置了一道屏风，头门一开，外边的视线不能直接观察到院内的活动，保护了居家的私密性。大院的主体是一列三堂纵进结构，称为前堂、中堂、后堂。前堂是接待客人和宴请朋友的礼仪场所，王家把它建得高贵雅致，可称得上"大雅之堂"。中堂与前后相通，光线明亮，通风透气，给大院增添了和谐、轻松、愉快的氛围。王家的中堂与前堂、后堂均衡，这为民俗学上中庸和谐、不偏不倚的表现。后堂是大院最主要的部分，这里不仅是祭祀祖宗神灵的场所，也是长辈或主人居住的地方。神龛前面摆放八仙桌，左右两侧摆设太师椅和罗汉床，这些桌椅和床都雕刻上象征吉祥如意内容的图案。堂厅的东侧是砖木建筑的横屋和钢筋水泥结构的具有南洋风格的平顶横廊。横屋与堂厅之间留着窄小胡同，是仆人和女人的通道，体现了家族森严的戒律。该建筑之木料和钢筋水泥都是从南洋运回来的。当时由于海上交通运输不便，为建造大院备料用了整整三年时间。

坐落于万泉河畔石角边沟村的"资政第"，是 20 世纪初旅居新加坡的琼侨王绍经，安排长子王先树回乡所建，总占地面积 5 亩，由三间青砖大瓦房和两行横廊及四面围墙环抱而成。围墙上筑有枪眼，大门前设有牌楼，楼门上挂有清朝御赐牌匾"资政第"（王绍经被清政府赐封为资政大夫）。按海南老辈的说法，王宅的整体布局应该归结为海南民居中的"同字吊球"类的建筑风格。进入王宅，首先要跨过门楼。高高竖起的阁楼，就是所谓的"吊球"，寓意该宅主人吉星高照、事业高升。而其主屋、横屋的格局，则类似于"同"字字型的核心和外围部分。三进主屋为三开间，居中的一间是堂厅，为主人一家主要的公共活动场所。屋中的壁橱、门檐、窗棂等均用上好木料精雕细刻而成，雕刻的内容丰富多彩，有山水人物、花鸟草虫、碧海祥云等，古色古香。岁月的流逝，仍挡不住王家宅院曾经的辉煌。

坐落于海口市美兰区三江镇三江村委会罗悟村的林鸿高围楼，是海口市有名的华侨建筑。该建筑是旅泰琼侨林鸿高为纪念乡情，教育子女不忘祖宗于 1922 年修建的。该建筑为回廊式钢筋水泥结构，长 61.5 米，宽 30 米，建筑占地面积 1 845 平方米。大楼坐北朝南，共有两层，原设计有 72 个房间，后经陆续改造，现存有 34 个房间，东西房间对称，南北有院子，气势恢弘。

除民居外，海南侨乡的乡镇建设中，也处处体现着南洋建筑的风格。如 20 世纪 20 年代文昌县城（今文昌市文城）改造时，建有便民街（今文南路）、三角街、竹行街、树东街（今称沿江街）和两个小码头。房屋 680 间，其中楼房 108 幢，最高楼房为 3 层 13 幢，房屋多为两层楼，砖木结构，混凝土结构仅占 11%，这些街道和铺宇多都是华侨集资兴建的。这些具有南洋风格的骑楼，吸纳南洋热带地区遮阳避雨的骑楼建筑形态，其柱廊敞廊、尖顶、雕花门窗和百叶窗，在南洋风格中融进欧洲装饰元素，成为文昌侨乡城建街区的一大建筑特色。文南街是当时最繁华的商贸之地，至今日仍然是一条热闹非凡的商业街，在这条街上的小店，楼下卖货，楼上住人。小店的主人是祖辈下南洋赚钱回来盖的南洋风格的骑楼，给文南街增添秀色。

文昌市铺前镇老街现在叫胜利街，始建于 1895 年，1903 年重新规划，1927 年初具规模，那正是下南洋之文昌商人事业成功，纷纷回乡建屋立业的时期。胜利街长约 400 米，呈 S 型，两旁建筑是清一色的南洋骑楼，充满异国风情，其造型秀丽，风格优雅，线条纤细柔和，呈现出洛可可风格的繁复和精美。骑楼是我国海南、广东、广西、福建等沿海侨乡特有的南洋风情建筑，都是当年华侨从南洋返乡所建，一栋饱尝岁月沧桑的骑楼浓缩了那个年代的历史烙印。此外，在文昌白延、会文、清澜、文教等乡镇建设中，也有相当建筑带有明显的南洋风格。

1924 年海口拆城扩建后的中山路、博爱路、得胜沙路、新民路等老街，其建筑都是带有南洋风格的骑楼。街道和建筑平面布局承袭中国古代城市格式。即前店后宅或下店上宅形式。临街建筑底层为宽 2—4 米的骑楼，不仅可作为人行通道，还可遮阳避雨；上层为敞廊式住房，楼面多为藻红砖或林板铺设，楼顶以木梁、桁条、青瓦铺筑。临街立面为连续梁柱子式或卷柱式柱廊，女儿墙以西方文艺复兴、巴洛克及阿拉伯、印度装饰风格为主，表面装饰纹样有植物花卉及螺旋形图案，用砖雕及彩瓷装饰，也有传统如意纹及宝瓶式瓷栏杆。这些大部分是琼侨投资兴建的经商楼房。

（二）深受南洋影响的餐饮方式

在海南侨乡，人们的日常生活习惯中，受南洋影响的痕迹非常明显。自从琼侨何麟书从马来亚引进咖啡种子试种成功后，喝咖啡是侨乡许多人生活中不可缺少的组成部分。田曙岚在其所著的《海南岛旅行记》中说到，海南岛"东北一带住民，喜饮咖啡、红茶，有欧、美之风。"他在骑自行车旅行时，途中口渴，常饮咖啡止渴。其在潭口，路途口渴，"乃偕入咖啡馆，各尽一盅；计其值，不过铜元 14 枚而已。回忆在北平、上海等处，以吃咖啡为较有资产阶级之色彩；而在此间却极平常之至，语云：'物以少为贵'，信然。"在仙沟镇，也有饮咖啡的记载。①

1936 年学者王兴瑞在《海南岛民俗志》中也说到"南洋一带之华侨，尤有饮咖啡之风，习俗所染，内地亦交相竞效，于是茶馆应运而生，市镇之所，茶肆少者三数间，多则十余间。当墟日，茶楼常座上客满，地无空隙，肩摩背接，熙熙攘攘。茶有时茶、龙井、菊花……有西茶，如咖啡、牛乳、红茶、咯咕……之类。食物有大包、小包、鸡蛋粒……之类。顾客目的皆在饱食，就坐片刻，饱后遂散，毫无'饮茶艺术'可言。"②

因此在侨乡，茶和咖啡是具有特色的饮品。在 20 世纪很长一段时间里，侨乡人称"茶"其实分甜茶（阿华田、美禄、麦乳精、炼乳等）和清茶（以茶叶制成之茶）两种。在物质匮乏的年代，只有在待客或春节时才有甜茶饮用。而甜茶一般都是从南洋或港澳地区捎回的。

侨乡人们除一般的喝咖啡习惯外，部分人还有喝"咖啡黑"（不添加牛奶或炼乳或咖啡伴侣，甚至不放糖，即为没有添加剂的纯咖啡）和"咖啡二"（即冲第二遍以上的咖啡）的习惯。与喝咖啡相关的食品如炼乳、糕点也甚为流行。喝着一杯伴着炼乳的咖啡，配以各式各样的糕点（也称西点、西饼），与几个朋友谈天说地，那是非常惬意的事情。侨乡的咖啡店、茶店（亦售咖啡）遍布城乡，从装横高雅的星级酒店到设备简陋的夫妻店、父子店、兄妹店，都有咖啡的影子。到咖啡店喝咖啡、饮茶，男女老少皆有，是侨乡人们休闲歇息，交友联谊，互通信息的一种生活方式。

侨乡人们不但喝咖啡，也种咖啡、加工咖啡。在侨乡，房前屋后，都能看到数量不等的咖啡树坐落其中。普通的老百姓也懂得烘焙咖啡的方法，因此，侨乡许多人喝的咖啡一部分是自产自销的。

如今，作为产业化的海南咖啡，最负盛名的，一是兴隆华侨农场出产的兴隆咖啡，二是澄迈县福山地区出产的福山咖啡。经过兴隆人的努力研制，兴隆咖啡浓香醇和，沁人心脾。如今兴隆农场不但拥有中国一流的咖啡科研、种植、管理和炒制技术，而且开发了大

---

① 田曙岚：《海南岛旅行记》，海南出版社，2011 年版，第 13、15、33、38、43、161 页。
② 海南省文化历史研究会主编：《岑家梧学术论文选》，长征出版社，2011 年版，第 210 页。

量咖啡系列食品：咖啡糖、咖啡软糕、咖啡薄饼……，已经成为兴隆农场的一大产业。

在菜肴方面，在东南亚流行的咖喱，也是侨乡人们喜爱之一。咖喱鸡、咖喱排骨、咖喱芋头……众多咖喱食谱，为侨乡人们所熟悉。在兴隆，咖喱系列菜肴更为闻名遐迩。

在糕点、小吃方面，具有南洋风格的九层糕、木薯糕、千孔糕、椰甜酥饼、咖喱粽、糯米香条……为侨乡人们所熟悉。在兴隆，更有上百种东南亚风味的小吃，以新鲜、天然、奇特、清香吸引八方来客。坐在兴隆充满热带风情的茶店，喝着香浓醇和的兴隆咖啡，就着新鲜清香的九层糕，会让人产生此时为何处的疑惑，此处还是海南吗？莫不到了东南亚？！

海南侨乡小吃众多，有些小吃与下南洋的活动有密切联系。在侨乡，有一种小吃叫苙。苙一般用椰子叶或野菠萝叶（去刺后）编织成长方形或各种动物形状，放入大米，蒸煮而成。因其容易携带且不易变质，当年闯南洋的海南人出门时，都会带上数量不等的苙和几枚咸鸭蛋或几块咸鱼，聊以充饥。如今在琼海，每当南洋客回乡，亲戚都会做苙前往祝贺。在琼海方言中，苙与叻币（新加坡币）之"叻"谐音，而下南洋之琼海人又以侨居新加坡居多，因此，送苙寓意着富有。琼海人吃苙也有一番讲究，即不能用刀将苙切成块，而是要把椰子叶一条一条地抽开，就像给绑紧的大米松绑一样。琼海人把剥苙壳叫做"拷宽"，表示手头钱财宽裕之意。人们千艰万苦下南洋，无非是了为圆发财的梦想。苙给南洋客"拷宽"，意为祝愿闯南洋之人无论以前过的是多么窘迫的日子，经过"拷宽"后，手头的钱财就会变得宽裕而富有起来。

在文昌，锦山牛肉干备受欢迎，这也与南洋活动密切相关。锦山是文昌人出洋较多的乡镇之一，当年乘船到南洋要十天半个月以上，带上牛肉干，既轻便不易变质耐保存，又能保证能量供给，故广受欢迎。

（三）传统与西化兼备的衣着特色

在海南侨乡，人们的衣着，按各人的经济状况、社会地位和时代不同，有所区别。民国初年以前，男人多穿粗布对襟唐装，妇女多着斜襟唐衣；富人穿"黑嫖板灵"或绸布料制的唐装；公教人员多穿灰色或蓝色灰中山装；绅士父老穿长袍马褂。民国以后，随着海南与南洋关系的日益密切，侨乡人们的穿着打扮，受南洋的影响逐渐明显。华侨、归侨、侨眷引领着社会衣着的潮流。一般富有人家，男人不仅穿唐装，也有着西装、猎装的，还有的头戴毡帽，系领带，脚穿皮鞋，带手表。即使是家境窘迫人家之男主人，也努力置办一套西装，以备在重要场合穿用。富有人家的女姓，特别是年轻女子着旗袍、彩裙、戴金项链、金戒指；即使上年纪的妇人，也喜欢着花套装（制作这些花套装的布是从南洋带回乡的）。所以田曙岚在侨乡看到"服饰多趋时髦，而琼东、乐会、万宁一带，甚至有头戴礼帽，身著西服，足登皮鞋，从事耕樵者（当然是少数）。万宁妇女，喜著帖身之衣，曲线之美，隐约可见。"[1]《海南岛新志》也说："本岛气候温和，暑久寒暂，故居民周年仅

---

① 田曙岚:《海南岛旅行记》，海南出版社，2011年版，第13、15、33、38、43、161页。

御短衣薄衫蔽体而已。男女服式亦无大异，惟在文化发达之琼山、文昌等县，西服男子，时装女子，则亦随处可见矣。"① 建国后，由于海南社会与南洋关系有所疏远，侨乡人们的衣着打扮受南洋的影响在逐渐式微，"文革"期间，侨乡的服饰基本以蓝、绿、灰三色为主，男人多数穿灰或深蓝色的中山装，夏天穿衬衣、西式裤；女人穿西裤印花衬衣，衣服式样变化不大。改革开放后，海外亲人大批回乡探亲，曾大批带回半旧或新式服装作为礼物送给家乡亲人。一时间，色彩斑斓、款式多样的服饰又成为时尚，南洋之风重新影响人们的衣着。进入20世纪90年代后，随着海南经济社会的发展，侨乡人们穿着打扮观念发生了根本变化，逐渐从过去盲目跟风，改变为追求个性张扬，人们的穿衣打扮越来越注重个性的表现。侨乡的海外亲人不但减少从海外往家乡寄衣服，甚至有的在回乡探亲时还选购衣服带回侨居国。

（四）率先发展的交通运输业

总体而言，海南的社会发展在广东省来说（1988年建省前，海南一直属广东省管辖），是相对滞后的。但是由于华侨的缘故，海南的交通运输业在整个社会发展中，呈现率先发展的态势。海南最早的琼海汽车公司，是由新加坡、马来亚琼侨陈华农等人投资，于1918年成立的。此后，出现了以海口为中心，辐射文昌、琼山等地的10余条公路和一些行车公司，多数为琼侨投资兴建。1921年，文昌县成立民办车路有限公司，以华侨投资，商人认股和摊派社会各界集股形式筹集资金，是年10月筹股金35000银元（侨资为主），兴建文城至大致坡第一条简易公路（全长24公里），开创民办公路的新纪元。最早文昌到海口的公路是华侨捐建的，是文昌第一条近代公路。1932年冬，田曙岚在其周游海南的旅行记中写道：文昌"县属交通，水路，沿海清澜、铺前二港，有大帆船来往海口、广州湾及南洋群岛一带。陆路，各区、乡均有公路，密如蛛网，计有名可数者40余；长达千余华里。其他僻小乡村亦多有车路可通，不特为广东全省之冠，国中各县，恐亦无出其右者。"②

田曙岚看到的路况，应与华侨资本参与建设有密切关系。文昌最早出现的几辆汽车，也是琼侨在民国初年从南洋引进的。

在琼海，1924年，琼侨王大彦从美国引进4辆"罗利"车，经营运输业。而后，华侨经营的琼益公司从美国引进24辆福特汽车，2辆小汽车，在嘉积投入运营，改变琼东、乐会客运业之落后状况。到20世纪30年代初，琼东"陆路，全县可分为6区，均有公路，可通汽车。计长共约300余里；有车50余辆。"；乐会"陆路有乐嘉、乐城、乐博、中阳、龙阳、嘉椰、椰龙等公路，俱可通行汽车。"③

但就总体而言，海南的交通状况还是非常落后的，汽车虽然有，但数量不多，公路通

---

① 陈植：《海南岛新志》，商务印书馆，1949年版，第105页。
② 田曙岚：《海南岛旅行记》，海南出版社，2011年版，第13、15、33、38、43、161页。
③ 田曙岚：《海南岛旅行记》，海南出版社，2011年版，第13、15、33、38、43、161页。

车里程少，人们外出以步行为主，个别人有自行车，那是非常光彩的事情，自行车也是从南洋捎回来的，如三支枪、拉利仔等。在建国后的很长时间内，自行车还是稀罕物。改革开放后，侨乡的交通条件得到根本的改善，人们赶集或外出，除坐汽车、摩托车外，一般都是骑单车。随着经济的发展，除了道路条件好转外，人们出行基本上以车代步，汽车、摩托车、风采车、电动自行车随处可见，自行车逐步退出交通功能，转而变成锻炼身体的工具之一。路通了，好了，车多了，人们出行的选择也就多了，便捷了。

二、侨乡文化

（一）地方色彩的饮食文化

在具有海南特色的饮食文化中，排在第一位的，当属海南四大名菜之首的文昌鸡。文昌鸡，顾名思义，因产于文昌而得名，是中国最佳食用型鸡种之一。相传，文昌鸡最早出自潭牛镇天赐村，此村盛长榕树，树籽富含营养，家鸡啄食，体质极佳。文昌鸡的传统吃法是白斩（即开水清煮，再配以酱油、蒜泥、生姜、桔子汁、香菜、鸡油等伴成的佐料），这种吃法，最能品赏到文昌鸡鲜美嫩滑的原汁原味，令人大快朵颐。以鸡油用蒜头煸香炒米，再配鸡汤煮成的米饭，俗称"鸡饭"，香味扑鼻。文昌鸡、文昌鸡饭（即海南鸡饭）在香港、东南亚一带也倍受推崇，名气颇盛。这都是海南华侨的功劳，早年到香港、东南亚谋生的海南人，把家乡的美食介绍到侨居地，而文昌鸡、文昌鸡饭以它鲜美的口感和简单的制作方法征服了当地食众，使之广为流传。

其次为嘉积鸭，据《琼海县志》记载，清光绪年间，嘉积的一位华侨，从马来亚引进一种原产于英国的鸭种进行繁殖。因此，此鸭也被称为"番鸭"。后来，番鸭在嘉积及其周边饲养多起来后，逐渐地，人们就把"番鸭"改称"嘉积鸭"。嘉积鸭以皮脆、肉厚、骨软、脂肪少而著称。传统食法以白切为主，即用清水煮熟后，配以姜泥、桔子汁、芝麻油、盐等为蘸料。

（二）华侨文化

海南人民在长期的生产生活实践中，既继承中原传统文化，又深受南洋因素的影响，形成别具侨乡风格的华侨文化。

1. 民间歌谣

歌谣从来就是人民心声的自然流露，也是一个民族、一个地方的社会历史、时代生活和风土人情的表现。在海南侨乡，民间流传的歌谣，就是侨乡人民在长期的社会生产生活实践中的智慧总结。其中与下南洋活动相关的歌谣有：

夫妻相思类

送郎去番

（1）妻：送郎送到码头分，郎你去番侬心闷，（去番即去南洋）

眼汁滴到土落窟，日味看路夜看船。（味为语气助词）

夫：爹姏相送码头分，回去看仔心勿闷；（爹姏即为夫妻；看仔即看孩子）

三年五载我欲回，年节也欲寄分文。

（2）送夫送到万泉河，河水倒映影双双；

夫妻都如鱼和水，鱼水分离几凄凉。

（3）送郎送到码头分，眼看船去心更闷；

郎你去番坎忆侬，常回书信问冷暖。（坎即为要）

（4）送郎送到后排山，夫妻离别泪洒洒，

欲问侬泪流多少，眼汁滴路滑难行。

（5）送郎送到青草坡，手捻草尾记心上；

草如无心草也死，人欲反良命不长。

我去番不忘故乡

妻：含泪送夫去南洋，送过椰林送过坡，

从今南北海相隔，乐日味短闷日长。

夫：我去南洋苦奔波，定不忘记（侏）家乡，（侏即为咱）

等我发财带银回，共享天伦叙短长。

思妻

离妻别子去南洋，频频回头望故乡，

睡到夜半又醒起，梦里团圆割肚肠。

思夫

夫郎离家去南洋，一去十年无回书。

坐在石上望夫回，泪流成河浸石浮。

送夫去番到亭边

妻：今旦送夫到亭边，含泪分别夫和妻，

夫你去番坎顾体，勿做风流后怨迟。（坎即为要）

夫：妻你送我到亭边，把话嘱一又嘱二，

话忆胸头不忘记，望妻放心勿多疑。

你去南洋请放心

夫：我种丛花根不深，此去南洋不放心，

就怕花枝鸟来栖，就怕花果鸟来寻。

妻：你种丛花根已深，你去南洋请放心，

花枝单等你回弄，花果单等你回寻。

齐：去番发财回家乡，金银衣布几十箱，

闩起门来慢慢数，夫妻团圆乐心肠。

盼郎归

八月十五月光光，（光光意为明亮）

抬头看月（侎）心乱，

当初郎君去番日，

十八相送泪垂垂，

临行种椰相订约，

椰树结子郎才回，（结子即为结果）

只是咧——

月缺月圆今又光，

树大树高果累累；

天天携子依树望，

不见郎君回家门。

去年椰熟娶媳妇，（椰熟即为椰子结果成熟）

今年孙儿吃椰水，

年年盼郎心切切，

盼到何时郎才回？

寄封书信星洲坡

书寄星洲太平港，姓陈秀金你糟糠；

自小槟榔定良缘，良辰吉日成对双。

夫你自小家清贫，欠人钱债走去番；

安说要回家清还，谁料一去不复返。

忆起那夜在洞房，枕上嘱话鸡啼当；

嘱女在家守鸾房，勤劳耕作莫生端。

侬照你话句句办，起早摸黑把家当；

双亲想你倚门望，牵肠挂肚知多惨。

捧起饭碗心头塞，眼汁滴滴出眼眶；

更深夜静睡不甜，只听城楼更鼓响。

安说花开随蜂恋，又怕臭名千里传；

亏你七尺男子汉，狠心让侬守空房。

稻熟不割要过冬，日后香炉谁来捧；

三纲五常古传下，还做乜人在世间。（乜意为什么）

红颜薄命难度日，迟回只怕床空空；

泪珠成行细思量，盼夫赶快把家还。

报答母恩类

母：母亲辛苦饲侬大，借钱送侬去海外，（饲即为养育；侬即为你，为长辈对晚辈的
　　爱称）

　　侬你去番欠勤俭，日后勿忘母恩情。

儿：侬父不幸早去世，弃侬年幼母携饲，

母的嘱示侬紧记，报答母恩养老年。

修封书信寄南洋

儿你看信见母影，快些修书寄回乡，

生你三岁父味无，几多苦楚坎忆着（坎意为要，忆着意为记住）

借钱送你去南洋，希望发财顾家乡，

知母乳香坎快回，切切勿忘老母娘。

修封书信寄回乡

侬来南洋十年长，很少书信寄回乡，

只怨命运生不好，生意败了个钱无，

现今吃闲无工作，四处找业苦奔波，（吃闲意为无所事事）

等到运来发财日，回到家乡孝母娘。

人在南洋类

漂洋过海

海不平啊浪头高，天不平啊起风暴，

叫一声我的妈呀，儿尸要在海底捞。

人在南洋

①十个去番，九个打工，你去挖矿，他去搬运，我当种胶工，工不相同苦相同。

②树怕寄生，人怕寓居，丧身外地，做鬼也被欺。

只求落叶能归根

十岁离开爹和娘，随人谋生去南洋。

金山银山难讨到，白发苍苍回文昌，

只求落叶能归根，只求尸骨葬故乡。

其他

姐妹自叹

姐：同胞姐妹嫁一村，个味吃粥个吃粿（粿即干饭）；

　　人家命好享番福，（俫）宅都无个出门。

妹：自从嫁到此个村，过去吃粥今吃粿；

　　不用咬忌侬享福，夫因家穷才出门。

2. 民间体育

排球运动是侨乡喜闻乐见的民间体育运动。排球运动传入海南要追溯到清朝末年，相传是由华侨从南洋带回这一新的体育运动形式。光绪三十一年（1905 年），文昌出现了首批新型学校，学校设立体育课，推行近代体育，这为传播排球运动创造了有利条件。民国初期，许多从广州、香港、南洋学成回乡的侨乡学子，被新型学校聘为教师，他们给学生传授排球技术。排球运动首先在学校传开，并使学校为排球运动的基地。排球运动通过学生，很快就传到广大乡村民众中去，深受广大民众的喜爱，逐渐变成广大民众休闲饭余取乐健身强体的体育活动。20 世纪 20 年代，文昌举办的第五届运动会，参加排球比赛的就有来自全县各区的 20 个男子队。到了 30 年代，文昌举办第七八届运动会，就设女子排球赛，有 3 支女子排球队参赛。

20 世纪二三十年代是侨乡，特别是文昌排球的鼎盛时期，群众性的排球运动蓬勃兴起，每逢节假日、喜庆、庙会时，都有举行排球比赛助兴的习俗，且一直沿袭至今。

建国后，文昌的排球运动进入了新的发展时期。1954 年，普遍推广 6 人排球制，加上原有的 9 人排球制，两制并存，群众各取所需。

1969 年、1980 年和 1981 年，文昌分别举行 6 人农民青年排球赛，有 23 个单位参赛，共有运动员 730 人，群众性的排球运动如火如荼地在文昌大地兴起。1955 年至 1958 年，广东省在文昌举行 4 次省排球分区赛，文昌男队夺得了 3 次第一名，一次第二名；女队 3 次获第一名。1956 年，文昌青年队首次参加全国十一单位排球赛，获得第五名。1958 年，文昌少年排球队参加在秦皇岛举行的全国少年排球锦标赛，一举夺冠，女队也获第三名。1964 年，文昌少年队参加在沈阳举行的全国十一单位少年排球赛，男队再度夺冠。海南区从 1959 年至 1986 年共举行了七届区运会，文昌排球队夺得了区运动会第六届冠军和一届亚军。1979 年，文昌少年排球队参加广东省少年排球锦标赛，获得男女冠军。1981 年文昌中学女排参加在桂林举行的全国中学生排球分区赛获得第一名。文昌县排球队参加广东省第六和第七届运动会，男队分别获得第二和第三名。文昌中学队参加全国中学生"振兴中华杯"排球赛，从 1986 年第二届到 1992 年的第七届，一连获得三届冠军，并获得"振兴中华杯"流动杯的永久保留权。海南建省后，于 1992 年举行的省杯排球赛和 1993 年举行的省赞助杯排球赛，文昌队均获冠军。辉煌的成绩，更有力地促进文昌排球运动的发展，群众性的民间排球活动经久不衰，也有力地证明文昌不愧于"排球之乡"的美称。

总体而言，侨乡的体育活动丰富多彩，除排球外，还有篮球、羽毛球、足球、兵乓球等。群众性的体育运动在 20 世纪 50 年代里有一次飞跃。60 年代因客观原因而消沉，70 年代复兴，80 年代又是一个高潮。到了 90 年代有更大的发展。侨乡各市县都有数量不等的体育设施。如文昌市，除了县城有数 10 个灯光球场外，不少墟镇、农村也设灯光球场。东郊镇群众性的体育运动热情较高，镇上有灯光球场，农村也建设了 6 个灯光球场；东路镇葫芦村旅泰华侨邢益深先生就出资建了一个灯光球场。

3. 谚语溯源

谚语是民间常见的文化载体，历史悠久，是劳动人民智慧的结晶。谚语中既充满生活气息，通俗易懂，又蕴含高深的认识哲理，含意深邃，寓意无穷。其中与下南洋活动相关的谚语有：

（1）番客，番客，不一千也有八百

番客指出洋谋生者。番客在异国他乡艰苦创业，心系家园。赚不到钱无脸面回家，略有积蓄，便衣锦还乡。故回乡之番客一般都出手大方，以示赚到钱，能荣耀故里。即使花光积蓄，回到南洋必须从头再来，也在所不惜。故番客成为有钱人的代名词。

（2）出外撸撸，强过在屋

这句话是鼓励人们要外出，谋求生计，因为外出谋生、发财的机会比在家多。这也是大量海南人勇敢闯南洋，谋求出路的重要观念支撑。

（3）人在外洋如丛草，风吹霜打都会倒

旧中国，由于中国国力衰弱，华侨在异族面前社会地位低，受人鄙视，像草一样，风吹霜打都会倒掉。如今随着中国国际地位的提高，中国人在海外如此这般的日子一去不复返了。

（4）走南闯北，增长见识

这是指一个人只要勤于动腿走出家门，见多识广，周游的地方多了，眼界开阔了，结识的朋友多了，自然在交往中，取长补短，增长才干，增长知识。

（5）公爹看出路，姩脯看蹲古

公爹（即男人），姩脯（即女人）。说男人要谋求出路（即出社会，出家门），才能发挥其聪明才智，施展才华，生财有道。

而姩脯人只有看路蹲古（坐月子）。生孩子是人生大事，坐月子尤其关键，因此不但受家里人精神上的关注，也会有好东西吃，以滋补母亲身体和给孩子良好的哺育。因此，女人在坐月子的时候，是一生中难得的享受日子。

（6）鸡吃鸡脚爪，人吃人才调（才能）。

鸡靠它的脚爪来找虫吃，它要吃虫，必须用自己的爪来找，别的鸡不会帮其忙。而人要生存、要发展靠的是自己的本事，不能把自己发展的希望寄托在别人身上。

（7）有心打石石能开，无心打石石圆垒。

耐心、决心、恒心是事业成功的金钥匙，就拿石匠来说，具有"三心"者打石就能开，没"三心"者打石，石头只会表面残缺。这就告诫人们有心、用心、有志事竟成的道理。

4. 外来方言

侨乡"出洋"的人较多，各地移民所带来的各种地域文化、海洋文化及外来文化，在这块美丽而富饶的侨乡土地上互相碰撞、交融，经过数百年的嬗变，培植了别具一格的侨乡文化。作为文化载体的语言，海南方言与其他方言一样具有深厚的文化底蕴。随着华侨与故乡关系日益密切，华侨把侨居国的风俗习惯和语言引入侨乡社会，久而久之演变成侨乡特有的有趣的外来方言。

一般来说，在侨乡，特别是文昌，其北部由于出洋人多集中于泰国一带，故外来语中带泰语的谐音多些；文昌南部出洋人多集中于马来西亚、新加坡等海峡殖民地一带，外来语中带英语或马来语的影响多些。

在侨乡的乡间村落，田间地头常常听见乡亲们的吆牛声："咧"——要牛向左转；"呗"——要牛向右转；"嗦"——要牛向前走。这跟泰语一样；"了寨"即向左转；"了挂"即向右转；"中摆"即向前走。诚然，"咧"就是英语"left"（向左）的谐音；"呗"就是英语"right"（向右）的谐音；"嗦"就是英语"go"（向前走）的谐音。

在球场上，会不时听见"奥赛"的叫声，"奥赛"就是球出界的意思，奥赛是英语"out side"谐音。英语"ball"是球的意思，海南话谐音为"波"，故在海南侨乡，人们把打球也称为"打波"。球场上，有时也发出欢快的"骨波"的声音，意思是球打得好，英语"good ball"的谐音。

在侨乡，人们把菜市场称为"什哒"，这是泰语的谐音；在也有人把菜市场称为"麻雀"，这是英语"market"的谐音；肥皂在文昌北部称为"石脯"，这是泰语的谐音，在文昌南部称"沙本"，是英语"soap"的谐音；咖啡称"哥比"，是英语"coffee"的谐音；拐杖称"松葛"是英语"crutch"的谐音；铁桶称"铁善"，是英语"drum"的谐音；小提琴称"巴恋"，是英语"violin"的谐音；长衬衫称"剪麻雅"，应是马来语的谐音；短袖衬衫称"夏威夷装"；螺丝刀称"丝故度"，是英语"screwdriver"的谐音；床垫称"丝舰"；出租车称"的士"，是英语"taxi"的谐音；警察称"麻炸"，应是马来语的谐音；皮鞋称"物鞋"，是英语"foot"的谐音；骑楼叫"剪计"。

另外，海南话称地瓜叫"番薯"，花生为"番豆"，水泥为"红毛花"（因为水泥最早是洋人生产的，而洋人一般被海南人称为"红毛"），还有"番饼"，"番布"……类似词语举不胜举。

（二）华侨纪念性、文化建筑

1. 敦笃亭

在海口市灵山镇的同福村公路旁，为祖籍同福村的旅居越南琼侨钟锦泉为纪念其父，于1911年所建。亭门正中和门额分别刻有康有为撰写的"敦笃亭"和百字撰文。两侧石柱上刻有康有为亲撰的对联"布德行慈福田有种仁者必寿，博施济众明月出胎才子克家。"亭内石碑上刻有清末广东探花商衍滢的千字赞文。

2. 郭母纪念亭

今天，在文昌市文城公园内，一座古色古香的建筑，颇能吸引人们的眼球，那就是郭母纪念亭。此亭为祖籍文昌市文城镇南阳办事处美丹村的郭巨川、郭镜川兄弟在南洋经商成功后，为纪念哺育他们成长的祖母李太夫人和伯母王夫人，弘扬她们善良、勤劳、刚毅、纯朴的传统美德，于1936年所建。亭的走向为座北朝南，是一座中西结合风格的钢筋水泥和玻璃瓦建筑。亭呈八角状，戗脊起翘驼，亭的顶层八面开拱开窗，给人以亭上有亭的感觉。亭顶置有宝珠，通高11米。亭基高0.6米，以青石块砌成，开四门。亭内分内圈和外圈，外圈直径1.5米，檐廊设栏杆，高0.7米。内圈直径4.5米。全亭用16根钢筋水泥柱荷顶，其中外圈8根，呈方形，内圈8根，为圆形，柱头作犍罗式，柱头以上做成头号八藻井式，第一层和第二层以天花板隔成。亭内正中置有水泥桌、圆凳，供游人瞻仰休息之用。整个亭的设计，既表现出文昌亭式建筑的特点，也融进了西洋的建筑风格。

在亭的正门栏额下阴处刻着："郭母李太夫人王夫人纪念亭"。在外圈8根方形柱子的侧面都镶满了题赠的石刻匾额，共24幅。这是当今中国保存民国名人字墨最多的建筑之一。

亭的前7米处还修有1个圆形莲池，直径13米，深3米，池边围筑以花瓶式栏杆。

3. 郭母纪念坊

郭母纪念坊亦为郭氏兄弟所建。几乎是与文城郭母纪念亭同时修建，郭氏兄弟在故乡南阳墟上，仿明清时代牌坊，修建"郭母李太夫人暨王夫人纪念坊"。

4. 中山纪念亭

在文昌市会文镇白延墟，建有中山公园，园内建有中山纪念亭。那是1937年由国民党文昌县党部拨款和当地华侨捐款修建而成的。纪念亭座南朝北，为西式风格的钢筋水泥建筑，呈八角形，亭高8米，基高40厘米，直径5.5米，由8根水泥柱荷顶，亭顶像一个倒过来的锅，"锅底"内还设有一圈内栅栏。亭内有钢筋水泥碑一块，高1.8米、宽1.5米、脚架高0.8米，刻有孙中山政治遗嘱，"遗嘱"的上方，刻有国民党的"十二角星，"在十二角星围成的圆形中间，刻有孙中山的头像。亭的四周修有一圈栏杆。

纪念亭的北面，是中山公园的大门。大门的顶部为圆弧形，也是西式风格。门下端由六根柱子组成。

但因岁月流逝，中山公园和中山纪念亭都遭到严重的损坏。

5. 冯母谢氏夫人纪念亭

在文昌市抱罗镇往公坡镇一公里处，建有"冯母谢氏夫人亭"。这是侨居泰国的华侨冯尔和为报答其母的养育之恩，于20世纪30年代修建的，故当地人也习惯称之为"冯尔和亭"。

在亭的门额上，刻着"冯母谢氏夫人纪念亭"九个大字。亭呈八角形，座北朝南，钢筋水泥结构。亭面为琉璃瓦，共两层，亭上立亭，顶作覆钵状，通高9米，亭基高40厘米，直径为7.5米，檐廊设栏杆，栏杆高70厘米，内圈直径4.5米。全亭共有16支柱，外圈8支圆柱，内圈8支方柱。在方柱内及左右三侧嵌有石条匾和楹联，共24块。在内圈亭内侧也镶有石匾额共16块。这些石匾和楹联，都是民国时期社会名流所题赠。广东省政府，文昌县政府也有题赠。这些石刻至今大部分完好。

6. 琼海华侨图书馆

1989年，由时任新加坡琼州会馆主席的琼海籍王先德先生等30多位海外乡亲联名倡议，在家乡兴建琼海华侨图书馆，得到了广大华侨的热烈响应。建设筹委会收到旅居新加坡、马来西亚等国家的乡亲和港澳同胞近400人的捐款、捐物，捐资总额达219万元人民币。图书馆从1990年7月9日动工到1992年4月2日竣工，许多华侨无私奉献，出钱出力。图书馆主楼高5层，建筑面积为2 995平方米，总造价183万元人民币，可藏书30万册，内设书库、各类阅览室、影视厅、展览馆等近20个室库，是目前海南省规模最大、功能最齐全的县级图书馆。

初探侨乡容县苏氏宗族的人生礼仪

王森林

（广西侨乡文化研究中心　南宁　530006）

【摘　要】人生礼仪是人在其一生中经历的几个重要阶段上举行的具有一定仪式的行为过程。人生礼仪是社会民俗活动中的重要表象之一，传统上的人生礼仪包括诞生礼、冠笄礼、婚嫁礼、丧葬祭礼等，它是在人一生重要阶段上呈现出来的社会制度对其社会地位和作用的规定以及对其角色的认可。容县苏氏宗族是汉民族，在较长历史时期的社会变迁及风俗演变中，人生礼仪删繁就简，越来越世俗化。苏氏宗族的人生礼仪主要有诞生礼、婚嫁礼、丧葬礼，而人生礼仪与社、祠堂的结合是其最重要的特点。

【关键字】人生礼仪；诞生礼；婚嫁礼；丧葬礼

一、前言

容县古称容州，地处广西东南部，位于广西玉林市辖县，是广西最大的侨乡，旅居海外的华侨、华人和港澳台同胞共 70 多万人。而杨梅镇是容县华侨人数最多的乡镇，素有"侨中侨"的美誉。[①] 全镇总人口 5.8 万人，而定居海外的华人就有 4.5 万人，在一些村中，有侨的关系的人数占了全村总人数的 90% 以上。杨梅村民移居海外的历史悠久，早在清朝末期就有村民从杨梅江出发，乘船顺流沿珠江到达广州，再从广州出发转至香港，经过南海海上漂泊数日到达泰国；也有村民步行或搭车到达梧州码头，从码头登船到香港，然后经由南海出去到达泰国，而去马来西亚的村民则是从梧州搭船坐到广州，后到香港出南海到马来西亚吉隆坡。[②] 由于战争、经济和文化等因素的影响，这些移民大都是为了躲避战争、逃避征兵拉夫而逃亡到南洋寻求稳定的生活，有的则是迫于生计而远走他乡，而更有的则是怀着冒险精神或因求学而跑到海外闯荡，正如此，杨梅村民纷纷流向了东南亚各国家。新塘是杨梅镇和丰村的一个自然片，苏氏是当地的一个大族。苏氏一族的历史最

---

① 容县地方志纂委员会办公室：《容县年鉴（2009）（精）》，南宁：广西美术出版社，2011 年版，第 343 页。
② 党瑾：《侨乡婚姻的变迁研究》，广西民族大学，2013 年版。

早可追溯到清朝顺治年间，其开拓者是一位来自福建的有海公，他做生意经过杨梅镇，便看上了新塘这块风水宝地，遂留在此地繁衍生息，直至今日已传至二十三世，已有300多年的历史。

中国素有"礼仪之邦"的美称。早在2 000多年前，我国的人生礼仪就已经具备了较完整的形态，并为社会各阶层所接受，人们也普遍遵从人生礼仪所规定的为人处事章法。"礼"在社会无时不在，无处不在。坐卧有礼，宴饮有礼，婚丧有礼，寿诞有礼，祭祀有礼等等。苏氏家族因为是汉民族，因此也当然保留了汉族传统的人生礼仪。中国传统的人生礼仪纷繁复杂，内容多样。2 000多年的时间随着历史的变迁以及仪式的传承、变异，人生礼仪在历史的跌宕起伏中也改变了模样，部分为人们乐意接受的流传至今，那些不合时宜的则被淘汰，另有一些经过时代的打磨和雕琢，创造出了新的形式。传统的贯穿人生的礼仪主要有诞生礼、冠笄礼、婚嫁礼、丧葬祭礼等。而时代繁复多变，苏氏家族经历了较长时期的历史适应，并逐渐形成当前的适应时代发展的人生礼仪。

二、苏氏宗族人生礼仪的主要内容

人生礼仪是人在其一生中经历的几个重要阶段上举行的具有一定仪式的行为过程。人生礼仪又称为"通过礼仪"，早期著名的民俗学家范·盖内普指出它是围绕着人生命过程中关键时刻或是时段而形成的特定的仪式活动。他把这种仪式分成三段结构，即"分离阶段"、"过度或通过阶段"、"统合或组合阶段"。另外钟敬文指出，每一个人所经历的人生礼仪，决定因素不仅是他本人年龄和生理变化，而且是在他生命过程的不同阶段上，家庭、宗族等社会制度对他身份和地位的确定以及角色的认同，也是一定文化规范对他进行人格塑造的要求。[①] 而实际上仪式存在的作用就是帮助人们成功或顺利地度过人生历程中的关键时刻，帮助他们更好地实现身份的确定和角色的认同，完成人生角色的转换。钟敬文按照人生礼仪的性质和内容，把人生礼仪分成诞生礼仪、成年礼仪、婚姻礼仪、丧葬礼仪。而由于历史的变迁以及时代的需要，苏氏宗族的人生礼仪主要有诞生礼、婚嫁礼、丧葬礼。

（一）诞生礼

人的一生中，诞生礼是首要的礼仪。新生儿的出生是对于一个家庭乃至一个家族极具重要意义的事件，它预示着家庭及家族的血脉有所继承。对苏氏家族而言更是如此。在苏家300多年的人口繁衍中，族人对新生儿的出生有着很高的期望，新生儿不仅背负着延续家族血脉的重任，也同时担负着家族的希望。因此家族对于新生儿的诞生礼也十分重视。汉族传统的出生礼一般都包括诞生、三朝、满月、百日、周岁五种主要礼仪。诞生一般是在孕妇经怀胎十月的艰辛历程过后得出来的结晶，随着婴儿的呱呱坠地，标志着新一代家

---

① 王光荣：《人生礼仪文化透视》，《广西右江民族师专学报》，2004年。

族血脉的延承，同时这也是家族的大喜事。以前苏家的生育习俗也较繁琐，但是随着生活条件的改善和生育技术的改进，求子的习俗渐渐消失。当然新夫妻会在妇女怀孕之前会先到医院检查身体状况或是到社或是家族的祠堂里祈福，向社主或是家族的祖先保佑妻子能怀孕并顺利生产。在以前，诞生礼中最正式、最隆重的就是三朝礼，它是在新生儿出生的第三天举行。传统的"三朝"之日通常有以下几项仪式：一是为婴儿举行落"脐炙囟门"仪式，对婴儿脐带、囟门礼仪性的处理。二是开奶与开荤，将肉、糕、酒、鱼、糖等，用手指蘸少许涂在婴儿唇上，最后让婴儿尝一口别人的乳汁。三是举行"洗儿"仪式，"洗儿"仪式最受人重视，是三朝礼中最具代表性的，所以"三朝"也叫"洗三"。"洗三礼"就是用艾、槐枝等加水制成香汤再投入钱、花生、栗子、枣、圆等，请福寿双全的老太太给婴儿洗浴，边洗边诵："洗洗头，做王侯，洗洗腰，长得高；洗淀沟，做知州。"洗完后，用一根大葱轻打婴儿三下，边打边诵："一打聪明，二打伶俐，三打明白。"打完后孩子父亲把葱扔到房顶上，然后和亲友们一同道贺。[1]（中国民俗学）三朝礼过后便是满月礼、百日礼、周岁礼。然而苏氏家族在继承了传统诞生礼的基础上，还结合了当地的文化习俗及自身宗族的特点，形成了有自身特点的诞生礼仪。比如三朝日这天，新生儿家会杀鸡、割猪肉、买纸钱、买米酒、装香、点蜡烛等，去祭拜祠堂和社主，祭拜时的礼仪是和苏家祭祖时的礼仪相似，以前祭祖的话会三拜九叩，而现在时代发展，习俗也跟着变化，祭拜的方式也变成了鞠躬。

《诗经·小雅·斯干》曰："乃生男子，载寝之床。载衣之裳，载弄之璋。""乃生女子，载寝之地。载衣之裼，载弄之瓦。"[2] 意为，如果生了男孩，就让他睡在床上，给他穿华美的衣服，给他玩白玉璋；如果生的是女孩，就让她睡在地上，把她包在襁褓里，给她陶制的纺锤玩。可见古代重男轻女、男尊女卑思想严重。在现代，这种思想依然在苏家普遍存在着。"挂灯"仪式就是重男轻女、男尊女卑的主要表现。此外挂灯也是苏氏宗族人生礼仪区别于传统诞生礼仪的重要特点。挂灯一般都是为男孩而挂，在男孩没满一岁之前为他挂灯，生女孩则不会挂灯。正月初十这天是挂灯的良辰吉日，也是苏家约定俗成的规矩。关于正月初十挂灯，不同时间出生的新生儿挂灯日期也有不同的讲究。比如今年正月初十之前出生的新生儿，可以在正月初十这天挂灯，而跨过了正月初十这天，则必须在出生第二年的正月初十才能挂灯。关于挂灯的灯笼，一般是用纸糊的灯笼，里面放上蜡烛。现在制作工艺日益先进，在镇上一般会有卖灯笼的商贩集中在正月初六、初七、初八、初九这四天，在街上摆摊卖塑料制作的灯笼，里面安上灯泡，可以通电照明。但是平时不会有商贩在街上摆卖。新生儿如果是男孩的话，家里一般会买三只灯笼，分别挂在祠堂头厅的横梁上、庆宁社和自家的厅堂里。如果新生儿家盖了新房的话还可以在自家新房的屋顶上再挂一只。如果家里生有两个男孩，那这户人家就要挂双份的灯笼。正月初十这天新生儿家也会办挂灯酒，亲朋好友都会来为新生儿家庆贺。上灯的时候会让灯一直亮

---

[1] 宋轶兰：《浅议传统人生礼仪》，《阴山学刊》，2003 年。

[2] 扬之水：《诗经名物新证之五——〈小雅·斯干〉》，《中国文化》，1997 年。

着，过了几天之后才会下灯即把灯熄灭，但是灯笼会继续留在祠堂、社及厅堂里。新生儿家办挂灯酒宴请宾客不仅仅是为了庆贺新生儿的诞生，它也是为小孩子与亲朋相见，提供机会被亲朋好友认识并接纳，进而融入社会。除了挂灯酒外，新生儿家也会在新生儿满月那天举办满月酒。满月酒当天会宴请亲朋好友，来的客人会带上红包或者新衣服来新生儿家道贺，现在的红包都会包上五十或一百元不等，关系好点的亲戚朋友也会给多一点。送来的小孩子衣服都可以在集市上买到，通常买了新衣服的亲朋好友红包就会少包一点。当然这些贺礼会被记在新生儿家准备的礼单上，红包上面会写上名字以方便主家记住以后好回礼，红包可以直接给新生儿家，主人家过了酒席后才会打开来看。新生儿家会在酒席上准备好红鸡蛋，俗称"喜蛋"，也会准备小红包给每位来道喜的亲朋，每个红包里钱不多，大都是一元钱。酒席散过之后亲朋可以带上喜蛋和小红包回去。酒席一般会在自己家里办，主家会请上亲戚邻里帮忙，如果家里有人做菜手艺好的话就自己做菜给客人吃，然而在北方农村办酒席的话，主家就会请上方圆数里内做菜好的厨师到家里帮忙做酒席，一是想把酒席办得体面，二是想收到好名声。在苏氏宗族内，也有着酒席吃完后可以把剩下的饭菜打包带走的习俗。至于小孩子的命名以及抓周、百岁、周岁等礼仪则是由新生人家自己进行，形式简单。

诞生礼作为人入世的第一个礼仪，是人从所谓的另一个世界到达现世必须要举行的一种礼仪。一个婴儿的出生，在没被社会承认之前，他仅仅只是作为生物意义上的存在，只有在为他举行了诞生礼仪之后，才能与亲朋好友相见，才能与社会接触，并得到社会的认可，被社会承认为一个真正意义上的"人"。

（二）婚嫁礼

在苏氏宗族中，一般会把婚礼看作是成人的标志。因此在某种意义上婚礼也算是成人礼。婚礼是人一辈子的大事，也是古代"五礼"中的喜礼。"昏礼者，将合二姓之好，上以事宗庙，下以继后人。故君子重之。"我国的《礼记·昏义》篇里道出了婚礼的要义。这个礼仪标志着社会认可的一对男女将行使婚媾的权利，组成一个新的家庭，共同担负起繁衍后代、发展家庭的义务，履行正式社会成员的责任。[①] 在我国古代即有"六礼"的说法，即纳采（说媒）、问名（合八字）、纳吉（正式提亲）、纳征（送彩礼、嫁妆）、请期（定娶亲吉日）、亲迎（娶亲）。而在苏氏宗族内，六礼的形式或顺序有了新的变化。

相亲、定亲阶段的礼仪：现当代社会倡导自由恋爱，不时兴古代的指腹为婚，或是父母定下亲事儿女照办的情形。当然根据各人情况的不同，相亲或是由熟人介绍认识、恋爱而成的婚事也不在少数。纳采即是男方家长请媒人或是介绍人到女方家提亲，如果女方家同意婚事，则男方回去准备聘礼到女方家提亲的仪式。现代的婚姻受到法律的保护，因此嫁娶都要合乎法律的程序。两个男女青年如果两厢情愿、情投意合准备要结婚了，就要先去所在地的民政部门领取结婚证而后才进行纳采之后的礼仪。在苏氏家族里，过礼单是指

领了结婚证之后让算命先生找良辰吉日，找老先生写好礼单，礼单上会注明礼金数量以及女方家的条件。如果女方给出了具体的条件，比如结婚要礼金三万，另外还要鸡、烧酒、猪肉、糖、饼等，要看男方能不能满足女方提出的条件。如果女方家没有提出具体的条件，男方给什么则女方就要什么。通常男方给出的聘礼也会是按照一般的惯例，富裕人家则会按照自己家的条件多给些聘礼。纳吉是订婚阶段的主要仪式。良辰吉日的选择则是男方家请懂得算命术的先生，按照结婚男女两人的生辰八字来测算两人是否合适并且择取良辰吉日进行结婚。选择好吉日之后男方家会找人去送礼单，备上鸡、烧酒、糖、饼、礼金等通知女方家。下礼单的日子选择成日去送，成日也是由算命先生测算得来，不使用破日或背日。女方家会好好招待送礼单的男方代表，吃饭期间男方问女方是否还有其他的要求，如果没有异议，就会按照礼单备足聘礼。如果遇到难缠的女方家长，他们会提很多额外的要求。礼单下完之后，男方代表回来告诉男方家聘礼的情况，告知男方家女方的要求，然后安排婚礼的各项准备活动。如果男方对女方家的要求不满意，则男女方家长会再次协商，最后确定聘礼。下礼单的时间与婚礼举行的时间间隔一般在半个月左右，准备好婚礼的各项事情之后，按照良辰吉日举行婚礼。一般女方家那边也会举办喜宴，时间是在婚礼的同一天举办，如果男女双方家距离太远，女方家的婚宴则会提前一天举行。与男女方都熟悉的亲朋好友来，则一天要参加两方的喜宴。在新郎迎亲的前一天还要有一个"过礼"仪式，即新郎家会请两三个人把两家之前说好的聘礼送到女方家里面，现在聘礼的形式大都是钱来代替，假如女方家觉得要一百斤猪肉不方便搬运，可以把这些猪肉折合成人民币给女方家，由女方家自己买。通常过礼都是在迎亲的前一天上午进行。

娶亲阶段的礼仪：娶亲是整个婚嫁礼仪的高潮阶段。在新郎去接新娘的这天还要有个简单的仪式过程，那就是迎亲之前新郎要先去祠堂祭拜祖先，只有祭拜完祖先后才能去迎亲。祭祖的仪式和中秋祭祖以及过年祭祖的仪式大同小异。新郎去女方家接新娘是在早上八点钟出门，这个时间也是由算命先生测算出来，称为吉时。一般男方派去接亲的队伍是十人左右。如果男女双方家距离不远的话，一个小时左右就能到新娘家。在新娘家吃完早饭后男方迎亲的人就会帮忙把女方家准备的嫁妆搬上车，然后回男方这边。嫁妆是由女方家来准备的，买嫁妆的钱则是男方家聘礼的一部分，男方家给的聘礼多，女方这边准备的嫁妆就会多些，嫁妆一般有洗衣机、电冰箱、空调、电视机、摩托车等，另外还会有家具和床上用品。作为结婚用的被子是女方家买来的，而在北方结婚的话，被子则是女孩的姑婶、姨妈手工做的送给女方作嫁妆。女方家的父母必须准备一套床上用品给新婚夫妻，女孩可以带回男方家，也可以不带，留给女方父母用也可以。如果女方用聘礼买嫁妆后没有花完，剩下的钱就可以归女方所有，如果女方父母不在乎聘礼的话，就会把剩下的钱给女孩作为压箱钱拿回男方家。女方父母会为自己的女儿准备一个四方的枕给女子拿到男方家，他们会在枕的四个角及中间的位置放上些钱，叫做压枕钱。枕可以用行李箱来替代。女方家如果有钱的话就会多放些，一般每个角都会放一千元，如果女方家境一般的话，一个角放两百元就行。待男方全部把嫁妆装上车之后，新郎就会和新娘一起坐车回到男方家里。下午三点钟男方这边就会开席宴请亲朋，一般会摆上 20 至 30 桌酒席，但是也要视客人的数目来定，以免浪费。一般接新娘大都是用小车去接，这大概从 20 世纪 80 年代开始就已经有了这样的条件，在广西这边没有新娘坐轿的说法。新娘到了男方家里后，大家就开席吃饭，依照原来的风俗，男方的亲戚会跑到新房里闹洞房，这样的场景最为热闹。女方从娘家带过来有床上用品，打开被子的时候女方家的妯娌会把小孩子拉上床，让新娘抱一抱，意为早生贵子。但是现在的年轻人都不太懂得闹洞房的规矩，也不喜欢这样的场合，于是闹洞房的习俗渐渐淡去，闹完洞房后这天就算结束了。

新娘进门的第二天是拜堂日。这里的拜堂和习惯上讲的夫妻拜堂大有不同。拜堂日这天新郎要和新娘一起去祠堂祭祖。去祠堂准备的祭品和平时祭祖的用品基本一样，带上纸钱，把煮熟的鸡、猪肉、糖果摆放在祠堂里的祖先祭台上。祭祖完成后留一点祭品在祭台上，剩下的带走。结婚祭祖的形式一般与平日祭祖一样，没有太大差别。祭祖的时候没有严格要求的三拜九叩，大都是双手合十，向祖先鞠躬。现在苏家祭祖的仪式简化了很多，没有严格的要求。新娘进门的第三天叫回门，即回娘家。新郎会挑上一个扁担，两个藤萝筐，里面装上鸡、猪肉、粽子等带到娘家。

（三）丧葬礼

如果说诞生礼是人从所谓的另一个世界到达现世必须要举行的一种礼仪的话，那么丧葬礼则标志着人从现世完成了人生旅程，告别社会，走向死亡的仪式过程。这一仪式也是亲友对死者悼念、评价的过程，以寄哀思。在新塘苏家里面，有人去世一般会实行土葬。苏家丧葬有很多忌讳，一般死者的直系子孙在丧葬期间都不能做事情，也不能到处跑，只能一直在棺木旁守灵，如果家里有事情需要去做就要交给族里的人帮忙办。去世的人不会被抬到祠堂，而是放在自家的厅堂里面。苏家老屋有七座，每座都会有三至四进厅。因为头厅是用来给族人祭祖用的，死者会被放在二厅里。死者棺木的放置时间是不固定的，但是要经过算命先生测算日子，如果临近几天有吉日，棺木的放置时间就短，下葬就快。另外，死者年纪大的，他的棺木放置时间就会久一点；年纪轻的放置时间就短些。丧葬的讲法较多，老人去世，他的女儿要为他买纸房子，守灵时要请师公到灵前做法，他们会念经、过火山，又唱又跳，念的经文是保佑去世的人在阴间能平安。遇到有丧事的人家，人们都不太愿意接近，如果出殡的时候从公路附近路过，旁边的人家都会在路口的位置燃烧稻草。人们知道去世人家出殡从自己家附近路过就会提前准备稻草，放在路口，等听到出殡人家吹的声乐声慢慢靠近时就点燃稻草，制造出浓烟，挡住晦气。如果有哪家事先不知道有人出殡，回到家看到邻居点燃有稻草的话，自己也会立马如法炮制。基本出殡路过的路口、家门口都会有人点稻草、去晦气。

目前杨梅镇范围内都会实行土葬，一般会葬在山上。部分人在医院去世的就可能要按照国家的规定实行火葬。死者下葬满 4 年后，家人要把死者的遗骨搬出来，把每根骨头擦干净放在坛子里装好，然后找个坟山把坛子埋起来。如果没有坟山的，就找个地方挖个坑把坛子埋起来，以前的葬棺木的墓穴位置不会再用。这个过程叫做"寄安"。有些人家找不到坟山的，可能十几年都没法下葬死者的遗骨，什么时候找到坟山，什么时候才能进行二次葬。二次葬完全是由死者的家人自己完成，要选好下葬日期，焚香烧纸祭拜。下葬的日期也是由算命先生算得。死者出殡时棺木由其家人请来的人来抬，一般会有四个人，当地戏称为"四人帮"。这些抬棺材的杠夫专门做这类的事情，有时还负责挖墓穴。家人请师公做法，一般会分两种，日斋和晚斋。年纪长的死者家人会请师公做晚斋。日斋意为师公白天晚上都会唱跳念经，保佑死者。晚斋是指只有在死者入棺木的晚上师公才会唱跳，守灵的子女要守一整夜，第二天就立马下葬。守灵的人都是死者的直系子孙。死者的亲戚来参加葬礼会带着纸钱、纸布过来。纸布一般长一米，宽九尺，死者年纪大的，亲属买纸布的尺寸就要大些。死者出殡的时候纸布就会被绑在竹竿上挂起来，一般一只竹竿上会挂一条纸布，纸布左边写上死者的称呼，右边写上亲戚的称呼，中间则是写上挽词。这些布竿会让族里的人来撑，死者的亲属子孙要披麻戴孝。男性亲属子孙头上会戴着白色的帽子，以前是用白布做成，现在则是用白色毛巾代替。另外他们的身上还会扎上一条细短的红绳，意为去晦气。如果有亲戚是骑着摩托车或开小车来参加葬礼，死者家属也会为他们在车上绑上一条红绳。亲戚有人去世，礼尚往来，他们也会去看望死者家属，带上香火钱和布料，香火钱是装在"格封"里。格封是巴掌大小，用火纸做成的钱封。现在他们也会买纸做的电视机、电冰箱、汽车、楼房、金童玉女等送去。苏家丧葬也有"头七"的说法，头七即为死者去死的第七天。头七这天死者家属要去墓地祭拜死者，但是去墓地祭拜之前要先去祠堂祭拜老祖宗。头七过后，以后每隔七日还要去墓地祭拜，直到七七四十九天，死者为男性一般拜到四十九天就行，但如果死者是女性还要多拜一个7日。七七四十九日之后，第四年则要起棺木，收集死者遗骨装坛进行二次葬。4年内，每年3月份、9月份死者家属都要去坟山祭拜死者，但是死者的祭日家属一般不去祭拜。还有，去世的人家在死者去世的一年内都不会娶妻嫁女，尤其不给外嫁女孩。在苏家的风俗中，去世人家本来就少了一个老人，如果家族再少一人就会被看成人丁不旺。

三、人生礼仪与祠堂、社的结合

在苏氏宗族里，无论是诞生礼、婚嫁礼还是丧葬礼都离不开祭拜祠堂、祭拜祖先、祭拜社，并且它们是同步进行的。祠堂不仅有崇宗祀祖的作用，它也是各房子孙平时办理婚、丧、寿、喜等事时，提供一个宽广空间以作为活动之用。可以说，祠堂是苏氏家族礼仪的集中地。在古代，祠堂是作为家族礼制、礼法、礼教宣传教育的活动场地。家族通过祠堂来传达族人应该恪守的伦理道德以及应该遵从的人生礼仪。而苏氏族人更是相信祖先能够庇佑和保护他们，虽然现在倡导消除封建迷信，但是崇宗敬祖却是人们不能否定的优良传统。敬祖是活着的人对逝去的人的一种追念，是人类特有的精神寄托和精神安慰的传承。诞生礼、婚嫁礼、丧葬礼，这些是人一生不同阶段必须要完成的仪式，以此社会才能对他们认可。诞生礼仪的举行一方面预示着家族血脉的延续，另一方面通过祭拜祠堂告诉祖先家族添了新丁，希望祖先保佑新生儿平安健康。婚嫁礼仪实际上就是家族男丁的成人礼，通过祭拜祠堂向祖先报告家族添了新人，也寓意着家族人丁兴旺。丧葬礼仪的举行则是族人向祖先汇报家族少了男丁，希望祖先在阴间保佑族人平安。

社，地主也。它是祭祀土地神的场所。苏氏家族祭拜的社主要是庆宁社。社主保佑着一方土地的安宁，也保佑着社丁发丁发财。在苏氏家族的信仰中，他们不仅要寻求祖先的荫庇，也要向土地神寻求平安。无论是家族新生男丁，还是家族新进了媳妇，或是族人逝世，苏氏宗族都希望他们所信仰的祖先或是土地神能保佑族人平安，生活能越来越好。拜社当然也成为了他们人生礼仪中重要的部分。

总之，苏氏家族的人生礼仪包括诞生礼仪、婚嫁礼仪以及丧葬礼仪包含了很多的内容，相对于传统的礼仪来讲，苏氏家族的人生礼仪逐渐简化，越来越世俗化。但是随着历史的变迁以及不同地区风俗的融合演变，苏氏宗族的人生礼仪也具有自己的特点。人生礼仪与祠堂和社的结合不仅表现出苏氏族人对于祖先的崇敬，也表达出对于神灵的祈求。每一个人生礼仪的背后都映照出苏氏族人对生命、道德伦理的基本观念，以及对美好生活的愿望。同时在人生礼仪中表现出的浓浓的人情馈赠也加深了族人之间的关联。人生礼仪以其喜闻乐见的方式加强了族人之间的沟通，联络了感情，并丰富着人们的精神生活。

继承与开拓：对容县杨梅镇侨乡文化建设的几点思考

陈俊源

（广西侨乡文化研究中心 南宁 530006）

【摘 要】容县是广西最大的侨乡，其中杨梅镇不仅是千年历史文化古镇，而且享有容县"侨中之侨"的美誉。杨梅镇侨乡文化内容丰富，包括精神文化、建筑文化、饮食文化、民间宗教信仰、节庆习俗等。然而，由于多种因素的制约，当前容县杨梅镇侨乡文化的挖掘、开发与利用不足，广西第一侨乡的优势远远没有得到发挥。因此，在"一带一路"背景下，寻找摆脱侨乡文化建设困境的有效对策刻不容缓。

【关键字】杨梅镇；侨乡文化；困境；有效对策

容县是广西最大的侨乡，其中杨梅镇不仅是千年历史文化古镇，而且享有容县"侨中之侨"的美誉。杨梅镇在一定程度上反映了广西东南部与海外社会的联系，对于加强当前广西与海外的发展也具有独特的促进作用。在这个侨乡重镇的舞台上，不仅"上演"了一段海外移民的辛酸史，亦为海内外民众展示了色彩浓郁、中西合璧的侨乡文化，成为了广西文化的重要组成部分。

文化是民族的血脉，是人民的精神家园。随着海内外侨情出现新情况与新常态，侨乡文化建设刻不容缓。如何让广西容县杨梅镇的侨乡文化逐渐在八桂大地尽情展示和释放生命的美丽，为广西文化增添新光彩，[①] 从而以新面貌和新姿态走向全国、走向东盟，是"一带一路"背景下广西侨乡文化建设的一项重要工作。

一、容县杨梅镇侨乡文化的特征与内容

文化是社会生活环境的映照，容县杨梅镇的侨乡文化形成于侨乡大地，是区域性民俗风情、历史文化的综合反映。[②] 要探讨容县杨梅镇侨乡文化的特征与内容，必须先明确侨乡文化的含义。狭义的侨乡文化是指本土文化与华侨华人文化互动过程中形成的一种文化

---

① 郑一省：《广西侨乡文化与华侨华人文化互动研究》，《八桂侨刊》2007 年第 2 期。
② 吕剑枫：《关于打造容县侨乡文化品牌的探析》，《广西经济》，2012 年 12 月 25 日。

综合体。广义的侨乡文化不仅包含上述的文化综合体，亦有本土朴素纯正的文化。本文提及的侨乡文化属于广义的概念。

（一）容县杨梅镇侨乡文化的独有特质

容县杨梅镇侨乡文化历史悠久、底蕴浓厚，最早可以追溯到清朝末年。纵观其历史长河，不难发现它具有以下特点：其一是开放性和包容性，早期出走南洋的华侨在异国他乡艰苦奋斗、吸取他族优秀文化后衣锦还乡，在故乡大兴土木，建造了一大批"亦中亦西"的标志性建筑、华侨学校等，在带来家乡经济社会发展的同时，也促进了当地文化与海外文化的交融，形成了独特的侨乡文化形态。另一方面，他们在侨居国潜移默化地传播中华民族优秀传统文化时，也影响了他国社会结构的变迁；其二是具有朴素纯正的本土文化气息。侨乡文化除了中西合璧的文化之外，还包含着那些未受西方文化感染和熏陶的本土文化，譬如采茶歌、上灯节、木偶戏、菩萨巡游等具有容县杨梅镇特色的文化元素，这些文化符号也正成为连系南洋侨胞和家乡父老乡亲的精神纽带。

（二）容县杨梅镇侨乡文化的构成内容

容县杨梅镇侨乡文化内容丰富，包括精神文化、建筑文化、饮食文化、民间宗教信仰、节庆习俗等，据笔者的走访调查，现列举部分如下：

1. 精神文化——克勤克俭、心系家乡

容县杨梅镇祖辈移居海外，不但历史悠久，且以勤劳刻苦、团结互助、艰苦创业、努力进取著称。[1] 他们在居住国多从事橡胶种植业、采矿业，还有不少在致富后经营工商业、兴办工厂、开设店铺、经营旅游业等。例如，据杨梅镇和勃村陆 JS 的回忆：

祖父在父亲 3 岁的时候去了泰国。下南洋的原因是家里困难，想外出挣钱。祖父在泰国从事的是割胶工作，后来渐渐地有了积蓄便开始自己种橡胶。我听同样去了泰国的社底队的岑 QC 说，祖父已经发展到拥有 100 亩的橡胶地，并请人去割胶的程度。我的父亲则由我祖母带大，在和勃村过着种田种地的生活。在困难时期，祖父寄过猪油、衣物过来，那时候这些东西都是在容县侨联会领取的。[2]

祖籍容县杨梅镇的华侨华人对家乡怀有深厚的感情，在对居住国发展做出巨大贡献的同时，也对家乡的建设发展事业满腔热忱，经常慷慨解囊热心各种公益事业。如建于 1961 年的杨梅华侨中学，由当时任杨梅镇侨联主任封祝怀发起，并由封祖据、吴兴贻等华侨出资兴建。据《容县志》记载仅 20 世纪 60 年代左右捐款数额可达人民币 2 643 元。学校在不断发展时也得到了各方华人华侨的关注。据记载张松、梁柱祥、何绍君等华侨分别于 1980 年为杨梅华侨中学共捐款 939 元，同时在 1988 年，华侨张松禧个人捐献人民币 100

---

① 赵和曼：《广西籍华侨华人研究》，中国华侨出版社，1996 年版。
② 2015 年 6 月 25 日笔者在广西容县杨梅镇和勃村与陆建深的访谈录。

元支持杨梅华侨中学的发展。①

2. 建筑文化——侨房子

杨梅镇的侨房子极具特色，以四端村梁 HH 家的为典型。侨房子是梁奶奶一生中记忆最为深刻的。笔者曾两次访谈梁奶奶，每当她看着侨房子，双眼都炯炯有神，内心深处还折射出一道永不熄灭的光芒。她激动地介绍说：

侨房子建于民国时期，已有 70 多年的历史，主要由她丈夫封 ZK 在泰国筹钱回来建的。当时建造这座房子时，动员了村里很多人，花费了大量的人力、物力和财力。在 1951 年时，侨房子曾经被乡政府没收，没收的侨房子被用作村委会的会议室。直到 1959 年，侨房子的产权才归还给梁奶奶一家。而后，侨房子一楼还租借给乡邻开药材铺、杂货店和农村信用社。②

走进观察这座侨房子，弧形结构的门窗明显受到欧式风格的影响，楼上的地板铺满了陈旧的木板，走在上面还会有震动感，但是还不会有倒塌的危险。侨房子里还保留着丈夫封 ZK 从泰国带回来的烫斗，该烫斗是用炭来进行熨烫的。而且，还有一台古老的织布机和几个用竹子编织而成的取暖炉。除了保存这些历史物品外，在奶奶昔日的房间里还找出了一份侨批、几张购物票据、早期邮政储蓄单等，非常有研究价值。

3. 民间宗教信仰——"社"崇拜

杨梅镇的民间信仰重点体现在"社"崇拜上。关于"社"的来历，杨梅镇妙阳村村委会邓 PL 书记谈到了一个有趣的故事：

传说周朝的时候，在河南陈州有一对李、杨夫妇，他们结婚之后，妻子怀孕了 3 年 6 个月才生下一个雪球，夫妻俩害怕这个东西给他们带来不详，便把它扔到池塘里。观世音菩萨用一朵莲花把它托了起来。某次，一头黄牛到塘里喝水的时候把它喝了下去，满 12 个月之后，该黄牛在一小山坡上生下了一个小孩，这个哭闹的小孩刚好被吕洞宾发现，并带到了周朝。周文王认为黄牛能生下一个人觉得很神奇，就问那个孩子说他想干什么。孩子说他自己已经经历了很多的磨难，母亲怀胎那么久才生他下来，后被丢弃，还要被老黄牛吃下去之后才能出生，经历的磨难太多了，所以，现在他什么也不想做，就想为平民百姓做点好事。后来周文王说，那你想当什么官？他说，当官的话就免了，也不要什么职位，只想在村里面帮老百姓驱邪压伤，让老百姓能过上平安的日子就行。于是，周文王便把他安排到村子里为老百姓站岗守卫。在他活着的时候，经常在村子里巡逻，而且休息的时候也不去打扰村民，一般都是在大树根底下休息，为村民们的安全提供保障。在他死之后，为了纪念他，周文王便用木头给他立了碑，就像木偶一样，放在树根下面供人祭拜。但是没过多久，用木头做成的碑就被白蚁咬坏了，村民没办法，又用泥巴给他弄了个塑像供人参拜，但是下雨的时候又把这个塑像给冲没了。周文王说，既然这样的话，用块石头来代替他好了，并把石头立在树根下。因为他生前不要房子，也不要其他，只是想给村民

们站岗放哨，所以便把那块象征他的石头摆在树根底下，保护村民们。所以，这个习俗一直流存至今。①

"社"作为杨梅镇村民对土地神的信仰，是人类社会发展到一定阶段的历史文化产物，是一种与超自然力量相适应的社会文化体系。"社"通过其共同的神灵崇拜和祭奠节日把村落从平时散落的分布状态整合成一个整体，增强了村民的集体感，一定程度上也暗示着村民渴望和平幸福安康的生活。

4. 饮食文化——粟米粥

杨梅镇村民饮食习惯中比较有特色的一点，是无论早中晚家家户户都喜欢喝粥，其中最具代表性的是粟米粥。粟米粥以粟米为原料，与白粥混煮则成粟米粥。具体做法是，将粟米碾成粉，把粟米粉与清水按一定的比例调成糊状，加入煮沸的白米粥中搅拌均匀，再将混合的粥煮沸，就成了大家喜爱的粟米粥。粟米是当地的农作物中的一种，长相与高粱类似，这种经济作物生长在旱地里，是当地常见的一种农作物。

5. 节庆习俗——"上灯"

一户人家里有男孩出生之后，在第二年的初十时把灯笼挂上去称之为"上灯"。以前的灯是用纸糊做成，现在都是买来的，一般是在初九过后初十的子时上灯。上灯一般是有两盏，一盏是挂在自己厅堂或祠堂里，一盏是挂在社公处，挂在社公处的灯相对小一些，这两处的灯都是同时挂上去，先挂太祖公处，再挂社公处，由父母负责，上灯之后还要把灯点亮直到十六号，一共六天，十六号不再点亮灯称为"下灯"。但是灯笼不会拿下来，灯笼从挂上去一直到灯笼因年久自然损坏掉落为止。

二、容县杨梅镇侨乡文化建设的困境

由于多种因素的制约，当前容县杨梅镇侨乡文化的挖掘、开发与利用不足，广西第一侨乡的优势远远没有得到发挥。

（一）经济利益的考量日益附着于侨乡传统文化

现代化进程的推进、人民生活节奏的加快、社会浮躁心理的凸显无不给社会主义核心价值观带来了极大的挑战，具体表现在自私自利、以个人为中心、拜金主义、急功近利等方面。当视线转移至侨乡文化的传承与建设中，可发现，经济利益的考量已日益附着于优秀的侨乡传统文化。以"社"崇拜为例。"社"作为一种民间宗教信仰，在特定节日，都会受到杨梅镇村们的拜祭，也存在相应的拜祭仪式。"社"不仅可以维护村里乡邻的稳定秩序，也成为了华侨华人与家乡联系的精神纽带，具有很强的民族凝聚力。但在经济全球化时代，村民每天忙碌和穿梭于经济生活和花灯酒绿中，他们向往着城市的绚丽多彩，对本土"社"崇拜文化的追随已不像过去那样强烈。过去村民们拜祭"社"，主要是为了

---

① 2015 年 4 月 17 日笔者在广西容县杨梅镇妙阳村与村委会邓书记的访谈录。

寻找精神上的寄托、心灵上的慰藉和心态上的平衡，祈求幸福安康的生活。而今天他们更多的是倾向于升官发财、生意兴隆，这种思想观念的转变，实为令人堪忧。

（二）侨乡文化鲜为人知

据调查发现，大部分杨梅镇村民对于自身生活在一个拥有丰富历史文化资源的侨乡之中而不得而知，就如自己手里明明有黄金，却到处找黄金一样。如今的杨梅镇已今时不同往日，面貌焕然一新，虽不至于有都市般高楼林立、车水马龙的繁华，但是却充满欣欣向荣的气息，已有"人杰地灵"之美誉。在笔者看来，"侨乡文化"的概念难以深入民心，这或许是因为村民好不容易能够摆脱"穷山恶水、刁民横行的穷地方"而逐渐步入现代文明的正轨的原因。另一方面，随着时间的流逝，第一二代华侨多已年老体衰，甚至谢世，而且家乡亲人中的父、母、兄弟等等也处于这种状态，来往越来越少，感情也逐渐淡漠，两者发展，恶性循环。① 虽然第三四代华侨已经融入到居住国社会当中，且拥有一定的经济实力，但和家乡亲人的来往和互动极少，"叶落归根"的观念已逐渐被"落地生根"所代替，自然地，这些华侨子女对侨乡文化的认识也比较淡泊。如四端村文电队扈 YL 告知笔者：

二叔公的孩子在泰国过得都很好，一个儿子在泰国国家航空公司当副官，一个儿子在泰国国家卫生局工作，其他三个孩子都在曼谷做生意。前几年的重阳节，他们曾回中国旅游，但是没有随父亲回家乡探亲和拜祖，可能是因为他们嫌弃家乡贫穷落后也不认识家乡的亲戚，因此都不愿意回来。②

（三）对侨乡文化传承载体——归侨和侨眷缺乏关心

归侨和侨眷与海外的亲朋好友有着千丝万缕的联系，是侨乡文化最直接的传承载体。在侨乡文化建设过程中，缺乏对归侨和侨眷的感情关心会直接影响着侨乡文化对海外华侨华人的影响力。经过"文革"十年的浩劫，许多偏激的做法对归侨、侨眷或多或少造成了感情甚至身体、财产上的伤害，留下了不可磨灭的阴影。以杨梅镇四端村谭门队封 ZY 和弟弟封 ZM 为例，他们感慨激昂地告知笔者：

1982 年文革得以平反，侨眷身份也得以确定，政府向他们发放了侨眷证，但是苦恼的是没有得到相关的补助（听说当时政府是有支持政策的）和照顾，房子也没有归还他们，致使兄弟俩只能在贫困农居住的地方"开辟出属于自己的天空"③。

令笔者更为之感动的还有一位陈奶奶，她是侨乡精神文化的真实写照。陈奶奶艰苦奋斗、克勤克俭的青春岁月都是在马来西亚吉隆坡度过的，虽然她现在双眼失明、卧病不起，但是嘴里唠叨的都是过去在马来西亚生活时的各种情景，哼着的是马来语歌曲，笔者

---

① 徐杰舜、何月华：《广西侨乡容县现状考察》，《广西文史》2004 年第 1 期。
② 2014 年 12 月 12 日笔者在容县杨梅镇四端村文电队与扈用林的访谈录。
③ 2014 年 12 月 13 日笔者在四端村谭门队与封 ZY、封 ZM 的访谈录。

在陈奶奶房间看到这么凄凉的一幕，瞬间眼里充斥着同情和感动的泪水。

（四） 文物资料保护工作欠"给力"

杨梅镇是容县的重要侨乡，海外移民历史悠久，以移民马来西亚和泰国居多。杨梅镇又是一个归侨和侨眷数量较多的地区，民间侨批档案相当丰富，且不少人家都藏有或保存着一些有关侨的文物或资料。这些充满历史印记的文物资料是传承历史的重要符合，是不可再生的文化资源，是进行传统文化教育的重要载体。但是，归侨、侨眷和侨属对保护文物资料的重要性认识度不高，加上有关部门对文物资料的收集和保护欠"给力"，文物资料的随处摆放、损坏（族谱蛀虫缺页、铁质物件锈迹斑斑、信件褶皱缺字模糊不清）或丢失现象已屡见不鲜。如妙阳村村委会副主任曾 ZY 从堆满柴木的厨房里"艰难地翻出"过去祖父从马来西亚带回来的"红月滕木"，并介绍：

> 祖父回来时已有 69 岁，头上戴着一项用草编织而成的帽子，并带了一台自行车、一个锡锅和一个烟斗回来。从南洋带回的帽子已不知去向。自行车和锡锅因为过于生锈，已卖给收废品的老伯了。烟斗，在马来西亚称为"红月藤木"，它十分神奇，每当小孩子肚子疼痛，只要把水灌进烟斗里，再倒出来给小孩喝，喝完后肚子马上不再疼痛。曾经有人出价 1 000 元想把它买下，但祖父三番叮嘱我们晚辈，这是传家之宝，不管价钱出得多高，都不能卖掉。①

三、对容县杨梅镇侨乡文化建设的几点建议

容县杨梅镇想要摆脱侨乡文化建设的困境，走出一条符合自身文化发展的道路，使侨乡文化在海纳百川中彰显自身的特色，需要从以下几方面着手：

（一） 把握好侨乡文化开放的底线

开放性与包容性是侨乡文化的独有特质之一。在"侨中之侨"的杨梅镇农村地区，本土文化与外来优秀文化相互渗透、相互交融，形成了独具特色的侨乡文化形态。但是，与外来优秀文化一起"引进来"的还有各种丑陋和腐朽的文化，诸如挥霍浪费、拜金主义、"有用即真理"等观念在侨乡地区的扩散，造成传统侨乡文化的地位岌岌可危。② 鲁迅先生在《文化偏至论》中认为，中华文化应"外之既不后于世界之思潮，内之仍弗失固有之血脉，取今复古，别立新宗"③。短短一句话，却为侨乡文化建设指明了一条光明的道路，一方面是侨乡文化建设应紧跟"世界文化之思潮"，具有海纳百川、与时俱进的高度自觉；另一方面是侨乡文化建设中"固有之血脉"不可失去，具有对传承侨乡传统优秀文化的坚定信心。譬如，杨梅镇的"社"崇拜历来根植于民众的生活当中，与海外华侨华人

---

① 2015 年 4 月 18 日笔者在容县杨梅镇妙阳村村委会与曾副主任的访谈录。
② 王振：《闽南侨乡文化建设的困境与出路》，《山西农业大学学报》2015 年第 3 期，第 14 卷。
③ 《当今世界文化发展大趋势及其应对》，《人民日报》，2015 年 9 月 30 日。

的神灵信仰密不可分。许多华侨华人每逢归乡，不管行程多忙，也都会去拜祭"社"，"社"已经成为他们对家乡认同感及归属感的一种寄托。

（二）整合资源主动开展有关侨乡文化传承的活动

在开展有关侨乡文化传承活动时，应重点理清"谁来传承"、"传承什么"、"如何传承"的问题。首先是"谁来传承"的问题，容县杨梅镇侨乡文化传承最直接的载体是归侨和侨属，但是传承侨乡文化的重任不能仅仅局限于他们，杨梅镇农村地区的年轻一代、海外华裔新生代、国内媒体、海外华文媒体等也应当肩负起传承侨乡文化的重任。其次是"传承什么"的问题。杨梅镇内存在着丰富的侨乡历史文物，至今仍保存着大量风格迥异的民居建筑，其中包括骑楼、古民居群、近代建筑群和侨批、家谱和族谱等文物。同时，还有移居海外桂籍华侨华人的克勤克俭、乡土意识和革命斗争精神、传统习俗诸如"社旦"、上灯节和菩萨巡游、饮食文化等。当然，传统侨乡文化既有精华也有糟粕，这需要我们对侨乡文化有全面深入的认识，能够取其精华、去其糟粕，把传统侨乡文化中真正优秀的部分甄别出来进行传承。[1] 最后是"如何传承"的问题，这是传承容县杨梅镇侨乡文化的关键。第一，努力做好侨乡文化遗产调研工作，并对归侨和侨眷侨属进行访谈，详实准确地记录他们的生命史、移民史，将那些难得的历史记忆保存下来。第二，积极组织开展华裔青少年"寻根之旅"和亲情中华夏（冬）令营活动，让华裔青少年在行走中感受家乡，在倾听中认识家乡，在观察中了解家乡，在联谊中增进友情，增强侨乡文化对海外华裔新生代影响力和感召力。[2] 第三，在杨梅镇各中小学开设侨乡文化概况通识课程，培育传承侨乡文化的新人。各中小学可结合学生年龄结构特点和所在村落侨乡文化传统设置不同的专题和实践活动课，借助这一平台将更多的侨乡文化带入课堂，加强对侨乡文化接班人的情感教育，进而把学校建成一个既具有传承侨乡文化的历史怀旧气息，又同时具有发扬侨乡人精神的奋发向上的现代气息。第四，发挥国内媒体和海外华文媒体的独特作用，通过媒体的专题专栏介绍，向海内外的中华儿女充分展示容县杨梅镇的青山秀水、民情风俗，促进侨乡文化的弘扬和传播，增强新生代华侨华人对侨乡文化的认同感、对家乡的归属感。

（三）给予归侨和侨眷亲切的关怀

在侨乡文化建设过程中，把眼光放在海外华侨华人的身上固然重要，但也不能缺少对归侨和侨眷的关心和扶持。简言之，他们是侨乡文化传承最直接的载体，是沟通家乡年轻一代与新生代华侨华人的桥梁和纽带，是讲好侨乡故事的广西人。据调查，大部分归侨对侨居国的回忆都很美好、很怀念，在他们记忆中自己曾今是华侨，可是回国后遭遇了不少的挫折以及对生活条件落差大而难以接受。有些归侨老人由于疾病缠身、无子女赡养等

---

[1]　赵奎英：《如何传承优秀的传统文化》，http://www.chinawriter.com.cn/

[2]　吕剑枫：《关于打造容县侨乡文化品牌的探析》，《广西经济》，2012 年 12 月 25 日。

使得原本已令人堪忧的生活雪上加霜。另外，这些归侨群体也逐渐受到政府和社会的冷落。因此，这些归侨和侨眷的内心都发出了同样的声音：一方面希望政府在实施相关政策时多给予他们帮助和照顾，多倾向于生活艰难的归侨和侨眷；另一方面也希望海外华侨华人能多与父老乡亲联系和交流，特别在亲人有困难的时候伸出援助之手。譬如，杨梅镇四端村文电队扈 YL 的家里正计划建新房，但是资金不太够，希望在马来西亚生活较宽裕的两个叔公在物质上给予他们力所能及的帮助。

（四）规划建设杨梅镇华侨博物馆

博物馆的性质，决定了它与文化遗产保护有着十分重要的关系。它是文物收藏的主要机构，在文物的宣传、研究、收藏和文化遗产的保护中发挥着重要的作用。[①] 针对上述提及的文物资料保护工作欠"给力"现象，规划建设杨梅镇华侨博物馆迫在眉睫。华侨博物馆应尽可能地收集归侨、侨眷或侨属家中仍保存着的各种文物资料，包括南洋往来信件、照片、从南洋携带回来的物件、家族传承的老族谱、家谱等。建设华侨博物馆，展现侨胞在侨居国和祖籍国所做的努力和贡献，展现杨梅镇多姿多彩的侨乡文化，一则能够更好地保护文物资料和传承历史文化，二则能够全面地对侨乡人民进行文化情感教育，三则能够充分地调动海外华侨华人的爱国爱乡热情，强化新生代华裔对故乡的归属感，激励侨胞回家乡投资创业，共同建设美好家园。

四、结语

驻足细看杨梅镇的每个角落，屹立在半山腰处的老屋民房已逐渐退出历史舞台，而一栋栋新楼却拔地而起或者正在兴建之中，无不"挥舞"着它的蓬勃生机。然而，这一生机盎然的景象却淡化了具有浓厚历史气息且资源丰富的侨乡文化。在新的历史条件下，继承和开拓容县杨梅镇侨乡文化是历史和时代赋予我们的一项意义重大的艰巨任务。敢于直面杨梅镇侨乡文化建设过程中出现的新问题与新情况，寻找最佳的解决方案，以做好杨梅镇侨乡文化的传承、保护和利用工作，让侨乡文化融入广西文化的主旋律，让侨乡文化架起沟通广西—东盟文化交流的桥梁，从而切实服务于"21 世纪海上丝绸之路"的宏伟战略。

---

① 陈玲、凌振荣：《博物馆在文化遗产保护中的作用》，《南通纺织职业技术学院学报》，2010 年第 10 卷，第 2 期。